"十三五"国家重点图书出版规划项目

主题出版规划

中国特色管理控制理论创新与应用拓展

ZHONGGUO TESE GUANLI KONGZHI
LILUN CHUANGXIN YU YINGYONG TUOZHAN

张先治 等/著

中国财经出版传媒集团
中国财政经济出版社

图书在版编目（CIP）数据

中国特色管理控制理论创新与应用拓展/张先治等著. —北京：中国财政经济出版社，2017.12

"十三五"国家重点图书出版规划项目

ISBN 978 – 7 – 5095 – 7813 – 1

Ⅰ.①中… Ⅱ.①张… Ⅲ.①企业管理 – 研究 – 中国 Ⅳ.①F279.23

中国版本图书馆 CIP 数据核字（2017）第 260934 号

| 责任编辑：樊清玉 | 责任校对：胡永立 |
| 封面设计：王　颖 | 版式设计：录文通 |

中国财政经济出版社 出版

URL：http://ckfz.cfeph.cn

E – mail：cfeph@cfeph.cn

（版权所有　翻印必究）

社址：北京市海淀区阜成路甲 28 号　邮政编码：100142

营销中心电话：88190406

天猫网店：中国财政经济出版社旗舰店

网址：https://zgczjjcbs.tmall.com

北京富生印刷厂印刷　各地新华书店经销

710×1000 毫米　16 开　30 印张　630 000 字

2017 年 12 月第 1 版　2017 年 12 月北京第 1 次印刷

定价：120.00 元

ISBN 978 – 7 – 5095 – 7813 – 1

（图书出现印装问题，本社负责调换）

本社质量投诉电话：010 – 88190744

打击盗版举报热线：010 – 88190414　QQ：447268889

前言

《中国特色管理控制理论创新与应用拓展》是"十三五"国家重点图书、音像、电子出版物出版规划中的主题出版规划项目之一。中国特色管理科学理论体系建设是加快构建中国特色哲学社会科学体系的组成部分,是新时代中国特色社会主义道路自信、理论自信、制度自信、文化自信的客观要求。"扎根中国大地,突出时代特色,树立国际视野,继承和弘扬中华优秀传统文化,积极吸收借鉴国外有益的理论观点和学术成果,融通各种资源,不断推进知识创新、理论创新、方法创新,提升学术原创能力和水平,推动学术理论中国化。"[①]既是构建中国特色哲学社会科学学术体系的指导思想,也是构建中国特色管理科学理论体系的指导思想,更为中国特色管理控制理论创新研究指明了方向。

管理控制理论与方法对企业等组织、经济与社会发展都有着重要的影响。管理控制发展至今,已经超越了原先仅作为一种管理的职能,成为管理学中的一个重要领域。我国学者从改革开放以来陆续介绍西方管理控制理论与方法,但中国特色的管理控制理论研究尚处于初级阶段,管理控制理论基础相对薄弱。21世纪的到来,以不确定性、动荡性、创新性与变革性等为特征的新环境对我国的管理控制理论与实践提出了严峻的挑战,结合国际、国内新的环境,创新与拓展管理控制理论成为新时代中国特色经济管理研究的重要课题。

管理控制理论来源于实践并推动实践的发展。因此,要创新管理控制理论、推动管理控制实践,必须要对中国管理控制应用实践进行深入研究。目前中国企业在处于"经济新常态"的时代背景之下,强化管理控制是提高中国企业抗风险能力从而增强企业核心竞争力、实现可持续发展的重要途径。在当前机遇与挑战并存的经济环境下,要强化管理控制,改善经营管理,就必须探索与拓展企业管理控制实践经验,建立企业管理控制规范,创新管理控制模式。

---

① 中共中央《关于加快构建中国特色哲学社会科学的意见》,《人民日报》,2017年5月17日。

新中国成立近70年来，特别是改革开放近40年来，我国的管理控制理论与实践随着环境的变化在不断地变革与发展。在中国特色社会主义新时代的背景下，总结与探索我国管理控制实践发展经验，梳理与综述我国管理控制理论研究成果，创新与拓展具有中国特色的管理控制理论体系和方法论体系，规范与推广我国企业管理控制实践，对于探索创新环境下具有中国特色的管理理论，推动中国管理科学的发展并走向世界，都具有重要的理论价值和应用价值。《中国特色管理控制理论创新与应用拓展》一书正是在这样的研究背景、研究宗旨和研究目标下所形成的研究成果。

《中国特色管理控制理论创新与应用拓展》以中国特色企业管理控制理论与应用为研究主题，采用规范研究、文献研究、案例研究等方法，在探索我国企业管理控制发展实践和理论研究状况的基础上，围绕中国特色管理控制理论创新、中国特色管理控制系统创新、中国特色管理控制应用理论拓展和中国特色管理控制应用实践拓展等重点问题进行深入研究，旨在建立具有中国特色的管理控制理论框架，建立中国特色企业管理控制要素系统、程序系统和模式系统框架，拓展管理控制理论应用到管理会计、内部控制等领域，形成具有中国特色的企业管理控制规范指引，推动中国企业管理控制实践发展。

本书包括五篇十二章：第一篇中国企业管理控制实践状况与理论综述由两章组成，探索了我国企业管理控制实践状况和理论研究状况；第二篇管理控制理论基础与基本理论研究由两章组成，论述了企业管理控制的理论基础和基本理论框架；第三篇中国特色管理控制系统创新研究由四章组成，在论述中国企业管理控制环境特色的基础上，构建了具有中国特色管理控制要素系统、程序系统和模式系统；第四篇中国特色管理控制应用理论拓展研究由两章组成，研究了管理控制在管理会计中的应用拓展和管理控制在内部控制中的应用拓展；第五篇中国特色管理控制应用实践拓展研究由两章组成，建立了中国特色管理控制规范指引和中国企业管理控制案例研究。

本书是由张先治教授带领的研究团队的集体研究成果。团队带头人感谢全体团队成员对该研究成果所做的贡献！特别感谢池国华教授带领他的博士生（朱俊卿、张向丽、王钰）对我国企业管理控制实践状况的研究、中国企业管理控制典型案例的研究以及中国企业管理控制规范研究所做的工作及贡献！感谢贾兴飞博士、崔莹博士对中国特色管理控制模式系统创新和管理控制程序系统创新两章所做的工作及贡献！感谢博士生李静波、王兆楠、柳志南、刘坤鹏执笔相关章节所做的工作及贡献！同时也感谢博士生石芯瑜、邹威、高梦捷、杜春明、常利民、田言、王蕾等同学积极参与讨论并协助校对等所做的工作！我们团队也十分感谢为中国管理控制研究与实践作出贡献的参考文献作者及所涉及的案例企业！

当然，我们要特别感谢国家新闻出版广电总局实施的《"十三五"国家重点图书、音像、电子出版物出版规划》！感谢评审专家将本书列入"'十三五'国家重点出版规划"主题出版规划！感谢中国财政经济出版社，感谢会计分社社长樊清玉女士对本书申报、策划出版所给予的支持及作出的重要贡献！

张先治

2017年11月于大连

目录

第一篇　中国企业管理控制实践状况与理论综述

第一章　中国企业管理控制实践状况 …………………………………（ 3 ）
第一节　计划经济时期中国企业管理控制实践状况（1953—1978 年）
………………………………………………………………………（ 3 ）
第二节　有计划商品经济时期中国企业管理控制实践状况（1978—
1991 年）………………………………………………………（ 9 ）
第三节　社会主义市场经济时期中国企业管理控制实践状况（1992 年
至今）……………………………………………………………（ 16 ）

第二章　管理控制理论研究综述 ………………………………………（ 29 ）
第一节　西方管理控制研究综述 …………………………………（ 29 ）
第二节　中国管理控制研究综述 …………………………………（ 43 ）
第三节　中国企业管理控制研究启示及方向 ……………………（ 53 ）

第二篇　管理控制理论基础与基本理论研究

第三章　管理控制理论基础 ……………………………………………（ 67 ）
第一节　管理学与管理控制 ………………………………………（ 67 ）
第二节　经济学与管理控制 ………………………………………（ 73 ）
第三节　会计学与管理控制 ………………………………………（ 78 ）
第四节　控制论与管理控制 ………………………………………（ 83 ）
第五节　系统论与管理控制系统 …………………………………（ 87 ）

第四章　管理控制系统基本理论 …………………………………………（92）
　　第一节　管理控制内涵与目标 ………………………………………（92）
　　第二节　管理控制边界与地位 ………………………………………（103）
　　第三节　管理控制系统框架 …………………………………………（110）

第三篇　中国特色管理控制系统创新研究

第五章　中国企业管理控制环境特色 …………………………………（121）
　　第一节　中国企业管理控制外部环境 ………………………………（121）
　　第二节　中国企业管理控制内部环境 ………………………………（135）
　　第三节　管理控制环境特色与国际趋同 ……………………………（146）

第六章　中国企业管理控制要素创新 …………………………………（157）
　　第一节　管理控制要素的内涵与地位 ………………………………（157）
　　第二节　中国企业管理控制要素系统创新 …………………………（164）
　　第三节　中国企业管理控制具体要素创新 …………………………（171）

第七章　中国企业管理控制程序创新 …………………………………（188）
　　第一节　管理控制程序的内涵与地位 ………………………………（188）
　　第二节　中国企业管理控制程序系统创新 …………………………（192）
　　第三节　中国企业管理控制具体程序创新 …………………………（198）

第八章　中国企业管理控制模式创新 …………………………………（232）
　　第一节　管理控制模式的内涵与选择 ………………………………（232）
　　第二节　中国企业管理控制模式系统创新 …………………………（238）
　　第三节　中国企业管理控制具体模式创新 …………………………（246）

第四篇　中国特色管理控制应用理论拓展研究

第九章　管理控制在管理会计中的应用拓展 …………………………（279）
　　第一节　管理会计与管理控制的关系 ………………………………（279）
　　第二节　基于管理控制的管理会计完善与发展 ……………………（291）
　　第三节　基于管理控制的管理会计报告体系 ………………………（302）

第十章　管理控制在内部控制中的应用拓展 …………………………（319）
　　第一节　内部控制的演变及本质 ……………………………………（319）
　　第二节　基于管理控制的内部控制创新 ……………………………（328）
　　第三节　基于管理控制的内部控制案例分析 ………………………（337）

第五篇　中国特色管理控制应用实践拓展研究

第十一章　中国特色企业管理控制规范研究 ………………………（345）
　　第一节　制定企业管理控制规范的现实需求 ………………………（345）
　　第二节　中国特色管理控制规范的价值与整体构思 ………………（352）
　　附录一：企业管理控制基本规范 ……………………………………（361）
　　附录二：企业管理控制应用指引第 1 号——制度控制模式系统 …（371）
　　附录三：企业管理控制应用指引第 2 号——预算控制模式系统 …（389）
　　附录四：企业管理控制应用指引第 3 号——评价控制模式系统 …（403）
　　附录五：企业管理控制应用指引第 4 号——激励控制模式系统 …（414）

第十二章　企业管理控制应用案例研究 ……………………………（424）
　　第一节　华润集团的管理控制程序体系 ……………………………（424）
　　第二节　中国兵器工业集团的全面预算管控模式 …………………（431）
　　第三节　中国兵器装备集团基于 EVA 的评价控制系统 …………（441）

主要参考文献 …………………………………………………………（452）

第一篇

中国企业管理控制实践状况与理论综述

第一章

中国企业管理控制实践状况

任何制度的变迁或技术的演变都具有路径依赖的特征（North，2008），管理控制系统作为实现企业战略目标的一项重要制度安排，同样符合这一基本规律。不论是对管理控制理论演进的历史回顾与观点提炼，抑或是关于管理控制实践发展状况的经验介绍与特征概括，都必须采用历史与逻辑相结合的研究方法。一方面，基于历史脉络的维度，中国从社会主义改造至今的发展历史大致可划分为三个阶段：计划经济时期、有计划的商品经济时期、市场经济时期，管理控制实践在不同的历史阶段往往呈现出不同的运行模式与行为特征。而另一方面，从逻辑维度看，尽管管理控制属于企业微观层面上的制度安排或技术方法，但是管理控制系统的演变却严重依赖于或受制于外部宏观环境的影响，于是逻辑分析的出发点在于对宏观环境的解读与把握。对于每一历史阶段，本章首先采用Johnson. G与Scholes. K于1999年提出的PEST[①]模型对本阶段的环境特征进行剖析，并以此作为逻辑起点[②]；之后选取每个阶段管理控制实践的典型案例，分析其产生背景与主要特点；最后对每个阶段的管理控制特征进行凝练与总结。

第一节 计划经济时期中国企业管理控制实践状况（1953—1978年）

计划经济时期是从1953年社会主义改造开始至1978年改革开放前，这一时期

[①] 所谓PEST，即Political（政治），Economic（经济），Social（社会）和Technological（科技）。

[②] 之所以选择PEST模型作为研究我国管理控制实践的宏观环境分析工具，主要基于以下几点原因：其一，我国的管理控制实践与经济体制改革进程具有同步性的特征，经济环境深刻地影响管理控制实践的模式；其二，根据上层建筑对经济基础的反作用原理可知，经济体制变革需要以政治环境的改善为先导，且以社会环境中的主流思想意识转变为必要条件，同时政治环境与社会环境特征也会直接作用于企业管理控制的目标与理念；其三，技术因素为管理控制系统的演变提供动力与支持。总之，研究我国管理控制实践需要以对政治、经济、社会、技术等环境因素的分析为起点，而PEST模型恰好提供了一种从以上视角进行宏观环境分析的工具与方法。

中国实行的是计划经济体制。受当时政治气候、经济政策、社会结构与技术基础等环境因素的影响，该阶段企业的管理控制实践呈现出其独有的特征。

一、计划经济时期企业管理控制环境特征

从系统论的观点看，管理控制系统的环境是指管理控制系统之外的、对管理控制系统有影响作用的一切系统的总和（张先治，2004）。由于环境是企业战略制定的起点与战略调整的先导，而管理控制又是一种重要的战略执行机制，因此，环境特征决定了管理控制的模式与基本特征，环境的变化规定了管理控制系统的演化路径与发展方向。

（一）"一边倒"外交政策与苏联模式的移植

新中国成立之际，满目疮痍、百废待兴。外有以美国为主的西方帝国主义的仇视与封锁，内有国民经济基础薄弱、工业化水平极低、人民生活积弱积贫的忧患，形成了理想社会主义先进的工业化愿景与落后的农业大国现实形成了强烈的反差，构成了当时国内的主要矛盾。基于摆脱贫困落后状况以及国家安全带来的外在压力，我国实行了"一边倒"的外交政策，全面移植苏联模式，对当时的宏观经济建设和微观经济运行都产生了深远的影响。

学习苏联模式体现在企业管理领域表现为引进了苏联的"马钢宪法"①，即以实行一长制为核心，以专家治厂为特色，以科层管理为基础，以经济核算为手段，以劳动竞赛为补充。这套沿袭自泰罗制科学管理思想的管控方法密切契合高度集中的计划经济体制，高度配合优先发展重工业的国家战略，且内在的科学理性主义在一定程度上压制了革命浪漫主义所引发的决策随意化、管理松弛化、责任模糊化等问题，然而其在移植的过程中缺乏对于我国管控情景相结合的本土化思考与创新。

（二）经济体制的高度集中化、单一化与短缺经济的普遍化、长期化

新中国成立之初，与社会主义的国家性质与单一公有制的经济形态相匹配，我国选择了高度集中化和单一化的计划经济体制（武力，1995）。所谓"集中化"，是指权力集中在中央，所有的经济活动都在计划规定的范围内进行，都受到国家计划的调节和控制；所谓"单一化"是指政府的指令性几乎是资源配置的唯一方式，市场机制基本不发挥作用。

由于战争的破坏、国际封锁和落后的技术条件，社会处于供不应求的紧张运行状态，即形成短缺经济。短缺经济既是在资源不足条件下，政府干预生产后的结果与社会需求不匹配所致，又对企业的再生产构成了新的资源约束条件，于是造成了

---

① "马钢宪法"是苏联以优先发展重工业为工业化方针探索工业管理道路过程中形成的管理模式。其基本逻辑有两条：一是以意识形态和马克思管理两重性原理为指导，以法律为保证在马格尼托格尔斯克钢铁工厂推进泰罗制和福特制；二是实现与计划经济一体两面的科层制和对时间的有效控制（李翔宇、刘茜雯，2015）。

短缺经济的普遍化与长期化（克里斯托弗·戴维斯等，1991）。计划经济体制与短缺经济共同构成企业从事经营活动不可忽视的环境因素。

（三）技术落后、专业人才匮乏

在我国计划经济时期，制约工业化发展进程的不只是生产物资和设备，还体现在技术和人才层面上，即技术规模和人才总量不能满足工业化发展的需求。在以美国为首的西方国家对我国实行技术封锁以及苏联有条件技术支援的历史条件下，自给自足成为唯一出路，而且随着工业化规模的扩大，技术进步和技术革新的需求越来越强烈。然而，由于赶超战略的导向作用和预算软约束形成的保护机制，导致基本建设往往比技术改造优先得到国家计划配置资金，以至于技术更新改造速度慢，"后劲不足"；同时，企业由于没有经营自主权，缺少利润的刺激和竞争的压力，创新动力明显不足。而在专业人才方面，历史因素造成国民教育水平低下，高层次、专业技术人才更是十分匮乏。

二、计划经济时期企业管理控制典型实践

外部环境深刻地作用于企业管理控制实践的模式与特征。在计划经济时期，在管理控制方面典型的代表性实践有班组核算、经济活动分析与鞍钢宪法。其中，班组核算是人民当家作主的政治权力主张与企业的管理控制实践相结合的结果；经济活动分析是我国在学苏热潮中积极引入国外先进管理控制技术并为我所用的一个代表性实践成果；而鞍钢宪法可视为对国外先进制度进行本土化改造的制度创新。

（一）班组核算

班组核算形成于20世纪50年代。1952年春，大同煤矿在第二矿的刘七孩小组和陈富小组试搞了小组成本核算，取得成功经验后在第二矿推广。同年9月，天津钢厂轧钢车间刘长福小组开始实行班组经济核算。自此之后，班组核算方法被广泛推广。到1955年底，鞍钢有56个厂（矿）和直属车间在基本生产工段中开展了班组核算，成为我国首家尝试引入该方法并取得初步经验的大型企业。

班组核算，亦称厂内经济核算，是以班组为基本核算单位，以企业最基层的群体为核算主体，以增产降本为目标，对班组内的生产活动进行记录、核算、控制、分析和考核的一种群众性经济核算形式（林万祥，2008）。班组可作为一个成本中心，甚至利润中心。班组核算作为具有中国特色的责任会计，实现了厂部、车间、班组三级核算的一体化，解决了当时西方责任会计难以解决的问题。该管控方法主要有以下三个特征：

1. 群众参与核算的管理特色。所谓群众核算，是指群众应加入到本班组内的讨论计划指标、填写原始记录、关注和分析生产的消耗和成果等活动中来，而非必须承担实质性的会计核算工作。班组核算工作的原则是干什么就管什么、管什么就算什么，核算对象是群众创造物质财富的所有经济活动，核算内容包括群众在生产过程中消耗的各种物料、人工、机器等生产耗用及生产成果。通过群众参与核算，可以充分调动群众的生产积极性和管理热情，提高劳动生产率。

2. 核算与控制、分析、考核相融合的控制模式。群众核算不是目的，以核算为基础实施管理控制才是该方法的价值所在。班组核算本质上属于诊断控制系统的简单应用，通过群众核算，帮助群众做到"心中有数"，让群众知道其正确的生产行为将对国家财富产生什么样的增量贡献，其不当的生产行为可能给国家带来什么样的损失，从而在事前防控，以实现增产降本的目标。

3. 以劳动竞赛为促进的管控手段。班组核算与劳动竞赛都是实现增产降本的有效方法，但两者内在的作用机理不同，班组核算通过明确责任加强控制，而劳动竞赛则通过竞争机制实施激励。实践证明，劳动竞赛能够切实促进班组核算工作落地，是班组核算的保障机制。

(二) 经济活动分析①

早在新中国成立初期，基于"增产降本"的目的，东北工业部所属的一些企业就曾开展过经济活动分析的实践，而其作为一种正式管理制度沿袭自前苏联。20世纪50年代，在全国范围内掀起了向苏联学习的热潮，被誉为"新中国长子"的鞍山钢铁首先学习了旅大中苏合营企业和中长路的"决算会议"的经验，并在重工业部的积极推动下，将"经济活动分析"作为一项重要的管理制度在全国重工业系统范围内组织推行。从1953年开始，鞍钢、钢铁局、有色局、化工局、建材局和所属的一些主要企业都分别开始实施"经济活动分析"，并取得了较好效果。

"经济活动分析"作为一种管理制度和控制方法，其主要特征可概括为如下两点：

1. 已初步具备管理控制系统的雏形。所谓管理控制系统，可视为将一系列控制要素通过一定的控制程序进行关联，进而实现既定控制目标的方法的总和。一个完整的管理控制系统至少应该包括控制变量、控制标准、控制报告、执行评估、纠正偏差等要素，以及控制标准制定、控制报告分析、经营业绩评价等步骤（张先治，2004）。经济活动分析以各类产量、利润、质量、成本指标为控制变量，以国家下达的计划为控制标准，以财务决算为控制报告的形式，采用"对比分析"——"差异分析"——"改进措施"的控制程序，以保证国家计划的严格执行。

2. 已经突破了单纯运用财务指标的局限。除了财务指标外，经济活动分析中还引入了大量的技术指标，如冶炼厂的设备利用率、冶炼回收率、熔炼时间，化工厂的电流效率、碱耗，煤矿的台时能力、设备作业率等指标。经济活动分析立足于企业经济活动过程，采用财务指标与非财务指标相融合的多元化指标体系评

---

① "经济活动分析"，是从数字、指标入手，从各项经济指标的相互联系中，进行系统的分析对比，正确评价企业的经济活动，并据以揭示矛盾，寻找差距，指明方向，提出措施，挖掘潜力，促使企业的经济活动沿着班组核算的增产轨道高效率地进行（胡玉明，2001）。

价企业经营活动，已体现了"平衡计分卡"（Balanced Scorecard，BSC）的思想精髓。

"经济活动分析"与"班组核算"既相互区别又彼此联系，既一脉相承又进一步发展，共同统一于企业的管理控制系统中。班组核算只能指出是否存在问题、发生了什么问题，而经济活动分析可以在差异分析的基础上提出问题解决方案。班组核算是经济活动分析的前提与基础，经济活动分析为班组核算提供导向。

（三）鞍钢宪法

在计划经济时期，最具影响力和争议性的管理控制实践当属鞍钢宪法。20世纪60年代初，中苏关系恶化，西方技术封锁依然存在，人们逐渐意识到盲目学习苏联模式的弊端，尝试探索适合中国国情的工业化道路，鞍钢宪法应运而生。

1960年3月22日，毛泽东在转批鞍山钢铁公司《关于工业战线上大搞技术革新和技术革命的报告》中指出，"鞍钢宪法在远东、在中国出现了"。对于鞍钢宪法通常有三种理解，广义概念的鞍钢宪法来自于毛泽东的批示，主要内容包括政治挂帅、群众性技术革命、党委领导下的厂长负责制以及"两参一改三结合"；中义概念来自于辽宁省委、鞍山市委和鞍钢党委的理解，强调政治挂帅、群众运动和批判一长制；狭义概念是在刘少奇推出的成都量具刃具厂的经验和工业部理解基础上的提炼与概括，把鞍钢宪法的具体内容定义为"两参一改三结合"（戴茂林，1999）。所谓"两参"，是指干部参加劳动、工人参与管理；"一改"是指改革不合理的规章制度；"三结合"是指工人、干部和技术员三结合。在企业管理实践中，还有一系列管理制度和管理方法对鞍钢宪法起支撑作用，具体包括技术表演竞赛、一条龙协作赛、技术研究小组和职工代表大会等。

鞍钢宪法作为一种管理工具的本土化创新，具有以下特色：

1. 人本主义的管控原则。所谓人本主义，是与物本主义相对的一个概念，前者主张以人为中心、以人为本，后者则强调以物为中心、以物为本。在鞍钢宪法产生之前，中国的企业管理几乎全部照搬苏式管理模式——马钢宪法。马钢宪法是以等级控制为特色，其主要特征是职责分割、部门对立，强调物质刺激，见物不见人。而鞍钢宪法则以"两参"为主要特色，打破部门分割以及管理者与被管理者的对立，强调横向联系与团队合作，运用属于精神激励范畴的自我报偿机制。

2. 全面质量管理的管控理念。全面质量管理，是指企业组织全体职工和有关部门参加，综合运用现代科学和管理技术成果，控制影响产品质量的全过程和各因素，经济地开展生产和提供用户满意产品的系统管理活动。实施全面管理要循序"全面性""全员性""科学性""技术性"和"效率性"等原则。鞍钢宪法中的"两参"意在鼓励群众参与生产管理，从而保证管控参与具有全员性；"三结合"则强调技术人员与生产前线以及管理活动的有效沟通，从而保证技术的改进兼具科学性和实操性，管理过程富有效率性。同时，诸如技术表演赛、技术研究小组等群众性技术革命和技术革新活动的开展也凸显了鞍钢宪法对于生产管理"技术性"的重视。

3. 富于权变的管控思维。根据权变理论,企业需要立足于企业所在的外部环境和自身特点,结合外部环境和内部条件的变化,适时地调整经营策略和管控方法。鞍钢宪法产生于计划经济年代但已经意识到管理制度的僵化对完成计划任务产生的不利影响,通过改革不合理的规章制度,从而使管理制度更具适宜性,而这一点与发端于西方管控的权变思维不谋而合。

三、计划经济时期企业管理控制特征

外部环境对于企业内部管理控制特征具有系统性影响,具体可以从目标定位、内容边界、方式选择以及程序设计等方面进行分析和考察。在高度集中的计划经济体制下,管理控制特征可以概括为如下四点:

(一)管理控制目标政治化:以完成计划任务为中心

管理控制目标可以描述为管理控制活动期望实现的结果。一般而言,管理控制目标应同组织目标与使命相一致,并促使企业目标的实现与使命的达成。组织目标与使命经过具体化和明确化形成战略。管理控制的目标就是使战略被执行,从而使组织的目标得以实现(张先治,2003)。在计划经济时期,管理控制以完成计划任务为目标,且具有浓烈的政治化导向。当时的中国企业没有经营自主权,不能自行选择目标。所谓的企业目标是中央或地方政府制定的指令性计划细化与分解的结果,属于整个工业体系运行目标体系中总目标下的一个子目标范畴,具体以产量指标为主、其他类型的指标为辅为表现形式。于是,旨在实现企业目标的管理控制就表现为任务导向型的,即以完成国家下达的指令性计划为中心目标。而经过分解后的子目标在企业层面的实现过程也要受到行政部门的调节与控制,那么为了完成计划任务,企业内部的管理控制活动必然具有政治化的目标导向。

(二)管理控制内容单一化:以生产控制为核心

一般认为,管理控制系统的建立应以对环境的分析为起点选择或制定控制目标,并以控制目标的实现为导向确定管理控制的对象和内容。管理控制的内容是管理控制对象的具体化,将这些内容辅之以科学合理的程序,就构成了具有动态性和可重复性的管理控制系统。在计划经济时期,高度集中的计划经济体制是最重要的制度环境。国家依托纵向隶属关系运用行政手段直接经营企业,企业实际上是行政机构的附属物,是单纯的生产单位(李占祥,1987)。此时,企业开展管理控制是为了保证完成生产任务,追求以产量为中心的计划性目标。与之相对应,管理控制对象是企业的生产活动,管理控制的内容主要是生产控制,其主要特征是重视实物管理,讲求实物生产率或技术效率。

(三)管理控制方法低端化:强调边界控制和诊断控制

根据西蒙的管理控制杠杆理论,管理控制系统有四种类型,即边界控制系统、

诊断控制系统、信任控制系统、交互控制系统，四种管理控制系统存在着层层递进的级次关系。在高度集中的计划经济体制下，形成了一种自上而下的金字塔式的等级结构（武力，2003），企业按照行政命令开展生产经营活动，行政命令就构成了生产经营的边界经营范围的确定，小到车间班组的产量都不得逾越该边界。因此，此时的管理控制是以边界控制为主要模式的。在计划经济时期，也不乏一些管理控制工具方法创新，如班组核算、经济活动分析等。这些管理工具的共同特征是，不仅关注计划目标有没有实现，而且强调对目标实现的过程进行控制，诊断控制系统的思想开始被应用于管理实践。此外，需要说明的是，虽然鞍钢宪法中"全员参与"的理念已经蕴含信任控制系统吸引企业所有参与者去关心企业的价值创造的思想精髓，但由于鞍钢宪法在我国经济发展史上"昙花一现"，因此，从整体角度来看，计划经济时期管理控制仍是以边界控制和诊断控制为主。

（四）管理控制程序简单化：缺乏系统性的设计及改进

管理控制程序是企业实施管理控制的科学步骤，反映了管理控制的分散性和系统性（张先治，2014）。完整的管理控制程序应包括战略目标分解、控制标准制定、控制报告分析、经营业绩评价、管理者报酬五大步骤，由此形成一个持续动态的闭环控制系统的基本模式。如上文所述，计划经济时期企业的管理控制实践是任务导向型的，国家计划部门下达的指令性计划既指明了企业生产任务，同时也是开展管理控制工作的具体依据。可见，此时的"任务"（或目标）和控制标准并非由企业管理层指定，也不受其控制，均为管理控制系统的外生变量。需要说明的是，该时期中央高度的集权化管理对于加强企业层面经济政策的执行力也形成了体制性保障。对于控制报告分析，经济活动分析的典型实践已经开始注重综合财务与非财务指标进行分析，但报告的质量和频率还存在缺乏真实性和常态化等问题。对于评价与激励程序，劳动竞赛等典型实践已经开始注重通过引入竞争评价机制调动积极性，但评价方式方法的水平仍相对较低，平均主义的分配制度导致激励效果难以充分显现。

第二节 有计划商品经济时期中国企业管理控制实践状况（1978—1991年）

自1978年起我国开始实行改革开放政策。我国的经济体制改革可以划分为两个时期：从1978年到1991年，我国实行的是有计划的商品经济体制，该阶段一般被称为有计划的商品经济时期；1992年，社会主义市场经济体制建立，因此，1992年之后的历史阶段一般被称为社会主义市场经济时期。本节立足于有计划的商品经济时期，系统回顾该时期企业管理控制的实践特征，具体的分析路径与第一节相同。

一、有计划商品经济时期企业管理控制环境特征

（一）"改革开放"成为基本国策

1978年12月，党的十一届三中全会。会议决定把党和国家的工作重心转移到经济建设上来，并确立了改革开放的基本国策。"改革开放"奠定了社会发展的基调，营造了有利于经济繁荣制度环境，为微观层面的管理控制制度发展提供了良好契机。

（二）经济体制改革双轨化与渐进性

这一时期的改革又可以分为两个阶段：第一阶段是从1978年末到1984年9月。这一阶段的改革目标是在计划经济体制内引入市场机制，确立"计划经济为主、市场调节为辅"的经济管理原则，此时的计划管理也由过去的高度集中、事无巨细的指令性计划转变为粗线条的、框架式的指导性计划。实践改革的基本思路为放权让利，让企业成为真正的市场主体。通过这一阶段的改革，企业有了相对独立的经营自主权，市场主体开始形成，市场机制逐渐发生作用，市场开始成为配置资源的重要补充手段。第二阶段是从1984年10月到1991年末。这一阶段改革的目标是将计划经济与市场经济相结合，统一到同一个经济体制内，并创造性地将商品经济作为社会主义经济运行的基本框架，建立有计划的商品经济。在运行机制的选择上，启动了"国家调节市场，市场引导企业"的经济运行模式。政府对经济的调节与干预，摒弃了过去以指令性计划为主要形式的直接控制方式，转而实行法律手段和经济手段为主、必要的行政手段为辅的间接控制方式，使企业逐步地真正成为独立的经济实体，成为自主经营、自负盈亏的社会主义商品生产者和经营者。实践改革的基本思路是政企分开、所有权与经营权适当分离、按劳分配。企业改革逐步向利润留成、利改税、厂长负责制、承包制、租赁制及少数企业股份制试点转化。

历史的局限性决定了改革过程的长期性和阶段性，从而刻画了向市场经济过渡的"渐进性"特征；而在这个过渡时期内，必然存在着两种资源配置机制同时并存，即经济体制呈现出"双轨"特征（张先治，2004）。随着经济体制改革的逐渐深化，"市场之手"在资源配置过程中发挥着越来越重要的作用，出现了两对关系的调整：一是国家与企业之间，国家对经济的干预力度与范围在逐步缩减，企业不仅开始具有经营管理权，而且作为管理控制的主体被重新定位；二是企业与市场之间，企业开展的任何管理控制活动都不再处于绝对孤立与封闭的状态，市场作为重要的环境变量成为企业管理控制模式定位与方式选择的重要因素。

（三）社会价值观差异化日趋明显

体制变革驱动社会转型，价值观的变化由此而产生。首先是"解放思想、实事求是"思想路线的重新确立和真理检验"实践"标准的回归，打破了长达十多年的思想沉寂，启动了价值观的反思与讨论。第二是20世纪70年代末80年代初在全国

范围内掀起的以"人性、异化、人道主义"为主题的大讨论,打开了人们思想的枷锁,为社会价值观的多元化演变创造了思想条件。第三是在对外开放的背景下,西方的理性主义、效率至上与拜金主义、物质至上等观念掺杂在一起,冲击着人们的固有观念,构成社会价值观分化的诱发机制。个体主义的社会价值观,尤其是对个体意识和个体权益的强调,一方面有利于诸如承包制、放权让利等改革措施的顺利推行;另一方面,也有利于在协调个人利益与集体利益的基础上实施有效的激励政策,从而为顺利推行责任制、目标管理等管理控制方法提供了必不可少的精神支持与思想保障。

(四)技术引进火热而技术创新不足

改革开放作为一项基本国策,为我国学习西方先进技术创造了前所未有的、有利的制度环境。据不完全统计,在1979—1989年间,我国通过大力吸引外资共引进技术3761项,技术引进规模大、项目多,超过以前30年的总和;技术引进的方式多样化,包括许可证贸易、顾问咨询、技术服务、合作生产等;技术引进的范围不仅有旨在提高劳动效率的西方成熟的生产技术,还包括以提高经营效率和效果为目的的先进的管理经验,其中最具代表性的是引进了西方责任会计体系。然而,放权让利改革的逐步推进为地方和企业赢得了更多的技术引进自主权,但西方价值观的渗透却诱导了技术引进的非理性情绪,具体表现在引进技术重量不重质,盲目引进、重复引进;引进技术消化吸收不够重视,技术转化率低;个别领域对外技术依赖严重,创新不力(吴奇志和聂文星,2009)。管理控制属于企业内部管理技术层面的范畴,面对市场化竞争和提高经营效率的需求,这一时期管理控制技术的发展特征表现为以国内学者(如余绪缨)翻译与解读西方先进的经典著作和文献为主流模式,在企业经营实践过程中挖掘并上升为理论的本土性的管理控制创新相对不足。

二、有计划商品经济时期企业管理控制典型实践

在有计划的商品经济时期,企业管理控制的典型实践有上海印刷厂的厂内经济合同制、首钢的承包经营责任制和邯钢的目标成本控制。在这一时期,放权让利使企业获得了一部分生产自主权与经营自主权,厂内经济合同制和承包制作为这一改革举措下的历史性和阶段性产物应运而生,其本质是在当时放权让利制度背景下实现权责对等的管控需求与西方责任会计的有效结合的结果;另外,市场机制的引入引发人们对"增效"的现实性思考,目标成本管理较为鲜明地反映了此时期市场压力下企业管理控制出现的一些新特征。

(一)厂内经济合同制

上海第一印刷厂是一家拥有2000多职工的大厂,设有漂染、雕刻、印花、整装和机动等五个车间。在改革开放初期,该厂锐意改革、狠抓管理,创造性地提出了厂内经济合同制并付诸实践,为国有企业改革提供了宝贵的经验。

厂内经济合同制，即由厂内各车间和经营科室，按照厂部统一下达的生产任务，在双方协商的基础上，签订各种订货或协作合同。在所订合同中，双方根据本身的任务需要，向对方提出比较具体切实的要求，确定购销、协作的项目、数量、质量和时间，明确双方的权利、义务和责任（舒冰，1981）。上海印刷厂的厂内经济合同制包括三个层面，分别是以保证均衡生产为主要目的的基本生产车间之间的合同制、以机器大修为主要内容的基本生产与辅助生产车间之间的合同制、以浮动工分为考核办法的厂部与车间之间的合同制。通过厂内经济合同，不仅明确了经济责任，而且实现了经济责任与经济利益的统一。该制度具有以下特点：

第一，厂内经济合同制的运行机制是建立责任中心。以厂部与车间之间的合同制为例，首先由企业的计划部门代表厂部下达季度任务，同时与各车间主任签订经济合同。合同约定：全面完成计划得10分，按月记分，按季发奖，得分最高的车间加发10%，没有全面完成计划的车间减发10%。可见，厂内经济合同制其实是通过契约机制将企业的部门和车间划分为若干个责任中心，借助于内部结算价格以实现权责的清晰认定，同时配合一定的考核机制——工分制，保证了经济合同的激励性。

第二，厂内经济合同制的目标是提高经济效益。计划经济时期管理控制实践的一个明显特征就是将以产量为形式的生产任务作为导向，而厂内经济合同制是经济利益导向的，且在考核时也引入更多的价值指标。因此，不论是作为责任中心的车间，还是生产一线的职工，受到物质利益的驱动，不仅关注增产增收，也同样重视降本减耗，追求的是投入产出比最优化即经济效率最大化。

第三，厂内经济合同制的本质是全面质量管理。实行厂内经济合同制，上一车间与下一车间之间的关系是一种"供求关系"，即各个车间都将下一车间视为自己的"顾客"，并根据"顾客"的需求组织生产，这与西方质量管理理论倡导的"下道工序就是用户"的理念不谋而合。而所谓"全面"，主要体现在合同制定和执行过程具有全员参与的特点以及经济合同的约束对象几乎覆盖企业所有的部门和车间。

（二）承包经营责任制

承包经营责任制（简称"承包制"），是在社会主义公有制的基础上，按照所有权与经营权分离的原则，通过签订承包合同，确定国家与企业之间的责、权、利关系，使企业具有自主权的经营管理制度。1981年，首都钢铁公司作为全国扩权试点的首批重点企业，在国务院和北京市政府的支持下，改变了之前实行的国家与企业之间分成的办法，实行以"包""保""核"为特色的承包制，即全年上缴利润2.7亿元定额包干，超过部分利润全部留给企业。首钢推行承包制后取得了前所未有的经济效益，仅落实该制度的当年，首钢就实现利润3.16亿元，完成上缴任务后，企业留利4000多万元。

承包制之所以能够在首钢释放如此巨大的能量，取决于承包制独特的制度优势。承包制产生于国有企业以"放权让利"为改革思路的制度背景之下，是一次意义深远的社会实验。经营权的下放在客观上要求企业承担与之对等的经营责任，经营权在企业范围内运作的结果则反映为以利润为主要形式的经营成果，而经营权的实现又体现在企业与国家在经营成果的分配政策上。换言之，放权让利的关键是理顺国家、企业与职工的利益关系，实现权、责、利的有效结合。首钢责任制中的"包"强调的是经济责任的层层分解，其实质是岗位责任制，即每个层级直到每个岗位，都要确保落实到自己身上的承包任务的完成，体现了经济责任落实的全面性和彻底性；"保"要求确保企业内部单位、部门、岗位之间协作任务的完成，从横向联系的角度支持并保障经济责任落实的有效性；"核"就是对每项"包""保"任务都定出明确的考核标准和考核办法，严格考核并同分配挂钩，并实行"纵向考核到底，横向考核到边"的原则，以通过这套全面覆盖的业绩评价制度保证经济责任与经济利益的一致性。由此，以权、责、利的有效结合为特征的承包制，不仅全面包、层层包，而且包到人、包保合一、包核结合，形成一个纵横连锁、上下咬合、相互衔接、相互制约的经济责任体系（丁启文，1982）。

（三）邯钢经验

为了摆脱 1990 年连续多月、多种产品亏损的经营窘境，邯郸钢铁总厂从 1991 年 1 月起，在全厂推行了"模拟市场核算，实行成本否决"的经营机制。其内涵就是在非独立核算的二级分厂，以市场为导向，以国内先进水平和本单位历史最好水平为依据，对组成成本的各项指标逐项进行比较，找出潜在的效益，将原材料和出厂产品均以市场价为核算参数，进而核定出产品的内部目标成本和目标利润，层层分解落实，实行成本否决。其本质是一种目标成本控制，具有如下特征：

第一，以市场为导向，推厂入海。即转换经营机制，将市场机制引入企业内部经营管理。内部模拟核算依据的价格一律由计划价（原燃材料、辅料、产成品、半成品、耐火材料）改为市场价，并以市场上产品售价和采购原料的市场价为起点，采用"倒推"的方法，计算目标成本和利润。

第二，以成本管理为中心，紧抓成本的"牛鼻子"。邯钢认识到过去那种"增产增效"管理思路的弊端，变"增产增效"为"降本增效"，以国内先进水平和本单位历史最好水平为依据，对成本构成的各项指标进行比较，找出潜在的效益。成本是反映企业生产经营状况的一个综合性指标，抓成本可以带动各项基础性管理工作的开展，具有"牵一发而动全身"之效。

第三，以成本否决为关键，严格奖惩考核。成本否决的涵义是如果完不成成本指标，别的工作干得再好，也要否决全部奖金；连续完不成，否决内部升级；而累计完成后可以补发，旨在促使各单位以丰补欠，确保全年成本指标的完成。邯钢通过严格而透明的考核体系，激励全体职工努力挖掘降本空间与效益潜力，保证了经济效益的实现。

第四，以责任中心为载体，实现权、责、利的统一。经营机制的转变往往需要组织方式的变革。为了落实围绕"降本"为核心的"责",必须形成一套科学严密的责任体系。邯钢结合生产工艺特点与组织结构类型,设置了横向到边、纵向到底的责任中心。通过目标成本的层层分解,使各项责任指标分解到各责任中心及个人;通过与责任中心签订承包协议,并与奖惩挂钩,确保责任指标的落实与最终完成。

邯钢将成本与效益挂起钩来,将效益与分配挂起钩来,并以成本否决为杠杆,充分调动了广大职工当家理财、精打细算、加强管理、深挖潜力的积极性,进而达到个人增收、企业增效的目的。1992年利润达1.5亿元翻了十倍,1993年利润为4.5亿元又增长了3倍,1997年、1998年利润都在7亿到8亿元之间,仅次于宝钢之后居钢铁行业第二位。总之,在由计划经济向市场经济转变的第二个阶段,邯钢为国有企业改革的模式选择提供了可资借鉴的宝贵经验。邯钢经验在我国管理控制发展历史中具有重要的意义,它标志在我国的管理控制实践开始由封闭型的管控模式向开放式的管控模式转变,市场环境因素日益得到重视。此外,邯钢还综合运用责任会计、业绩评价、成本管理的理论与方法,使得管理控制要素环环相扣、彼此配合,管理控制的系统化趋势日益明显。

三、有计划商品经济时期企业管理控制特征

有计划的商品经济时期作为以经济体制转型为主导的社会全方位转型的过渡时期,其独特的政治、经济、社会和技术环境对企业的管理控制实践活动产生了深远影响。从政治环境看,政治路线的重新定位厘清了政治与经济的关系,引导微观经济主体的管控目标回归到提高经济效益的本质;经济体制改革重塑了企业经营所依托的经济环境,在市场竞争机制的作用下,企业管理控制的内容边界必然发生拓展;为了实现管理控制目标,必然对管理控制方式和程序提出更高的要求,对外开放的基本国策为技术环境的改善提供了政策依据;此外,社会价值观的分化为经济领域的系列变革带来了一定程度的引领和助推作用。总地来说,随着企业规章制度的逐步确定与完善,制度控制模式成为这一时期企业管理控制的主流模式。具体而言,这一时期的管理控制特征可以概括为如下四点:

(一)管理控制目标合理化:由政治导向转化为经济导向

企业是微观经济运行的主体,企业经营属于微观经济领域,因而旨在提高企业经营效率和效果的管理控制,其目标也应与企业目标一致,体现为一种经济导向。但是在计划经济时期,微观企业没有经营自主权,企业的管理控制活动具有较为明显的政治导向。而在有计划的商品经济时期,企业在经过放权让利、利改税等一系列改革后成为"自主经营、自负盈亏"的经营主体,并且随着市场机制逐步引入企业内部,价值规律开始发挥作用,完成计划产量的经营目标已不合时宜,以利润为表现形式的"效益"目标得到关注并成为企业经营的核心目标。而不论是早期的增产增效,还是后期的降本增效,这一切都需要向管理要效益,管理控制被视为提高

企业经营效益的有效手段而日益得到重视。可见，该阶段的管理控制目标趋于合理，逐步向经济导向转化。

（二）管理控制内容拓展化：由供产销一体化管控到资产管控

效益一词最早源于经济学，反映的是劳动成果与劳动占用、劳动消耗之间的关系（张先治，1994）。"增效"不止意味着经营效果（利润）的提高，还包括经营效率（成本）的改善，即效果与效率是效益的应有之义。当管理控制活动围绕增加企业效益的目标而开展，那么管理控制必然要同时关注经营的效率和效果两个方面。经营效果的实现机制是创收，因此需要具有市场导向的经营视角，有效地实施针对销售业务的管理控制；经营效率的内在要求是降本减耗，于是成本管理的着眼点决不能仅局限于生产部门，而应拓展至涵盖生产经营各个领域和环节，实行全面成本控制。由此，效益最大化的经营目标的确立，客观上对管理控制的内容拓展提出了更高的要求。此外，此时期的一系列改革也为管理控制内容的不断拓展奠定了基础。第一阶段的放权让利不仅使企业获得生产自主权，还拥有了采购自主权和自销权，从而使供产销一体化管控成为可能。第二阶段的政企分开、两权分离则促进了企业角色的转变和企业经营方式的变化，企业成为"自主经营、自负盈亏"的市场主体，经营方式由生产经营性转变为资产经营性，管理控制的内容进一步拓展至对投资、资产的控制。

（三）管理控制方法多样化：本土创新与西方引入相结合

管理控制内容范畴的拓展客观上要求管理控制方式的多样化，以适应改革的方向和企业"向管理要效益"的管控需求。此时期改革的基本思路是放权让利、政企分开。与经营自主权相匹配的是经济责任，不论是承包制还是经营责任制，都要借助于经济核算制对企业所负的经济责任加以明确，而经济责任的有效落实却必须借鉴西方责任会计的思路与方法。当时许多企业实行了责任会计或厂内银行，由此责任会计在我国的发展进入一个高潮期（乔彦军，1997）。但是，此时期的责任会计侧重于企业内部，缺乏市场视角（林万祥，2008）。随着"向管理要效益"的管控需求日益迫切，成本管理成为突出问题，目标成本管理理论成为管理控制界的新宠，比如武钢、邯钢先后提出的成本管理制度都标志着目标成本管理会计在我国企业的成功应用。

此外，对外开放的政策为中西方文化交融提供了有利的外界条件，西方大量的管理控制思想涌入中国并被应用于管理控制实践，如即时生产制、全面质量管理、业绩评价等管理控制工具。从整体来看，此时期管理控制方法的运用开始由单一化向多样化方向转变。

（四）管理控制程序系统化：基于整体视角

管理控制内容的全面化与复杂化不仅大大拓宽了管理控制的内容边界，而且还对管理控制程序提出了更高的要求。从程序理性的角度考虑，规范合理的控制程序是保证管理控制效果的前提。因此，过去那种将几个控制步骤简单串联的程序设计已经不能满足管理控制实现经营效率和效果的要求，必须转向整体视角，对管理控制程序进行系统性设计及优化。首先是控制目标的确定，虽然此时期没有明确提出战略目标，但是有的企业却已在目标利润（成本）的制定与分解中体现出以控制目标作为管理控制程序逻辑起点的管控思维。然后，将目标分解得到控制指标，将其与控制标准相对照可以实现业绩的评价。需要说明的是，此时期在控制标准的制定过程中突破了计划经济时期以实物量为主的模式，价值量成为了首要选择，即以价值量标准为主，实物量指标为辅。最后，将业绩评价的结果与激励机制挂钩，按劳分配原则的确立为充分运用基于物质的激励机制提供了依据，从而为管理控制工作落到实处提供了保障。

第三节　社会主义市场经济时期中国企业管理控制实践状况（1992年至今）

1992年，社会主义市场经济体制在中国正式确立。因此，一般将1992年之后至今的时期称为社会主义市场经济时期。社会主义市场经济建立之后，我国的社会面貌发生了翻天覆地的变化，经济发展进入高速增长阶段，人民生活条件有了大幅度改善，综合国力得到显著提高。日趋开放与成熟的市场环境不但直接影响了微观经济主体的运行，而且还深刻地影响了管理控制实践的创新模式与行为特征。

一、社会主义市场经济时期企业管理控制环境特征

（一）以政府职能转型为核心的政治体制改革[①]

1992年十四大之后，中国的政治体制改革进入了一个新的历史阶段问题的焦点聚焦于政府职能转型。2002年，中共十六大首次把政府职能的内涵归结为经济调节、市场监管、社会管理和公共服务四项内容。2006年10月，中国共产党第十六届六中全会通过《关于构建社会主义和谐社会若干重大问题的决定》，进一步明确要求"建设服务型政府，强化社会管理和公共服务职能"。自此，服务型政府第一次被写入执政党的指导性文件当中。2012年，党的十八大报告又进一步强调，"要建设职能科学、结构优化、廉洁高效、人民满意的服务型政府"。2017年，党的十九大明确提出，"转变政府职能，深化简政放权，创新监管方式，增强政府公信力和执行力，建设人民满意的服务型政府"。由"经济建设型"到"公共服务型"的

[①] "政府职能转型"的提法最初见于1988年4月9日七届全国人大一次会议通过的国务院机构改革方案，并在此后的政治体制改革中不断得到深化与推进，2013年习近平在中共十八届二中全会上明确指出"转变政府职能是深化行政体制改革的核心"。

政府职能转变,其本质是"主导市场经济"转向"服务市场经济"的政府角色转变(石杰琳和秦国民,2014)。在实现政府职能转变后,政府与市场的关系将更加明确,市场边界不断趋于明晰化,市场活力得到进一步激发,而这些变化必将会导致微观经营主体的管理控制行为无论从内涵还是外延上都得到极大地丰富与拓展,对资本的管控发展成为企业管理控制的核心内容。

(二)社会主义市场经济体制的最终确立与完善[①]

在有计划的商品经济时期,市场化手段在资源配置中的引入释放出前所未有的生产力,深化经济体制改革成为必然选择。为了进一步破除制约生产力发展的体制性障碍,1992年中共十四大明确提出建立社会主义市场经济体制的改革目标,实现了经济体制改革的历史性突破,我国开始沿着社会主义市场经济道路大步前进。这一时期也可以划分为两个阶段:

第一阶段是社会主义市场经济体制的建立阶段(1992—2000年)。1992年的十四大明确了社会主义市场经济体制的内涵与改革方向,1993年的十四届三中全会则进一步提出建立社会主义市场经济体制的框架与内容。总体来说,这一阶段宏观经济体制改革目标是建立全面、开放、统一的市场体系,而微观经济领域的改革方向是建立适应社会主义市场经济要求的,产权清晰、权责明确、政企分开、管理科学的现代企业制度,实行公司制。现代企业制度是能够适应现代社会化大生产和市场经济体制要求的一种企业制度,对于进一步转换国有企业经营机制、提高管控水平、激发企业活力和竞争力都具有重大意义。

第二阶段是社会主义市场经济体制的完善阶段(2001年至今)。2002年召开的中共十六大将完善社会主义市场经济体制作为"本世纪头二十年经济建设和改革的主要任务";2003年,党的十六届三中全会通过了《中共中央关于完善社会主义市场经济体制若干问题的决定》,进一步明确了深化改革的目标和主要任务,即在建设统一开放、竞争有序的现代市场体系的基础上,大力发展混合所有制经济,实现投资主体多元化,使股份制成为公有制的主要实现形式。党的十九大明确提出,"坚持社会主义市场经济改革方向,推动经济持续健康发展","加快完善社会主义市场经济体。经济体制改革必须以完善产权制度和要素市场化配置为重点,实现产权有效激励、要素自由流动、价格反应灵活、竞争公平有序、企业优胜劣汰。"

(三)社会价值观动态整合趋势明显

从某种意义上讲,市场经济对于当代中国社会价值观的建构具有重塑作用。市场活动在改变经营主体行为模式的过程中,能够潜移默化地作用于人们的意识层面,使思维方式和社会价值观发生变化。主要表现为个人主义价值观的日益突显。个人

---

① 根据习近平于2013年11月16日发表于人民日报的文章《"中共中央关于全面深化改革若干重大问题的决定"的说明》中所做的结论。

主义价值观经内化形成经营者"利润至上"的经营理念。"利润至上"理念是与市场经济相适应的经营价值取向，具有一定的历史进步意义，但是其过度强调局部利益最大的做法，将企业引导至为此不惜牺牲其他主体利益为代价的经营歧途，将国民经济引至粗放式增长的发展道路。随着社会主义市场经济体制的日臻完善，人们逐渐感知到个体生存与环境之间、自我实现与社会之间的依赖关系，开始由那种孤立、盲目地自我进取转变为在合作的氛围中谋取理性发展。个人主义的价值观与集体主义的价值观不再处于分化和对立的状态，而是在无数次碰撞和磨合的过程中，实现了对立基础上的统一和融合（张先治，2004）。"利润至上"的观念已经过时，实现企业可持续发展成为更多经营者的经营理念；企业摒弃了无视环境伤害和资源浪费的短视经营模式，更加关注外部性问题，更愿意承担社会责任，从而更好地实现企业的可持续发展、造福于社会。需要指出的是，不论是经营理念还是社会责任，乃至价值观本身，都是管理控制系统不可忽视的控制环境因素。这一时期不同价值观的融合不仅对于企业管理控制的价值取向与风格塑造具有潜移默化的影响，而且还是关乎管理控制机制能否有效运行的基础与保障。

（四）信息化的推进与信息社会的到来

信息化是充分利用信息技术，开发利用信息资源，促进信息交流和知识共享，提高经济增长质量，推动经济社会发展转型的历史进程。国家在"863"高技术计划[①]中已开始研究信息高速公路，并不失时机地制定全国性规划。在政府的推动下，我国先后启动三金工程（"金卡""金桥""金关"）等重大信息化工程、打造并力促信息化产业升级、力推电子政务和电子商务等信息化建设。信息化改变了社会中人们交往与沟通的方式，推动了政府治理革新，并驱动了商业运营模式转型。在全球经济一体化的背景下，开放的中国必须在经济、社会、文化、技术等多个领域与世界深度融合，而知识经济又在客观上对信息化提出了更高的要求。知识的集成、共享、转移、创新等活动的效率严重依赖于信息化的程度，先进的信息技术成为知识管理不可或缺的工具之一。李克强总理在第十二届全国人民代表大会第三次会议提出，要制定"互联网+"行动计划，推动移动互联网、云计算、大数据、物联网

---

① 国家高技术研究发展计划（863 计划）是中华人民共和国的一项高技术发展计划。这个计划是以政府为主导，以一些有限的领域为研究目标的一个基础研究的国家性计划。1986 年 3 月，面对世界高技术蓬勃发展、国际竞争日趋激烈的严峻挑战，邓小平同志在王大珩、王淦昌、杨嘉墀和陈芳允四位科学家提出的"关于跟踪研究外国战略性高技术发展的建议"和朱光亚极力倡导下，作出"此事宜速作决断，不可拖延"的重要批示，在充分论证的基础上，党中央、国务院果断决策，于 1986 年 3 月启动实施了"高技术研究发展计划（863 计划）"，旨在提高我国自主创新能力，坚持战略性、前沿性和前瞻性，以前沿技术研究发展为重点，统筹部署高技术的集成应用和产业化示范，充分发挥高技术引领未来发展的先导作用。朱光亚是 863 计划的总负责人，参与了该计划的制定和实施。国家高技术研究发展计划（863 计划）作为中国高技术研究发展的一项战略性计划，经过 20 多年的实施，有力地促进了中国高技术产业发展。它不仅是中国高技术发展的一面旗帜，而且已成为中国科学技术发展的一面旗帜。

等与现代制造业结合,促进电子商务、工业互联网和互联网金融健康发展,引导互联网企业拓展国际市场。"互联网+"概念的提出重新定义了信息化,而大数据、云计算技术将引导经济转型,并引发管理控制的深刻变革:传统的经营模式将被颠覆,平台企业将取代传统企业成为价值创造的主流模式;组织边界被模糊化,与科层组织特点相匹配的命令式垂直控制已不能满足管理控制的需求,节点网络的组织协同性管理发展为一种新型的管控方式(高良谋,2015)。

二、社会主义市场经济时期企业管理控制典型实践

管理控制的本质在于对风险进行有效管控。在社会主义市场经济时期,随着世界经济一体化进程的不断推进,世界各国各类市场的不完全性在给企业的经营活动带来更多机会的同时也带来了更大的风险,新时期的环境与变化必然对企业的管理控制理念、方法和技术产生冲击。首先,风险的非连续性决定了管控思维必须转变,必须实施柔性管控,华为基本法就是这一思维转变的典范。其次,随着市场风险的增加,必须进行有效的成本管控,亚星的购销比价管理值得借鉴。此外,风险管理的复杂性和难度系数的上升,科学管理与精细管理日益受到青睐,中原油田的"三优化,三平衡"预算管控和海尔集团的OEC管理给企业管理控制实践变革带来了有益的启示。另外,在现代企业制度下,管理控制要解决的根本问题是代理问题引发的逆向选择和道德风险,胡祖光教授的联合确定基数法为企业有效解决代理问题带来了新的思路。基于上述理由,本章下面主要介绍以下五种社会主义市场经济时期企业管理控制典型实践。

(一)华为基本法

华为技术有限公司是一家生产销售通信设备的民营通信科技公司,是全球领先的信息与通信技术(ICT)解决方案供应商,创办于1988年。经过近30年的成长与蜕变,华为从一家只有6名员工、总资产仅2万余元的小型私企,一跃成为全球通信电子业的巨头。这一华丽转身,固然与自改革开放以来系列政策和体制变革所营造的有利市场环境有关,但也与华为自身的管理控制实践创新存在着莫大的关系,其中最为引人注目的便是华为基本法。

华为基本法是华为集团在市场经济时代,出于对企业增长陷阱的忧虑以及企业未来发展的战略性思考,逐步形成的一套企业经营管理纲领和管理控制体系。在华为基本法的指引下,公司顺利渡过了成长瓶颈期和金融危机,此后始终保持快速发展的势头。那么,华为基本法究竟具备何种特质,何以能产生如此惊人的效果呢?

华为基本法之所以取得成功,首先得益于其充分重视企业文化的软控制作用。企业文化是为全体成员所认同并遵守的价值观、经营理念和企业精神,以及在此基础上形成的行为规范的总称,是企业制度控制系统中控制环境要素的重要组成部分。由于对狼身上特有的敏锐嗅觉、进取和群体奋斗精神的推崇,华为文化通常被业内

人士形象地称为"狼性文化"。其中，敏锐的嗅觉意味着要时刻保持对内外环境强烈的危机意识和忧患意识。华为基本法要求：必须警惕长期高速增长有可能给公司组织造成的脆弱和隐藏的缺点，必须对成长进行有效的管理，如推行末位淘汰就是基于危机意识的思考而对业绩评价方法做出的改进。进取精神意味着不屈不挠，高效高压。一旦选定目标，就会以高强度配置资源，集中有限力量以实现重点突破。而群体奋斗精神则彰显了华为集体主义观念和团队合作的思路，主张在顾客、员工与合作者之间结成利益共同体，努力探索按生产要素分配的激励机制。

除此之外，华为基本法还通过业务流程再造实现柔性管理控制。业务流程再造组织结构是集营销、生产、工艺设计于一身，具有高度灵活性的特征。华为围绕项目和流程组建多功能跨等级的项目团队，各职能部门的工作人员之间并没有隶属关系，而只是一种典型相互协作的网状连接，从而构成一种网络结构。这种跨部门和跨职能的项目团队打破了部门分割和职能对立的藩篱，由部门本位转变为顾客本位或者市场本位，能够对市场上最新出现的机会和变化做出最为灵活和迅速的响应，从而提升战略实施的效率和效果。另外，在业务流程框架内还配备了"人均年收入高于区域行业相应的最高水平"，"给予最贴近顾客和最先觉察到机会的基层主管和员工授权和机会"等制度。这种以人为中心的柔性管控思维更易于学习型组织的建立，增进创新活动的频率和提升成果转化的成功率，进而驱动战略的实施和公司目标的达成。

然而，再好的制度如果不能很好地执行，也将形同虚设。华为以近乎严苛的军事化管理方式打造钢铁般的执行力，以保证预期管控效果的实现。企业军事化管理是指一个企业把军队的管理方法、管理模式及管理经验作为借鉴，并把这些管理方法、管理模式及管理经验与现代企业管理相结合，有效地运用在企业的各项管理工作之中，同时用军队的管理思想去教育和引导员工，有效提高企业员工的执行力。华为实行军事化管理固然与企业领导人的军人背景有关，但同时也是基于风险意识对企业经营轨迹不断反思的结果。流程管理灵活性的背后潜藏着决策和执行随意性的风险，而军事化管理的强制性、严格性、正规性与经常性则能够将这种风险降到最低（张雪峰，2012），且具有强化流程管理效率的作用。华为通过军事化管理扬流程管理之长，抑流程管理之短，显著地提高了决策执行的速度和质量，提升了经营活动的效率和效果。

（二）亚星购销比价管理

山东潍坊亚星集团是国家512户重点企业。由于其生产规模巨大，物资采购在产品成本中占很大比重，如果采购价格发生1%的偏差，就可能产生300万元左右的损失。从1994年起，公司开始实行购销比价管理，物资采购支出项目5年内累计节约达7092余万元。公司的销售收入和经济效益保持了持续15年的增长势头，主要经济技术指标居全国同行业前列。

购销比价管理法是在买方市场初步形成和企业拥有自主定价权的前提下,对"购"和"销"两大风险关口实施控制和监督的一整套系统的方法。购销比价管理法有两个要点:其一是在满足企业质量需求的前提下,通过比价实现低成本采购;其二是在满足用户质量需求的前提下,争取较高价位销售,产品购销实行同样产品比质量、同样质量比价格、同样价格比信誉。亚星购销比价管理既是一种成本控制方法,同时又与资金管理、质量管理、营销管理、业绩评价有机结合,该体系具有如下特点:

第一,权力制衡化。首先在机构设置上,亚星集团依照制衡原则设立了计划、购销、质检、仓储、审计、财务、考核和服务等职能部门,并明确了各部门的权限职责。其次,运用内部牵制的思想,将询价、议价、签约和履约等不相容职务进行有效分离,确保任何一桩采购或销售行为,都不能由一个部门或人员控制其全部过程。以上分离设计的思路有效地实现了权力的分散化,从而有效地降低了由于权力的绝对化造成的舞弊风险。

第二,比价制度化。亚星集团还制定了大量的制度、办法、条例,为实施购销比价管理提供制度框架与操作指南,并通过这些制度规范与限制企业各级管理者与员工行为,以保证管理活动不违背或有利于企业战略目标的实现。在购销比价管理中,管理的核心始终围绕着一个"价"字,因此亚星制定了《物资管理条例》,就产品销售价格和物资采购价格的管理做出规范,明确价格审定中的权力与责任、内容与范围以及考核与奖惩等事项。此外,为了保证比价的同时不降低质量,亚星还颁布了《定点采购物资办法》,要求大宗原材料物资都要在质量保证体系中确立的定点"合格供应商"处采购,如果两次验收不合格即取消该供应商定点供货资格。此外,亚星还制定了《经济合同管理规定》,凡采购5000元以上的物资都要签订经济合同,从而保证比价过程的合法性与合规性。而《经济责任考核办法》将激励机制引入购销比价管理中,通过建立可追溯责任的业务台账制度,将比价的结果与奖惩措施结合起来,以此保证比价责任的落实与比价活动的效果等等。

第三,比价监控全程化。亚星在审计处下设立物价科,作为价格监控的常设机构,其主要职责是对比价活动实行全过程监控。首先是事前计划审核。所有物资采购在使用单位或部门根据需要提交初步计划后,需由计划处根据掌握的情况和公司预算分口分类把关,核实汇总,报审计处审核;采购计划经审核后,需报分管副总经理审批后方可下达给供应采购部门执行。然后是事中价格审核。经批准的物资采购,需填写《采购物资价格申报单》并报物价科审核。最后是事后票据审核。采购物资的支付款项经物价科审核后开具《审核通知单》,财务部才能办理结算手续。可见,通过全过程的比价监控,保证了采购计划的合理性、比价过程的有效性,规避了比价结果落实的不确定性。

(三)联合确定基数法

随着两权分离和现代企业制度的建立，委托代理问题成为困扰多数企业的核心问题。剩余索取权问题是委托代理问题的核心问题，而剩余索取权分享机制的合理设计是委托代理问题能够成功解决的关键。剩余索取权的分享机制中最核心的环节在于基数的确定（胡祖光，1998），议定基数的部分归代理人所有，超过基数部分的全部或大部分归代理人所有。然而，现实的问题是在基数的商定过程中，委托人基于获利目的努力提高基数，而代理人则强调困难，竭力压低基数。如何使代理人主动报出一个经过努力可以实现的最大基数，而委托人也没有必要费力提出一个较高的基数（胡祖光，1999），联合确定基数法恰恰满足了这一管控实践提出的现实要求。

不同于中国大多数管理控制方法源自于企业在实践中的长期摸索，联合确定基数法（HU）则遵循"学者提出——试点检验——方法提炼"的形成路径。HU 是胡祖光教授基于经济人有限理性和信息不对称的现实约束，通过设计一种激励相容的剩余索取权分享机制，使委托人与代理人目标函数趋于一致，从而有效解决企业内部委托代理问题的制度创新。HU 理论自从 2000 年被媒体广泛报道后，开始在全国较多的企业、事业单位应用，并取得了很好的效果。其中，最令人鼓舞的是 2001 年北京北辰集团应用 HU 理论后利润增加 3010 万元和 2007 年洛阳石化总厂应用 HU 理论后实现利润翻番。

HU 的核心内容可以概括为 24 个字："各报基数，算术平均；少报受罚，多报不奖；超额有奖，欠收有罚"（胡祖光，1999）。具体而言，"各报基数，算术平均"要求由委托人与代理人分别报出一个基数，并将这两个数字进行算术平均，从而得到合同承包基数。"少报受罚，多报不奖"是指待年度终了时，将代理人实际完成的利润数与他年初时提出的自报数进行比对，如果前者大于后者，则说明他年初时通过压低自报数隐瞒了自己的实际能力，从而导致了算术平均后的合同承包基数也较低，为此要对代理人进行惩罚，惩罚标准是少报部分的 50%；反之，也不实施奖励。"超额有奖，欠收有罚"是指到年终时，如果实际完成的利润数超过合同承包数，则按超出部分 70% 的标准进行奖励；反之，则不足部分的 70% 要由代理人（承包人）用自己风险补偿金补足。

"少报罚五"是 HU 不同于一般承包方法的关键，正是由于"少报罚五"，才使得代理人不敢滥用他所拥有的确定基数的一半权利，不敢把自报数报得过低来压低合同承包基数而使自己获得尽可能多的超额奖（胡祖光，1999）。HU 这套独特而新颖的管理控制方法，在激励相容的同时有效地抑制了代理人的逆向选择引发的代理风险，对建立真正意义的现代企业制度具有非常重要的理论启发和实践应用价值。

（四）中原油田的"三优化，三平衡"预算管控

预算既是一种有效的资源配置手段，也是一种重要的战略执行工具。正是由于通过预算管理，可以对企业战略执行的过程进行监控，从而推动战略目标的实现，

因而预算管理还是一种非常必要的管理控制方法。由于我国社会主义市场经济脱胎于高度集中的计划经济体制，我国企业一向重视计划、预算等管控工具的管控职能，通过中原油田的"三优化，三平衡"预算管控便可见一斑。

基于油气行业高风险行业的特质，油品价格是不可控制的外生变量，获利的有效途径便是实行成本控制。过去那种成本包干、成本倒算、成本双向控制的成本预算方法已经远远不能跟上经营环境和地质条件的变化，所编制的预算往往与实际脱节，预算控制流于形式。针对这种情况，中原油田开始探索采用"三个优化，三个平衡"的弹性预算的编制方法。

"三个优化"就是在油气产量指标确定以后，由地质、工程、财务等部门一起通过评价和优选，达到对产量结构的优化、对地质开发方案的优化和对措施结构的优化，使其最大可能地满足产量和效益指标的要求（郭延山，2000）。产量结构优化是指应基于不同原有产量结构在成本和效益上存在的差异，根据油价的变化对原有产量结构进行调整，从而实现降本增效；地质方案优化是指应就地质、产能建设、工艺、地面配套等方面提出多个方案并进行比较论证与科学评价，以保证甄选出最优方案并付诸实施；措施类型优化是指应就增产的措施组合进行优化，针对不同的油井搭配不同的增产措施，保证以最小的措施成本实现最大的经济效益。

"三个平衡"是指按照优化后的实施方案，组织各生产单位和职能部门进行工作量预算平衡、物料预算平衡和外委外雇项目预算平衡。

1. 工作量平衡会

工作量平衡会是生产计划编制的一个环节。每月中旬，由地质、工程等技术部门牵头，组织由各生产单位和财务等职能部门参加的下月生产工作量平衡会，通过认真平衡安排油水井维护、新井投产、油水井监测、设备修理等具体的生产工作量，排出下月作量运行表，作为编制财务预算的依据（郭延山，2000）。该环节分为两个步骤：第一步是预计工作量，要求各单位根据生产经营目标提出下月的工作量安排，并说明为实现这些工作量所需投入的成本以及实现后对于经营目标的贡献。第二步是平衡工作量，在此过程中应同时注重技术层面的可行性与经济层面的效益性，从风险、成本和效益三个维度对工作量组合进行优化，以保证投入产出的最大化。

2. 物料平衡会

物料平衡会是编制材料消耗计划和预算的重要环节。该环节也包括两个步骤：其一是物资计划和资金预算，即物资供应站根据生产预算编制月度物资需求计划，并提请生产部门核实；其二是物资平衡，由物资管理领导小组组织召开。物资平衡主要有三项平衡内容：库存物资的平衡，即调剂平库，将物资从多余的库存中调往急需的料库中，以确保物资的统筹与合理使用；预算资金与物资成本的平衡，即在不同的月份之间、不同的成本项目之间调剂使用预算指标，以确保年度预算目标的实现；库存物资与生产计划之间的平衡，如果前两个平衡并不切实可行，应返回调整原来拟定的生产计划及工作量，以保证材料消耗预算与生产计划的一致性。通过物料平衡会，加强了物料管理的计划性和缜密性，确定了全厂物料预算，并形成当月的材料消耗采购计划，分头上报审批（郭延山，2000）。

3. 外委外雇项目平衡会

外委外雇项目平衡会是编制和确定外委外雇项目计划和预算的核心环节。所谓外委外雇项目就是需要委托或雇佣分公司或外部单位提供产品或劳务的项目（郭延山，2000）。外委外雇项目平衡会也包括两个步骤：项目审核和项目平衡。项目审核即由企业管理部门根据生产预算按月度编制外委外雇项目计划，并组织召集有关生产单位主管领导对每个项目进行审核。审核主要包括三个方面：一是审核项目是否为生产所需、是否为生产急需，避免出现个人或部门利益导向的外委外雇项目；二是审核项目申报资金是否合理、充足，既要通过资金平衡、挂账等方式保证项目资金供给，又要防止人为操纵项目投入的情形。三是审核在中原油田内部是否有能够胜任该项目的单位，以节约外付资金。第二步是项目平衡，由外委项目管理小组负责组织召开月度外委外雇项目平衡会议，平衡当月外委外雇项目计划。该计划在经厂总会计师或经营厂长审定后，方可进行项目招标和后续的资金安排。

预算编制是预算控制系统的一个重要环节，预算编制质量的高低直接影响预算执行结果。在预算编制的过程中应在各个部门之间进行充分的协调与沟通，以确保预算资源配置的最优化与责任部门的利益均衡。中原油田的"三优化，三平衡"预算管控充分体现了预算编制的上述原则，使预算编制更具科学性、预算管控更具实效性。以中原油田的"三优化，三平衡"预算管控为代表的企业预算管控改革标志着我国多数企业在预算管控水平已经达到一个新的高度。

（五）海尔集团的 OEC 管理

市场经济犹如大浪淘沙，优胜劣汰是企业在激烈的市场中生存的基本法则。只有苦练内功、加强管控，才能立足不败、基业长青。海尔集团从创立之初，就意识到了管理控制的重要性，创造性地提出了许多经典的管理理念和管控方法，其中最具特色和最突出的亮点就是著名的"OEC"[①] 管理模式。

OEC 管理模式由三个基本框架构成，即目标系统、日清控制系统和有效激励机制，三者相互配合，共同构成了一个完整的管控过程。首先，由目标系统制定并分解目标，分解后的目标要具体、量化，即具体到每一人、每一天、每一项工作，且都有量化的工作内容与考核标准，实现数字化管理。之后由日清体系来执行完成目标的基础管理工作，即以 3E 卡为工具（即每人、每事、每日记录卡），记录每个人

---

① OEC 是英文 Overall Every Control And Clear 的英文缩写，其基本含义是全方位地对每人、每事进行控制和清理。具体而言，即企业每天所有的事都有人管，控制到人不漏项；所有的人均有管理、控制的内容，并依据工作标准，按规定的计划执行；每日对每个过程或每件事进行控制，把执行结果与计划指标对照、总结、纠偏，确保实现预定的目标。

每天对每件事的日清过程和结果,实现"日事日毕";并要求职工坚持每天提高1%,70天工作水平就可以提高一倍,实现"日清日高"。此外,为了确保"日清"的基础性管理工作不偏离企业目标,OEC通过有效激励机制对日清的结果进行管理和控制,如通过3E卡实现职工收入的透明化,通过质量责任价值券实施正、负向激励。

相较于之前的管理控制实践,海尔的OEC管理模式实现了以下几点创新:

第一,将市场理念融入管控活动。秉承海尔要永远追求哲学上否定之否定的境界和高度的管理理念,海尔发明了"海尔定律",又称斜坡球体论。它将企业比喻为爬坡的一个球,会受到来自市场竞争和内部职工惰性而形成的压力,如果没有一个止动力它就会下滑,这个止动力就是企业基础管理和持续改进要求。市场竞争是企业前进源源不绝的动力。OEC管理模式正是将海尔定律应用于企业内部的管理控制实践,是在激烈的市场竞争中企业对于如何修炼内功不断思索的成果体现。

第二,由结果控制转变为过程控制。结果控制与过程控制各有利弊,结果控制通常与目标管理相结合,仅注重既定目标的完成或实现情况,而不关心目标实现的过程,控制成本较低;过程控制不仅关注结果,更关注实现目标过程中的及时纠偏,控制效果更佳,但往往需借助于看板管理、计算机辅助制造、ERP等先进的管理技术来实现,因而控制成本偏高,适用于管理基础较好的现代化企业。海尔通过日清控制系统的OEC综合管理看板等工具,有效地实施了员工的自控、工序间的互控、巡检人员的专控,流程管理能力得到提升(牛琦彬,2009),实现了全员、全方位、全过程的无死角监控,管控的精细化程度大大提高。

第三,多种激励手段综合运用。为了激发员工的积极性和贡献精神,海尔OEC管理模式融入了多种激励理念和激励方法。除了工作任务本身产生的自我报偿机制外,海尔还形成了物质激励作基础、晋升激励定方向、精神激励创文化的全面激励制度。如推行计点到位、绩效联酬的全额计点工资;实行"优秀员工、合格员工和试用员工三工并存,动态转换";多层面设置奖项,对个人设有海尔奖、希望奖、合理化建议奖;对集体设有合格班组、信得过班组、免检班组、自主管理班组等集体荣誉奖。在激励过程中,不仅重视正向激励的激发与鼓舞作用,而且也充分发挥负向激励的制止、约束作用以及对正向激励的强化作用。更为重要的是,日清系统的使用极大地便利了即时激励方式的运用,在生产过程中出现的问题往往得以在问题发生的当时被发现和纠正,当场对责任人施以惩罚,而对于发现问题的员工给予一定的奖励。这些措施都极大地调动了员工参与企业生产与管理的热情,培养了员工的主人翁精神,从而为更好实施管理控制和实现企业追求卓越的目标提供了坚实的保障。

三、社会主义市场经济时期企业管理控制特征

社会主义市场经济时期的社会环境发生了翻天覆地的变化,这些变化必然会对作为微观经营主体的企业经营方式和管理控制模式产生重大影响。社会主义市场经济体制的最终确立带动了市场的繁荣，而政府职能转型为核心的政治体制改革则能够为市场化程度的进一步提升实行有效"松绑"，政治生态的改善和经济环境的优化为企业实施以资本增值为导向的管理控制活动提供了有利条件，管理控制内容趋于全面化；信息技术的发展引发管理控制技术方法的深刻变革，从而为更好地实现管理控制目标提供技术支持和保障。此外，社会价值观的整合趋势日益明显，社会效益得到广泛关注，企业管理控制活动朝着力求在兼顾谋求企业利润与造福于社会之间寻找平衡点。总体而言与前两个时期相比，除了制度控制模式外，预算控制和评价控制等模式得到越来越广泛的应用，甚至在企业实践中，激励控制模式也得到越来越多管理者的青睐。具体而言，这一时期的管理控制特征可以概括为以下四点。

（一）管理控制目标最优化：以追求资本增值为导向

企业改革的方向是建立适应市场经济要求的产权清晰、权责明确、政企分开、管理科学的现代企业制度。现代企业制度的建立，理顺了国家与企业的关系，明确了国家作为出资者的角色，企业在拥有更大自主经营权的基础上进一步实现了经营方式的转变，即在生产经营型向资产经营型转变的基础上，进一步向资本经营型转变（张先治，2004）。资本经营是企业集团化发展的必由之路，国内大型的企业集团一般都有其独到的资本经营模式。资本经营的内涵是指企业以资本为基础，通过优化配置来提高资本营运效益的经营活动，其活动领域包括资本流动、收购、重组、参股和控股等能实现资本增值的领域，从而使企业以一定的资本投入，取得尽可能多的资本收益。企业经营方式的转变进一步引发企业管理控制发生系统性转变，企业管理控制的目标从追求单纯的利润、一定资产投入的利润最大化，向一定资本投入的利润最大化方向转变，即追求资本增值这一根本目标，具体可表述为提高资本经营活动的效率和效果。上文提到的华为基本法中的业务流程再造、海尔的OEC管控模式无一不是围绕资本增值这一根本目标。资本增值目标是市场化的产物，它符合可持续发展的经营理念。企业管理控制活动必须服从于、服务于这一根本目标，采取现代化的科学管控手段对影响资本增值、效益增长的有利因素充分利用，对不利因素进行识别、评估和控制，以实现企业在复杂多变的市场环境中激流勇进，经久不衰。

（二）管理控制内容全面化：涵盖全部资本经营活动

如前所述，管理控制内容与管理控制目标直接相关，是管理控制目标在企业经营领域中辐射的结果。在社会主义市场经济条件下，既然追求资本增值被确立为企业管理控制的根本目标，那么为实现该目标而进行的全部资本经营活动都应该纳入到管理控制内容的范畴。从数学关系上看，资本增值是资本收益与资本成本相比较之后的结果，其中资本成本的大小取决于投入资本的数额以及资本结构。从企业的实践经验来看，资本经营需以资产经营为依托，资本经营不能离开资产经营而孤立存在，资产经营是资本经营的环节或组成部分，因而此时期企业管理控制的内容不再局限于资产经营方式下的供产销业务和经营资产，而是进一步扩展到资本投入的控制、资本结构的控制、资本成本的控制、资本收益的控制（张先治，2004）。管理控制的内容全面化，几乎涵盖为实现资本增值为目的的企业全部的资本经营活动。

（三）管理控制程序交互化：从封闭系统向开放系统转变

西蒙早在1995年就提出将交互式控制系统作为一种高级的控制杠杆。他认为，企业环境的变化是动态的、持续的，管理控制系统也必须不断地进行自我调整、自我改进，管理者必须开展组织对话、推进学习、鼓励创新，因而需要运用交互式管理控制模式或观念激发组织不断进取并促进新创意、新战略的诞生。可见，交互控制系统不仅仅是一种战略执行机制，更是一种反馈系统。

从企业的管理控制实践来看，企业内部往往会同时设立多个控制子系统，并将控制子系统之间合理对接，适度嵌入，产生合力，形成联动效应，从而构成了原始的交互控制系统。但是进入21世纪以后，全球化竞争的加剧、信息社会的到来、非线性与高频的环境变化，都对企业的管理控制提出新的挑战。企业内部的管理控制重心从过去强调内部资金的价值管理转向企业外部价值的协同与创新，不但要实现各个控制程序、控制子系统之间的协调、配合，而且还需要关注企业内部管理控制系统与环境的交互作用，并在这一过程中实现对原有战略的检讨与新战略的形成。如华为"狼性文化"就非常强调通过捕捉内外部环境变化而对企业的"成长"进行管理与控制。原来的诊断控制系统已经不能满足环境变化对企业管理控制提出的新要求，战略与目标不再作为企业管理控制系统中的前定变量，而进一步变化为管理控制系统中重要的决策内容。交互控制系统恰恰满足了上述管控需求，它不仅仅是执行战略的控制，它也是调整战略的控制。正所谓"今天"的控制影响"明天"的战略。随着控制环境的迅速变化，管理控制提供了新战略的信息基础。正是由于交互性的管理控制系统重视环境的影响，并将环境作为战略决策的重要变量，因此，此时期的管理控制系统体现为由过去的封闭系统向开放系统转变。

（四）管理控制方式精细化：由精细化管理到精细化竞争

市场机制作为主导型的资源配置方式，固然具有充分调动市场主体生产经营积极性的功效，但是市场的开放性、不确定性、复杂性与多变性导致了微观经营活动的难度与成本呈几何级数上升。"打铁还需自身硬"，要在激烈的竞争激流中开拓进取，必须有过硬的品质与品牌，必须有扎实的管理基本功。过去那种不计投入、不重成果的粗放式管控方式显然不再符合市场生存的法则，只有注重产品服务质量、讲求经济效益的精细化管控方式才能够满足新时期提出的管控需求。精细化管控充分运用系统论、控制论的理论和方法，以精细分工为基础，关注产品生产经营的每个细节，正确把握质量与零缺陷的关系，锻造以产品、服务质量为核心、以品牌价值为重点的管理控制体系。精细化管理最大和最重要的特点在于将管控的触角向业务前端延伸，由事后的反馈控制向事中实时控制和事前前馈控制转变，由静态控制向动态控制转变。精细化管理思维下的管理控制工具"贵精不贵多"，主张通过对过程和细节的把握来实现既定的管控目标，于是预算管理、目标管理、作业管理、流程管理等方法被广泛应用于企业管理控制实践，并注重与业绩评价、风险管理、信息系统等其他控制系统的对接与融合。如上文提到的亚星购销比价管理、中原油田的新型预算管控模式以及海尔集团的案例本质上都属于精细化管控，胡祖光教授提出的联合确定基数法可以看作是责任会计进一步向精细化发展的产物。此外，价值管理理念的深入人心带来了以 EVA 为代表的业绩评价模式的改变；对于环境变化的关注使人们开始具备权变思维，战略管理成为驱动价值创造的重要途径，以战略控制为中心的 BSC 管理方法赢得了越来越多管理者的青睐。

第二章

管理控制理论研究综述

管理控制是一门发展中的学科,在不同时期不同阶段,管理控制研究也呈现出权变性与变迁性,管理控制的权变性与变迁性是管理控制理论在不同环境下持久有效与保持科学性的重要前提。在管理控制理论发展进程中,西方理论界对管理控制的研究起步比较早,研究框架也相对比较成熟,基本形成了基于不同理论、不同学派的管理控制理论体系和方法体系,同时管理控制在国外企业的实践中也取得了一定的成果。与之相比,国内管理控制研究大致起步于21世纪初,在近十年开始受到理论界和实务界的广泛关注,结合国外管理控制理论研究的前期成果以及中国独特的制度背景,国内学者在管理控制概念、理论、主题和方法等方面展开了一系列针对性研究,并探索管理控制理论和企业管理控制实践的协同发展。因此,本章的目的是对当前管理控制理论研究现状进行回顾和总结,理清管理控制理论研究的脉络和发展现状,并为未来的管理控制研究奠定基础。本章在对西方管理控制研究脉络进行梳理,介绍西方管理控制的基本理论、管理控制学派以及管理控制研究主题与方法变迁的基础上,回顾了中国管理控制基本理论的研究现状,捕捉中国管理控制应用理论研究的热点问题,并探索中国企业管理控制在未来的研究方向。

第一节 西方管理控制研究综述

一、西方管理控制基本理论研究

管理控制思想的根源存在于早期的管理思想中。在管理思想产生的最初,就蕴含着控制思想的萌芽,古典管理思想的发展进一步为管理控制思想提供了重要的理论根基。在早期管理控制思想发展的推动下,西方理论界对管理控制的研究不断取得进步,纵观西方管理控制理论的研究,可以发现对这一领域的探讨主要集中在管理控制概念、管理控制系统框架、管理控制系统发展模式以及控制环境与管理控制系统的关系等几个主要方面。

(一)关于管理控制概念的讨论

早期的管理控制是作为管理的一种职能出现的。到20世纪中期,随着控制论、系统论的出现，有很多学者从控制论、系统论的角度出发来研究管理控制。后来，又有更多的学者从会计和财务角度提出管理控制，目前占据主流的观点是从会计和财务角度出发的管理控制。

早期的管理思想中将管理控制视为管理的一种职能，迪尔莫认为："控制是要求管理层知道在企业所有的分支及部门中，什么应该去做和什么正在被做的管理原理。如果正在做着的事情与应当做的事情相背离，控制，就意味着知道为何如此偏离，控制也意味着知道怎样克服既定的缺点、弊端或者是过多的成本，并且要进行补救"（1924）。迪尔莫的观点仅概括了管理控制模式中最基础的部分，不足以代表管理控制的全部内涵。

1948 年维纳（Weiner）《控制论》的付梓印刷和广为流传，使得管理控制研究深受其影响。控制论对于极具复杂性的管理控制系统的主要贡献在于，它的研究试图应用相关的、简单的反馈机制解释复杂系统的行为。与此同时，系统论也逐渐融入管理控制的研究中，系统论对于管理控制的重要贡献在于其所采用的"系统的方法"使得人们不再仅仅关注单纯的脱离其环境的某个变量的控制，而是将注意力放在组织的全面控制上。系统论的引入使管理控制系统的界定引起了人们对于建立开放系统还是封闭系统的回顾与争论。

玛金（Machin，1983）在对管理控制系统的批判回顾中，分别探究了"管理""控制"和"系统"三个术语，阐明了对管理控制系统进行研究，其重心应当是："那些正规化的、系统发展的、整个组织范围内的数据处理系统，设计这些系统是为了促进管理控制运行"。玛金的这种界定避免了管理控制概念范围的争论，为理论研究者们留下了容纳分歧的空间。但这种"宽容性"导致了这一观点缺少自己精确的内涵界定，而无法建立起完善、独立的管理控制系统框架。

以安东尼为代表的学者强调以财务和会计为基本手段的管理控制的内涵。安东尼（Anthony，1965）对管理控制做出的定义是"经理人员为实现组织目标而确保资源使用和分配有效果和有效率的过程"。他认为管理控制是处于战略计划制定和作业控制过程间的中间环节，战略计划制定是指整个组织长期目标的设定，作业控制是指确保即期任务被执行的活动。通过管理控制将两者联结可以使得全球性目标被分解成组织内部各组成部分的次级目标，未来发展目标被赋予更为现实性的内容，长期目标转换为较短时期的目标。安东尼的理论在管理会计领域中广为应用，但因为过于强调运用财务和会计的方法和手段来实施管理控制，而受到了后人的批判。但无论如何，安东尼都对管理控制理论做出了开拓性的贡献，他将管理控制划分为三个层次主体的控制，这有利于不同层次控制的深入和细化研究。

（二）关于管理控制系统框架的讨论

在管理控制发展的不同时期，学者们按照各自的概念体系构建了相应的管理控制系统框架，对管理控制系统框架的研究逐渐成熟发展起来。

1. 以控制论为依托所构建的管理控制系统框架

彼得·罗伦基和麦克尔·S·斯科特是这种观点的典型代表,他们(Peter Lorange, Michael S. Scott Morton, 1974)认为管理控制系统的根本目标是帮助管理部门完成组织目标,其规范化框架包括以下几个方面:(1)相关控制变量的鉴别;(2)良好的短期计划的设计;(3)整套控制变量中短期计划实际完成程度的记录;(4)偏差的分析。罗伦基等人描绘的管理控制系统框架仍然是构建在狭义的以控制反馈为基础的管理控制概念之上的,无法客观地反映出各种因素对管理控制系统的综合影响。

2. 以管理的控制职能为依托所构建的管理控制系统框架

威廉·罗奇(William Rotch, 1993)设计的管理控制系统综合框架一定程度上克服了罗伦基等人的弊端,综合地反映了管理控制系统环境、管理控制系统实施过程以及管理控制系统中的沟通和反馈方式。如图2-1所示。在这一框架中,左边一栏可以看成是管理控制系统的环境、右边一栏可以看成是管理控制所要达到的目的,最上方可以看成是管理控制系统的实施过程。

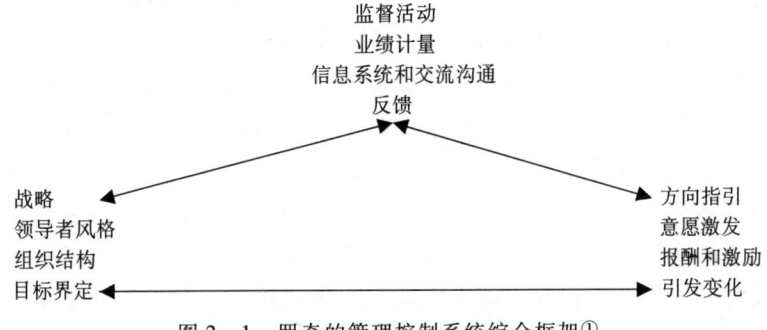

图2-1 罗奇的管理控制系统综合框架①

3. 以控制手段为依托所构建的管理控制系统框架

罗伯特·西蒙(Robert Simons, 1995)随后提出了四种管理控制杠杆:边界控制杠杆(Boundary Control Lever)、诊断控制杠杆(Diagnostic Control Lever)、信任控制杠杆(Belief Control Lever)和交互控制杠杆(Interactive Control Lever),同时将每一种杠杆本身都置于一个使该杠杆发生作用的政策与方法系统——管理控制系统当中,相应地也就产生了四个系统,边界控制系统、诊断控制系统、信任控制系统和交互控制系统。但是这一框架对于控制环境有欠考虑,在"权变方法已经成为管理控制系统研究主旋律"(Dent, 1990)的时代,不考虑控制环境而孤立地研究管理控制系统是很难设计出科学、有效的管理控制系统的。

---

① William Rotch. Management Control Systems: One View of Components and Their Interdependence British Journal of Management 1993.

4. 以财务和会计等基本控制手段为依托所构建的管理控制系统框架

这种观念的典型代表是安东尼等提出的管理控制系统框架，体现在其著作《管理控制系统》中（Anthony，1998）。安东尼设计的管理控制系统主要有两大特点：其一是考虑了管理控制系统的环境，并对环境进行了充分的论述；其二是管理控制的方法是以财务、会计手段为基本控制手段。安东尼管理控制系统的局限性在于其过于专注于会计视角，因而使得管理控制系统相对狭隘。

5. 以正规控制手段和非正规控制手段的平衡为基础的管理控制系统框架

马歇尔罗和科尔比（Joseph A. Maciariello & Calvin J. Kirby，1994）定义的管理控制系统致力于谋求正规和非正规控制系统间的平衡。他们认为管理控制系统是一组相互关联的信息沟通的框架系统，它为信息处理过程提供便利，该过程以帮助管理者将一个持续经营组织的各个部分协调起来从而实现组织目标为目的。马歇尔罗等的重要贡献在于首次系统地将非正规的控制方式引入到了管理控制系统的整体构建当中，这更符合当今以及未来组织日益复杂化的需求。

（三）关于管理控制发展模式的讨论

奥特利等人（David Otley，Jane Broadbent and Anthony Berry，1995）借助于斯科特（1981）对组织模型发展的界定，界定了管理控制系统的四种发展模式：封闭理性模式、封闭自然模式、开放理性模式和开放自然模式。其中，封闭理性模式下的管理控制文献假定最重要的过程和事件都是在组织内部发生的，并潜在假定组织的封闭系统模型其本质都是普遍一致的，一直都强调理性的解决方式，甚至在很多当代盛行的管理学文献中也可以看到这种观念；封闭自然模式下的管理控制文献强调封闭系统下的非计划的、自发行为的重要性，并用有机安排的非正式结构来补充采用理性设计的控制系统；开放理性模式下的管理控制文献意识到了组织对环境的高度依赖性，强调了管理控制系统与外部环境之间的联系，但其管理控制的思想又回归到了理性的、追求获取明确目标的阶段；开放自然模式下的管理控制文献意识到了环境不应该被看作为一个仅仅应当顺从的因素，它自身还可能被操作和管理，同时，这种模式的理论还十分关注价值或文化对组织成员行为的影响。

这四种模式的提出为管理控制研究的发展标明了框架。但是管理控制的这四种模式并不是截然分开的，在同一时期，这些不同的思想往往是交叉并存、相互影响的。从封闭系统到开放系统、从理性模式到自然模式，并不必然存在一种模式优于另一种模式，究竟哪种模式的应用会更大限度地发挥作用取决于当时的历史条件，以及现实的组织内、外部环境。在当代社会，一方面随着管理控制理论对其他相关学科理论的吸收与汲取，另一方面随着组织所面临的环境的不确定性的日益增加，开放自然模式的研究将对企业的实践活动更具有指导意义。

（四）关于控制环境与管理控制系统的讨论

在管理控制和管理控制系统的概念逐步形成发展的过程中，为了使管理控制系统更好地发挥提高效率和效果作用,人们对于是否考虑控制环境以及在何种环境下设计何种管理控制系统的问题,进行了大量的探索和研究。在这些理论学说中,主要呈现出三种研究倾向:一种是不考虑管理控制系统与控制环境之间的关系,认为存在最优控制设计方法,能够设计出一种最好的控制系统模式,而且该种模式对于任何组织无论何种环境都具有普遍适用性,我们将这种观点总结称之为管理控制系统最优论;另一种是完全考虑管理控制系统与控制环境之间的关系,认为影响每一个组织控制系统的因素都是独一无二的,因此不能应用通用原则和模式来研究管理控制系统,强调通过每一个企业具体环境的分析研究才能建立有效的管理控制系统,我们将这种观点总结称之为情境特定(situation – specific)模式论;最后一种是这两种观点的折衷,在考虑管理控制系统与控制环境关系的同时,又结合了一定的科学管理的理念,认为控制系统可以按业务模式的主要分类来使之具有一定通用性,这种观点是权变理论在管理控制系统中的应用,被称为权变控制论。

这三大理论流派中,控制系统最优论和情境特定模式论都因其自身理论出发点上的弊端而无法获得长久的生命力,对管理控制系统的研究最终将按照权变控制论的方向前进。同时,由于目前权变控制论的研究尚处在摸索和探讨过程中,因而对管理控制系统设计的研究将是一个长期的发展过程。

二、西方管理控制学派[①]

研究者为了保持管理控制的持续有效性与权变性,不断尝试从各领域及不同视角切入,更新管理控制理论,从而形成了重心不一的多个学派。本书萃取了国外大量研究文献的观点,对西方管理控制代表性学派进行梳理[②],从历史基础与学科基础两个视角对各学派形成根基进行剖析,旨在呈现出各学派的特征与形成机理,为我国管理控制理论建设提供参考与启示。

(一)管理控制学派梳理

本书按照不同的时期阶段、核心观点的内容、理论的影响度、观点的代表性以及代表人物的出现顺序将西方管理控制理论划分为以下四个学派:安东尼的基于会计控制式管理控制学派、麦勤特的基于行为控制式管理控制学派、西蒙斯的基于交互控制式管理控制学派、欧特力的基于绩效管理式全面管理控制学派[③]。

1. 安东尼的基于会计控制式管理控制学派

[①] 张先治,顾水彬. 西方管理控制学派梳理与观点述评 [J]. 审计与经济研究,2012,27 (1):79 – 89.

[②] 笔者利用了国际著名数据库 Elsevier、EBSCO、Wiley、JSTOR 和 Google 学术搜索等搜索,以 1971 年至 2010 年为时间窗口,以管理控制(management control)、计划与控制(planning and control)和控制系统(control system)作为关键字进行检索。

[③] 不可否认这样的学派划分可能会产生其他管理控制思想学派的遗漏,这也是本研究的一个局限,但本研究总结的四个学派是西方管理控制理论中,理论的科学性、知名度与代表性最强的,对于其他管理控制理论具有一定的涵盖性和代表性。

Anthony 将管理控制界定为经理用来保证资源在实现组织目标中有效获得与使用的过程,以及经理用来影响其他组织成员实现组织战略的过程。Anthony 的管理控制过程包括战略计划、预算编制、财务业绩报告分析、业绩评价、管理者报酬等,组织结构、责任中心和转移价格等被视为管理控制环境。Anthony 系统运作原理:首先,预期绩效是确定的;其次,用一种方法能够了解组织中正在发生什么,并将信息反馈到控制单元;再次,控制单元将信息与标准比较;最后,如果实际与标准不符合,控制单元将直接采取财务纠错措施(如图 2-2 所示)。

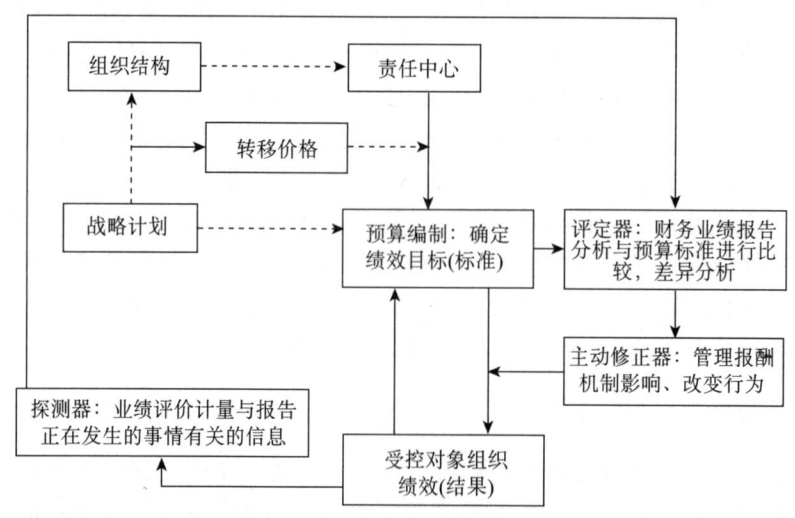

图 2-2 安东尼会计控制式管理控制原理图

2. 麦勤特的基于行为控制式管理控制学派

Ouchi 最早以人的行为作为控制对象,将管理控制方式分为结果控制、行为控制与群体控制三种类型。Merchant 进一步以行为科学为基础,以人的行为控制作为研究的逻辑起点,将管理控制界定为一个系统,这个系统应用所有措施来保证人的正确行为。Merchant 把行为控制的方式分为:结果控制、行为控制与人事(文化)控制三类。结果控制通过对最终结果的奖惩来引导员工对行为后果的关注,该控制目标让员工清楚什么是被期望的,并鼓励他们向期望结果努力;行为控制通过确保员工执行与组织预期一致性的行为,减少非预期的行为;人事控制和文化控制通过保证员工了解组织目标,帮助员工培养工作能力,培养员工的自我监督、自我约束和企业价值观等[①]。Merchant 的控制方式与比他早的欧奇(Ouchi)的控制方式关系如图 2-3 所示(左侧的为 Ouchi 控制,右侧为 Merchant 控制)。

---

① 在行为控制方面,1982 年 Merchant(麦勤特)在 Sloan Management Review(斯隆管理评论)期刊文献 "control of management"(管理的控制)中并没有涉及文化控制,是 Merchant(麦勤特)1998 年新加入了文化控制的。

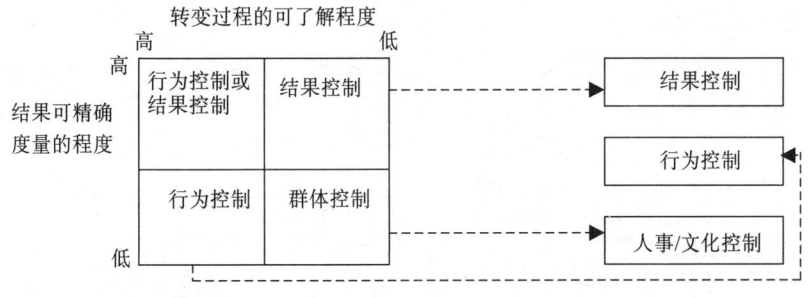

图 2-3 欧奇与麦勤特行为控制系统原理图

3. 西蒙斯的基于交互控制式管理控制学派

Simons 将管理控制界定为管理人员为了保持或改变组织内部活动模式而采用的正式的、基于信息的例行程序和步骤。Simons 的管理控制系统（也称为控制杠杆）包括四个部分：信仰系统、边界系统、诊断系统与交互系统。信仰系统（或价值系统）由高级经理通过正式交流和系统性的加强来提供组织基本的价值观、目标和方向；边界系统一般由一些消极的或者最小化术语参数组成，界定了组织参与者战略活动的可接受范围，防止员工超越企业允许的范围从事生产活动；诊断系统是一个用于鉴别例外与发现计划偏离的反馈系统，是经理用来监督组织产出和纠正偏差的正式的信息系统；交互系统是经理用来亲身参与下属决策的正式信息系统，可以进行面对面的交流、共享信息，如图 2-4 所示。

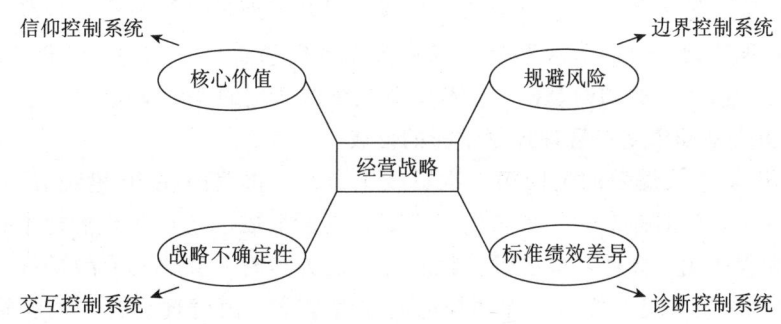

图 2-4 西蒙斯交互控制式管理控制系统原理图

4. 欧特力的基于绩效管理式管理控制学派

Otley 学派主张不应该将战略规划、管理控制与任务控制割裂思考，战略规划与战略实施应该是一体的，构建一个综合的管理控制框架。Otley 的框架包括五个部分（通过 5 个问题体现）：第一部分是强调组织目标和评估这些目标的过程与方法；第二部分是规划与实施战略和计划，绩效度量和评估实施过程；第三部分是设定绩效目标水平与设定过程；第四部分是激励系统；第五部分是关注提供足够的绩效监督和支持学习的信息。2009 年 Ferreira 和 Otley 在融合了 Simons 控制杠杆思想的基础上对原先的框架又进一步进行了细化与扩充，将 5 个问题扩展至 12 个，如图 2-5

所示的方框和椭圆形。

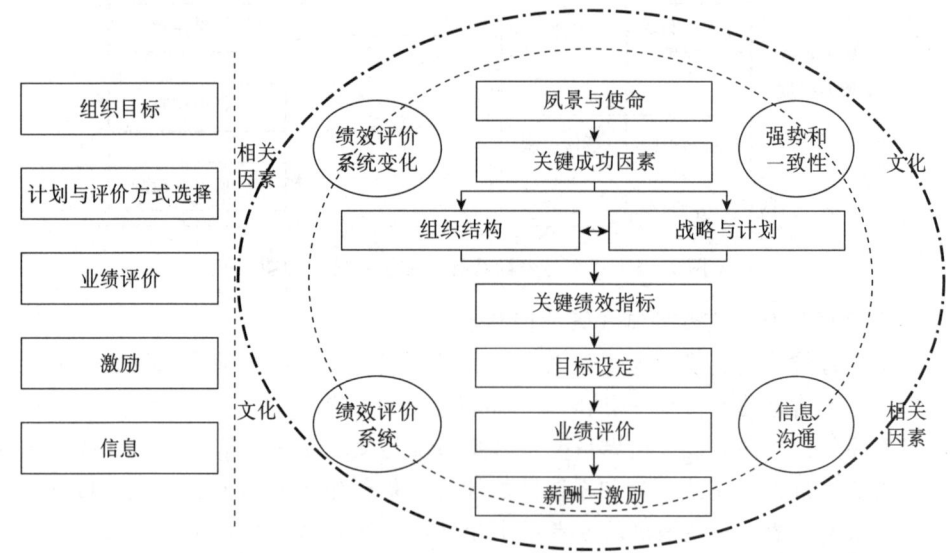

图 2-5 欧特力绩效管理式管理控制原理图

(二) 管理控制学派形成基础剖析

任何事物的产生都有它特定的形成基础（或原因），对各学派形成基础的挖掘有助于发现管理控制各学派形成的动因与理论根基，理解各学派观点内容与结构的由来等。管理控制学派的形成基础可以从历史基础和学科基础两个角度进行剖析，历史基础是学派产生的动因基础，学科基础是学派产生的理论基础。

1. 从历史基础角度看管理控制学派的形成

20 世纪 40 年代爆发的美国第三次科技革命，使得美国在 20 世纪五六十年代，工业迅速发展。长期标准化的批量生产模式，逐渐形成了企业管理的标准化、控制的标准化和程序化，会计基础的预算控制随即成为当时一种非常有效的标准化控制方式。Anthony 的系统框架正是在那样的时代背景下，由管理会计中的预算控制发展形成的，Anthony 框架在那个时期具有非常强的实用性与适用性，也引起了管理控制的一时轰动。

到了 70 年代，经济高涨等积极因素逐步消失，企业受到外部环境的负面影响日趋明显。美国生产模式与技术开始大调整，批量生产模式开始向弹性生产模式转变。环境的变化、生产模式的调整以及生产技术的复杂化凸显了稳定环境下与标准化下运作的会计控制的局限，引起了学者们对代理问题与行为研究的关注，催生了行为控制的 Merchant 学派。

到了 90 年代初期，多股力量开始重塑世界，并导致组织与环境发生根本性的变迁，高频率变化与激烈竞争导致"战略既定"的假设已经不再符合现实，企业需要在战略实施中与环境交流并更新战略。战略的重要性加上环境的变化性打破了原有"战略既定"的假设，企业需要在战略实施中与环境交流学习，调整原有战略和形成新战略，而这些正是西蒙斯交互控制式学派的核心。

到了 20 世纪末，企业国际化趋势明显，企业组织边界开始扩展，企业组织形式逐渐由垂直向扁平化管理模式转移。世纪末兴起的价值链管理、业务重组与外部采购等合作与竞争模式又使得大型企业的小型化和企业间合作开始涌现。上述组织结构的变化使得一个经理需要全面负责战略规划、管理控制与任务控制，此时的管理控制也更需要"组织控制"的整体视角。战略导向的重视、战略与控制之间关系的模糊性、非财务指标评价的应用需求以及整体控制的思想，最终催生了基于绩效管理式的全面管理控制 Otley 学派。

2. 从相关学科基础角度看管理控制学派的形成

从 Anthony 学派的理论内容来看，它是借助于会计指标实现预算、度量、激励等控制过程，利用会计信息来实现系统的控制；从该学派的历史基础来看，它是标准化生产与标准化控制下，在管理会计的预算控制基础上发展形成的。因此，无论是从学派的理论内容还是学派的历史基础来看，Anthony 学派均属基于会计学的管理控制，会计控制是 Anthony 学派核心。

Merchant 学派认为会计控制的使用是有限制的，会计控制的使用依赖于任务的技术常规性和生产的标准化，在环境和任务的复杂化情况下，由于无法度量或度量不完全，会计控制易失效，此时，需要对人的行为进行控制，以人的行为作为研究对象。Merchant 学派按照任务性质区分的行为控制涉及面非常广，难以量化，控制方式难以把握，它需要借助于专门的行为科学。因此，Merchant 学派是基于行为学科的管理控制，行为学科的发展是 Merchant 学派解决人的行为控制问题的关键。

Simons 学派将企业价值、风险防范、诊断控制与交互控制全部纳入框架内，既有传统的基于会计的纠错式控制，又有融合战略与环境于管理控制的交互式控制，还有依赖价值与约束引导的行为控制。从学派的内容结构与核心理念来看，Simons 学派是基于广义管理学的管理控制，具体包括企业战略、市场、组织行为、信息技术、会计学、动态组织设计以及领导学等。

Otley 框架体现了它重视战略制定与实施并举，强调"战略规划—管理控制—任务控制"整体控制模式，强调战略目标、战略评价方式、绩效水平与激励联动，试图构建"战略—绩效—行为"管理控制模式。概言之，它是基于绩效管理理论与全面组织控制理论的管理控制。从另一个角度看，它也是基于人力资源管理的管理控制，因为绩效管理在人力资源管理中处于核心地位。因此，人力资源学与组织控制学科的发展是 Otley 模式的重要基础。

三、西方管理控制研究主题及方法

本部分以国外 A 类以上（包括 A 类）期刊 40 年来（1971~2010 年）的管理控

制文献为研究对象，对管理控制已有的研究进行系统性地总结，致力于发掘与梳理管理控制研究主题与研究方法，呈现与分析管理控制研究的变迁轨迹，加深我国学者对西方管理控制研究概况了解与理论基础积累，呼吁我国学者对管理控制理论研究的重视，也为我国学者在管理控制理论借鉴与研究起点选择上提供指引。

（一）管理控制研究主题及变迁①

本部分的研究主题是对管理控制研究领域按照研究内容的实质与研究的主要思想，在提炼与总结的基础上进行的归类与划分。研究主题大类的确定主要考虑主题的重要性、代表性与概括性等。从表 2 – 1 研究主题分布看，管理控制与战略、环境，以及不同性质组织的管理控制研究占据管理控制研究的主要地位。

表 2 – 1　　　　　　1971—2010 年度管理控制研究主题分布情况

研究主题 \ 年份	1971-1975	1976-1980	1981-1985	1986-1990	1991-1995	1996-2000	2001-2005	2006-2010	合计（比重）
管理控制学派	3	9		2	2	1	4	8	29（12.44）
管理控制基本理论	1	1	3	2	2		2	5	16（6.87）
管理控制模式		3			5	3	11	7	29（12.44）
管理控制环境	1		1	3	11	9	7	6	38（16.31）
管理控制与战略	1		2		10	11	9	12	45（19.31）
管理控制环节	3	2	1	1	1	2		3	13（5.58）
不同性质组织的管理控制		3	6	4	5	10	13	20	61（26.18）
其他					1	1			2（0.86）
合计	9	18	14	17	37	36	48	54	233

注：合计比重为具体主题占整个研究主题的比重。

1. 管理控制研究主题的变迁

管理控制是一门受到管理学类、会计学类、经济学类以及学科综合类等多学科关注的交叉性学科。学科间的交叉性与变化性也决定了管理控制多学派性：20 世纪 60 年代，标准化批量生产模式下，由管理会计的预算管理基础之上发展成了 Anthony 的基于技术理想主义的会计控制式管理控制学派（Anthony，1965）；70 至 80 年代，生产活动复杂化与委托代理问题泛滥情形下，由 Ouchi（1977，1978，1979）的结果控制、行为控制与群体控制（ClanControl）等控制模式，以及与其一脉相承的 Merchant（1985）的结果控制、行为控制与人事/文化控制模式构成了基于组织行

---

① 张先治，顾水彬. 管理控制研究主题与研究方法的变迁——国外 A 类期刊 40 年研究文献的回顾 [J]. 经济管理，2011（12）：182 – 193.

为的管理控制学派①；90年代，在强调战略与环境情形下，Simons建立了信仰系统、边界系统、诊断系统与交互系统等四系统（也称为控制杠杆（leversofcontrol））的交互式控制学派，提出管理控制不仅仅是一个战略执行的工具，它也是一个新战略形成的工具（Simons，1995）；上世纪末Otley本着能够被度量的都能被完成，不被度量的可能不会被完成（whatgetsmeasured，getsdone）的思想，从"战略—行为—绩效"整体视角建立了管理控制的综合框架（Otley，1999）。

除了管理控制在学科与学派上存在变迁外，管理控制研究主题在不同时期阶段的变迁性则更加具有时代特征，更加体现出与时俱进的发展痕迹。

在80年代后期，国际化竞争的加剧等外部环境的变化，提升了环境和战略对管理控制影响的权重，环境与战略研究也因此成为当时的热点与重点。特别是美国对日本精细化与实时生产模式（Just in Time）和质量管理模式的重视，以及移植日本管理控制模式的失败，引起美国学者对企业战略研究的重视，以及战略与管理控制、管理控制与环境之间协调问题的研究。到了90年代，组织边界的国际化、组织结构的多元化与复杂化、组织分工的细化，以及价值链管理的兴起引起了很多学者关注不同性质组织的管理控制，如跨国公司、集团、新兴经济体，以及合作竞争模式下企业间的管理控制，特别是企业间合作管理控制模式的构建以及控制与信任之间的权衡问题。

总结来看，随着时间的推移和环境的变化，管理控制研究主题呈现出阶段性变迁态势，不同时期研究的重心并不重叠，旧主题逐渐衰减，新主题不断涌现。

2. 管理控制研究主题的内容与视角分析

研究主题的统计分析可以清晰呈现出具体研究的内容结构与各研究主题的重视程度等情况，而对研究内容与视角的深入分析，可以由表及里、由粗到细地呈现研究观点内容、研究者的具体切入的角度以及研究的开展情况，体现研究具体内容之余，又要体现具体研究的思路特征。

（1）关于管理控制基础理论的研究主题。管理控制基本理论研究主要包括管理控制本质、内涵与作用等基本概念及概念间基本关系理论的研究。管理控制本质与内涵的研究，如Dermer（1986）从批判机械控制论的视角点明控制的内涵、概念之间关系的研究；还有管理控制作用的研究，这类研究主要从突破传统控制作用范畴从更大范围内探讨管理控制的作用，如Chenhall（2007）研究了管理控制在组织更新与组织变革中的作用，Dambrin（2007）研究了管理控制在支持新制度实施与渗透过程中的作用等。

（2）关于管理控制模式的研究主题。管理控制模式研究主要包括管理控制系统

---

① 1982年Merchant在Sloan Management Review期刊文献"control of management"中并没有涉及文化控制，是Merchant1998年新加入了文化控制的。

具体的构建与设计。管理控制模式构建研究集中于新管理控制模式与新控制方法的探讨，如 Malina（2001）基于平衡计分卡应用的管理控制模式，Vosselman（2002）的水平型管理控制模式，Weaver（1999）的道德控制在管理控制中应用模式等。管理控制系统模式设计研究则主要从管理控制系统设计的影响因素和管理控制设计应该注意的问题方面研究。

（3）关于管理控制环境的研究主题。无论从管理控制研究主题变迁的动力分析，还是仅将环境视为一个研究主题，环境对于管理控制研究是一个重要的因子（见表2-1，占总主题的16.31%）。管理控制环境可分为组织内部环境与外部环境。组织内部环境主要有公司治理环境、人力资源环境、组织学习环境、文化环境与生产和技术环境等。组织外部环境研究主要从经济环境和社会环境对管理控制的影响两方面。

（4）关于管理控制环节的研究主题。管理控制环节指管理控制中的计划、预算、信息、绩效以及激励等活动，管理控制环节的研究也是主要围绕这些活动展开的。管理控制计划的研究关注如何将计划更好地与控制活动进行结合，特别是组织内不同管理层级间与地点分散的部门间计划与控制活动的融合；预算的研究主要从如何实现预算成为一种有效的控制手段，以及预算弹性与标准控制间的权衡；研究管理控制与绩效的文献不多，界定分离管理控制系统的绩效是研究的主要瓶颈；管理控制与激励主要研究如何设计和利用激励手段来支持组织的管理控制；信息系统的研究主要集中于信息系统对管理控制的影响和信息系统如何实现管理控制职能这两个角度。

（二）管理控制研究方法及变迁

本部分将研究方法分为文档研究（Archival）、案例与实地研究（CaseandFieldstudy）、实验研究（Experimental）、调查研究（Survey）、规范性分析（TheoreticalAnalysis）、综述研究（LiteratureReview）和其他[①]，对样本进行分类统计。

1. 管理控制研究方法的变迁

从表2-2研究方法统计的总量看，案例实地研究、调查研究与规范性分析方法占据管理控制研究的主体地位，而基于数据库基础的文档研究却是空白。综合表2-2（表中粗体部分）与图2-6分析可以发现，在回顾前20年（1971—1990年）规范性分析方法占据主导地位，而在后20年（1991—2010年）案例研究与调查研究的比重显著超越规范性分析。总结来看，前期由于外部环境相对稳定，理论对现实的假设构建简单，并且管理控制应用实践不成熟，研究更多地依赖规范性分析进行，而后期随着管理控制实践应用增多，组织、活动，环境等复杂性与变化性增加了理论假设构建的难度，很多问题更需要深入实地去进行挖掘与发现，因而研究更

[①] 其他类研究方法包括仿真等方法。

多地倾向于案例研究与调查研究。

表2-2　　　　　1971—2010年管理控制文献研究方法统计表

方法	年份	1971—1975	1976—1980	1981—1985	1986—1990	1991—1995	1996—2000	2001—2005	2006—2010	合计
实证	文档研究									0
	案例与实地	1 (11.1)	4 (22.2)	2 (14.3)	6 (35.3)	11 (29.7)	10 (27.8)	23 (47.9)	29 (53.7)	86
	调查研究	2 (22.2)	2 (11.1)	5 (35.7)	4 (23.5)	16 (43.2)	14 (38.9)	14 (29.2)	13 (24.1)	70
	实验研究		1 (5.6)		1 (5.9)	3 (8.1)		1 (2.1)		6
	其他		1 (5.6)						1 (1.9)	2
规范	规范性分析	5 (55.6)	9 (50.0)	7 (50.0)	6 (35.3)	4 (10.8)	9 (25.0)	7 (14.6)	7 (13.0)	54
	综述研究	1 (11.1)	1 (5.6)			3 (8.1)	3 (8.30)	3 (6.9)	4 (7.4)	15
	合计	9	18	14	17	37	36	48	54	233

注：括号中百分比为各阶段每种研究方法占该年度研究方法使用的比重。我国学者喜欢将基于数据库的研究称为实证研究，本部分采用了国外的文档研究叫法，表中的实证研究代表广义的实证研究。

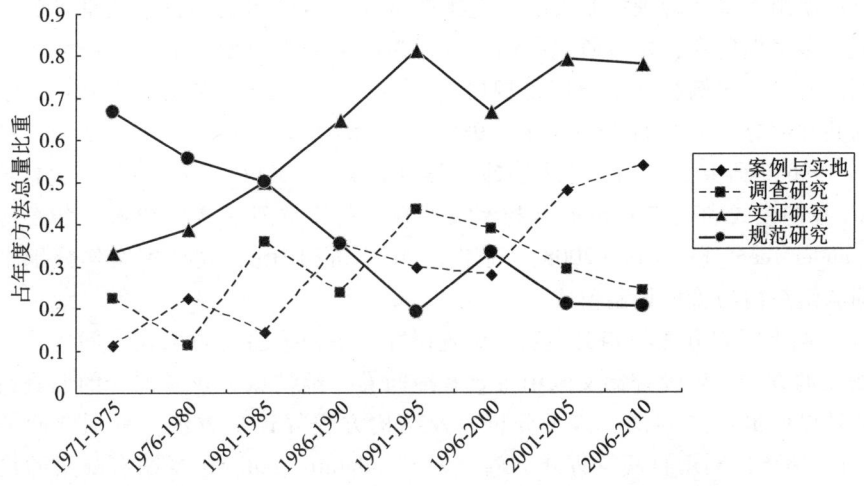

图2-6　1971—2010年的管理控制研究方法使用的变迁图

2. 管理控制研究方法分析

不同的研究主题所预期待解决问题的性质与需要的论证方式是不同的，所适合的研究方法也应有所差异，因此在分析管理控制研究方法时，应该将研究方法与研究主题进行对照分析，既有利于发现管理控制中研究方法具体应用情况，又可以了解各研究主题适用的研究方法有哪些。研究主题与研究方法对应情况如表2-3所示。

表 2-3 研究主题与研究方法对应情况表

研究主题＼年份与方法	案例实地	调查研究	实验研究	规范性分析	综述研究	其他	合计
管理控制学派	5（17.24）	3（10.34）	1（3.45）	18（62.07）	2（6.90）		29
管理控制基础理论	5（31.25）	2（12.50）		4（25.00）	5（31.25）		16
管理控制模式	10（34.48）	7（24.14）		11（37.93）	1（3.45）		29
管理控制环境	15（39.47）	15（39.47）	2（5.26）	4（10.53）	2（5.26）		38
管理控制与战略	14（31.11）	22（48.89）	1（5.22）	6（13.33）	2（4.44）		46
管理控制程序	7（53.85）	4（30.77）		2（15.38）			13
不同性质组织的管理控制	30（49.18）	17（27.87）	2（3.28）	9（14.75）	1（1.64）	2（3.28）	61
其他					2（100）		2
合计	86	70	6	54	15	2	233

（1）案例研究方法与相关主题。案例研究一般适用于缺乏前期理论基础与数据的探索性研究以及定性研究（Yin, 1989）。如表 2-3，案例研究在管理控制研究中应用最广，在环境、战略、环节、管理控制作用与模式，以及不同性质组织管理控制研究中使用居多。管理控制文献中的案例研究按照使用案例样本数量可分为单案例研究与多案例研究，按照研究案例的时间跨度又分为单期截面案例研究与多期纵向案例研究。单案例有助于深度发掘研究（Berry, 1991）。多案例研究有助于强化案例的共性部分和差异部分（Yin, 1989）。典型的单案例有 Marginson（1999）于 1994-1996 年研究了英国一家大型通信公司下属 TelcoLtd 公司，分析了包括传统的 Anthony 控制模式和现代的 Simons 控制模式在内的不同管理控制模式；多案例典型的有 VanderMeer-Kooistra（2008）利用 NAM 公司和 HS 公司两家案例分别来说明组织间与组织内的管理控制模式。

（2）调查研究方法与相关主题。调查研究是一种采用（自填式）问卷或（结构性）访谈的方式，管理控制文献中主要有纯问卷、纯访谈，还有综合的调查研究方式，并辅以偏最小二乘法、因子分析以及结构方程等计量方法。采用纯问卷的有 Mahama（2006）利用自我管理式问卷（self-administered，包括贴有邮票的信封），结合偏最小二乘法回归的方法研究了矿业企业间的管理控制情况；采用纯访谈的有 Chapman（2009）利用半结构化访谈对会计事务所企业合作伙伴之间的管理控制进行了研究。采用访谈、问卷和观察综合的有 Chow（1999）采用问卷、访谈、实地参观等多种方式并结合多变量方差分析方法（MANOVA）研究了文化环境与管理控制之间的关系。

（3）实验研究方法与相关主题。实验研究是一种经过精心设计并在高度控制（往往需要设置实验组与控制组）的条件下，通过操纵某些因素来研究变量之间的因果关系的方法。由于存在实验安排的难度以及实验成本高等瓶颈因素，实验研究在管理控制研究中并不多。管理控制实验研究方式用的最多的是在研究不同国家文化对管理控制的影响方面,如 Chow(1991,1994)等学者分别对新加坡、美国和日本进行的比较实验研究,另外,Coletti(2005)利用在校二、三年级的本科生来模拟实验不同企业,研究企业间的管理控制对信任建立的影响。

(4)规范性分析方法与相关主题。本部分界定的规范性分析是指借助于现有成熟理论,利用逻辑推导或者演绎等方式来形成一个新理论或者解释分析一个问题的分析方式,包括逻辑基础上的理论分析和新框架的构建。由表 2-3 看,规范性分析在管理控制学派研究与管理控制模式探讨中使用得最多,适合于管理控制理论框架与模式的构建探讨。如 Otley(1999)绩效管理系统管理控制思想的提出,以及 Ramanathan(1985)管理控制新模式的构建探讨。

第二节　中国管理控制研究综述

为了对中国管理控制研究现状进行一个准确、系统的介绍,本节整理了 1997 年—2016 年发表于 CSSCI 核心期刊的管理控制主题文献。具体来讲,本节以"管理控制"和"管控"为主题关键词,借助中国知网和百度学术等搜索引擎进行检索,学科领域设定为"工商管理""应用经济学"和"管理科学与工程",最终得到 145 篇文献,剔除 11 篇其他学科文献(如财政学、宏观经济学、环境科学等)、3 篇书评,最后得到 131 篇文献,构成了本节研究的最后样本。

需要说明的是,选择"管理控制"和"管控"作为检索关键词是一种比较严格的筛选条件,导致研究样本有限,这样做主要是考虑到不同学者对管理学、管理会计、管理控制的范畴和框架存在着不同的定义,样本选择过程过于主观势必会影响到统计结论的可靠性和可比性,同时,综合考虑样本结构和样本量,可以认为研究样本能够实现本节文献梳理目的。

本节安排如下:第一部分介绍了我国管理控制研究主题分布;第二部分介绍了我国管理控制研究所立足的基本理论以及管理控制研究主题与研究理论之间匹配情况;第三部分梳理了我国管理控制研究方法的使用情况,并且分年份、分主题进行讨论。

一、中国管理控制研究主题分布情况

本部分主要采用两种方式对我国管理控制研究的主题进行梳理:第一种方式是借鉴张先治和顾水彬(2011)的做法,对管理控制主题进行分类;第二种方式是按照文章研究的管控对象对相关文献进行补充分类。

(一)管理控制研究主题分布情况

张先治和顾水彬(2011)将管理控制主题划分为管理控制学派、管理控制基本

理论、管理控制模式、管理控制环境、管理控制环节、管理控制与战略、不同性质组织的管理控制以及其他,本节以此为基础对我国管理控制研究主题进行分类。考虑到国内管理控制学派的研究比较少,本节将管理控制学派并入到管理控制基本理论研究类别之中,同时在数据处理过程中发现针对管理控制经济后果以及管理控制系统总体设计的研究逐步增多,因此将管理控制经济后果和管理控制系统总体设计分别设置为一个新的类别,这是和张先治和顾水彬(2011)分类的主要不同。在此基础上,我国管理控制研究主题分布如表 2-4 所示。

表 2-4　　　　1997—2016 年我国管理控制研究主题分布情况统计表

类别 年份	管理控制 与战略	管理控制 环境	管理控制 程序	管理控制 模式	管理控制 基本理论	管控系统 总体设计	管理控制 经济后果	不同性质 组织管控	其他	总计
1997—2001	1	0	0	1	0	1	0	0	0	3
2002—2006	0	3	4	2	13	2	2	0	1	27
2007—2011	3	3	10	4	7	5	6	2	1	41
2012—2016	5	4	10	15	3	0	3	9	11	60
总计	9	10	24	22	23	8	11	11	13	131

从表 2-4 中可以看出,我国管理控制研究主要集中在管理控制程序、管理控制模式和管理控制基本理论三个主题之下,三个主题文献数量累计达到 69 篇,占所有样本的 52.67%;其他几个主题的文献数量分布比较均匀,每个主题近二十年都有 10 篇左右的文献。从时间分布上来看,我国管理控制的研究在稳步增加,在 1997—2001 年期间只有 3 篇,而在 2012—2016 年达到了 60 篇;具体到每个主题,可以发现早期对管理控制的研究主要集中于管理控制基本理论,比如在 2002—2006 年期间,围绕管理控制基本理论展开的研究就有 13 篇,占同期样本总量的 48.15%,而到了 2012—2016 年期间,管理控制基本理论的研究仅有 3 篇,占比也下降到 5%,与之相比,在近 5 年之内研究文献比较多的管理控制模式和管理控制程序,在 2002—2006 年期间合计只有 6 篇文献,占比为 22.22%,不及同期管理控制基本理论研究的一半,这也反映出随着我国管理控制研究的深入,管理控制主题也逐步从基本理论研究向应用理论研究过渡,当然,这和我国企业管理控制实践的发展和需求也是密切相关的。此外需要注意的是,和管理控制程序以及管理控制模式相比,管理控制环境的研究相对较少,这是因为在样本划分过程中,很多管理控制环境的研究往往是为管理控制程序和管理控制模式研究做铺垫,所以这类研究往往融合在其他两项研究之中,故而直接对管理控制环境进行研究的文献数量可能稍显不足。

(二)管理控制研究主题具体内容

由于样本量较少,难以对不同研究主题的文献进行进一步的统计,因此本部分采用文献综述法对不同研究主题的构成进行归纳，这也在一定程度上弥补了样本数量对研究方法的限制。

在管理控制与战略的研究中，相关文献主要探索了战略在管理控制系统中的作用，尤其是对钱德勒提出的"结构跟随战略"命题进行进一步的考证，比如，汤谷良等（2010）和王凤彬等（2014）都对类似话题进行阐述。

管理控制环境研究主要是包括了对管理控制环境的分类研究以及不同管理控制环境要素对管理控制系统的影响，比如，张先治（2004）提出了管理控制"十要素"的观点，对管理控制环境进行了更为系统的划分，王昶和姚海琳（2011）研究了不同环境要素在管理控制方式设计和调适中的作用。

管理控制程序研究主要是对管理控制程序的方法研究，比如，池国华和迟旭升（2003）论证了业绩评价程序在管控系统的核心作用，董亮平（2008）在分析了预算管理与绩效管理关系的基础上提出了完善预算管理的系统建议。

管理控制模式研究主题大致可以分为三个视角：（1）围绕管理控制模式影响因素展开的研究，比如肖太庆（2014）分析了公司战略、组织结构、总部职能等因素对管理控制模式的影响；（2）基于不同的理论和视角研究企业管理控制模式的划分依据和划分方式，比如，王钦和张云峰（2005）、任伟林（2011）基于集团总部的职能，主张将管理控制模式划分为财务管控模式、战略管控模式和经营管控模式三种类型，陈志军（2009）从子公司治理角度将企业管理控制模式划分为行政管理型、治理型和管理型三种控制模式；（3）围绕具体管控对象进行管理控制模式设计，比如王宁和陈志军（2007）对文化管控进行了初步介绍，王彦勇和苏奕婷（2013）提出了行政管理型、平衡型、自主管理型与治理型四种品牌管控模式。

管理控制基本理论主要介绍了管理控制的理论框架、概念框架、流派、基本理论、应用理论等，比如池国华和吴晓巍（2003）、张正堂和吴志刚（2004）介绍了管理控制理论的发展与演变，罗彪和郑姗姗（2011）对管理控制的概念进行界定，对管理控制的研究范式和研究模型进行梳理和评价，张先治和顾水彬（2012）梳理了西方管理控制理论代表学派的各种观点。

管理控制系统总体设计主要对一些成功的管理控制系统案例进行剖析和理论提升，比如，汤谷良等（2009）基于华润集团的6S管理体系，提出了多元化企业集团管理控制体系的整合观，李延喜（2011）基于某能源集团的改制案例，提出了集团管理控制设置动因与作用机理的传导模型，并分析了其动因和机理，为我国集团管理控制研究实践提供参考。

管理控制经济后果研究主要是为了检验不同管理控制对企业的影响，比如，王昶等（2010）研究了管理控制对企业价值的影响，吴粒和袁知柱（2012）研究了管理控制中管理者的行为特征分类对管理业绩的影响，纳鹏杰和纳超洪（2012）研究了企业集团财务管控对上市公司现金持有水平的影响。

不同性质组织的管理控制研究是围绕一些经营特点特殊的组织开展的管理控制研究，比如，王翔等（2011）研究了保险公司的管控问题，顾海峰（2012）研究了商业银行的信用风险管控，李毅斌等（2012）研究了物流公司的供应链管控，崔久飞（2016）研究了烟草商业企业的库存管控。

（三）管理控制研究对象分布情况

在对管理控制研究主题的梳理过程中，发现在管理控制研究对象上也存在着丰富的研究视角，因此，本部分在文献梳理结果的基础上，进一步对我国管理控制研究对象进行了分类统计，统计结果如表2–5所示。

表2–5　　　1997—2016年我国管理控制研究对象分布情况统计表

管控对象	风险管控	财务管控	文化管控	人力资源管控	环境管控①	薪酬管控	预算管控	并购重组管控	品牌管控	渠道管控
频数	15	13	6	4	3	3	3	2	2	2
管控对象	税收管控	债务管控	采购管控	产品研发管控	成本管控	供应链管控	金融管控	库存管控	运营管控	质量管控
频数	2	1	1	1	1	1	1	1	1	1

从表2–5可以看出，我国管理控制研究对象比较全面，大致可以划分为以下几个方面：围绕企业管理环境的管控，如文化管控、人力资源管控、环境管控；围绕企业资金的管控，如财务管控、债务管控、金融管控等；围绕企业运营的管控，如并购重组管控、渠道管控、税收管控、采购管控、产品研发管控、成本管控、供应链管控、库存管控、质量管控等；围绕企业战略层的管控，如风险管控、品牌管控等。

从管理控制研究对象的横向对比中可以发现，出现频次最高的是风险管控和财务管控，分别出现了15次和13次，这反映出现在我国当前的制度背景下，企业管理控制的重点仍然是风险和财务管控；比较意外的是文化管控、人力资源管控和环境管控是三个出现频次次高的管理控制研究对象，这一方面可能是受样本选择的限制，比如预算管控更多地以"预算管理"、"全面预算管理"等题目的形式存在，但另一方面这也从侧面反映出非正式制度逐渐受到管理控制领域学者的重视，这对传统的正式制度管控来讲是一个较大的突破。

二、中国管理控制研究相关理论综述

本部分对近二十年我国管理控制研究文献中出现的理论进行统计，具体安排如下：首先，本部分按照经济学理论、管理学理论、心理学理论三个门类对样本文献

---

① 此处的环境管控是指在可持续发展背景下，企业针对环境保护所展开的环境管理控制，而非企业的经营环境。

中出现的理论进行分类统计；其次，结合第一部分管理控制研究主题的分类，进一步分析了不同理论在不同管理控制研究主题中的使用情况；最后，在基本的数据统计基础上，进一步对不同理论在管理控制研究中的作用机理进行了一个简单的归纳和总结，增加了本部分的分析深度。

（一）管理控制研究相关理论应用情况

本部分将管理控制理论来源分为经济学理论、管理学理论、心理学理论及没有发现明显理论几个大类，同时对几个大类进行细分，统计结果如表2-6。

表2-6　　　　　　　　管理控制研究相关理论应用情况统计表

基本理论	具体理论	数量（占比）	基本理论	具体理论	数量（占比）
经济学理论	委托代理理论	8（10%）	管理学理论	权变理论	21（27%）
	交易成本理论	5（6%）		战略管理理论	6（8%）
	契约理论	5（6%）		组织理论	6（8%）
	产权理论	4（5%）		组织行为理论	4（5%）
	信息不对称理论	3（4%）		资源依赖理论	3（4%）
	规模经济理论	2（3%）		生命周期理论	1（1%）
	路径依赖理论	1（1%）		合计	41（53%）
	博弈论	1（1%）	心理学理论	锦标赛理论	2（3%）
	政府干预理论	1（1%）		公平理论	2（3%）
	利益相关者理论	1（1%）		需求层次理论	1（1%）
	合计	31（40%）		其他	1（1%）
没有发现明显理论		74（56.49%）		合计	6（6%）

注：在计算占比时，"没有发现明显理论"一项的占比是按文献总数计算，即74/131=56.49%；其他项的占比是按所有理论的出现总频次计算，这样计算的原因在于很多文献不止采用了一项理论，因此不宜采用文献总数计算。

1997—2016年间管理控制研究的理论来源分布见表2-6，从表2-6的统计结果可以发现，没有发现明显理论的文献有74篇，占比达到56.49%，这意味着多数管理控制的研究是立足企业的实践或者是在逻辑上的演绎，而缺少明显的理论支撑；在存在明显的理论基础的文献中，使用最多的是管理学理论，共出现41次，在所有理论出现的总频次中占比达到53%，其次为经济学理论，出现频次为31次，占比为40%，最后为心理学理论，出现频次为5次，占比为6%；在管理学理论中，使用最多的是权变理论，这也是所有具体理论中使用频次最高的理论，出现频次为21次，占比为27%，此外战略管理理论、组织理论、组织行为理论、资源依赖理论和生命周期理论是主要采用的管理学理论；经济学理论是管理控制研究过程中使用种类最多的理论，包括委托代理理论、交易成本理论、契约理论、产权理论、信息不对称理论、规模经济理论等10项。

（二）基于不同研究主题的相关理论应用情况

为了详细梳理管理控制理论在不同文献中的使用情况，本书按照管理控制的研究主题对管理控制理论的使用情况进行统计，进一步研究了不同主题下管理控制理论的应用情况，详细的统计结果如表2-7所示。

表2-7　　　　　　　　　管理控制主题相关理论应用情况

研究主题＼理论	管理控制与战略	管理控制环境	管理控制程序	管理控制模式	管理控制基本理论	管控系统总体设计	管理控制经济后果	不同性质组织管控	其他	总计
委托代理理论			2	3			3			8
交易成本理论		1	2	1				1		5
契约理论			1	2			1		1	5
产权理论	1				1			1	1	4
信息不对称理论			1			1	1			3
规模经济理论			2							2
路径依赖理论				1						1
博弈论			1							1
政府干预理论				1						1
利益相关者理论			1							1
权变理论	2	3	2	8	1	4	1			21
战略管理理论	3			2			1			6
组织理论	1	1		1	2	1				6
组织行为理论		1		1	1	1				4
资源依赖理论				1						3
生命周期理论				1						1
锦标赛理论				1			1			2
公平理论				1			1			2
需求层次理论				1						1
其他				1						1
总计	7	5	13	23	7	8	9	2	2	78

从表2-7的统计结果中可以看出，采用理论最多的是管理控制模式研究的文献，共出现了23次，涉及权变理论、委托代理理论、交易成本理论、契约理论、产权理论、路径依赖理论、政府干预理论、战略管理理论、组织理论、组织行为理论、

资源依赖理论、生命周期理论等不同的视角，其次为管理控制程序的研究，出现理论的次数为13次，再次为管理控制经济后果的研究，出现理论的次数为9次，这主要是因为这个主题下的文献多采用实证研究的范式，这在第三部分的研究方法部分会具体介绍；在具体理论的使用情况中，权变理论在不同的主题中出现的次数最多，除了不同组织的管控问题和其他管控问题之外，剩下的几个主题都或多或少使用了权变理论，此外，委托代理理论、交易成本理论、契约理论、产权理论、信息不对称理论、战略管理理论、组织理论、组织行为理论也均出现在3个以上不同的管理控制研究主题之中。

（三）管理控制研究相关理论运用情况具体分析

为了进一步分析不同理论在管理控制研究中的具体作用，在样本统计的基础上，本部分对其中几个主要理论在管理控制研究中的作用机理进行归纳。

1. 基于管理学理论的管理控制研究

管理控制的本质是一个管理问题，虽然在具体问题的分析过程中不可避免要借鉴一些经济学理论对现象进行解释，但不可否认的是管理学理论在管理控制研究中仍然发挥着基础性作用，这在样本统计中也有着直观的体现。在管理学理论中，权变理论、战略管理理论和组织理论是与管理控制研究最为契合的三个理论，这三种理论的作用机理如下：

权变理论是和管理控制最为相关的管理学理论，按照权变理论，不同企业的内、外部环境各不相同，因而在管理控制中不存在适用于任何情景的原则和方法，在管理控制实践中要根据组织所处环境的发展变化随机应变，选择合适的管理控制方法。一般来讲，企业内部环境一般包括了母子公司战略、组织结构、企业文化、企业生命周期、信息化水平、技术环境、管理者和员工的素质以及人力资源政策等因素；企业外部环境包括了国际环境、国内政治环境、经济环境、社会发展环境、行业环境、地区环境等因素，企业要根据自身的内外部环境选择合适的管理控制程序和方法。基于权变理论，张先治（2004）提出了管理控制环境中的基本要素，杜胜利（2004）、陈志军（2007）、王昶和姚海琳（2011）、肖太庆（2014）、黎群和章彩云（2016）分别研究了企业管理控制模式的划分与选择，池国华和迟旭升（2003）、吉利等（2011）则研究了不同环境要素的影响下，企业的管理控制程序。

战略管理理论最早是由著名管理学家钱德勒最先提出，代表性的观点即"结构追随战略"，也称钱德勒命题。钱德勒认为，企业经营战略应当适应环境，而组织结构又必须适应企业战略，随着战略的变化而变化。之后战略管理理论的重点逐步转向企业战略的合理制定，并由此产生了"设计学派"和"计划学派"，但这些多数是针对企业战略自身展开的研究，和管理控制的关系逐渐弱化。因此，战略管理理论和管理控制研究比较相关的也是钱德勒最初提出的"结构追随战略"，这方面比较有代表性的是汤谷良等（2009）基于华润集团的6S管理体系对钱德勒命题进行了检验。

组织理论是管理理论的核心内容,是研究组织结构、职能和运转以及组织中管理主体的行为,并揭示其规律性的逻辑知识体系,自泰罗19世纪末20世纪初开辟了组织理论以来,组织理论经历了古典组织理论、行为科学组织理论到现代组织理论的发展进程。古典组织理论构造了集权型层级制的组织结构,古典理论的重点放在组织管理的基本原则的概括和分析上;行为科学组织理论重视组织内人的重要性,坚持用心理因素和社会因素来解释整个组织结构的变化,同时为了适应组织之间协作的需要,这一时期的组织结构采用了分权型层级制组织形式,包括事业部制、超事业部、矩阵等形式,这就有利于生产者参与决策,提高管理效率,适应了组织规模的扩大化,产品的多样化,市场的国际化的需要;现代组织理论侧重研究组织与环境之间的关系,同时为了适应这种关系,这一时期的组织结构形式变得更加灵活,以团队为模块的工作单元、临时工作小组、网络型组织等扁平网络型组织得到迅速的发展。王斌和高晨(2003)、冉秋红(2004)、王龙伟等(2007)都是基于组织理论对管理控制进行研究。

2. 基于经济学理论的管理控制研究

随着经济学的发展,尤其是制度经济学的发展,很多管理控制过程中的细节问题从理论层面得到解决,在这方面,对管理控制影响比较大的经济学理论主要是委托代理理论、交易成本理论和产权理论。

委托代理理论往往和信息不对称理论结伴而行,随着企业所有权和经营权的分离,委托人和代理人之间的信息不对称不可避免,委托人不能观测到代理人的行为,只能观测到相关变量,这些变量由代理人的行动和其他外生的随机因素共同决定。因而,委托人不能使用"强制合同"来迫使代理人选择委托人希望的行动,激励加约束是委托人对代理人管理的折中措施。于是,委托人的问题是选择满足代理人参与约束和激励兼容约束的激励合同以最大化自己的期望效用,缓解委托人和代理人的利益冲突,而这些也是管理控制系统在多重委托代理关系下必须要解决的问题。徐炜和曹腾飞(2015)、王新霞(2016)都是具体研究了如何进行薪酬设计缓解委托人和代理人之间的代理冲突。

交易成本是获得准确市场信息所需要的费用,以及谈判和经常性契约的费用。也就是说,交易成本由信息搜寻成本、谈判成本、缔约成本、监督履约情况的成本、可能发生的处理违约行为的成本所构成。由于交易双方的有限理性、机会主义行为以及信息不对称,价值不确定性与复杂性,加上交易具有的不确定性以及资产专用性的存在,如何降低交易成本是组织设计的主要初衷。交易成本在管理控制中的应用也主要表现为何种管理控制模式能够有效降低企业内部的交易成本。在这方面,陈志军(2009)将交易成本理论纳入到了管理控制模式的设计,骆家骁(2014)立足于企业规模边界和能力边界扩展的双重目标,研究如何将信息化与财务集中管控相融合。

3. 基于心理学理论的管理控制研究

心理学理论在管理控制中的应用主要是伴随着"以人为本"的管理控制思想的产生而扩大，在管理控制中，管理者是管理控制的主体，直接影响着管理控制的效果，对管理者进行有效激励在管理控制中的地位越来越重要。在管理者激励方面，心理学领域的锦标赛理论和公平理论从对立的两个方面各自阐述了其对管理者进行激励的主张。

锦标赛理论是由 Lazear 和 Rosen 共同提出来。锦标赛理论首先认为，与既定晋升相联系的工资增长幅度，会影响到位于该工作等级以下员工的积极性；只要晋升结果尚未明晰，员工就有动力为获得晋升而努力工作。因此，该理论主张企业通过晋升激励员工。同时，锦标赛理论还认为，加大 CEO 同其他高层管理成员之间的薪酬差距，将会降低委托人对代理人的监控成本，给委托人和代理人之间的利益一致性提供强激励，最终提高公司绩效。

与锦标赛理论相对应的是公平理论，又称社会比较理论，由美国心理学家 John Stacy Adams 于 1965 年提出。该理论是研究人的动机和知觉关系的一种激励理论，其主要观点是人的工作积极性不仅与个人实际报酬多少有关，而且与人们对报酬的分配是否感到公平更为密切。人们总会自觉或不自觉地将自己付出的劳动代价及其所得到的报酬与他人进行比较，并对公平与否做出判断。公平感直接影响职工的工作动机和行为。因此，从某种意义来讲，动机的激发过程实际上是人与人进行比较，做出公平与否的判断，并据以指导行为的过程。公平理论研究的主要内容是职工报酬分配的合理性、公平性及其对职工产生积极性的影响。

三、中国管理控制研究方法使用情况

本部分内容针对近二十年我国管理控制研究方法进行了统计，一方面，本部分统计了在不同时间段里不同研究方法的使用情况和变迁，另一方面，结合第一部分管理控制研究主题的分类，我们对不同主题下的研究方法使用情况进行了进一步的分析。

（一）管理控制研究方法的总体分布情况

本部分借鉴 Hesford et al. (2007) 对研究方法的分类方式对样本划分。Hesford et al. (2007) 将研究方法划分为分析型研究、档案研究、案例研究、实验研究、框架研究、文献回顾、调查研究以及其他方法，考虑到在我们的样本文献中，档案研究和调查研究所使用的均为实证研究的基本范式，只是数据类型有所区别，因此我们将这两个方法合并为实证研究，并按照数据类型进行进一步细分，此外，在我们的样本中未曾发现采用实验研究方法的文献，故而删除这一分类，具体的统计结果详见表 2-8。

表2-8　　　　　　　　1997—2016年我国管理控制研究方法分布情况

类别 年份	案例研究	规范研究	模型研究	实证研究		文献综述	总计
				基于数据库	基于问卷调查		
1997—2001	0	3	0	0	0	0	3
2002—2006	1	24	0	0	0	2	27
2007—2011	8	18	0	5	8	2	41
2012—2016	9	27	3	12	7	2	60
总计（比例）	18 (13.74%)	72 (54.96%)	3 (2.29%)	17 (12.98%)	15 (11.45%)	6 (4.58%)	131

表2-8对1997—2016年我国管理控制研究文献中所采用的研究方法进行统计，从表2-8中可以看出，规范研究在我国近二十年管理控制研究中所占比例达到一半以上（54.96%），具体到每个时间段来看，这种优势更为明显，在1997—2001年期间，我国管理控制文献中采用的全部为规范研究方法，在2002—2006年期间，规范研究文献的数量为24篇，在同期文献占比为88.89%，直到近十年，其他研究方法在管理控制领域中的使用才逐步增加；其次，实证研究在我国近二十年管理控制中的占比为24.43%（12.98%+11.45%），其中基于数据库的实证研究和基于问卷调查的实证研究比例相仿；之后为案例研究，占比为13.74%，相对于规范研究和实证研究，案例研究在管理控制研究中的占比较少，这与我们的直观印象有所出入，这主要是因为我们的样本来源为CSSCI核心期刊，这些期刊刊载的文献理论性较强，而案例研究的文献更多见诸于实务性期刊；最后，模型研究和文献综述在样本中所占比例最少，但这些研究方法也丰富了我国管理控制的研究。

（二）不同研究主题下研究方法分布情况

为了更直观地展示不同研究方法在管理控制研究过程中的具体使用情况，我们结合第一部分研究主题的分类，对不同研究方法在管理控制不同研究主题中的使用情况进行了统计，具体结果详见表2-9。

表2-9　　　　　　　　不同管理控制主题下研究方法使用情况统计表

研究方法 研究主题	案例研究	规范研究	模型研究	实证研究		文献综述	总计
				基于数据库	基于问卷调查		
管理控制与战略	1	3		2	3		9
管理控制环境		7		2	1		10
管理控制程序	5	15		3	1		24
管理控制模式	4	13	2	2	1		22
管理控制基本理论		17				6	23
管控系统整体设计	2	5			1		11

续表

研究方法\研究主题	案例研究	规范研究	模型研究	实证研究		文献综述	总计
				基于数据库	基于问卷调查		
管理控制经济后果	2	1		3	5		8
不同性质组织管控	2	6	1	2			11
其他	2	5		3	3		13
总计	18	72	3	17	15	6	131

表2-9对1997—2016年我国不同管理控制研究主题下研究方法的使用情况进行统计，从表2-9中可以看出，案例研究主要分布在管理控制程序和管理控制模式的研究中，在管理控制环境和管理控制基本理论的研究中未曾发现有使用案例研究的文献；规范研究主要集中于管理控制程序、管理控制模式和管理控制基本理论的研究中，此外，规范研究是唯一一种在各个研究主题下均被使用到的研究方法；模型研究的3篇文献出现在管理控制模式和不同性质组织的管理控制研究中，三篇文献分别为顾海峰（2012）、王彦勇和苏奕婷（2013）以及骆家骢（2014）；在几个研究主题下，实证研究方法使用最多的是对管理控制经济后果的研究，其次为其他研究主题，这里需要说明的是，其他研究主题下的样本主要包括了一些并非对管理控制进行直接研究的文献，比如文东华等（2012）研究了市场竞争强度、管理控制系统与企业业绩，其中管理控制系统主要发挥调节作用，类似这样的样本都划入到其他研究主题中；最后，文献综述都集中在管理控制基本理论的研究中，这主要由文献综述研究方法的特点所决定。

第三节 中国企业管理控制研究启示及方向

一、中国企业管理控制研究热点问题

（一）管理控制环境研究

环境是管理控制理论变迁的主要动力，也可称为权变因子。管理控制环境可分为企业内部环境与企业外部环境，企业的内外部环境都会对企业的管理控制模式的选择、管理控制系统的构建、管理控制的控制效果产生影响。

1. 企业内部环境

企业内部环境主要包括公司战略、公司治理、人力资源环境、组织学习环境、文化环境等，这些环境本身既是公司的管理控制环境，也影响着公司管理控制程序的整合和模式的选择，在不同的组织内部环境下，公司管理控制系统如何设计和发展是企业管理控制研究的一个长期话题。

公司战略是公司在长期发展过程中所追求的发展愿景，直接影响着公司在各个层面的发展目标和管理控制模式。从不同的角度出发，公司战略存在不同的划分方式，按照公司的生命周期划分，公司战略包括发展型战略、稳定型战略、收缩型战略；按照公司的经营方式划分，公司战略包括了一体化战略、相关多元化战略和无关多元化战略；按照公司的竞争方式划分，公司战略包括低成本战略和差异化战略。

公司治理包括了狭义的公司治理和广义的公司治理[①]。其中，狭义的公司治理是指股东对经营者的一种监督与制衡机制，主要是通过股东大会、董事会、监事会及管理层所构成的公司治理结构的内部治理；广义的公司治理则是通过一套包括正式或非正式的内部或外部的制度或机制来协调公司与所有利益相关者（股东、债权人、供应者、雇员、政府、社区）之间的利益关系。

人力资源环境包括了公司的人力资源战略和人力资源规划，如何将管理控制系统与人力资源管理环境进行融合是管理控制发展的一个趋势。

组织学习环境能够直接影响到员工的信息素养，而员工信息素养又会影响到企业经营、管理和创新的质量，因此组织学习环境主要研究关注管理控制与组织学习之间的关系，强调利用非正式管理控制来强化组织学习。

公司文化环境包括了企业的文化观念、价值观念、企业精神、道德规范、行为准则、历史传统、企业制度、文化环境等，其中价值观是企业文化环境的核心。在科学管理理念下，对员工的重视逐渐成为公司管理的重点，围绕公司的文化环境，展开文化管理控制，是在新环境下管理控制的一个重要方向。

2. 企业外部环境

与企业内部环境相比，企业外部环境对于企业的管理控制系统而言往往是外生的，外部环境的变化一般超过了企业的可控范围，同时又会对企业的经营和管理产生重大影响，因此，管理控制系统需要积极地去适应外部环境。企业外部环境包括了企业外部的经济环境、政治环境、文化环境等等。

经济环境是对多数企业而言最为直接也最为重要的外部环境，同时经济环境本身也是企业面临的最复杂的外部环境，经济环境一般包括国家的金融政策、财政政策、货币政策、税收政策，行业的劳动力市场情况、原材料市场情况、产品市场情况、技术发展情况、竞争情况、发展前景等等。

政治环境包括国家的大政方针、地区的投资者保护情况、法律法规的发展程度、地方政府的政策等等。对于跨国公司而言，政治环境往往需要引起更多的重视，子公司所在国家的政治局势、国际关系都需要企业时刻关注。

文化环境作为一种非正式制度，在企业的长期发展中往往扮演重要角色。文化环境一般包括企业所处的社会结构、社会风俗和习惯、信仰和价值观念、行为规范、

---

① 李维安. 制定适合国情的《中国公司治理原则》[J]. 南开管理评论，2000，3(4)：2.

生活方式、文化传统、人口规模与地理分布等因素。

(二) 管理控制功能扩展研究

在研究管理控制基础理论的同时，相关人员也在不断开发管理控制潜在的应用领域。这些研究共同的理念旨在突破原有传统的控制作用范畴，研究管理控制在其他领域或方面的应用。如利用管理控制，积极推进组织更新与组织变革；借助于管理控制，规范公司员工行为，减轻解决委托代理问题的难度；探讨通过管理控制在企业内部的实施与渗透，以扶植新制度；利用管理控制实现新企业文化的渗透。在管理控制的功能扩展研究中，比较成型的两个领域是文化管理控制和环境管理控制，前者将管理控制的功能拓展到企业的文化管理领域，后者则探讨了管理控制在微观企业环境保护中的功能和作用。

1. 文化管理控制

随着制度经济学的不断发展，非正式制度在企业契约关系中的作用受到了广泛关注，在这种背景下，如何把非正式制度引入公司的管理控制系统成为管理控制研究的一个方向。文化控制从企业文化角度探索了非正式制度在管理控制领域的应用，通过价值理念、社会责任、行为标准等文化因素对员工个人和群体施以控制，进而实现由被动管理到自我管理的演进。文化控制的过程主要基于文化的导向功能、约束功能、凝聚功能、激励功能和辐射功能。

第一，通过导向功能进行文化控制。企业文化作为一种共同意识和价值观念，能够把员工的个人目标引导到企业所确定的目标上来，使得员工在潜移默化中接受企业的共同价值理念，自觉自愿地把企业目标作为自己追求的目标。

第二，通过约束功能进行文化控制。企业文化作为一种规范和准则，对每个员工的思想、心理和行为具有约束和规范的作用。企业文化对员工的约束是一种软约束，这种约束来自于组织文化氛围、团队行为准则、团队意识、社会舆论、共同的习俗和风尚等精神文化内容，会造成强大的使个体行为从众化的团队心理压力和动力，使员工产生共鸣，而产生自我控制。

第三，通过凝聚功能进行文化控制。企业文化作为一种共同价值观，对企业员工有一种凝聚作用，当企业文化被所有员工共同认可后，企业文化成为员工的粘合剂，从各个方面把员工团结在一起，从而产生巨大的向心力、凝聚力和认同感，使企业员工积极参与到企业的经营管理当中，发挥各自的潜能，为实现企业各个层级的战略目标而奋斗。

第四，通过激励功能进行文化控制。企业文化控制是一种"以人为本"的控制，它尊重员工在企业中的地位和作用，使员工从内心产生一种高昂情绪和奋发进取精神的效应，从而激发员工从内心深处自觉产生为组织目标拼搏的精神。

第五，通过辐射功能进行文化控制。良好的组织文化不仅对内部员工产生影响，而且通过各种渠道向社会辐射和传播。一方面，可以树立组织在公众中的良好形象；

另一方面，优秀的组织文化也可以在一定程度上推动社会文化的良性发展，起到以点带面的辐射作用。

2. 环境管理控制

随着环境污染逐渐被社会广泛重视，政府在环境方面的执法力度也在不断增强，对于企业而言，环境问题成为了企业可持续发展过程中必须要直接面对的问题，单纯追求经济绩效必然会对企业的发展带来较大的违规风险。因此，企业的管理控制系统必须要将企业的环境问题纳入其中，环境管理控制应运而生。环境管理控制延续了管理控制的基本程序，但在每个程序中，都对企业面临的环境问题予以考虑，环境管理控制的程序如下①：

第一，企业可持续发展战略目标分解。为了落实可持续发展战略，企业首先需要对战略目标进行层层分解，明确控制变量。具体而言，企业应以价值最大化目标为起点，以杜邦分析体系为框架，以我国环保法律法规为准绳，在构建环境会计信息的基础之上，对可持续发展战略目标进行分解，形成适合本企业的控制变量。这些控制变量是企业可持续发展战略目标的具体化，是其得以落实的驱动因素。

第二，确定企业的环境控制标准。战略目标分解是明确有关环境资源的控制变量，控制标准制定，则是依据环境会计报告量化控制变量的过程。企业需要明确相关环保法律法规的具体标准，构建环境会计信息，并结合企业的历史水平与行业水平，确定适合于自身特点的控制标准。值得强调的是，控制标准不一定等同于环保法律法规所规定的标准，不同企业应该依据自身的特点，制定符合企业自身需求的控制标准。

第三，编制环境管理控制报告。企业战略的落实不仅需要战略目标分解与制定控制标准，更重要的是及时控制经营活动中产生的差异。差异控制的关键在于对实际业绩的准确计量，以及对差异原因的准确分析，这两个内容集中地反映在环境管理控制报告之中。为了构建完善的环境管理控制报告，企业应及时并准确地计量有关环境成本的详细信息，并结合其他信息找出环境成本发生偏差的原因。

第四，环境业绩评价。经营业绩评价在企业经营过程中起着导向性作用。为了引导企业管理者重视环境管理控制，落实企业可持续战略，有必要将环境因素纳入到经营业绩评价体系之中。在单指标评价体系之中，环境成本隐含在评价体系之中；对于多指标评价——指标体系与平衡记分卡——而言，企业可以将环境业绩明确作为一个独立的评价指标而纳入整个评价体系之中。

第五，将环境业绩纳入管理者报酬。管理者报酬的实质，是企业所有者与管理者之间达成的激励相容的制度安排，目的是抑制管理者的机会主义倾向，从而促进管理者尽职尽责地实施管理控制活动。为了有效实施企业可持续发展战略，企业所

---

① 张先治，李静波．环境会计与管理控制整合研究［J］．财经问题研究，2016（11）：82－89．

有者应将环境业绩纳入到管理者报酬的决定因素之中，使管理者产生实施环境管理控制活动的动力。

（三）管理控制模式研究

管理控制模式研究则关注管理控制系统的具体构建与设计，如有学者探讨基于平衡计分卡原理的管理控制模式，还有学者利用交易成本学研究水平型管理控制模式，最近还有学者尝试探讨摈弃传统预算后的管理控制模式。

1. 基于权力划分的管理控制模式研究

（1）集权管理控制模式。在集权管理模式下，集团总部掌握集团的财务管理决策权，包括融资决策权、投资决策权、资产处置权、资本运营权、资金管理权、成本费用管理权和收益分配权等一系列关系到财务管理的权限，绝大部分核心权力都集中于集团总部，集团总部集中控制和管理集团内部的经营和财务，做出财务决策，而所有子公司必须严格执行集团公司的决议，各子公司仅仅进行短期财务规划和日常财务管理的一种财务管理模式。

（2）分权管理控制模式。在分权管理模式下，集团内部建立一种具有半自主权的内部组织机构，集团总部自上而下层层授权，使集团的每一层级都拥有一定的权力和责任。应该说分权管理的主要目的是提高管理效率，而分权与效率的结合点就是集团整体经营管理目标。在集团整体目标的制约下，高层管理机构把一些日常的经营决策权直接授予负责该经营活动的责任中心，使其能针对具体情况及时作出处理，避免逐级汇报延误决策时机而造成损失，并充分调动各单位经营管理的积极性和创造性。

2. 基于交易成本的管理控制模式研究

（1）市场管理控制模式。市场能在交易者偏好和能力多样性以及理性有限的条件下，按照价格信号而有效地配置资源。市场管理控制模式的弱点是交易是随机的并且易于破裂的，容易受到机会主义者行为的损害。因此，市场管理控制模式主要适用于资产专用性很弱，或交易频率较低，这些交易中断或被新交易替代的成本通常很低。

（2）层级管理控制模式。层级管理控制模式主要适用于交易具有高度专用性，寻找替代交易伙伴或者不可能，或者要求承担过高的成本。比如，城市供水、煤气供应、公交公司以及处于自然垄断地位的矿山开采公司与其用户之间的交易等等。如果采取市场机制，买者被卖者要挟而遭受损害的概率较高。然而，对任何一个买者而言，把交易纳入企业内部则是规模不经济的。在这种情况下，这类卖方企业由政府直接经营或由政府给予控制就是合理的。

（3）混合管理控制模式。混合管理控制模式适用于资产专用性适中，交易频率适中的交易。一方面，由于资产具有一定的专用性，使市场中的机会主义行为产生了较高的交易费用而中止。另一方面，由于交易频率适中，避免了交易频率过低带来较高的企业内部管理成本。

3. 基于总部职能的管理控制模式研究[①]

(1) 财务管理控制模式。采用财务管控模式的企业集团，集团总部作为投资决策中心，以追求资本价值最大化为目标，管理方式以财务指标考核、控制为主，一般资本型企业集团采取这种管控模式。在该管控模式下，集团总部对成员企业实行以资产经营为核心，以各自企业自己编报的预算、计划与集团外同行企业的经营效果比较为主要考核内容，评价经营业绩的财务表现。被集团公司选中的企业多是价值被低估的企业，通过集团公司自身的管理优势，提高该企业价值，并选择最佳时机出售。

(2) 战略管理控制模式。采用战略管控模式的企业集团，集团总部作为战略决策和投资决策中心，以追求集团公司总体战略控制和协同效应的培育为目标，管理方式通过战略规划和业务计划体系进行管理，一般混合型的企业集团采取这种管控模式。在该管控模式下，集团总部对子公司干涉较强，但是子公司有一定的自主权，可以理解为"有控制的分权"。集团总部制定涵盖大多数活动的职能政策，并检验主要建议的合理性，修改或批准有关下属企业发展的主要决策，而日常的经营管理事务则由各事业部承担。集团总部是主要业务流程的监控者，检验集团战略在技术上和操作上的合理性，当可获得协调作用或取得协同收益时，集团公司会与各子公司（或事业部）共享信息和资源，对整个集团的资源进行配置。集团的各子公司有较大的自主权，要对自身的业务负责。

(3) 经营管理控制模式。采用经营管控模式的企业集团，其总部作为经营决策中心和生产指标管理中心，以对企业资源的集中控制和管理，追求企业经营活动的统一和优化为目标，直接管理集团的生产经营活动（或具体业务）。采取该管控类型企业集团往往都从事大规模产品生产或网络性自然垄断业务，如电力、电信、铁路、钢铁、煤炭等。

二、中国企业管理控制研究方向

(一) 基于中国制度背景的管理控制系统创新与发展

1. 中国特色管理控制要素系统创新

管理控制作为一个系统，它应是有规律地或重复地执行某一项或几项活动。一个典型的企业内部管理控制系统的一般需要或要素是什么呢？从控制要素角度研究管理控制系统，西方管理控制学界形成了三要素观、四要素观和五要素观等不同观点。

---

① 王钦，张云峰. 大型企业集团管控模式比较与总部权力配置 [J]. 甘肃社会科学，2005 (3): 212 - 214.

(1) 三要素观。关于管理控制三要素观点或提法有许多，归纳起来主要有两种思路：第一，从管理的控制职能角度出发，将管理控制的要素从管理程序进行界定，即：控制标准、评价绩效、纠正偏差；第二，从内部控制结构角度出发，将内部控制要素从制度结构进行界定，即：控制环境；会计制度；控制程序。

(2) 四要素观。管理控制环境四要素观的代表人物是麦克尔·S.斯科特和罗伯特·安东尼。麦克尔·S.斯科特和彼得·罗伦基在其"管理控制系统框架"（Lorange and Scott Morton, 1974）一文中认为，管理控制系统的根本目标是帮助管理部门完成组织目标，这要通过以下几点（要素）为管理控制提供一个规范化的框架来实现：相关控制变量的鉴别、良好的短期计划的设计、整套控制变量中短期计划实际完成程度的记录、偏差的分析。罗伯特·安东尼在其《管理控制系统》一书中则认为，内部管理控制系统包括计量、评估、执行与沟通四个要素，具体包括：计量用于确认被控制过程中发生的事件，即如实反映实际状况；评估用于比较实际发生事件偏离标准的程度，即将实际与标准比较；执行用于纠正实际与标准之间的差异，即纠正偏差；沟通用于在计量、评估与执行间的信息及时传递或交流。

(3) 五要素观点。COSO报告归纳出内部控制的五大要素，具体包括：控制环境，指组织进行控制所面临的环境，控制环境影响控制方式与手段的选择；风险评估，指在组织控制中应能辨认风险因素，并能对风险因素进行评估；控制活动，指能帮助管理层使其指令被执行的政策与程序，包括授权、调节等；信息与沟通，指组织在进行控制过程中应保证信息真实完整，组织内部及外部沟通及时；监督控制，指评价内部控制执行质量的过程。

综上所述，在管理控制要素理论在发展过程中形成了三要素观点、四要素观点和五要素观点等几种不同的认识，他们之间既有共性，也有差异。那么到底管理控制系统要素应该包括哪些内容呢？在中国的制度背景下，管理控制要素又具有哪些中国特色？因此，在中国制度背景下，要进行管理控制要素系统的创新，必须要回答以下问题：第一，什么是要素？要素的特征是什么？第二，要素项目范畴界定是怎样的，如是将标准、报告、评价看成三个要素还是合并为一个评估要素？第三，在理解管理控制系统内涵时，是不是把它当成一个开放的系统？第四，中国企业在经营环境和组织环境方面和西方企业存在何种区别？也正是在对这些问题回答时的观点不同，才形成了如前所述管理控制系统的要素理论发展过程中的不同观点，这也是管理控制要素系统创新的主要方向。

2. 中国特色管理控制程序系统创新

关于管理控制的程序，从管理控制的不同范畴、不同层次、不同角度去理解，国外管理控制学界形成了一些不同观点，具体如下：

(1) 三步骤控制程序。三步骤控制程序主要从管理的控制职能角度考虑，将控制程序分为三个步骤，许多《管理学》、《控制论》等方面的论著都对控制程序按三个步骤划分，即：拟定标准；评价业绩；纠正偏差。

（2）四步骤控制程序。四步骤控制程序与三步骤控制程序的思路相同，只是对控制步骤又进一步细分，如《管理控制与管理经济学》一书，就将管理控制程序分为四个步骤，即：确立控制标准；评定活动成效；拟出控制报告；纠正错误手段。

（3）五步骤控制程序。在三步骤控制程序和四步骤控制程序的基础上，罗伯特·安东尼（Anthony，1998）在其《管理控制系统》一书中，将管理控制程序表述为五步骤控制程序，即：战略计划；预算编制；报告分析；业绩评价；管理报酬。

综上所述，三步骤控制程序和四步骤控制程序都是以确定控制标准为起点，这样做的一个主要缺陷是将管理控制和企业战略割裂，忽视了管理控制的本质是为了实现企业战略所展开的一系列控制活动；与之相比，安东尼的五步骤程序从战略计划开始，明确了企业战略在管理控制系统中的作用，但是安东尼的五步骤程序实际上是一个预算控制系统程序，考虑到控制标准并不仅仅是预算标准一种，管理控制模式也不仅仅是预算控制模式一种，因此应构建更一般的管理控制系统程序，这也是管理控制程序系统创新的突破点。

同时，在管理控制程序系统的创新过程中，我们除了要借鉴西方理论界已有的研究成果外，还需要考虑这些管理控制程序对中国企业是否适用，不同的程序在中国企业实践中是否会发生变异，从而形成更具中国特色的管理控制程序系统。

3. 中国特色管理控制模式系统创新

在本节前半部分，我们介绍了管理控制模式研究的基本类型，从理论上讲，企业管理控制模式研究的理论基础主要是交易成本理论和权变理论。

交易成本理论主要探索了交易成本的存在对企业边界的影响，认为企业的扩张止于交易成本和组织成本的平衡，同时资产专用性、市场参与者有限理性、交易发生的频率等问题都会影响到企业的交易成本，进而影响企业的管理控制模式。与交易成本相比，权变理论更注重从企业集团的组织架构和管理体制出发，基于集团和子公司之间的权力分配，指引企业选择合适的管理控制模式。

但是，在从现有管理控制模式研究中，有以下三个问题仍有待完善：第一，现有研究局限于管理控制模式的静态选择，忽视了管理控制的动态发展，比如，在企业管理控制模式的发展完善过程中，如何由一种管控模式向另一种管控模式过渡？这可能关系到管理控制模式的重新界定与选择问题。第二，权变理论基于权力的分配，定义了几种管理控制模式，那么，在相同组织架构的不同企业中，管理控制模式的选择一定相同吗？如果不同，还有什么因素会进一步影响企业管理控制模式选择？第三，我国市场经济仍存在诸多不完善，比如法律制度不健全、投资者保护意识薄弱、市场交易成本过高，这些反映在我国企业组织结构上的特征就是企业集团的广泛存在，在这种制度背景下，已有的管理控制模式是否能够兼容中国企业的实际情况？中国的企业集团在管理控制模式选择上是否需要考虑其他更深层次的要素？这些问题都是在我国进行管理控制模式创新和发展过程中不可回避的问题。

(二) 管理控制系统在其他系统中的拓展研究

1. 管理控制与管理会计

管理会计是一个以价值为基础，以战略为导向，以服务组织内部预测、决策、规划、控制、分析和评价等活动为目的，全面的、动态的、综合的信息系统，管理会计报告是管理会计信息的主要载体。管理会计理论框架分为基本理论体系和应用理论体系两个部分。其中，基本理论体系主要回答了管理会计的目标、原则、职能、活动以及范畴等基本问题，应用理论体系则涵盖了管理会计工具、管理会计组织、管理会计系统等具体问题。管理控制是促进企业战略有效实施的系统化过程，是以企业管理者为主的控制者按照一定的程序和方法为保证企业经营活动的有效性所进行的控制过程总和。管理控制理论框架体系包括管理控制要素、管理控制程序和管理控制模式三个方面的内容。

从管理和会计的辩证关系看，管理会计本质是基于管理的会计，具体而言就是以企业的经营活动为对象，借助确认、计量、记录、报告等会计手段，生产以管理会计报告为载体的管理会计信息；与之相对应，管理控制本质则是基于会计的管理，企业为保证经营活动有效性所进行的所有控制过程，都需要会计这一信息系统源源不断地供给信息，管理控制系统使用会计信息进行管理和控制。因此，管理会计和管理控制是企业内部信息的生产者与使用者这样一种关系，管理会计是管理控制的信息支撑，管理控制是管理会计发展的导向，理解管理控制和管理会计之间的关系可以从以下几个角度把握：

(1) 管理会计报告是连接管理控制和管理会计两个领域的纽带。在企业经营管理过程中，可以将管理会计报告视作企业内部的一种商品，由于这种商品不存在经济学意义上的市场，供给方和需求方就商品的种类和数量达成有效的契约是管理会计报告具有价值相关性的关键。这要求企业的管理会计系统要理解管理控制系统在管理和控制过程中需要哪些信息，有针对性地建立管理会计组织，完善管理会计报告的形式与内容；同时，也要求管理控制系统有效整合其要素系统、程序系统和模式系统，明确每一个环节需要管理会计系统提供何种信息，对管理会计报告的设计提出建设性意见。

(2) 管理控制的发展会促进管理会计的发展。首先，管理控制范畴的拓展会促进管理会计的发展。在现代企业制度中，企业的组织结构日益复杂，经营战略趋向多元，对管理控制的需求从经营层面向战略层面和作业层面延伸。为了满足战略管理控制和作业管理控制的信息需求，战略管理会计和作业管理会计被提出和完善，进而也相应拓展了管理会计的范畴。其次，管理控制程序的完善促进了管理会计的发展。管理控制基本程序整合完善之后，每一个程序的运行都离不开管理会计信息的支撑。为了满足管理控制程序所需要的信息，管理会计系统需要创新管理会计工具、完善管理会计组织、编制管理会计报告，这带动了管理会计理论和实务的发展完善。最后，管理控制方法的创新促进了管理会计的发展。随着企业内外部经营环境的变化以及现代管理科学的发展，企业管理控制的方法也得以不断创新。管理会计和管理控制的管理理念一脉相承，两者在具体的管理方法上可以相互吸收和借鉴，因此管理控制方法的创新对于管理会计技术变革具有协同效应。

（3）管理会计的完善也会推动管理控制的发展。对于企业而言，在建立和完善管理控制系统的过程中，无论是管理控制模式的合理选择、管理控制程序的协调还是管理控制要素的设计，都始终离不开信息。而管理会计报告是企业内部信息的主要载体，管理会计报告的基本属性是价值相关性，这种价值相关性更多地体现在与企业的管理控制相关，管理会计报告的质量会影响到管理控制的效率，管理会计的完善程度也会影响到管理控制的发展程度。

2. 管理控制与公司理财

在现代企业以资本保值增值为目标进行资本运作的背景下，公司理财的基本框架可以表述为：以资本增值为目标，以价值管理为导向，以会计报告与财务分析为基础，以资本经营与管理控制为两翼的理论体系与应用体系。公司理财的三个主要领域分别是处理与外部投资者的关系、评估企业的发展战略以及通过全面绩效管理创造价值。在价值管理理念的指导下，管理控制要服务于公司理财基本框架，公司理财需要借助管理控制系统，对企业的经营管理过程进行有效的控制，这就要将价值管理理念渗透到企业管理控制系统的每一个环节。

（1）战略目标分解环节，要明确股东价值最大化是企业的核心战略目标，企业的一切战略选择都要能够为股东创造价值。为了保证企业核心战略目标的实现，需要根据企业的组织架构、内部责任中心的划分和价值创造的环节对股东价值最大化这一目标进行分解，形成整体目标和局部目标相互协调、短期目标和长期目标相互嵌套的战略目标分解体系。在目标分解过程中，企业应重视将管理层自上而下的分解和员工自下而上的反馈紧密结合，确保战略层的愿景不会脱离作业层的能力，使企业战略目标的落实建立在职工的积极性、主动性基础上，最终使体系中所有战略目标的实现都是在为股东价值最大化服务。

（2）控制标准制定环节，要基于企业的战略目标分解体系和价值管理理念，选择控制变量并确定控制标准。这一环节首先要结合战略目标分解体系，确定各个责任中心的价值目标，如将经济增加值、净资产收益率、总资产报酬率等指标作为各个责任中心的核心评价指标。在价值目标确定之后，根据企业价值创造的环节，分析实现价值目标的驱动因素，确定影响价值目标实现的重要变量，并根据每个变量的不确定性程度筛选出风险变量。最后结合风险变量的经验标准、行业标准与预算标准等因素，制定先进、可行的管理控制标准，最终形成以财务预算为中心和导向的全面预算管理体系。

（3）控制报告分析环节，又可以分为管理控制报告的编制与分析两个过程。企业编制的管理控制报告要体现价值管理的特点，这要求企业的管理控制报告体系既要包括财务会计报告，也要包括管理会计报告，两者互相补充，充分反映企业价值管理的过程和结果。在对管理控制报告进行分析时，要将报告呈现的实际业绩与控制标准进行比对，明确控制变量实际业绩与控制标准之间差异的具体数额，对差异进行科学分析，判断差异产生的原因和性质，归集到相应的责任中心，结合控制程序标准，进行管理控制。

（4）经营业绩评价环节，要从整体和局部两个维度对企业经营管理效率和效果进行评价。整体评价要以价值量指标为主，以是否实现股东价值最大化为根本标准，对企业的整体经营情况进行评价。局部评价要结合局部承担的战略任务、适用的控制标准以及企业的全面预算管理体系，对局部的战略完成情况进行评价。局部评价主要采用包含效率指标和效果指标的指标评价体系，综合分析局部经营管理过程中的优势和不足。

（5）管理者报酬环节，要将对管理者的激励和管理者为企业创造的价值量结合在一起。在管理控制的五个环节中，管理者报酬既是一个管控程序循环的终点，也是另一个管控程序循环的起点，对管理者激励的有效性直接影响到管理控制的有效性。这就要求薪酬委员会将管理者的报酬与管理者创造的价值挂钩，使股东价值增加与管理者报酬配比，缓解管理者和股东之间的代理冲突，让股东价值最大化成为对管理者的一种内生激励，保证管理控制系统的长期有效运行。

3. 管理控制与内部控制

管理控制和内部控制的渊源贯穿于内部控制发展的整个历程。1947 年 AICPA 下属的审计程序委员会最早提出了内部控制的定义："内部控制是组织为保护其财产安全、保证会计信息的准确性和可靠性，提高经营效率和效果，保证组织的经营战略和管理政策得以实施而采取的自我调整和控制的一系列方法、手段与措施。"这表明内部控制在诞生伊始就明确了内部控制包括三个层次的控制：第一个层次是法规控制，旨在保证企业各项经营管理活动合法合规，这是一切控制活动的前提；第二个层次是会计控制，旨在保证会计信息可靠性和准确性，这是一切控制活动的基础；第三个层次是管理控制，旨在提高经营管理的效率、效果，保证企业的战略得以实施，目标得以实现，这是一切控制的导向和目标。之后无论是审计程序委员会，还是审计准则委员会，都认可了内部控制的会计控制（法规控制内嵌于会计控制之中）和管理控制双重属性。

但 20 世纪 80 年代，随着财务造假手段趋于复杂以及虚假财务报告的大量出现，会计控制职责上的缺位引来学术界和实务界的诟病。在这个背景下，COSO 将内部控制的工作重点向会计控制倾斜，在其 1992 年发布的《内部控制整合框架》中，对会计控制的重视更是矫枉过正。随后的十几年中，围绕内部控制的研究基本上是立足会计控制，从审计的视角出发，把内部控制作为外部审计的补充，强调其在保证财务报告可靠性上的作用。在审计视角下，内部控制作为保证企业财务报告可靠性、准确性的一套机制，很少需要关注企业战略是否符合企业愿景，企业的内外部环境是否存在会影响到企业经营管理有效性的不确定因素，从而影响到企业战略的实施。这直接导致内部控制在企业中的作用越来越狭隘，内部控制的部分职能和外部审计重合甚至被外部审计取代，挤压了内部控制发展空间。

审计视角的内控研究是必要的，但从内部控制的发展历程中要认识到，会计控制是在特殊背景下的特殊主题，而内部控制的基本范畴是不变的，在会计控制完善之后，内部控制需要从审计视角向管理视角、从财务报告导向向价值创造导向转型，回归法规控制、会计控制和管理控制三位一体的内部控制范畴。管理控制作为内部控制的最高层次，自身又可划分为战略层控制、经营层控制和作业层控制，无论是哪个层级的控制，核心目标都是为了提高企业经营效率和效果，最终实现战略目标。随着内部控制理论框架的发展和企业提升经营管理有效性的需要，以会计控制为重点的内部控制势必会过渡到以管理控制为重点的内部控制，管理控制理论体系完善可以拓宽内部控制领域的研究范围，推动内部控制向更高层次发展。

第二篇

管理控制理论基础与基本理论研究

第三章

管理控制理论基础

理论基础是一门学科赖以建立并发展的基础，管理控制研究同样离不开相关的基础学科。这些学科与管理控制理论存在着千丝万缕的关系，为管理控制系统的理论创新与应用拓展提供了相应的理论基础。从某种角度看，管理控制系统也可以被视为控制论与系统论的分支之一，管理控制理论体系应当符合控制论与系统论的一般原理。总之，管理学、经济学、会计学、控制论与系统论，是与管理控制关系最为紧密的五个基础性学科，每个学科都从某个角度为管理控制系统理论体系的建立奠定了坚实的理论基础。本章将分别从这五个学科的角度论述管理控制研究应具备的理论基础。

第一节 管理学与管理控制

管理学是一门系统研究管理活动的基本规律和一般方法的综合性交叉科学。管理学是适应现代社会化大生产的需要产生的，它的目的是研究在现有的条件下，如何通过合理地组织和配置人、财、物等因素，提高一个组织的生产效率水平。管理控制的简单定义，是指管理者影响组织中其他成员以实现组织战略的过程。实质上，提高一个组织的生产效率水平与实现组织战略的本质是一致的——提高生产效率的最终目标是为了实现组织战略，实现组织战略也必然需要提高组织的生产效率。在这个意义上，管理控制是从落实战略的角度研究如何通过合理配置人、财、物等因素，提高组织生产力水平的学科。显然，管理控制是管理学的有机组成部分。管理学在内涵、内容与方法等，都相应地构成了管理控制的理论基础。

一、管理的内涵与管理控制

由于每个学者看问题的角度不同，管理的内涵至今尚未形成公认与统一。诸多学者从不同的侧面概括了管理的内涵。例如，彼得·德鲁克（Peter F. Drucker）认为，管理是把一群缺乏组织的群体变成一个有效率、有目的、有生产力的特殊过程；哈罗德·孔茨（Harold Koontz）认为，管理是设计和维持一种良好的环境，使人在群体里高效率地完成既定目标；赫伯特·西蒙（Herbert A. Simon）认为，决策贯穿管理的全过程，管理就是决策；罗宾斯认为，管理是指同别人一起，通过别人使活动更有效地完成的过程。

显然，对管理这一概念作不同角度的抽象概括，可以提炼出管理的不同本质。总结下来，以上代表性管理学者对管理的内涵概括，可以分为三个角度——过程、决策与目标。这些概念从不同的侧面揭示了管理的本质属性，同时也可以从这些侧面理解管理学对管理控制产生的影响。

第一，管理的本质是过程，因此管理控制也是一种过程。管理并非一蹴而就，它是一系列实践活动在时间维度上展开的表现形式。从过程的角度理解管理的实质，就是从时间的维度看待管理。从时间的维度看，管理是一个面向未来的活动，这意味着管理者应时刻以事物的发展状态为依据，用发展的眼光处理管理中的所有问题。管理总是要考虑现在和未来、短期和长期。如果目前的利益是以危及企业的长期利益、甚至企业的存在为代价而获得的，那就不能说是管理问题得到了解决。如果为了不确定的未来而使当年冒着灾难性风险，那么这种管理决策也是不负责任的。只有当短期目标与长期目标实现了统一，企业管理的短期具体活动才具有现实意义。

显然，作为管理的有机组成，管理控制的本质也是一种过程，应遵循过程管理的一般规律。具体而言，管理的过程本质，要求管理者必须从时间维度上区分组织的目标体系——包括战略规划、中期目标、短期目标与具体目标等。这些目标依时间长短次第展开，环环相扣，形成了企业的目标链。企业最终目标的实现，取决于对目标链中的每个具体目标的实现。每个目标的实现都是为了长期目标而服务的，在此过程中，如果长期目标发生变化，企业管理控制的具体目标应随之进行相应的调整。

第二，管理的本质是决策，因此管理控制也是一种决策。西蒙指出，虽然管理由计划、组织、指挥、协调和控制组成，是普遍接受的观点，但从本质上而言，计划、组织、指挥、协调和控制的本质，都是决策。简单来说，决策就是决定的意思。它是为了实现特定的目标，根据客观的可能性，在占有一定信息和经验的基础上，借助一定的工具、技巧和方法，对影响目标实现的诸因素进行分析、计算和判断选优后，对未来行动做出决定性的行为。显然，从这个意义看，计划的本质是决策，组织、指挥、协调与控制，都是管理者决策的结果。

具体而言，决策应遵循以下步骤：①确定决策目标。决策目标是指在一定外部环境和内部环境条件下，在市场调查和研究的基础上所预测达到的结果。决策目标是根据所要解决的问题来确定的，因此，必须把握住所要解决问题的要害。只有明确了决策目标，才能避免决策的失误；②拟定备选方案。决策目标确定以后，就应拟定达到目标的各种备选方案。拟定备选方案，第一步是分析和研究目标实现的外部因素和内部条件，积极因素和消极因素，以及决策事物未来的运动趋势和发展状况；第二步是在此基础上，将外部环境各不利因素和有利因素、内部业务活动的有利条件和不利条件等，同决策事物未来趋势和发展状况的各种估计进行排列组合，拟定出实现目标的方案；第三步是将这些方案同目标要求进行粗略的分析对比，权衡利弊，从中选择出若干个利多弊少的可行方案，供进一步评估和抉择；③评价备选方案。备选方案拟定以后，随之便是对备选方案进行评价，评价标准是看哪一个方案最有利于达到决策目标。评价的方法通常有三种：即经验判断法、数学分析法和试验法；④选择方案。选择方案就是对各种备选方案进行总体权衡后，由决策者挑选一个最好的方案；⑤执行方案。任何方案只有真切地得到实施后才有其实际的意义，执行方案是决策的落脚点；⑥回馈评估方案。通过对决策的追踪、检查和评价，可以发现决策执行的偏差，以便采取措施对决策进行控制。

由于管理控制的本质也是决策，因此管理控制的各个要素与环节，都是需要遵循决策的一般步骤。例如，在管理控制程序中，战略目标分解的过程就是一个决策过程，企业管理者应当首先明确企业战略目标，然后明确战略目标分解的具体目标，拟定战略目标分解的具体方案，评估每个备选方案的优劣，进而选择合适的方法对战略目标进行分解，最后依据战略的落实过程，对战略目标分解方案进行反馈，进一步优化战略目标分解过程。

第三，管理以目标为宗旨，因此管理控制也以目标为宗旨。管理作为人类的一种行为，它的本质是主观见之于客观的实践活动。实践就是人们能动地改造和探索现实世界一切客观物质的社会性活动。实践的能动性，意味着实践活动必然是人类有目的有意识的行为。作为实践活动，管理活动必以既定的目标为前提，并以目标为归宿。正如德鲁克所言，一切管理活动皆以目标为宗旨，如果一个领域没有目标，这个领域的工作必然被忽视。因此，管理者应该通过目标对下级进行管理，当组织最高层管理者确定了组织目标后，必须对其进行有效分解，转变成各个部门以及各个人的分目标，管理者根据分目标的完成情况对下级进行考核、评价和奖惩。在这个意义上，管理控制也必然以组织的既定目标为起点，并在此目标的统领下将一系列的管理控制活动付诸实践。如果缺乏最终目标的支点，诸多管理活动无法形成系统的有机整体，成为一盘散沙，各自为战，与最终目标南辕北辙。

具体而言，管理控制的实施过程中，应遵循目标管理的四个基本步骤：

首先，建立一套完整的目标体系。实行目标管理，要建立一套完整的目标体系。这项工作总是从企业的最高主管部门开始的，然后由上而下地逐级确定目标。上下级的目标之间通常是一种"目的一手段"的关系；某一级的目标，需要用一定的手段来实现，这些手段就成为下一级的次目标，按级顺推下去，直到作业层的作业目标，从而构成一种锁链式的目标体系。制定目标的工作如同所有其他计划工作一样，需要事先拟定和宣传前提条件。这是一些指导方针，如果指导方针不明确，就不可能希望下级主管人员会制定出合理的目标来。此外，制定目标应当采取协商的方式，应当鼓励下级主管人员根据基本方针拟定自己的目标,然后由上级批准。

其次,明确责任。目标体系应与组织结构相吻合,从而使每个部门都有明确的目标,每个目标都有人明确负责。然而,组织结构往往不是按组织在一定时期的目标而建立的,因此,在按逻辑展开目标和按组织结构展开目标之间,时常会存在差异。其表现是,有时从逻辑上看,一个重要的分目标却找不到对此负全面责任的管理部门,而组织中的有些部门却很难为其确定重要的目标。这种情况的反复出现,可能最终导致对组织结构的调整。从这个意义上说,目标管理还有助于搞清组织架构的作用。

再次,充分放权。目标既定,主管人员就应放手把权力交给下级成员,而自己去抓重点的综合性管理。完成目标主要靠执行者的自我控制。如果在明确了目标之后,作为上级主管人员还像从前那样事必躬亲,便违背了目标管理的主旨,不能获得目标管理的效果。上级的管理应主要表现在指导、协助。提出问题,提供情报以及创造良好的工作环境方面。

最后,监督与评价。对各级目标的完成情况,要事先规定出期限,定期进行检查。检查的方法可灵活地采用自检、互检和责成专门的部门进行检查。检查的依据就是事先确定的目标。对于最终结果,应当根据目标进行评价,并根据评价结果进行奖罚。经过评价,使得目标管理进入下一轮循环过程。

值得强调的是,以上三种管理的内涵,并非互斥关系,它们的区别只在角度不同,而且相互之间可能存在交叉。可以说,管理是一种过程,是一种决策,也是为了实现目标的实践活动。事实上,只要建立在科学合理的分析基础上,也可以从其他的角度对管理的本质进行抽象与概括,这样可以加深人们对管理内涵的理解,从而更好地指导管理实践。

二、管理的内容与管理控制

管理的内容由管理活动的内容所决定,现代管理之父法约尔将一个企业的活动分为六大类:①技术活动,即生产和制造;②供销活动,即购买、销售和交换;③财务活动,即寻找资本及最适当地利用资本;④安全活动,即保护财产和人员;⑤会计活动,即盘存、资产负债表、成本和统计;⑥管理活动,即计划、组织、指挥、协调和控制。在上述六类活动中,管理活动即是管理或管理职能,管理的内容应该是管理活动赖以存在和发挥作用的其他五种活动。

管理控制在保证组织战略及目标实现的过程中,正是通过管理控制手段与方法对管理的内容,即技术活动、供销活动、财务活动、安全活动和会计活动进行控制。因此,管理控制的内容与管理的内容存在紧密联系,管理的五大内容从不同的方面影响着管理控制的内容。

第一,管理的计划职能,影响着管理控制中的战略目标分解环节。计划就是筹划着想在以后的某一时段做什么，达到什么目的和要求，是一个准备在不久的将来去具体实现的设想。是一个人或者一个组织对未来事物发展的一种谋划行为，带有某种预见性和主观能动性。由此可见，计划的本质，就是意欲实现的目标。因此，作为制定目标的计划职能，构成了管理活动首要解决的问题。这也决定了以落实战略为目标的管理控制，也应该以战略目标的分解为前提。战略目标的分解，就是对实现战略的计划或设想，它决定着在此之后的管理控制活动的起点与归宿。

第二，管理的组织职能，影响着管理控制的组织结构建设。组织结构是组织的全体成员为实现组织目标，在管理工作中进行分工协作，在职务范围、责任、权利方面所形成的结构体系。组织结构是组织在职、责、权方面的动态结构体系，其本质是为实现组织战略目标而采取的一种分工协作体系。对于管理控制而言，组织结构是管理控制内部环境的构成之一。完善的组织结构，会促进企业内部工作的专业化，进而有助于提高企业的生产与管理水平，减少企业内部的交易费用。与管理活动一致，管理控制的落实，也需要完善的组织结构建设，否则管理控制将无法形成规范稳定的分工系统。

第三，管理的指挥职能，影响着管理控制中的激励环节。指挥职能是管理者所具有的权力，具体指管理者组织、指挥和监督下属人员，完成指挥的职责和功能的过程。作为一个指挥者，其主要的责任是激发下属人员的潜能，让每一个下属工作人员的潜力得到充分发挥。管理活动的落实最终需要人来完成，如何激励人类的潜能，恪尽职守地完成既定目标，成为管理的重要内容之一。显然，作为管理活动的管理控制，也需要完善的指挥系统，保证管理者与全体员工在管理控制中发挥最大的潜能。

第四，管理的协调职能，影响着管理控制各个要素与程序的协调统一。协调职能，是指组织领导者从实现组织的总体目标出发，依据正确的政策、原则和工作计划，运用恰当的方式方法，及时排除各种障碍，理顺各方面关系，促进组织机构正常运转和工作平衡发展的一种管理职能。简单地说，管理的协调职能是为了实现"1+1>2"的效果。具体而言，协调的内容有二：一是人与人之间关系的协调，二是物质资源的协调。前者关键在于组织制度与文化的建设，后者关键在于技术的创新。管理控制的运行中，也涉及到人与人，物与物的协调统一。故此，管理的协调职能为管理控制的各个要素与程序的协调统一，奠定了理论基础。

第五，管理的控制职能，影响着管理控制中的差异控制环节。控制是促使组织的活动按照计划规定的要求展开的过程。控制职能是按照既定的目标、计划和标准，对组织活动各方面的实际情况进行检查和考察，发现差距，分析原因，采取措施，予以纠正，使工作能按原计划进行。或根据客观情况的变化，对计划作适当的调整，使其更符合于实际。简言之，管理的控制职能在于纠偏。管理的控制职能与狭义的管理控制是基本吻合的。因为，管理控制正是通过对战略实施过程中的偏差进行纠正，实现落实战略的目标。在这个意义上，管理控制恰恰是从战略落实的角度，对管理中控制职能的引申与拓展。毋容置疑，管理学中关于控制职能的目标、方法与原则，为管理控制内容奠定了理论基础。

三、管理的方法与管理控制

管理的方法可解释为研究管理的方法和管理中应用的方法。研究管理科学和管理理论的方法共有十一种：经验法或案例法；人际行为法；集体行为法；协作社会系统法；社会技术系统法；决策理论法；系统方法；数学法；因地制宜法；管理任务法；经营论法。这十一种研究管理理论的方法对研究管理控制理论与方法同样有着重要的指导作用或借鉴作用。特别是行为科学方法、数学规范法、案例方法等，对研究管理控制是十分重要的方法。以下从目前应用较为广泛的行为科学法、数学规划法与案例研究方法三个方面，简要说明管理学中的方法论对于管理控制方法的影响。

广义的行为科学是与研究人的行为规律有关的诸学科，如心理学、社会学、人类学、经济学、劳动经济学、生理学、哲学、医学等。狭义的行为科学是现代管理科学的重要组成部分，运用类似自然科学的实验法和观察法，也运用社会科学的社会调查法，研究人在工作环境中的行为规律。梅奥主持的霍桑试验，真正揭开了作为组织中的人的行为研究的序幕。霍桑试验的初衷是试图通过改善工作条件与环境等外在因素，找到提高劳动生产率的途径，但最终却得到了相反的结论，对工人工作效率产生显著影响的并非外部物质环境，而是人际关系。此后，管理学家开始注重对人性的研究，试图通过满足人性的需求而实现工作效率的提高。显然，管理控制的实践过程中，也需要面对复杂的人际关系，处理好人际关系，也构成了管理控制得以具体落实的先决条件。

数学规范法，科学管理之父泰勒通过对管理活动的认识和研究，提出了科学管理，这就是数学在管理中应用的开始。不论是计件工资还是计时工资，都是用数学知识推导计算的。数学不仅在现代生活中发挥着重要作用，而且在管理活动中也发挥着重要作用。数学规划法与管理控制方法有着密不可分的关系。首先，数学规划有利于管理控制中对战略目标进行更加科学合理的分解。战略目标的分解，离不开对未来做出科学合理的预测。管理者需要根据已有的数据分析，总结相关发展趋势，对组织未来某段时间内的经营状况做出一些预警和规划。其次，数学规划法有利于管理控制中对控制标准进行科学的决策。控制标准制定离不开对相关方案的判断和评估，这需要恰当地处理大量的数据，才能得到正确的决策。再次，数学规划有利于管理控制中选择更好的纠偏方案。纠偏方案的选择，也需要建立在大量数据的分析基础之上，因此也需要充分运用数学规划的研究方法。

案例研究法亦称个案历史法，是追踪研究某一个体或团体的行为的一种方法。

它包括对一个或几个个案材料的收集、记录,并写出个案报告。在现场收集数据的叫做"实地调查"。它通常采用观察、面谈、收集文件证据、描述统计、测验、问卷、图片、影片或录像资料等方法。在管理理论的研究中,探索理论系统是一个复杂的过程。单独地从理论到理论,很难建立完善的理论体系。此时,案例研究成为了强有力的理论构建方法。案例研究的对象是"个体",而不是"样本"。因此,案例研究并不像实证研究一样以检验既定理论为主,案例研究恰恰更注重理论的构建,即案例研究不必从理论假设开始,它更是对理论的探索。由此可见,对于诸如理论框架构建尚存在诸多探索领域的管理控制等学科而言,案例研究方法自然成为了探索新理论的方法论基础。

第二节 经济学与管理控制

管理控制的内涵告诉我们,管理控制是指内部控制者为保证经营活动有效性目标所进行的控制过程的总和,管理控制的目标是经营活动的有效性。可见什么是经营活动的有效性,如何实现经营活动有效性是进行管理控制的基础与核心,也是进行管理控制必须首先解决的问题。而经济学恰恰可回答这一问题,并为解决这一问题奠定了理论基础。以下将在明确经济学内涵的基础上,具体分析经济学的两大主要流派——新古典经济学与新制度经济学——对管理控制的影响。

一、经济学的内涵与管理控制

经济学是研究如何用有限的资源去获取无限的人类社会需要最大满足的社会科学。它涉及任何人类社会必须决定的三个基本经济问题:一是决定生产什么和生产多少;二是决定如何生产,即用什么技术将投入资源组合起来生产出人类需要的产出品;三是决定产出品为谁生产和如何分配。经济活动中的三个基本要素是人类需要、资源和生产技术。

经济活动的直接目的是满足人类需求,包括物质需求和文化需求。人类需求有两个特征:一是需求的多种多样性;二是需求从长期看的不可满足性。人类需求的满足水平与其所处的历史时期有关,与其所处地理位置有关。从效率观点看,满足人类需求的水平,一受资源和技术允许条件下可用于消费的或用于进一步生产的各种有用产品或劳务水平的影响;二受这些产品或劳务在不同组织之间分配合理性的影响。前者反映生产产出水平;后者反映分配和消费的效用水平。

资源是指可用于生产满足需要产品的各种手段或财富。资源可被分为劳动力资源、资本资源和自然资源三类。现代经济学中还把企业家作为第四种资源。如果将劳动力资源与企业家资源合并,将资本资源与自然资源合并,那么资源也可分为人力资源和物质资源两大类。资源主要有三个特征：一是绝大多数资源在数量上是有限的；二是资源具有多用途；三是为生产一定产品，可用不同的资源配置方式。经济学中的投入主要是指这些资源的投入。

生产技术是指能被用于利用经济资源生产产品和劳务的知识的总称，是将资源转换为满足人类需要产品和劳务的知识和手段。技术及资源的数量和质量，限制了满足需要的水平。

生产函数是指在一定技术条件下，既定的资源投入量与所能生产的最大产出量之间的关系。它可用于反映经济活动中三大要素——资源投入、产出及生产技术之间的关系。

福利函数与生产函数相似，福利函数是指在技术一定条件下，最大效用与相应的产出或资源投入之间的关系。

效率是指投入与产出之间的比率。经济效率是指用货币计量的投入与产出之间的比率。准确地说，西方经济学中的效率是指帕累托效率或帕累托最优，即任何生产与消费的重新组织，如果不使某一个人或某些人的处境变坏，就不可能使另一些人的处境变好。在微观生产理论中的效率指资源投入与有用产出之间的比率。在福利经济学中的效率指产出与效用之间的比率。因此，在资源投入一定情况下，提高生产领域的效率，会增加有用总产出，在产出一定情况下，提高消费领域的效率，会增加总效用。总之，在资源一定情况下，经济效率的提高会使人类需要得到更大满足，这正是效率在经济学中占有核心地位的原因所在。

可见，经济学的基本概念与基本理论，科学地解析了资源投入与配置的效率与效果，为管理控制系统的建立奠定了雄厚的理论基础。

二、新古典经济学与管理控制

新古典经济学，由发端于亚当·斯密的古典经济学发展而来，马歇尔是新古典经济学的集大成者。马歇尔在他的《经济学原理》中将古典经济学、马尔萨斯和萨伊的学说、约翰·穆勒的学说以及庞巴维克为代表的奥地利学派、杰文斯为代表的数理学派、瓦尔拉为代表的洛桑学派等的理论兼收并蓄，集中了其中的所有精华。在融合了供求理论、生产费用理论、边际效用理论、边际生产力理论等的基础上，建立了以边际分析、均衡分析与个量分析为核心的完整的经济学体系，从而建立了西方微观经济学的完整体系——新古典经济学。

（一）边际分析与管理控制

在经济学中，边际分析方法是最基本的分析方法之一，是一个科学的分析方法。边际分析方法的起源可追溯到马尔萨斯。他在1814年曾指出微分法对经济分析所可能具有的用途。简单来说，边际分析法就是把追加的支出和追加的收入相比较，两者相等时为临界点，也就是投入的资金所得到的利益与输出损失相等时的点。如果组织的目标是利润最大化，那么，当追加的收入和追加的支出相等时，这一目标就能达到。

边际分析法也是管理经济学的基本方法，其精髓是体现向前看的决策思想。该方法只考虑决策后境况的变化，而没有考虑决策前的境况曾经如何。只要境况在采取某项行动之后比采取行动之前有所改善，采取这项行动就是值得的，即采取行动后带来的边际收入（因采取行动增加的收入）大于边际成本（因采取行动增加的成本），该行动就有利。事实上，边际分析法适用于一切经济决策。在现代企业管理控制工作中，企业经营形势时常发生变化，使得企业决策层、管理层对财务分析、经营决策依据提供等工作的要求更高，管理控制的前瞻性、指导性显得更为重要。企业在原料采购、产品结构调整、生产装置负荷的安排和装置开停工等重大经营决策过程中，需要财务部门事先对决策方案进行效益测算，该测算结果往往作为决策层重要的决策参考依据之一，往往左右着决策层最后的决策。因此，企业经营与管理控制的需要，为边际分析法的应用提供了契机。

（二）均衡分析与管理控制

均衡是从物理学中引进的概念。在物理学中，均衡表示：同一物体同时受到几个方向不同的外力作用而合力为零时，该物体所处的静止或匀速运动的状态。英国经济学家马歇尔把这一概念引入经济学中，主要指经济中各种对立的、变动着的力量处于一种力量相当、相对静止、不再变动的状态。这种静止指的是这样一种相对静止状态：经济行为人认为调整的决策（如调整价格、调整产量）已不可能增加任何好处，从而不再有改变行为的倾向；或两种相反的力量势均力敌，使力量所作用的事物不再发生变化，前者如消费者均衡，生产者均衡，后者如均衡价格、均衡产量。

均衡分析在企业管理控制中，应用最为广泛的就是利用供求均衡分析方法研究外部市场环境，指导企业管理控制的具体落实。只有在市场供求平衡的状况下，生产者的物质消耗才能得到补偿，消费者的购买需求才能得到满足。而商品供求不平衡的任何一种状况，对于社会再生产的进行与企业生产经营与管理控制都是不利的。在商品供过于求的情况下，库存不合理地增加，会造成社会劳动的浪费，生产资金周转的缓慢甚至处于停滞状态，使生产不能按原有规模进行，甚至迫使生产停顿；在商品供不应求的情况下，则会使一部分购买力不能实现，影响人们实际生活水平的提高，还会削弱消费者对商品质量的监督，不利于企业改进生产，提高产品质量。

（三）个量分析与管理控制

个量分析方法是指以单个经济主题（单个消费者、单个生产者、单个市场）的经济行为作为考察对象的经济分析方法，又称为微观经济分析法。个量研究主要以单个经济主体的活动为研究对象，在假定其他条件不变的前提下研究个体的经济行为和经济活动，其特点是把一些复杂的外在因素排除掉，突出个体经济主体的现状和特征。这种研究方法在实践中主要分析单个企业中要素的投入量、产出量、成本和利润的决定及单个企业有限资源的配置、单个居民户的收入合理使用，以及由此引起的单个市场中商品供求的决定、个别市场的均衡等问题。

新古典经济学中的个量分析，对企业管理控制具有重要的借鉴意义。在企业管理控制的过程中，应该注意到管理控制的各个要素与环节最终都必须由具体的个人来完成。战略的落实过程不仅需要总量分析，以确定管理控制活动的总体方向与总体规律，同时也需要将总体战略建立在具体的个人或具体的组织部分的基础之上。管理控制中的个量分析，应注重企业组织成员个体的需求与能力禀赋与具体的企业管理控制活动的匹配关系，只有当组织成员的个体需求与能力适合特定的管理控制活动，企业管理控制活动才能得到有效的落实。

三、新制度经济学与管理控制

与新古典经济学在解释现实世界上乏力不同，新制度经济学对现实世界具有很强的解释力——可以说，新制度经济学的诞生，就是根植于经济学家为了解释世事而对新古典经济学的一种修正。新制度经济学放宽了新古典经济学的一系列假设，引入制度因素分析修正了新古典的缺陷，但其理论研究的立足点、出发点和归宿点都是新古典经济学。正如诺思所言，新制度经济学保持了新古典经济学的稀缺和竞争等理论，修正了理性的假设，引入了时间维。新制度经济学的核心理论包括交易费用理论（其核心问题在于企业本质的研究），以及产权与合约理论（其核心问题在于制度的选择）。

（一）交易费用与管理控制

交易费用又称交易成本，研究的是人类在合作过程所面临的种种问题。交易费用理论是由诺贝尔经济学奖得主科斯1937年提出，在《企业的性质》一文中认为交易费用是通过价格机制组织生产的，最明显的成本，就是所有发现相对价格的成本、市场上发生的每一笔交易的谈判和签约的费用，以及利用价格机制存在的其他方面的成本。用更加直白的语言表达，所谓交易成本就是在一定的社会关系中，人们自愿交往、彼此合作达成交易所支付的成本，也即人与人关系成本。它与一般的生产成本（人与自然界关系成本）是对应概念。

在新制度经济学中，一切问题都可以归结为交易费用问题，但从狭义的角度看，交易费用理论主要研究的是企业本质的问题。1937年，科斯运用其首创的交易费用分析工具，对企业的性质、边界以及企业与市场并存于现实经济世界这一事实做出了先驱性的解释，将新古典经济学的单一生产制度体系——市场机制，拓展为彼此之间存在替代关系的、包括企业与市场的二重生产制度体系。科斯认为，市场机制是一种配置资源的手段，企业也是一种配置资源的手段，两者是可以相互替代的。在科斯看来，市场机制的运行是有成本的，通过形成一个组织，并允许某个权威（企业家）来支配资源，就能节约某些市场运行成本，这种交易费用的节省是企业产生、存在以及替代市场机制的唯一动力。

总之，从交易费用理论的视角看，企业的本质是节约交易费用的一种方式。那么，当打开企业这个"黑箱"之后，同样需要对企业内部的交易费用进行控制，这即是管理控制本质主要职责。因此，与交易费用理论对企业本质的概括一致，企业管理控制的本质正是企业为什么可以大大节约市场交易费用的原因。在这个意义上，可以说企业实施管理控制的一个主要目标，就是为了节约企业战略落实过程中的种种交易成本，使战略得以高效地落实，最终提高企业经营效率。

(二) 产权、合约与管理控制

在新制度经济学里，产权是一种权利，是一种社会关系，是规定人们相互行为关系的一种规则，并且是社会的基础性规则。产权的奠基人阿尔钦认为，产权是一个社会所强制实施的选择一种经济物品的使用的权利。在鲁宾逊一个人的世界里，产权是不起作用的。只有在相互交往的人类社会中，人们才必须相互尊重产权。显然，产权的本质是社会关系。这种社会关系的实质，是一套激励与约束机制。在产权的激励与约束下，人与人之间的关系将演变为产权让渡的合约关系。合约关系，将形成新的激励与约束机制，规定着人类在交易中的权利与义务关系，促进人类的合作，实现交易的帕累托最优效率，最终改善交易中各个主体的利益。

产权与合约的本质，对企业管理控制具有三个显著的启示或影响：

第一，实施管理控制的过程中，应注重个人权利的界定与保护，将权责利明确到个人。管理控制是指控制者为保证经营活动有效性目标所进行的控制过程的总和。如果将管理控制的控制者看作是以管理者为主的组织中各类成员，经营活动有效性目标看作是组织的战略目标，则管理控制是指管理者影响组织中其他成员以实现组织战略的过程。在管理者影响组织其他成员的过程中，关键是明确组织成员的个人权利与责任。只有明确了个人的权利与责任之后，组织成员之间才不会相互推诿，才有积极性完成自己的目标。

第二，注重权责的对等。所谓权责对等原则是指在一个组织中的管理者所拥有的权力应当与其所承担的责任相适应。权责对等原则的内涵应包括如下两个方面：1) 管理者拥有的权力与其承担的责任应该对等。所谓"对等"就是相互一致。不能拥有权力，而不履行其职责，也不能只要求管理者承担责任而不予以授权。2) 向管理者授权是为其履行职责提供的必要条件，合理授权是贯彻权责对等原则的一个重要方面，必须根据管理者所承担的责任大小授足其相应权力。管理者完成任务的好坏，不仅取决于主观努力和其具有的素质，而且与上级的合理授权有密切的关系。权责对等原则对于管理控制十分重要，在管理控制的各个环节之中，只要是必须由人操作完成的工作，管理者必须为下属制定明确的权利与责任关系，唯其如此，员工才能积极主动地贯彻落实管理控制活动。

第三，在企业管理控制中，注重建立在平等关系基础上的充分沟通。虽然说管理控制是指管理者影响组织中其他成员以实现组织战略的过程，但这种影响或者说控制过程，需要的是管理者与组织成员的充分沟通，否则，即使管理控制中战略目标得到了分解，在具体的落实过程中，企业战略也会由于组织成员的抵触而处处受阻。因此，企业管理控制在具体运行中，无论是战略目标的分解、控制标准的制定，还是对差异的控制，都应该建立在全体成员的协商基础之上。这种协商关系，正体现了新制度经济学中的合约思想，它有助于成员对组织与组织战略的认同感，也会提高组织成员对企业战略的理解，从而有利于企业战略的落实。

第三节 会计学与管理控制

管理控制系统的运行，离不开会计为其提供信息支撑。一方面，会计学中的信息计量，构成了管理控制中对控制变量与实际业绩等要素进行计量的方法论基础；另一方面，会计报告也构成了管理控制的信息基础。可以说，会计学的发展，为管理控制提供了新的研究方法，也提供了新的研究对象，从而构成了管理控制研究的理论基础。

一、会计学的内涵与管理控制

会计学是随着商品经济的产生、发展，以及近代会计的程序与方法日益完善而建立起来的一门独立学科。会计学以会计的目标、职能、对象和程序、方法为研究对象，采用一定的研究方法，构建会计理论体系，揭示会计反映和监督经济活动的过程，促进会计工作更好地为经济生活服务。会计是以货币为计量尺度，运用一系列程序和方法，连续记录经济业务，反映和监督经济活动中价值运动过程的一项经济管理工作。会计的基本程序与方法是指会计的确认、计量、记录和报告。图3-1可反映这四个环节在会计中的地位。

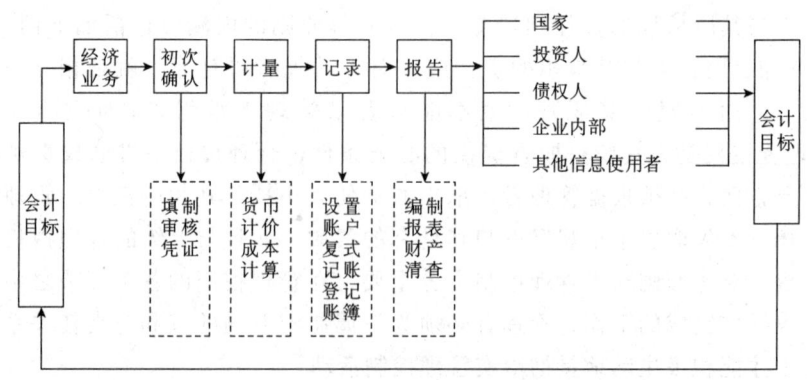

图3-1 会计确认、计量、记录和报告

会计程序与方法中的确认、计量、记录和报告这四个方面都与管理控制紧密相关，成为管理控制要素、程序与方法的基础。在会计确认、计量、记录和报告四环节中，计量与报告是关键，确认是计量的基础，记录是报告的基础，因此，主要从会计计量和会计报告两方面论证会计学与管理控制的关系。

二、会计计量与管理控制

会计是一个计量过程。会计计量是会计的核心职能，它主要解决会计的计量单位和计量属性两方面问题。会计计量单位经历了从某种符号向实物量度过渡，再由实物量度向货币量度过渡几个阶段。会计以货币为计量单位能够对企业等组织的各项经济活动进行连续、系统、全面和综合的反映。这是其他学科或计量单位所不能比拟的。会计计量属性可分为历史成本、现行成本、现行市价、可实现净值和未来现金流量现值五种。无论是传统会计，还是现代会计，占主流的仍是历史成本计量属性。会计计量的基础是会计确认，即解决哪些项目应该进入会计计量系统，这些项目应该记入什么要素？什么时间确认等。

会计计量是管理控制最重要的控制工具和手段之一。一个组织的管理控制过程中对经营活动的有效性控制，必须采取会计计量，如对筹资活动的计量、投资活动的计量、经营活动的计量、产出的计量和分配的计量。会计计量的重要性，一方面来自于企业或组织的目标，另一方面来自于其对经济活动反映的全面性与综合性。而实物计量则不能起到这个作用。当然，管理控制中也可运用非会计计量手段进行作业控制，并作为会计计量的补充。

管理控制中的会计计量体现在管理控制要素、管理控制程序和管理控制方法的各个方面，正是这种管理与会计的不可分性决定了现代管理会计的产生；而现代管理会计的发展又进一步推动了管理控制的发展。

三、会计报告与管理控制

依据会计报告的使用主体看，会计报告主要分为外部财务会计报告与内部管理会计报告。从完整的意义上看，应当同时认识到外部财务会计报告与内部管理会计报告对管理控制的基础作用。

（一）财务会计报告与管理控制

会计报告是整个会计系统的最终产品，是以浓缩的、综合的、系统的、分类的形式反映企业财务状况与经营成果的书面文件。财务会计报告主要包括对外报出的会计报表、会计报表附注及财务状况说明书。

财务会计报表是由资产负债表、利润表和现金流量表组成。企业的各项财务活动都直接或间接地通过会计报表来体现，如图3-2所示。

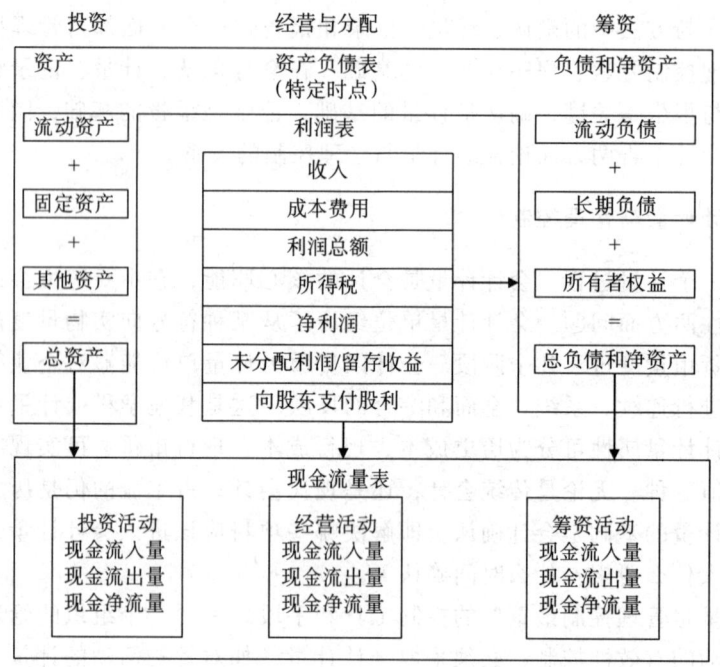

图 3-2 财务活动与会计报表

可见,财务会计报表从静态到动态,从权责发生制到收付实现制,对企业财务活动中的筹资活动、投资活动、经营活动和分配活动进行了全面、系统、综合的反映。而管理控制正是要通过会计报告及相关信息,反映经济活动状况与结果,发现经营活动中的关键变量,依据控制标准找出偏差,评价经营业绩并进行奖惩。

应当指出,通常所说的会计报告往往是指财务会计报告,从管理控制角度出发,财务会计报告和管理会计报告都是十分重要的。管理会计报告是反映企业经营管理过程与经营结果状况的书面文件。管理会计报告主要包括企业内部使用的、用于内部决策、控制、评价及沟通的各种会计报表及其说明。管理会计报告与财务会计报告相互补充构成现代会计报告系统。

(二)管理会计报告与管理控制

分析管理会计报告对管理控制的影响,关键是明确管理控制与管理会计报告的内在关系,在此基础上进一步明确管理会计报告的根本任务。

1. 管理控制与管理会计报告的本质

(1)管理控制的本质。关于管理控制的本质,从不同角度,可以抽象出管理控制本质的不同维度。但为了明确管理控制与管理会计的关系,以下从决策理论的视角阐明管理控制本质。

决策管理学派的主要代表人物是曾获诺贝尔经济学奖的赫伯特·西蒙,他在代表性著作《管理行为》中,明确强调了管理活动的本质就是决策:无论是计划还是控制，任何管理活动的本质都由一连串决策构成。传统的管理将组织活动分为高层决策、中层管理和基层作业。认为决策只是组织中高层管理的事，与下面的其他人员无关。但是西蒙却认为，决策不仅仅是高层管理的事，组织内的各个层级都要做出决策，组织就是由作为决策者的个人所组成的系统。首先组织的成员是否留在组织中，就要将组织提供给他的好处和他的付出进行对比。当决定了留在组织中后，无论成员处于哪一个管理阶层，都是要做出决策的。

具体而言，基于决策理论的管理控制本质包含以下几个内涵：

首先，决策贯穿管理控制的各个要素与程序之中。管理控制要素包含内部环境、风险评估、控制活动、信息与沟通、内部监督；管理控制程序包含战略目标分解、控制标准制定、管理控制报告、经营业绩评价与管理控制报酬。在这些环节中，决策关于是每一个具体管理活动的本质体现，例如，内部环境中组织架构的设计，公司治理中的激励与约束机制，都需要在既定方案中进行决策。

其次，管理控制中的决策是一个过程。管理控制作为战略落实的工具，它需要经历一个时间段，因而它不是一个结果，相反，管理控制恰恰是为了保证企业经营有效性这一结果的过程。如前文所述，管理控制作为决策过程，它必须将时间维度纳入决策程序当中。事实上，管理控制在既定战略的基础上，就是从长期到短期的目标分解过程，即从战略目标分解开始，将战略规划细分为短期的具体目标，然后将目标转化为更加具体的控制标准，最后指导每一个具体的管理活动。

最后，管理控制的决策应遵循有限理性原则。有限理性假设是指人的理性是在完全理性和非理性之间的一种有限理性，这是由于人的知识、时间和精力是有限的，其价值取向和多元目标并非始终如一，而是经常相互抵触。管理控制作为决策过程，也必须考虑到人们在决策过程中也面临着有限理性的约束，因此管理者在实施管理控制中不应该极力追求完美方案，而应该追求"满意"方案。

（2）管理会计报告的本质。为了明确管理会计报告的本质，首先应明确会计的本质。对于会计本质的认识，会计理论界主要有两种观点，一是认为会计是一种信息系统，即会计是向各种利益相关者提供决策所需信息的一个信息系统；二是认为会计是一种管理活动，即会计是参与或直接进行的一种管理和控制活动。会计信息系统论认为，会计的目标是提供决策有用的信息；会计管理活动论认为，会计的目标是依据会计信息进行管理和控制，以实现组织的目标。

上述两种观点的分歧点在于，前者认为会计只提供决策有用信息，而利用这些信息进行的相关决策与管理等活动不是会计的范畴；后者则认为会计不仅要提供管理与控制所需要的信息，而且利用会计信息进行管理与控制也属于会计的范畴。可将前者称为狭义会计观，后者称为广义会计观或大会计观。然而，随着中国的经济体制改革和经济环境的变化，无论在高等教育学科建设上，会计理论与财务理论研究上，还是会计实践与财务管理实践中，会计与财务管理的目标与本质都有了明确的界定。因此，在当前中国的经济环境下，狭义会计观，即会计信息系统论更符合当代会计的本质。显然，管理会计作为会计的一种，它的本质应当符合会计信息系统的本质。

作为信息系统，管理会计信息应具备完善的内部报告体系。判断管理会计信息系统的质量，主要是看是否形成了系统的管理会计报告。在这个意义上，可以将管理会计报告等价于管理会计，即管理会计报告就是管理会计信息系统的一种表现形式。

2. 管理会计报告与管理控制的关系

通过以上的分析可知，管理控制的本质是决策，管理会计报告的本质是信息系统。基于此，可以总结两者的内在关系——管理控制应以管理会计报告为核心。理由是明确的：首先，决策的基础是信息。基于决策理论，决策即决定的意思，它是为了实现特定的目标，根据客观的可能性，在占有一定信息和经验的基础上，借助一定的工具、技巧和方法，对影响目标实现的诸因素进行分析、计算和判断选优后，对未来行动做出决定。显然，决策离不开信息，否则决策将变成无源之水无本之木。

其次，信息的服务对象是决策。信息论的奠基人香农（C. E. Shannon，2001）给出了信息的基本含义，即信息是减少决策过程不确定性的客观存在，信息为决策服务。简言之，人类通过人脑对客观世界进行反映，进而抽象概括形成自然语言与数学语言，再对其进行加工形成信息系统，是为了服务于人类改进世界的实践活动，以尽可能地降低其中的不确定性。

管理会计报告与管理控制的关系，决定了管理控制应是基于管理会计的管理。因此，会计学的发展，尤其是管理会计报告的发展为管理控制理论与实践发展提供了重要的理论基础。进一步看，在基于会计的管理控制之中，为了提高会计信息的质量，也应将管理会计报告定位于基于管理的会计。因此，管理会计报告对管理控制的基础性作用，关键在于构建基于管理控制的管理会计报告。

3. 基于管理控制的管理会计报告

管理控制的运行必定建立在必要的信息基础之上，而且不同的经济体制下，企业管理控制需要不同的信息基础。在社会主义市场经济体制之下，企业管理控制需要的能够反映市场需求与供给的价格体系，即会计信息。因此，在社会主义市场经济体制下，企业需要构建高质量的管理会计信息。

基于企业管理控制视角，在会计信息的可靠性基础之上，所谓高质量的会计信息主要指的是以会计相关性为原则所构建的基于管理控制的内部报告体系。相对于外部报告，内部报告是指企业为满足董事会、管理者及员工的决策与控制需要所编制的反映企业财务状况、经营成果和管理状况的信息文件。内部报告通常包括内部报表及相关分析说明资料。内部报表是根据企业内部决策与控制需要所编报的各种报表，如企业各种经营决策所需要的报表和管理控制所需要的报表等、相关分析说明资料包括进行经营决策与管理控制所需要的各种分析、说明等。内部报告从不同角度和不同需求出发将会形成不同的内部报告框架体系。

从企业会计相关性主体即决策与控制主体角度，企业可以划分为战略层的决策与控制、经营层的决策与控制、作业层的决策与控制等不同层次。依此可以建立内部报告整体框架，形成战略管理报告、经营管理报告和作业管理报告，为企业战略层、经营层和作业层的管理提供决策与控制信息。

从企业会计相关性内容即决策与控制内容角度，企业可以划分为资本经营、资产经营、商品经营和产品经营等方面的决策与控制。依此可以设立内部报告体系，通过资本经营报告、资产经营报告、商品经营报告和产品经营报告等形式，为企业不同经营单位的决策与控制提供信息。

从企业决策控制主体和内容相结合角度，将上述两种企业内部报告框架体系有机结合起来，形成满足企业经营决策与管理控制多方位需求的有用信息。这种结合，有利于企业资本经营与管理控制的相互融合，形成多维度的企业管理控制系统。

第四节 控制论与管理控制

关于管理控制与控制论的关系，可以顾名而思义，即管理控制就是一种控制。当然管理控制的外延要远远小于控制论的范围。从广义上来看，控制论的研究范围可以包含任何自然的或者社会的系统，并且这一系统可以是宏观的，也可以是微观的。而管理控制的研究范围一般限于以企业为主的微观社会组织。显然，从管理控制与控制论的关系可知，控制论的一般原理都应该适用于管理控制的理论与方法。

一、控制论的内涵

控制论（Cybernetics）一词，来自希腊语，原意为掌舵术，包含了调节、操纵、管理、指挥、监督等多方面的涵义。控制论是关于沟通与过程控制的理论研究。控制论的研究表明，无论自动机器，还是神经系统、生命系统，以至经济系统、社会系统，撇开各自的质态特点，都可以看作是一个自动控制系统。在自动控制系统中有专门的调节装置来控制系统的运转，维持自身的稳定和系统的目的功能。

控制论的基本观点是：一切控制系统所共有的基本特性是信息的交换和反馈过程，利用这些特征可以达到对系统的认识、分析和控制的目的。管理活动中运用控制论，是使管理对象按照预定的计划和预期目标运行并保持某种状态，任何系统在确定整体目标之后，必须通过控制来调整其运行机制，纠正偏离整体目标及违反计划的差异，以保证系统运行的最佳适应状态，实现其应达到的目标。

控制论中的控制与管理中的控制或内部控制，从控制基本过程，控制的信息反

馈特点,以及控制的系统性方面看是具有共性的。但控制论中的控制与管理中的控制也有所区别:

第一,控制论中的控制是一个简单的信息反馈,它的纠正措施往往是即时可付诸实施的。或在一定程序下是可自动纠偏的。管理控制则相对复杂得多,无论是信息反馈系统,还是纠正偏差系统都很难即时和自动完成。

第二,控制论中简单的信息反馈,是指信息内涵比较确定、单纯;而管理控制信息的内涵则往往不确定、复杂,是各种信息汇集的一个信息系统。管理信息系统对管理控制成效起着决定性作用。

第三,控制论中的控制的目的是能及时纠正系统运行中的偏差,使其保持在允许的范围;管理控制中的控制目的,实质上不仅仅是纠正偏差,实现既定目标,而且要不断创新,达到更高目标。从管理角度看,真正的控制远不止限于衡量计划执行中出现的偏差,而是要通过采取措施,能够把不符合要求的活动拉回到正常战略轨道上来。这就是说,控制不仅要发现问题,而且要解决问题,以保证当前目标与长远目标的实现。

因此,我们应以控制论的基本理论与基本方法为指导,从管理的角度理解、掌握与应用控制的技术,包括按照控制环节划分的实时控制、反馈控制和前馈控制;按照控制方式划分的间接控制和直接控制。

二、反馈控制、实时控制和前馈控制

(一) 反馈控制

人们往往把控制看成是反馈控制,即将实际工作成效与控制标准相比较,找出偏差并加以分析,拟定和执行纠偏方案,最后达到预期成效。简单的反馈控制可用图3-3表示。

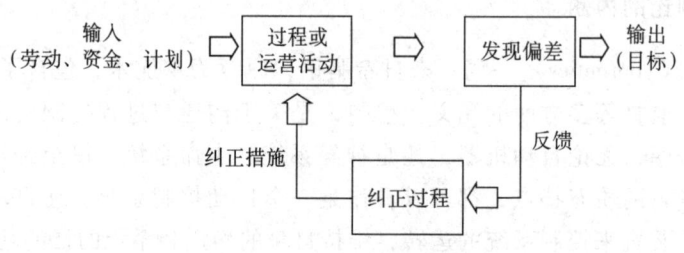

图3-3 反馈控制

反馈控制既可控制系统的最终成果,也可用来控制系统的中间成果。前者称为端部反馈,后者称为局部反馈。局部反馈对于改善管理控制系统的功能起着重要作用。

反馈控制系统在管理中有一定的作用,但它很难做到实时控制。因为从取得信息,到比较、分析偏差,提出和执行纠偏方案等,需要很长的时间。

（二）实时控制

实时控制，亦称现场控制，是指对实际执行过程的控制。实时控制通常是基层管理人员采用的控制方式，管理人员通过亲自指挥，监督控制下属人员的活动。实时控制内容包括：向下级指示正确的工作方法和工作过程；监督下级工作以保证计划目标实现；发现偏差立即采取措施进行纠正。

实时控制作为一种即时的、现场的、过程的控制，控制环境或要求较高。第一，实时控制要求实时信息，如果信息不能做到即时的、现场的和过程的，实时控制就是一句空话。第二，实时控制要求正确授权，如果不给现场管理人员或过程管理人员一定的权力，包括纠正偏差的权力和对执行结果进行奖惩的权力，也无法实施实时控制。第三，实时控制要求控制者自身有较高的素质和在统一指导下的随机应变能力。

实时控制的及时性对控制管理活动是十分有益的，但实时控制环境及条件要求，实时控制的成本水平相对反馈控制要高。

（三）前馈控制

前馈控制是指管理者能够对于即将出现的偏差有所觉察并及时采取措施防止偏差的出现，以保证计划目标的实现。前馈控制是一种面向未来的控制理念和控制方法。

前馈控制与反馈控制的区别主要表现在：

第一，反馈控制是以系统输出的变化信息为馈入信息，其目的是防止已经发生或即将出现的偏差继续发展或今后再度发生；前馈控制则是以系统输入的变化信息及干扰变量作为馈入信息，其目的是防止所使用的各种资源在质和量上产生偏差，在系统运行过程的输出结果受到影响之前就进行纠正。

第二，前馈控制比反馈控制更具复杂性。因为前馈控制对影响系统输入的干扰变量的确定是相当复杂和困难的。反馈控制中的输出信息，以及影响输出的输入信息及过程信息通常是已知的或确定的。

前馈控制作为对资源投入的控制，其控制内容包括：人力资源投入控制，资本资源投入控制和物力资源投入控制。

前馈控制由于其控制的特点决定了前馈控制需要具备一定的条件和较高的要求：

第一，必须对控制系统做出透彻的分析，确定重要的输入变量；

第二，建立前馈控制系统模式；

第三，注意对输入变量及干扰因素的及时更新；

第四，保证输入信息的准确性和及时性；

第五，及时评价实际输入信息与计划输入信息的差异；

第六，具有解决问题的措施。

前馈控制、反馈控制及实时控制的特点及之间的关系可用图 3-4 表示。

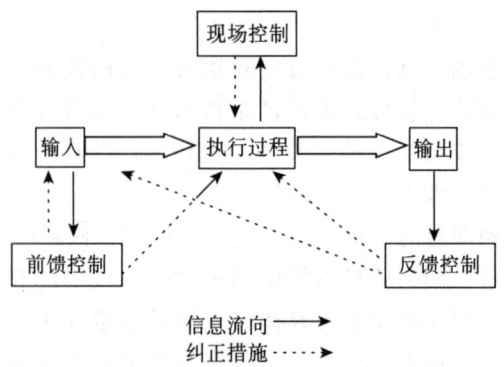

图3-4　前馈控制、反馈控制及实时控制的关系

三、间接控制和直接控制

（一）间接控制

间接控制是指通过探寻造成不良后果的原因，追溯其个人责任，并使他们在实践中改正。间接控制实际上是一种事后纠偏，人们在管理过程中没有事先察觉可能要出现的问题，没有及时适当地采取预防措施，而是在事后根据标准发现实际与标准的偏差，然后才进行纠正和控制。

实际与标准产生偏差的原因是多方面的，但主要有三种情况：一是标准制定的不合理或不正确；二是环境变化或不确定性；三是管理者的能力，如知识水平、判断能力等。间接控制主要可解决由于管理者能力所产生的偏差，一方面可纠正由于管理者能力差造成的不利偏差；另一方面通过间接控制提高管理者的素质与能力。

间接控制的缺点主要表现在事后纠偏，不利差异已经产生或者损失已经出现后才采取措施。这种控制虽然过程控制成本可能不高，但不利差异带来的损失成本可能较大。

（二）直接控制

直接控制是指不采用行政手段直接管理有关单位和人员，而是培养更好的管理人员，使他们能够应用管理的概念、技术和原理，能够用系统的观点来看待管理工作和管理问题，从而消除由于管理不善所造成的不良后果。

直接控制是相对间接控制而言的，它是通过提高管理人员的素质进行事前预防控制。直接控制认为，合格的管理者能够观察到即将出现的问题，并能及时采取措施加以纠正。所谓合格的管理者是指能够熟练运用管理理念、原则和方法，系统进行管理工作的管理者。管理者及员工素质越高，间接控制将越少。

直接控制克服了间接控制事后纠偏所带来的问题，做到防患于未然；同时，直接控制也有利于提高管理者的素质。

传统的控制方法往往是间接控制，要进行有效的控制，从根本上说，应注重直接控制。但是，应当注意，直接控制对高级管理者及下属的素质要求是相当高的。在管理者素质达不到一定水平情况下，直接控制不但不会取得理想的效果，可能会产生较大的损失。

第五节 系统论与管理控制系统

管理控制与系统论也具有紧密的联系。简单来说，只有当管理控制的各个要素或者程序，构成了一个有机的系统之后，管理控制才能充分发挥作为落实组织战略的有效工具。简言之，管理控制应该是一个系统。显然，管理控制系统也应该符合系统论的一般原理，尤其需要符合系统论内涵所规定的基本要求。

一、系统的内涵

系统论是现代科学综合成果的方法论。所谓"系统"是由若干相互联系的基本要素构成的，它是具有确定的特性和功能的有机整体；"系统"是执行某一种活动或一系列活动的既定方式或方法，而这种活动通常重复出现，是一个循环往复的过程。

系统论研究系统的一般模式、结构和规律，其核心思想是系统的整体观念。它的基本思想方法，就是把所研究和处理的对象，当作一个系统，分析系统的结构和功能，研究系统、要素、环境三者的相互关系和变动的规律性，并优化系统。

正确理解系统论的内涵，应该把握以下几个要点：

第一，系统是一个整体，系统包含的内容要大于各个部分内容的总和。所有系统一方面都有其子系统，另一方面又是一个更大系统的组成部分。

第二，系统既可看作是"封闭的"，又可看作是"开放的"。这主要取决于环境对系统的作用。

第三，封闭的系统由于不考虑环境，或不从环境变化中吸收"能量"，有一种衰退的趋势；开放的系统随着环境的变化而不断完善。

第四，一个系统要达到平衡，就必须有反馈系统。反馈系统为投入、过程、产出模式转换及系统的平衡提供必要的信息。

第五，开放的系统可以用不同的方法获得预期的结果。经营管理中可以用不同的投入、不同的过程，实现相同的产出或目标，不存在唯一最好的方法。

系统论对于管理控制的重要贡献在于其所采用的"系统的方法"使得人们将注意力放在组织的全面控制上，也即管理控制系统的构建上，而不是单纯地脱离于其环境的某个变量的控制。

从系统论的一般模式、结构和规律出发，构建一个完善的管理控制系统，必须分析管理控制系统的环境、界定管理控制系统的要素、建立管理控制系统的程序。管理控制系统环境、管理控制系统要素和管理控制系统程序，它们既是管理控制整体系统的有机组成部分，同时又可独立形成管理控制系统的子系统。

二、系统的整体与部分

管理控制系统的构建，应符合系统论对于整体与部分关系的界定，明确管理控制要素在管理控制系统中的基础性地位。

自从美籍奥地利科学家贝塔朗菲1945年在《德国哲学周刊》第3、4期合刊上发表"关于普通系统论"一文至今，系统论已经诞生60多年了。而自从贝塔朗菲于1973年在纽约出版《一般系统论：基础发展和应用》一书至今也已近40年了。在这个过程中，系统论经历了两个发展阶段：其一是经典系统论阶段，其二是现代系统论阶段。然而，当系统论发展至现代系统论阶段，系统的整体与部分才被视为有机的统一体而得到同样的重视[①]。

经典系统论的研究对象主要是整体和整体性问题。在贝塔朗菲时代，系统一词虽然已作为一个新的科学范畴被提出来，但是，系统与整体这两个范畴尚没有区分开，并在很多情况下被贝塔朗菲混合使用。例如，贝塔朗菲在《一般系统论基础发展和应用》一书中就经常采用"整体或系统""整体论的方法或系统的方法"等说法，它还明确指出："一般系统论就是对'整体'和'整体性'的科学探索"而"一般系统论是关于'整体'的一般科学。"至于整体与部分的关系，他虽然指出"整体大于部分之和"，即"组合性特征不能用孤立部分的特征来解释"，而只用"系统所包含的所有组成部分以及它们之间的各种关系"才能说明，但他并未将此作为经典系统论的研究对象来对待。

现代系统论的研究对象则是系统内部整体与部分的关系问题。它把系统概念与整体概念严格区分开来，视系统为整体和部分的统一。它认为，整体虽然是系统的核心属性，但它并不等于系统自身，系统论也不孤立地考察系统的整体性，而是在其与部分、层次、结构、功能、环境的相互关系中来考察其整体性的；现代系统论还认为，整体与部分的关系问题是系统论的核心问题，因而作为一种方法，人们只是把握了事物的整体性并不能达到把握事物系统的要求，而只有把整体与部分有机结合起来才能真正认识系统。当然，整体和部分在系统中的地位和作用并不一样，其中整体对系统的存在和发展起着决定性的作用，而部分（或要素）则起基础作用。因而人们在认识系统时，应该着重把握整体，同时要兼顾部分，并把两者有机结合起来，这样就为辩证系统观的确立打开了思路。此外，现代系统论还提出要用系统与要素的关系范畴取代整体与部分的关系范畴，这也更能准确地表达系统论的

[①] 引自常绍舜《从经典系统论到现代系统论》（系统科学学报，2011）。

内容。

三、系统与外部环境

作为一种系统,应在厘清开放系统与封闭系统关系的基础上,明确管理控制系统与外界环境的关系。在贝塔朗菲的一般系统论原理中,系统被定义为"相互联系、相互作用的诸元素的综合体"。根据一个系统与外部环境的关系,可将系统分为三种类型:即孤立系统、封闭系统和开放系统。孤立系统是一个与外界环境即没有物质交换也没有能量和信息交换的系统,这样的系统是我们无法认识的,一旦被人类所认识,就不再是孤立系统了;封闭系统与外界环境之间有能量和信息的交换,但没有物质交换;开放系统与外界环境之间既有物质的交换,又有能量和信息交换。在现实世界中,完全孤立的系统是不存在的,几乎所有的系统都可能与外界发生物质或能量的交换。故此,一般认为开放系统与封闭系统是系统的两大类。

事实上,封闭系统在现实中也是不多见的。在物理试验中,可以人为地创造出封闭的系统以观察并探索物理规律。然而,在现实中,尤其是社会组织,几乎所有的系统都处于某个环境当中,并与外界环境发生关系:一方面受外界环境的约束,另一方面从外界中获取资源。因此,研究开放系统的内在结构及其与外界环境的关系,对于管理控制系统的理论与实践具有更重要的意义。

总之,开放系统是普遍存在的,一个生命个体是一个开放的系统,他不断从外界摄取物质和能量,在体内进行加工、同化、转移等新陈代谢活动,将产生的废物排出体外;一个企业也是一个开放的系统,它不断收集市场信息、输入原料、动力等物质和能量,在系统内加工改造后生产出满足社会需要的产品从企业中输出。开放系统的特点是系统的有效运转需要外部提供的物质和能量支持,因此开放系统的持续稳定运行强烈依赖于外部环境,只要外界可以源源不断地提供系统运转所需的物质和能量,并且可以及时同化和吸收系统排出的废物,开放系统就可以永远存在下去。

就管理控制系统而言,我们应该同时将其视为一个封闭系统与开放系统。将其视为封闭系统,强调的是我们应该注重管理控制系统内在的稳定性,在构建管理控制系统的过程中,应首先建立起逻辑环环相扣的要素或程序系统;将管理控制视为一个开放系统,则强调管理控制系统与外界环境的互动关系,一方面应注意不同外界环境下,对管理控制系统各要素与程序作相应的调整,另一方面也应理解管理控制系统内部结构发生巨大变化的企业数量达到一定量的情况下,外界环境可能也会随之发生变革。

四、复杂系统

复杂性科学兴起于 20 世纪 80 年代的复杂性科学,是系统科学发展的新阶段,也是当代科学发展的前沿领域之一。复杂性科学的发展，不仅引发了自然科学界的变革，而且也日益渗透到哲学、人文社会科学领域。英国著名物理学家霍金称 21 世纪将是复杂性科学的世纪。在某种意义上，甚至可以说复杂性科学带来的首先是一场方法论或者思维方式的变革。虽然当代人们对复杂性科学的认识不尽相同，但是可以肯定的是"复杂性科学的理论和方法将为人类的发展提供一种新思路、新方法和新途径，因为它不仅仅从科学技术上指明了 21 世纪的发展方向，而且它给我们提供了一种崭新的世界观。完美的、均衡的世界不存在了，取而代之的是复杂性的增长和混沌边缘的繁荣。

复杂性科学中所谓的复杂系统（complex system），是指具有中等数目基于局部信息做出行动的智能性、自适应性主体的系统。区别于简单系统与随机系统，复杂系统的特征是元素数目很多，且其间存在着强烈的耦合作用。复杂系统由各种小的系统组成，例如在生态系统中，是由各个种群、各种生物组成的。生态系统是复杂系统的一个最好的例子。显然，管理控制系统，也是一个复杂系统，它兼有简单系统和随机系统的各种特征。在未来管理控制系统的研究中，应该借鉴复杂系统的思维方法，拓展管理控制系统的研究思维与研究方法。

视管理控制系统为一个复杂系统，应注意以下两点：

第一，作为复杂系统，管理控制系统具有非线性的特征，即客观承认管理控制系统的复杂性。"非线性"与"线性"是一对数学概念，用于区分数学中不同变量之间两种性质不同的关系。从本体论角度来看，非线性思维认为，现实世界本质上是非线性的，但非线性程度和表现形式千差万别，线性系统不过是在简单情况下对非线性系统的一种可以接受的近似描述。从方法论角度来看，非线性思维认为，一般情况下都要把非线性当成非线性来处理，只有在某些简单情况下才允许把非线性简化为线性来处理。非线性思维是一种直面事物本身的复杂性以及事物之间相互关系的复杂性、运用超越直线式的思维去力争更清晰地理解和把握认识对象的思维方式。显然，在研究管理控制系统的过程中，不能简单地运用直线式思维方式，简单地为了追求一种简单性、便捷性、效率性、因果性，而抛却管理控制系统的复杂性，否则我们得到的会是一种"假象式"的认识结果。

第二，作为复杂系统，管理控制系统具有不确定性。在近代科学发展史上，以牛顿力学为代表的经典自然科学向人们描绘了一幅确定性的世界愿景，并且宣称在这幅愿景图中的空白之处或者不清晰之处只是暂时的，是等待人类去逐渐填充的领域。然而 20 世纪 60 年代以来，现代系统科学中关于混沌现象的研究，却打破了传统科学中把"确定性"与"不确定性"截然分割的思想禁锢，并用大量客观事实和实验表明，正是由于确定性和不确定性的相互联系和相互转化，才构成了丰富多彩的现实世界。事实上，许多学科领域关于"不确定性"的研究成果已经揭示了微观和宏观世界中不确定性的必然存在。如量子力学中的海森堡测不准原则、数理逻辑中的哥德尔定理、社会选择理论中的阿罗不可能定理以及模糊逻辑等方法的提出,都从不同的学科角度,为"不确定性"成为科学研究的对象提供了准备条件。

在管理控制系统研究中,我们应该承认管理控制系统的不确定性。不确定性非但不会阻碍我们对管理控制系统的深入研究,而且是推动管理控制系统研究进步的动力。因为,不确定性本身即是一种客观规律,直面管理控制系统的不确定性,更有助于我们把握管理控制系统的内在规律。正如美国密歇根大学地质科学家亨利·N. 波拉克(H. N. Pollack)所说:"科学不会因为不确定性而衰弱,恰恰相反,许多科学的成功正是由于科学家在追求知识的过程中学会了利用不确定性。"

第四章

管理控制系统基本理论

本章继管理控制理论基础之后，旨在阐释管理控制系统基本理论。企业管理控制的执行需依托管理控制系统的设计与运行，是企业能否完成管理控制目标以及提升战略执行效率与效果的关键。鉴于上述章节分析可知，基于不同理论视角，管理控制的理论研究呈现多元化的发展，进而抑制了其对企业各级管理层以及员工在设计与执行管理控制系统的指引作用。有鉴于此，本章基于中国制度环境，探索管理控制系统框架。具体而言，本章首先从探究控制的内涵出发，基于管理控制职能范围与管理者两个视角剖析管理控制的内涵；并进一步阐明管理控制目标的构成以及实施的原则和要求，进而为进行有效管理控制奠定基础以及明确方向。其后，本章界定了管理控制边界，即明确管理控制的实施范围和研究界限，并试图探究管理控制在企业生产经营活动中的地位；进而为搭建管理控制系统框架夯实基础。最后，本章基于上述研究，阐述管控制系统框架，并进一步对管理控制要素系统、管理控制程序系统以及管理控制模式系统进行介绍。

第一节 管理控制内涵与目标

认清管理控制的内涵以及目标是做好管理控制理论研究与实践应用的关键。本节首先厘清管理控制的内涵；其次，剖析管理控制的目标；最后，阐释管理控制原则与要求。

一、管理控制的内涵

（一）控制的内涵

"控制"的一般释义是控制者掌握住对象不使其任意活动或超出范围；或使其按控制者的意愿活动。控制的这一定义明确了控制是由控制主体、控制客体、控制目标、控制过程等要素组成。控制主体，即控制者；控制客体，即控制对象；控制目标，即控制者的意愿；控制过程，即控制活动。控制可以看作是修正、影响、操纵和调节的同义词，而不是强制的同义词。

对于控制内涵的经典阐述来自控制论,认为控制是一个有组织的系统根据内外部的各种变化进行调整,不断克服系统的不确定性,使系统保持某种特点的状态,是控制主体对控制对象的一种能动作用,这种作用能够使控制对象根据控制主体的预定目标而动作,并最终达到这一目标。例如一个人要在复杂的环境中生存下去就必须根据身体内部的特点与外部环境的变化不断进行调整和控制。控制论中的控制是一个动态过程,它存置于开放性系统之中,一切能够相互联系、构成整体的事物都存在这种过程。作为一个系统,总是存在一些不确定性,使系统不能稳定地保持和达到所需的状态,而要消除系统的不确定性,就必须进行控制。控制过程实质上是一种联系和调节。其中,控制与被控制、施控与受控是控制过程中的基本矛盾。运用"控制"这一思想来解决问题、处理事物的方法就叫控制方法。具体说来就是:通过信息处理的能动过程,解决控制与被控制的矛盾,使系统运行于最佳状态或保持系统的稳定性,借以实现事先对系统所规定的功能目标(张相洲,2003)。许多学者认为,正规的控制必须在本质上反映控制论的思想(Green 和 Welsh,1988),管理控制是由确定标准、评价业绩、校正偏差所构成的信息反馈回路(Koonz 和 Bradspies,1965);为此,控制论为管理控制系统的研究提供了一个基本视角(Amart,1991)。

然而我们应该注意,管理控制和控制论中的控制也有明显的区别。首先,管理控制中标准不是现成的,而是有意识的计划过程。标准的本身需要施控者即管理者制定而非客观存在,虽然计划和控制是两个相对独立的过程,但都包含在管理控制中。其次,管理控制不是自动发生的,不同于生物系统、思维系统中普遍存在着的自动控制过程。它需要管理者积极地涉入其中,搜集重要信息、判断差异的重要性、采取某种校正行动等等。其次,管理控制需要人与人之间的合作。拥有相对复杂结构的组织为了保持内部组织可以协调运行,需要不同控制者进行合作,这在其他控制系统中是不存在的。最后,管理控制中目标和行动的关系不是严格定义的。我们无法预测计划与实际绩效差异很大时管理者应该采取什么行动,也无法确认其他人对管理者的决策作出何种回应。

要探讨管理控制的内涵,可从管理控制概念发展、管理控制职能和管理控制主体几个方面展开,这有利于全面理解与掌握管理控制内涵的本质和范畴。

(二)从管理控制概念发展看管理控制内涵

评述不同阶段的管理控制概念,有助于我们认清管理控制的本质,探究当前制度背景下管理控制的内涵。

管理控制的概念从第一次提出以来,就一直存在争议。早期的管理控制是作为管理的一种职能出现的。到20世纪中期,随着控制论、系统论的出现,有很多学者从控制论、系统论的角度出发来研究管理控制。后来,又有更多的学者从会计和财务角度提出管理控制。目前占据主流的观点是从会计和财务角度出发的管理控制。同时,这一视角在现代组织环境日益复杂的条件下，又融入了管理学、组织行为学、心理学等多学科的思维，并逐渐将非财务标准等控制手段纳入到管理控制系统研究当中。

早期管理思想中管理控制概念。早期的管理思想中将管理控制视为管理的一种职能，迪尔莫认为控制意指"经理人员或企业管理层为与组织的规则相一致而运用权力来调节事务"（Diemer，1915）。之后迪尔莫（1924）进一步指出"控制是要求管理层知道在企业所有的分支及部门中，什么应该去做和什么正在被做的管理原理。如果正在做着的事情与应当做的事情相背离，控制，就意味着知道为何如此偏离，控制也意味着知道怎样克服既定的缺点、弊端或者是过多的成本，并且要进行补救"。迪尔莫的观点虽然是从一种广义的角度出发来看待管理控制，但其落脚点却更接近于现代控制观念中的制度控制的观念，仅概括了管理控制模式中最基础的部分，不足以代表管理控制的全部内涵。

相关学者逐步将控制论与系统论引入管理控制的研究，将两个理论纳入管理控制的概念。1948年维纳（Weiner）《控制论》的问世和广为流传使管理控制研究深受其影响。控制论对于极具复杂性的管理控制系统的主要贡献在于，它的研究试图应用相关的、简单的反馈机制解释复杂系统的行为。许多学者都认为正规的控制必须在本质上反映控制论的思想（Green和Welsh，1988）。以控制论为理论基础研究管理控制认为，管理控制是以财务与会计为手段，由确定标准、评价业绩、纠正偏差所构成的信息反馈回路。与此同时，系统论也逐渐融入管理控制的理论研究中，系统论对于管理控制的重要贡献在于其所采用的"系统的方法"使得人们不再仅仅关注单纯地脱离于其环境的某个变量的控制，而是将注意力放在组织的全面控制上，即管理控制系统的构建上。系统论引入到管理控制的研究中后，管理控制系统的界定成为继管理控制概念之争后的又一个基本话题，从而引起了人们对于建立开放系统还是封闭系统的回顾与争论。

随着管理控制的发展，管理控制逐步形成广义的观点。玛金（Machin，1983）在对管理控制系统的批判回顾中，分别探究了"管理""控制"和"系统"三个术语，详细阐明了对管理控制系统进行研究，其重心应当是："那些正规化的、系统发展的、整个组织范围内的数据处理系统，设计这些系统是为了促进管理控制运行"，同时又借用了安东尼的定义，认为"管理控制是指经理人员在完成组织目标时，借以确保资源的取得和使用有效率和效果的过程"。玛金的这种界定最大的优点在于既可以避免管理控制概念范围的争论，又为理论研究者们留下了容纳分歧的空间，即理论研究者们完全可以按照各自不同的思路来研究同一个问题。但同时，也正是因为这种"宽容性"导致了这一观点缺少自己精确的内涵界定，而无法建立起完善、独立的管理控制系统框架。

财务和会计理论的发展为管理控制提供了基本的执行手段，进而发展了管理控制的内涵。安东尼是这种观点的典型代表。安东尼（Anthony，1965）对管理控制做出的定义是"经理人员为实现组织目标而确保资源使用和分配有效果和有效率的过程"。他认为管理控制是处于战略计划制定和作业控制过程间的中间环节，战略计划制定是指整个组织长期内目标的设定，作业控制是指确保即期任务被执行的活动。通过管理控制将两者联结，可以使得全局性目标被分解成组织内部各组成部分的次级目标，未来发展目标被赋予更为现实性的内容，长期目标转换为较短时期的目标。在这一界定中，管理控制机制的运行基础是组织的层级制度，不同管理水平上运用的管理控制形成了对组织特定层级的特定压力。安东尼的理论在管理会计领域中广为应用，但因为过于强调运用财务和会计的方法和手段来实施管理控制，而受到了后人的批判。

强调过程导向和因果关系导向进一步丰富了管理控制的内涵。安东尼提出的管理控制并没有考虑控制过程中可能出现的信息不确定性、业绩操纵、讨价还价、目标非理性和非正式组织控制问题。因此，不少20世纪80年代的学者（Dalton，1971；Lowe，1971；Ansari，1977）运用当时新出现的一些理论和工具来应对安东尼以目标为导向的管理控制的不足，形成了一系列面向过程控制的"节点化控制"思路。这种观点对控制主体和受控对象间的关系进行了深入研究，考虑如何更好建立激励约束机制，促使管理者把重心放于战略的实施上。Kaplan（1996）认为结构严谨的管理控制应该能够通过一系列的因果关系描述来阐述业务单位的战略实施方案，即管理控制应该是因果导向型的，每个考核指标应该都是向各级员工传达战略因果关系链的一环。从某种意义上讲，这种管理控制既关注了"人"这一战略实施中的积极因素，也关注了"事"，同时强调了各关键要素间的互动关系。

虽然管理控制内涵从目标导向发展到过程导向和因果关系导向，但无论如何，安东尼都对管理控制理论做出了开拓性的贡献。他将管理控制划分为三个层次主体的控制，这有利于不同层次控制的深入和细化研究。而且，事实上，安东尼在早期的研究中就已经强调了社会学中的心理学和行为学等的重要性，但鉴于财务和会计角度的控制比较容易形成一套成形的控制技术和方法体系，于是基本上通过借助会计基本原理和财务计划的制定来实施管理控制。尤其是后来安东尼在对以前的理论进行检验和修订的过程中，重新界定了管理控制的内涵，认为管理控制是"管理者影响组织中的其他成员以落实组织战略的过程"（Anthony，1998），这一观点在与现代管理控制手段结合后，成为了管理控制理论发展的主流。

（三）从管理控制职能范围看管理控制内涵

从管理控制职能角度看管理控制有广义、中义和狭义三种解释。广义的管理控制是指其发挥管理的职能，特别是控制职能。管理控制的内涵包括战略控制和经营控制。因为管理控制与被用于驾驭组织以实现其目标的管理系统设计相关，因此管理控制还包括计划、组织和领导这些管理的职能[1]。威廉纽曼认为，管理控制系统

---

[1] Joseph A. Maciariello & Calvin J. Kirby. Management Control Systems, second edition Prentice Hall 1994.

的内涵是管理的控制职能，控制是管理的基础，管理控制涉及管理的全部领域。这种管理控制的特点是既包括定量控制又包括非定量控制，或者说是定量控制与非定量控制并重。

中义的管理控制是指由确定标准、评价业绩、纠正偏差构成的管理控制系统。因为管理控制强调的是战略执行的控制，而战略执行过程控制是由确定标准、评价业绩、纠正偏差构成的管理控制系统。这种管理控制的特点是强调定量控制，或者说以定量为主的控制。

狭义的管理控制则是指管理会计中的责任会计。这种管理控制的特点是货币计量控制，或者说是以货币计量为主的控制。

管理控制的三种内涵从三种控制职能手段或三种研究领域角度目前都有专业学者在研究，通常广义内涵由管理学者进行研究居多；中义内涵由战略及财务学者进行研究居多；狭义内涵由会计学者研究居多。

我们认为从管理控制的研究目的和应用目标看，广义内涵太宽，而狭义内涵太窄，结合我们自身财务与会计专业优势及特点，本书将管理控制作中义解释。

（四）从管理控制主体看管理控制内涵

管理控制的主体是管理者及组织中的其他成员。管理控制亦可称为管理者对组织中各项管理活动的控制，管理者是管理控制的主力军。但是，管理控制中的管理者离不开组织中的其他成员而孤立进行控制。管理控制的主体除管理者外，对上包括代表股东利益的董事会，对下包括代表职工利益的全体员工。从这个角度看，管理控制也可分为广义管理控制、狭义管理控制和中义管理控制。

广义的管理控制包括：以董事会为主体的公司治理控制或战略计划；以管理者为主体的管理控制和以员工为主体的任务控制或作业控制。三种控制各发挥不同的作用，共同为实现组织战略目标服务。

狭义的管理控制是指以管理者为主体的管理控制，不包括作业控制及战略控制等。中义的管理控制是指管理者影响组织中其他成员以实现组织战略目标的过程。中义的管理控制以管理者控制为主，同时兼顾董事会控制及员工的控制。本书将管理控制作中义解释。

二、管理控制目标

（一）管理控制目标层次

管理控制的目的是执行战略，从而使组织的目标得以实现，具体可分为动态与静态两个维度。基于动态视角，管理控制系统的目的在于帮助管理当局协调和驾驭组织各个部分以实现组织的整体目标。一个组织的整体目标往往可分为个体目标或各层次的目标。组织的最高层次目标（purpose）是指一个组织的直接的、首要的和最重要的永恒使命，目的在于满足客户和社会的需要。组织的最低层次目标（objectives）是指一个组织的明确的、短期的和具有支配地位的数量目标，目的在控制组织内部管理者与员工的需要。组织的中层目标（goals）是指一个组织的具体的、长期的追求，目的在于满足所有者的需要。总体而言，一个组织的各个层次目标或个体目标是相互作用、相互影响的；而要实现组织的目标关键在于经营活动的有效性，即提升其设计与执行的效率和效果。

基于静态视角，根据企业目标的层次，管理控制目标可分为战略有效性目标、经营有效性目标以及作业有效性目标。战略有效性目标是企业管理控制的最高目标。企业战略目标通常由董事会制定，涉及战略分析、战略选择、战略实施及战略调整等内容；它作为企业发展的最高目标，是管理者进行管理控制所需保证的最根本的目标。经营有效性目标是企业管理控制的核心目标，旨在提高企业的经营效率和效果，即狭义的由管理者实施的管理控制目标。作业有效性目标是企业各项作业活动所要达到的标准与要求。经营有效性目标是管理控制目标的核心，不仅是实现企业战略有效性目标的关键因素，而且是确保企业作业有效性的先决条件；为此，管理控制的目标核心是提高企业的经营效率与效果。由此可知，基于动态与静态两个维度，企业管理控制目标的核心在于提升企业的经营效率与效果。

（二）经营效果

经营效果是指经营活动的有效结果或产出成果。在现代企业制度下，企业追求的产出成果通常是资本增值和利润。因此，要搞清经营效果，必须明确资本保值增值内涵和利润的内涵，以及两者的关系。

1. 资本保值增值的内涵

研究资本保值增值的内涵，关键在于搞清资本的内涵和保值增值的内涵。基于资本的不同性质视角，企业资本可界定为财务资本和实物资本。按国际会计准则委员会的界定：财务资本"如同投入的货币或投入的购买力，是企业的净资产或产权的同义词"。实物资本则"如同营运能力，被看作是以每日产量等为基础的企业的生产能力"。通常会计上使用的资本是指财务资本。

研究保值增值内涵的关键是保值，因为超过保值的额度就是增值。而进行资本保值内涵研究应以资本保全理论为依据。会计上的资本保全理论是企业收益计量理论的核心，它有两种概念：一是财务资本保全，二是实物资本保全。财务资本保全要求所有者投入资本的价值保持完整，即期末资本价值等于期初资本价值。实物资本保全要求所有者投入资本的实际生产能力保持完整，即期末实际生产能力等于期初实际生产能力。

目前值得探讨的问题：一是资本保值与资本保全是否完全相同呢？为此，资本保值与资本保全是紧密联系但又有所区别的。资本保值是以资本保全理论为依据的，资本保全是资本保值的基础，没有资本保全，就谈不上资本保值。但是，资本保全并不是资本保值的全部内涵。资本保值的目的除了资本保全目的外，还有保证所有者投入资本获得正常收益，促进资本增值，评价经营者业绩等目的。而这后几种目的，靠资本保全观是无法实现的。

二是资本保值增值应指财务资本保值增值，还是实物资本保值增值？财务资本保值和实物资本保值，从不同的资本保全观出发，各有其目的和作用，从理论上说，分别研究它们是必要的。但是，从现实看，第一，实物资本保全涉及技术进步、资产结构、产品结构及物价变动等诸多因素，可操作性及计量的准确性较差。第二，实物资本保全最终与财务资本保全一样，都要落实在价值保全上，从这个角度看两者是紧密相关的，财务资本保全可取代实物资本保全。① 第三，在财务资本保全额大于实物资本保全额情况下，应以财务资本保全为主还是以实物资本保全为主呢？我们认为应是前者，因为它不仅同时实现了两种保全，而且收益计量也是真实合理的。否则，虽然实现了实物资本保全，但没实现财务资本保全，当期收益中必然存在期初所有者权益的转化因素。一个持续经营企业，绝不会只为了实物资本保全而将投资资本作为收益分配的。因此，研究财务资本保全、保值及增值比研究实物资本更有实际意义。

2. 利润的内涵及与资本保值增值的关系

利润通常是指收入或产出与成本或投入之间的差额。利润一般可分为会计利润和经济利润两类，其计算公式为：

会计利润 = 收入 – 会计成本

经济利润 = 收入 – 经济成本

由经济成本与会计成本之间的关系可引出经济利润与会计利润之间的关系：

经济利润 = 收入 – （会计成本 + 隐含成本或正常利润）

　　　　 = （收入 – 会计成本）– 隐含成本或正常利润

　　　　 = 会计利润 – 隐含成本或正常利润

会计上的资本保全理论是企业收益计量理论的核心。因此，资本保值增值与利润是紧密相关的，在不考虑投入资本变动、物价变动及利润分配情况下，其关系可用下式表示：

期末资本 = 期初资本 + 会计利润

资本变动值 = 期末资本 – 期初资本 = 会计利润

当会计利润为零时，即：资本保全 = 期末资本 – 期初资本

当会计利润大于零，经济利润为零时，即：

资本保值 = 期末资本 – 期初资本 × （1 + 正常利润率）

---

① 一是在物价和技术变动不大情况下，货币财务资本保全与实物资本保全往往是一致的。二是在物价变动较大，而技术变动不大情况下，一般购买力财务资本保全往往也可达到实物资本保全。三是在技术变动或技术进步情况下，虽然财务资本保全与实物资本保全可能不同，但是，只要实现了财务资本保全，往往也就实现了实物资本保全，因为技术进步将使生产率提高，一定生产能力的投资减少。

当经济利润大于零时，即：

资本增值 = 期末资本 – 期初资本 × （1 + 正常利润率）

可见，资本保值增值的关键在于利润，特别是经济利润。

（三）经营效率

经营效率是指经营活动的所得与所费之间的比率。经营效率可分为经济效率与技术效率。

1. 经济效率的内涵

经济效率是以货币计量的所得与所费的比率，技术效率是以实物计量的所得与所费的比率。经济效率与技术效率的关系可简单地表示为：

$$经济效率 = \frac{\sum（所得实物量 \times 所得品价格）}{\sum（所费实物量 \times 所费品价格）}$$

上式说明经济效率是技术效率和所得与所费价格比的函数。在这个函数关系中，在所得与所费价比不变情况下，技术效率越高，经济效率越好；技术效率越低，则经济效率越差。在技术效率一定情况下，提高所得与所费价比对提高经济效率有着重要的影响。

2. 经济效率与利润的关系

利润与经济效率是紧密联系的，这可从会计利润和经济利润两方面说明。

第一，会计利润与经济效率。根据会计利润的计算公式，可推导出会计利润与经济效率的关系如下：

会计利润 = 收入 – 会计成本
　　　　 = 会计成本 × (收入/会计成本 – 1)
　　或 = 资本 × (会计利润/资本) = 资本 × 资本利润率

会计利润与经济效率关系说明，有利润一定有经济效率，但利润增加并不一定说明经济效率提高；有经济效率就一定有会计利润，经济效率提高将引起利润增加。可见，利润只能说明经济效率的有无，不能说明经济效率的高低。

第二，经济利润与经济效率。经济利润与经济效率之间的关系式可通过经济利润的计算公式推出：

经济利润 = 会计利润 – 正常利润
　　　　 = 资本 × (会计利润/资本 – 正常利润/资本)
　　　　 = 资本 × (资本利润率 – 正常利润率)

经济利润与经济效率之间的关系说明：第一，经济利润可用于判断或评价经济效率水平。当经济利润大于零时，不仅意味着一定有经济效率，而且意味着有较理想的经济效率；当经济利润小于零时，并不一定意味着没有经济效率，但一定意味着没有理想的经济效率。当经济利润等于零时，则意味着达到正常的经济效率水平。第二，经济利润能体现经济效率与经营效果的统一。

以上分析说明，经济利润比会计利润更能准确地反映经济效率与效果。

3. 资本经营效率目标及与其他经营效率目标的关系

企业经营活动可分为资本经营、资产经营、商品经营和产品经营，各种经营效率目标之间是相互影响的。

（1）资本经营目标与资产经营目标。资本经营与资产经营的直接目标是一致的，即利润目标。区别关键在于核心目标，研究它们之间的关系，应从经营目标的核心目标——经济效率目标入手。反映资本经营核心目标的指针是净资产收益率，即企业净收益与企业净资产（或资本）之比。反映资产经营核心目标的指针是总资产报酬率，即企业息税前利润与企业总资产之比。资本经营目标与资产经营目标的关系可用净资产收益率与总资产报酬率之间的关系来反映，即：

$$\frac{净资产}{收益率} = \left[\frac{总资产}{收益率} + \left(\frac{总资产}{报酬率} - \frac{负\ 债}{利息率}\right) \times 资产负债率\right] \times \left(1 - \frac{所得}{税率}\right)$$

从上式可看出，企业要实现资本经营目标，即提高净资产收益率，一方面要搞好资产经营，提高总资产报酬率或资产盈利能力；另一方面要搞好资本运作，优化资本结构。

（2）资产经营目标与商品经营目标。资产经营与商品经营的直接目标也相同，即利润目标，区别仍在于核心目标。反映资产经营核心目标的指针是总资产报酬率，要明确资产经营目标与商品经营目标的关系，还应明确反映商品经营核心目标的指针。反映商品经营经济效益的主要指针是销售利润率，包括销售成本利润率和销售收入利润率。总资产报酬率与销售利润率之间的关系，可以反映出资产经营目标与商品经营目标之间的关系，即：

总资产报酬率 = 总资产周转率 × 销售利润率

式中：销售利润率中的利润是指息税前利润。上式说明，企业要搞好资产经营，提高总资产报酬率，一方面要搞好商品经营，提高销售利润率或商品的盈利能力；另一方面，要搞好资产配置与重组，提高资产的周转速度。

（3）商品经营目标与产品经营目标。应当注意，无论是商品经营、资产经营还是资本经营，它们之间的关系主要体现在反映其核心目标的指针有所不同，其直接目标实质是一个，即利润目标。而产品经营与商品经营目标的关系却主要反映为直接目标不同。产品经营的直接目标强调的是产量的最大化。因此，商品经营目标与产品经营目标之间的关系可用下式表示：

销售收入 × 销售利润率 = ∑［产量 × 产品销售率 × （销售价格 − 销售成本）］

等式左边说明，企业从商品经营角度要追求利润最大化的直接目标，一要提高销售利润率，二要扩大销售规模与水平。等式右边说明，要实现商品经营的利润最大化，产品经营是基础，即通过产品经营增加产量；同时，要注重产销平衡及投入品与产出品的价格。

三、管理控制原则与要求

管理控制的内涵及其目标的确定为进行有效管理控制奠定了基础、明确了方向。然而，管理控制相对科学技术领域的控制而言，复杂程度高、涉及面广、不确定因素多。因此，进行管理控制必须遵循一定的原则和满足一定的要求。

（一）管理控制原则

目前关于控制原则、内部控制原则、内部会计控制原则的表述有许多种。内部管理控制，作为一种控制，或一种内部控制，控制的一般原则或内部控制原则都应对内部管理控制起作用。当然，管理控制由于与其他控制的不同，在管理控制原则方面也应有其特殊性。另外，关于控制原则与控制要求，有时人们将其混用，通称为控制原则或原理，这里我们将原则与要求分开，控制原则更侧重与控制的内在性，而控制要求则侧重于控制的外在性。为此，从这个思路出发，内部管理控制的主要原则有六项：

1. 计划性原则

计划性原则是指管理控制必须反映计划的要求，完成计划目标。管理的首要职能是计划。管理控制实质上也是要保证计划目标的实现。因此，计划性原则是管理控制的本质要求。计划的水平，包括计划的系统性、全面性以及准确性等程度，决定了管理控制的质量与水平。

2. 适宜性原则

适宜性原则是指管理控制必须考虑组织的环境特征，因地制宜、因人制宜、因事制宜。内部管理控制系统的发展已从封闭型转向开放型，控制环境是管理控制的基本要素。脱离控制环境特点，照抄其他国家或组织的控制模式及方式方法是不会取得理想成效的。因此，在进行管理控制中，我们一定要结合中国环境特点与各个组织的环境特点，选择适宜的管理控制模式。

3. 重要性原则

重要性原则是指在管理控制中必须抓住关键的控制点进行控制，不能面面俱到。管理控制中坚持重要性原则，第一，有利于控制目标分解与落实；第二，有利于规避财务活动与经营活动风险；第三，有利于提高控制的效率，即以较少的控制投入，取得较大的控制成果。

4. 趋势控制原则

趋势控制原则是指在管理控制中要善于从历史资料和现状分析中发现规律和倾向，采取纠正措施，以防患于未然。任何事物的发展总有前因后果，任何问题的出现可能都会事前有某种迹象。管理控制中应根据控制对象的现状及变化趋势，及时发现潜在问题及风险，使经济运行按战略目标和规划进行。

5. 例外控制原则

例外控制原则是指在管理控制中要注重对非正常以及非常规情况进行控制，这是提高控制效率的基本要求。所谓非正常和非常规的界定要根据组织特点和控制程度要求进行。不同类型的组织、不同的业务其正常与否的判断标准是不同的；不同的控制程度要求，其例外的判断标准也不同。

6. 直接控制原则

直接控制原则是指在管理控制中应通过提高控制主体的素质进行事前预防控制。直接控制原则强调控制主体的重要性或对控制者的培养是控制的关键。因为合格的控制者能够观察到即将出现的问题，并能及时采取措施加以纠正。直接控制克服了间接控制事后纠偏所带来的问题。当然，在一些情况下直接控制要与间接控制结合，间接控制可解决直接控制不到位造成的偏差。

（二）管理控制要求

组织要实施有效的管理控制必须满足一定外在要求：

1. 管理控制要求以人为本

管理控制无论从主体还是从客体看，都是人（管理者）进行的控制和对人（组织中其他成员）进行的控制。管理控制要求以人为本，就是说在管理控制理论与实务中，必须抓住人这一根本。管理控制理论研究中要强调管理艺术、行为科学、人力资源等；管理控制实务中也要从治理结构、组织结构、领导能力与职责分工等方面充分考虑人的主观能动性。

2. 管理控制要有客观标准

控制标准确定是管理控制的重点与难点。管理控制中只有运用客观标准，才能既保证控制者的利益与目标实现，又规范了被控制者的行为，调动被控制者的积极性和创造性。管理控制客观标准的制定要考虑历史水平、行业特点、组织目标等因素。

3. 管理控制要讲成本效益

管理控制要保证控制目标的实现必须投入各种人力、物力和财力，这些投入的货币表现就成为管理控制的成本。管理控制不仅要追求组织的有效性，而且要讲究管理控制本身的有效性，即以尽可能少的投入（成本），取得尽可能多的产出（收益）。防止片面追求控制，盲目加大控制投入，使控制成本大于所得收益的情况发生。

4. 管理控制要具有灵活性

管理控制的灵活性是指在管理控制过程中要根据控制环境等的变化对控制目标、控制标准及方式等进行适当的调整，以便于抓住机遇，调动组织中各成员积极性与创造性。应当指出，管理控制的灵活性强调的是一种积极的灵活，而不是消极的灵活。所谓积极的灵活是指根据环境变化，放宽某种控制，使其能抓住机遇，从而提高组织目标。而消极的灵活是指遇到环境变化或困难时，要降低控制目标和标准。

5. 管理控制要强调可控性

管理控制的可控性是指管理控制主体与管理控制客体或对象的协调一致，即控制主体有权力和义务对控制客体的行为与结果负责。管理控制中强调可控性，要求一个组织在其机构设置、目标分解、职权划分等方面必须将可控性放在重要位置，以保证整体管理控制系统的有效运作。

6. 管理控制要提倡全局性

管理控制是一个全面综合的系统，管理控制系统的各个要素、各个环节、各项内容、各级组织之间都相互关联、相互作用。因此，无论在管理控制系统的设计，还是在管理控制运行过程中，都必须有全局观念。不能片面追求某个局部目标和利益而牺牲组织整体目标和利益。

第二节 管理控制边界与地位

本节在探讨管理控制内涵与目标的基础上，试图进一步探究管理控制边界与地位。首先，本节阐述管理控制与战略制定以及任务控制的边界；其后，进一步从管理内容以及内部控制的视角，剖析管理控制的地位。

一、管理控制边界

管理控制边界是管理控制的实施范围和研究界限，反映了管理控制机制在企业管理实践的多大范围内发挥作用以及与其他管理系统区别。企业的实际运行中会存在若干个不同类型的为计划和控制服务的系统，管理控制只是其中之一。在应用一般原则实施符合外在要求的管理控制时，必须首先清楚管理控制的边界，把握其与其他系统的区别。

管理的一般过程可分为：(1) 确定企业目标；(2) 制定实现目标的战略；(3) 实施战略；(4) 确保不出差错或少出差错的具体措施（Merchant 和 Otley，2006）。前面两个部分是企业依据其在社会经济的整体发展方向中所担当的角色和责任，确定自身的存在意义和根本任务，然后分析内外部环境并运用战略制定工具制定实现目标的战略，属于战略制定的范畴。实施战略的过程属于管理控制的范畴，它能够把战略分解成组织内部各部门的次级目标，把长期目标转换为短期目标（Anthony，1965），是通过分析、计划、计量、控制奖惩等手段来推动战略落实的过程管理和绩效管理（Ferreira 和 Otley，2009）。而最后一部分依据管理控制过程确立的目标和规则来具体执行各项任务，确保不出差错或少出差错实现任务的效率和效果属于任务控制。管理控制从实施的范围来看是介于战略制定和任务控制之间的。战略制定最不具有系统性并侧重长期活动，任务控制的系统性最强并侧重短期活动，管理控制介于两者之间。它们在企业管理过程中的作用和界限如图4-1所示。

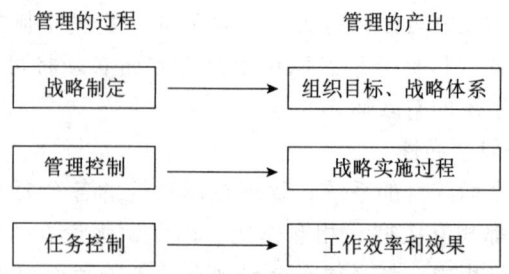

图 4-1　企业管理过程中不同计划和控制的作用和界限①

（一）战略制定与管理控制

战略是企业需要不断制定的内容，包括相对综合的行动与资源配置方案。战略可以清晰表达出高级管理者希望组织发展的方向；一般情况下，只有在洞察到威胁或机会后才需要制定战略。战略制定是决定新战略的过程，而管理控制是组织和利用资源保证战略能够顺利实施的过程。两者之间的区别在于：战略制定是非系统的、条件触发的，而管理控制是系统的、一定时间内相对稳定的。此外，一个新战略的提出往往涉及人员极少，只有公司的高层管理人员可以参与到战略的制定过程中，而管理控制过程会涉及组织中各个层次的管理者和员工。战略制定仅涉及组织的某个部分，引起某一战略的变化，其他战略不受影响，管理控制则必然引起整个组织活动及各部分的相关协调。表 4-1 列示了两者之间的区别。

表 4-1　　战略制定与管理控制的区别②

战略制定的特点	管理控制的特点
决定新战略的过程	较为稳定的执行系统
战略制定本身是非系统化内容	有明确的时间表，循序渐进
涉及人员很少，一般为高级管理人员	涉及组织中内部所有的人员

（二）任务控制和管理控制

任务控制是任务导向型的，是根据管理控制过程确立的规则执行各项具体任务，也包括监督这些规则的执行，有些任务甚至不需要人员来执行而通过任务控制设备进行自动化实施。组织中的大部分信息是任务控制类信息，如顾客要求的数量、产品的用料量、人员工资等等，同时任务控制系统也因任务的多种类型而富有多样性。管理控制涉及管理者的行为，其是无法用公式表达的，而许多任务控制系统则都是科学的，两者存在很大的区别，若将为管理控制制定的原则和要求应用于任务控制则会犯下严重的错误。在管理控制中，需要管理者大范围的行为协作，而任务控制

---

① Anthony, R N. 1965. Planning and control systems: A Framework for analysis [M]. Boston: Harvard Business School.

② 罗彪.2012. 管理控制——化战略为行动 [M]. 北京：电子工业出版社.

要么不涉及人（自动化流程），要么是管理者与非管理者之间的配合。管理控制过程关注组织的各个单位，而任务控制中，关注的重点是这些单位具体执行什么任务。表4-2通过范例列示了管理控制、任务控制和战略控制之间的不同。

表4-2 三个层次计划和控制功能决策的范例[①]

战略制定	管理控制	任务控制
获得不相关业务	在生产线中介绍新产品或新品牌	订单登记
进入一种新业务	扩建一个新工厂	生产计划
增加邮购业务	决定广告预算	预定电视广告时间
改变资本结构	举新债	管理现金流
获得行动许可	实行小型雇员计划	保存个人档案记录
制定存货安排政策	决定存货水平	对一项目重下订单

二、管理控制地位

（一）从管理内容看企业管理控制地位

管理的一般内容可以概括为计划、组织、领导和控制活动。控制工作通过校正偏差的行动与其他三个活动紧密结合在一起，使管理过程形成了一个相对的闭环系统。在这个系统中，计划产生管理控制的标准，而计划的目标能够实现又需要管理控制来保证。一旦计划付诸实施，管理控制工作就必须跟随、穿插其中，衡量计划的执行进度，揭示偏差以及指明纠正措施。组织活动的作用一方面是调动企业所能控制的资源进行运营，另一方面是明确各级人员在计划实施中各自应该承担的责任范围。而管理控制的重要目的就是发现偏差并向责任人指明纠正措施，可见管理控制对于组织活动来说是其落实责任的保障。领导活动是管理者对企业的人员进行正确的指导和领导，以调动参与者的积极性。这个过程中会涉及领导者的授权，而授权通常是困难的事情，主要因为授权者仍要对执行者负有最终责任。但是通过管理控制建立反馈机制后，将能够积极、有效地提供授予了权力的下属工作绩效的信息和反馈，提高管理者授权工作效率。综上，从管理内容来分析，管理控制处于中心和主体的地位。

（二）从内部控制看企业管理控制地位

从内部控制的内涵来看，管理控制不仅成为内部控制的一个重要组成部分，并且在内部控制整体框架中处于主导与支配地位。首先，对于现代企业而言，其根本目标应该是实现资本保值增值，维护股东利益，因此提高营运的效率效果应该是企业内部控制的最高目标，这一目标决定了为实现企业营运效率效果的管理控制在企业内部控制中占有重要支配地位，并发挥主导作用，而其他控制的目标则是服从于这一根本目标。因此，在内部控制体系中，财务报告可靠性控制属于内部会计控制，

[①] （美）罗伯特．安东尼，维杰伊．戈文达拉扬．2010．管理控制系统（12版）[M]．北京：人民邮电出版社．

它是内部控制的基础和前提；营运效率效果控制属于内部管理控制，它是内部控制的核心和关键；遵循相关法令的控制是内部会计控制和内部管理控制的保证，也就是内部控制的保证。其次，内部控制可分为战略控制、管理控制和作业控制三个层次。其中，战略控制考虑的是设置和制定整个组织的长期目标和战略规划；作业控制考虑的是确保作业和任务的可靠执行；而管理控制的过程设计则是为了确保整体目标能够进一步分解和落实部门目标和日常任务，并能够被所有组织成员以一种合作的形式执行，以最终实现组织的战略目标。因此，管理控制是内部控制的核心，是连接企业战略控制与作业控制的桥梁，没有有效的管理控制，不仅导致企业战略目标无法实现，而且企业作业控制将迷失方向。

三、管理控制分类

（一）营利组织与非营利组织管理控制

在社会经济领域，组织形式主要就是营利组织与非营利组织两种。营利组织是以谋求利润或者投入资本增值为目的，自主经营、独立核算、自负盈亏的组织，包括企业和其他经营性事业单位，其中企业是最典型的营利性组织。非营利组织，作为具有公共服务宗旨的组织，应当符合下列全部特点：一是不以营利为目的，任何经营活动产生的剩余收益不得用于分配；二是出资方将资金投入非营利组织后不可抽回，并且不得通过非营利组织获取利益，但是可以规定资金的使用范围；三是在出资方限定范围内使用资金。非营利组织所提供的服务和产品，对于营利组织的长远发展必不可少，同时也影响着整个社会的良好运行。由于与营利性组织在存在的目的、运营和管理方式等方面存在差异，非营利性组织的管理控制具有自身的特点。

1. 缺乏适当的业绩评价指标

非营利组织不能采用利润作为业绩评价指标。非营利组织不以营利为组织目标，多数非营利组织必须在没有营利的情况下努力实现其目标，以利润作为业绩评价指标的调节机制不适用于非营利组织。在确定业绩评价指标时，非营利组织所面临的主要问题是：首先，非营利组织目标多元化。其次，目标难以转化为量化指标。非营利组织目标一般都是定性指标，而不是定量指标，难以进行测度和比较。因此，在非营利组织中，很难确定适当的业绩评价指标。

2. 存在文化差异

在非营利组织中，存在着两类截然不同的群体，即专业人士以及管理人员。这两类群体对待管理控制的观点大相径庭：专业人士认为，非营利组织的主要职责是提供各类专业服务，完成战略使命，管理控制对他们提供专业服务没有帮助；管理人员认为，为了实现组织目标和使命，必须要对有限的资源进行规划和管理，实行管理控制是确保组织战略规划得以实现的有效途径。双方对待管理控制态度的分歧，增加了非营利组织管理控制实施的难度。

3. 特殊的治理结构

非营利组织的决策主要是由理事会完成,理事会主要是由专业人士组成。而非营利组织各项管理职能,则由管理人员负责执行。两类不同的群体在完成各自的职能过程中,分别遵循不同的原则。不同于营利组织,专业人士是决策中的主导力量,并且决策主要考虑考虑如何使组织最大程度满足社会效用的最大化,但是很少考虑各种决策方案的可行性,及其对组织存续的影响。使得管理人员在执行过程中必须处理这种决策模式带来的不利影响,从而保证整个组织目标的实现。

4. 严格的制度约束

与企业相比较,非营利组织通常处于复杂的法律法规环境下,需要遵守更多的规则,履行相应的义务。这些法律或准法律要求的影响,主要包括两方面:一方面是来自外界的影响,如法律、行政法规和各种地方性法规;另一方面是来自内部的影响,如章程、规则、制度、协议、捐赠规定或合同。同时对于专业人士,行业的某些行规或者职业道德有着极强的约束力,他们必须在这些成文或不成文行业规则下提供服务。

5. 监督机制不健全

由于特殊的委托代理关系,非营利组织的内部和外部都没有形成健全的监督机制。第一,内部监督主体缺位。非营利组织资金的主要来源是各方的捐赠。一旦将资金捐出后,出资方不能将资金抽回,虽然可以限制资金的使用范围,但并不能拥有非营利组织。从这个角度来看,没有人真正拥有非营利组织,也就没有人有动力去对非营利组织的运行进行监督。第二,外部监督机制弱化。与营利组织或政府不同,非营利组织的服务对象既不能"用脚投票",选择其他非营利组织的服务;也不能"用手投票"驱逐非营利组织的管理人员和专业人士。

6. 以提供服务作为主要的营运方式

大部分非营利组织都是以提供服务作为主要的营运方式,与服务组织有相似之处。服务组织管理控制的特点主要有两方面:第一,缺少存货作为缓冲,在运行过程中必须使其提供的服务跟当期需求相匹配,否则,要么无法完成目标,要么浪费或闲置资源。第二,产出的品质与数量难以测度。服务在提供之前并不存在,因此无法在事前对提供的服务进行质量检验。而且服务质量的特性多是无形,难以进行客观的和数量化的分析和比较,只能依赖于主观感受进行测度。

7. 采用特殊的会计制度

无论是西方国家还是我国,非营利组织都采取特殊的会计制度。西方国家,如美国,非营利组织会计由两个部分构成:政府会计和非政府支配的非营利组织会计。与西方国家类似,我国的非营利组织也采用两类会计制度:与政府关系紧密的非营利组织,如事业单位,主要采用预算会计;而独立存在于民间的非营利组织采用的则是专门的非营利组织会计。

8. 志愿服务人员占有很大比例

除了一部分领取薪金的全职雇员外，非营利组织还有很大一部分不领取任何报酬的志愿服务人员。这些人投身于非营利组织不是为了获得物质上的回报和经济利益，同时人员的流动性也比较大。由于缺乏经济手段对其进行激励，对这些人进行管理控制的难度更大。

9. 整体管理控制与专项管理控制

从管理控制涉及的人员范围和调动的资源以及经营管理的内容上来看，我们可以把管理控制分为整体管理控制和专项管理控制。整体管理控制，是我们通常强调的一般管理控制，是管理者为了实现组织整体的战略目标，合理分配和利用所能掌控的所有资源，对所有的经营管理活动运用计划、组织、协调、控制和激励等手段的一种管理控制活动。专项管理控制，即项目管理控制，是指实施项目计划过程中，由于项目存在着风险性和艰巨性，项目的进展经常会偏离预期的轨道，为了实现项目的最终目标，项目管理者需要根据项目进度计划，对项目过程中项目的范围、进度与费用进行控制，找出偏差，分析原因，修订计划，研究对策，并对项目完成的结果进行评价的一种管理活动。专项管理控制与整体管理控制相比较，具有以下几个特点：

第一，专项管理控制系统是整体控制的组成部分，它们必须建立起令人满意的关系，使两者在某些方面相吻合。

第二，专项管理控制和整体管理控制侧重点不同。专项管理控制主要集中于项目，其目的是在某一特定时期，以最低成本生产出最满意的产品，而整体管理控制的目的主要集中在某一特定时期的活动和产品，它的管理控制主要集中于成本。

第三，专项管理控制往往更强调进行范围、生产进度和成本之间的权衡，而整体管理控制虽然有类似问题，但并不典型。

第四，专项管理控制对项目计划的控制有较大的难度。因为项目计划经常会发生很大的变化，如建设项目、咨询活动、研究开发项目等往往受地理条件、气候以及后勤问题等其他方面不可预见的环境条件变化的影响，会带来无法预料的麻烦。

第五，专项管理控制的业绩标准更难确定。整体管理控制的业绩标准往往是根据对重复性项目活动的评价来制定的，要比项目的业绩标准更易确定、更可靠。而专项管理控制的业绩标准通常是一个项目设计只使用一次，相对而言，业绩标准较难确定。

（三）不同类型企业的管理控制

不同的组织背景会导致不同管理控制模式的产生，管理控制的基本程序和基本方法都适用于不同类型的企业组织。但是与其他类型的企业不同的是，由于跨国公司、企业集团和中小企业具有其自身的一些特点，会形成针对这些企业类型的特殊管理控制。

1. 跨国公司管理控制

虽然跨国公司的管理控制大部分与一般企业即典型企业的管理控制相同，但是由于跨国组织所处的环境以及自身的业务特点，使得其在建立管理控制系统时不得不特别关注民族文化、子公司的规模和数量、内部转移定价、汇率、税收等因素，由此造成跨国公司的管理控制具有以下特点：

第一，需要考虑民族文化背景差异影响。不同国家的不同民族文化特征，对跨国公司的管理控制模式系统的选择具有很大的影响。母国和东道国之间的民族文化背景差异越大，则越需要分散决策，授予子公司更大的自主权，以增强其适应能力。

第二，需要考虑子公司的规模和数量因素影响。国外子公司具有较强的适应性和较大的自主权，会导致母公司的监控成本较高，同时出于成本效益原则考虑，只对中等规模的子公司进行最严密的控制。另外，国外子公司数量的增加会提高母子公司间的信息不对称程度，更有必要形成更正式更频繁的信息反馈机制，加强母公司对子公司的控制。

第三，需要考虑转移定价方法的特殊问题。由于不同国家之间在税收、政府管制、关税、外汇控制、资金积聚和合资企业方面存在差别，因此跨国公司国外经营中的转移定价问题要比国内企业复杂得多，还需要考虑其他几个重要的问题，如尽可能降低所得税、降低关税、为子公司创造良好的竞争条件、减少外汇风险等。

第四，需要考虑汇率及其变动影响。跨国公司在设计管理控制系统时需要考虑外汇风险所带来的问题，比如从业绩评价角度出发，需要考虑子公司的经营者对汇率波动带来的影响是否具有责任、母公司对子公司进行经营业绩评价应以何种汇率作为基准、是否需要区分不同类型外汇风险的影响、不同类型的外汇风险如何影响子公司的经营业绩等问题。

第五，需要考虑税收因素影响。各个国家经济发展状况不同，税收也存在差异。跨国公司在规划战略、编制预算和评价业绩时，需要考虑由于子公司税收环境所带来的影响。其次，跨国公司在评价战略经营单元的业绩时，通常应以税后数据来计算战略经营单元的盈利指标，同时如果在预算执行过程又发生税率变动，还需要剔除由于税率变动所带来的影响。

2. 集团管理控制

由于企业集团具有市场结构的垄断性与兼容性、企业产权的连锁性与独立性、成员企业的趋利性与协同性、组织管理的开放性与层控性，企业集团在管理控制方面也存在着一些与非企业集团类型企业不一样的特征。具体表现在以下方面：

第一，管理控制的视角整体性。企业集团要在剧烈变化的竞争环境中得以生存和发展，就必须具有共同战略目标和整体战略规划，集团对成员企业的管理控制必须从集团整体的视角出发，即非常强调管理控制系统的整体性和综合性，而非局限于某一成员企业的利益得失。

第二，管理控制的内容复杂性。企业集团的规模比较大，组织构造独特，集团成员企业跨地区、跨部门甚至行业，这一方面使得企业集团的管理控制内容较之单体企业繁多，另一面使得企业集团的管理控制跨度增加，而力度和深度减少，由此提高了集团管理控制的难度。

第三，管理控制的方式多样性。由于下属成员企业在诸如技术水平、资产规模、设备状况、产品结构，甚至地理位置存在差异，企业集团对其的管理控制形式也呈现出多样化特征。具体体现为制度控制、市场控制和团队控制三种方式的混合，由于混合的比例不同，造就了企业集团管理控制方式的多样性。

3. 中小企业管理控制

中小企业通常表现具有以下特点：（1）容易创建，资本有机构成比较低；（2）融资难度大，以自筹资金经营为主；（3）所有权和经营权不分离；（4）管理机构简单；（5）带有较强的家族色彩；（6）成长具有显著的阶段性；（7）竞争力较弱，受市场和外部冲击的影响大。这些特点使得中小企业在管理控制方面也存在着一些与非中小型企业不一样的特征。具体表现在以下方面：

第一，对企业创业者的依赖性。中小企业所有权和经营权通常不分离，同时企业的成长也主要依赖于企业的创业者，呈现出人力资本与增长机会和价值驱动资源高度粘合的特点。一旦企业创业者死亡或者流失，企业往往就不复存在。同时中小企业经营者对于内部的管理控制通常属于直接控制。

第二，管理控制方法的灵活性。中小企业由于自身的特点，加上资金、人员等方面的一些限制，因此其所采用的管理控制方法差异性较大，往往一个企业一个样。即使对于同一中小企业，也可能由于经营者理念的改变和企业成长环境的阶段性变化，呈现出灵活多变、柔性度强的特点。

第三，管理控制内容的简单性。相对于大型企业，中小企业规模较小，人员较少，组织结构较为简单，管理控制跨度较小，产品或服务单一，其管理控制的内容也相对呈现出简单性，管理控制的难度也较低。

第三节 管理控制系统框架

本节明晰管理控制的目标与内涵及其边界与地位的基础上，进一步阐释管理控制系统框架。管理控制的设计与实施离不开管理控制系统。有鉴于此，本节首先介绍管理控制系统的内涵及其内容框架；在此基础上，进一步阐述管理控制系统的要素、程序以及模式。

一、管理控制系统的内涵与内容

（一）管理控制系统框架的发展

在管理控制发展的不同时期，学者们按照各自的概念体系构建了相应的管理控制系统框架，对管理控制系统框架的研究逐渐成熟发展起来。

具体而言，管理控制系统的发展可分为：（1）以控制论为依托所构建的管理控制系统框架（Peter Lorange，1974）。认为管理控制系统的根本目标是帮助管理部门完成组织目标，具体包括：①相关控制变量的鉴别；②良好的短期计划的设计；③整套控制变量中短期计划实际完成程度的记录；④偏差的分析。（2）以管理的控制职能为依托所构建的管理控制系统框架（William Rotch，1993）。这种管理控制系统综合框架一定程度上克服了罗伦基等人的弊端，综合地反映了管理控制系统环境、管理控制系统实施过程以及管理控制系统中的沟通和反馈方式。（3）以控制手段为依托所构建的管理控制系统框架（Robert Simons，1995）。具体包括四种管理控制杠杆：边界控制杠杆、诊断控制杠杆、信任控制杠杆和交互控制杠杆，同时将每一种杠杆本身都置于一个使该杠杆发生作用的政策与方法系统——管理控制系统当中，相应地也就产生了四个系统，边界控制系统、诊断控制系统、信任控制系统和交互控制系统。（4）以财务和会计等基本控制手段为依托所构建的管理控制系统框架（Anthony，1998）。安东尼设计的管理控制系统主要有两大特点：其一是考虑了管理控制系统的环境，并对环境进行了充分的论述；其二是管理控制的方法是以财务、会计手段为基本控制手段。（5）以正规控制手段和非正规控制手段的平衡为基础的管理控制系统框架（Joseph A. Maciariello和Calvin J. Kirby，1994），认为管理控制系统致力于谋求正规和非正规控制系统间的平衡；它为信息处理过程提供便利，该过程以帮助管理者将一个持续经营组织的各个部分协调起来从而实现组织目标为目的。

（二）管理控制系统的内涵

1948年维纳（Weiner）《控制论》的问世使得管理控制研究深受其影响，他主张将管理控制系统定位于试图应用相关的、简单的反馈机制解释复杂系统的行为。以控制论为理论基础研究管理控制认为，管理控制是以财务与会计为手段，由确定标准、评价业绩、纠正偏差所构成的信息反馈回路。与此同时，系统论也逐渐融入管理控制的研究中，系统论对于管理控制的重要贡献在于其所采用的"系统的方法"使得人们不再仅仅关注单纯的脱离于其环境的某个变量的控制，而是将注意力放在组织的全面控制上，即管理控制系统的构建上。

关于管理控制系统概念，不同的学者的研究中都进行了定义。Abernethy和Chua（1996）把管理层设计和实行的，用于使企业成员目标趋同以提升盈利能力的控制机制的组合称为管理控制系统。Anthony（1998）认为管理控制系统是"管理者影响组织其他员工以落实战略的过程"，受到国内外理论与实务比较广泛地采用，也是本书认同的概念。Malmia和Brown（2008）认为管理控制系统是管理者用来引导员工行为的系统、规则、实践、价值观和其他活动。Ferreira和Otley（2009）总结前人研究并结合管理控制实务的发展，着重研究基于绩效管理的管理控制系统，并把绩效管理系统（PMSs）定义为组织用来传递管理层设定的关键目标和目的，通过分析、计划、评价、控制、激励等手段支持战略过程持续管理，同时支持组织学习变革的不断演进的正式与非正式的机制、流程、系统和网络。我国学者杜胜利（2004）认为管理控制系统是以资本契约和管理契约关系为依托，以价值流程为主线，以公司价值最大化为目标，以公司战略目标为出发点的由所有者和高层管理者实施的控制组织行为和管理者行为的系统。这些定义虽然具体的描述不同，但都是把组织的战略作为既定的，然后通过一定的控制手段来保证战略的实施。可以看出管理控制系统的目的是使战略被执行，从而使组织的目标得以实现。

管理控制系统是由若干相互联系的管理控制基本要素构成的、具有确定的特性和功能的有机整体。"系统"是执行某一种活动或一系列活动的既定方式或方法，而这种活动通常重复出现，是一个循环往复的过程。作为一个系统化的过程，管理控制系统应该由特定的基本要素构成，并且按照一定的管理控制程序来执行管理控制活动，并且根据企业控制环境及特点的不同形成特定的管理控制模式。

（三）管理控制系统的内容

从管理控制系统理论的发展过程可知，管理控制系统蕴含了经济学、管理学、会计学、控制论及系统论的思想，这些领域为管理控制系统理论框架的形成奠定了基础。经济学对经营效率与效果涵义的界定，以及如何实现的研究，很好地解释了管理控制经营有效性目标的涵义。管理控制作为管理科学系统的组成部分，管理理论与方法对管理控制产生重要影响；管理控制从广义上讲，正是发挥管理的控制职能。会计学中的确认、计量、记录和报告都与管理控制紧密相关，会计作为管理控制最重要的控制工具和手段之一；体现在管理控制要素、程序与方法的各个方面。控制论和系统论对于理解管理控制系统的控制过程，明确管理控制系统的程序具有十分重要的意义，要求企业构建一个完善的管理控制系统，从多个方面促进企业战略与经营目标的具体落实。

在明确管理控制本质、内涵与目标的前提下，以企业管理控制系统理论发展为基础，吸收借鉴经济学、管理学、会计学和控制论及系统论的相关思想，管理控制系统依据特性和功能可分为：管理控制要素系统、管理控制程序系统、管理控制模式系统三个方面的核心内容。其中，管理控制要素系统是指能反映管理控制本质和管理控制系统组织部分的各个因素，它反映了管理控制系统中必不可少的各个因素，是全面理解管理控制系统的前提；管理控制程序系统是指为保证组织战略目标实现所进行的管理控制活动过程的步骤与方法，它提供了一套管理控制具体实践中的科学流程，是管理控制系统有效运行的保证；管理控制模式系统是在管理控制理念指导下建构的，由管理控制要素、管理控制程序及方法组成的控制行为体系结构，反应不同环境下控制方式的选择，不同环境下与不同特点的企业应选择适合自己的不同的管理控制模式系统，体现管理控制系统的权变性。为了实施有效的管理控制，企业必须分析管理控制系统的环境以选择适宜的管理控制模式系统、界定管理控制系统的要素、建立管理控制系统的程序，它们既是管理控制整体系统的有机组成部分，同时又可独立形成管理控制系统的子系统。

二、管理控制要素系统

要确立管理控制系统的基本要素，必须要回答以下问题：第一，什么是要素？要素的特征是什么？第二，要素项目范畴界定是怎样的，如是将标准、报告、评价看成三个要素还是合并为一个评估要素？第三，在理解管理控制系统内涵时，是不是把它当成一个开放的系统？对这些问题回答时的观点不同将会导致对管理控制要素系统认知的差异。

（一）管理控制要素系统的内容

要素是指事物必须具有的实质或本质、组成部分。或者说要素是构成事物的最重要和必要的因素，缺少了任何一个因素，事物的本质将发生变化。管理控制要素系统是指能反映管理控制本质和管理控制系统组织部分的各个因素。从要素的内涵来看，界定要素范畴时应注意要素至少具备的两个基本特征：一是要素的不可缺少性，即缺少了这个要素事物的本质将发性变化，如控制标准是控制的一个要素，如果没有控制标准就没有控制或不能称为控制。二是要素的不可再分性，要素应是反映某个事物的最基本的因素，应具有独立的、明确的界限范畴，如将控制标准看成是既包含控制点（变量），又包含控制水平两项内容的一个要素，就不如将其界定为控制变量与控制标准两个要素。组织的运行是处于时刻可能变化的内外部环境中的，管理控制系统作为保证组织（企业）经营有效性的过程就不应该是一个封闭的系统，而是一个基于内外部环境的开放的系统。

基于以上的分析，依据管理控制系统确立理论基础和管理控制系统内涵，我们认为管理控制要素系统可归纳为十个基本要素。（1）控制环境：它是指一个组织进行管理控制所面临的环境，包括组织外部环境和内部环境。不考虑控制环境将不可能实施有效的内部管理控制。（2）控制变量：它是指影响一个组织战略目标的关键因素和风险因素。组织目标能否顺利实现主要在于对风险因素、价值驱动因素等影响组织目标的关键因素的控制。（3）控制标准：它是指对一个组织进行管理控制的依据或准绳，它是对控制变量的量化，是组织战略控制目标的分解，其正确与否将直接影响管理控制的成效。（4）控制报告：它是指对组织中的各项活动的信息进行计量、记录与报告。控制报告反映了组织正在做什么。控制报告的相关性、可靠性是管理控制对控制报告最基本的质量要求。（5）执行评估：它是指对一个组织的活动状况进行评定与估价。执行评估的过程实际上是将控制报告与控制标准进行比较、分析的过程。（6）纠正偏差：它是指对评估过程中发现的实际执行情况与控制标准之间的不利差异进行及时矫正或纠正。控制的本质在于纠正偏差，这是保证控制标准和管理控制目标实现的关键，也是决定管理控制质量的根本要素。（7）业绩评价：它是指对一个组织的管理者的管理控制结果或业绩进行评价。一个组织的业绩与组织中管理者的业绩可能是不同的。管理控制中的经营业绩评价更侧重于对管理者或控制者业绩的评价。（8）激励机制：它是指根据业绩评价结果对管理者进行奖励与惩罚。管理控制的效果只有与管理者的报酬相衔接才能保证管理控制的长期有效运行。（9）沟通交流：它是指上述管理控制要素之间的信息及时传递或交流。这是管理控制的基础与保证。不明确控制环境和控制变量，就无法确定控制标准；没有控制标准与控制报告的沟通，就无法执行评估和纠正偏差。（10）内部监督：它是指对执行管理控制过程的质量进行监督。管理控制者本身也需要被控制或监督，这是一个完善的控制系统的必备要素。

（二）管理控制要素系统的特点

上述十个管理控制系统要素构成了完善的管理控制系统，任何一个组织在构建管理控制系统时必须全面系统考虑这十个方面要素，缺少任何一个要素都将影响管理控制的质量，同时各个要素之间也是相互联系的，某一个要素性内容发生变化，必须同时考虑对其他要素可能的影响，以确保管理控制系统的有效运行。其中控制环境是最容易发生变化的要素，当企业随环境变化而调整业务模式时，管理控制系统也必须相应地变化，在内部业绩评价与激励制度等方面就必须体现这些变化方针，才能有效运行。

进入互联网时代，适应环境变化而产生的扁平组织、网络组织等新型组织形式不断涌现，此时必须重新考量系统的各个要素，以构建有效的管理控制系统。如海尔集团针对"自主经营体"，将组织的战略、目标、预算、执行、业绩评价、激励、文化等有机整合，形成整合的管理控制系统，在组织内基于自主经营体进行自主的管理控制，在组织外基于企业与外部合作方形成的组织间网络进行开放的管理控制，从而提升了管理控制的效率与效果，促进了企业战略目标的实现（彭家钧，2013）。苏宁电器以"平台共享+垂直协同"为特征的自组织和阿里巴巴以"分权+接班人"制度为核心的自组织，也都是适应互联网时代产生的新型组织，结合自身的业务特征两家企业构建了对"自组织"充分授权、包涵交互式计划预算系统和以前瞻性的、非财务指标为主体的业绩评价系统以及风险控制的管理控制系统，来保证在新时代下企业战略目标的实现（胡辰和汤谷良，2013）。

三、管理控制程序系统

在明确管理控制要素的基础上，应构建更具一般意义的管理控制程序，以促进企业管理控制实践有效实施。如果我们将管理控制作为一个封闭的系统进行研究，即假定控制环境一定，则管理控制系统的程序通常称为正规控制程序。如果我们将管理控制作为一个开放的系统进行研究，即假定控制环境不同或不断变化，则管理控制系统的程序通常称为非正规控制程序。正规的控制系统程序与非正规的控制系统程序是不同的。虽然从总体和长远观点看，非正规控制系统是必然的，但是从具体的和短期观点看，正规的控制系统更具有科学性与可操作性。因此，我们主要研究正规的控制系统程序，同时考虑控制环境的影响。

（一）管理控制程序系统的内容

我们认为，考虑管理控制的理论与实务的要求，结合管理控制要素系统的构成，可以在安东尼的五步骤管理控制程序系统的基础上，将管理控制程序进一步界定为以下五个步骤：（1）战略目标分解；（2）控制标准制定；（3）控制报告分析；（4）经营业绩评价；（5）管理者报酬。其中，要完成每一步骤又涉及许多控制环节与控制方法，从而形成管理控制程序系统矩阵结构。

1. 战略目标分解

战略目标分解是管理控制的第一步骤。战略描述了一个组织计划为达到其目标的总方向。在选择企业战略后，为了使战略目标可操作、可实现，要将其进行分解，包括战略制定、战略规划、战略计划、具体目标等环节。企业需要根据既定战略做出战略规划，进行长远计划的资源配置，并通过战略计划将长远计划分解形成短期内（通常一年）应采取的资源配置方案，在此基础上进一步分解形成具体的控制目标体系，管理控制目标体系应当以企业的战略控制目标、经营控制目标与作业控制目标为引领。

2. 控制标准制定

控制标准制定是管理控制的第二步骤。控制标准是管理者进行控制时的具体参照标准，在战略计划的基础上制定管理控制标准是实施有效控制的重要步骤。企业应当以管理控制目标体系为基础，建立企业管理控制标准体系。这一环节就是将企业整体的管理控制目标从战略控制目标、经营控制目标、作业控制目标等方面层层分解，确定企业管理控制各个环节的控制变量（点）和控制标准（水平）。

3. 控制报告分析

控制报告分析是管理控制的第三步骤。编制并分析管理控制报告是管理控制中完成对经济运行状况的真实计量与反映的关键步骤，实际上也是整个组织及各部门的业绩报告，其种类及内容应根据管理控制标准及要求而定。编制管理控制报告应当关注控制标准、实际业绩、计量差异、差异控制等环节，真实地计量、记录与报告管理控制的实际情况。控制报告分析应考虑整个企业及各部门的控制标准与经营业绩，并作为控制纠偏的依据。在管理控制程序系统中，控制报告贯穿于整个系统运行过程中，提供信息并起到沟通与交流、传递企业文化的媒介作用，在推动企业战略目标实现过程中处于核心的地位。朱丹和陈国庆（2013）利用激励相容的相关模型分析认为，基于良好的管理控制系统提供的研发预算信息越及时、可获得性越强，越能激发研发人员创新动力，从而促进研发目标的实现。

4. 经营业绩评价

经营业绩评价是管理控制的第四步骤。经营业绩评价实际上也是控制业绩的评价，如果对控制成效缺少评价必然影响控制者的积极性。企业应当以控制报告分析结果为依据，建立企业管理控制评价体系。经营业绩评价应当遵循以下原则：一是企业业绩评价与经营者业绩评价相结合原则；二是经营成果指标评价与驱动因素指标评价相结合原则；三是组织内部评价与组织外部评价相结合原则；四是财务指标评价与非财务指标评价相结合原则。

5. 管理者报酬

管理者报酬是管理控制的第五步骤。管理控制的主体是管理者，管理者的控制动机必然与其自身利益相关。因此，管理控制的效果只有与管理者的报酬相衔接才能保证管理控制的长期有效运行。从这点看，管理者报酬既是管理控制的终点，也是管理控制的起点。管理者报酬的构成主要有工资、福利和激励三部分。管理者报酬应当遵循以下原则：一是精神激励与物质激励相结合原则；二是短期激励与长期激励相结合原则；三是个人激励与团队激励相结合原则。

（二）管理控制程序系统的特点

不论在何种组织中运行，用于实施战略的管理控制系统都应该具备这个五步骤循环、继起的程序才能称得上是完备的系统，保证系统的运行呈良性的发展。冉秋红（2007）把知识资本纳入管理控制系统，构建知识导向型的管理控制系统，并把战略制定作为系统程序的起点，对战略目标进行财务与知识两个维度的分解，分别量化指标，编制相应的战略预算进行知识导向的战略资源配置，然后根据执行结果进行评价与激励，最后对评价信息逆向反馈，以对业绩目标与具体指标的设置以及战略预算编制中的问题进行调整，同时也为下一轮战略目标的制定提供支持。王海妹和张相洲（2009）认为开放、自然的内部管理控制系统基本程序应包括战略计划、预算准备、分析财务业绩报告、绩效评价和管理者补偿等几个步骤。可以看出，整个系统是一个有机的整体，包含战略目标制定、目标分解、标准制定/预算编制、信息反馈、战略评价与激励，虽然没有明确指出控制系统中控制报告的环节，但信息形成与反馈过程中必然形成完整报告体系。

四、管理控制模式系统

（一）管理控制模式系统的内容

从管理控制模式系统的发展演变过程可知，要建立适合具体实践的管理控制模式，需要首先明确以下几点认识：第一，内部管理控制模式系统与企业外部经济环境是紧密相关的，管理控制系统是随着经济体制和经济环境的发展变化而发展的；第二，在相同外部环境下，虽然管理控制的根本目标是一致的，但由于企业内部环境不同，管理控制模式系统也可能不同；第三，不同类型和不同管理基础的企业或组织，虽然都可能采用多种管理控制方式或杠杆，但采用管理控制杠杆的侧重点应该是不同的。

根据企业管理控制系统理论及模式演变，结合我国目前经济体制和经济环境，我国企业内部管理控制模式系统框架应由制度控制模式、预算控制模式、评价控制模式和激励控制模式四大模式组成。四种管理控制系统从控制方式、控制目标、控制优势和控制障碍等方面都有所区别，各具特色，具体如下：

1. 制度控制模式

制度控制是指通过规章、准则等形式规范与限制组织中各级管理者与员工的行为，以保证管理活动不违背或有利于组织战略目标的实现。制度控制模式从控制程序或控制环节角度看，包括制度的制定、制度执行、制度考核及奖惩几个环节。制度控制模式的基本特征是以制度或规范的方式进行控制。制度控制模式从层级角度看，包括战略控制制度、管理控制制度、作业控制制度。

2. 预算控制模式

预算控制是指通过预算计划的形式规范组织的目标和经济行为过程，调整与修正管理行为与目标偏差，保证各级目标、策略、政策和规划的实现。预算控制模式是以过程控制为基本特征的管理控制系统。预算控制模式主要包括以下五个步骤：战略目标与计划、预算控制变量与标准、预算执行报告与分析、预算执行效果评价、基于预算结果的报酬激励。预算控制模式的基本特征是强调过程控制，注重及时纠偏。预算控制模式从预算层级角度看，包括公司预算（集团公司预算和子公司预算）、部门预算和项目预算。预算控制模式从预算内容角度看，包括经营预算、财务预算、资本支出预算。

3. 评价控制模式

评价控制是指组织通过评价的方式规范组织中各级管理者及员工的经济目标和经济行为。评价控制模式是以结果控制为基本特征的管理控制系统。评价控制模式主要包括以下五个步骤：战略目标与计划、评价指标与标准、评价指标完成报告与分析、业绩评价、基于评价结果的报酬激励。评价控制模式的基本特征是目标控制或结果控制，强调结果而不是过程。评价控制模式从控制层级看，包括董事会对高级经理的评价控制、高级经理对部门经理的评价控制、部门经理对项目经理的评价控制以及项目经理对员工的评价控制。评价控制模式从控制内容角度看，包括财务绩效考评、管理绩效考评、质量技术绩效考评、作业绩效考评等。

4. 激励控制模式

激励控制是指组织通过激励的方式控制管理者的行为，使管理者的行为与企业目标（或企业所有者目标）相协调。激励控制模式是以利益控制为基本特征的管理控制系统。激励控制模式主要包括以下五个步骤：战略规划与目标、激励方案与标准、激励方案执行报告与分析、激励效果评价、报酬激励实施。激励控制模式的基本特征是利益导向控制，将利益相关者的目标协调起来。激励控制模式从控制层级角度看，包括企业所有者对高级管理者的激励控制、高级管理者对下级管理者的激励控制。

（二）管理控制模式系统的特点

企业应在全面系统分析企业所面临的内外部环境的基础上，确定影响管理控制系统目标实现的关键因素，并根据关键因素选择合适的管理控制模式系统。在选择管理控制模式系统时，企业应当全面分析公司治理与制度建设、组织结构与职能权限、管理会计信息及其他管理信息基础、企业文化与管理风格、管理者与员工素质及外部相关环境等环境因素。在分析管理控制环境与明确关键影响因素的基础上，企业应当充分了解不同管理控制模式系统的特点和适用条件，以恰当选择制度控制模式、预算控制模式、评价控制模式和激励控制模式。这种管理控制模式系统框架具有如下特点：

第一，这四种管理控制系统从控制方式、控制目标、控制优势和控制障碍方面都有所区别，各具特色。四种管理控制系统的比较说明，各种管理控制系统都有其自身的控制目标、控制特征；而不同的控制目标与控制方式又各有其优点与缺点；控制环境对控制系统选择至关重要，只有选择适应自身环境的管理控制方式才能进行有效的控制。

第二，这四种管理控制模式系统具有层次性和适用性。所谓层次性是指四种管理控制模式系统从控制环境要求、控制权授予方面看，不是处于同一档次：激励控制授权最大，控制环境要求最高；其次是评价控制；再次是预算控制；制度控制授权最小，控制环境要求最低。根据我国目前的控制环境状况，大部分企业还需要采用制度控制模式；其次是预算控制模式；较少的企业可采用评价控制模式；很少的企业能直接采用激励控制模式。

第三，这四种管理控制系统既是独立的又是统一的。所谓独立是指它们各自可作为独立控制系统进行运作，如有的企业可采用制度控制模式，有的企业可采用预算控制模式等。所谓统一是指同一企业又可同时采用两种或两种以上的控制系统，分别从规则、过程、目标和利益等角度进行控制。如一个企业集团可以采用以预算控制为主、其他控制为辅的管理控制模式系统，这种模式的特点是，集团公司采用预算控制模式，子公司可根据各自环境特点分别采用制度控制模式、评价控制模式或激励控制模式等。

第四，这四种管理控制系统具有完整性、灵活性。因为各种管理控制系统可使管理控制从不同角度、不同层次、不同方式为实现共同目标而进行有效控制，从而形成管理控制的完整体系。但各企业、部门或项目又可根据自身环境与要求，灵活运用不同的控制方式。

第三篇

中国特色管理控制系统创新研究

第五章

中国企业管理控制环境特色

企业实施管理控制,旨在通过落实企业战略以实现创造企业价值的目标。无论是国外企业还是国内企业,在这个根本目标上都不存在实质性区别。但这不意味着我国企业可以将国外企业管理控制的理论与方法,直接应用于我国企业管理控制实践之中。究其根本,是因为管理控制环境对管理控制系统的重要影响:管理控制环境决定企业管理控制的基调,并决定着管理控制系统的基本结构与具体运行机理。因而,在不同的管理控制环境下,企业需要构建与管理控制环境相适宜的管理控制系统。就我国情况而言,伴随着改革开放的不断深入与发展,企业面临的外部环境与内部环境都在发生变化,这就决定了我国企业必须在充分把握企业管理控制环境特色的基础上,构建符合我国国情的企业管理控制系统。只有明确我国企业管理控制的外部环境和内部环境特色,在能构建有特色的管理控制系统。

第一节 中国企业管理控制外部环境

企业的一切生产与管理活动,都离不开一定的外部环境。在既定的时空范围内,外部环境是企业管理者主观意志无法改变的客观存在,企业只有尊重并把握外部环境的特征与内在规律,才能有效地实施管理控制活动。我国独特的历史发展历程,促使我国企业管理控制外部环境呈现着显著的中国特色。党的十九大召开,标志着中国特色社会主义进入了新时代。会议形成了一系列新思想与新观点,与我们党既往的方针、政策一脉相承,共同引领着我国未来经济的长期发展,为我国企业管理控制的实施建立了新坐标,指明了新方向。

一、企业管理控制外部环境概述

(一)企业管理控制外部环境的内涵

环境是指围绕着某一事物(通常称其为主体)并对该事物会产生某些影响的所有外界事物(通常称其为客体),即环境是指相对并相关于某项中心事物的周围事物。环境总是相对于某一中心事物而言的:环境因中心事物的不同而不同,随中心事物的变化而变化。换言之，一旦中心事物被确定，其环境也就被相应地确定了。

当我们把企业管理控制系统作为中心事物时，环境就自然被分为了外部环境与内部环境，前者指的是企业之外的所有事物，后者指的是处于企业管理控制系统外部但仍属于企业内部的所有事物。

就企业外部环境而言，学术界一般认为企业外部的一切因素都可以笼统地被称为企业外部环境，强调只要企业边界得以确定，企业外部环境便随之而定[①]。例如，罗森茨韦克认为，从广义上看，环境就是组织界线以外的事物，包括一切自然因素与社会因素。理查·德达夫特则认为，企业外部环境是存在于组织边界之外，可能对组织总体或局部产生影响的所有因素。托马斯·卡明斯指出，企业外部环境是指任何组织之外的直接或间接影响组织绩效的事务。

企业管理控制系统属于企业经济活动的子系统，所有影响企业经济活动的外部环境，都将对企业管理控制系统的运行产生影响。言下之意，企业管理控制外部环境与企业外部环境的内涵是一致的，即在确定企业边界的基础上，所有影响企业管理控制活动的一切外部因素，都可以称为企业管理控制外部环境。

（二）企业管理控制外部环境分类

在界定企业外部环境内涵的基础上，诸多学者也尝试给出了企业外部环境的具体分类方式，归纳起来主要包括（不限于）以下几类：一是将外部环境分为自然环境与社会环境；二是将外部环境分为宏观环境与中观环境；三是将外部环境分为硬环境与软环境；四是将外部环境分为政治环境、经济环境、社会环境与技术环境，即"PEST"分析法，PEST 环境分析是企业考察其外部宏观环境的普遍方法，一般指的是政治（Political）、经济（Economic）、社会（Social）和技术（Technological）这四大类因素。

以上几种关于企业外部环境的分类方法，都是可取的。每一种分类方式，都从某个侧面为我们提供了理解企业管理控制外部环境的思路。对于不同的企业而言，应该在全面理解企业外部环境的同时，有重点地选择与本企业性质关系最为紧密的某个侧面进行针对性的分析。例如，对于农业企业而言，将外部环境分为自然环境与社会环境就十分必要，它有利于企业在考察诸如政治、经济等外部社会环境的同时，也对自然环境给予足够的重视；对于整体行业不太景气的企业而言，将外部环境分为宏观环境与中观环境就显得十分必要了，这有助于企业对行业特征进行深入的分析；对于那些对交通运输等硬件设施依赖程度较高的企业，将外部环境分为硬环境与软环境，则有助于企业对交通运输等基础设施外部环境进行重点考察。总之，从不同维度对外部环境进行分类分析，是十分必要的，也是可行的。

然而，如若选择一个与所有企业普遍相适应的视角，最为合适的应当是"PEST"分析法。无论对于任何一个组织（包括企业）而言，全面考虑政治、经济、

[①] 引自《一个企业外部环境的分析框架》（李晓明，2006）。

文化与技术因素都是必要的：政治因素关系到一个国家政局的稳定，政局的稳定决定着整个国家制度的稳定性，进而影响着企业管理控制的运行；经济因素则直接影响着企业的生产与管理活动；文化与技术因素对企业管理控制的影响也是无须赘言的。正因为如此，"PEST"分析成为了在分析企业管理控制外部环境时最基本的分析方法。

从"PEST"的四个维度看，无论是政治、经济因素，还是文化、技术因素，我国企业管理控制的外部环境都呈现着显著的中国特色。

从政治层面看，我国的政治环境特色可以概括为"一个根本与三个基本"。"一个根本"即根本政治制度：《中华人民共和国宪法》明确规定，我国的根本政治制度，是人民代表大会制度；中华人民共和国的一切权力属于人民；人民行使权力的机关是全国人民代表大会和地方各级人民代表大会。"三个基本"指的是中国共产党领导的多党合作和政治协商制度、民族区域自治制度、基层群众自治制度。在此政治环境下，我国企业的一切生产与管理活动，都将受到党的领导，在总的方向上必须符合党在各个时期制定的方针、路线与政策。

从经济层面看，我国的特色之处主要体现在我国的经济体制，即社会主义市场经济体制。社会主义市场经济体制之所以体现着显著的中国特色，是因为与西方发达国家相比，我国政府的宏观调控在经济发展中占据着举足轻重的地位。改革开放以来，我国的经济体制经历了两次重大转变：由计划经济体制向有计划商品经济体制转变；由有计划商品经济体制向社会主义市场经济体制转变。经济体制的转变势必引起企业经营方式与管理控制系统运行方式的转变，企业必须充分考虑我国特殊的经济环境，才能制定出符合宏观经济发展规律的战略，并将之有效地付诸实践。

从社会层面看，我国企业管理控制外部环境也呈现着显著的中国特色。一般而言，社会环境，指的是一定时期整个社会发展的一般状况。主要包括社会道德风尚，文化传统，人口变动趋势，文化教育，社会结构，一个国家或地区的居民教育程度和文化水平、宗教信仰、风俗习惯、审美观点、价值观念等。各国的社会与文化对于企业的影响不尽相同。社会与文化要素十分重要，总体上可以将社会环境概括为三个方面：一是人口环境，二是文化环境、三是道德环境。我国在这三个方面，皆有与西方国家相比而存在的中国特色。

从技术层面看，中国是世界上文明发达最早的国家之一。在16世纪前中国的科学技术一直处于世界先进地位。由于种种主客观原因，曾在科技上有过光辉成就的中华民族，在近代却远远落后于西方发达国家。中国共产党成立以后，以马克思主义科技思想为指导，紧密结合中国的实际，大力发展科学技术事业，形成了一整套有中国特色的科技思想，领导全国人民建立了学科齐全、独立完整的科学技术体系，缩短了我国与发达国家之间科技水平的差距，而且在某些科技领域的研究成果已经达到或超过国际先进水平，对中国现代化建设起到了巨大的促进作用。

对于企业这样一个典型的经济生产组织而言，需要重点关注的当属外部经济环境。有鉴于此，以下内容首先从总体上分析中国企业管理控制外部经济环境特色即社会主义市场经济体制，及其对企业管理控制的影响；然后重点分析社会主义市场经济体制最显著的中国特色即政府宏观经济目标及政策对企业管理控制的影响；最后聚焦于十八大以来我国国民经济的发展理念，具体分析当下政府宏观经济目标及政策对企业管理控制的影响。

二、社会主义市场经济体制与企业管理控制

社会主义市场经济体制，是中国特色社会主义经济体制的根本特征。党的十九大明确指出了，建设现代化经济体系的任务之一，是加快完善社会主义市场经济体制。深刻理解社会主义市场经济体制的内涵与特征，有助于我国企业正确把握外部经济环境的内在规律，建立与社会主义市场经济体制相适应的企业管理控制系统。

（一）社会主义市场经济体制的特征

1. 经济体制的内涵

经济体制是一国国民经济的管理制度及运行方式，是一定经济制度下国家组织生产、流通和分配的具体形式。这意味着，经济体制决定着一国之内的社会经济关系，即参与经济活动的各个方面、各个单位和他们之间的利益关系，就是通过这样的体系表现出来。经济体制的功能主要体现为四个方面：一是确定经济行为主体的权利范围，对整个社会的经济活动起协调作用；二是确定经济主体共同遵守的行为规范，对经济当事人不符合社会整体效率的行为发挥约束作用；三是确定利益分享规则，对经济主体行为发挥激励功能；四是确定信息交流结构，对经济运行发挥信息功能。这四个功能并非彼此独立，而是相互协调与融合的关系。

总体而言，经济体制可以分为计划经济体制与市场经济体制。计划经济，或计划经济体制，是对生产、资源分配以及产品消费事先进行计划的经济体制。由于几乎所有计划经济体制都依赖于指令性计划，因此计划经济也被称为指令性经济。计划经济中，大部分的资源由政府所拥有，并且由政府指令完成资源的配置过程，即政府决定着生产什么、怎样生产和为谁生产。市场经济（又称为自由市场经济或自由企业经济）是与计划经济相对应的一种体制，在这种体制下，产品和服务的生产及销售完全由自由市场的自由价格机制所引导，而不是像计划经济由国家所引导。

2. 社会主义市场经济体制的内涵与特征

社会主义市场经济体制，是马克思主义中国化的重要成果之一，是中国共产党将马克思主义与中国实践相结合的产物，是马克思主义与时俱进的深刻体现。事实上，社会主义市场经济体制，正是社会主义经济制度与市场经济的有机结合，它一方面体现着社会主义的根本性质，另一方面也使市场在社会主义国家宏观调控下对资源配置起决定性作用。换言之，社会主义市场经济体制在生产资料社会主义公有制的前提下，能够使经济活动遵循价值规律的要求，适应供求关系的变化；通过价

格杠杆和竞争机制，把资源配置到效益最好的环节中去，并使企业实行优胜劣汰；运用市场对各种经济信号反应灵敏的特点，促进生产和需求的及时协调。

社会主义市场经济体制的特征，表现在政府宏观调控的重要地位，即在承认市场机制的基础性地位之外，政府宏观调控占据着重要的地位。党的十九大报告指出，在加快完善社会主义市场经济体制的进程中，要注重创新和完善宏观调控，发挥国家发展规划的战略导向作用。为什么我们党如此重视宏观调控？究其根本，是因为我国社会主义市场经济体制的根本制度，即生产资料社会主义公有制。

首先，社会主义公有制的根本目标是共同富裕，而共同富裕要求国家必须发挥宏观调控职能。共同富裕是社会主义的本质规定和党的奋斗目标。中国人多地广，共同富裕不是同时富裕，而是一部分人一部分地区先富起来，先富的帮助后富的，逐步实现共同富裕。共同富裕要求我国经济发展应坚持效率优先、兼顾公平的原则，即允许和鼓励一部分人通过诚实劳动和合法经营先富起来，承认差别，合理拉开个人收入的差距，调动各方面的积极性，促进生产发展，体现的是效率优先。但是，在实现效率的过程中，作为社会主义国家，我国政府会采取积极的措施保证贫富差距处于相对低的水平。始终把人民的利益摆在至高无上的地位，让改革发展成果更多更公平地惠及全体人民，最终实现共同富裕。因此，只有把市场调节（无形之手）和国家的宏观调控（有形之手）结合起来，才能促进社会主义市场经济的健康发展，在保证效率的同时，最终实现共同富裕的目标。

其次，市场的局限性也要求我国必须高度重视政府的宏观调控。在现代社会经济生活中，存在市场不能调节的领域，市场解决不了国防、治安、消防等公共物品的供给问题。公共物品是与私人物品相对应的一个概念，是可以供社会成员共同享用的物品，严格意义上的公共物品具有非竞争性和非排他性。所谓非竞争性，是指某人对公共物品的消费并不会影响别人同时消费该产品及其从中获得效用，即在给定的生产水平下，为另一个消费者提供这一物品所带来的边际成本为零。所谓非排他性，是指某人在消费一种公共物品时，不能排除其他人消费这一物品（不论他们是否付费），或者排除的成本很高。由于公共物品具有非竞争性和非排他性特征，一般不能或不能有效通过市场机制由企业和个人来提供，因此政府必须不断完善公共服务体系，保障群众基本生活，不断满足人民日益增长的美好生活需要，不断促进社会公平正义。

（二）社会主义市场经济体制对企业管理控制的影响

我国社会主义市场经济体制的确立，经历了三个阶段：第一阶段是计划经济时期（新中国成立初期—1978年）；第二个阶段是发展有计划的商品经济时期（1978—1992年）；第三个阶段是社会主义市场经济体制的确立与完善时期（1992年—至今）；每个历史时期企业管理控制的特征都有各自的特点（如表5-1所示）。

表 5-1　　　不同经济体制下的企业管理控制外部环境与管理控制特征

经济体制 \ 相关特征	控制环境	控制目标	控制手段
计划经济时期	政府主导	完成政府指标	高度集权
有计划的商品经济时期	政府主导市场为辅	完成政府指标并兼顾企业价值	相对集权
社会主义市场经济确立与完善时期	市场与政府并重	同时追求企业与社会价值	高度分权

如表 5-1 所示，不同经济体制下，我国企业管理控制呈现着不同的特征。在社会主义市场经济体制下，市场机制（无形之手）与政府宏观调控（有形之手）并重，两者使企业管理控制系统的运行同时以企业价值与社会价值为目的，且企业管理控制呈现着分权的特征。

从控制目标看，由于市场机制的基础性地位，企业需要按照市场规律组织企业的一切生产与管理活动，这些企业活动的根本目标都以企业的市场价值为最终目的，这是市场机制在资源配置过程中对企业的基本要求。同时，由于政府宏观调控的重要性，我国企业实施管理控制也必须考虑到政府的目标即社会的目标，因此企业也必须考虑到社会价值的创造。

从控制手段看，由于市场机制的基础性地位，企业管理控制的方式以分权为主要特征。社会主义市场经济体制归根结底是市场经济，市场经济体制下，政府对企业是一种引导与调控的管理控制方式，政府更多地是以经济手段对企业进行影响，而不是直接的控制。因此，企业在实施管理控制的过程中具有高度的自主权。

三、宏观经济目标及政策与企业管理控制

如前所述，虽然我国经济体制本质上也是市场经济体制，但与西方国家的市场经济不同，我国社会主义市场经济体制是建立在生产资料社会主义公有制的基础上，这就决定了政府宏观调控在我国社会主义市场经济体制中的重要地位。我国企业只有及时调整企业的生产与管理活动，顺应政府宏观调控步伐，才能更好地生存与发展。宏观调控是在市场机制的基础上，政府通过制定宏观经济政策对经济发展施加影响，以期实现既定的宏观经济目标。其中，宏观经济目标是宏观经济政策的导向，宏观经济政策是宏观经济目标的具体体现。企业从宏观经济目标与宏观经济政策两个方面，可以更加全面地考察宏观调控对企业管理控制的影响[①]。

（一）宏观经济目标与企业管理控制

宏观经济目标，指的是从社会总体角度出发的经济目标，通常包括经济增长目标、稳定通货膨胀目标、增加就业目标等。近年来，我国宏观经济目标取得了举世

---

① 引自《基于多学科视角的企业财务管理拓展与创新探讨》（王卫星，2016）。

瞩目的成绩（如表5-2所示），这与企业管理控制的有效实施是分不开的。企业在实施管理控制的过程中，需要处理好企业目标与宏观经济目标的关系：宏观经济目标与企业目标的关系，是整体与局部、宏观与微观的关系。整体以局部为前提，宏观以微观为基础。在某个时期，国家宏观经济目标的实现，有赖于企业为其提供微观基础。

表5-2　　　　　　　　　　近年来我国宏观经济目标实现情况

项目 年度	经济增长指标		通货膨胀指标	就业指标	
	国民生产总值 （单位：亿元）	国内生产总值 （单位：亿元）	通货膨胀率	就业人员总数 （单位：万人）	城镇登记失业率
2005	185998.5	187318.9	1.80%	74647	4.20%
2006	219028.5	219438.5	1.50%	74978	4.10%
2007	270844	270232.3	4.80%	75321	4%
2008	321500.5	319515.5	5.90%	75564	4.20%
2009	348498.5	349081.4	-0.70%	75828	4.30%
2010	411265.2	413030.3	3.30%	76105	4.10%
2011	484753.2	489300.6	5.40%	76420	4.10%
2012	539116.5	540367.4	2.60%	76704	4.10%
2013	590422.4	595244.4	3.20%	76977	4.05%
2014	644791.1	643974	1.50%	77253	4.09%
2015	682635.1	689052	1.40%	77451	4.05%

从表5-2可以看出，近年来我国宏观经济无论在经济增长、通货膨胀率以及就业率方面，都取得了显著的成绩。近期召开的党的十九大肯定了过去我国经济发展取得的显著成果，其中，国内生产总值增长至八十万亿元，稳居世界第二。事实上，这些宏观经济目标都建立在企业行为这一微观基础之上，每一个目标都对企业行为提出了相应的要求。

1. 经济增长目标与企业发展战略

企业的发展需要正确的战略选择与规划，而企业的战略必须与国家的宏观经济增长目标相衔接，它既受宏观经济增长目标的影响，同时也影响着宏观经济增长目标的实现。因此，企业在选择与规划企业发展战略时，必须充分考虑国家宏观经济增长目标。基于经济增长目标和企业价值创造目标，企业战略管理的中心是选择某个既定的战略，从而使企业价值创造目标与宏观经济增长目标相协调。经济增长通常是指在一个较长的时间跨度上，一个国家人均产出（或人均收入）水平的持续增加。经济增长率的高低体现了一个国家或地区在一定时期内经济总量的增长速度，也是衡量一个国家或地区总体经济实力增长速度的标志。决定经济增长的直接因素包括投资量、劳动量、生产率水平。在既定的经济增长目标下，一国范围内的投资量、劳动量与生产率水平都必须达到一定的水平，而这些变量的微观基础都依赖于企业制定与其相适宜的企业发展战略。

2. 通货膨胀目标与通货膨胀管理控制

伴随着宏观经济发展的不同时期，通货膨胀或通货紧缩可能会时有发生。企业管理控制中如何应对通货膨胀或通货紧缩对企业发展至关重要。在这种情况下，重视通货膨胀财务管理是企业管理控制创新的必然选择。经济学界对于通货膨胀的解释并不完全一致，通常经济学家认可的通货膨胀概念是：在信用货币制度下，流通中的货币数量超过经济实际需要而引起的货币贬值和物价水平全面而持续的上涨。通俗地讲就是纸币的发行量超过流通中所需要的数量，从而引起纸币贬值，物价上涨的现象。通货膨胀对企业管理控制的重要影响主要体现在货币的时间价值管理方面。在通货膨胀的影响下，货币的时间价值呈现着复杂的规律，这种复杂的规律在与货币有关的一切活动中都将产生重要影响，因此，企业管理控制系统的运行中，必须将通货膨胀纳入货币时间价值管理体系中。

3. 充分就业目标与企业人事管理控制

提高就业质量和人民收入水平，是十九大明确提出的奋斗目标。从公司的使命角度看，创造就业岗位、增加社会福利是公司使命的内涵之意。因此，企业管理控制中重视与加强企业的人事管理，也是现代企业管理控制的使命所在。充分就业是一个有多重含义的经济术语。它的概念是英国经济学家 J. M. 凯恩斯在《就业、利息和货币通论》一书中提出的，是指在某一工资水平之下，所有愿意接受工作的人，都获得了就业机会。充分就业并不等于全部就业，而是仍然存在一定的失业。但所有的失业均属于摩擦性的和结构性的，而且失业的间隔期很短。为了实现充分就业目标，企业需要尽可能利用多种手段，吸纳更多的劳动力进入企业工作。当然，为了增加充分就业，并不意味着企业应该以损失企业利润为代价，相反企业应该利用技术与管理创新，做大做强企业，使增加就业与企业目标相融合。

（二）宏观经济政策与企业管理控制

宏观经济政策通常包括货币政策、汇率政策、财政政策、信贷政策、产业政策等。宏观经济政策与企业管理控制息息相关，企业管理控制必须充分考虑宏观政策因素或根据宏观经济政策导向实施管理控制。

1. 货币政策与企业管理控制

货币政策是指中央银行为实现既定的目标，运用各种工具调节货币供应量来调节市场利率，通过市场利率的变化来影响民间的资本投资，影响总需求来影响宏观经济运行的各种方针措施。货币政策是涉及经济全局的宏观政策，以调节货币供应量为主，进而影响市场利率等宏观经济变量。当下我国的货币政策，以健全金融监管体系为核心，以守住不发生系统性金融风险为底线。企业管理控制的外部金融市场环境，财务管理中的筹资决策、投资决策及收益分配决策等，都直接受货币政策的影响，同时，货币政策通过对宏观经济增长的调节，也会影响公司各项经营业务状况及效果。现代企业管理控制必须关注宏观货币政策，理财中积极应对货币政策的变化。

2. 汇率政策与企业管理控制

汇率政策指一国政府利用本国货币汇率的升降来控制进出口及资本流动以达到国际收支均衡之目的。汇率政策的国际协调可以通过国际融资合作、外汇市场的联合干预以及宏观经济政策的协调进行。在现实中，汇率政策不仅对宏观国际收支平衡目标产生影响，而且对跨国公司经营管理和进出口业务经营管理都有着直接的影响。在公司业务国际化的大趋势下，企业管理控制中的国际财务管理和跨国经营财务管理都必须充分关注汇率政策的变化，利用汇率政策变化为企业创造价值和实现价值。

3. 财政政策与企业管理控制

财政政策是政府利用财政预算案，通过税收以及政府用于消费和投资的公共开支达到某些宏观经济目标的方法。财政政策的内容，主要包括社会总产品和国民收入分配政策、预算收支政策、税收政策、财政投资政策、财政补贴政策、国债政策、预算外资金收支政策等。它们之间是相辅相成的关系。财政政策变化不仅影响宏观经济增长，而且对企业管理控制也产生直接的影响。企业管理控制中一方面可直接利用财政税收政策进行税收策划及收益管理，另一方面根据财政政策对宏观经济的调整搞好投资决策、融资决策和经营决策。

4. 信贷政策与企业管理控制

信贷政策是中央银行根据国家宏观经济目标，结合产业政策、财政政策、货币政策及汇率政策等制定的指导金融机构贷款投向的政策。与货币政策主要着眼于调控总量不同，信贷政策主要着眼于解决经济结构问题，通过引导信贷投向，调整信贷结构，促进产业结构调整和区域经济协调发展。因此，信贷政策对企业资本成本和资本规模将产生更加直接的影响。企业如何利用信贷政策降低资本成本，利用财务杠杆创造更多价值，利用负债经营或资本运作促进企业快速发展，以及如何防范财务风险，都是现代企业管理控制创新的重要内容。

5. 产业政策与企业管理控制

产业政策是国家制定的，引导国家产业发展方向、引导推动产业结构升级、协调国家产业结构、使国民经济健康可持续发展的政策。产业政策主要通过制定国民经济计划（包括指令性计划和指导性计划）、产业结构调整计划、产业扶持计划、项目审批等手段来实现。从企业管理控制角度看，产业政策影响着企业的长期发展战略。公司在企业战略选择上，必须充分考虑产业政策，合理配置和有效使用企业的各项资源，使企业发展战略与未来产业结构与布局相适应。

四、国民经济发展理念与企业管理控制

国民经济发展理念，是政府宏观经济目标与政策的集中体现，是企业管理控制必须遵循的总体方向。面对新的经济发展局势，我国政府提出了一系列新的发展理念，主要包括创新发展，协调发展，绿色发展、开放发展、共享发展。国民经济发展理念的重大意义关乎着我国发展全局的一场深刻变革，它不仅影响着我国宏观经济的总体走向，更直接或间接地影响着企业的具体行为。深入把握国民经济发展理念的内在关系与基本要求，对于当前我国企业有效实施管理控制具有重要意义。

（一）国民经济发展理念的内在关系

国民经济发展理念，作为一个整体，存在着自洽的逻辑规律。我国企业在实施管理控制的过程中，首要的任务是理解国民经济发展理念的总体逻辑关系[①]。

第一，创新发展是动力。创新要着力解决的是发展动力问题。当前，从国际形势看，国家综合国力竞争本质上是创新能力的竞争。从国内经济社会发展看，改革开放以来，经过30余年的持续快速发展，我国经济总量已跃居世界第二，人均GDP接近8000美元，但产业层次低、发展不平衡和资源环境刚性约束增强等矛盾愈加凸显，处于跨越"中等收入陷阱"的紧要关头。当前我国经济发展进入新常态，基本特点是速度变化、结构优化和动力转换，其中动力转换最为关键，决定着速度变化和结构优化的进程和质量。未来五年是全面建成小康社会的决胜阶段，能否成功转变发展方式，能否成功推进产业升级，能否成功跨越"中等收入陷阱"，关键要看能否依靠创新打造发展新引擎，创造一个新的更长的增长周期。

第二，协调发展是方法。协调发展是科学发展的重要举措，着重解决的是发展不平衡问题。改革开放以来，中国的协调发展取得显著成绩，但经济社会发展中存在的不平衡、不协调、不可持续问题依然存在，缩小城乡、区域发展差距和促进经济社会协调发展任务仍十分艰巨。在发展内容上，关键是协调好经济、政治、文化、社会、生态各个领域的共同发展，促进物质文明、精神文明、政治文明、生态文明和社会文明的协调发展。在发展空间上，协调发展旨在完善区域政策，协调好东部与西部、城市与乡村、发达地区与欠发达地区的发展，促进各地区协调发展、协同发展、共同发展。在发展的时间维度上，关键是协调好现在和未来的发展，坚持走生产发展、生活富裕、生态良好的文明发展道路，实现速度和结构质量效益相统一、经济发展与人口资源环境相协调，实现经济社会永续发展。

第三，绿色发展是方向。绿色发展着力要解决的是人与自然和谐问题，目的是建设资源节约和环境友好的美丽中国。绿色发展决定发展的方向，是加快推进生态文明建设的进一步深化，也是未来发展的新路径。实现绿色发展，关键要正确处理

[①] 参见《五大发展理念与中国特色社会主义》（熊晓琳；王丹，2016）。

好经济发展同生态环境保护的关系，牢固树立保护生态环境就是保护生产力、改善生态环境就是发展生产力的理念，更加自觉地推动绿色发展、循环发展、低碳发展。要构筑尊崇自然、绿色发展的生态体系，解决好工业文明带来的矛盾，以人与自然和谐相处为目标，实现世界的可持续发展和人的全面发展。随着生态文明建设的推进，环境保护制度将会日益完善，企业的违法成本将会大大提高，绿色发展、循环发展、低碳发展的生态文明发展模式将成为大势所趋。

第四，开放发展是战略。中国的发展离不开世界，这是改革开放30多年的重要经验。开放发展着重要解决的是发展的内外联动问题。进入新世纪以来，经济全球化日益深入，各经济体相互依赖、相互联系的程度日益加深，人类成为命运共同体，中国发展处于大有作为的重要战略机遇期。同时，世界经济格局发生新变化，国际金融危机影响深远，系统性和结构性风险仍然比较突出，我国面临未来发展的挑战仍十分严峻。因此，我国未来经济发展将会大大提高对外开放水平，完善对外开放战略布局，形成对外开放新体制，推进"一带一路"建设，深化内地和港澳、大陆和台湾地区合作发展，积极承担国际责任和义务。

最后，共享发展是归宿。共享着重要解决的是社会公平正义问题，这是中国特色社会主义的内在要求。实现社会公平正义是中国共产党人的一贯主张，是发展中国特色社会主义的重大任务。社会主义事业是最广大人民的事业，发展的最终目的是为了人民，保证人人享有发展机遇、享有发展成果。因此，共享是中国特色社会主义的本质要求，也是实现公平正义的重要举措。实现共享发展，意味着在全体人民共同奋斗、经济社会发展的基础上，加紧建设对保障社会公平正义具有重大作用的制度，逐步建立以权利公平、机会公平、规则公平为主要内容的社会公平保障体系，努力营造公平的社会环境，保证人民平等参与、平等发展权利。

（二）创新发展与企业管理控制

我国政府提出创新发展理念，旨在把创新摆在国家发展全局的核心位置，不断推进理论创新、制度创新、科技创新、文化创新等各方面创新，让创新在全社会得到共同的认识。事实上，抛开党和政府对企业的要求，在竞争日益激烈的市场经济环境中，仅从自身角度看，企业也应该坚持走创新驱动的发展之路。要做到真正的创新驱动发展，企业必须重视管理控制人才培养、创新管理控制理论，并建立学习型组织从而全面地提升企业的创新能力。

第一，重视管理控制人才培养。管理控制的实施需要多种生产要素的优化配置，其中人才作为最重要的生产要素，是影响企业管理控制实施效果最重要的因素。没有强大人才队伍作后盾，企业的自主创新就是无源之水、无本之木。要广纳人才，充分挖掘并培养人才资源，完善人才引进政策体系。一方面，企业管理控制的实施过程中应按需引进人才，重点引进能够发展高新技术产业、带动新兴学科的战略型人才。另一方面，企业应放手使用人才，营造鼓励大胆创新、勇于创新、包容创新的良好氛围，既要重视成功，更要宽容失败，为人才发挥作用、施展才华提供更加广阔的天地，最终为企业培养出优秀的人才。

第二，创新适合中国特色外部环境的管理控制理论。我国的宏观环境与西方国家相比，在多方面都存在不同程度的区别，我国学者应结合我国的特殊国情，探索建立适合我国国情的管理控制理论。与发达国家相比，我国实施市场经济的历史较短，各种问题层出不穷，我国企业面临着诸多新的难题与瓶颈。在此情况下，重要的是研究我国企业面临的实际问题，探索我国企业管理控制面临的外部与内部环境，总结适合我国企业管理控制系统运行的理论与方法。这些问题的解决，大多没有现成的理论可以直接应用，因此主要依赖于企业的自主创新能力。一个具有创新精神与能力的企业，就更加能够建立适合我国特殊国情的企业管理控制理论与方法，最终取得竞争优势，从而保证企业目标的实现。

第三，建立学习型组织。创新驱动战略的根本在于人才，而人才的培养很大程度上得益于学习型组织的建立。学习型组织这一概念主要来自于管理学者彼得·圣吉，彼得·圣吉在其著作《学习型组织的艺术与实践》中提出了学习型组织所需的五项修炼。《第五项修炼》提供了一套使传统企业转变成学习型企业的方法，使企业通过学习提升整体运作"群体智力"和持续的创新能力，成为不断创造未来的组织，从而保证企业能够有效地实施管理控制活动，为企业目标提供合理保证。

（三）协调发展与企业管理控制

协调发展主要指的是经济发展过程中必须同时注重政治、经济、文化、社会等领域，使经济实现全面协调发展。协调发展的基本要求，是经济发展中应将物质文明与精神文明置于同样重要的位置。物质文明建设和精神文明建设，是邓小平建设有中国特色社会主义理论的一个重要思想，是科学发展观的题中应有之义，也是党中央始终不移地坚持的工作指导方针。改革开放以来，我国的经济建设的确取得了突飞猛进的发展，但我国的两个文明建设并不协调，精神文明建设明显落后于物质文明的建设。原因固然很多，但单纯注重经济增长的片面发展观，是导致人们精神文明建设落后的一个重要思想根源。片面的发展观在理论上是错误的，在实践中也已被证明是有害的。

在企业管理控制中，同样应该注意物质文明与精神文明的协调发展。一方面，企业的最终目标不仅仅包含追求物质利益，而且包含对精神财富的追求；另一方面，企业的物质财富积累也必须以完善的企业文化等精神文明为基础。此外，协调发展观对企业内部环境的构建也具有重要的启示。企业目标的实现是诸多内部环境因素共同带来的一个结果，这些因素包括公司治理、组织结构、企业文化、内部控制、信息系统等等，它们彼此联系，相互融合，缺一不可，共同地为企业管理控制活动的有效实施提供合理保证。为了有效地实施管理控制，企业不仅需要注重全面发展，更重要的是对这些因素进行统筹规划，使之形成系统的有机整体。

(四) 绿色发展与企业管理控制

绿色发展观旨在于既满足当代人的需要，又不损害后代人满足需要的能力的发展。绿色发展观背景下，环保制度得到日益完善，企业适应外界环境的变化，将环保纳入到企业的各个生产环节之中，建立完善的环境管理控制系统。

绿色发展要求经济发展中处理好生产要素之间的协调关系。换句话说，就是指经济、社会、资源和环境保护协调发展，它们是一个密不可分的系统，既要达到发展经济的目的，又要保护好人类赖以生存的大气、淡水、海洋、土地和森林等自然资源和环境，使子孙后代能够永续发展和安居乐业。显然，环境保护是可持续发展的重要方面。随着经济的高速发展与全球化的深入，不断恶化的生态环境，成为世界范围内共同讨论的热点问题。我国频发的企业环境事故，更是引发了理论界与实务界对企业环境管理控制的高度关切。对于可持续发展，政府的制度供给责任，是无须赘言的。事实上，一系列环保制度的出台与完善，已经表明了我国政府在可持续发展道路上的坚定决心：2014年4月24日《中华人民共和国环境保护法》修订通过，2015年9月21日《生态文明体制改革总体方案》也得以出台，2015年10月26日至29日举行的党的十八届中央委员会第五次全体会议，将可持续发展明确纳入"十三五"时期的五大发展理念之中。

伴随政府宏观治理力度的加强与环保制度的日益完善，企业应当实施环境管理控制活动，以适应外部宏观环境的制度变革，这不仅影响着企业目标的实现，更关乎着可持续发展的微观基础建设。在实施环境管理控制活动的过程中，企业应将环境因素全面纳入管理控制系统的各个要素与程序之中，形成完善的环境管理控制要素系统与程序系统，从多方面多角度为企业环境管理控制目标提供合理保证。

(五) 开放发展与企业管理控制

开放的发展理念，意味着企业必须顺应我国经济深度融入世界经济的趋势，奉行互利共赢的开放战略，发展更高层次的开放型经济，积极参与全球经济治理和公共产品供给，提高我国在全球经济治理中的制度性话语权，构建广泛的利益共同体。为了更好地顺应开放发展理念，我国企业必须丰富对外开放内涵，提高对外开放水平，协同推进战略互信、经贸合作、人文交流，努力形成深度融合的互利合作格局。概括而言，可以从理论和实践两个方面总结开放发展理念对我国企业管理控制的要求。

第一，理论上，企业应借鉴发达国家企业管理控制理论与方法。管理控制理论起初由西方学者最先提出，后来经过我国部分学者的引进，管理控制理论才在我国得到一定程度的发展。早期管理控制思想起源于19世纪初工业技术发达的英国，而后对管理控制理论的研究在以欧美为核心的西方发达国家中盛行，迄今已有200余年的历史。近几年，随着我国企业改革实践的进展，管理控制问题在某种程度上已经成为中国企业发展的瓶颈，但我国学者对管理控制理论的研究在近几年才开始起步。在这样的背景下，了解西方管理控制理论的发展历史并总结管理控制理论的研究趋势，对于我国借鉴西方管理控制理论具有重要意义。企业应该充分借鉴国外既有的管理控制研究成果，结合中国特色的外部环境，构建更加完善的企业管理控制理论与方法。

第二，实践中，企业应将国际贸易纳入管理控制系统的各个环节之中。从现实意义上看，开放的发展理念给企业带来的最直接影响，就是企业将会涉及更多的国际贸易。为了处理好国际间的贸易往来，企业需要将国际贸易纳入企业管理控制系统的各个环节之中，全方位地做好应对之策。具体而言，企业应从管理控制要素与程序等维度，纳入国际贸易因素，充分发挥管理控制对国际贸易战略落实的重要作用。目前来看，我国企业管理控制理论中，并没有充分认识到国际贸易对管理控制的需求。可以预见，随着国际贸易的不断发展，企业必将认识到对国际贸易进行管理控制的必要性。

（六）共享发展与企业管理控制

坚持共享发展，就是坚持发展为了人民、发展依靠人民、发展成果由人民共享，使全体人民在共建共享发展中有更多获得感，增强发展动力，增进人民团结，朝着共同富裕方向稳步前进。具体而言，共享发展的内涵包含以下几个方面：一是增加公共服务供给，从解决人民最关心最直接最现实的利益问题入手，提高公共服务共建能力和共享水平；二是加大对民族地区、边疆地区、贫困地区的转移支付，实施精准扶贫、精准脱贫，分类扶持贫困家庭；三是建立健全农村留守儿童和妇女、老人关爱服务体系。提高教育质量，推动义务教育均衡发展；四是促进就业创业，坚持就业优先战略，实施更加积极的就业政策，完善创业扶持政策；五是建立更加公平更可持续的社会保障制度，实施全民参保计划，实现职工基础养老金全国统筹，全面实施城乡居民大病保险制度，深化医药卫生体制改革。

从以上五个方面看，共享发展理念对企业的直接要求，集中地体现了企业的社会责任。具体而言，企业社会责任（Corporate Social Responsibility，简称CSR）是指企业在创造利润、对股东和员工承担法律责任的同时，还要承担对消费者、债权人、员工、社区和政府的责任。企业履行社会责任，就是指企业对除了股东以外的这些利益相关者的责任。

第一，企业对消费者的社会责任。消费者是企业最重要的利益相关者之一，企业是否可以履行好对消费者的责任，关乎着共享发展理念的落实，也影响着企业目标的实现。企业利润的最大化最终要依赖消费者购买产品来实现，消费者购买企业的产品越多，企业的效益越好。如果企业生产的产品质优价廉，满足了消费者的愿望和需求，企业的销售额直线上升，由此带来巨大的利润；如果企业生产的产品质量不过关且以次充好，靠蒙骗、损害消费者的利益获取利润，企业利润最大化的目的也难于实现。

第二，企业对债权人的社会责任。债权人，是债务人的对称，即在债务关系中，有要求他的债务人实施一定行为或者不实施一定行为的权利的人。债权是企业资本来源的方式之一，从本质上而言，它与股东的地位是相似的。企业在实施管理控制活动的过程中，不应仅仅考虑股东的利益，也应该充分重视债权人的利益，使债权人的利益得到充分的保障。

第三，企业对员工的社会责任。员工是企业运转的主力军，他们的利益是否得到保障，直接关系着企业的发展与命运。企业对员工的责任主要体现在以下几个方面：一是不歧视员工，要同等对待所有的员工，不搞三六九等；二是定期或不定期培训员工，做到人尽其才，才尽其用；三是营造一个良好的工作环境，不仅要为员工营造一个安全、关系融洽、压力适中的工作环境，而且要根据本单位的实际情况为员工配备必要的设施。

第四，企业对社区的社会责任。企业的利润与发展依赖于社区的支持和理解，所以，作为社区中一员的企业，应当通过适当的方式把利润中的一部分回馈给所在的社区，运用自己拥有的资金、人力、产品或服务为社区提供帮助。企业积极主动地参与社区建设活动，利用自身的产品优势和技术优势扶持社区文化教育事业和社会公益事业，吸收社区的人员就业，扶贫济困，帮助失学儿童，关注社会弱势群体，热心公益事业，为社区人民创造良好的生活环境等，这既是企业对社区的回报也是企业对社区应尽的责任。

第五，企业对政府的社会责任。作为基础设施与制度的供给者，政府是整个国家经济运转的基础。为了维护整个国家利益，甚至是全球利益，企业必须自觉服从政府的管理，承担对政府的责任。企业是社会的一部分，一个局部的群体，有自己的目标和利益。政府则是代表国家维护全体人民的利益，是社会利益的代表。企业追求自己的利益是无可非议的，但这种对利益的追求必须与社会利益趋于一致性，才能得到政府公众的认可，从而获得政府公众的信任和支持。

第二节 中国企业管理控制内部环境

企业内部环境是企业的自身禀赋，它构成了企业生产管理活动的基础，并直接影响着企业管理控制的运行效率。由于我国特殊的国情，与外部环境相同，企业的内部环境也呈现着显著的中国特色。我国企业需要结合自身内部环境特征，构建与内部环境相适宜的管理控制系统，使管理控制系统与内部环境相互融合，形成有机整体。

一、企业管理控制内部环境概述

（一）企业管理控制内部环境的内涵

企业实施管理控制不仅需要适应外部环境特征，也需要适应内部环境特征。企业内部环境是企业内部的物质、文化环境的总和，包括企业资源、企业能力、企业文化等因素，其本质是企业内部条件。企业内部条件，是企业内部一切生产与管理活动的基础，一定程度上体现了企业的先天禀赋。从内部条件理解企业内部环境的本质，可以让我们更加深刻地理解内部环境与企业管理控制之间的关系。

第一，内部环境即内部条件是一个相对稳定的变量，因此，企业管理控制系统的构建应该适应内部环境的特征。内部条件反映了一个企业的先天禀赋，而这种先天禀赋在短时期内很难得到实质性发展。一个企业从其最初诞生，就先天地携带企业创办者的眼界与能力，并且企业的资金条件与硬件设施也都是短时期内无法改变的客观现实。从这个意义上看，企业管理控制运行时处在一个相对稳定的内部环境之中，因此构建企业管理控制系统，首要考虑的问题就是如何与企业内部环境相协调。

第二，虽然内部环境相对稳定，但在某些条件下，为了更好地使管理控制系统与内部环境相适应，也可能需要对内部环境进行调整。诚然企业内部环境相对稳定，但这并不意味着企业内部环境一成不变，而且，与企业外部环境不同，内部环境的变化是企业管理者主观意志可以驾驭的变量。在企业管理控制系统与企业内部环境的相互协调之中，如果改变内部环境更加有效，则有必要调整内部环境以适应管理控制系统的运行。此外，从长远来看，完善内部环境具有更重要的意义，因为内部环境的变革往往给企业产生更加深远且根本的影响。

第三，一般而言，内部环境越完善企业管理控制系统运行效率越高，但这种正向关系不是一种必然联系，必须依赖一定的条件。作为内部条件，企业内部环境仅仅是企业管理控制系统运行的基本条件。在基本的内部环境的基础上，更重要的是如何优化配置企业内部的一切条件，使这些因素的协同效应得到最大化地释放。如若不然，即使拥有优越的企业内部环境，这种先天禀赋也仅仅是一种潜能而得不到充分的发挥。

（二）企业管理控制内部环境分类

企业管理控制内部环境由多种因素组成，从不同的角度可以对企业管理控制内部环境作不同的分类。以下首先介绍企业管理控制内部环境的基本分类，然后从产权性质角度介绍企业管理控制内部环境的分类方式，进而推出我国企业管理控制内部环境的特色之处。

1. 企业管理控制内部环境的基本分类

作为内部条件，企业内部环境构成了企业管理控制系统运行的基础，这些基础条件，主要包括公司治理、组织结构、组织文化、生产技术与人力资源等因素。

公司治理，从广义角度理解，是研究企业权力安排的一门科学。从狭义角度上理解，是居于企业所有权层次，研究如何授权给职业经理人并针对职业经理人履行职务行为行使监管职能的科学。企业的本质是一系列契约安排，而公司治理结构，是这一系列契约中最基本制度安排，它决定了人与人之间的契约关系，是保证企业内部所有成员之间高效合作的制度基础。

组织结构，是组织的全体成员为实现组织目标，在管理工作中进行分工协作，在职务范围、责任、权利方面所形成的结构体系。组织结构的实质，是表明组织各部分排列顺序、空间位置、聚散状态、联系方式以及各要素之间相互关系的一种模式，是整个管理系统的"框架"。组织结构的合理化，有助于企业内部形成良好的分工体系，而分工的合理化是企业经营效率提高的根本所在。

组织文化，或称企业文化，是一个组织由其价值观、信念、仪式、符号、处事方式等组成的其特有的文化形象。企业文化是企业的灵魂，是推动企业发展的不竭动力。它包含着丰富的内容，其核心是企业的精神和价值观。如果说公司治理结构是企业制度基础，那么组织文化则是企业的文化基础。组织文化有助于企业建立良好的工作氛围，增强企业员工的凝聚力，使企业全体成员能够为统一的目标而奋斗，提高企业内部合作效率。

生产技术，指的是企业内部的生产技术水平。企业在激烈的市场竞争中，不仅需要公司治理、组织结构与组织文化等先进的管理理念与方法，也需要先进的企业技术水平。技术水平，是企业赖以生存与发展的基石。企业只有掌握着核心技术，才能在较低的生产成本的基础上保证产品质量，从而在产品质量竞争中保持优势。

人力资源，又称劳动力资源或劳动力，是指能够推动企业发展、具有劳动能力的人口总和。经济学把为了创造物质财富而投入于生产活动中的一切要素通称为资源，包括人力资源、物力资源、财力资源、信息资源、时间资源等，其中人力资源是一切资源中最宝贵的资源，是第一资源。从现实应用的状态，人力资源的基本素质包括体质、智力、知识、技能四个方面。在所有企业内部环境中，人力资源是企业最根本的条件，其他一切内部环境的优劣，最终都取决于人力资源素质的高低。

2. 基于产权的企业管理控制内部环境分类

以上介绍了企业管理控制内部环境的基本分类。那么，中国企业管理控制内部环境特色主要体现在何处？如果独立地从内部环境的几个组成部分看，中国企业管理控制内部环境并无显著的中国特色。事实上，我国企业管理控制内部环境特色的根源，依然在于企业特殊的外部环境。正如前文提到的，我国企业外部环境特色主要表现为社会主义市场经济体制中对政府宏观调控的高度重视，而这个特色的根本原因在于以公有制为主体的多种产权制度。与此相同，对于企业内部环境而言，也正是我国特殊的产权制度导致了企业管理控制内部环境呈现着显著的中国特色。

在我国以公有制为主体的多种产权制度体系下，可以将我国企业大致分为国有企业、民营企业，以及含有外资成分的企业。

国有企业，指的是以生产资料公有制为基础，全部资产归国家所有，并按《中华人民共和国企业法人登记管理条例》规定登记注册的非公司制的经济组织。在国际惯例中仅指一个国家的中央政府或联邦政府投资或参与控制的企业。在中国，国有企业还包括由地方政府投资参与控制的企业。国有企业作为一种生产经营组织形式同时具有营利法人和公益法人的特点。其营利性体现为追求国有资产的保值和增值；其公益性体现为国有企业的设立通常是为了实现国家调节经济的目标，起着调和国民经济各个方面发展的作用。

民营企业指的是在中国境内除国有企业、国有资产控股企业和外商投资企业以外的所有企业，包括个人独资企业、合伙制企业、有限责任公司和股份有限公司。经过多年的改革和发展，民营经济克服了基础薄弱和先天不足等劣势，已成为国民经济的重要组成部分和国民经济中最为活跃的经济增长点。客观地说，民营企业的发展正从发展初期向发展中期转变，向着更合理、更科学的方向发展。当然，我国民营企业发展态势与发达国家相比仍然具有较大的差距，我国在不断深入国有企业改革的同时，民营企业的改革也逐步受到了政府的重视。

含有外资成分的企业是一个总的概念，即只要含有外资成分的企业，都可以归为这一类。依照外商在企业注册资本和资产中所占股份和份额的比例不同，以及其他法律特征的不同，可将外资企业分为三种类型：一是中外合资经营企业，其主要法律特征是，外商在企业注册资本中的比例有法定要求，同时企业采取有限责任公司的组织形式；二是中外合作经营企业，其主要法律特征是，外商在企业注册资本中的份额无强制性要求，企业可以采取灵活的组织管理、利润分配、风险负担方式；三是外资独资企业，即企业全部资本均为外商拥有的企业。

基于产权性质的企业分类基础上，可以将企业管理控制内部环境分为国有企业内部环境、民营企业内部环境，以及含有外资成分的企业内部环境。国有企业是我国经济发展的支柱，承担着重要的历史使命；作为我国民间私有经济的典型代表，民营企业伴随着改革的深入发展，必将成为我国经济发展中最为活跃的因素。这两类企业的内部环境呈现着显著的中国特色，本节以下内容将重点分析国有企业与民营企业的内部环境特征。

二、国有企业内部环境

国有企业同其他企业相比，有作为公司制法人的共性，也有其个性。国有企业与其他企业的共性主要表现为：它们都是以营利为目的的法人；它们都是协调各方利益的工具。而国有企业因为拥有"国家"这一特殊的股东，注定了其拥有其他公司不具有的个性。这些个性集中地体现在国有企业的内部环境上：无论是公司治理、组织结构、组织文化还是人力资源，都体现着鲜明的中国特色。

（一）国有企业公司治理

我国国有企业改革的一个基本方向就是建立现代企业制度，建立现代企业制度的核心是实现企业公司治理结构的合理和有效。自提出建立现代企业制度以来，我国国有企业的改革已取得了重大进展,相当部分国有企业已经建立了比较规范的公司治理结构,形成了较科学的经营决策机制,实现了企业市场竞争力的大提升。国有企业公司治理的特点主要表现为以下两点:

第一,国有股权在国有企业中占主导地位。一方面,国有股权的主导地位保证了政府对国有企业的控制力,奠定了国有企业在国民经济中的基础地位,推动产业结构优化,带动其他所有制经济健康发展,在经济社会发展、保障和改善民生、开拓国际市场、增强我国综合实力等方面作出了重大贡献。另一方面,国有股权长期占比过高也积累了一些问题、存在一些弊端,比如,部分国有企业市场主体地位尚未真正确立,现代企业制度还不健全,内部人控制、利益输送、国有资产流失等问题突出[1]。国有企业董事会存在制度合法性与行为有效性之间的矛盾[2]。

第二,企业董事会行政色彩严重,企业的集团管理体制和治理具有明显的行政化特征。一方面,董事会缺乏足够的独立决策权,关乎企业重大决策一般需要上报相关政府部门,使企业难以成为独立的市场主体,且企业高层管理人员的任免需经由政府主管部门审核,尤其是企业一把手基本都是由政府主管部门直接任命的,公司的经营决策难以通过经理层的经营活动充分、有效地贯彻下去。另一方面,董事会成员多由国家授权投资的机构或者国家授权的部门按照董事会的任期委派或者更换,董事会成员与管理层成员高度重合进而无力和无意愿去监督经理层。

(二) 国有企业组织结构

国有企业一般具有较大的规模,在组织结构上多以企业集团的形式存在,其特点主要表现为以下两点:

第一,国有企业集团体系庞大,多为事业部制组织结构。国有企业集团一般规模庞大,拥有核心层,紧密层和半紧密层等企业群,同时,也拥有众多二级、三级或四级子公司。在国有企业的这种庞大体系下,其下属公司的经营业务趋于多元化,促使国有企业需要选择集中决策与自主经营的管理控制模式。一般而言,事业部制具有集中决策,分散经营的特点,这可以满足国有企业的管理控制模式需求,使集团最高层(或总部)掌握重大问题决策权,进而从日常生产经营活动中解放出来。

第二,企业集团总额具有显著的战略导向作用,从而有助于国有企业发展与国家宏观经济政策保持高度的相关性。国有企业集团下属公司的发展更多的是以企业集团总部的总体发展规划为经营方向。国有企业主要是伴随我国计划经济体制的出现而诞生的,在我国特定历史阶段发挥过重要的历史使命。现如今,虽然政府强调国有企业改革,但在一些关系到国家总体经济发展态势,以及与民生息息相关的重要领域,国有企业依然占据着重要的作用。国有企业集团总部对下属公司的战略导

---

[1] 中共中央、国务院. 《关于深化国有企业改革的指导意见》.
[2] 曲亮,谢在阳,郝云宏,李维安. 国有企业董事会权力配置模式研究——基于二元权力耦合演进的视角 [J]. 中国工业经济, 2016 (8): 127-144.

向作用，有利于保证国有企业在国民经济发展中保持重要的战略地位，有助于国有企业发展与国家宏观经济政策保持高度的相关性。

（三）国有企业组织文化

文化是一种社会现象，它是由人类长期创造形成的产物，同时又是一种历史现象，是人类社会与历史的积淀物。确切地说，文化是凝结在物质之中又游离于物质之外的，能够被传承的国家或民族的风土人情、传统习俗、生活方式、文学艺术、行为规范、思维方式、价值观念等。企业组织文化包含着文化内涵所规定的一切内容，当然企业组织文化只是在企业组织内部成员中得到统一认可。在文化的所有内容中，价值观处于核心地位，企业的核心价值观便构成了这个企业组织文化的核心。就国有企业而言，组织文化的核心是集体主义价值观。

集体主义，是主张个人从属于社会，个人利益应当服从集团、民族、阶级和国家利益的一种思想文化，也是一种精神。集体主义的最高标准是一切言论和行动符合人民群众的集体利益，这是共产主义和无产阶级世界观的重要内容。其科学含义在于当个人利益和集体利益发生矛盾的时候要服从集体利益，一切行动和言论以集体为重个人为轻。社会主义制度的建立，为集体主义道德原则的实现提供了条件，国有企业是全体人民实现共同理想、共同奋斗目标的载体。在国有企业的制度下，国家、集体和个人三者之间的利益，从根本上说是一致的。国家利益、集体利益是通过国有企业的经济效益得以实现，同时国有企业的良好发展也是个人利益得以实现的最可靠的保证。

集体主义价值观在国有企业发展过程中起着非常重要的作用。国有企业本身就是全体公民的共有财产，集体主义的价值观，有利于国有企业管理者积极履行受托责任，从而避免国有资产流失等弊端，同时集体主义价值观也有利于增强国有企业员工凝聚力。当然，在某些情况下，集体主义价值观也会降低企业员工的积极性与创造性。集体主义强调个性服从集体，但往往一些创新性的工作恰恰需要个性的释放，此时，如果一味地强调集体主义，可能会导致企业创新力不足。目前，我国大部分国有企业缺乏活力，企业管理者与员工不求有功但求无过的思想，一定程度上与企业的集体主义价值观有一定的关系。

（四）国有企业人力资源

人力资源是企业内部环境的重要因素之一，由于我国国有企业特殊的产权性质，国有企业的人力资源政策，也具有显著的中国特色。一方面，国有企业公有制的产权性质，导致国有企业的高管一般由政府直接任命，而且国有企业的人才选拔制度相对固定，缺乏灵活的用人机制；另一方面，由于国有企业在我国经济发展中的重要地位，国有企业对高素质人才具有较高的吸引力，因此，相比其他类型企业，国有企业员工素质相对较高。

国有企业高管任职一般都由政府按照一定的流程直接任命。被政府任命的高级管理者一般也都有相应的行政级别。国有企业的这种人事制度在一定程度上可以减少企业在选拔人才方面的交易费用，提高政府决策效率。国有企业肩负着我国经济发展的重大任务，在某些关键的决策上，如果基于民主集中制的用人制度，很可能会使一些勇于改革创新的企业领导人无法担任国企要职，这不仅不利于他们个人的事业发展，更不利于国家的经济发展。而政府直接任命国企高管，可以大大减少在选拔人才上浪费掉的高额费用。当然，这种人事制度是一把双刃剑，如果政府在用人上出现了问题，则一系列涉及国有企业的腐败问题将成为这种制度的附属品。因此，如何针对国有企业高管任命制度设计有效的监督体系，是未来国有企业人事制度改革的重点问题。

国有企业人力资源的第二个特征体现在人力资源的素质上。由于国有企业的特殊地位，在我国所有企业中，国有企业相比民营企业与外资企业，具有一些先天优势，使国有企业对优秀人才具有较高的吸引力，从而使国有企业容易建立起素质较高的人才队伍。国有企业对人才的吸引力主要体现在以下几个方面：

首先，国有企业具有天然的政治关联优势。企业的政治关联是一个全球化的普遍现象，而且近年来关于企业政治关联的相关研究逐渐成为国内外学者关注的焦点。国外学者的研究着重于私有企业，而在我国，由于有着不同于西方发达国家的特殊的制度背景，国有企业与政治关联具有天然的"血缘"联系。国有企业的这种优势，可以保证国有企业可以获得足够的政治支持，获得政策上的优先待遇，这是吸引优秀人才的重要因素。

其次，国有企业具有良好的信誉，从而可以获得充足的资金支持。国有企业的这一优势，在根本上还是因为国有企业的政治关联优势。一方面，银行有可能愿意提供更多的长期债务融资，原因在于在国有上市公司和国有银行共同的国有产权性质下，国有银行更可能出于政治目的而非营利目的来为国有上市公司提供债务融资。另一方面，在政治关联的影响下，国有企业在债务契约中的违约风险更低，从而银行更加愿意与国有企业进行信贷业务往来。

最后，国有企业具备良好的福利待遇。国有企业良好的福利待遇，也是高素质人才队伍建设的基础。由于国有企业在我国的特殊地位，一般其企业规模、管理理念与技术水平，都优于民营企业与某些外资企业，从而使得国有企业在市场竞争中能够获得足够的竞争优势。在良好的经营业绩下，国有企业能够为员工提供更好的福利待遇，并提供长远的职业规划，这对国有企业人力资源素质具有重要的作用。

三、民营企业内部环境

民营企业指的是民间私人投资、经营、并享受投资收益与承担经营风险的法人经济实体。一般除"国有独资""国有控股"外，其他类型的企业只要没有国有资本，均属民营企业。在基于公有制基础上的国有企业之外，民营企业在我国经济发展中将会扮演越来越重要的角色：随着改革的深入发展，国有企业将倾向于在关系国家整体经济命脉的行业内占据主导地位，而其他领域的经济发展将会由大多数中小民营企业所主导。作为国民经济的重要组成部分，民营企业在公司治理、组织结构、组织文化与人力资源等内部环境方面，也存在着鲜明的中国特色，理应被纳入中国特色企业管理控制系统的理论框架之中。

（一）民营企业公司治理

民营企业的公司治理，是典型的家族式治理模式，其显著特征是所有权和经营权往往直接合一。事实上，无论是我国的传统文化，法律与市场环境，还是从民营企业的治理成本看，民营企业选择家族治理模式有一定的必然性。换言之，在一定的历史条件下，家族治理模式对我国民营企业发展壮大起到了显著的积极作用。

我国民营企业选择家族治理模式的一个原因是我国传统对家族的重视。我国传统社会结构的差序式结构是以家族为社会细胞、按家族伦理而扩展组织的，其他社会组织在一定意义上都是家族的放大。"家"是人类最基本的联系纽带，作为儒家文化发源地，我国有一套流转久远的家族文化，如"子承父业""家天下"等。自古以来，中国人就对家族以外的人员缺乏信任，不建立在家族之上的关系是不牢固的。可以说，中国几千年的家文化，形成了家族式治理模式生长的土壤。

此外，我国相关制度与市场的不完善，构成了民营企业实施家族治理模式的根本原因。我国民营企业的兴起及迅速发展时期是从20世纪80年代开始的，不发达的证券市场及资本市场致使我国民营企业的融资主要来自家族内部网络，而不能像发达国家一样来自社会融资。法律环境的不完善使民营企业家将主要的经营管理权集中在家族人员手中，而不放心引进外部管理人员。而不发达的职业经理人市场是民营企业家对于引进职业经理人有很多顾虑。所有的这些决定了家族治理模式是一种相对安全的选择。

最后，在我国迅速变动的经济环境中，家族治理模式的运作成本也相对较低。由于家族成员的血缘亲缘关系使成员团结一致，努力工作，甚至可以不计报酬，因此可以从家族网络中融资从而降低融资成本。而且，家族成员之间协调成本也相对较低，因为即使发生矛盾冲突，也可以通过内部协调，而避免由于引入的第三方监督造成成本过高的情况发生。此外，有家族观念的约束，所以监督成本也相对较低。由此可见，家族治理模式是企业寻求低成本发展结合自身资源状况的一种必然选择。

当然，民营企业在选择家族治理模式的过程中，也面临着一些由于家族成员之间彼此产权不清而带来的公司治理问题。我国家族式民营企业，在成立之初一般并没有明显的产权问题。但在发展到一定规模之后，这种产权不明晰的合伙制非常容易引起种种纠纷，甚至冲突。在重新划分产权，形成股份制现代企业之后才得到进一步发展。因此，民营企业和国有企业一样，都面临明晰产权的问题，要把民营企业做大做好，以解决产权问题为根本的公司治理仍然是根本所在。

（二）民营企业组织结构

组织结构是企业内部的分工形式，一般受企业规模影响较为显著。规模较大的企业内部分工复杂，以事业部制与矩阵式组织结构为主；规模较小的企业一般以直线型组织结构为主。由于发展时间较短，我国民营企业规模一般不大，以中小型企业为主。因此，我国民营企业组织结构一般以直线型组织结构为主。

直线型组织结构，是最简单和最基础的组织形式。它的特点是企业各级单位从上到下实行垂直领导，呈金字塔结构。直线型组织结构中下属部门只接受一个上级的指令，各级主管负责人对所属单位的一切问题负责。直线型组织结构由于具备结构简单，责任分明，集权管理等优点，被我国大部分民营企业所采用。具体而言，直线型组织结构对于我国民营企业的优点主要体现在以下几点：

第一，分工简单明确，结构稳定，适宜民营企业规模较小的特点。我国民营企业一般规模较小，结构简单的组织结构足以形成企业内部明确的分工体系，避免了复杂的组织结构带来的高额交易费用。另外，直线型组织结构下的分工体系具有相对固定的流程，因而相对稳定。对于民营企业简单的业务活动而言，并不需要太多的全能型人才，因此，流程化的稳定结构，能够使员工在某个既定的工作岗位上提高工作效率。

第二，管理高度集权，适宜民营企业家族式治理模式。我国民营企业股权结构单一，其公司治理也以家族式治理模式为主。我国传统儒家文化中的"家"文化，即家庭的治理以家长制为基础，一切决策由"家长"最终决定。我国民营企业家族式的治理模式与我国传统"家"文化类似，民营企业也是由家长负责实行集权式管理。直线型组织结构的本质就是一种金字塔式的集权管理模式：命令由上而下地逐层传递，下级的一切行为最终都为金字塔尖服务。正因为如此，我国民营企业选择集权式的直线型组织结构也是一种必然选择。

直线型组织结构在符合我国民营企业特点的同时，也具有一些局限性。直线型的组织结构不利于下级对上级的沟通，以及平级部门之间的沟通，因此直线型组织机构会对民营企业的管理沟通造成一定的障碍。而且，当民营企业发展壮大之后，直线型组织结构的集权式管理也会由于分工体系的机械化，而导致下级部门工作效率低下。随着我国民营企业的发展壮大，采用复杂与灵活的组织结构，或借鉴国外先进的组织结构，都是未来的必然趋势。

（三）民营企业组织文化

组织文化或企业文化，是企业内部环境中重要的一环，任何一个企业都必须重视企业文化的建设。然而，由于我国民营企业的规模较小，市场竞争力远不及国有企业与外资企业，我国民营企业的组织文化建设一直是企业内部环境中相对薄弱的一环。因此，我国民营企业组织文化的第一个特点恰恰是缺乏组织文化建设，管理者往往重视技术提高而不是企业文化建设。在此之外，由于民营企业家族式的经营模式，我国民营企业的组织文化也呈现重视血缘关系轻视契约关系的特征。

我国民营企业组织文化的第一个特点是"重技术轻文化"。民营企业一般重视企业硬件设施或者技术设备的建设与完善，包括厂房的扩建，机器设备的完善等，而对企业文化，包括企业的精神、信念与价值观等，都没有给予足够的重视。造成这种现象的根本原因在于我国民营企业的生命周期往往比较短。在一个较短的生存周期内，重要的问题是如何将有限的人力、物力、财力用到那些在短时期内可以获得利润的活动之中，而对于构建组织文化这种耗时费力而无立竿见影效果的行为，很难得到民营企业负责人的重视。此外，民营企业较短的生命周期，也导致员工很难有建立一个长远工作下去的信念，此时，建立企业文化也很难被员工真正地接受。总之，对于民营企业而言，在一个相对较短的生命周期内建立完善的企业文化非常困难。但是，正因为生存周期往往较短，民营企业才更加需要建立完善的企业文化，要将眼界放远，在完善企业硬件设施的同时，也尽可能地建立起企业的灵魂，这样企业才能更有可能获得长期的发展，如此循环往复走向良性循环。

我国民营企业组织文化的第二个特点是"重血缘轻契约"。民营企业的员工有相当一部分存在着血缘关系，这导致企业人际关系普遍以血缘关系而不是契约关系为纽带。我国民营企业内部文化的人际关系特点，受我国传统儒家文化影响深远。如前文提到的，我国儒家传统文化强调家族利益，家庭关系的维系就是以血缘关系为纽带的，因此，处理人际关系的思维往往也是以人情为重。可以说，重视血缘关系在一定程度上缓解了民营企业内部管理的难度，降低了监督成本。但随着民营企业的不断发展壮大，重血缘而轻契约的企业文化，将会逐渐阻碍企业的发展。尤其随着我国市场机制的不断完善与相关法律制度的建立，以血缘为纽带的人际关系将会由于产权不清而带来大量的人际矛盾，给企业的生产与管理活动带来诸多不利影响。因此，在未来民营企业的发展中，建立以契约为基础的企业文化，为民营企业建立现代企业制度与完善的管理控制系统提供良好的文化基础，将会成为民营企业组织文化建设的重点。

（四）民营企业人力资源

人力资源作为现代企业中的一种最重要的资源，是企业成败与否的关键。由于民营企业自身的劣势，我国很多民营企业人力资源条件相对薄弱，成为制约民营企业最为关键的因素。概括而言，我国民营企业人力资源有两个特征：一是人力资源总体素质不高。相比于国有企业，民营企业的发展没有政治关联优势，加之我国市场经济还不够发达，我国民营企业很难吸引到优秀的人才；二是人才流失现象严重。在现代市场经济条件下，人才流动速度越来越快，机制越来越灵活。很多民营企业的人才流失严重，给民营企业发展带来很大的困难。因为，企业骨干人员的离去，带走的不仅是技术、市场及其他资源，而且更重要的是造成员工心态不稳，严重影响了士气及整个组织气氛，进而引发更多的"跳槽"，甚至导致高层管理人员的流失过快。

企业吸引不了人才也留不住人才，在很大程度上说明我国民营企业在人力资源管理上出现了问题。目前来看，造成我国民营企业人力资源缺乏比较优势的原因包括以下几个方面。

第一，民营企业缺乏"以人为本"的用人观念。民营企业的大部分决策者还没有对人力资源管理有一个深层次的认识和了解，对人力资源管理的理解仍然停留在事务性管理层面，即以事为中心，要求人去适应事，对于人才重使用而轻培育，将人视为成本算人头账，而不算人力资本账，使人力资源管理水平停留在较低的层次上。由此可见，为了提高人力资源素质，民营企业首要的是从观念上认识到"以人为本"的重要性，将人视为企业中最重要最根本的生产要素。

第二，民营企业缺乏完善的人才培养机制。近年来，我国民营企业的发展迅速，人力资源呈现供不应求的局面，尤其是中高级管理人员和技术人才的缺乏使得民营企业发展的后劲不足。比较常见的现象是，在需要用人时才去市场招聘员工，缺乏事先的规划，更是缺乏替补计划、招聘计划、培养计划、发展计划等人力资源规划。这种"现用现招"的人力资源管理特点，往往导致招聘成本过高，而且企业难以招到满意的人才。作为市场竞争中的弱势，民营企业在无法直接吸引到优秀人才的情况下，在本企业中注重培养人才，是一个可取的人力资源建设方案，否则民营企业很难打破人力资源素质的低水平陷阱。

第三，民营企业任人唯亲较为普遍，缺乏开放的用人制度。由于大多数民营企业属于家族式企业，因此在人才选用和晋升时，民营企业中存在任人唯亲的用人制度。部分民营企业在选用人才时，最重视的是能否忠于企业，忠于职守，而不是员工的工作能力。在这种心理影响下，民营企业很难有一种开放的人才选拔制度，这导致企业以家族成员利益为中心，从财务到人事等核心部门充斥着本家族人士，从而造成近亲繁殖，工作效率低下。相应地，在部分民营企业中，外聘人员一般被当作"外人"看待，很难被放置于企业管理的核心部门，从而导致员工不能人尽其才。

以上种种原因导致了我国民营企业人力资源缺乏比较优势，而这也成为了我国民营企业发展的重要瓶颈。人力资源作为现代企业中的一种最重要的资源，是企业成败与否的关键。当今世界经济竞争，是人才或者人力资源综合素质的竞争。民营企业由于种种原因无法吸引到优秀的人才，就更需要注重人才资源政策的完善，注重合理开发和管理人力资源。唯此，民营企业才能在激烈的市场竞争中生存下去并获得良好的发展机会。

第三节 管理控制环境特色与国际趋同

尽管我国企业管理控制环境存在显著的中国特色，但伴随着经济全球化的不断深入，以及中西方文化的不断交流与融合，我国企业管理控制环境与国际环境出现了日益趋同的现象；同时，我国企业管理控制内部环境也开始受到了国外先进企业管理理念与方法的影响。在此背景下，我国企业在实施管理控制的过程中，必须处理好三个问题：一是适应经济全球化背景下的对外贸易、资本流动与技术转移；二是学习西方发达国家企业在构建内部环境方面的先进理念与方法；三是处理好经济全球化背景下，内部环境与外部环境的衔接。

一、中国企业管理控制外部环境与国际趋同

（一）经济全球化的内涵

中国企业管理控制外部环境的国际趋同，是伴随着经济全球化而开始的。经济全球化的过程早已开始，尤其是 20 世纪 80 年代以后，特别是进入 90 年代，世界经济全球化的进程大大加快了。"经济全球化"概念最早由特·莱维于 1985 年提出，但至今没有一个公认的定义。国际货币基金组织（IMF）在 1997 年 5 月发表的一份报告中指出，"经济全球化是指跨国商品与服务贸易及资本流动规模和形式的增加，以及技术的广泛迅速传播使世界各国经济的相互依赖性增强"。而经济合作与发展组织（OECD）认为，"经济全球化可以被看作一种过程，在这个过程中，经济、市场、技术与通讯形式都越来越具有全球特征，民族性和地方性在减少"。

也有学者从生产要素运动与发展的角度分析，认为经济全球化是一个历史过程。一方面，在世界范围内，各国、各地区的经济相互交织、相互影响、相互融合成统一整体，即形成"全球统一市场"；另一方面，在世界范围内建立了规范经济行为的全球规则，并以此为基础建立了经济运行的全球机制。在这个过程中，市场经济一统天下，生产要素在全球范围内自由流动和优化配置。因此，经济全球化是指生产要素跨越国界，在全球范围内自由流动，各国、各地区相互融合成整体的历史过程。

由此可见，无论从哪种角度理解经济全球化的内涵，其本质都是某种要素的跨国交易行为。因此可以给经济全球化下一个简单的定义，即经济全球化指的是国际间商品、资本、劳动、技术等生产要素的交易行为，在此过程中全球壁垒逐步被打破，全球市场得到逐步完善。

基于比较优势理论，全球化市场条件下的互通有无对于每一个国家都是有利的：经济全球化，有利于资源和生产要素在全球的合理配置，有利于资本和产品在全球

性流动,有利于科技在全球性的扩张,有利于促进不发达地区经济的发展,是人类发展进步的表现,也是世界经济发展的必然结果。但它对每个国家来说,都是一柄双刃剑,既是机遇,也是挑战。特别是对经济实力薄弱和科学技术比较落后的发展中国家,面对全球性的激烈竞争,所遇到的风险、挑战将更加严峻。一般而言,从交易对象的角度看,经济全球化可以从对外经济贸易、国际资本流动与国际技术转移,研究经济全球化背景下的企业管理,就是研究这三个因素与企业管理控制的关系。

(二)对外贸易与企业管理控制

对外贸易或对外贸易收支,是国际收支平衡表中经常项目的核心内容。经常项目指本国与外国进行经济交易而经常发生的项目,是国际收支平衡表中最主要的项目,包括对外贸易收支、非贸易往来和无偿转让三个项目。对外贸易收支(又称贸易项目)是指一国出口商品所得收入和进口商品的外汇支出的总称,与商品的进出口有关。一般分为三种状态:当一个国家的进口总额大于出口,便是"贸易逆差",也叫"贸易赤字";当出口大于进口,称是"贸易顺差";当出口等于进口,就称之为"贸易平衡"。

我国从改革开放以来,对外贸易收支逐年增加,与国外经济贸易日趋繁荣。表5-3总结了我国2006年至2015年对外贸易的进出口的情况。

表5-3 近年我国进出口总额 单位:亿元(人民币)

年度 \ 项目	进出口总额	出口总额	进口总额	进出口差额
2006	140974	77597.2	63376.86	14220.3
2007	166863.7	93563.6	73300.1	20263.5
2008	179921.47	100394.94	79526.53	20868.41
2009	150648.06	82029.69	68618.37	13411.32
2010	201722.15	107022.84	94699.3	12323.54
2011	236401.99	123240.6	113161.4	10079.2
2012	244160.21	129359.25	114800.96	14558.29
2013	258168.89	137131.43	121037.46	16093.98
2014	264241.77	143883.75	120358.03	23525.72
2015	245502.93	141166.83	104336.1	36830.73

从表5-3可以看出,2006年至2015年,我国对外贸易进出口总额呈现持续攀升状态,进口总额和出口总额都处于持续增加状态,我国对外贸易已经成为影响我国企业管理控制的重要因素。处理对外贸易收支与企业管理控制的关系,就是处理好进出口与企业管理控制的关系。企业需要及时发现国际市场中需求与供给的非均

衡状态，引进相对价格较低的商品，出口相对价格较高的商品，在市场的均衡与非均衡的运动过程中获得利差。

（三）国际资本流动与企业管理控制

国际资本流动，是指资本在国际间转移，或者说，资本在不同国家或地区之间作单向、双向或多向流动，具体包括：贷款、援助、输出、输入、投资、债务的增加、债权的取得、利息收支、买方信贷、卖方信贷、外汇买卖、证券发行与流通等。一般而言，国际资本流动可以分为三种类型：国际直接投资、国际证券投资和国际贷款。

国际直接投资，指一个国家的企业或个人对另一国企业部门进行的投资。直接投资往往和生产要素的跨国界流动联系在一起，因而国际直接投资是改变资源分配的真实资本的流动。国际证券投资，是指通过在国际证券市场上购买外国政府、银行或工商企业发行的中长期债券，或在国际股票市场上购买外国公司股票而进行的对外投资。证券投资者只能获取债券与股票的股息和红利，对所投资企业无实际控制和管理权。国际贷款，是指一国政府、国际金融组织或国际银行对非居民（包括外国政府、银行、企业等）所进行的期限为一年以上的放款活动，主要包括政府贷款、国际金融机构贷款、国际银行贷款。见表5-4。

表5-4　　　　　　　　近年我国国际资本流动总额　　　　　　　　单位：千美元

年度\项目	证券投资	直接投资	其他投资
2005	-4709837.00	90379128.00	-44659627.00
2006	-68416515.00	100149837.00	-31940030.00
2007	16442974.00	139094536.00	-154769194.00
2008	34852395.00	114792374.00	-97577553.00
2009	27087364.00	87167067.00	18414410.00
2010	24038442.00	185749835.00	-116262017.00
2011	19639146.00	231651578.00	-183604109.00
2012	47779275.00	176250482.00	-231680258.00
2013	60546528.00	184971900.00	-136529150.00
2014	82429447.00	208678696.00	-302987097.00

从表5-4可以看出，我国的国际资本流动呈现一路攀升的态势，特别是我国对外的证券投资和直接投资，从2005年到2014年，呈现逐年增加趋势。在国际资本流动日趋频繁的背景下，我国企业实施管理控制的关键是吸引优质的外商投资：无论是发达国家，还是发展中国家，都会不同程度地通过不同的政策和方式来吸引外

资,以达到一定的经济目的。对于我国这样一个发展中国家,经济比较落后,更加迫切需要资金来加速本国经济的发展。我国企业在实施管理控制的过程中,需要紧随国家宏观经济政策,扩大国际资本需求,吸引外商对本企业进行投资,将外资与本企业比较优势进行结合,利用好国际资本流动给企业带来的发展机遇。

(四)国际技术转移与企业管理控制

技术转移,是指技术从一个地方以某种形式转移到另一个地方。技术转移可以发生在一国之内,也可以发生在国与国之间,跨越国界的技术转移被称为国际技术转移。这里所说的跨国界包括了两层含义:一是被转移的技术必须是跨越国界而传递的;二是技术的供方和技术的受方不在同一国之内(不论双方是否是不同国籍的自然人或法人)。

技术的引进、消化、吸收和应用能够在最短的时间内,以最低的代价,有效地提升企业的技术能力,这就为现在还处在向西方技术学习阶段的中国提供了可供借鉴的经验。美国、日本和韩国的科技发展都经历了一个从技术引进、吸收到自主创新的过程,直至逐渐培育出具备高技术能力的本国企业。作为经济正在不断崛起的中国来说,我国也正在向发达国家学习并借鉴先进的科学技术,与国外签订了大量的技术引进合同(如表5-5所示)。

表5-5　　　　　　　　我国与国外技术引进合同情况

年度 项目	合同数(项)	合同金额(万美元)
2006	21076	4404645
2007	19546	5083070
2008	20340	5426694
2009	19928	4314358
2010	22506	5127114
2011	24404	6431761
2012	25976	8854740
2013	24896	8672826
2014	18680	6216963
2015	15352	5630775

在21世纪全球经济一体化时代,竞争更加激烈,国际技术转移日趋成为发展中国家提高自身经济和技术实力的重要方式。一般而言,我国企业可以从以下几个方面引进发达国家的先进技术:

一是国际技术合作,即在完成一个技术项目需要大量资源时,两个或两个以上不同国家的公司之间的合营事业,从而把人力、技术和资源合在一起,分担风险,鼓励共同市场和促进标准化。

二是国际生产合作，即由甲国提供技术和某些元件，乙国提供劳动力和某些辅助元件，最终在乙国组装。也就是合资经营，它往往能够把获得的技术知识转化为其他产品或其他工业。

三是特许或特许协议，即对产品或工艺流程具有某种专利控制的一方，按照性能要求和所付酬金给另一方使用产品或加工工艺的专利、版权、商标或技术知识的权利，特许是一种快速而易行的技术转移方式。

四是引进成套设备，由于东西方存在社会结构等差别，特许形式不易成功，于是发展了购买成套设备的转移方式，其优点是节省时间，少走弯路，但外汇花费较大。

二、中国企业管理控制内部环境与国际趋同

在经济全球化的企业管理控制外部环境背景下，我国企业管理控制内部环境也日益出现了与国际趋同的趋势。作为企业管理控制内部环境最重要的内容，公司治理、组织结构、企业文化与人力资源这四个内部环境，都在不断吸收国外先进的管理理念与方法的基础上得到了相应的完善，为我国企业管理控制系统与国际接轨奠定了重要的内部条件。

（一）公司治理与国际趋同

总体而言，无论是国有企业还是民营企业，由于我国法律制度与市场经济体制不够完善，公司治理问题一直是我国企业管理控制内部环境的薄弱环节。由于公司治理制度的缺陷，我国国有企业存在着所有者缺位带来的国有资产流失现象，民营企业则由于传统的家族治理模式也极容易带来相应的股权纠纷等问题，这在一定程度上都制约了我国企业的发展。

随着改革开放的深入发展，建立现代企业制度成为了我国企业追求的目标。我国国有企业与民营企业逐渐开始学习并借鉴国外企业先进的公司治理理念与方法，尤其是美国与日本企业公司治理制度对我国企业产生了重要的影响。

1. 美国公司治理模式

美国式的公司治理，是以市场为导向，有着强有力的监督和激励机制，其主要内容包括股东大会、董事会、管理层、外部市场监督等几个方面。股东大会是公司的最高权力机构，股东大会将公司日常决策的权力委托给由董事组成的董事会，而董事会则向股东承诺使公司经营良好并获得令股东满意的利润。进一步地，董事会进一步利用高管薪酬制度（如股票期权），给予管理者有效的激励与约束，使管理层的薪酬与公司的业绩挂钩。此外，多数美国公司也设立了独立董事制度，以加强对管理层的内部监督，激励管理层。外部监督主要通过企业外部主体和市场来发挥监督作用。例如，采用中介机构约束、强势监管、配套法律等以提高管理层的违规成本，让管理人员的努力经营改善公司的经营业绩，改善的经营业绩会推动公司股票价格的上升，从而有效地提升管理者的经营动力。

2. 日本公司治理模式

与美国式的公司治理一致，日本企业公司治理也主要由股东大会、董事会、管理层、外部市场监督等几个方面组成，且这几个机构之间的关系也基本一致。所不同的是，日本公司治理是一种内部监控型的公司治理模式，对外部市场监督依赖较低。内部监控型公司治理模式以股权相对集中和交叉持股为主要特征。日本企业股权结构高度集中，法人相互交叉持股，这使日本企业形成了独特的融资结构以及与此相应的网络导向型公司治理结构。与金字塔式的公司治理不同，在网络导向型的公司治理模式下，公司治理运行模式强调平等对待股东和雇员，且一般侧重于寻求内部治理，较少依赖证券市场的"用脚投票"的外部治理机制。

美国企业市场导向型的治理模式与日本企业内部监控型的公司治理模式，对我国企业公司治理结构的建设具有重要意义。我国由于法制与市场环境尚不完善，企业无法像美国日本那样高度依赖某一种模式建立公司治理制度，而应该同时借鉴外部治理与内部治理的优点，使外部治理与内部治理相互协调配合。

（二）组织结构与国际趋同

进入21世纪以来，全球经济发展日新月异，企业面临的宏观环境瞬息万变。在此背景下，国外先进企业已经在传统的直线型、职能型、矩阵型组织结构之外，开始探索更加灵活，更加富有弹性的组织结构。随着经济全球化的深入发展，这些新型的组织结构也开始影响到我国企业内部环境的完善。总结而言，经济全球化背景下的组织结构创新呈现着扁平化与虚拟化的特征。

1. 组织结构扁平化

所谓组织扁平化，就是通过破除公司自上而下的金字塔结构，减少管理层次，增加管理幅度，裁减冗员来建立一种紧凑的横向组织，达到使组织变得灵活，敏捷、富有创造性的目的。它强调系统、管理层次的简化、管理幅度的增加与分权。

随着企业规模的扩大，科层制组织不可避免地面临着这些问题：（1）沟通成本、协调成本和控制监督成本上升；（2）部门或个人分工的强化使得组织无法取得整体效益的最优；（3）难以对市场需求的快速变化作出迅速反应等问题。

扁平化组织，正是由于科层式组织模式难以适应激烈的市场竞争和快速变化环境的要求而出现的。科层制组织模式是建立在以专业分工、经济规模的假设为基础之上的，各功能部门之间界限分明。这样建立起来的组织必然难以适应环境的快速变化。而扁平化组织，需要员工打破原有的部门界限，绕过原来的中间管理层次，直接面对顾客和向公司总体目标负责，从而以群体和协作的优势赢得市场主导地位的组织。表5-6总结了扁平化的组织结构与科层结构的区别。

表 5-6　　　　　　　　　　科层组织与扁平化组织的区别

比较内容 \ 组织类型	科层组织	扁平化组织
管理幅度	幅度窄	幅度宽
权利结构	高度集权	高度分权
沟通方式	上下级沟通	沟通渠道多元化
适用环境	稳定的环境	多变的环境
价值驱动	高层管理者驱动	市场需求驱动

2. 组织结构虚拟化

虚拟化组织就是指组织的虚拟化，它是指未来的企业组织结构形式不再是一个以产权关系为基础，以资产为联系纽带，以权威为基本运作机制的由各种岗位和部门组成的实实在在的企业实体，而是以计算机和信息网络为基础和支撑，以分工合作关系为联系纽带，结合权威控制与市场等价交换原则的运作机制的一个动态企业联合体。

组织机构虚拟化一般包括单体组织的虚拟化与组织间关系虚拟化。单体组织的虚拟化，实际上是组织内部高度的网络化，通过IT网络终端把其雇员以及雇员与顾客直接连在一起。它使企业组织把尽可能多的实体转变成数字信息，减少实体空间，而更多地依赖电子空间，最终使企业组织本身成为"空壳型组织"。企业组织间关系的虚拟化是组织网络化的一种特例。它是指由几个有共同目标和合作协议的公司组成，成员之间可能是合作伙伴，也可能是竞争对手，它改变了过去公司之间完全你死我活的输赢关系，而代之以"共赢"的关系。同时每个成员企业将各自的商业活动减少到一至两个，即所谓的核心能力，成员公司只专注于自己最有竞争力的业务。

虚拟组织打破了组织的界线，使得组织可以大量利用外部人力资源条件，而减轻了组织内部人工成本压力。在此基础上，组织可以大力精简机构，重新设计组织构架，使人员朝有利于组织发展的方向流动。此外，虚拟化的工作模式减少了成员的办公费用，以及为聚集开会而支付的旅行费用等，也减少了重新安置员工的费用，从而降低了企业管理成本。

（三）企业文化与国际趋同

在经济全球化的过程中，我国企业文化也逐步吸收了西方社会注重契约、平等、自由的进步理念，这些进步理念帮助企业建立了开放的企业文化，为企业管理控制系统在社会主义市场经济体制大环境中的有效运行奠定了文化基础。总体而言，我国企业文化的国际趋同主要表现在三个方面：血缘关系向契约关系演变、等级观念向平等关系演变、集体主义与个性解放得以并重。

1. 血缘关系向契约关系演变

血缘关系是由婚姻或生育而产生的人际关系。如父母与子女的关系，兄弟姐妹关系，以及由此而派生的其他亲属关系。它是人先天的与生俱来的关系，在人类社会产生之初就已存在，是最早形成的一种社会关系。长期以来，我国人际关系的纽带主要就是靠血缘关系。无论是生活中还是工作中，血缘关系都起到了决定性的影响。然而，随着改革开放以及西方文明的渗透，我国开始出现了建立在法律基础之上的契约关系。契约是两人以上相互间在法律上具有约束力的协议。契约法所关心的是实现所约定的义务。通常，契约责任是以自由同意为基础的（契约自由原则）。值得强调的是，此处所谓的血缘关系向契约关系发展，指的是契约关系对血缘关系的补充，而非取代。

总体而言，契约关系的建立对我国企业管理控制是有积极作用的。一方面，契约关系的建立，有助于我国企业管理控制中，利用契约的激励与约束作用，充分挖掘员工工作的积极性与创造性。另一方面，契约关系的建立，也有助于明确一个组织内的成员之间的权责利关系，减少人与人之间的交易与沟通成本。

2. 等级观念向平等关系演变

几千年来，中国人的文化传统以儒家为主流，在儒家的"礼治"文化中，制定了贵贱、尊卑、长幼等等行为规范，所谓"君君、臣臣、父父、子子"。国家的治理也取决于等级秩序的稳定，如果人们违反了"礼"的规范，就会受到"刑"的惩罚。在这样的等级观念下，人们不可能有平等的思想交流，创新便没有文化土壤。

然而，随着我国政治文明体制与计划经济体制的改革，我国社会中平等观念已经开始被大多数人开始接受。毫无疑问，一切生命皆是平等的。而作为万物之灵的人，更是平等的。人与人之间的关系是平等的关系，在我们的社会里，人们之间只有社会分工和职责范围的差别，而没有高低贵贱之分。不论职位高低、能力大小，还是职业差别、经济状况不同，人人都享有平等的政治、法律权利和人格的尊严，都应得到同等的对待。对于企业管理控制而言，平等关系的建立，有利于管理者与普通员工的交流，也有利于同级别岗位的成员之间交流，这种平等的交流关系会为企业管理控制的运行营造良好的企业氛围。

3. 集体主义与个性解放得以并重

人的现代性重塑的核心是个性解放问题，个性解放就是把个人从自然共同体中解放出来，从等级关系造成的人身依附状态下解放出来，从德治社会伦理教化造成的精神枷锁下解放出来，使个人获得独立自主性。

个性的解放，有利于充分发挥组织成员的积极性主动性与创造性。无论什么样的企业要发展都离不开员工的积极性和创造力。随着市场竞争的加剧，能否合理地调动员工的积极性、主动性、创造性，已成为企业成败的关键，成为每个企业所面临的一个重要课题。在企业管理控制过程中，强调集体主义的同时，对个性的尊重能够培养出员工的积极性、主动性和创造性，如此，才能较好地解决企业的后顾之忧，较大增强企业的活力，使企业得到发展与成功。

（四）人力资源管理与国际趋同

前文介绍了我国企业管理控制内部环境在公司治理、组织结构与企业文化三个方面的国际趋同。这些内部环境的新趋势，为我国企业管理控制系统适应经济全球化的背景奠定了良好的内部基础。然而，企业是否能够在市场竞争中取胜，归根结底取决于企业是否能够建立一支优秀的人才队伍，而这需要企业建立一套合理的人力管理政策。人力资源管理理论经过长期的发展，已形成了较为完善的体系，发达国家的企业已深受其益。而中国由于长期以来没有充分重视人力资源，目前在人才开发机制与管理模式上已远落后于发达国家。学习并借鉴国外先进企业的人力资源管理模式，对于我国企业明确差距，改善机制，进而建立国际先进的人力资源管理模式，具有深刻的启发与借鉴意义。目前来看，国际先进的人力资源管理理论主要体现在以下几个方面[①]：

1. 规范的人才招聘程序

要创造一支高水平的员工队伍，组织必须制定和实施严格的招聘程序，不仅要关注应聘者的技术胜任能力，更应关注他们的个人特征（如忠诚度、主动性、适应组织文化的能力等）和未来的发展潜能。技能可以通过培训来获得和提高，而个人的内在特质和潜能则难以通过培训来获取。只有进行严格选拔，找到真正能够与组织特征相匹配的人选，才能够为长期的雇佣关系和组织对员工的投资打下良好的基础。

2. 完善的人才培训计划

培训是组织对员工的一种直接的人力资本投资活动，只有投资于培训和其他员工发展项目，组织才能真正获取符合自身需要的人力资源。有关人力资本创造竞争优势的研究表明，注重广泛的培训和学习活动的组织其生产率更高。国外优秀的企业，往往都会根据本企业的实际需求，对员工进行针对性的培训，而不是简单地依赖外部市场招聘。

3. 全面的人才激励机制

在招聘与培训的基础上，企业人力资源管理更需要完善的人才激励制度。否则，即使能够招来或培训出优秀的人才，企业也无法留住人才。国外先进的员工激励，都有一套多维度的激励制度，包括长期激励、短期激励、物质激励、精神激励。完善的激励机制，是员工创造企业价值的驱动力，直接影响员工的工作努力水平，从而影响到组织绩效。

三、企业管理控制内部环境与外部环境的衔接

前文提到，在经济全球化的背景下，中国企业管理控制外部环境与内部环境都

[①] 参见《西方最佳人力资源管理模式研究》（刘善仕，刘辉健，翁赛珠，2015）。

出现了国际趋同的趋势，这种趋同之势必然会给我国企业管理控制系统的运行带来诸多影响，因而是我国企业在实施管理控制活动过程中必须重视的问题。然而，另一个重要的问题是，企业也需要考虑到经济全球化给企业内部环境带来的影响：作为企业内部条件，企业需要将内部环境作为内生变量，使之与企业外部环境相适应。

（一）内部环境与外部环境的关系

基于前文关于外部环境与内部环境内涵的分析，企业管理控制外部环境指的是企业边界以外的对企业内部经济活动产生影响的一切因素；企业管理控制内部环境则指的是企业内部条件，是企业的禀赋。由此可以明确两者的关系：企业管理控制内部环境应该且可以适应外部环境。

一方面，企业管理控制内部环境应该适应外部环境。如果将企业管理控制系统纳入企业内部环境与外部环境的关系之中，就可以看出内部环境是外部环境与企业管理控制之间的过渡层。换言之，内部环境处于外部环境与企业管理控制系统之间，其目的是为企业管理控制系统提供一个良好的内部环境，在此内部环境之中，企业管理控制系统的具体运行将与企业外部环境相适应。企业构建良好的内部环境本身并不是目的，最终目的是为了让企业管理控制系统的运行能够得到一个良好的基础条件，而这些条件通过对外部环境的适应而进一步对企业管理控制系统内部结构产生相应的影响，最终使企业管理控制系统与外界环境相适应。

另一方面，作为企业内部条件，企业管理控制内部环境也可以得到改善以适应外部环境。在分析企业管理控制内部环境内涵时，我们提到了企业内部环境的本质是企业内部条件，反映的是企业禀赋。因为企业内部环境的本质是企业的内部条件，因而企业可以通过学习与借鉴国内外先进企业经验，使企业内部环境质量得以改善。因此，对于那些先天条件不够优秀的企业，可以通过多种方式建立完善的企业内部环境，而不是对企业发展前景失去信心。例如，企业可以建立学习型组织，使企业通过学习提升企业的"群体智力"和持续的创新能力，成为不断创新的组织，从而逐步改善企业内部环境。

（二）经济全球化与企业内部环境创新

无论在什么样的外部环境下，企业都应该建立一套与外部环境相适宜的内部环境体系。在经济全球化的背景下，企业应该从经济全球化的特征出发，有针对性地创新中国特色的企业管理控制内部环境，包括公司治理、组织结构、企业文化、人力资源等方面的创新。

1. 经济全球化与公司治理

在经济全球化的背景下，由于对外贸易、国际投资与技术转移的日益频繁，我国企业产权结构可能会发生改变——含有外资成分的企业就是在此背景下产生的企业类型。对于含有外资成分的企业，由于产权里含有外资成分，因而导致跨国监管和审计都有一定的难度，使得代理人存在某种程度上的侥幸心理。如果能加强国际领域的审计和审查合作，必然会对代理人形成一种外部治理机制，使其不敢轻易作出损害委托人利益的举动。因此完善跨国监管是完善我国含有外资企业公司治理的一个十分关键的举措。

2. 经济全球化与组织结构

在经济全球化背景下，一大批跨国公司相继成立。跨国公司的特点是规模大，涉及的地域范围广，产品地域差异性较大。因此，跨国企业可以结合自身的需要与特点，采用事业部制作为其组织结构，因为事业部制组织结构具有集中决策、分散经营、权力下放等优点，可以满足跨国企业在不同地域范围内发展的需要。但在外部环境快速变化而给跨国企业带来巨大挑战的情况下，跨国企业的组织结构也不能一成不变，需要结合变革趋势对其组织结构进行变革，使组织结构趋向于扁平化与虚拟化等现代企业组织形式。

3. 经济全球化与企业文化

在全球化的分工体系下，企业内部成员结构变得复杂，来自不同国家不同文化地区的人聚集于同一个企业中，这给企业文化建设带来了挑战。不同文化背景的员工，可能会形成企业内部管理过程中的文化冲突，这些冲突有时表现为一种沟通方面的障碍，有时表现为价值判断的差异，但更多的时候则是表现为处理企业内部矛盾冲突的观念和方式的不同，这些文化差异和冲突的存在是企业决策过程中的重要障碍，是降低企业效率的重要因素。此时，企业需要进行跨文化管理，其核心在于建立相互尊重的人际关系，坚决抵制种族或其他形式的歧视政策，从而使企业形成求同存异、兼容并蓄的企业文化。

4. 经济全球化与人力资源

企业的竞争，归根结底是人才的竞争。经济全球化背景下，我国企业面临着来自国外优秀企业的竞争压力，企业能否建立高素质的人才队伍，成为我国企业能否在国际竞争中取胜的关键因素。经济全球化背景下，企业人力资源管理的首要因素，是开发全球经理人员和全球知识工作者，这些人才需要具备全球视野、全球领导能力，以及优秀的外语能力等。此外，对于不同国家与地区的组织成员而言，企业也必须考虑到不同地域与文化背景下的组织成员对于薪酬激励的不同反应，建立基于地域与文化的差异化激励机制。

第六章

中国企业管理控制要素创新

任何一个系统,无论是自然系统还是社会系统,它的存在都必须依赖于若干个基本要素(单位)。通过要素之间的重新排列组合,系统的一系列功能可以得到具体的运行,故此可以将要素视为理解系统的基本出发点。管理控制作为战略的落实工具,它的实施过程也是由一系列基本要素所构成的有机系统。显然,作为一个系统,管理控制要素也是理解管理控制系统最为基本的视角,没有管理控制要素,管理控制系统便无从谈起。总体上看,管理控制要素是管理控制得以形成有机系统的根本原因。而且,在管理控制要素的基础上,可以进一步构建管理控制程序系统;同时如果考虑到管理控制环境要素与程序系统的关系,又可以创新性地推出中国特色管理控制模式系统。总之,无论从管理控制系统的角度,还是从管理控制程序系统与模式系统的角度看,管理控制要素,都是管理控制系统的基石。具体地,下文将首先界定管理控制要素的内涵与地位,然后从整体的视角创新我国管理控制的要素系统,最后对每一个要素进行具体创新。

第一节 管理控制要素的内涵与地位

关于管理控制要素的内涵,学术界已经存在诸多不同的观点。在论述管理控制要素的内涵之前,我们首先介绍目前国内外普遍存在的关于管理控制要素的几种观点,以此为后续管理控制要素系统创新与具体创新作铺垫;然后从要素内涵入手,明确管理控制要素的内涵,并明确管理控制要素在管理控制系统中的地位。

一、管理控制要素的几种观点

(一)三要素观点

关于管理控制三要素观点或提法有许多,归纳起来主要有两种思路:

第一种是从管理的控制职能角度出发,将管理控制的要素从管理程序进行界定,一般包括:①控制标准;②评价绩效;③纠正偏差。持这种观点的学者非常多,只是表述略有差异,如 Robinson 提出了控制的三要素:①预测结果;②记录结果;

③指出偏差及责任。Newman 界定了控制过程的三个关键步骤（要素）：①依据战略目标设置标准；②检验和报告业绩；③采取纠偏行动。

第二种是从内部控制结构角度出发，将内部控制要素从制度结构进行界定，具体包括：①控制环境；②会计制度；③控制程序。这种观点显然已经将控制环境纳入了控制要素之中，并充分重视了会计信息系统在管理控制中的核心地位。然而，这种划分依然过于宽泛：作为管理控制重要的实施步骤，控制程序被简单地归纳为一个要素，显然不利于管理控制的具体落实。

（二）四要素观点

在三要素的基础上，四要素的观点从更加全面的角度考虑要素的完整性。例如，彼得·罗伦基和麦克尔·S. 斯科特在其"管理控制系统框架"（Lorange 和 Scott Morton，1974）一文中认为，管理控制系统的根本目标是帮助管理部门完成组织目标，这要通过以下几点（要素）为管理控制提供一个规范化的框架来实现：①相关控制变量的鉴别；②良好的短期计划的设计；③整套控制变量中短期计划实际完成程度的记录；④偏差的分析。

此外，罗伯特·安东尼在其《管理控制系统》（Robert N. Anthony，1998）一书中认为，内部管理控制系统包括计量、评估、执行与沟通四个要素，即①计量用于确认被控制过程中发生的事件，即如实反映实际状况；②评估用于比较实际发生事件偏离标准的程度，即将实际与标准比较；③执行用于纠正实际与标准之间的差异，即纠正偏差；④沟通用于在计量、评估及执行间的信息及时传递或交流。

（三）五要素观点

在三要素与四要素的基础上，五要素是被广为接受的管理控制要素框架。Gutenberg 教授给出了一个管理控制系统的五个要素：①标准，进行控制首先必须有控制标准，否则将使判断没有依据；②信息系统，可提供管理控制过程中实际发生的各种事件的信息；③评估能力，能够依据标准对控制中发生的情况进行分析判断；④执行矫正的能力，能够根据判断结果纠正偏差，使其符合标准；⑤联系能力，能够及时将标准、信息系统、评估能力和执行矫正能力联系起来，形成一个有机整体。

在五要素理论中，无论时间长度或者空间范围来看，COSO 报告给出的内部控制五要素都是对管理影响最大的一种要素体系。虽然 COSO 以内部控制的提法，总结了企业为了实现目标而必须具备的基本要素，但从管理控制与内部控制的内在联系来看，两者的本质是一致的，即都是为企业目标提供合理保证的过程总和。只是，管理控制系统明确地强调了对企业战略的落实，而内部控制则隐含了战略落实对企业目标的重要意义。因此，内部控制要素与管理控制要素的本质是一致的，在这个意义上，内部控制要素的界定就是管理控制要素的界定。

COSO（The Committee of Sponsoring Organizations of the Treadway Commission）是美国反虚假财务报告委员会下属的发起人委员会。1985 年，由美国注册会计师协

会、美国会计协会、财务经理人协会、内部审计师协会、管理会计师协会联合创建了反虚假财务报告委员会，旨在探讨财务报告中的舞弊产生的原因，并寻找解决之道。1992年9月，COSO委员会发布《内部控制整合框架》，简称COSO报告。

COSO报告归纳出内部控制的五大要素：①控制环境；②风险评估；③控制活动；④信息与沟通；⑤监督控制。

控制环境，指一个组织进行管理控制所面临的环境，包括组织外部环境和内部环境。外部环境由国际环境，国家政治、经济、社会发展环境，行业环境，地区环境等；内部环境包括组织信奉的诚信原则和道德价值观，组织的战略选择，组织结构与职权划分，责任中心建立，人力资源政策与实务等。从管理控制角度看，内部管理控制环境对不同组织控制方式和手段的影响极大，它提供企业纪律与架构，塑造企业文化，并影响企业员工的控制意识，是所有其他内部控制组成要素的基础。

风险评估是指在风险事件发生之前或之后（但还没有结束），该事件给人们的生活、生命、财产等各个方面造成的影响和损失的可能性进行量化评估的工作。即，风险评估就是量化测评某一事件或事物带来的影响或损失的可能程度。每个企业都面临来自内部和外部的不同风险，这些风险都必须加以评估。评估风险的先决条件，是制定目标。风险评估就是分析和辨认实现所定目标可能发生的风险。具体包括：目标、风险、环境变化后的管理等等。

企业管理阶层辨识风险，继之应针对这种风险发出必要的指令。控制活动，是确保管理阶层的指令得以执行的政策及程序，如核准、授权、验证、调节、复核营业绩效、保障资产安全及职务分工等。控制活动在企业内的各个阶层和职能之间都会出现，这主要包括：高层经理人员对企业绩效进行分析、直接部门管理、对信息处理的控制、实体控制、绩效指标的比较、分工。

企业在其经营过程中，需按某种形式辨识、取得确切的信息，并进行沟通，以使员工能够履行其责任。信息系统不仅处理企业内部所产生的信息，同时也处理与外部的事项、活动及环境等有关的信息。企业所有员工必须从最高管理阶层清楚地获取承担控制责任的信息，而且必须有向上级部门沟通重要信息的方法，并对外界顾客、供应商、政府主管机关和股东等做有效的沟通。

在以上一个环节之后，管理控制系统仍然需要被监控。监控是由适当的人员，在适当及时的基础下，评估控制的设计和运作情况的过程。监控活动由持续监控、个别评估所组成，其可确保企业内部控制能持续有效地运作。具体包括：持续的监控活动、个别评估、报告缺陷。

（四）八要素观点

在多年的管理实践中，人们意识到一个企业内部不同部门或不同业务的风险，有的会相互叠加放大，有的则相互抵消减少。因此，风险的考虑不能仅仅从某项业务、某个部门的角度出发，必须根据风险组合的观点，从贯穿整个企业的角度看风险，即要实行全面风险管理。

依据 COSO 委员会 2003 年 7 月完成的《全面风险管理框架》定义：企业风险管理是一个过程，是由企业的董事会、管理层以及其他人员共同实施的，应用于战略制定及企业各个层次的活动，旨在识别可能影响企业的各种潜在事件，并按照企业的风险偏好管理风险，为企业目标的实现提供合理的保证。在多年的管理实践中，人们意识到一个企业内部不同部门或不同业务的风险，有的会相互叠加放大，有的则相互抵消减少。因此，风险的考虑不能仅仅从某项业务、某个部门的角度出发，必须根据风险组合的观点，从贯穿整个企业的角度看风险，即要实行全面风险管理。

依据 COSO 委员会 2003 年 7 月完成的《全面风险管理框架》定义：企业风险管理是一个过程，是由企业的董事会、管理层以及其他人员共同实施的，应用于战略制定及企业各个层次的活动，旨在识别可能影响企业的各种潜在事件，并按照企业的风险偏好管理风险，为企业目标的实现提供合理的保证。COSO 风险管理框架把风险管理的要素分为八个：内部环境、目标制定、事件识别、风险评估、风险反应、控制活动、信息与沟通、监督。

从以上全面风险管理的八要素可以看出，COSO 报告对风险管理要素的界定与内部控制基本一致，只是在原有基础上增加了目标制定、事件识别、风险反应三个要素。

目标制定旨在根据企业确定的任务或预期，管理者确定企业的战略目标，选择战略方案，确定相关的子目标并在企业内层层分解和落实。值得强调的是，无论目标被如何细分，各子目标都应遵循企业的战略方案并与战略方案相联系。

事件识别，指的是管理者全面地分析不确定性的来源及发生可能性的评估事项。识别的关键在于对会影响事项发生的各种企业内外部因素的全面考虑。外部因素包括经济、商业、自然环境、政治、社会和技术因素等，内部因素反映出管理者所做的选择，包括企业的基础设施、人员、生产过程和技术等事项。

在风险评估的基础上，管理者可以制定不同风险反应方案，并在风险容忍度和成本效益原则的前提下，考虑每个方案如何影响事项发生的可能性和事项对企业的影响，并设计和执行风险反应方案。考虑各风险反应方案并选择和执行一个风险反应方案是企业风险管理不可分割的一部分。有效的风险管理要求管理者选择一个可以使企业风险发生的可能性和影响都落在风险容忍度范围之内的风险反应方案。

上述四类观点既有共性，也有差异。共性主要表现在都强调计量、评估、纠偏是管理控制的基本要素，差异则没有表现出统一的规律。现在的问题在于，为什么管理控制要素观点会出现明显的个性或差异？根本原因是对要素的内涵理解不同。如果没有明确把握要素的内涵，就不可能准确地认识要素的特征。在不同的要素特征下，会产生不同的管理控制要素体系。如有的将评估要素包括标准、报告、评价，而有的将标准、报告、评价看成三个要素；有的将控制标准包括控制变量、标准确定，而有的将控制变量和标准确定看成是两个因素。总之，科学地界定管理控制要素系统，问题的核心应该回归到概念本身，即明确界定管理控制要素的内涵。

二、管理控制要素的内涵

（一）要素的内涵与特征

1. 要素的内涵

要素（essential factor）是指事物必须具有的实质或本质、组成部分。也可以说，要素是按照确定方式联结成系统的组成部分、因素、单元。"要素"和"元素"同义，自古就是一个哲学范畴，标志简单的不变的本体。在现代科学中，"要素"这一术语通常用来表示同其他客体相结合构成一个统一的综合体，即系统的任何一个对象或客体。系统的结构是诸要素的结合、组织方式。要素是构成事物的最重要和必要的因素，缺少了任何一个因素，事物的本质将发生变化。管理控制系统要素是指能反映管理控制本质和管理控制系统组成部分的各个因素。管理控制系统要素应反映管理控制的目的、实质、程序；管理控制系统要素应反映管理控制的系统特征。

理解要素内涵的关键，需要从哲学层面把握整体与部分的关系，其中系统是整体，要素则是构成这个有机系统的基本组成单位，且这些要素之间存在自洽的逻辑关系。总结而言，要素与系统的关系可概括为以下几点：

一是两者相互依赖，不可分割，各以对方存在为前提。整体由部分构成，它只在对于组成它的部分而言，才是一个确定的整体。部分是整体中的部分，没有整体也无所谓部分。

二是两者相互影响。整体的性能、状态及变化会影响到部分的性能、状态及变化。反之亦然。甚至在一定条件下，关键部分的性能，会对整体的性质状态起决定作用。

三是两者在一定条件下相互转化。这意味着，整体可以作为一个部分，部分也可以是一个整体，二者可以互相转化，没有绝对的整体，也没有绝对的部分。

2. 要素的特征

前面谈到，由于人们对要素项目范畴界定的差异，有的将一个要素分成几个要素，有的将几个要素界定为一个要素。如何界定要素的范畴是个十分复杂的问题，本研究为界定要素范畴，首先界定了要素至少应有的三个基本特性：

一是要素的不可缺少性，即缺少了这个要素事物的本质将发性变化，如控制标准是控制的一个要素，如果没有控制标准就没有控制或不能称为控制。

二是要素的不可重复性。不可重复性指的是每个要素之间应该有明确的界限，彼此有明确的内涵界定与外延范围，彼此不应该有交叉关系。

三是要素的不可再分性，要素应是反映某个事物的最基本的因素，应具有独立的、明确的界限范畴，如将控制标准看成是既包含控制点（变量），又包含控制水平两项内容的一个要素，就不如将其界定为控制变量与控制标准两个要素。

（二）管理控制要素的内涵

在介绍了要素的内涵与特征的基础上，需要进一步明确什么是管理控制要素。与一般意义的要素相同，管理控制要素也是按照确定方式联结，以形成管理控制系统的基本组成部分（构成成分）、因素或单元。管理控制系统要素应反映管理控制的目的、实质、程序；管理控制系统要素应反映管理控制的系统特征。理解管理控制要素，关键就在于理解什么是管理控制系统。

管理控制的内涵告诉我们，管理控制是管理者影响组织其他成员以落实组织战略的过程。此处，我们需要明确地提出，只有当管理控制形成有机的系统时，管理控制才能真正发挥落实企业战略的工具作用。具体而言，企业战略的落实是一个从既定战略出发，对其进行分解形成具体目标并选择合适的手段进行落实的过程。在这个过程中，看似简单的步骤，实则有赖于企业从制度、文化、组织、人力资源、信息系统等多个角度为其提供良好的环境与条件。因此，管理控制对企业战略的落实，是一个系统工程，需要多方面因素综合发挥作用。

总之，管理控制应该是一个系统，它包含着一系列企业在落实战略过程中所需要的各种条件，不仅包含一般意义上的控制环节，也包含与之相关的一切基本环境与条件。由此结合前文对要素内涵的界定，我们可以得到结论：管理控制要素的内涵，指的是能够保证管理控制在落实企业战略过程中形成有机系统的一系列基本组成单位。

三、管理控制要素的地位

如前所述，管理控制应是有机的系统，故此要素构成了管理控制系统的基石。具体地，管理控制要素也为构建管理控制程序系统奠定了基础；此外，管理控制要素也是管理控制模式选择与构建的基础。因此，管理控制要素与管理控制程序及管理控制模式的关系，是理解管理控制要素基础性地位的关键。

（一）管理控制要素与管理控制系统

如前所述，管理控制要素是构成管理控制系统的基石。由此可见，管理控制系统与管理控制要素是一种整体与部分的关系：事物的整体是由部分构成的，没有部分就没有整体，即没有要素就没有系统。在认识到管理控制要素与管理控制系统的整体与部分的关系之外，还应该认识到这种关系并非一般意义上的整体与部分关系。

首先，管理控制要素在管理控制系统中缺一不可。系统与要素的关系，是一种特殊的整体与部分关系。一般情况下，整体中的若干部分可多可少，可有可无；一些部分的丧失，不至于影响整体的存在和发展。但是，系统与要素的关系强调构成系统的各个要素缺一不可，系统内部的各个要素都具有独特的、其他要素不可替代的功能。正是因为系统内部各个要素各司其职、不可代替，就需要更加注重系统内部要素的整体性。故此需要认识到管理控制要素在管理控制系统之中的不可缺少性，任何一个要素的缺失，都将影响管理控制作为一个系统的完整性，进而影响管理控制系统的功能。

其次，管理控制要素不是管理控制系统简单的分割，而是一种依据管理控制在落实战略过程中的规律对管理控制系统进行分解的结果。一般意义上，整体与部分可能呈现的是简单的组合关系，而管理控制要素则是管理控制系统的有机组合，它们的分割有其深刻的逻辑依据。由此观之，在构建管理控制要素的构成中，必须把握管理控制系统的目标与本质，由此确定管理控制要素之间的相互协调性，保证由此而组合成的管理控制系统构成一个高效的有机整体。

最后，管理控制要素在管理控制系统之中呈现的是一种动态关系。一般所说的整体与部分之间的关系体现的主要是事物在相对静止的条件下呈现的静态的整体与部分的关系；而系统和要素之间的关系体现为一种动态过程中的整体与部分的关系，强调部分之间分工运作的过程构成一个整体。在这个意义上，管理控制要素也存在着自洽的逻辑体系，这也为管理控制成为一个有机的系统奠定了基础。

（二）管理控制要素与管理控制程序

管理控制要素在管理控制系统之中的基础性地位，也具体地体现在管理控制要素与管理控制程序的关系上。为了明确管理控制要素与管理控制程序的关系，首先需要明确要素与程序的关系。

如前所述，要素是指事物必须具有的实质或本质、组成部分，并按照确定方式联结成有机的系统，即要素理解成系统的基本组成部分或基本单位。程序（procedure），指的是一个完整过程的组成部分，事情发展的环节。由此可见，要素与程序都是管理控制系统的组成部分，其区别体现在要素仅仅是系统的组成部分，而程序则更加注重管理环节的前后承接关系。然而，即使程序不同于要素，但在既定的系统之内，程序依然是由要素构成的，是要素的重新组合形式。

基于要素与程序的关系，可以概括管理控制要素与管理控制程序的关系：

首先，管理控制要素与管理控制程序都是管理控制系统的组成部分，两者都可以形成完整的管理控制系统。管理控制要素与管理控制程序所描述的对象都是管理控制系统，前者是从基本组成单位的视角看待管理控制系统，后者则从战略落实步骤的角度看待管理控制系统。两者不是相互交叉的关系，更不是相互排斥的关系，其区别仅仅是角度不同。因此，无论是管理控制要素，还是管理控制程序，两者都是管理控制系统的完整组成部分，都可以形成完整的管理控制系统。

其次，管理控制程序是在管理控制要素基础上形成的战略落实环节或步骤。从管理控制要素研究管理控制系统，可为我们描述管理控制系统的一般需要。然而，管理控制系统作为战略的落实工具，它更应该是一个战略落实的程序系统。因此，管理控制作为管理者影响组织中其他成员以实现组织战略的过程，从控制程序研究管理控制系统更有利于理解管理控制系统的基本功能，即管理者影响组织其他成员以落实企业战略的过程。虽然管理控制要素与管理控制程序存在显著区别，但管理控制程序的基石依然是管理控制要素，即管理控制程序是在管理控制要素基础上形成的有机系统，当然，管理控制程序并非管理控制要素的简单组合，它是对管理控制要素的重新排列组合并相互融合而形成的有机系统。

（三）管理控制要素与管理控制模式

管理控制模式是在管理控制程序的基础上，依据企业内部环境的不同而形成的管理控制系统运行方式，它反映了管理控制系统运作的机理。换言之，管理控制系统模式是在管理控制程序的基础上而形成的，即管理控制系统的四个模式依然包含了管理控制程序的完整步骤。前文已经明确了管理控制要素对于管理控制程序的基础性地位，因此管理控制要素之于管理控制系统模式，也处于基础性地位。由此可见，管理控制要素与管理控制程序的关系特征，都会在管理控制要素与管理控制模式的关系中体现。所不同的是，在管理控制要素之中，控制环境要素是决定管理控制模式选择的关键因素。

具体而言，管理控制要素中的控制环境要素与管理控制模式的关系如下：

第一，内部管理控制系统模式与企业外部经济环境是紧密相关的。管理控制系统随着经济体制和经济环境的发展变化而发展的。

第二，在相同外部环境下，虽然管理控制的根本目标是一致的，但由于企业内部环境不同，管理控制系统模式也可能不同。建立企业内部管理控制系统应从不同角度、采用不同方式进行全面控制。

第三，不同类型和不同管理基础的企业或组织，虽然都可能采用多种管理控制方式或杠杆，但采用管理控制杠杆的侧重点应该是不同的。建立企业内部管理控制系统应根据企业特点选择管理控制侧重点。

就中国企业而言，其面临的外部环境都是一致的，然而每一个企业面临的内部环境却千差万别。由于内部环境的不同，企业需要依据内部环境（内部条件）的不同，而选择不同的管理控制模式，以适应企业自身的环境。

第二节　中国企业管理控制要素系统创新

上文总结了关于管理控制要素的几种观点，并明确了要素与管理控制要素的内涵与特征。本节将基于管理控制要素的内涵与特征，创新性地提出了管理控制的十要素，并将其视为一个有机整体，分析管理控制十要素之间内在逻辑关系，分析管理控制要素系统的创新特色。

一、管理控制十要素

如前所述，对于系统而言，要素是其基本组成单位，并且应具备三个特征：不可缺少性、不可重复性与不可再分性。显然，作为管理控制系统的有机组成部分，管理控制要素也应该符合这些特征。依据这些特征，吸取现有其他管理控制要素观点的可取之处，我们认为管理控制要素可归纳为十个基本要素，即控制环境、控制变量、控制标准、控制报告、执行评估、纠正偏差、业绩评价、激励机制、沟通交流、内部监督。

（一）控制环境

控制环境，指一个组织进行管理控制所面临的环境，包括组织外部环境和内部环境。外部环境由国际环境，国家政治、经济、社会发展环境，行业环境，地区环境等；内部环境包括组织信奉的诚信原则和道德价值观，组织的战略选择，组织结构与职权划分，责任中心建立，人力资源政策与实务等。从内部控制角度看，内部管理控制环境对不同组织控制方式和手段的影响极大。不考虑控制环境将不可能实施有效的内部管理控制。

（二）控制变量

控制变量，指影响一个组织战略目标的关键因素和风险因素。组织目标能否顺利实现主要在于对风险因素、价值驱动因素等影响组织目标的关键因素的控制。因此，要搞好内部管理控制，找出关键控制变量因素，特别是风险控制变量因素是至关重要的。例如，企业可将资产负债率作为筹资控制变量，将无形资产与总资产的比率作为投资控制变量，将净资产收益率作为资本经营中心的控制变量，将成本降低率作为成本中心控制变量等。

（三）控制标准

控制标准，指对一个组织进行管理控制的依据或准绳，它是对控制变量的量化。控制标准规划了组织应该如何做及其达到的程度。控制标准是组织战略控制目标的分解。从控制对象划分，控制标准可分为投入控制标准、过程控制标准和结果控制标准。从控制依据划分，控制标准可分为预算控制标准、行业控制标准、历史控制标准等。从控制标准形式划分，控制标准可分为比率控制标准和总量控制标准。控制标准正确与否将直接影响管理控制的成效。

（四）控制报告

控制报告，指对组织中的各项活动的信息进行计量、记录与报告。控制报告反映了组织正在做什么。控制报告的相关性、可靠性是管理控制对控制报告最基本的质量要求。管理控制中的控制报告相关性主要体现在与控制变量及控制标准的相关方面；管理控制中的控制报告可靠性体现在对组织活动的真实反映。控制报告主要包括会计控制报告、统计控制报告和业务控制报告。

（五）执行评估

执行评估，指对一个组织的活动状况进行评定与估价。执行评估的过程实际上是将控制报告中的实际业绩与控制标准进行比较、分析的过程。因此，执行评估的状况既决定于控制标准和控制报告的质量，又决定着纠正偏差的效果。执行评估中关键要区分实际与标准产生差异的主观因素与客观因素，可控制因素与不可控制因素，以保证业绩评价的准确性、及时性。

（六）纠正偏差

纠正偏差，指对评估过程中发现的实际执行情况与控制标准之间的不利差异进行及时矫正或纠正。控制的本质在于纠正偏差，这是保证控制标准和管理控制目标实现的关键，也是决定管理控制质量的根本要素。纠正偏差根据控制程度要求可分为"松控制"与"紧控制"。"松控制"通常是指允许实际报告与控制标准之间有较大不利偏差（如5%）才进行纠正；而"紧控制"则是指当实际报告与控制标准之间有较小不利偏差（如2%）就进行纠正。

（七）业绩评价

业绩评价，指对一个组织的管理者的管理控制结果或业绩进行评价。一个组织的业绩与组织中管理者的业绩可能是不同的。管理控制中的经营业绩评价更侧重于对管理者或控制者业绩的评价。业绩评价的原则主要有：第一，经营成果指标评价与驱动因素指标评价相结合；第二，组织内部评价与组织外部评价相结合；第三，财务指标评价与非财务指标评价相结合。

（八）激励机制

激励机制，指根据业绩评价结果对管理者进行奖励与惩罚。管理控制的效果只有与管理者的报酬相衔接才能保证管理控制的长期有效运行。管理者报酬的构成主要有工资、福利和激励三部分。激励往往是根据管理者当期对组织的贡献大小确定。激励是管理者贡献价值的体现，管理控制水平高低或效果如何主要应与对管理者激励相结合。从控制角度看，激励机制是管理报酬的关键。

（九）沟通交流

沟通交流，指上述管理控制要素之间的信息及时传递或交流。这是管理控制的基础与保证。不明确控制环境和控制变量，就无法确定控制标准；没有控制标准与控制报告的沟通，就无法执行评估和纠正偏差。因此，没有各要素之间信息的及时、准确交流与沟通，就没有有效的管理控制系统。在管理控制中要做到信息沟通交流准确、及时，建立管理信息系统是十分必要的。

（十）内部监督

内部监督，指对执行管理控制过程的质量进行监督。管理控制者本身也需要被控制或监督，这是一个完善的控制系统的必备要素。如果对管理控制水平高低没有监督与评价，或者说控制好坏对控制者都一样，势必影响管理控制的水平与效果。

如内部审计在内部控制系统中的功能就是要对管理控制者控制过程进行监督控制。

上述十个管理控制系统要素构成了完善的管理控制系统，任何一个组织在构建管理控制系统时必须全面系统考虑这十个方面的要素，缺少任何一个要素都将影响管理控制的质量。

二、管理控制十要素的逻辑关系

如前所述，企业管理控制系统包含十个要素。从系统论的角度看，系统内部各要素之间必定存在着紧密的联系，否则不能称之为系统。系统是由相互作用与依赖的若干组成部分结合而成的，具有特定功能的有机整体，而且这个有机整体又是它从属的更大系统的组成部分。如图6-1所示，管理控制十要素之间存在着紧密的联系，共同构成了一个完整的、自洽的逻辑体系。

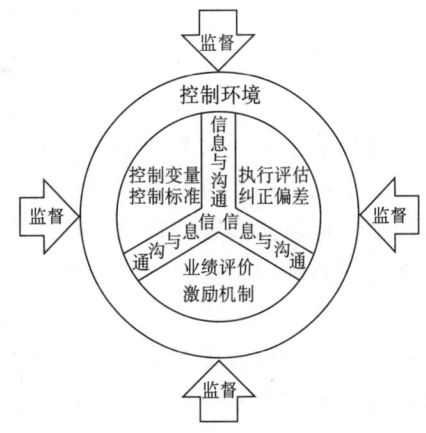

图6-1 管理控制系统十要素的逻辑关系

在管理控制十要素之中，外部环境的基础地位是无须赘言的，而内部环境则提供了管理控制系统运行所需的基本条件，包括公司治理结构（制度基础）、组织架构（组织基础）、企业文化（文化基础）与人力资源（人力基础）等。从某种角度看，管理控制系统是管理者影响组织其他成员落实战略的决策过程，而这一决策过程必然离不开信息的支撑作用，以及围绕信息的沟通过程，可以说，管理控制系统各个要素的运行都是基于信息与沟通要素展开的。具体地，控制变量、控制标准、执行评估、纠正偏差、业绩评价与激励机制这六大要素环环相扣，构成了相对独立的程序系统，它们构成了管理控制要素系统的主体部分。此外，虽然管理控制系统是对战略落实过程的一种控制，但其本身也需要相应的控制，从这个角度看，内部监督要素也是管理控制要素的必要组成部分，并且构成了其他要素的保障。

总之，理解这十要素之间的逻辑关系，关键在于理解以下四点：

第一，控制环境要素是管理控制系统的基础。虽然理论上为了分析的方便，有时人们将管理控制视为一个封闭系统，但实质上，管理控制必定存在于某个环境之中，自然是一个开放系统。开放系统涉及系统的内部环境也涉及外部环境。从企业角度出发，更值得分析的是内部控制环境。原因不是外部控制环境不重要，而是因为对于企业而言外部环境是外生变量，只能接受而无法改变。

控制环境是管理控制的一个要素，控制环境在管理控制系统中的基础地位体现在，它决定了其他要素的质量，更是企业在选择管理控制模式时需要考虑的最主要因素。一方面，其他要素的质量、程序运行的效率、管理控制模式的选择依赖于控制环境的特点。另一方面，内部控制环境本身也需要完善。为了提高管理控制程序以及模式运行的效率，企业管理当局应该发挥主观能动性，设计完善的内部控制环境，使之与管理控制其他要素形成良性互动。在本部分，重点关注内部控制环境的设计，从而为管理控制系统有效运行提供坚实的基础。

内部环境，包括公司治理结构、企业组织架构，以及企业文化与员工道德素质等因素。其中，公司治理结构、企业文化与员工道德素质对管理控制的影响是正向的，即公司治理结构越完善，企业文化越先进，员工道德素质水平越高，企业内部控制环境就越好，从而企业管理控制运行效率就越高。至于组织架构，它对企业管理控制的影响就比较复杂了。组织架构无所谓好与坏，只有适合与不适合之分。企业管理者需要以企业管理控制其他要素或者管理控制模式的类别，具体探索组织架构的设计。环境要素在企业管理控制中起到的是基础性作用，它是管理控制运行的前提。

第二，信息与沟通要素（即控制报告要素与沟通交流要素）是管理控制系统的核心。企业需要管理，管理离不开信息系统。无论是对于管理控制要素、程序，还是模式而言，信息与沟通都占据着核心地位。只有具备完善的信息与沟通要素，管理控制各要素才能将原本松散的相对独立的状态变为有机的统一整体，管理控制各程序与环节才能相互衔接，控制模式才能真正发挥作用。

从要素角度而言，控制变量、控制标准、执行评估、纠正偏差、业绩评价与激励机制六要素在环境要素内部被信息（控制）报告与沟通交流要素尤其是管理会计信息系统紧密地联系在一起，整个管理控制要素彼此相互融合、环环相扣，构成了一个完整的管理控制要素系统。总之，信息与沟通要素是管理控制要素成为系统的核心纽带。

信息多种多样，价格信息是其中的一种。在市场机制下，价格信息是企业必需的信息。因此，构建完善的信息与沟通要素等价于构建完善的管理会计信息系统。讨论信息与沟通要素对企业的核心作用，主要应讨论管理会计信息系统的重要性。基于信息与沟通的管理控制要素系统在一定程度上可以表述为基于管理会计的管理控制要素系统。

结合图 6-2，管理会计信息系统的作用体现在这几个方面：其一，每一个管理控制要素本身需要管理会计信息；其二，各要素的衔接需要管理会计信息；其三，其他管理控制要素与环境、监督要素的交互关系需要管理会计信息。

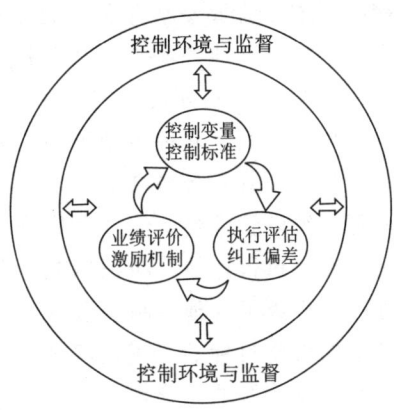

图 6-2 基于管理会计的管理控制要素系统

注：图中箭头表示的是管理会计信息系统，其作用在于将各个独立的要素组合成一个有机的整体。

管理会计信息系统的三个核心作用具体体现在：

首先，对于每一个管理控制要素而言，管理会计信息系统都是重要的。企业在根据其面临的环境选择相应的控制程序与模式时，首先需要的信息便是对环境的识别、分析。包括企业资产规模与结构的会计信息，关于企业所在行业的总体状况的会计信息，以及其他非货币信息。控制变量是企业重点需要防范的风险变量。对于风险变量的选择，也需要考虑成本效益的原则。只有建立在大量会计信息基础之上，才能选取真正值得控制的风险变量。控制标准的制定，同样需要会计信息，包括反映企业历史水平的会计信息，也包括反映行业水平的会计信息。执行评估与纠正偏差，需要提供反映企业实际业绩的会计信息，只有获得了实际业绩的真实状况，才能发现是否需要控制，采取何种手段控制。同样的，业绩评价与激励机制也需要建立在完善的会计信息基础之上。对管理控制系统运行有效性的监督，也需要相应的会计信息。监督过程中涉及整个企业的管理会计信息系统，因为监督要素强调的是对整个管理控制系统的监督。

其次，管理会计信息系统的另一个更重要作用是将这些相对独立的要素结合成一个有机整体的串联作用。在理论上，为了对管理控制进行解构，可以将其十要素看作相对独立的关系。但在现实的企业管理中，十要素是浑然一体，密不可分的，严格地区分十要素是做不到的，其原因之一是信息与沟通的作用。前文提及，管理控制要素构成了环环相扣的有机整体，这些要素并不具有天然的逻辑一致性，管理会计信息是这些要素紧密联系的必要条件。信息与沟通要素无时不刻，无处不在地融于每一个要素之中，将十要素紧密联系在一起，形成了一个有机的统一体。如果没有完善的管理会计信息系统，控制变量可能会与控制标准脱节，纠正偏差可能会与评估结果相违背。简言之，没有管理会计信息系统的串联，管理控制信息系统是一盘毫无意义的散沙。

最后，其他各要素与控制环境与监督要素存在的交互作用也需要管理会计信息系统。管理控制作为一个开放系统，其他各要素必然与控制环境存在着交互影响的作用（广义而言，监督要素可以看成控制环境要素的一部分）。一方面，控制环境影响着各要素的质量及运行，另一方面，其他各要素也会对环境要素提出相应的要求，进而影响着环境要素的变化。不管是环境要素影响其他要素，还是其他要素影响环境要素，这些交互作用都必须以管理会计信息为基础。

第三，控制变量、控制标准、执行评估、纠正偏差、业绩评价与激励机制六大要素，是一个相对独立的程序，构成了管理控制要素系统的主体部分。战略的实施，是一个系统工程，需要从既定战略目标始，进而将战略目标进行层层分解，选出值得重点控制的控制变量。而控制变量的量化便形成了相应的控制标准，进而将实际业绩与控制标准进行对比分析以实施执行评估的过程。执行评估所发现的偏差，需要选择适合的方法进行纠正。纠正效果的好坏直接决定了管理控制系统运行的效果。这种效果需要业绩评价，实施管理控制活动的主体——管理者——的行为也需要依据业绩评价的结果进行相应的激励。

第四，内部监督要素是管理控制系统的保障。管理控制作为组织战略得以落实的有效工具，其本身的运行的效率效果也需要某种控制手段加以监督。内部监督要素便是这种有效的控制手段。与六大环节对战略落实过程的风险控制不同，内部监督要素控制的对象直接是管理控制系统本身，无论是控制环境，还是信息系统，或者其他的任何控制环节，都是内部监督要素的控制对象。具体地，内部监督是对管理控制在一定时期内的运行质量进行评估的过程。企业实施有效的内部监督，需要通过持续监控活动、个别评价或两者相结合的手段实现对管理控制的有效监控。通过持续监控和个别评价的结合，能够保证管理控制系统各个要素在一定时期内保持其有效性。

三、管理控制十要素的创新特色

如前所述，在界定要素与管理控制要素的内涵与特征的基础上，通过借鉴管理控制要素的几种观点，尤其是内部控制五要素与风险管理八要素的观点，本书创新性地提出了管理控制十要素的观点。具体而言，相比于内部控制五要素与风险管理八要素，管理控制十要素的创新特色主要体现在以下几个方面：

第一，从总体而言，管理控制十要素是在内部控制与风险管理五要素与八要素基础上的创新，三者关系是逐步完善逐步具体的过程，而不是逐步取代的关系。如果风险管理八要素是在内部控制五要素基础上的创新，那么，管理控制十要素就是在风险管理八要素基础上的创新。因此，管理控制十要素的整体框架与内部控制以及风险管理的整体框架是一致的。具体而言，管理控制十要素之中，包含了与内部控制、风险管理相一致的三个要素——控制环境、控制报告与内部监督。如前所述，这三个要素分别构成了管理控制要素系统的基础、核心与保障，从而共同构成了管理控制要素系统的整体框架。

第二，较之于内部控制五要素与风险管理八要素，管理控制十要素形成了完整的程序系统。在内部控制中，风险评估与控制活动是主体部分，然而在内部控制整合框架中，并没有将这两个要素的具体内容以要素的形式体现出来，这导致内部控制五要素对于企业的实际应用而言，显得过于抽象，不利于内部控制的具体执行。同样道理，在风险管理八要素之中，目标设定、事件识别、风险评估、风险对策、控制活动这五个要素，也由于没有明确的控制标准而无法形成完整的控制程序系统。如前所述，在管理控制十要素之中，控制变量，控制标准，执行评估、纠正偏差、业绩评价与激励机制构成了一个相对独立的程序系统，是管理控制要素系统的主体部分。这六大要素环环相扣，逻辑前后衔接且相对具体，这将有利于管理控制在企业实际操作中得到执行。

第三，在管理控制十要素中，业绩评价与激励机制得到了明确的强调。在内部控制五要素中，并没有明确地提出对企业经营业绩评价与管理者激励机制的重视。事实上，无论从战略落实的角度，还是从为企业三大目标提供合理保证的角度，业绩评价与激励机制都是不可缺少的两个要素。一方面，对企业经营业绩进行评价，是为了对过去经营活动的总结，也是给企业未来的日常经营活动指明了方向；另一方面，激励机制的设计是为了将管理者的利益与企业利益融为一体，从而充分激励管理者积极地履行受托责任，提高管理控制的运行效率。

第四，在管理控制十要素中，控制报告与沟通交流被分别视为两个独立的要素，从而有利于控制报告的核心地位得到充分的重视。严格意义上，控制报告与沟通交流是两个不同的概念：一个企业可能建立了良好的控制报告，但没有良好的沟通机制。一般而言，控制报告是沟通交流的前提，能够提高沟通交流的效率。但是，将控制报告与沟通交流视为两个独立的要素，有利于企业突出控制报告的核心地位，从而投入足够的人力物力财力建设企业的信息系统。

第三节 中国企业管理控制具体要素创新

在上文中，管理控制要素系统被作为一个有机的整体看待，其核心在于管理控制十要素作为一个有机整体而呈现的创新性。在管理控制要素系统创新的基础上，也需要研究中国企业管理控制具体要素的创新。在本节中，我们将按照管理控制十要素之间特定的逻辑关系展开对每一个具体要素的创新，具体包含控制环境要素创新、系统与沟通要素创新、控制环节要素创新，以及内部监督要素创新。

一、控制环境要素创新

完整地看，控制环境包含外部环境与内部环境，但外部环境对于企业而言是一个既定的约束条件，企业无法改变。因此，以下将重点介绍企业战略、公司治理、组织架构、企业文化、生产技术与人力资源这六大内部环境的具体创新。

（一）企业战略与管理控制

企业管理控制作为管理者影响企业中其他成员以实现企业战略的过程，理解企业战略对管理控制系统建立有着至关重要的影响。研究企业战略与管理控制系统的关系主要应明确以下两个问题。

第一个问题是战略制定与管理控制。管理控制是发生在一个组织中的各种计划与控制活动的一种。企业的计划与控制活动至少有三种：一是战略确定；二是管理控制；三是任务控制。战略制定与管理控制的联系十分明确：战略制定是决定组织目标和达到这些目标的战略过程；管理控制是保证企业战略实现的过程。战略制定与管理控制的区别主要体现在：战略制定是决定新战略的过程；管理控制是决定如何执行战略的过程。从系统设计的观点看，两者的最重要区别在于战略制定是非系统的，管理控制是系统的。另外，一个战略提出往往涉及相当少的人，而管理控制过程涉及组织中各个层次的管理者和职工。战略制定仅涉及组织的某部分，引起某一战略的变化，而许多其他战略不受影响；管理控制过程必然涉及整个组织，以使管理控制的各部分相互协调。

第二个问题是战略层次与管理控制。企业战略通常包括两个层次：企业整体战略、企业内部单位战略。不同的战略层次决定其管理控制重点与方式不同。对于企业整体战略而言，管理控制的重点应着眼于企业长期的发展趋势，在范围上虽涉及企业经营活动的方方面面，但也主要是对企业总体发展态势的管控。对于企业内单位战略而言，管理控制对象则更多的是某一个部门的短期及具体的目标。总之，企业各层次管理者应根据本层次战略事项与战略选择采取相应的管理控制方式、确定管理控制重点。

（二）公司治理与管理控制

在现代企业制度下，两权分离是典型特征。随着人类合作范围在广度与深度上扩展，企业规模不断扩大，股东与经理层之间的代理问题就客观地存在了。面对这样的困境，公司治理结构是解决这种问题的有效手段。在本质上是一系列合约（制度）安排的公司治理结构，成为了企业管理控制运行的制度基础，具体可从广义与狭义两个角度理解。

从广义的角度来看，公司治理结构涉及股东、董事会、监事会、经理层以及全体员工的权力制衡关系。股东是企业的所有者，股东大会是企业权力机构。董事会由股东大会选举产生,是企业的决策机构。监事会,也称公司监察委员会,是由股东大会选举的监事以及由公司职工民主选举的监事组成的。监事会是股份公司法定的必备监督机关,是在股东大会领导下,与董事会并列设置,对董事会和总经理行政管理系统行使监督的内部组织。经理层由董事会选聘,对企业日常经营活动负责。员工通过贡献出自己的劳动力而成为企业的一员。

从狭义角度,公司治理结构的核心问题是股东对经理层的监督控制,即如何协调股东与经理层的利益关系,从而保证投资者(股东)的投资回报。在所有权与经营权分离的情况下,由于股权分散,股东有可能失去控制权,企业被内部人(即管理者)所控制。这时控制了企业的内部人有可能做出违背股东利益的决策,侵犯了股东的利益。这种情况引起投资者不愿投资或股东"用脚表决"的后果,会有损于企业的长期发展。公司治理结构正是要从制度上保证所有者(股东)的控制与利益。

公司治理结构是否完善直接决定着管理控制系统能否有效地运行。尤其是股东大会以及董事会、监事会对经理层监督的有效性。经理层直接掌握着企业所有资源的日常经营权,并且对其行为监督的困难较大。没有有效的公司治理结构,企业所有者的利益得不到应有的保障。因此,公司治理结构是管理控制系统有效运行的基础条件。如果企业所有者的利益得不到维护,企业便失去了存在的价值,更不用谈企业管理控制系统的有效运行了。

公司管理是运营公司,公司治理则是确保这种运营处于正确的轨道上。两者的联系可以概括为图6-3所示的逻辑关系。

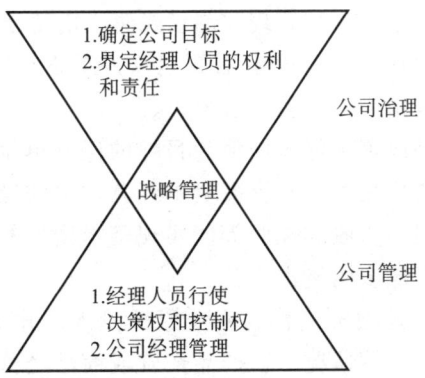

图6-3 公司治理与管理控制的关系图

如前所述,公司治理结构越完善越有利于管理控制系统的运行。良好的公司治理结构至少需要满足以下几个条件:

第一,企业应该建立完整的权力制衡机制。股东大会必须严格按照公司法召开会议,选取董事会、监事会。董事会必须以全体股东利益为上,选择德才兼备的职业经理人。企业只有建立了完整的制衡机制,公司治理结构才有不断完善的可能。

第二，完善的公司治理需要设立监事会，并真正发挥监事会的监督作用。按照《公司法》的有关规定，监事会的成员并非完全是由股东大会选聘的，其中1/3是由企业职工选出的职工代表，监事会不享有企业控制权，也不明确对谁负责，其主要职责应该是对董事会（及其下属）行驶剩余控制权进行监督，包括对董事会行驶剩余控制权的合法合规性进行监督，也包括对高级管理者行为的监督。

第三，完善的公司治理也需要建立完善的独立董事制度。企业发展壮大以后，必然面临由于企业所有权与经营权的分离而带来的诸多问题。由于企业所有者的能力以及专业知识的限制，仅仅靠企业股东或所有者的监督，很难实现企业的良性发展。此时，选聘一些专家建立某种制度以达到监督、制衡的作用，从而保证经营者不会背离所有者的目标，促进代理与委托双方利益的一致，提高运营效益，就显得尤为重要了。独立董事制度正式应这一要求成为了企业的一种重要制度安排。

（三）组织架构与管理控制

组织架构是企业的流程运转、部门设置及职能规划等最基本的分工安排或分工框架，支撑着整个企业的运行。企业出现之根本动力，就是人类对分工效率的追求。组织架构是企业内部分工的外在表现形式，是分工效率提高的基础。常见的组织架构形式包括直线制、职能制、直线职能制、矩阵制与事业部制。前文述及，组织架构无所谓好与坏，只有适合不适合之分。是否适合需以对象而论，企业管理活动可以分为资本经营与管理控制两大类。资本经营要求企业建立责任中心；从管理控制角度而言，管理控制模式是组织架构设计时需要考虑的虽不是唯一却是一个非常重要的因素。接下来，从资本经营与管理控制模式两个角度分析组织架构的设计。

首先，从资本经营角度而言，企业需要建立四个责任中心，即资本经营中心、资产经营中心、商品经营中心与产品经营中心。

资本经营中心指的是以资本保值增值为目标的经营单位。资本经营的内涵是指企业以资本为基础，通过优化配置来提高资本经营效益的经营活动，其活动领域包括资本流动、收购、重组、参股和控股等能实现资本增值的领域，从而使企业以一定的资本投入，取得尽可能多的资本收益。

资产经营中心的特点是把资产作为企业资源投入，并围绕资产的配置、重组、使用等进行管理。在资产经营情况下，产品经营或商品经营要以资产经营基础，即围绕资产经营进行商品经营和产品经营。

商品经营中心的主要职责是围绕产品生产进行经营管理，包括供应、生产和销售各环节的管理。商品经营中心应以市场为导向，组织供产销活动，以一定的人力、物力消耗生产与销售尽可能多的商品。

产品经营中心的主要职责是组织企业的产品生产并重点控制产品的生产成本。资本经营、资产经营与商品经营目标的实现都依赖于产品经营有效性。

值得注意的是，这四个责任中心在企业内部可能是具体的，也可能是抽象的。

企业并不一定以责任中心为名设计组织架构,但如果用其实质工作内容为标准判断,企业必定存在四个责任中心。这是由市场机制下企业资本保值增值的目标所决定的。

其次,对于管理控制模式而言,企业需要从分权程度与职能部门的角度设计组织架构。

从集权与分权的角度,组织架构可分为集权式组织结构和分权式组织结构。前者强调决策与控制权集中在少数管理者手中,后者强调权力的下放。在四种控制模式中,制度与预算控制模式更适合以集权为主的组织架构,评价与激励控制模式更适合以分权为主的组织架构。

制度控制模式,指企业通过规章制度、条文的形式规范企业员工行为。预算控制模式,指的是通过预算计划的形式规范组织的目标和经济行为的过程。制度控制模式强调的是对制度的遵守。预算控制系统强调过程控制。显然,两种控制模式都强调的是集权化管理。集权化的管理控制需要的是集权化的组织架构作为其运行的基础。评价控制模式,是指管理者通过评价的方式规范组织成员行为,以保证组织目标实现的过程。激励控制模式,指的是通过激励的手段规范组织成员的行为,更强调的是发挥组织成员本身的主观能动性。显然,这两种控制模式更适合分权式的组织结构。制度、预算、评价、激励控制模式所适应的组织架构可用图6-4来表示。

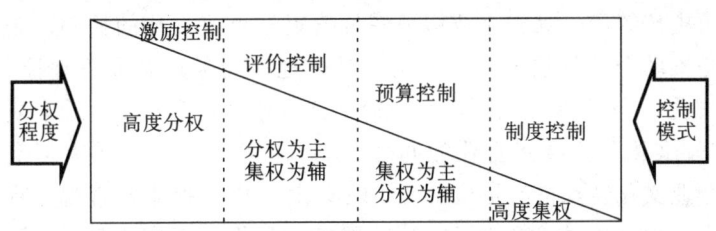

图6-4 管理控制模式与组织架构设计

除了从分权程度角度以外,四种控制模式也需要依自身不同的特点及需要,在整体的组织架构中设置专门的职能部门。制度控制系统的运行中,强调的是组织成员是否严格地按照组织规章制度规范自己的行为。企业可以考虑单独建立一个制度考核部门,对企业员工行为进行监督与考核。也可以将制度考核部门设置为某个部门的一项日常职能。

预算控制系统的各个环节目标的实现都依赖于预算控制体制的建立与健全。预算控制体制的核心部分是企业预算控制组织体系的建立。我国目前比较流行的预算控制组织体系通常分为三级,预算委员会——预算委员会常设机构(财务部门)——各预算主管部门。此外,预算控制系统需要企业建立责任中心,责任中心的建立与企业组织结构密切相关。在层级制的组织管理中,依据各责任中心的权责范围,将其分为:投资中心、利润中心、成本费用中心。各个责任中心是预算的执行组织,责任中心的划分是预算控制系统运行的一项必不可少的基础性工作。

评价控制系统与激励控制系统更强调分权管理，但为了更好地实施评价与激励控制措施，提高控制的专业化与有效性，企业可以考虑建立专门的评价部门或激励部门。或者将这两种管理控制活动集中到企业人力资源部门，并在该部门中建立完善的评价与激励的原则、方法、流程。

（四）企业文化与管理控制

企业文化（Corporate Culture），是一个组织由其价值观、信念、仪式、符号、处事方式等组成的其特有的文化形象。企业文化是企业内部的非正式约束机制，是企业管理控制系统运行的文化基础。良好的企业文化可以在企业内部催生积极向上的文化氛围，从而减少企业员工之间的矛盾冲突。员工的道德素质，指的是企业员工本身的价值取向、信念、理念等。它不仅可以看作是企业文化的结果，也可以看作是相对独立的因素影响着企业管理控制水平的高低。员工道德素质部分是其进入公司以前就已形成，部分来自于企业文化的熏陶。前者不是企业所能塑造的，后者是企业管理者力所能及的。因此，对于企业管理者而言，企业文化与员工道德素质可以统一于企业文化之中。

企业文化是在一定的条件下，企业生产经营和管理活动中所创造的具有该企业特色的精神财富和物质形态。它包括文化观念、价值观念、企业精神、道德规范、行为准则、历史传统等。其中企业精神和价值观是企业文化的核心。企业文化是企业的灵魂，是推动企业发展的不竭动力。具体地，为促进企业管理控制良好运行，需要在"硬文化"与"软文化"两个方面塑造企业文化和员工道德素质。

首先，"硬文化"主要指企业的办公环境、生活娱乐场所等有形资产。企业需要塑造符合企业文化特征的有形资产。"硬文化"从一种非常直观、具体、生动与鲜明的感官视角使全体员工产生了一致认同感，其作用不容小觑。"硬文化"给予了企业员工产生认同感的最直接的方式，对新老员工都有同样的效果，也提高了企业在整个社会中的辨识度，提高了企业员工价值观的一致性。企业需要考虑建设符合本公司特点的有形资产，包括形状、色彩、位置布局等。

其次，"软文化"包括各种行为规范、价值观念、企业的集体意识、职工素质和优良传统等，是企业文化的核心，被称为企业精神。每一个企业员工都是一个有思想、有利己之心的独立个体，每一个人都有自己的目标。组成一个企业或集体，彼此之间的摩擦在所难免。鉴于此，企业精神对于管理控制运行的效率至关重要。塑造良好的企业精神，重点在于构建企业的核心价值观。它是企业最核心的灵魂所在，其重要作用是时时刻刻提醒企业员工应该做什么，不应该做什么，并时刻牢记企业的使命。企业核心价值观的表达必须做到言简意赅，生动具体，切忌长篇大论、空洞乏味。

（五）生产技术与管理控制

技术的一般概念是指用来使组织的投入（包括材料、信息、概念）转变为组织产出（产品和服务）的操作流程，以及相关的硬件设施（如机器和工具）、原材料、人力、软件和知识。按照生产制造的特点相应的技术类型可以划分为小批量、大批量、流程生产（process production）和标准化大批量生产（mass production）的技术。

不同类型技术的复杂性程度不同，所谓的技术复杂性是指制造过程的机械化程度，从小批与单件生产到大规模生产，其机械化程度不断提高，技术复杂性程度也逐渐提高。而不同的技术复杂性对管理控制系统的影响也不相同。

对于生产标准的、无差别产品的组织而言，往往采用大规模生产的技术，即机械化程度较高，因此，其技术复杂性较高；但其生产过程的信息比较容易掌握，一旦出现问题后，参与者在解决问题时可以运用客观的、标准的程序，生产结果也比较容易衡量。在这种情况下管理控制系统往往是传统的、正式的、财务模式的管理控制系统。

对于生产高度专业化、非标准的、差异性产品的组织而言，其机械化程度往往较低，因此，其技术复杂性较低；但了解其生产过程的信息比较困难，若出现问题时，其原因和解决方法都很难通过现成的技术和程序去做准确的判断，往往只能依赖参与者的工作经验、直觉和分析判断能力，也即其问题一般为可分析度不高并存在较多例外情况，其产出衡量也更加困难。这种情况下往往技术鼓励采用灵活反应的控制，鼓励高水平的开放式沟通。

（六）人力资源与管理控制

从管理控制的根本目标"提高经营管理活动的效率和效果"可以知道，管理控制的对象是经营管理活动，而人作为每一项经营管理活动都必然涉及的受动者或施动者，必然会对管理控制系统产生影响。

人力资源变量对管理控制系统的影响可以归纳为两个方面：一是人力资源的管理，二是人力资源的素质。

从人力资源管理的角度看，现代人力资源管理的内涵是指"人力资源的获取、整合、保持、激励、控制调整以及开发的过程"（林泽炎，2001），在这一过程中，其管理模式通常可以划分为以事为中心和以人为中心两种。以事为中心的管理模式，视员工为一种成本负担，将其当作一种"工具"，注重的是投入、使用和控制，强调"事"的单一方面的、静态的控制和管理，这种管理方式更强调通过行政命令、规章制度、硬的预算约束等正规控制手段进行管理控制；以人为中心的管理模式视员工为有价值的重要资源，注重的是满足员工自我发展的需要，强调人的激励和开发，这种管理方式更强调通过组织文化、组织习俗等非正规的方式进行控制。

从人力资源素质的角度来看，道德素质和专业素质是衡量人力资源总体素质的两个主要方面。道德素质可以保证员工"做正确的事"，它决定了员工的行为与管理者所期望的行为相一致的程度。对具有良好道德素质的员工，组织一般不会通过硬性约束来对其行为进行限定，较容易采取宽松的控制方式和非正规的控制手段；专业素质可以保证员工"正确地做事"，它决定了员工工作的结果与管理者所期望的结果相一致的程度,对专业素质高的员工同样也倾向于采用宽松的控制方式和非正规的控制手段。

二、信息与沟通要素创新

信息与沟通要素,主要指的是控制报告要素与沟通交流要素的结合。管理控制的任何要素的运行,都必须建立在控制报告的基础之上,同时也需要将各自的信息进行交流,使管理控制要素形成一个以控制报告(信息系统)与沟通交流为核心的有机整体。为了充分体现并发挥信息与沟通要素的核心地位,有必要对这两大要素进行具体的创新。

(一)控制报告

控制报告在企业管理控制中处于核心地位,而管理会计信息系统又是控制报告要素的核心,应当受到企业的重点关注。换言之,为了有效地创新控制报告要素,关键在于创新管理会计报告。进一步看,创新管理会计报告的关键则在于明确管理会计报告的服务对象——基于价值的管理。

基于价值的管理实际上就是价值创造与价值实现的过程。价值创造属于企业内部管理的范畴,是指通过经营管理创造企业的内在价值,具体表现为一系列期望的未来现金流的净现值。价值实现则是通过对外沟通来完成的,是指通过与股东和外部投资者进行有效沟通,以提高价值创造与股票价格之间的相关性,使经营绩效有效地反映于资本市场的股东投资效益。价值创造是价值沟通的基础,为了创造价值,企业必须对自身所处的内外部环境进行系统性分析,并据此评估和选择战略。选择企业战略后,接下来的管理程序就是战略的实施,而有效实施战略的关键在于企业经营决策的科学性和管理控制系统的有效实施。

基于价值管理的信息是以价值计量和报告为基础的信息,无论是企业价值实现,还是企业价值创造,都对会计信息具有强烈的需求。一方面,价值实现要求企业与股东和外部投资者进行有效沟通,而在各种沟通途径和载体中,会计信息无疑承担着最为重要的角色,即企业为了满足外部信息使用者的信息需求,必须根据一定的标准定期编制并披露财务报告,以提供外部投资决策有用的信息并反映企业管理者的受托责任,这属于传统的财务会计的职能。另一方面,价值创造要求企业进行有效的资本经营和管理控制,企业决策与控制的关键在于利用企业内部可靠与相关的信息,而提供这些企业内部经营管理需要的信息应是管理会计的职责,即管理会计应是基于经营管理的"会计"。

如图 6-5 所示,基于经营管理的会计控制报告是一个创造价值、实现价值的信息系统,它应围绕会计的本质和目标,按照会计的确认、计量、记录和报告程序,最终提供内部报告(或管理会计报告)。从会计信息使用角度看,内部报告有狭义和广义之分。从狭义上讲,内部报告仅仅是提供给内部经营管理者使用的报告,与其相对的是提供给外部信息使用者的财务报告;从广义上讲,内部报告的信息包含了财务报告信息,外部报告的信息可以看作是企业内部报告体系的有机部分。因此,管理会计在广义上应该包含财务会计,管理会计比财务会计提供更加全面的信息。管理会计报告的核算范围、确认标准、计量模式、报告方式等均与传统财务会计的要求不同,其形式比财务报告自由,它不受会计准则的制约,并以满足相关性为首要质量要求。

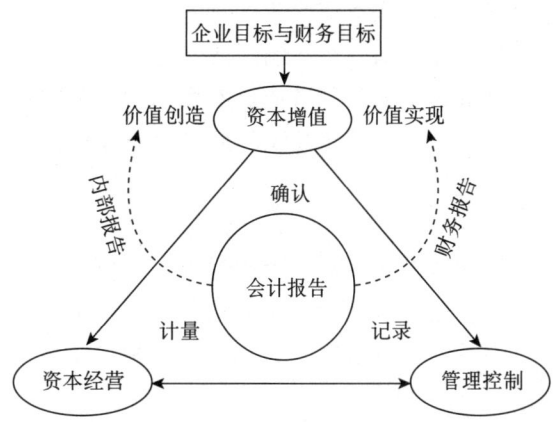

图6-5　基于经营管理的会计控制报告

(二) 沟通交流

沟通交流是与控制报告要素紧密联系的一个要素,并与控制报告一起构成了管理控制要素的核心。因为,沟通交流的载体主要还是控制报告,即沟通交流要素是控制报告要素的衍生之物。只有建立良好的沟通交流要素,控制报告所承载的信息才能在企业内部得到充分的共享,从而使企业管理控制系统的各个组成部分组成一个有机的系统。

创新沟通交流要素的关键是构建企业内部沟通渠道。在企业内部,沟通障碍可能来自于上下级部门之间,也可能来自于平级部门之间。有效的沟通渠道,必须同时考虑到企业内部各个层级之间的信息沟通 (如图6-6所示)。

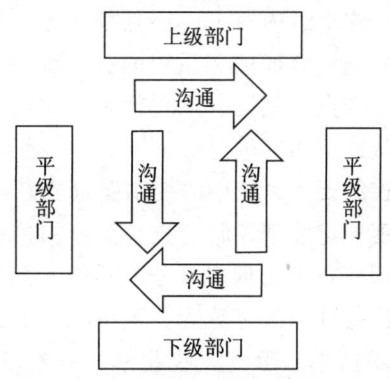

图6-6　企业内部沟通渠道建设示意图

如图6-6所示，企业管理控制的沟通交流要素的创新，关键在于完善上下级与平级之间的沟通。一般而言，上下级之间的沟通应注意建立非命令式沟通。由于组织内资源的稀缺性与权力的不对称性，组织中的员工和领导者永远不可能真正处于平等的位置上，在我国企业中尤其如此。正因为如此，企业在领导者选拔时，应该有针对性地选拔那些倾向于非命令型沟通风格的领导者，进而提高企业员工的信任水平。与此同时，平级部门间的沟通应注重的则是保持沟通频率。平级间的沟通频率不仅是一种工作的必须程序，而且会影响到彼此的信任。平级间的沟通频率越高，彼此的信任就会越高。由此，企业领导者应该有意识地鼓励平级部门之间的信息共享，建立良好的沟通氛围，这对降低企业交易成本十分有利。

三、控制环节要素创新

在管理控制十要素之中，控制变量、控制标准、执行评估、纠正偏差、业绩评价、激励机制这六大要素，是管理控制要素系统的主体部分，并直接决定着管理控制要素系统的有效性。对这六大要素的具体创新，也构成了我国企业管理控制要素创新的主体部分。

（一）控制变量与控制标准

控制变量与控制标准，是一对紧密联系的要素。概括而言，控制变量是确定哪些环节需要进行控制，而控制标准则是对控制变量的具体量化过程，关注的是控制程度问题。

1. 控制变量

控制变量是指影响企业战略目标的关键因素和风险因素。企业目标能否顺利实现主要在于对风险因素、价值驱动因素等影响企业目标的关键因素的控制。因此要搞好管理控制，必须从价值驱动角度找出关键控制变量，特别是风险控制变量。管理控制变量是控制变量中的一种特殊变量，它与技术控制、行为控制等不同，其特点是由管理控制特点所决定的。

管理控制系统无论从形式上、内容上，还是程序上，所涉及的控制变量不仅涉及面广，而且数量多。如何确定全面的、系统的、关键的、精练的管理控制变量指标体系，是进行管理控制的难点与关键。从现代企业制度下的公司制企业看，管理控制变量的选择与确定可从以下角度进行（如图6-7所示）。

如图所示，企业管理控制要素系统中的控制变量要素创新可以从以下角度进行：

第一，从控制主体角度确定管理控制变量。企业的控制主体可分为股东（董事会）对管理者的控制；高层管理者对低层（子公司等）管理者的控制；管理者对员工的控制。管理控制变量按这种层次可分为、董事会对管理者进行管理控制，其控制变量包括资本增值额和增值率、净资产收益率、资本成本率、总资产报酬率等。公司管理者对子公司、分公司、事业部等管理者进行管理控制，其控制变量根据授

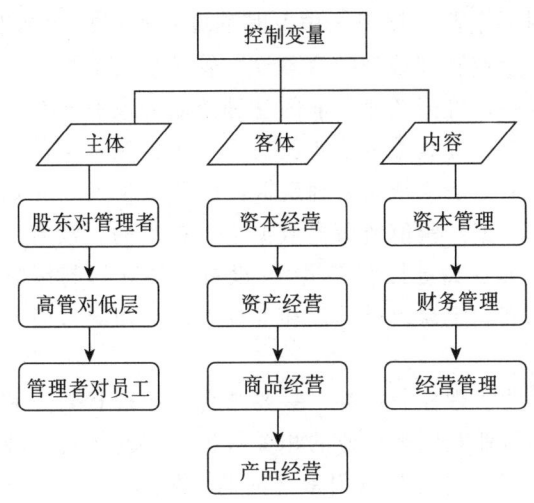

图 6-7 控制变量的多维度展开

权程度包括净资产收益率、总资产报酬率、销售利润率、总资产周转率、资产负债率等。子公司、分公司、事业部等管理者对其部门、车间的管理者进行管理控制的变量,包括销售利润率、收入成本率、百元收入费用率、成本费用降低率等。部门、车间管理者对员工进行管理控制,其控制变量包括工时定额、消耗量定额、费用定额、计件工资等。

第二,从控制客体角度确定管理控制变量。基于价值的企业的控制客体根据其授权大小可分为资本经营中心、资产经营中心、商品经营中心和产品经营中心。资本经营中心的管理控制变量包括资本增值额、净资产收益率、总资产报酬率、总资产周转率等。资产经营中心的管理控制变量主要有总资产报酬率、总资产周转率等。商品经营中心的管理控制变量指标主要有销售利润率、成本利润率、收入成本率、收入费用率等。产品经营中心的管理控制变量指标主要有单位成本、成本费用降低率、产值成本率、单位材料消耗和单位工时消耗等。

第三,从控制内容角度确定管理控制变量。管理由资本管理、财务管理和经营管理构成,管理控制内容应当包括对这三部分内容的控制。财务管理最综合地反映了各项经营活动状况及结果。财务管理控制变量可分为资产负债表控制变量、利润表控制变量和现金流量表控制变量。经营管理控制变量则分别以采购控制变量、生产控制变量和销售控制变量为基础,从而形成收入控制变量和成本费用控制变量。资本管理控制变量则从投资和筹资角度分别确定投资或资产控制变量、筹资或资本控制变量。经营管理控制变量与资本管理控制变量最终都制约或影响财务管理控制变量。

2. 控制标准

企业管理控制标准是指对企业进行管理控制的依据或准绳,它是对控制变量的量化。控制标准规划了企业应该怎么做及其程度。管理控制标准确定得是否正确，在很大程度上影响到企业管理编制的合理性、管理执行的可控性、管理评价的准确性。相关实证研究表明，许多企业目前的管理控制并没有充分实现控制、考核各个部门及相关人员的功能，究其原因主要就在于管理控制标准的制定存在问题，主要表现在没有采取科学的方法或依据来确定管理控制标准。即在实际制定控制标准时，许多管理控制标准是根据经验值或历史数据主观推测的，没有区分可控项目与不可控项目（或者说没有抓住关键控制变量），没有搞清项目与影响因素之间的逻辑关系。结果造成控制标准制定缺乏科学性和准确性，从而导致管理控制的功能与作用难以充分发挥。

制定出合理的企业管理控制标准，一要结合企业现状研究和分析企业本身的历史数据；二要研究同行业和同类企业的相关数据；三要结合企业战略分析与战略目标，明确每一管理控制项目与影响因素之间的逻辑关系，以管理控制变量为基础，确定管理控制标准，反映了管理控制标准制定过程。

（二）执行评估与纠正偏差

在控制变量与控制标准制定的基础上，需要进一步将实际业绩与控制标准进行对比，以实施执行评估与纠正偏差的过程。执行评估与纠正偏差是前后相继的两大步骤，执行评估是为了找出战略落实过程中的偏差及其原因，纠正偏差则是依据偏差产生的原因，选择合适的手段进行控制的过程。

为了充分发挥企业管理控制系统的执行评估与纠正偏差功能，需要创新一套科学、合理、有效的评价与纠正程序（如图6-8所示）。

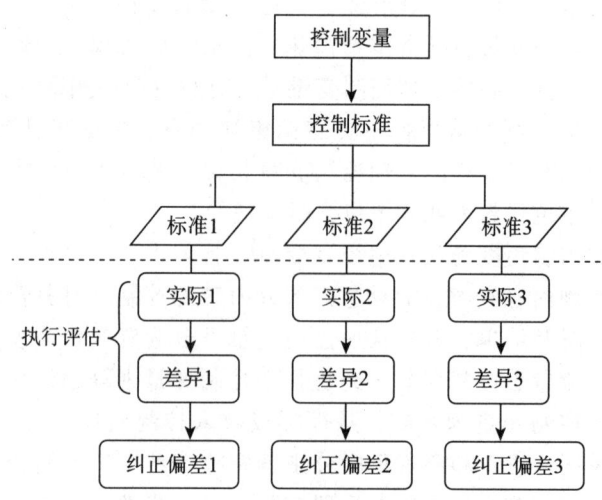

图6-8　执行评估与纠正偏差

如图6-8所示，在控制变量与控制标准的基础上，完整的执行评估与纠正偏差过程包含以下具体步骤：

第一,计量实际业绩。计量实际业绩的方法一般包括会计核算、统计核算与业务核算等。在管理控制中,这些核算的关键一是要与控制标准相对应,即核算应符合控制的要求;二是要核算及时,即能根据核算及时纠正偏差。这也是管理控制对组织核算的基本要求,否则,控制将无从谈起。

第二,发现偏差,分析原因。在发现偏差的基础上,需要对差异原因进行分析,特别是分清可控差异与不可控差异,从而明确控制重点。另外,根据差异程度确定控制程度是管理控制过程中的重要环节。控制程序可分为紧控制与松控制,这要视被控项目的重要程度及通常差异程度而定。

第三,选择方案,纠正偏差。纠正偏差就是为消除已发现的缺陷而采取的措施,将目前偏离了标准和要求的状态纠正至符合要求,将缺陷事件改变为合格事件。企业战略在落实过程中出现偏差是必然的,因此,管理控制的实施效果,在很大程度上就取决于是否实施了有效的补救措施。概括而言,管理控制中纠正偏差的方法无外乎两类:要么改进具体工作方法,要么重新修订标准。

改进具体工作方法,指的是分析衡量结果,并得出是哪方面的问题,然后选择针对性的改进策略或方法。在改进具体方法之外,在某些情况下,偏差有可能来自不切实际的标准,发现标准不切实际,管理者可以修订标准,但管理者在作出修订标准时要非常谨慎,防止被用来作为不佳工作绩效借口而开脱责任,管理者应该从控制的目的出发作仔细的分析,确认标准的确不符合控制的要求时,才能作出修正的决定。

(三)业绩评价与激励机制

业绩评价与激励机制是一对相互联系的要素,一般而言,业绩评价引导着管理控制系统的运行方向、评价体系所规定的内容、管理控制系统运行所追求的目标。激励机制则是在业绩评价基础上保证管理者保持积极性与创造性的制度基础,只有当管理者报酬与管理控制运行效果联系在一起时,管理者才有足够的积极性保证管理控制的有效运行。

1. 业绩评价

业绩评价在企业管理控制中占据重要的地位,企业有什么样的评价指标或评价系统,企业的行为将随之而动,评价的重要功能就是管理导向。基于管控控制的绩效评价体系日益成为企业中最为重要的管理制度体系,建立、实施并不断完善企业管理控制绩效评价体系已经成为企业管控系统的十分重要的有机组成部分。业绩评价的重要意义或主要功能主要体现在以下几个方面:

第一,传导功能。通过绩效评价来传达企业集团的愿景、使命、发展战略和价值观,引导子公司管理人员的个人行为趋向企业集团的整体组织目标。

第二,控制功能。绩效评价是战略管控系统的主要控制手段。通过评价,使战略实施处于受控状态,确保战略管控工作维持在合理的方向、数量、质量、进度和协作关系上，企业各项管控工作能够按企业战略目标计划进行。

第三，激励功能。绩效评价对战略管控工作的成绩给予肯定，能使公司体会到成功的满足感和自豪感，可以调动全体员工的积极性。

第四，发展功能。绩效评价，一方面在对企业战略管控的实施效果进行评价的同时，也通过对问题的诊断与识别，为战略管控的未来适应性及其发展方向提供分析依据；另一方面，企业可以根据母子公司全体员工完成战略管控工作实绩和履行岗位职责能力的评价结果，明确未来的人力培训目标与计划，以提高员工素质，推动企业发展。

为了实现业绩评价的功能，企业应该采用适合的评价方法。一方面，业绩评价指标按照其是否来源于会计系统可以分为财务（或会计）评价指标和非财务评价指标。财务（或会计）评价指标的特点是取自一个组织的会计系统，并且可以用货币进行计量。非财务评价指标的数据则不取自组织的会计系统，而是取自经营系统，因而又可称为经营评价指标。另一方面，业绩评价的方法可以分为单一指标评价方法与指标体系评价方法，其中多指标评价方法是关键所在。

为了有效地进行多指标评价，平衡计分卡是一个有效的方法。平衡计分卡充分体现了权变理论的思想，综合考虑了企业的内外部因素。平衡计分卡是用财务、顾客、公司内部经营和成长、创新四个方面一系列的经营指标，把公司的使命和主要策略转化为一套相互联系、相互制约的衡量目标体系，用以全面评价公司经营业绩的一种评价系统。平衡计分卡提供了一个把企业战略转变为可操作内容的基本框架。这就把财务指标与非财务指标的评价方法，融入到组织所有级别员工的信息系统之中。一线员工了解自己的决策和行动的财务后果；高级经理则了解长期财务成功的各种因素。平衡计分卡做到了外部计量方法（股东和客户方面）和内部计量方法的兼顾（经营过程、技术改新、学习与成长等），以及对滞后指标与先行指标的兼顾。

2. 激励机制

激励机制是在组织系统中，激励主体系统运用多种激励手段并使之规范化和相对固定化，而与激励客体相互作用、相互制约的结构、方式、关系及演变规律的总和。激励机制是企业将远大理想转化为具体事实的连接手段。

一般而言，为了设计有效的激励机制，一般应从以下几个方面着手：

一是营造良好的激励环境。在激励机制运行过程中，企业激励环境是转变和形成员工观念的重要因素，对员工的观点、接受程度、行为等产生重大的影响。因此，为保障基于成本控制的激励机制在企业中的顺利、健康运行，就需要营造良好的外部激励环境。营造良好的外部激励环境，需要培育优秀的企业文化，倡导"节约""看重能力和绩效"等价值观念，大力宣传"人才价值论"，积极构建"节约型企业"。以"员工是企业主体"为出发点，以形成"尊重人、理解人、关心人"的氛围为落脚点，充分发挥企业文化的导向作用和凝聚作用，引导员工形成成本控制的心理走势，培养员工与企业荣辱与共的归属感和主人翁意识，将员工个人目标与企业发展目标有机地融合起来，使员工与企业形成一个"利益共同体"，最大限度地激发员工主动发挥自身潜能，实现企业的持续、健康、稳定发展。

二是建立奖励制度。奖励制度是指对在生产劳动或工作中作出优异成绩的劳动者给予奖励的制度，它是对劳动者的关怀和爱护，体现了按劳分配的原则，是鼓励先进、督促后进和促进生产发展的重要方法。奖励制度一般分精神奖励和物质奖励两种。精神奖励亦称荣誉奖，如授予奖励制度光荣称号、颁发奖状和奖章等；物质奖励是给予奖金、奖品等实物的奖励。企业管理控制中，应同时注重物质奖励与精神奖励，并协调两者的相互关系，对不同的员工，依据不同的标准制定合适的奖励制度，惟其如此，才能充分挖掘员工的工作积极性。

三是配套约束惩罚制度。约束惩罚一方面是一种对员工负强化的信息反馈。当员工在工作上出现差错或不符合标准的情况时，给予员工适当的惩罚，使员工的物质利益和精神利益受到一定的损失，引起员工心理上的惧怕，在工作中能够尽可能地避免出现类似情况，从而减少并逐步取消企业所不希望的行为；另一方面是企业转嫁经营风险的一种举措。大多情况下员工只得到企业成长成功的附加收益，而当企业经营失败时员工却不能承担责任和损失的风险，起不到有效避免和遏制经营风险的作用。

在我国人情化的社会背景下，没有强有力的约束就容易出现政策措施实施偏差的问题，如果只对积极工作、业绩突出者进行奖励，却对消极怠工、业绩不达标者不给予惩罚或惩罚力度不够，就会造成赏罚不分明的现象，在一定程度上会助长消极工作的情绪，不利于企业的长期发展。因此，激励机制的实施过程中，应制定严厉的违规惩罚制度和条例条款，对不切实际、弄虚作假的隐瞒或虚报员工业绩等行为实施严厉的惩罚，以高额的违规成本杜绝此类现象的发生。同时，这些惩罚制度和条例条款要让员工明确，在与员工签订的劳动合同或协议中注明，避免与员工产生纠纷，从而保障基于成本控制的企业激励机制得以切实、健康、有序地运行。

四、内部监督要素创新

内部监督要素，指的是企业对管理控制建立与实施情况进行监督检查，评价管理控制的有效性，发现内部控制缺陷，并及时加以改进的过程总和。管理控制作为战略实施的工具，其本身也需要控制，此过程就是监督要素的主要内容。

内部监督分为日常监督与专项监督。日常监督是指企业对企业对建立与实施内部控制的情况进行常规、持续的监督检查；专项监督是指在企业发展战略、组织结构、经营活动、业务流程、关键岗位员工等发生较大调整或变化的情况下，对管理控制的某一或者某些方面进行有针对的监督检查。企业应当制定管理控制缺陷认定标准，对监督过程中发现的管理控制缺陷，应当分析缺陷的性质和产生的原因，提出整改方案，采取适当的形式及时向董事会、监事会或经理层报告。

在管理控制系统之中，有效的内部监督应具备以下几个条件：

第一，建立内部审计委员会，且审计委员会能够充分发挥其应有的职责。对管理控制系统监督的有效性，很大程度上取决于企业是否实施有效的内部审计。内部审计的实施有赖于内部审计委员会的建立。若没有审计委员会，则无论是注册会计师还是证券监督部门的监督，更多的是一种事后监督。然而，相比于事前与事中监督，事后监督对企业管理控制系统的影响要小得多。简单地依靠事后监督，将会极大程度地降低管理控制系统运行的效率。

审计委员会真正做到对企业管理控制系统进行有效的监督控制，需要具备以下几个条件：①审计委员会须正确处理与董事会、高层管理人员、财务总监、内部审计部门、外部审计人员，以及相关专家之间的关系，并保证信息在这些人员之间保持畅通；②敢于科学、准确、客观、公正地指出企业管理控制系统存在的缺陷与不足，不充当无原则的"和事佬"；③审计委员会必须掌握着足够的权力与资源，以支撑其各项功能的正常运行；④审计委员会的监督活动应该与管理控制其他要素融为一体，渗透到管理控制系统的每一个要素与环节之中。

第二，建立内部监督制度。内部监督制度是企业指导进行内部监督的规范，也是企业开展内部控制内部监督的依据。企业应当根据《企业内部控制基本规范》等的要求，制定内部控制监督制度。在内部监督制度中，应当明确内部审计机构等类似其他监督机构的职责，明确内部审计机构与其他内部机构之间的关系，明确开展内部监督的程序、方法和要求等。

第三，开展日常监督和专项监督。根据《内部控制基本规范》，内部监督包括日常监督和专项监督。日常监督是指企业对建立与实施内部控制的情况进行常规、持续的监督检查，它实际上就是持续监控活动。日常监督应当与企业日常的经营活动相结合，整合于企业的经营活动过程之中，与日常经营活动结合起来进行；对于发现的内部控制缺陷，应当及时向有关方面报告并提出解决问题的方案，对存在的问题予以纠正。专项监督是指在企业发展战略、组织结构、经营活动、业务流程、关键岗位员工等发生较大调整或变化的情况下，对内部控制的某一方面或者某些方面进行的有针对性的监督检查，大致与个别评价的概念相当。企业应当定期拟定内部控制专项监督计划，确定当期专项监督的内容和对象。对于专项监督的范围和频率，企业应当根据风险评估结果以及日常监督的有效性等予以确定。对于用于控制风险评价结果确认为具有重要性的风险的内部控制以及关键业务的内部控制，应当优先对其进行专项监督。对于专项监督中发现内部控制存在的问题，要及时向有关方面报告，提出完善内部控制的意见和建议，并监督对内部控制进行完善。

第四，制定内部控制缺陷认定标准并对管理控制缺陷进行认定和报告。企业在对管理控制进行内部监督发现内部控制缺陷时，需要对内部控制的缺陷进行认定和报告。为此，企业应当根据自身的实际情况，制定本企业内部控制缺陷认定标准。另外，在对内部控制进行内部监督的过程中，根据确定的标准对内部监督所发现的内部控制缺陷进行认定，分析缺陷的性质和产生的原因，提出整改方案，采取适当的形式及时向董事会、监事会或者经理层报告。企业还应当跟踪内部控制缺陷整改情况，并就内部监督中发现的重大缺陷，追究相关责任单位或者责任人的责任。

内部控制缺陷包括设计缺陷和运行缺陷。所谓设计缺陷，是指缺少为实现控制目标所必需的控制，或现存内部控制设计不适当、即使正常运行也难以实现控制目标而形成的内部控制缺陷，即建立的内部控制不能充分实现内部控制目标而形成的内部控制缺陷。所谓运行缺陷，是指现存设计完好的控制没有按设计意图运行，或执行者没有获得必要授权或缺乏胜任能力以有效实施控制而产生的内部控制缺陷，即内部控制不能按照建立阶段的意图运行，或运行中错误很多，或实施内部控制的人员不能正确理解内部控制的内容和目标等而产生的内部控制缺陷。

某一企业的内部控制体系虽然设计得很完善，但由于实施过程中的偏差，导致内部控制运行缺陷。内部控制的缺陷可以是单项的缺陷，也可以是多项组合的缺陷。按照内部控制缺陷影响整体控制目标实现的严重程度，内部控制缺陷分为一般缺陷、重要缺陷和重大缺陷。重大缺陷是指一个或多个一般缺陷的组合，可能严重影响内部控制整体的有效性，进而导致企业无法及时防范或发现严重偏离整体控制目标的情形。重要缺陷是指一个或多个一般缺陷的组合，其严重程度低于重大缺陷，但导致企业无法及时防范或发现偏离整体控制目标的严重程度依然重大，须引起企业管理层关注。除重要缺陷和重大缺陷以外的其他缺陷，则为一般缺陷。

第五，开展内部控制有效性的自我评价。内部控制的自我评价是对整个内部控制系统进行的评价活动，可以等同于个别评价。企业对内部控制活动进行日常监督和专项监督，前者结合各项业务活动分散进行内部监督，后者针对企业内部某一特定业务或某一特定领域或部门进行局部内部监督。由于企业内部控制体系是一个整体，内部控制体系的各组成部分相互配合发挥作用，因此还需要对企业内部控制整个系统整体进行评价，以论证其有效性。企业应当结合日常监督和专项监督情况，定期对内部控制的有效性进行自我评价，出具内部控制自我评价报告。内部控制自我评价的方式、范围、程序和频率，由企业根据经营业务调整、经营环境变化、业务发展状况、实际风险水平等自行确定。

第七章

中国企业管理控制程序创新

管理控制程序是管理控制系统具体的操作步骤与方法,是管理控制系统有效运行的基本保证。创新管理控制程序系统的设计,既要科学合理安排具体实施步骤,确保管理控制系统的可行性和有效性,更要充分考虑管理控制程序系统与管理控制要素系统、管理控制模式系统之间的协调统一,保证管理控制系统的完整性和协调性,还要充分体现和发挥管理会计报告系统在管理控制程序系统的各个环节中,以及在每个步骤相互衔接中的核心作用。本章节将在分析管理控制程序内涵与作用的基础上,阐述中国企业创新管理控制程序系统的设计目标、思路与特色,介绍管理控制程序系统步骤的具体创新及其应用。

第一节 管理控制程序的内涵与地位

一、管理控制程序的内涵

程序是按时间先后或依次安排的工作步骤[①],指为完成某项任务或者达到某个目标,预先设定好的方式、方法或步骤。管理控制的目的是使战略得以执行,从而实现组织的目标,因此,管理控制强调的是战略执行的控制,而战略执行过程控制是由确定标准、评价业绩、纠正偏差构成的管理控制系统。管理控制作为一个系统,它应是有规律地或重复地执行某一活动或某几项活动。由于我们已将管理控制界定在实现组织战略目标过程这一范畴,在该范畴内,研究管理控制程序的内涵应从以下几个方面进行界定。

(一)从管理控制系统看管理控制程序内涵

管理控制系统是由若干相互联系的管理控制基本要素构成的、具有确定的特性和功能的有机整体。管理控制系统依据特性和功能可分为:管理控制要素系统、管

---

① 本章节中的程序定义来源于《辞海》。

理控制程序系统和管理控制模式系统。可见，管理控制程序是管理控制系统的具体体现形式之一。在管理控制系统中，管理控制程序是管理者实施管理控制的基本方法和基本步骤。依据管理控制程序，管理者可围绕管理控制目标进行经营管理全过程的控制，以提高管理效率，取得管理成效，有效实现管理控制目标。

（二）从管理控制要素看管理控制程序内涵

从管理控制要素研究管理控制系统，可为我们描述管理控制程序系统提供一般需要。管理控制程序系统的各个步骤是由管理控制的要素组成的。无论是三步骤的管理控制程序，四步骤的管理控制程序，还是五步骤的管理控制程序，它们的步骤都是由管理控制的某些要素所组成。因此，管理控制程序系统要发挥作用，或者说要建立有效的管理控制程序系统并发挥作用，必须建立与健全管理控制要素。从管理控制要素角度研究管理控制程序系统，既有利于将管理控制系统中的管理控制要素进行科学、有序、协调的有机结合，而且更加有利于理解管理控制系统的本质。

综上可知，管理控制系统作为管理者影响组织中其他成员以实现组织战略的过程，从管理控制程序角度研究管理控制系统更有利于理解管理控制系统的基本内涵和基本方法。关于管理控制的程序，从管理控制的不同范畴、不同层次、不同角度去理解，往往会有所不同。如果我们将管理控制作为一个封闭的系统进行研究，即假定控制环境一定，则管理控制系统的程序通常称为正规控制程序（formal control process），目前的三步骤控制程序、四步骤控制程序和五步骤控制程序等都属于正规控制程序。如果我们将管理控制作为一个开放的系统进行研究，即假定控制环境不同或不断变化，则管理控制系统的程序通常称为非正规控制程序（informal control process）。正规的控制系统程序与非正规的控制系统程序是不同的。虽然从总体和长远观点看，非正规控制系统是必然的，但是从具体和短期观点看，正规的控制系统更具有科学性与可操作性。如第四章节中所述，我们已经将本书中的管理控制作中义解释，因此，我们界定的管理控制程序首先从战略目标分解步骤开始，依次经历控制标准制定、控制报告分析、经营业绩评价，最终以管理者报酬结束整个控制过程，这个程序基本涵盖管理控制系统的全部内容，形成一个完整的闭环系统。

二、管理控制程序的地位与作用

建立与完善企业管理控制程序系统有利于将管理控制与企业管理系统进行整合，实现企业目标与管理控制目标的统一。管理控制作为管理者影响组织中其他成员以实现组织战略的过程，从控制程序的角度研究管理控制系统更有利于理解管理控制系统的基本做法。因此，管理控制程序的作用主要体现在管理控制系统的实际运行中，尤其是体现在与管理控制要素系统、管理控制模式系统之间相互协调，以及与管理会计系统之间相互促进的具体运行中。

(一)管理控制程序与管理控制要素系统的统一

管理控制系统是由管理控制要素组成，这些要素取决于管理者经营企业的方式，并融入管理控制过程本身，管理控制程序是对管理控制要素的有机整合，故两者之间高度统一。管理控制要素之间存在一种逻辑关系，所有要素本身在既定的逻辑关系下形成一个有机系统，所以管理控制程序与管理控制要素系统之间也不是一种简单的一一对应关系，而是存在一定逻辑关系的高度融合。

如图7-1所示，基于本书中对管理控制要素与管理控制过程的界定，管理控制要素系统体现了十要素之间有机结合的既定逻辑关系，管理控制过程与管理控制要素系统关系密切。企业的控制环境是其他构成要素的基础，提供了员工开展活动和履行控制责任的氛围。在控制环境中，管理者要评估实现特定目标的风险，根据企业的战略目标实施管理控制活动，这些控制活动的顺序推进形成了管理控制程序，具体包括战略目标分解、控制标准制定、控制报告分析、经营业绩评价和管理者报酬五个步骤。在实施管理控制活动的过程中，管理控制程序涵盖了控制变量、控制标准、控制报告、执行评估、纠正偏差、业绩评价和激励机制等要素，并根据各个步骤的需要进行必要的融合。同时，相关信息应被完整获取并在组织内部进行有效沟通交流，并且整个过程都要受到内部监督，在必要的情形下要进行适当修正。

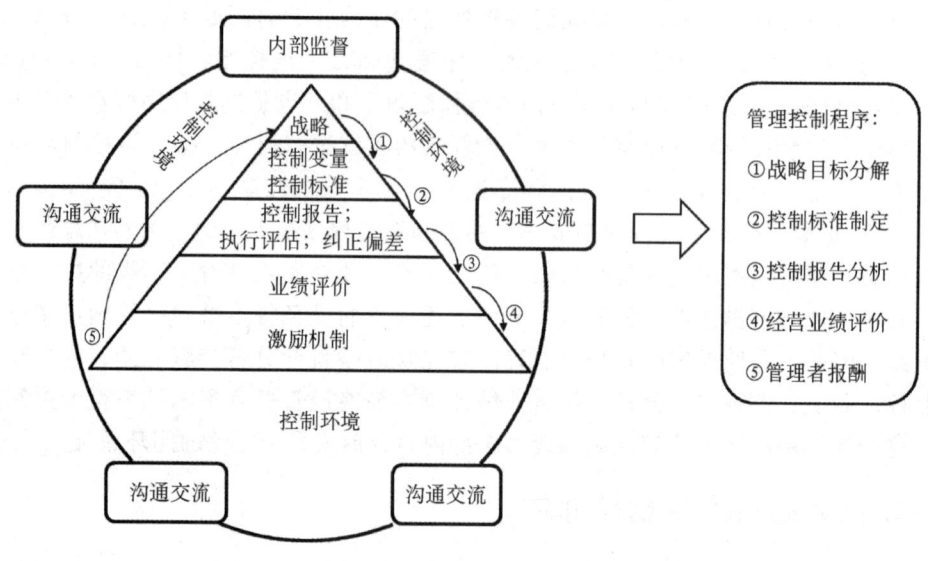

图7-1 管理控制程序与管理控制要素系统

(二)管理控制程序与管理控制模式系统的协调

管理控制程序系统的建立与完善，应与管理控制模式选择相适应，这主要体现在管理控制标准的制定上。我国企业（集团）早期大多以预算控制模式为主，为了实现对下属单位的全面预算管理，企业集团的母公司一般会建立一套完整的预算控制标准体系，实现对下属单位的全方位过程管理控制，企业集团的控制报告分析、经营业绩评价和管理者报酬程序通常是基于这套预算控制标准而运行的。

企业的管理控制模式应符合集团战略发展的目标要求，当原有的管理控制模式已经不能满足集团未来战略发展需要时，应当考虑进行管理控制模式升级，并适当调整管理控制程序系统与步骤，建立一个新的、协调且稳定的管理控制系统，使管理控制模式与程序系统相互匹配、相互促进，以有效实现管理控制目标为根本，促进企业集团战略目标的总体完成，满足企业战略发展需要。比如：伴随着中国企业管理控制模式的升级，虽然一些企业集团的底层仍然会以预算管理控制模式为主，但在管理控制模式的顶层设计上开始向评价控制模式发展。相比预算控制模式的过程管理控制，评价控制模式更为注重结果管理控制，两种控制模式在管理控制程序上的区别主要体现在控制标准的制定上。企业集团应以此为切入点，在控制标准制定过程中，基于原先的预算控制标准体系，设计出一套更为重视结果管理控制的控制标准体系，控制标准的升级也要疏通评价控制模式下的控制报告分析、经营业绩评价和管理者报酬环节，使管理控制程序能够适应企业集团的评价管理控制模式，以更好地促进企业管理控制目标和战略目标的有效实现。

（三）管理控制程序与管理会计系统的融合

如前所述，管理控制要素系统体现了管理会计系统的核心价值，决定了管理会计在管理控制程序系统中的核心地位。在管理控制要素系统中，控制报告与沟通交流是连接其他各个管理控制要素的纽带，因此，在整个管理控制程序中，控制报告分析也是关键。管理控制系统各个程序所需要的信息主要由管理会计提供，且基于管理会计报告体系，管理会计是管理控制程序系统的核心。为此，可构建以管理会计为核心的管理控制程序系统框架，其具体关系与内涵如下图7－2所示。

管理控制五大程序在具体运行时，分别可以分解为具体的各个步骤和环节，而在分解过程中，需要相关控制报告的支持，以管理会计报告为核心的管理会计系统就在此发挥了关键作用。从管理控制程序具体步骤看，管理会计应主要提供基于管理控制程序的管理会计报告体系，具体包括战略目标分解报告、控制标准报告、控制分析报告、经营业绩评价报告和管理者报酬报告等。管理控制程序在具体运行过程中，应充分利用管理会计提供的相关信息，在每个步骤具体执行与决策时，做到有控制报告的支持。同时，不同的管理会计报告体系应相互融合、相互协调，从不同角度为管理控制提供有用的信息。

以管理会计为核心的管理控制程序系统要求企业在自上而下实施管理控制时，遵循科学的流程和步骤，一方面，需要及时将上级制定的目标、标准与要求通过信息报告的形式及时传递给下级，另一方面，下一级也应及时反馈信息报告，以便进行相关评价与考核。具体来看，组织高层管理人员应主要依据以管理会计报告为主的信息制定企业战略，并将战略进一步分解成经营目标；企业对组织中层管理人员

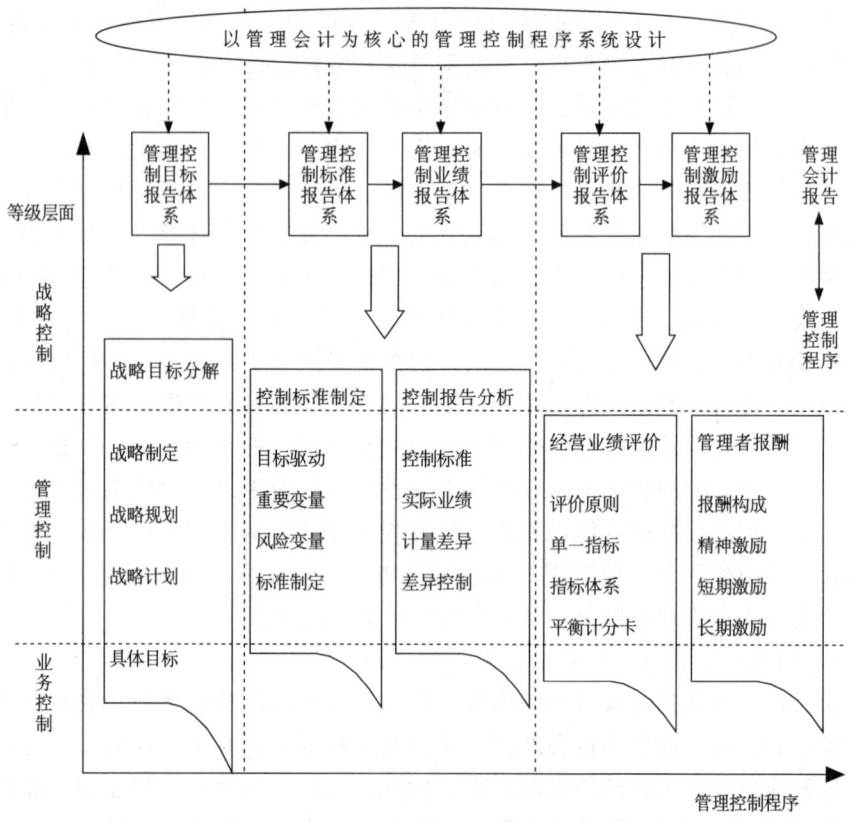

图 7-2 以管理会计为核心的管理控制程序系统框架

制定目标标准、进行业绩评价和报酬激励时,应掌握充分的关于管理人员的经营效率与效果的信息,管理会计报告是承载相关信息的主要工具;企业经营目标应根据一定标准,进一步分解成业务层面的具体目标,并以信息报告的形式传递给企业基层业务单元,业务单元应将业务执行情况进行信息反馈。在整个企业经营管理过程中,为了有效进行管理控制,企业必须建立健全内部管理会计报告体系,充分发挥管理会计在管理控制系统中的核心作用。

第二节 中国企业管理控制程序系统创新

一、传统的管理控制程序系统与步骤

传统的管理控制程序一般都将管理控制作为一个封闭的系统进行研究,即假定控制环境一定,则管理控制系统的程序通常称为正规控制程序(formal control process),

目前的三步骤控制程序、四步骤控制程序和五步骤控制程序等都属于正规控制程序。

（一）三步骤控制程序

三步骤控制程序主要从管理的控制职能角度考虑，将控制程序分为三个步骤，许多管理学、控制论等方面的论著都对控制程序按三个步骤划分，即：

1. 拟定标准；
2. 评价业绩；
3. 纠正偏差。

（二）四步骤控制程序

四步骤控制程序与三步骤控制程序的思路相同，只是对控制步骤又进一步细分，如《管理控制与管理经济学》一书，就将管理控制程序分为四个步骤，即：

1. 确立控制标准；2. 评定活动成效；3. 拟出控制报告；4. 纠正错误手段。

（三）五步骤控制程序

五步骤管理控制程序准确地说是管理控制系统的程序。罗伯特·安东尼在其《管理控制系统》一书中，将管理控制程序表述为：

1. 战略计划；2. 预算编制；3. 报告分析；4. 业绩评价；5. 管理者报酬。

我们认为，严格地说，管理控制程序与管理控制程序系统是有区别的。我们这里要研究的实际上是管理控制程序系统，如图7-3。

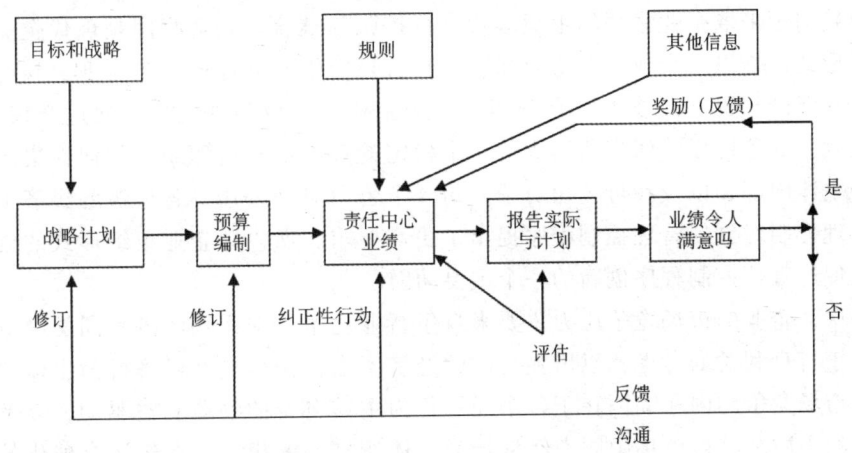

图7-3 管理控制程序系统

从图7-3可看出，五步骤管理控制程序系统要比前两种程序更符合管理控制理论和实务的要求。因此，我们提出创新管理控制程序系统的思路主要基于五步骤管理控制程序的理论与思想。

二、中国企业创新管理控制程序系统的目标与思路

中国企业管理要适应中国特色社会主义经济环境的发展要求，因此我们必须建立一套适合中国企业发展要求的管理控制体系，形成具有中国特色的企业管理控制机制。创新管理控制程序的主要目的就是要通过科学、合理地设计管理控制程序步骤，实现管理控制系统应用的可操作性，实现企业管理控制目标，促进企业战略目标的有效完成。

创新管理控制程序首先要树立正确、具体的目标，同时要具备严谨、科学的研究思路，本部分将从创新管理控制程序的动因、目标与思路三个方面进行具体分析。

（一）创新管理控制程序系统的动因

由管理控制程序系统的重要地位和作用可见，管理控制程序系统设计的合理性影响着其与管理控制要素系统的有机统一性，与管理控制模式系统的协调一致性，以及与管理会计系统的充分融合性。管理控制程序系统的健全与完善为管理控制系统应用的科学性、合规性、合法性、及时性和有效性提供保障。创新管理控制程序系统是企业顺利执行管理控制活动，有效控制经营风险，不断提升管理水平的关键，是管理者能够及时知晓组织目标能否实现的主要渠道，更是企业实现战略目标、提高经营业绩、促进经济健康发展的重要保障。因此，创新管理控制程序系统的动因从小而言之满足了企业组织发展建设的需要，大而言之满足了行业经济与社会经济可持续发展的基本需求。

首先，从企业层面看，为了形成更稳定的核心竞争力，越来越多具有竞争实力的企业趋向于采取企业集团的组织形式进行扩张与整合。企业集团是现代企业的高级组织形式，是以一个或多个实力强大、具有投资中心功能的大型企业为核心，以若干个在资产、资本、技术上有密切联系的企业、单位为外围层，通过产权安排、人事控制、商务协作等纽带所形成的一个稳定的多层次经济组织。如何在集团中单个经济主体内部，以及在母公司对子公司、子公司对孙公司等各层级的经济个体中实施管理控制对创新管理控制程序提出了更高要求，所以，企业组织形式的创新与升级是促进管理控制程序创新的一个主要动因。

其次，企业的市场竞争压力主要来自于行业竞争，即市场经济中同类经济行为主体出于自身利益的考虑，以增强自己的经济实力，排斥同类经济行为主体的相同行为。市场竞争的内在动因在于各个经济行为主体自身的物质利益驱动，以及为丧失自己的物质利益被市场中同类经济行为主体所排挤的担心。在经济全球化的经济背景下，中国企业面对国内、国外两个市场，其行业竞争压力极为激烈。面对竞争越来越激烈的行业环境，我国企业不仅要通过扩张的形式将其迅速做大，更要提高自身的管理能力，通过不断提高企业的管理控制水平使其做强，这样才能在行业里更好地生存，实现企业的可持续化发展目标。创新管理控制程序关系着企业管理控制水平提高的合理性和有效性，可见，来自于行业竞争的巨大压力，也是迫切需要企业创新管理控制程序的另一个主要动因。

此外，我国经济体制改革的不断深入是中国企业重视管理控制系统应用的重要原因之一。中国开展企业管理提升活动，坚持以科学发展为主题，以加快转变经济发展方式为主线，以解决企业管理中存在的突出问题和薄弱环节为重点，通过自主优化、引进吸收、创新发展，持续加强企业管理，积极推进管理创新，促进企业持续、稳定、健康发展。新时期经济发展背景下，我国要求加快推进企业管理方式由粗放型向集约型、精细化转变，全面提升企业管理水平，达到基础管理明显加强；管理现代化水平明显提升；管理创新机制明显完善；综合绩效明显改善。在现代化的社会主义市场经济体制下，管理控制系统应用的有效性将直接影响着企业管理、经济运营、经营效率、战略目标实现以及价值创造等企业的重要经济活动与目标。由此看来，提高企业管理水平，实现管理创新战略是我国企业现阶段实现突破式发展要务的重中之重，而创新管理控制程序则是实现企业管理控制系统有效应用的重要之举，因此，顺应中国经济环境的大趋势发展要求也是创新管理控制程序的重要动因之一。

综上，企业自身发展、行业竞争压力、社会经济环境背景的发展需求都是创新企业管理控制程序的重要动因，而创新管理控制程序的直接动因主要来源于加强企业管理控制系统实施的可操作性，提升管理控制系统应用的有效性，以及实现管理控制目标，促进企业战略目标有效完成。因此，从我国当前经济形势看，对企业而言，以传统控制理论为基础，顺应时代发展要求，满足企业实际发展需求，以提高企业经营决策水平、管理水平和经营业绩为目的的创新管理控制程序系统已迫在眉睫。

（二）创新管理控制程序系统的目标

如前面第四章所述，管理控制系统基本目标是通过防范和控制企业经营管理风险，实现企业经营管理的有效性，使企业战略被执行，从而使组织目标得以实现。创新管理控制程序的目标以管理控制系统的基本目标为根本，分为总体目标和具体目标。

1. 总体目标

创新管理控制程序系统的构建与实施应以企业战略为指导思想，发挥管理会计的核心作用，包括依托管理会计组织、基于管理会计信息系统、借助管理会计工具等，服务并支撑企业战略目标的实现。通过对适合企业不同管理控制模式下管理控制程序系统的应用，满足不同组织单位经营决策与管理控制要求，形成适应多种管理控制模式并存的管理控制程序系统。

2. 具体目标

我国企业应根据组织结构层次制定管理控制系统的具体目标，包括：战略有效性目标，即企业应用管理控制系统的最高目标，也是管理者实施管理控制系统要确保的最根本目标；经营有效性目标，即企业应用管理控制系统的核心目标，是保证战略有效性目标实现的基础，旨在提高企业的经营效率和效果；作业有效性目标，即企业应用管理控制系统的基础目标，是对基层经营单位或部门开展各项作业活动的具体标准与要求。

所以企业创新管理控制程序系统的基本目标应包括：第一，充分发挥管理会计在每一个管理控制程序步骤中，以及在各个步骤之间衔接中的重要作用，建立与完善管理控制程序系统，使管理控制能够成为保证企业战略得以落实的有效管理工具；第二，整合与完善管理控制要素系统中的核心要素，形成一个完整的管理控制程序系统，发挥管理控制程序系统的协同效应；第三，构建适用于不同模式下的管理控制程序系统，体现管理控制程序系统的权变性与适应性，使管理控制系统能够切实有效地发挥应有作用，并为企业作业有效性、经营有效性与战略有效性目标的顺利实现提供合理保证。

（三）创新管理控制程序系统的思路

管理控制作为管理者影响组织中其他成员以实现组织战略的过程，从控制程序的角度研究管理控制系统更有利于理解管理控制系统的基本做法。管理控制要素系统是管理控制系统的构成基础，从管理控制要素的角度出发研究创新管理控制程序系统，是我们研究管理控制系统的一般需要：一方面，管理控制要素系统是设计创新管理控制程序系统的必要条件；另一方面，创新管理控制程序系统的构建能够促进管理控制要素系统形成一个科学、有机的完整体系。

首先，建立与完善企业管理控制程序系统要注意将管理控制与企业管理系统进行整合，实现企业目标与管理控制目标的统一。基于管理控制要素系统，我们构建了管理控制程序系统的五大步骤，即战略目标分解、控制标准制定、控制报告分析、经营业绩评价和管理者报酬（如图7-4所示），五个步骤顺序相连，构成了在时间上继起，空间上并存的闭环循环系统。

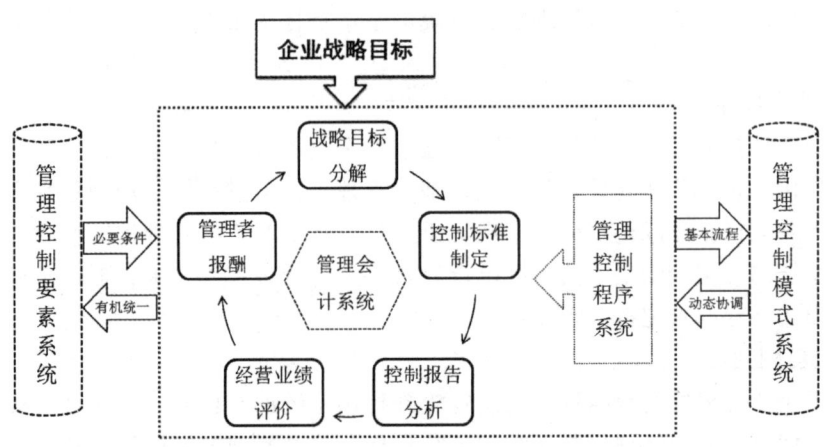

图7-4 创新管理控制程序系统

其次，在企业管理控制的实际运行中，由于企业的环境和管理控制目标不尽相同，会呈现出不同模式的管理控制，但总体而言不同管理控制模式下的管理控制系统都要具备以下特点：其一，管理控制程序系统运行要具有一般规律性，为不同管理控制模式下的管理控制系统构建提供基本框架与规范性参考依据；其二，五步骤管理控制程序系统的设计应体现灵活性和权变性，要满足不同模式管理控制系统的特色需求。因此，创新管理控制程序系统的设计应充分考虑与管理控制模式系统之间的相互协调和相互促进。

在管理控制每一个程序以及它们的衔接中，都应注意充分发挥管理会计系统在创新管理控制程序系统中的核心作用。在每一个管理控制步骤（环节）中，依管理控制步骤（环节）的具体目标不同，管理会计所能发挥的作用都会有其自身的特点。如：战略目标分解需要的会计信息侧重于与资本经营、资产经营、商品经营与产品经营相关的会计信息；控制标准制定需要相关指标的历史与行业水平；控制报告分析侧重于实际业绩的计量与差异分析；经营业绩评价从单一指标与平衡计分卡两个方面对会计信息产生需求；管理者报酬则需要结合财务信息与非财务信息，物质激励与精神激励等方面建立起全面的报酬机制等。所以，创新管理控制程序系统应与管理会计系统充分融合，遵循成本—效益原则和业务财务一体化原则。

综上，在上述设计思路下构建的创新管理控制程序系统，遵循了五步骤控制程序的设计思想，是一个能够将管理控制程序各个步骤依次衔接，顺序进行，相互关联的有机体系。该管理控制程序系统是一个与企业经营周期同步，保障并促进企业管理控制和经营管理阶段性目标（包括短期目标、中期目标和长期目标等）有效完成的循环运行系统。

三、创新管理控制程序系统与步骤的特色

管理控制与管理会计关系密切（详见第九章节分析），管理会计的发展对管理控制系统的构建与完善发挥了重要的推动作用。创新管理控制程序系统应基于创新管理控制系统的主要思想，即构建与形成以管理会计为核心的管理控制系统，其总体思路为：以企业战略目标为导向，以管理控制系统目标为指引，以管理会计为核心选择和执行适当的管理控制模式。因此创新管理控制程序的主要特征体现在：基于管理会计体系构建完善的管理控制程序，使管理控制程序与不同管理控制模式之间保持相互协调，发挥协同效应。

（一）管理会计与创新管理控制程序系统

企业最终目标的实现需要基于价值的管理，基于价值的管理需要会计信息作为支撑，管理会计的应用促进了管理控制程序系统与企业总体目标的一致性，因此管理会计的完善和发展与创新管理控制程序系统密切相关。

如上所述，正规的管理控制程序包括五个步骤：战略目标分解、控制标准制定、控制报告分析、经营业绩评价与管理者报酬，五步骤的管理控制程序系统在企业管理控制应用中应得以充分的体现，详见7-5。

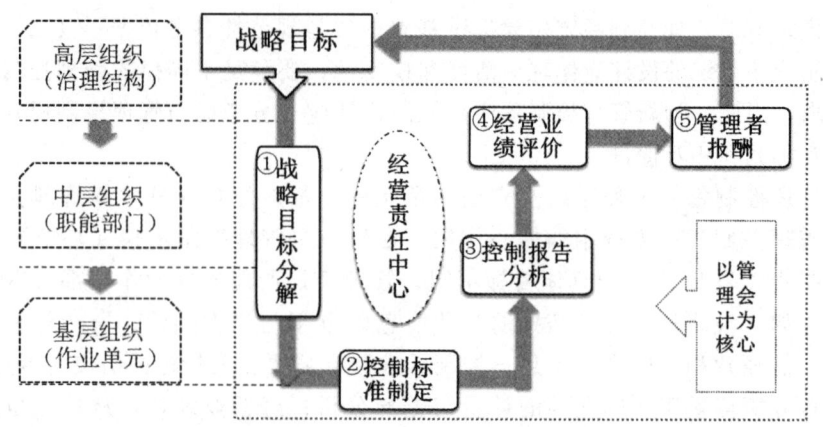

图 7-5　管理会计与管理控制程序系统

如图 7-5 所示,管理控制程序系统的步骤设计及应用要以管理会计为核心,而管理会计更要融合于管理控制程序各个步骤运行的衔接中,使得整个管理控制程序成为在时间上继起,空间上并存的自治有机整体。因此,企业应充分利用管理会计工具将五步骤管理控制程序系统进行有机结合。

(二)创新管理控制程序系统与步骤

如前所述,五步骤管理控制程序系统要比三步骤、四步骤程序更符合管理控制理论和实务的要求。但是,美国教授罗伯特·安东尼代表作《管理控制系统》一书中所提出的五步骤管理控制程序系统实际上是一个预算控制系统程序。由于管理控制标准并不仅仅是预算标准一种,所以企业管理控制模式也不仅仅是预算控制模式一种(第八章将详细研究管理控制模式),因此在这里我们将管理控制程序界定以下五个步骤:(1)战略目标分解;(2)控制标准制定;(3)控制报告分析;(4)经营业绩评价;(5)管理者报酬。

如图 7-6 所示,创新管理控制程序系统基于五步骤控制程序思想,以组织战略目标为导向,其中要完成每一步骤又涉及许多环节(详细分析将在本章的第三节中具体介绍),从而形成管理控制程序系统的矩阵型结构。

第三节　中国企业管理控制具体程序创新

一、战略目标分解步骤的创新

战略目标分解是管理控制系统有效运行的前提与基础。战略目标分解是指将战略目标按照组织维度进行逐步分解,旨在实现将企业总体目标向内部各组织单元控制指标的有效转换。

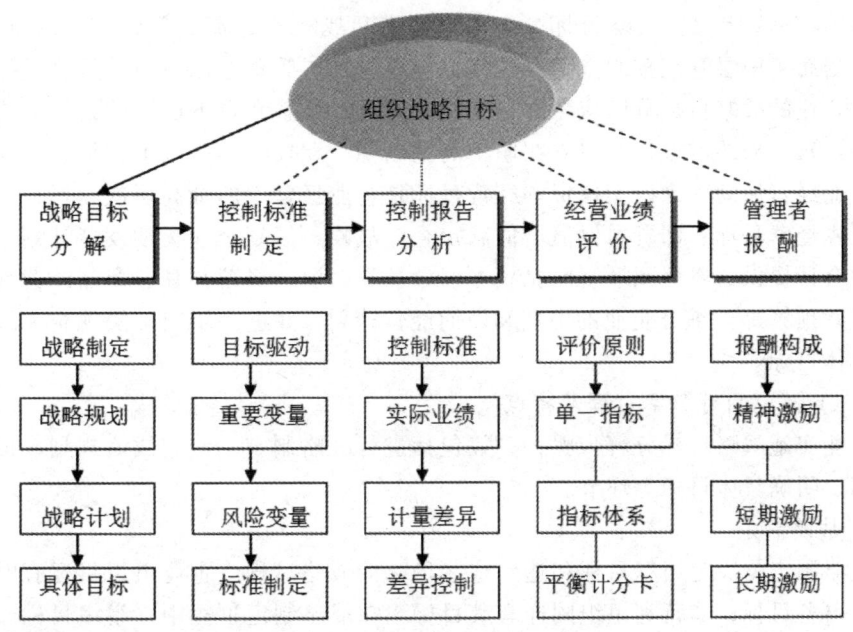

图7-6 创新管理控制程序系统

(一) 战略目标分解的内涵

战略描述了一个组织计划为达到其目标的总方向；战略目标分解是管理控制的第一步骤，包括战略制定、战略规划、战略计划与具体目标等步骤。基于管理会计的战略目标分解程序以经营预算为核心，通过战略目标分解报告所提供的信息，将战略目标与具体的经营层级相结合，落实战略目标，其关系见图7-7。

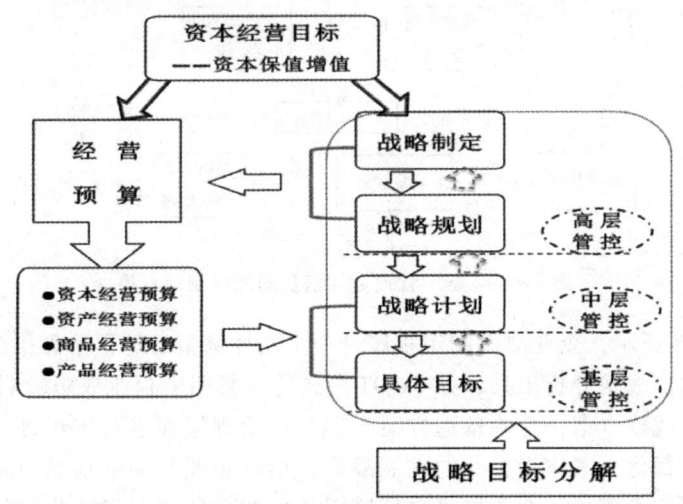

图7-7 管理会计与战略目标分解步骤——基于资本经营的目标

如图7-7所示，战略目标分解战略制定和战略规划属于高级管理控制范畴；战略计划属于中层管理控制范畴；具体目标属于基层管理控制范畴。从管理控制角度看，企业的战略目标分解应考虑自上而下的目标分解和自下而上的目标期望相结合，使经营计划的贯彻执行建立在职工的主动性、积极性的基础上，把企业职工吸引到企业经营活动中来。实现资本经营目标是企业经营中的最高层次目标，企业应根据资本经营目标，即资本保值增值制定企业战略，规划企业长期发展计划。要结合管理会计提供的经营预算（包括资本经营预算、资产经营预算、商品经营预算和产品经营预算等）细分企业的中期和短期经营计划，并进一步明确实现企业战略计划的具体目标。

（二）战略目标分解过程及特点

企业实施战略目标分解步骤，一般包括进行战略制定、确定战略规划、拟定战略计划、明确具体目标等环节。

1. 战略制定

战略制定是决定组织目标和达到这些目标的战略过程。企业组织目标有财务目标和非财务目标；非营利组织同样有其目标。在战略制定过程中，组织目标通常看作已知，但有时战略制定也强调目标本身。战略制定过程实际上也是战略选择过程，重点包括：（1）综合外部环境和内部环境全面分析影响战略制定的因素；（2）结合企业愿景、公司使命进行战略制定；（3）考虑战略决策者的特征，如对待外部环境的态度、对待风险的态度、企业家本身的价值观等，具体如图7-8所示。

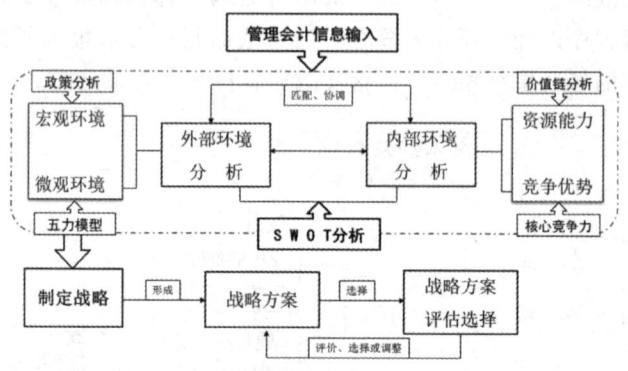

图7-8　基于管理会计信息的战略制定程序

如图7-8所示，企业战略制定程序是一个循环调整的过程：高层决策者首先会对企业环境通过战略分析工具，如SWOT分析等工具明晰企业战略影响因素；其次，制定多个备选战略方案，这些备选方案会在公司治理层面进行审慎评价和选择；最终，选择一个最优方案作为企业的发展战略，形成企业长期的最高目标。企业的战略制定不是固定不变的，企业战略受环境因素影响，环境因素变化的情况下会影响企业对战略进行调整，以降低企业因与环境不协调产生的经营风险。企业战略制定程序受多方面因素影响,主要措施与程序如下:首先,充分利用管理会计信息分析影响战略制定因素,有利于企业通过量化分析进行管理控制;运用SWOT分析法,分析企业面临的外部机遇与挑战,以及内部的优势和不足,以更好地对企业进行全面风险管理控制;其次,根据相关法律法规进行宏观政策分析,以降低企业违法违规风险。运用波特五力模型等工具分析企业外部行业竞争力,如进入壁垒、替代品威胁、买方议价能力、卖方议价能力以及现存竞争者之间的竞争等,减少企业经营风险;再次,分析企业的内部资源能力,使用价值链分析法整合企业价值活动,控制企业运营风险。通过上述因素分析,合理制定企业战略,全面控制企业风险。最后,形成对应的主要文档性记录,具体包括:①企业战略制定分析文档;②企业战略制定方案;③企业战略方案评价文档。

2. 战略规划

战略本身是重大且重要的计划。战略规划是一个长期的战略计划,需与企业经营环境相融合,它决定组织将采取的方案和这一方案在接下来的一些年度内所需分配的资源数量。战略制定反映了一个高级管理者对其组织的发展定向,战略规划则是在组织方向一定情况下所进行的资源配置与使用的长远计划,重点包括:①制定强有力的公司战略规划;②通过经营计划/预算和业绩管理流程来保证战略的实施;③确定并建立核心竞争力来支持战略规划的实现。战略规划属于公司层管理控制内容,以管理会计为基础的战略规划主要措施和程序如图7-9所示。

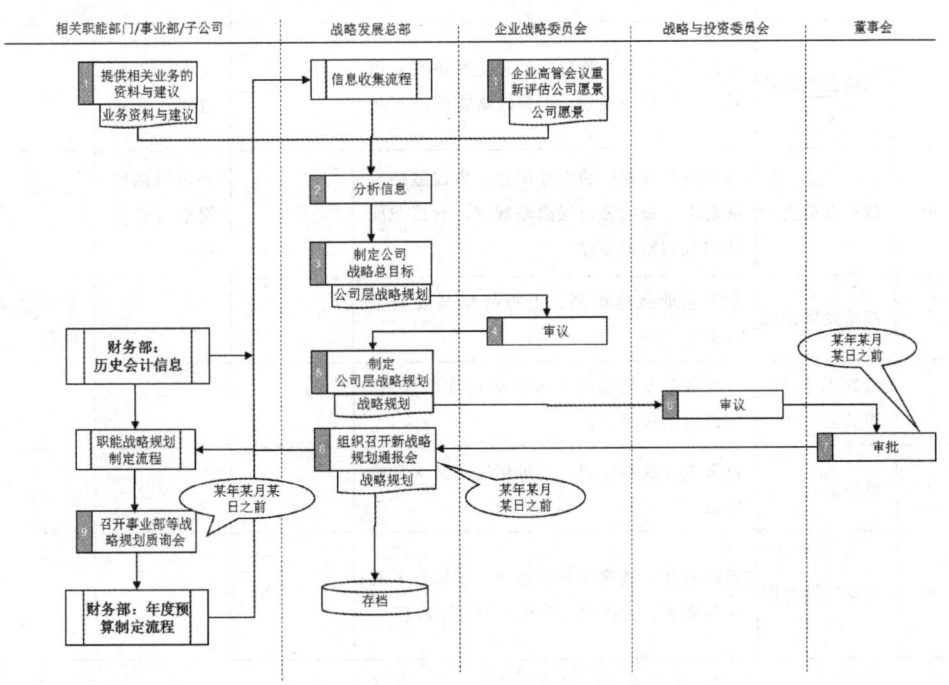

图7-9 以管理会计为基础的战略规划流程

以管理会计为基础的战略规划流程的说明详见表 7-1。

表 7-1　　以管理会计为基础的战略规划流程说明

	流程说明			
一、流程名称：战略规划流程				
二、流程编号：				
三、流程目的：明确企业战略规划流程与职责分工				
四、适用范围：适用于企业战略规划制定工作。				
五、流程负责部门：战略发展总部				
六、流程描述				
序号	执行人	操作内容	重要输入	重要输出	相关表单

序号	执行人	操作内容	重要输入	重要输出	相关表单
1	相关职能部门/事业部/子公司	为战略规划制定提供相关业务资料和建议		业务资料和建议	
	企业战略委员会	根据企业内部环境和外部环境重新评估企业愿景		企业愿景	
2	战略发展总部	基于财务部提供的管理会计信息（包括历史信息和预算信息），分析整理获得的各类信息			
3	战略发展总部	根据2中收集并整理的信息组织编写并出具公司层战略规划，上报战略委员会审议		企业战略规划	
4	战略委员会	基于财务部提供的会计信息，审议战略发展总部上报的公司层战略规划，后接职能战略规划制定流程		公司层战略规划（经审议）	
5	战略发展总部	制定企业战略规划，上报战略与投资委员会			企业战略规划
6	战略与投资委员会	审议战略发展总部上报的公司战略规划，审议后上报董事会			
7	董事会	审批企业战略规划，于每年的×月×日前完成			
8	战略发展总部	组织召开新战略规划通报会，于每年×月×日完成，后接职能战略规划制定流程			

续表

序号	执行人	操作内容	重要输入	重要输出	相关表单
9	事业部/子公司	制定事业部战略规划，召开事业部战略规划质询会，财务部提供预算会计，于每年的×月份完成。			

七、信息集成职责规定：

此流程涉及的信息由战略发展部存档，企业战略规划由战略发展总部存档。

八、相关制度文件

《战略规划程序》

九、流程主要控制点

控制点一 第1环节	控制目的：及时提供决策有用的相关业务资料和建议，尤其是管理会计信息质量和相关性。 控制手段：多部门提供 控制依据：信息收集流程
控制点二 第5环节	控制目的：及时完成企业战略规划，保证战略规划的实施与实现战略目标相一致 控制手段：多部门参与 控制依据：《战略规划程序》

此外，在此过程中企业应形成对应的主要文档性记录：①企业战略规划信息文档；②企业战略规划资料及相关文档；③企业在战略规划过程中的审议和审批文档。

3. 战略计划

战略计划是为实现组织长远战略规划在短期内（通常一年）所应采取的资源配置方案。可见战略计划是战略规划的分解，是战略规划得以落实的保证。在管理控制过程中，战略计划是关键，它一方面使组织战略目标和规划具体化、制度化、系统化，另一方面它是明确控制变量、制定控制标准的基础。在战略计划过程中，管理会计为战略计划制定的合理性提供了重要参考依据，重点包括：①与战略规划的一致性，依战略规划总体目标确定战略计划目标；②以管理会计信息为依据，制定合理、可行的战略计划；③注意战略计划在一个计划周期内（通常以年度为计划周期）的统筹性和完整性；④与企业资源配置管理结合，战略计划应建立在资源优化配置的基础上。

以商品经营为例，战略计划的主要措施和程序主要包括：①根据管理会计的四大责任中心，进一步确定四种经营方式下的基本目标；②依据经营目标（下图以商品经营目标为例），预计一个经营周期（以年度为例）要实现的总目标；③将总目标分解，进一步细分为与总目标相关的各个因素的预计目标；具体如图7-10所示。

此外，在此过程中对应的主要文档性记录包括：①以责任中心为单位，建立并

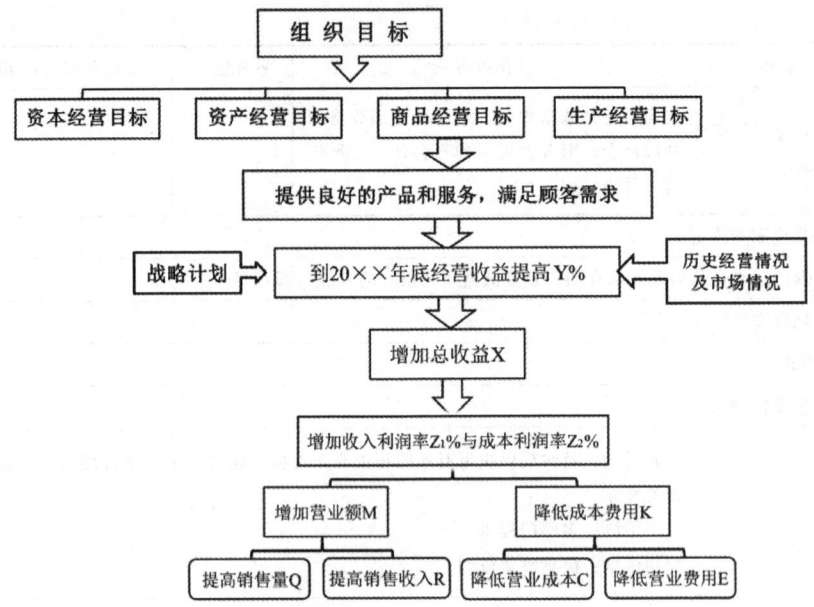

图 7-10　以管理会计为核心的战略计划程序（以商品经营目标为例）

保存各个责任中心的战略计划文档；②以责任中心为例，建立并保存企业其他部门的战略计划文档；③战略计划过程中涉及的其他相关文档（如审批文档、其他相关信息文档、调整信息文档等）。

4. 具体目标

具体目标是一种具有可参与、民主化、可自我控制特点的管理控制环节，也是一种把个人需求与组织目标结合起来的管理控制方式。具体目标要通过专门设计的过程，将组织的整体目标逐级分解，转换为各单位、各员工的分目标。从组织目标到经营单位目标，再到部门目标，最后到个人目标。只有具体目标完成了，才能实现整个企业的总体目标。具体战略目标的重点包括：①要与战略计划目标保持一致；②各具体目标应相互协调，形成统一的目标体系；③具体目标必须明确，并注意体现权、责、利的明确性；④以管理会计指标为核心制定具体目标，保证具体目标的可衡量性，并使之更具有行为导向性；⑤要切实可行，并加以时间期限为保障。以企业生产经营目标为例，具体目标程序如图 7-11 所示。

此外，具体目标对应的主要文档性记录包括：以管理会计四大责任中心为单元的具体流程文件以及审批资料等。

二、控制标准制定步骤的创新

控制标准制定是管理控制程序系统有效运行的关键步骤。控制标准是管理者进行管理控制时制定的具体参照标准，控制标准制定要根据企业的具体目标选择控制

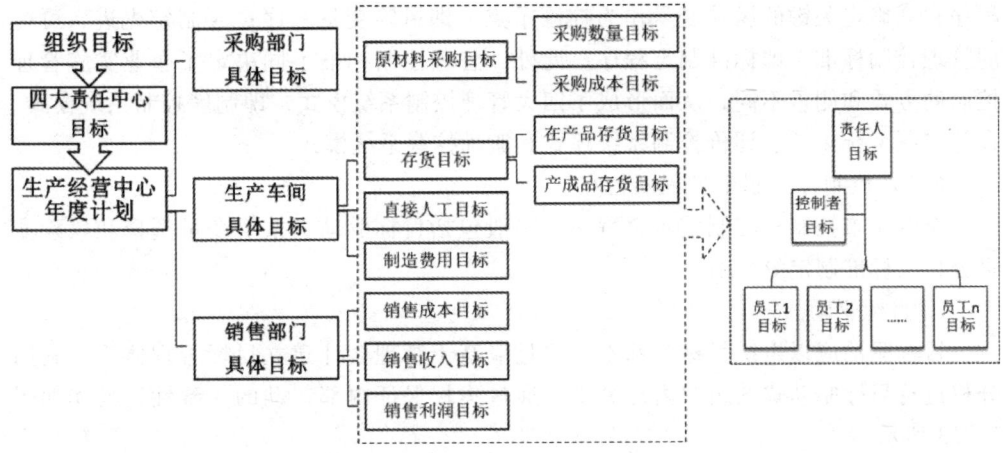

图 7-11 基于管理会计的具体目标流程（以生产经营目标为例）

变量，进行风险分析，从而确定控制标准。

（一）控制标准制定的内涵

管理控制必须按管理者（控制者）的意图进行，这个控制意图从总体上说是组织目标或控制目标，从具体上看是控制标准。在战略计划的基础上制定管理控制标准是实施有效控制的重要步骤，基于管理会计的管理控制控制标准制定，就是要发挥管理会计在控制标准制定中的重要作用，基本关系如图 7-12 所示。

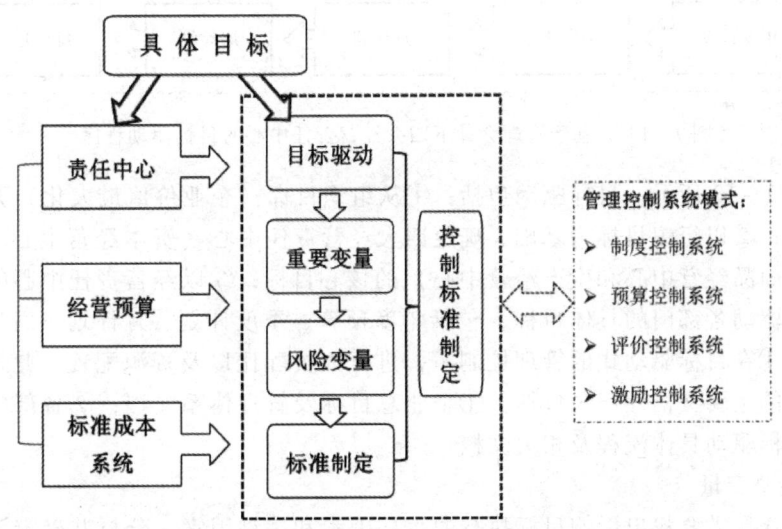

图 7-12 基于管理会计的控制标准制定程序

如图 7-12 所示，控制标准制定的程序包括：①明确组织目标影响因素，或目标驱动因素，即目标驱动程序；②找出影响战略目标执行的重要变量，即重要变量程序；③确定关键的风险变量作为控制重点，即风险变量程序；④制定先进、可行的管理控制标准，即标准制定程序。此外，管理控制标准不同决定了企业实施管理控制的方式和侧重不同，从而形成了四大管理控制系统模式，即制度控制系统模式、预算控制系统模式、评价控制系统模式和激励控制系统模式。

（二）控制标准制定过程及特点

企业实施控制标准制定步骤程序，一般包括目标驱动、重要变量选择和风险变量分析、标准制定等环节。

1. 目标驱动

目标驱动应以组织目标为基本，并且应基于管理会计建立目标管理体系，利用分权进行目标驱动式的组织内部分工，通过集权保证内部行动的一致性，具体如图7-13所示。

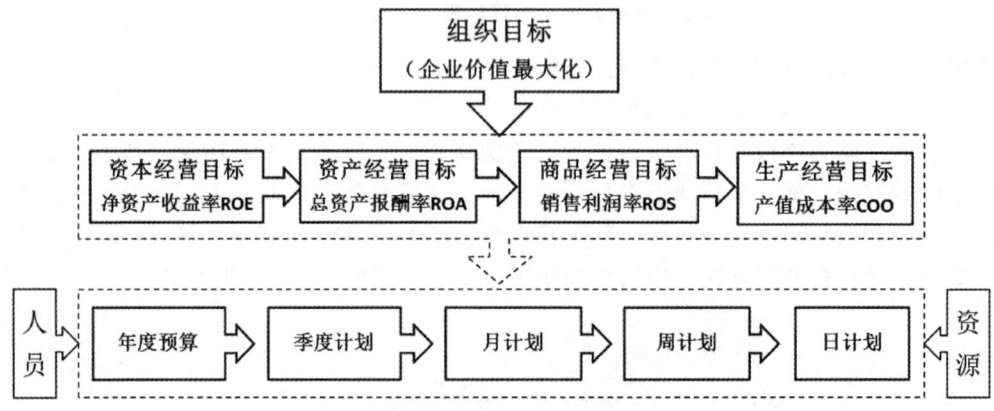

图7-13 基于管理会计下四大经营责任中心的目标驱动程序

如图7-13所示，目标驱动包括：①从组织目标（企业价值最大化）开始实施目标驱动；②以组织目标为基础，确定四大经营责任中心（资本经营中心、资产经营中心、商品经营中心和生产经营中心）的核心目标；③以经营责任中心的核心目标为基本驱动各部门的具体目标，包括年度预算、季度计划、月计划、周计划、日计划等；④在目标驱动式的管理控制下，进行人员配比以及资源配置。此外，目标驱动对应的主要文档性记录包括：①企业总目标及管理体系文档；②各部门与基层单位的目标驱动具体流程及相关文档。

2. 重要变量

重要变量需要找出影响目标执行的直接因素和关键因素，分析并确定影响目标执行的重要变量，具体如图7-14所示。

如图7-14所示，制定重要变量包括：①在四大责任中心的总体目标驱动下，分析确定重要变量；②将各个环节的重要变量逐层细分；③依照权、责、利的原则，将细分的重要变量归集到各个部门；④再依每个部门科室（或车间）的设置情况，

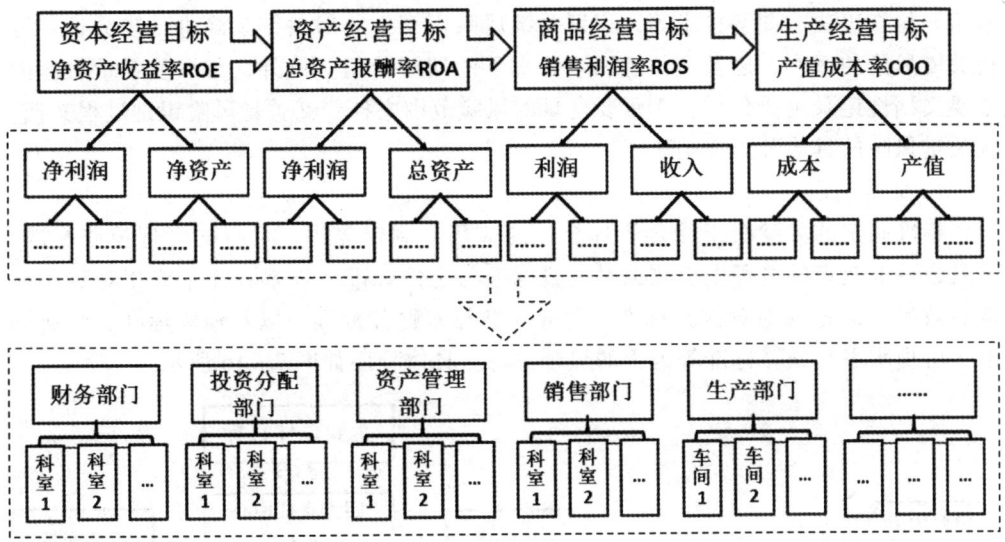

图 7-14 基于四大责任中心目标驱动的重要变量确定程序

将重要变量的权责与具体科室或车间等相关联,将重要变量确定到每个最小业务单元。此外,重要变量对应的主要文档性记录主要包括依四大责任中心建立并保存相应的重要变量文档与依部门、科室、车间等分别建立并保存每个业务单元的重要变量文档。

3. 风险变量

确定风险变量的重点分为两个方面:一方面,分析重要变量的不确定性,根据不确定性的大小识别风险变量;另一方面确定关键的风险变量作为控制重点,具体程序如图 7-15 所示。

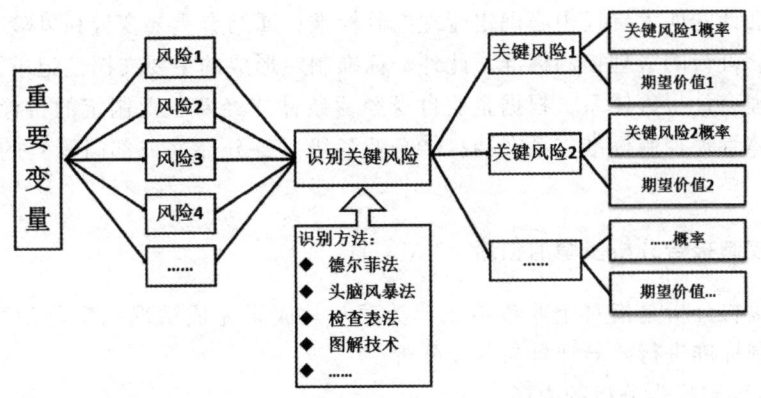

图 7-15 基于重要变量的风险变量识别程序

如图 7-15 所示,确定风险变量步骤包括:①根据重要变量,分析风险环境,确定风险范围(风险 1,风险 2……);②运用风险识别工具,如德尔菲法、头脑风暴法、检查表法、图解技术等,识别关键风险因素;③对关键风险进一步分析,分析关键风险的概率,以及在关键风险因素下的期望价值。此外,与风险变量对应的主要文档性记录主要包括:①重要变量的风险范围文档;②关键风险识别过程文档;③关键风险的具体分析文档。

4. 标准制定

标准制定的关键在于结合管理会计的应用,制定先进、可行的管理控制标准,并且在标准制定的过程中应注意对定量标准与定性标准,效率(比率或相对数)标准与效果(总量或绝对数)标准,财务标准与非财务标准,以及经验标准、行业标准、历史水平与预算标准等因素的综合考虑,具体程序如图7-16所示。

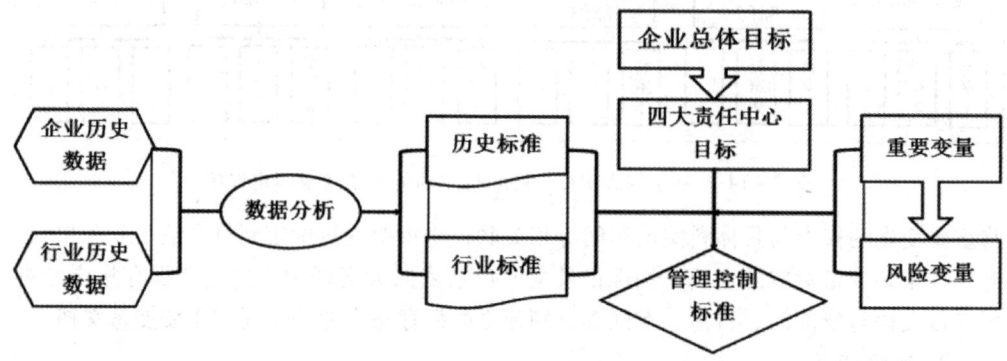

图7-16 以管理会计为核心的标准制定程序

如图7-16所示,标准制定程序主要包括:①根据企业历史数据和行业历史数据进行数据分析;②通过数据分析确定历史标准和行业标准;③基于目标驱动程序,基于管理会计的四大责任中心确定管理控制标准;④结合重要变量和风险变量程序,制定先进、可行的管理控制标准。此外,标准制定形成的主要文档性记录主要包括:①结合管理会计报告体系,根据企业自身经营条件或经营状况制定的目标标准,建立企业总体管理控制标准体系文档;②企业各级、各分部(或部门等)的管理控制标准。

三、控制报告分析步骤的创新

控制报告分析是指对企业各项经营活动及其成果完成情况的实际记录和报告,并按照控制标准进行差异计量与差异分析。

(一)控制报告分析的内涵

基于管理会计的视角,企业的经营决策从资本经营决策、资产经营决策、商品经营决策和生产经营决策四个层次依次进行,形成四大经营责任中心。每一责任中心围绕自身的核心责任目标及其分解建立相应的报告系统。因此,管理控制报告体系的建立可以此为理论依据,形成资本经营报告、资产经营报告、商品经营报告和生产经营报告四大报告系统，如表 7-2 所示。

表 7-2　　　　　　　　基于管理会计的控制报告体系

经营责任中心	控制报告体系	核心责任目标
资本经营中心	资本经营报告	净资产收益率
资产经营中心	资产经营报告	总资产报酬率
商品经营中心	商品经营报告	销售利润率
生产经营中心	生产经营报告	产值成本率

在基于管理会计的控制报告体系中，资本经营目标的核心指标是净资产收益率，资本经营报告系统应包括：资产经营报告、资金成本报告、资本结构报告、所得税报告、EVA 报告等；资产经营目标的核心指标是总资产报酬率，资产经营报告系统主要包括：商品经营报告、资产结构报告、资产利用程度报告、对外投资报告、资产损失及不良资产报告、资产利用效果报告、资产重组报告等；商品经营目标的核心指标是销售利润率，商品经营报告系统主要包括：产品经营报告、营业收入报告、商品销售价格报告、市场占有率报告、采购价格报告、管理费用报告、营业费用报告、财务费用报告、营业外收支报告等；生产经营或产品经营目标的核心指标是产值（或收入）成本率，生产经营报告系统主要包括：商品产品成本报告、单位成本报告、材料成本报告、人工成本报告、制造费用报告、各产品产值成本率报告、技术经济指标对成本影响报告、废品情况报告等。

表 7-3　　　　　　　　控制报告的基本格式（样表）

涉及单位	控制标准	实际业绩	差异计量	差异程度	差异分析 可控/不可控	备注
部门 1 　项目 1 　项目 2 　……						
部门 2 　项目 1 　项目 2 　……						
部门 3 　项目 1 　项目 2 　……						

如表 7-3 所示,编制控制报告的重点在于:①控制报告实际上也是整个组织及各部门的业绩报告;②控制报告的种类及内容应根据管理控制标准及要求而定;③根据差异程度确定控制程度是管理控制过程中的重要环节。此外,管理控制关键在于运用标准控制实际经济的运行,在确定控制标准的基础上,对实际经济运行状况的真实计量与反映同样是管理控制的重要步骤之一,完成这一步骤的关键即编制控制报告。在控制报告分析程序中,管理会计更发挥着至关重要的作用,预算会计为控制目标以及控制标准提供了信息基础,而反映实际经营成果的会计信息更为编制控制报告提供了信息来源,两者的关系如图 7-17 所示。

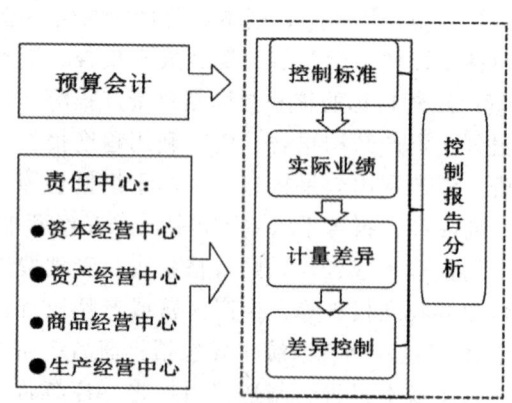

图 7-17 管理会计与控制报告分析程序

编制控制报告是管理控制中完成对企业经济运行状况的真实计量与反映的关键步骤。如图 7-17 所示,控制报告实际上是整个组织及各部门的业绩报告,其种类及内容应根据管理控制标准及要求而定。编制控制报告应当关注控制标准、实际业绩、计量差异、差异控制等环节。

(二)控制报告分析过程及特点

企业实施控制报告分析过程通常包括确定控制标准、计量实际业绩、分析计量差异、进行差异控制几个重要环节。

1. 控制标准

控制标准是建立控制报告体系的关键,应以管理会计四大责任中心的控制变量为基本,制定控制标准程序主要包括:①以企业总体目标为基本,基于管理会计四大责任中心形成分级计划;②根据企业计划确定控制变量;③以四大责任中心为核心形成具体指标的控制标准。具体如图 7-18 所示。制定控制标准主要文档性记录包括每个责任中心的控制标准体系文档。

2. 实际业绩

实际业绩不仅应当真实地计量、记录与报告管理控制的实际情况,并且要反映整个企业及各部门或责任单位的业绩。实际业绩程序主要包括:①及时、准确、认

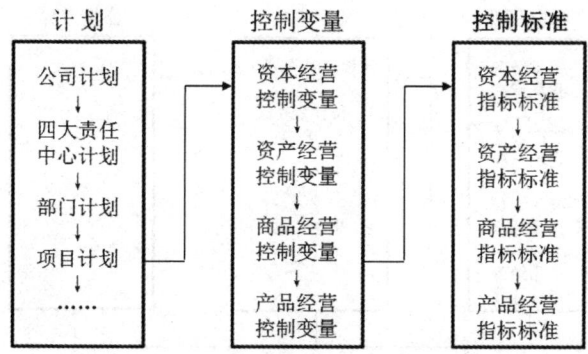

图 7-18　基于管理会计四大责任中心的控制标准体系框架

真地记录组织的执行情况；②根据企业计划比照实际执行情况；③基于原计划，确定实际业绩的完成情况，包括按计划完成、未完成、超额完成等三种基本情况，具体如图 7-19 所示。实际业绩的主要文档性记录包括四大责任中心下各个业务单元的实际业绩文档。

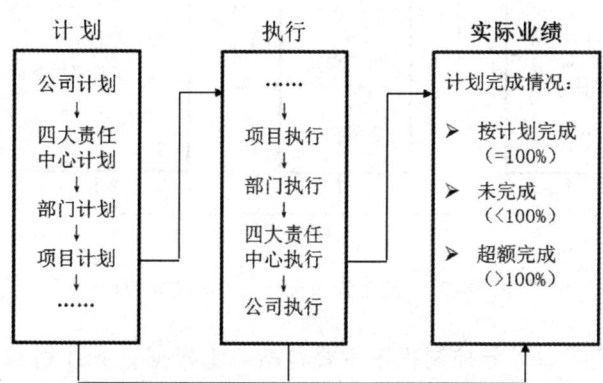

图 7-19　基于管理会计四大责任中心的实际业绩程序

3. 计量差异

计量差异是指基于管理会计控制标准，衡量实际业绩，并基于管理会计程序，发现计量差异，确定计量差异的形成原因。计量差异的程序主要包括：①根据四大责任中心的控制标准，评价企业经营的实际业绩；②通过分析企业经营业绩寻找差异；③基于管理会计程序，确定计量差异的形成原因；④登记并记录好计量差异；具体如图 7-20 所示。计量差异所产生的主要文档性记录包括企业经营业绩的计量差异文档。

4. 差异控制

企业应基于计量差异，进行差异控制。企业应根据指标特点，确定差异控制方式，如紧控制、松控制等，具体程序如图 7-21 所示。

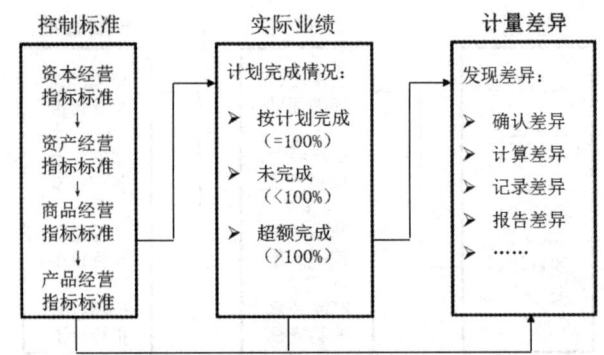

图 7-20　基于管理会计控制标准的计量差异程序

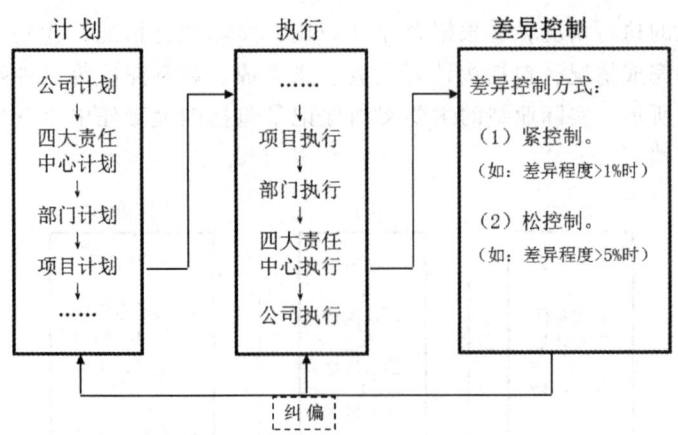

图 7-21　基于管理会计的差异控制程序

如图 7-21 所示，差异控制程序主要包括：①根据企业计划和实际执行情况进行分析评价，发现需要控制的差异；②选择适当的差异控制方式（紧控制、松控制等），对控制对象进行控制；③通过确定差异控制标准，如紧控制（差异程度要控制在 1% 以内），或松控制（差异程度要控制在 5% 以内），对企业的执行情况进行及时纠偏；④对企业的计划进行修订与调整。差异控制形成的主要文档性记录包括基于管理会计的控制标准体系的差异控制文档。

四、经营业绩评价步骤的创新

经营业绩评价是指企业在控制报告分析的基础上，对企业的经营业绩进行全面、客观、综合的评价。

（一）经营业绩评价的内涵

经营业绩评价实际上也是控制业绩评价，对控制成效缺少评价必然会影响控制者的积极性。应当注意，一个组织的业绩与组织中管理者或控制者的业绩可能不同，管理控制中的经营业绩评价更侧重于对管理者或控制者业绩的评价。会计信息在企业经营业绩评价中的重要作用更是不可替代，企业应首先基于组织目标以及四大责任中心目标下的控制标准与实际经营业绩建立评价原则，评价原则尤其要注意与财务信息相结合；再根据单一指标、指标体系以及平衡计分卡等评价工具的特点进行综合运用，实施有效的经营业绩评价，如图7-22所示。

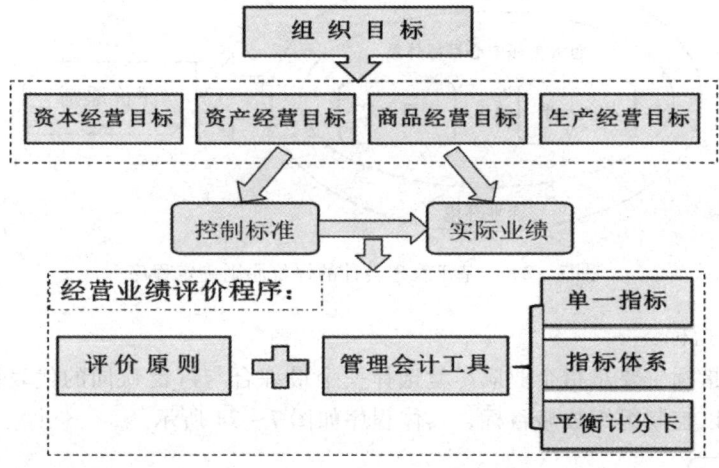

图7-22 管理会计与经营业绩评价程序

基于管理会计的企业经营业绩评价程序应以企业组织目标为基本，以四大责任中心目标为导向，参照控制标准对企业的实际业绩进行评价。在评价过程中确定评价原则时要注意体现以管理会计为核心的评价原则，并且要结合应用管理会计工具在企业经营业绩评价程序中的综合使用，从管理会计工具的构成来看，主要分为单一指标、指标体系和平衡计分卡。每一种评价工具都有其适用条件和优缺点，企业应根据评价环节的不同需要，合理使用各种评价工具，使管理会计工具在企业经营业绩评价过程中扬长避短，有效发挥作用。

（二）经营业绩评价过程及特点

经营业绩评价过程包括确定评价原则，结合不同的评价标准选择相应的经营业绩评价方法，如单一指标、指标体系或平衡计分卡法，基于不同的评价目的形成评价报告。

1. 评价原则

评价原则主要包括：①注意将组织（企业）业绩评价与经营者业绩评价相结合；②注意将四大责任中心的业绩评价与相关经营者业绩评价相结合；③注意将经营成果指标评价与驱动因素指标评价相结合；④注意将组织内部评价与组织外部评价相结合；⑤注意将财务指标评价与非财务指标评价相结合。

评价原则确定程序包括：①基于四大责任中心基本目标的控制标准，比较企业的实际经营业绩；②分析经营业绩差异，寻找影响因素；③结合企业环境，考虑经营业绩差异影响因素的综合情况；④综合各方面的重要因素影响，确定恰当的、具有激励效应的评价原则；具体如图 7－23 所示。评价原则形成的主要文档性记录包括评价原则程序的文档。

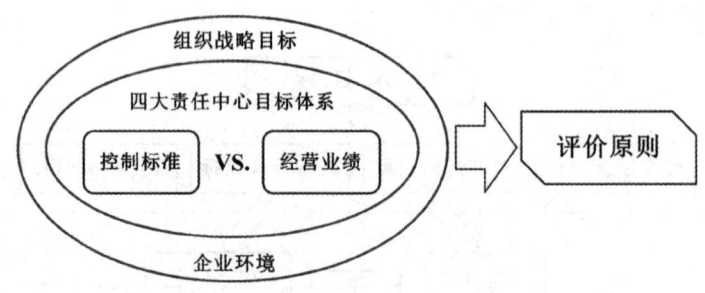

图 7－23　基于管理会计的评价原则确定程序

2. 单一指标

单一性指标主要是指企业应尽量选择一个最综合与广泛认同的代表性指标评价经营业绩，以控制组织战略目标，具体程序如图 7－24 所示。

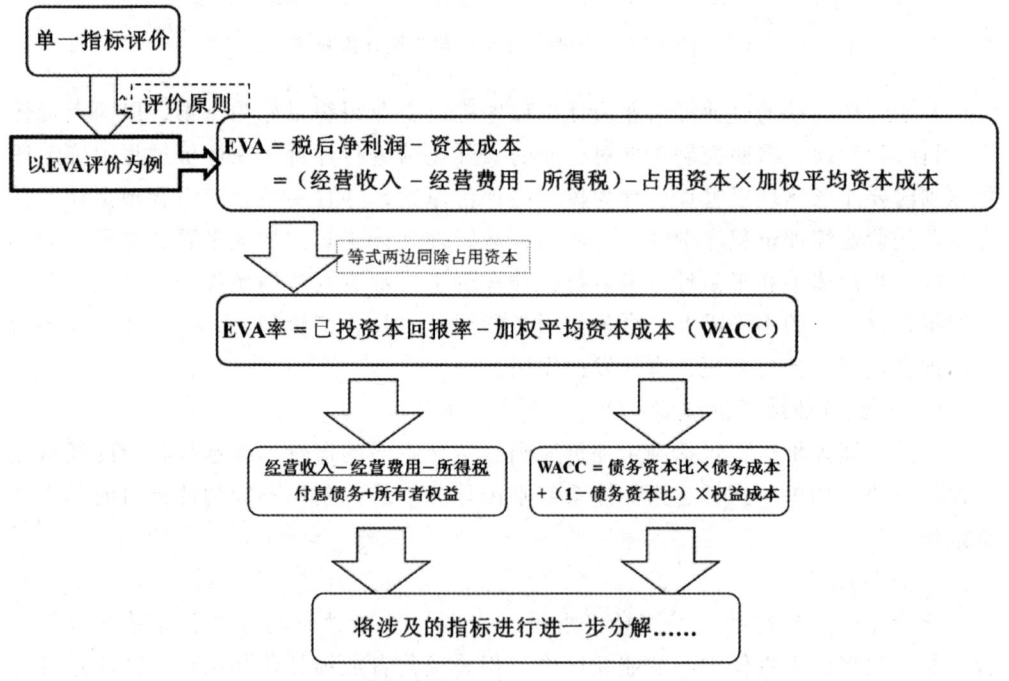

图 7－24　基于管理会计的单一指标分解程序——以 EVA 评价为例

如图 7－24 所示，制定单一指标程序主要包括：①选择 EVA 的计算起点，如以营业利润为起点，对营业利润进行初步调整，将利息费用以及营业性投资收益加回到营业利润中去;②对初步调整的营业利润进行进一步的调整,以消除其会计失真;③计算投资资本,先利用公式计算出初步调整的投资资本,再对投资资本进行再调整以消除其会计失真;④计算权益资本成本,并计算出企业的加权平均资本成本,最后计算出企业资本成本;⑤利用第2步计算出的营业利润先扣除企业所得税,然后减去第3步计算出的资本成本,即可算出 EVA 值,EVA 为正反映经营为企业创造了价值,EVA 为负说明经营使企业价值贬值,EVA 越高说明经营业绩越好。制定单一指标的主要文档性记录包括每个单一指标的指标及其分解文档。

3. 指标体系

指标体系是指一个完整的指标体系,可以从不同角度或侧面评价经营业绩。指标分解评价系统应该从最综合(或结果)的指标入手,经过指标层层分解形成反映经营业绩过程和不同侧面的指标体系。制定指标体系的具体程序包括:①利用杜邦分析法等指标体系分解工具,对企业的指标进行逐层分解;②以管理会计为核心的企业指标体系应以资本保值增值为最综合的指标,以资本经营核心指标为基础进行分解;③从关键因素(直接因素)开始,进行因素分解;④结合管理会计四大责任中心,以及财务报告的应用,进行指标体系的构建与分解;具体如图7-25所示。制定指标体系形成的文档性记录主要为基于管理会计的指标体系的指标体系分解、分析及评价等相关文档。

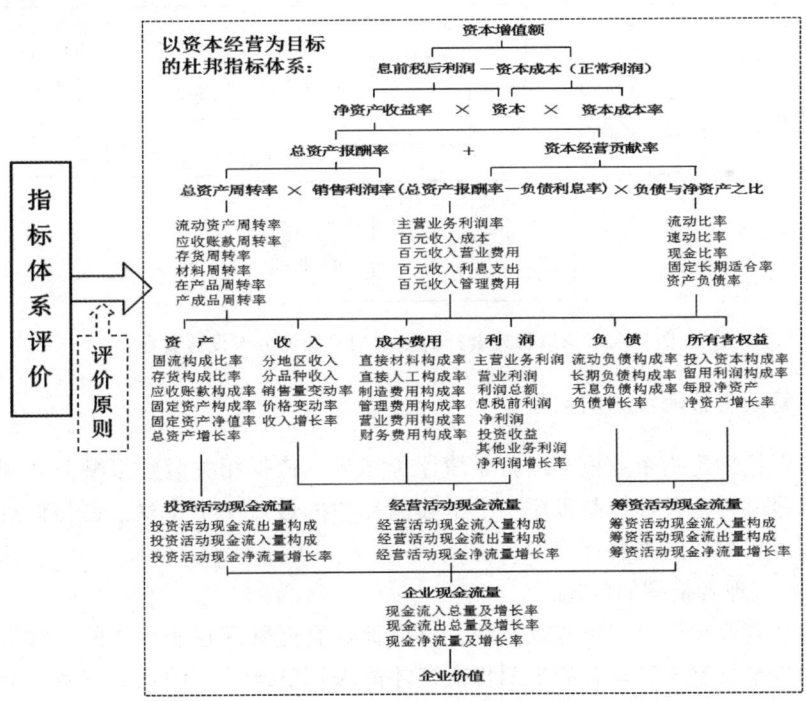

图7-25 以管理会计为核心的指标体系构建程序——基于杜邦分析法

4. 平衡计分卡

在运用平衡计分卡过程中，应注意以下原则：①注意财务评价与非财务评价的平衡；②注意外部评价与内部评价的平衡；③注意成果评价与动因（过程）评价的平衡；④注意定量评价与定性评价的平衡；⑤注意短期评价与长期评价的平衡。实施平衡计分卡的程序包括：①以管理会计为核心，构建平衡计分卡体系；②基于企业的远景与战略，从平衡计分卡四方面（财务、客户、内部经营过程、学习与成长）明确目标；③根据目标选择最合适指标，确定各类指标的标准与权数；④将报酬与平衡计分卡评价相结合，在企业内部进行沟通与教育，并不断修正平衡计分卡指标及标准；具体程序如图7-26所示。基于管理会计信息系统，构建平衡计分卡指标体系的记录性文档主要包括平衡计分卡及其动态调整的文档。

客户	目标	评价指标
目标客户	满意	市场份额 客户满意度 老客户维持 新客户开发 ……

财务	目标	评价指标
筹资活动	降低资本成本	资本成本……
投资活动	控制投资风险	NPV……
分配活动	分配合理	利润分配
运营活动	现金流动良好	现金流量

企业远景和战略

内部经营过程	目标	评价指标
资本经营过程	资本增值	ROE
资产经营过程	资产优化	ROA
商品经营过程	增加利润	ROS
生产经营过程	降低成本	COO

学习与成长	目标	评价指标
保持改革与进一步成长能力		员工满意 员工稳定 ……

图7-26　以管理会计为基础的平衡计分卡设计流程

五、管理者报酬步骤的创新

管理者报酬是指企业根据经营业绩评价结果，依据相关激励报酬方案规定给予管理者的报酬，是管理控制程序一个单独循环中的最后一个步骤，也是促进下一个管理控制过程循环的重要环节。

（一）管理者报酬的内涵

根据经营业绩评价实施有效激励，可以促进企业管理控制程序的良性循环。管理控制的效果只有与管理者的报酬相衔接才能保证管理控制的长期有效运行，管理者报酬既是管理控制的终点，也是管理控制的起点。会计信息系统是一种重要的管理工具，用来产生和强调员工激励，如图7-27所示。所以，管理会计在管理者报酬程序中仍然处于重要地位。

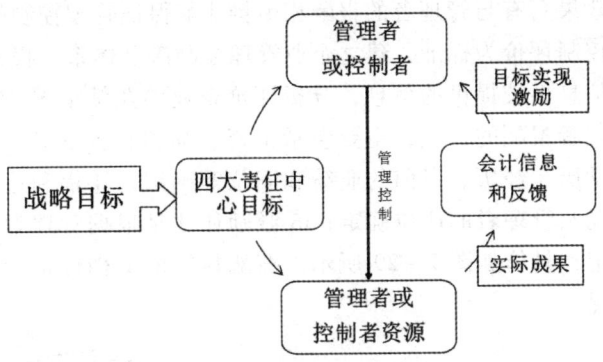

图7-27 管理会计信息系统与管理者（或控制者）激励

管理者报酬程序首先要确定报酬的构成，其次要注重将精神激励与物质激励、短期激励与长期激励等相结合，形成有效激励，激励原则主要包括：①管理者报酬建立在促进完成企业目标和四大责任中心目标基础上；②应遵循精神激励与物质激励相结合原则；③应遵循短期激励与长期激励相结合原则；④应遵循个人激励与团队（组织）激励相结合原则。以管理会计为核心的管理者报酬程序具体如图7-28所示。

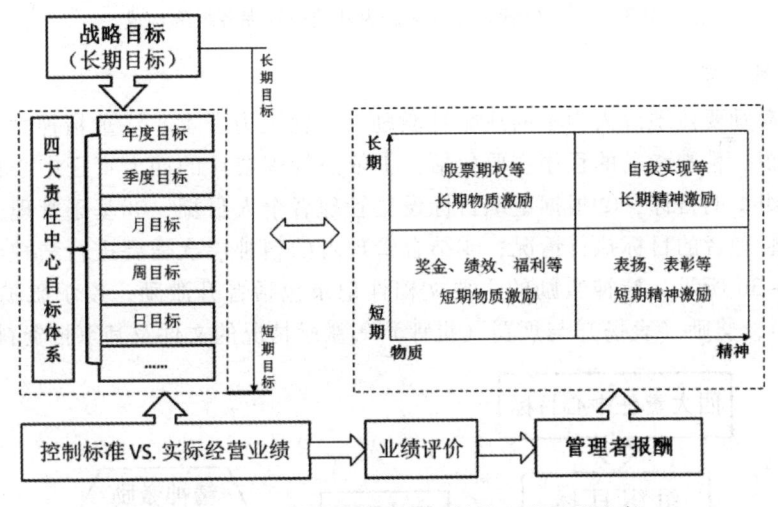

图7-28 以管理会计为核心的管理者报酬程序

（二）管理者报酬过程及特点

企业实施管理者报酬步骤通常包括确定报酬构成，对管理者（员工）综合采用精神激励、短期激励与长期激励等重要环节，以实现有效激励。

1. 报酬构成

进行企业管理者（控制者）的激励涉及企业的所有成员，重点是企业经营管理者。管理控制的效果只有与管理者的报酬相衔接才能保证管理控制的长期有效运行，企业应当以管理控制评价为标准，建立企业管理控制激励体系。报酬构成主要包括：①根据管理会计信息系统提供的信息，分析评价企业的业绩情况；②根据企业的激励目标，确定管理者报酬的构成，主要包括工资、福利和激励等三部分；③工资一般根据管理者的学历、经历、以前的业绩和职位等确定；④福利通常是根据企业或组织整体业绩状况及管理者的职位确定；⑤激励往往是根据管理者当期对企业或组织的贡献大小确定；具体如图7-29所示。薪酬执行的文档性记录包括工资、福利和激励等执行情况。

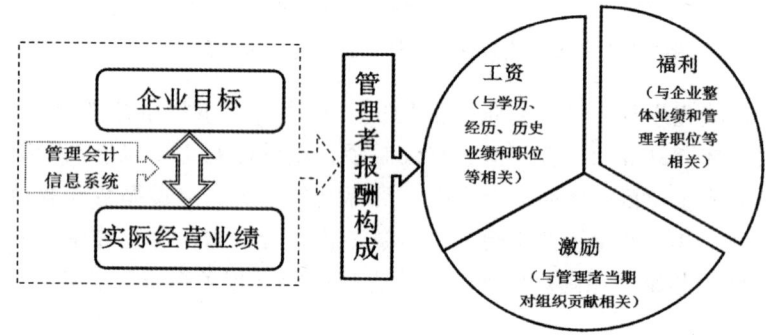

图7-29　以管理会计信息为基础的管理者报酬构成

2. 精神激励

精神激励要体现以人为本的战略性激励，重视人力资本，注重精神激励，形成学习型组织。精神激励的程序主要包括：①依照管理会计的四大责任中心目标确定企业层级组织的目标；②根据组织目标设立管理者个人目标；③基于管理会计信息系统评价管理者的目标执行情况；④结合管理者的精神层次需要进行精神激励；具体如图7-30所示。精神激励的主要文档性记录包括晋升激励，授予激励（授权、荣誉称号），奖励（表扬）与惩罚（批评）等激励情况的文件及其审批资料。

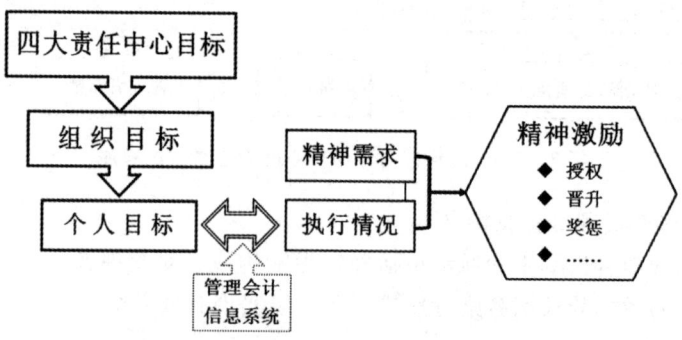

图7-30　基于管理会计的精神激励程序

3. 短期激励

短期激励应注意与当年绩效相结合，注意短期激励方式的使用条件和适用情况，实施有效激励。短期激励程序主要包括：①根据年度计划设定平衡计分卡中的目标与指标；②结合当年绩效，进行平衡计分卡评价；③基于管理者的短期激励需要，实施短期激励，包括奖金、年薪、绩效工资等不同形式的短期激励；具体如图7-31所示。短期激励文档性记录包括短期物质激励文档，如奖金、年薪制的标准及执行情况等。

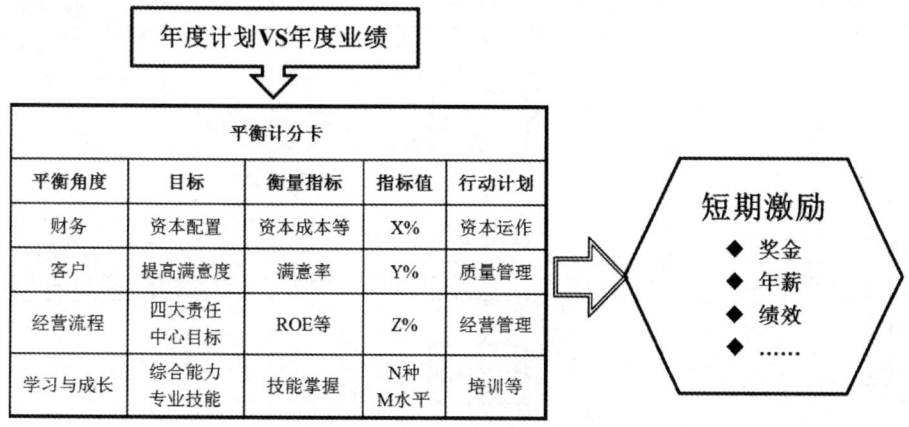

图 7-31 基于管理会计的短期激励程序

4. 长期激励

长期激励应该与企业长期发展目标相结合，结合企业情况确定有效的激励模式，合理的激励期限，适当的激励比例，具体的行权要求等。长期激励程序主要包括：①基于企业的长期目标，确定长期激励的等待期和行权期，以及行权标准和行权要求等；②股票期权激励须经股东大会审批通过，并由董事会决议，确定授予日；③于授予日完成授予，同时由会计登记入账；④在行权有效期内，按原计划行权，并由会计进行相应的账务处理；具体如图7-32所示。长期激励记录性文档主要包括期权激励的基本情况，包括激励模式、激励机制、激励情况等。

六、X企业应用创新管理控制程序系统案例

（一）企业简介[①]

X集团是一家知名的国有央企，从20世纪五十年代初期成立至今，累计产销各类汽车2400余万辆、实现利税5000多亿元，形成了东北、华北、华南和西南四大基地，分布在国内十多个重要城市。经过五十多年的发展，X集团目前已经成为国

---

① 资料来源整理自X集团公司的官网及内部资料。

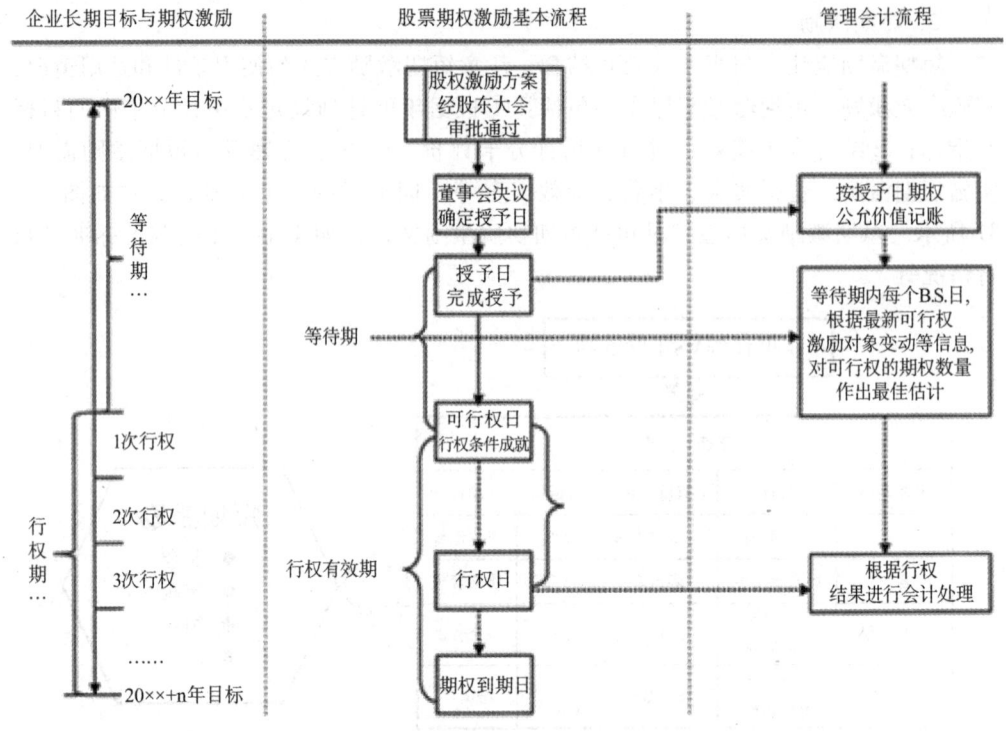

图7-32 以管理会计为核心的长期激励程序——以股票期权为例

内最大的汽车企业集团之一,产销量、营业收入等连续多年居中国汽车行业前列。在巩固和发展国内市场的同时,X集团不断开拓国际市场,逐步建立起全球营销和采购体系。2011年,根据国务院国资委的要求,集团成功进行主业重组,成立了股份有限公司。近几年,X集团公司通过一系列集团管理控制措施,不断强化母子公司管控,整合公司金融平台,加速战略调整和转型,为实现集团整体上市而奠定基础。

X集团公司秉承着"文化是企业的灵魂,蕴涵着企业的价值,代表着企业的追求"的文化理念,把"自主"作为企业的立身之本,坚持"自主发展,开放合作"的指导方针,致力于做强做大自主,开放合作搞活。坚持凝心聚力与统一思想并举,理清思路与统一目标并重,科学配置与统一资源并进的自主发展思路,向管理创新要活力,向技术创新要实力,向文化创新要动力。要求全体成员始终传承"学习、创新、抗争、自强"的企业精神,不断扩大企业经营范围,持续提高企业经营管理水平,使企业顺利经历了"工厂创建期、成长发展期、换型调整期、结构调整期、建设'三化'期"五个重要发展阶段,现已成功实现上轻型车、上轿车的发展目标,形成了中、重、轻、轿、客、微产品系列格局,开辟了企业全面发展的新局面。

(二) 应用背景[①]

为贯彻落实《中央企业全面风险管理指引》《企业内控基本规范》等基本要求，提升企业管理控制水平，有效管理控制企业重大风险，促进企业战略目标的进一步实现，X集团从2008年开始推行全面风险管理。多年来，伴随2008年的工作试点，2009年的全面推进，2010年的破解难题，2011年的风险管理与现有管理控制体系全面融合的过程，X集团的管理工作达到一个新水平。尤其在企业的管理控制方面进行了一些有益的探索和实践，并取得一定成效，积累了一些重要的实际经验。

近年来，X集团以构筑"三个中心"（投资决策、经营利润、生产成本）、"一个体制"（母子公司）为框架，沿着两条基本思路推进公司化体制的建立。一条是按照"精干主体，剥离辅助"、变"橄榄型"为"哑铃型"，逐步形成"三个中心"的体制模式，大力推进集团公司内部的生产结构和职能结构的调整，不断强化母公司的功能。另一条是通过资产重组，聚集相关产业，盘活存量资产，实现规模经营，实行大公司、大集团战略，建立以资产为主要连接纽带的规范的母子公司体制，强化内部监管，形成了一整套严密的母子公司内部管理控制体系[②]。为了确保管理控制的可执行性和有效性，X集团在成功营造实施全面风险管理控制的企业文化氛围基础上，推行了管理控制流程化的运作模式，逐步形成了一个以战略目标为基本，以确定控制标准为重点，以分析控制报告为手段，以评价经营业绩和实施有效激励为促进的较完整的程序化管理控制系统。

(三) 实施过程及效果

X集团重视企业文化建设，并且在坚持将企业自主传统文化理念持续传承的同时，注重创新企业文化，使其成为促进企业顺应时代发展要求，顺利实现新阶段战略发展目标的动力源泉，同时X集团更侧重强调将企业文化和创新思想融入到企业的管理水平提升和科技开发中去，使企业不断做大做强。作为一家大型国有央企，X集团更是积极响应国务院国资委提出的全面开展"中央企业管理提升活动"的号召，树立全面风险管理观，创新企业管理控制，大胆进行应用创新管理控制程序系统的尝试，确保企业战略目标的顺利实现，具体实施过程如下：

1. 建设风险管理文化，营造重大风险管理控制氛围

X集团倡导"风险无处不在"的意识和理念，做任何工作都要首先考虑风险问题，反复通过党政联席会、党委扩大会议、高级经理和管理人员以及业务骨干的风险管理控制培训班以及集团的各种宣传媒体，自上而下传播和灌输这一意识和理念，形成独特的企业风险管理文化。通过陆续制定和实施《战略管理程序》《品牌管理流程》《产品生命周期管理流程》《乘用车产品诞生主流程》《商用车产品诞生主流

[①] 资料来源整理自"国务院国有资产管理监督委员会"官网：http://www.faw.com.cn/。
[②] 资料来源整理自"搜狐财经"网：http://mt.sohu.com/business/。

程》《企业经营管理业务活动方案的风险管理流程》《金融衍生业务管理规定》等重要管理控制标准，推动管理控制的顺利执行，达到控制重大经营管理风险的目的，使经营管理和业务人员在日常工作中能够养成自觉控制风险的行为习惯。

2. 完善组织体系建设，为强化管理控制工作奠定基础

X集团认为企业中的重大风险一般都是系统性风险，不是靠单一措施能够解决的，所以应从加强基础管理控制工作入手，采取"组合拳"来管理控制重大风险。近几年，为实现自主品牌发展战略目标，防范各方面的重大风险，X集团从完善组织体系建设入手，为强化基础管理控制采取系统性解决措施。

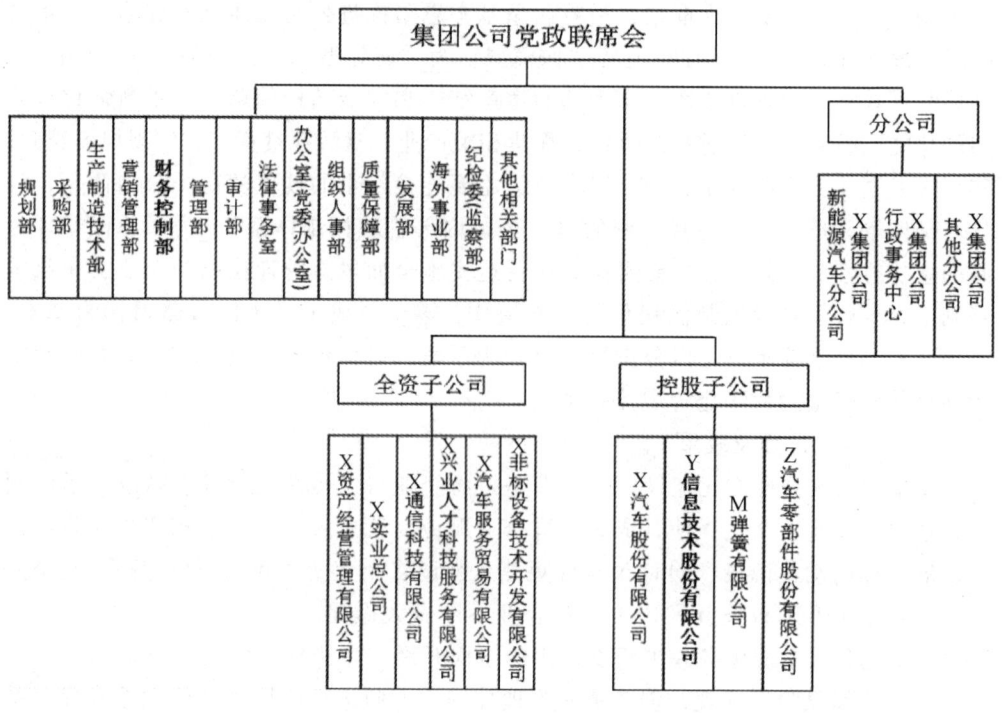

图7-33　X集团组织结构图

如图7-33所示，"十二五"期间，X集团投资力度比较大，投资项目比较多，为了强化集团对投资项目实施阶段的管理控制，保证项目如期投产，X集团组建了发展部，全面负责投资项目和生产准备项目管理。为了强化集团的经营管理控制功能和资金运作能力，满足内部控制"不相容"岗位分离的要求，X集团把财务控制部拆分为经营控制部、财务管理部和资金管理部。财务控制部主要职能体现在三个方面：①对经营管理控制，通过进行成本控制、预算控制和绩效考核等控制环节，对集团生产经营过程中经营管理水平进行提升，建立全面预算管理体系，提升业务监管效率，对集团各分、子公司和职能部门进行绩效考核以及有效激励；②对重大项目控制，通过建立投资控制项目，进行筹资控制和利润分配控制，对集团新项目

投资进行科学的成本和风险核算与控制,有效管理集团和各分、子公司的筹资方式、规模和期限,并对集团利润分配总额、盈余公积金、投资分红等进行统筹安排;③对现金流量控制,通过结算中心和内部银行两种模式,统一办理集团内部各成员或分、子公司资金收付及往来结算,并对集团自有资金和商业银行的信贷资金统筹运作,在集团内部形成健康的现金流。这些举措都为企业实施有效管理控制,建立健全管理控制程序系统奠定了很好的基础。总之,X集团通过对集团功能重新定位,组建、调整和完善组织结构,不但强化了集团管理控制能力,同时也有效规避了组织机构设置方面的重大风险。

3. 以战略目标为导向,以量化经营目标为途径实施集团目标分解步骤

实现中国"汽车强国梦"一直是X集团的奋斗目标,在适应产业发展的过程中,X集团坚定地推进经营思想和企业制度深层次的转变和改革,为企业未来发展打下了坚实基础。X集团公司将业务领域扩展为包括研发、乘用车、商用车、零部件和衍生经济等在内的经营体系,拥有多种自主品牌和合资品牌。集团在产销规模上一直位居我国大型汽车集团前列,201×年集团汽车销量高达290万辆,占我国汽车市场份额的13.23%(详见表7-4)。

表7-4   201×年度×集团各子公司销量情况   (单位:辆)

车型	公司名称	上一年度	201×年度
乘用车	某汽车有限公司	1328888	1512887
	某品牌汽车销售公司	495477	554661
	某轿车股份有限公司	184212	247594
	天津某汽车股份有限公司	185018	130511
	某汽车有限公司	128747	107758
	吉林某汽车有限公司	91036	79976
	乘用车合计	2413378	2633387
载货车	某载货汽车有限公司	223225	265265
客车	某客车有限公司	4488	4206
	某品牌汽车销售公司	4833	5541
	客车合计	9321	9747
	X集团合计	2645924	2908399
	占国内汽车市场份额	13.70%	13.23%

数据来源:中国汽车工业协会。

X集团紧跟时代发展步伐,结合企业历史经营情况,不断明确并适当调整新阶段的总体发展任务与目标,面向未来实现"中国第一,世界前十"的远期奋斗目标,有计划、有步骤地将这一战略发展目标分为以五年期目标为长远期发展规划,

以年度销售目标为中长期发展计划，以季度、月份（或周、日、时等）为中短期业务实施基层计划的逐级、逐层分解目标式的目标管理体系。使目标分解在母子公司之间形成发展性的、可行性的均分与配比，并在每层级公司的组织结构中进一步具体细分与量化，使企业目标既符合集团可持续发展要求，又兼具切实可行性，为管理控制程序系统的实施建立良好开端。

4. 流程和制度层面防范重大风险，建设和完善集团管理控制标准步骤

管理控制标准建设是企业基础管理的重要组成部分，也是管理控制程序系统的关键环节之一，其作用就是规范企业经营管理和业务活动的流程、程序、工作标准和职责分工，保证企业经营管理和业务活动合规和受控。近年，X集团在管理标准建设方面主要采取了以下几项措施。

第一，建立管理和业务流程结构框架以及管理控制标准框架。首先对现有管理和业务流程开展分析，进行价值链梳理，理清主要业务间彼此关联关系；然后对大众和丰田等国际一流汽车公司，研究和分析其管理和业务流程，找出国际一流汽车公司具备而X集团缺失的重要管理和业务流程，如"设计愿景和战略""对知识、改进和变革进行管理"流程等，绘制出X集团业务地图；基于业务地图，再对管理和业务流程进行分层，形成了完整的管理和业务流程以及管理控制标准结构框架（其中：一级流程15个，二级流程85个，三级流程900个）。

第二，对照内部控制要求找差距。为保证X集团管理控制标准的内容符合《企业内部控制基本规范》《企业内部控制应用指引》，满足上市合规要求，X集团组织多期集中培训，聘请内控专家到公司对《企业内部控制应用指引》中18项要素逐项讲解，使管理控制标准编写人员理解和掌握内部控制要求。在此基础上，组织相关人员将X集团现有399个管理制度与《企业内部控制应用指引》18项要素要求进行对比分析，查找和梳理未满足要求的管理控制标准，提出管理控制标准编写和修订清单。

第三，制定管理控制标准编写计划，明确管理控制标准编写任务和要求。2012年，X集团完成了内部控制手册和包括业务外包管理等管理控制标准，满足内部控制要求。并且陆续对原有的基本满足内控要求的管理控制标准，进行了规范、细化和补充，以提高管理控制标准的操作性，为相关管理和业务流畅以及信息化建设奠定基础。

5. 建立和完善流程绩效指标体系，为集团控制报告分析步骤提供考量

流程绩效指标体系是检查衡量管理和业务流程是否达到目标的一种有效工具，对流程风险具有可量化的风险预警功能。

X集团建立和完善流程指标体系过程中，一是根据已确定的管理流程结构框架，对原来已有的指标项进行重新分析、识别和优化，同时对标国际一流汽车公司，借鉴并引入一些关键的缺失指标项，形成一个更科学和适宜的指标项体系。

二是给指标项赋值，即确定指标值。指标值高低标志着企业管理控制水平和竞争实力的高低，根据要成为"国际重要汽车制造商，销量排名世界前十"的战略目标，X集团已经把国际一流汽车公司指标值作为追赶目标。基于这一目标，X集团开始组织流程责任部门制定分阶段实现目标。集团通过基于目标体系的指标体系构建与完善，为企业通过比较控制标准与实际业绩形成完整的控制报告，进行全面、客观的控制报告分析提供了科学、合理的考量依据。

6. 实现重大风险管控信息化，促进集团经营业绩评价步骤完成

风险管理信息系统建设是X集团提高重大风险管控水平和能力的重要手段。集团十分重视风险管理信息系统建设，经过四年的探索和实践，在重大风险管理控制方面取得了一定成效。

其一，重大风险评估信息化。2009年X集团设计、开发了"风险管理"模块。该模块由业务流程梳理、风险分析归集、风险管理应对、风险展示等6个子模块构成，使用范围覆盖了X集团所有职能部门以及自主品牌的分、子公司；集团每年的风险管理初始信息收集、风险分析、风险评估等工作都可在系统上进行，并自动生成集团级和分、子公司级的风险坐标图。

其二，重大风险解决措施管理信息化。X集团建设了"工作计划"系统，集团历年重点工作计划都可在系统中完成编制、审批和检查，并具备完工日期提前提示功能和完成状态显示功能。为加强重大风险解决措施落实力度，2011年集团首次将重大风险解决措施纳入"工作计划"模块。

X集团每年从10月份起策划下一年度工作，重大风险解决措施和集团其他重要工作任务都要按规定编制形成周节点计划。内容具体包括：工作任务及子项、开始和完成时间、交付成果及完工标准、分管高级经理、工作具体负责人等。到当年12月底计划编制完毕，下一年度1月1日上网运行。在计划执行中，由专门的评价团队进行网上检查或现场检查，检查内容主要为"工作是否按期完成、是否达到完工标准，给出完工状态（红、绿灯）"等。

在此基础上，为了实现重大风险管理状态的在线监控和管理，X集团对已有的"企业运营驾驶舱"（见图7-34）进行了整合开发，增加了风险管理功能。在驾驶舱系统"体系建设"模块，每一项集团重大风险及解决措施都有集团领导班子成员分工负责，每一位班子成员至少负责一项或一项以上重大风险。重大风险状态用红、绿、灰色灯表示，风险应对措施未完成亮红色灯，风险应对措施按规定完成亮绿色灯。风险解决措施正在实施过程亮灰色灯，首次实现了中高层管理者对重大风险解决措施完成情况的在线动态监控。

每年10月至12月，X集团都会开始组织评估下一年度重大风险，并制定风险解决方案，风险解决方案主要包括风险描述、原因分析、风险应对策略和风险解决措施。风险解决方案中的风险描述、原因分析、风险应对策略等均录入"驾驶舱"

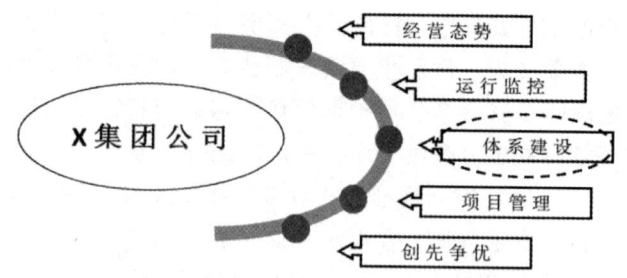

图 7-34　X集团"驾驶舱"系统

系统,风险解决措施则进入"工作计划"系统。由于"工作计划"系统与驾驶舱已实现对接,风险解决措施随后全盘导入"驾驶舱"系统。

集团将在下一年度的1月1日起,"工作计划"系统和"驾驶舱"系统联网运行。在"工作计划"系统中,如果某一项重大风险措施未按期完成,系统自动亮起红灯,与此同时,"驾驶舱"系统中的该项重大风险主管科室界面、主管职能部门界面、主管副总经理界面、总经理和董事长界面也会亮起红灯。

集团董事长、总经理及分管副总经理随时都可以进入驾驶舱关注和监控重大风险(如图7-35和图7-36所示)。如发现重大风险处于红灯状态,则能够在系统中逐级找到措施的部门负责人、科室负责人和岗位责任者,逐级过问风险措施未完成的原因,这就实现了重大风险的垂直监控。截至上半年,X集团重大风险控制达到集团内部绩效控制指标以上。

图 7-35　X集团运营"驾驶舱"系统董事长和总经理监控界面

注：图中○为绿灯标识。

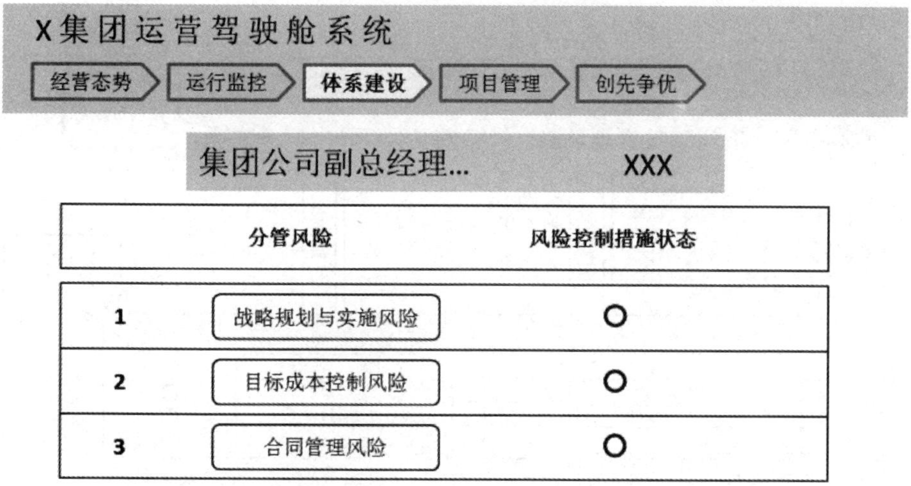

图 7－36　X 集团运营"驾驶舱"系统副总经理监控界面

以日常的重大风险监控为例，如果投资项目管理风险解决措施未按计划完成，则分管副总经理界面则会亮起红灯。如下图（图 7－37）所示，分管副总经理可查看红灯项，督促部门负责人解决。

注：图中○为绿灯标识，●为红灯标识。

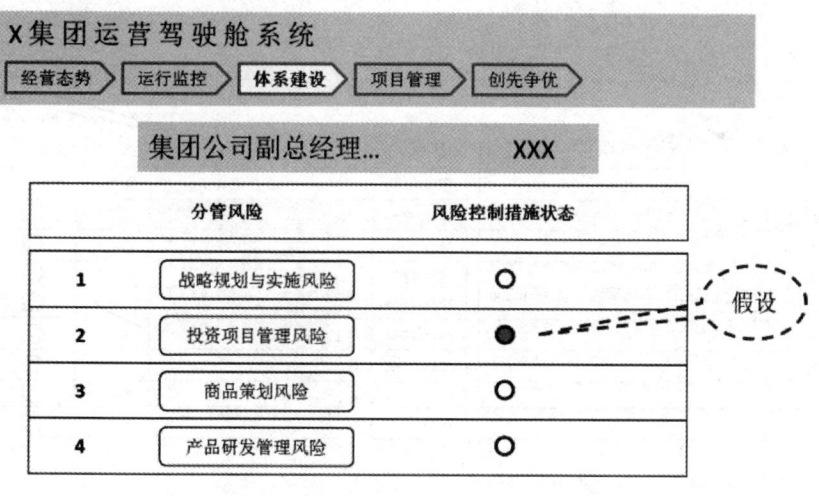

图 7－37　X 集团运营"驾驶舱"系统副总经理监控界面

之后，部门负责人要督促主管科室、具体负责人，使其分别根据自己的责权范围，采取具体措施（如图 7－38 和图 7－39 所示），确保企业管理控制行之有效。

7. 建立重大风险管理控制考评机制，确保管理者薪酬激励有效

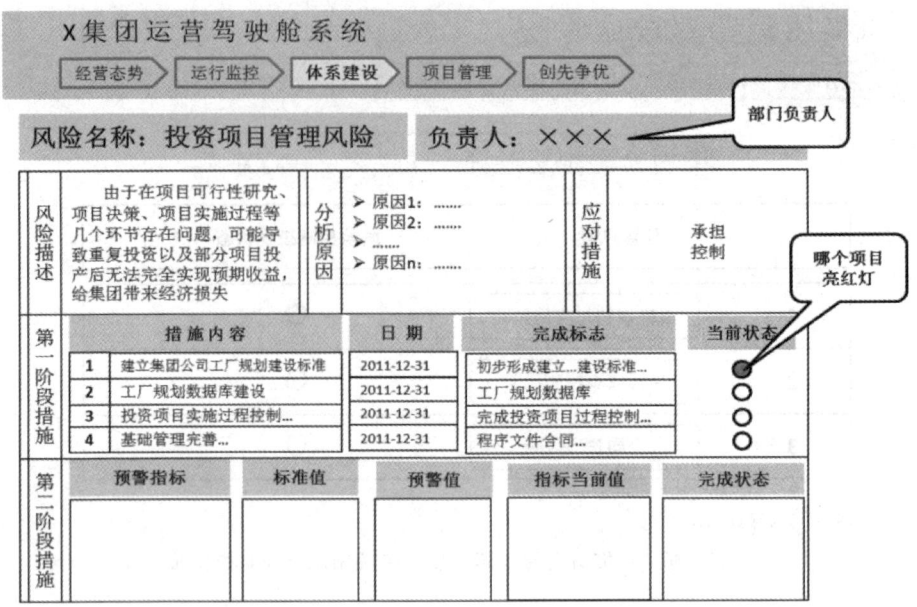

图7-38　X集团运营"驾驶舱"系统副总经理监控界面

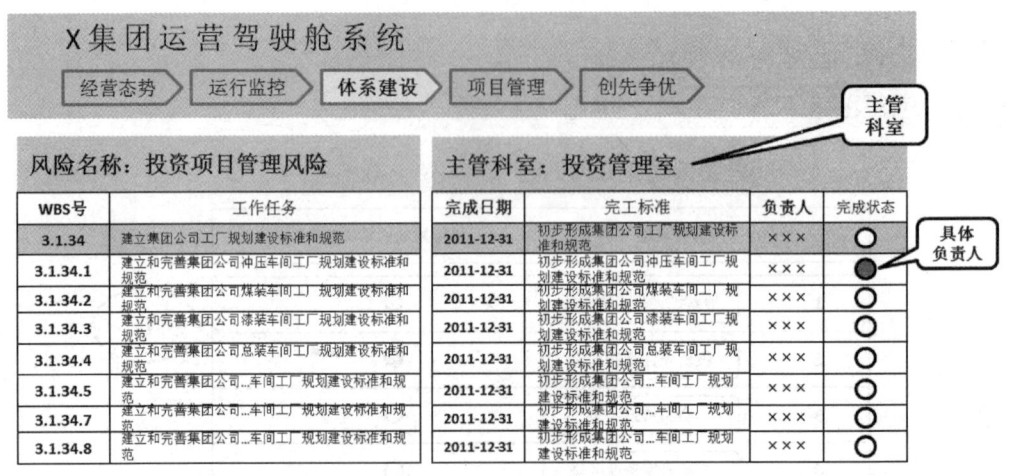

图7-39　X集团运营"驾驶舱"系统主管科室（具体负责人）监控界面

在企业经营管理过程中，做好任何工作都离不开检查和考核，X集团推行全面风险管理也不例外。为了保证重大风险管控措施落到实处，集团从三个方面加强检查和评价考核工作。

第一，成立风险管理领导小组定期听取风险管理工作汇报。X集团风险管理职能部门每年年末对全年风险管理工作形成报告,并向主管副总经理汇报;每年1—3月编写全面风险管理报告,对上年度重大风险管理控制情况进行总结,提出本年度重大风险评估结果和风险解决方案建议,4月向集团风险管理领导小组汇报并获得批准和指示。对由分、子公司承担的重大风险解决措施,其完成情况则由X集团经营管理运行控制评价小组进行定期检查和评价,评价报告上报分、子公司的董事长。

第二,风险管理职能部门定期检查和监督。X集团的风险管理职能部门每个月都会对"工作计划"系统中集团重大风险解决措施完成情况进行网上检查,并不定期进行现场抽查。对即将到达完成节点的任务,检查人员将提前对责任单位进行提示,要求相关部门按时完成计划任务。

第三,集团绩效评价小组定期评价和考核。X集团从2009年开始,依据平衡计分卡原理建立新的绩效管理体系,并将"风险管理有效率"作为集团KPI(关键绩效指标,Key Performance Indicator)指标。集团绩效评价小组每半年会对"风险管理有效率"进行一次检查和评价,如果没有完成规定指标,则要根据规定减少风险管理职能部门和相关责任部门负责人及相关责任人的效益工资。

(四) 成功经验

近几年来,X集团在推行全面风险管理,加强重大风险管理控制方面进行了一些积极探索和创新实践,取得了一定成效,这主要得益于以下几个方面的保障。

1. 领导班子重视,为创新管理控制创造了文化氛围

X集团领导班子十分重视全面风险管理工作。2008年决策推行风险管理,2009年3月还曾特别邀请国资委有关领导给X集团公司领导班子成员和高级经理讲课,提升高层管理人员对开展全面风险管理工作重要性的认识。

为加强对全面风险管理工作的领导和组织,成立了X集团全面风险管理领导小组和工作小组,明确了风险管理职能部门;为促进全面风险管理与现有管理有机融合,提出了X集团风险管理工作的六项原则;为倡导和培养企业风险管理文化,提出了"风险无处不在"理念和文化内涵;为保证风险管理顺利推进,配置了所需资源。正是由于领导班子采取了上述一系列的关键举措,才为后续顺利推进全面风险管理并取得显著成果奠定了基础。

2. 风险管理组织机构设置科学,为创新管理控制程序系统奠定了基础

X集团推行全面风险管理之初,就根据企业实际情况,本着既要明确风险归口职能部门,又要有利于风险管理工作开展的原则,把风险管理职能赋予集团管理部,使风险管理职能与组织管理、流程管理和规章制度管理、信息化管理、工作计划管理、职能部门工作评价等职能完全统一到一个部门。四年来,在X集团,除了财务公司、进出口公司等从事高风险业务的公司外,其他分、子公司均按此模式设置风险管理机构,配置相关管理人员。

特别是集团对财务控制部的构建与责权界定,为提高管理控制程序系统的运行

效率奠定了坚实基础。X集团的上述设计，为集团持续、顺利推进全面风险管理，把全面风险管理与现有管理控制体系融合，奠定了良好的体制基础。使集团可以顺利地把全面风险管理和管理控制要求设计体现到企划方案中，体现到流程设计优化、管理控制标准建设和信息系统建设中。

3. 重视专业信息化团队建设，为实施创新管理控制提供了有力保障

Y信息技术股份有限公司是X集团下属的一家上市子公司，专门从事汽车企业信息系统研究与开发，拥有一大批信息系统建设专业人才。集团所有分、子公司的信息管理系统均出自其手。由于该信息技术股份有限公司属于X集团的内部机构，其对汽车企业管理和业务流程非常熟悉，并且设计开发能力较强，使得集团能够得以顺利实现"工作计划"系统、"风险管理"系统和"驾驶舱"系统的开发和融合。

尤其是，X集团借助自己的信息化专业团队，实现了会计信息化的建设与完善，形成了以管理会计为核心的管理控制程序系统模式运作。这充分强化了集团战略规划的引领作用，提高了管理效率，也促进了管理会计系统的不断健全，并最终提升了集团的管理水平和经营业绩，同时为集团全面风险管理和重大风险管控工作的有效开展提供了有力支撑和保证。

4. 管理控制流程化运行，建立健全集团管理控制程序系统

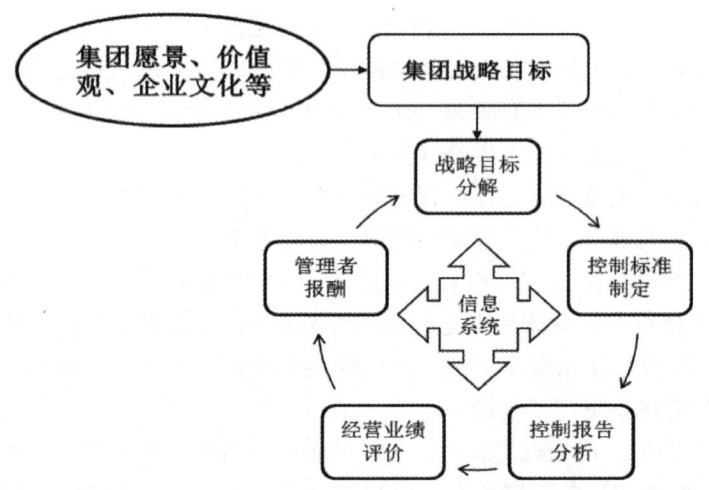

图7-40　X集团的管理控制程序系统模式

X集团以集团战略目标为起点，通过逐级、逐层分解企业的战略目标，科学构建并形成了一套完整的经营目标体系，为集团实施管理控制程序建立开端，提供导向。此外，集团十分重视控制标准的制定，为企业实施有效管理控制建立了一系列的管理控制标准，这为企业比较实际经营情况，实施管理控制报告分析提供了科学考量依据。同时，在客观进行控制报告分析的基础上，集团更重视借助"运营驾驶

舱"系统，将管理控制落实到位，并将其作为进行经营业绩评价的重要依据。进而，在此基础上实施管理者薪酬激励机制，为推进集团下一阶段目标的顺利完成奠定基础。由此可见，X集团管理控制流程的有效实施离不开战略目标分解、控制标准制定、控制报告分析、经营业绩评价与管理者报酬五个步骤的紧密相连与顺序推进，这五个重要步骤形成了一个完整的闭环系统（如图7-40所示）。这个完整的程序系统在信息系统的支撑下，合理、有序地顺利运行，为集团实现管理控制目标，提高管理水平提供了有力保障。

综上所述，X集团在重大风险管理控制方面虽然取得了一定的成效，但还有很长的发展道路要继续，下一阶段，X集团计划将对所有重大风险建立预警指标项，确定标准值和预警值并上线运行。届时，X集团的管理控制系统将实现进一步地升级与完善，企业的风险管理水平也将会达到一个新的历史高度。

第八章

中国企业管理控制模式创新

企业的环境差异决定了管理控制模式的不同选择，而管理控制模式的特征差异决定了其在企业的不同适应性，因此，基于环境的差异和模式的特征创新中国企业管理控制模式，是指引管理控制系统运行与提升其执行效果与效率的重要保证。本章主要在明确管理控制模式的应用环境和适用特点的基础上，提出四大创新的管理控制模式，即制度控制模式、预算控制模式、评价控制模式和激励控制模式。具体内容包括以下三个方面：第一，界定管理控制模式的定义与分类，厘清管理控制程序与管理控制模式的关系，明晰管理控制模式选择的程序与方法；第二，在介绍传统管理控制模式类型与特征的基础上，明确中国企业创新管理控制模式的目标与思路，引出中国企业创新的管理控制模式；第三，具体阐述四大创新模式的内涵、特点，并给出具体的应用案例。

第一节 管理控制模式的内涵与选择

一、管理控制模式的定义与分类

（一）管理控制模式的定义

管理控制系统，是由若干相互联系的管理控制基本要素构成的、具有确定的特性和功能的有机整体。管理控制系统依据特性和功能可分为：管理控制要素系统、管理控制程序系统、管理控制模式系统。基于管理控制要素研究管理控制系统，有助于描述管理控制系统所需的决策信息；基于管理控制程序研究管理控制系统，有助于理解管理控制系统的基本流程；而基于管理控制模式研究管理控制系统，则有助于反映管理控制系统运作的机理、方式与方法。这一章主要是在了解管理控制要素系统、管理控制程序系统的基础上，详细介绍管理控制模式系统，以明确管理控制系统的运行模式。

现代汉语词典把模式定义为某种事物的标准形式或使人可以照着做的参考样式。简单来看，管理控制模式可理解为管理控制的标准形式或参考样式。此外，模式还可视为从生产经验和生活经验中提炼出来的方法体系，能够为解决某类问题提升理念指导和操作方法。因此，管理控制模式可定义为在管理控制理念指导下建构的、由管理控制要素、管理控制程序及方法组成的控制行为体系结构。

（二）管理控制模式的分类

关于管理控制模式的基本类型，不同学者基于不同的角度或理论，给出了不同的提法和分类。梳理发现，已有管理控制模式研究主要以交易费用理论、组织及权变理论、会计与控制理论为基础，形成了不同的管理控制模式分类方式。

在交易费用视角下，管理控制模式的核心是探索降低交易费用的方式；相关学者主要探究在不同的管理控制环境中，交易费用对企业组织结构的影响。Spekle（2001）基于交易费用理论，将管理控制模式分为市场控制、层级组织控制与混合控制。Sartorius 和 Kirsten（2005）进一步从契约角度将管理控制模式分为古典合同、新古典合同、战略联盟和双边关系。

在组织及权变理论视角下，管理控制模式的核心是企业适应管理控制环境的不确定性。Ouchi（1979）将管理控制模式分为官僚式控制、市场式控制和团队式控制。Simons（1995）提出信任控制、边界控制、诊断控制和交互控制四种管理控制模式。Merchant（1985）基于行为视角，提出了结果控制、行为控制与文化控制。Goold 等（2004）、汤谷良等（2009）、傅元略（2009）从战略视角将企业集团的管理控制模式分为战略管控型、财务管控型以及运营管控型。

此外，也有学者从管理学或公司治理等其他角度探讨了管理控制模式的分类。比如，曾纪幸等（1998）将管理机制划分为行政管理机制、人员管理机制、绩效管理机制与文化管理机制。陈志军（2009）将管理控制模式分为行政管理型、治理型和管理型控制模式。李维安和吴先明（2002）根据公司治理的完善程度，将管理控制模式归纳为间接控制、直接控制和混合控制。

以前人研究为基础，结合会计与控制理论，基于我国目标经济体制和经济环境，本书初步建立了适合我国国情的管理控制模式框架，将管理控制模式分为制度控制模式、预算控制模式、评价控制模式和激励控制模式。

二、管理控制模式的应用程序

管理控制模式是在管理控制程序的基础上形成的，管理控制程序的差异衍生出不同的管理控制模式。因此，企业应用管理控制模式应当遵循管理控制程序的一般步骤，明确不同模式下管理控制程序的特点。

管理控制程序包括五个步骤：战略目标分解、控制标准制定、控制报告分析、经营业绩评价和管理者报酬。不同的管理控制模式均由这五个程序构成；在不同的管理控制模式的指引下，管理控制各程序内容存在差异，尤其是在控制标准方面的差异，如图 8-1 所示。管理控制系统的五个程序在制度控制模式、预算控制模式、评价控制模式和激励控制模式四种模式下呈现不同的侧重点。制度控制模式包括制度目标、制度标准、制度报告分析、制度评价和制度激励；预算控制模式包括预算目标、预算编制、预算报告分析、预算评价和预算激励；评价控制模式包括评价目标、评价指标（指标选择、指标标准、计算方法）、评价报告分析、业绩评价与评价激励；激励控制模式包括激励目标、激励方式选择、激励报告分析、激励评价和薪酬激励。

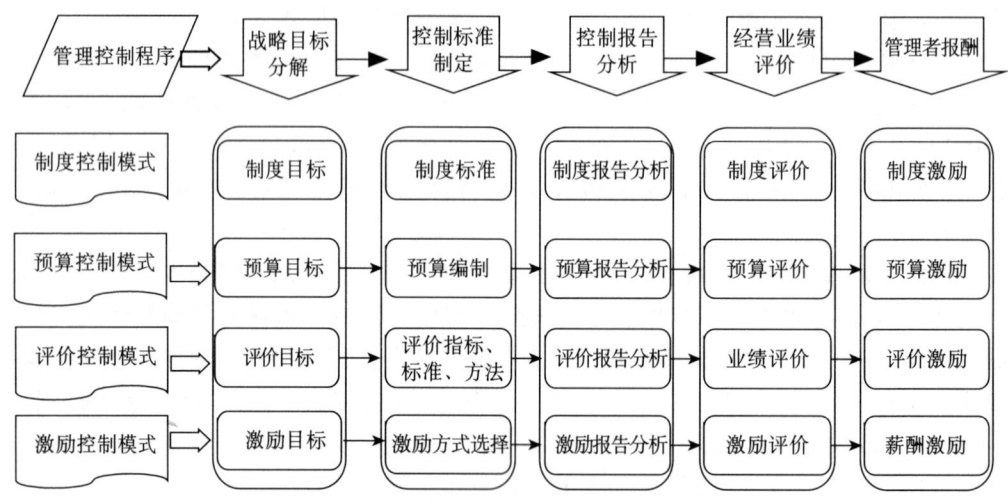

图8-1 管理控制模式与管理控制程序

从管理控制程序角度来看，不同管理控制模式的主要差异在于控制标准，因为控制标准的不同在一定程度上决定了控制报告内容的差异、经营业绩评价指标的不同以及管理者奖惩方式的差别。制度控制模式的控制标准是既定制度，根据制度标准与实际运行中的遵循程度进行报告、评价和奖惩，强调制度控制，按照规则行事；预算控制模式的控制标准是预算，根据预算标准与实际业绩的对比进行报告、评价和奖惩，强调过程控制，注重及时纠偏；评价控制模式的控制标准是评价指标，根据评价指标的实现程度进行报告、评价和奖惩，强调目标控制，注重结果；激励控制模式的控制标准则是价值指标，对企业价值的增值情况进行报告、评价和奖惩，强调利益控制，注重企业价值的提升。

三、管理控制模式的选择

现代企业组织结构繁杂、经营形式多元，而且面临着一个多元化的、动态的、无边际的、复杂的环境，在这种情况下，企业的竞争能力在很大程度上取决于企业的执行能力（薛云奎等，2005）。增强执行力必然依靠有效的管理控制模式。企业能否成功，在很大程度上将取决于管理控制模式的适应能力、应变能力和利用能力，取决于它在变动的环境中能否应付自如（杜胜利，2004）。可见，企业管理控制模式的选择与运行主要由企业的内外部环境决定，能否建立与企业环境相适应的管理控制模式成为决定战略目标能否实现的关键环节。

（一）管理控制模式的选择程序

适宜的管理控制模式应满足企业内外部的环境需求，有效实现企业战略目标。企业应在全面系统分析企业所面临的内外部环境的基础上，确定影响管理控制系统目标实现的关键因素，并根据关键因素选择合适的管理控制模式。因此，企业管理控制模式的选择程序包括分析管理控制环境、识别关键影响因素、选择管理控制模式三个环节。如图8-2所示。

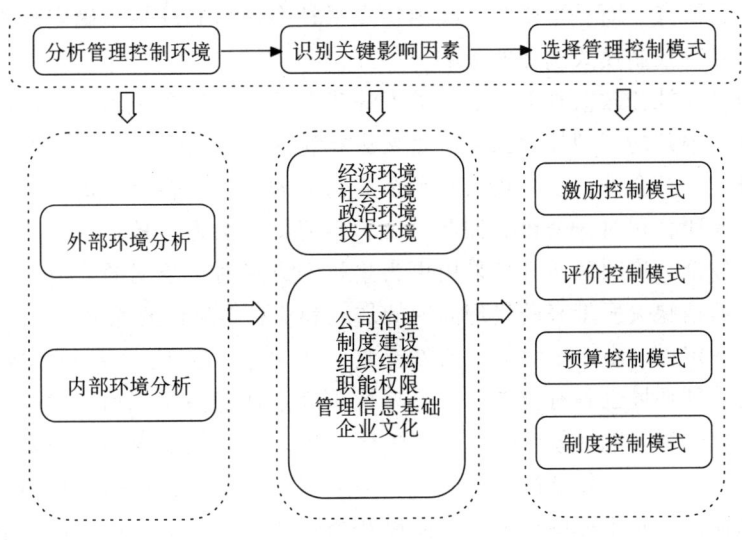

图8-2 管理控制模式选择

1. 分析管理控制环境。管理控制环境是企业应用管理控制模式的基础，包括内外部环境。企业的外部环境包括社会环境、经济环境、政治环境、技术环境等；内部环境包括公司治理与制度建设、组织结构与职能权限、管理会计信息及其他管理信息基础、企业文化与管理风格、管理者与员工素质等。企业应该综合分析内外部环境，找出能够影响管理控制模式的相关因素。以内部环境为例，企业应该从梳理组织层级开始进行管理控制环境分析，依据组织的层级结构确立应用管理控制模式的运行主体。企业应依据不同组织层级的环境分析，进一步确定管理控制模式选择的影响因素。

2. 识别关键影响因素。在管理控制环境分析的基础上，企业应对影响管理控制模式选择的因素进行具体分析，通过具体分析找出关键影响因素。每一个关键影响因素对管理控制模式可能产生不同的影响，关键影响因素的综合考虑主要决定了管理控制模式的选择。

3. 选择管理控制模式。在分析管理控制环境与明确关键影响因素的基础上，企业应对管理控制模式选择做出判断与决策。各组织层级确定了管理控制模式后，将其所采用的管理控制模式上报至集团总部，由集团总部审核批准。企业各层级根据审批结果，最终确定相应的管理控制模式，并为模式的运行做出相应准备。

（二）管理控制环境与管理控制模式选择

1. 企业外部环境

企业的外部环境包括社会环境、经济环境、政治环境、技术环境等。每一种外部环境包含许多影响因素，如社会环境包括社会诚信、道德、文化、宗教、生态等；经济环境包括环境不确定性、经济波动等。本部分不可能就每一环境与管理控制系统的关系进行研究，而是主要结合我国特点从社会诚信和环境不确定性等方面探讨外部环境对管理控制模式选择的影响。

社会诚信。社会诚信水平代表了员工的基本素质和企业内部信息呈递的真实性，进而影响企业内部的管理控制强度，直接影响企业授权情况。如果企业外部拥有良好的道德环境，社会诚信水平较高，则企业内部的代理问题以及信息不对称就会被弱化，那么集团公司对子公司的控制程度就会降低，会适当地放权；反之，如果社会诚信水平较低，集团公司则会采用更为集权的方式对子公司的业务进行管控，以降低由社会诚信缺失所带来的代理问题的加剧和信息不对称的恶化。

环境不确定性。由于企业集团所处行业、供应商、客户、生产技术等存在差异，其所面临的外部环境也各有不同。外界环境不确定性越高，其动态性越强，管理控制系统的开放性和外部性就越强，因而集团应当采用开放的管理控制系统。在这种开放系统下，为了应对复杂的环境，母公司应当加大对子公司的分权力度，可以采用激励控制模式。对于那些环境较为简单和稳定的企业，母公司则可以适当提高集权程度，可以采用预算控制模式。对于一般不确定性环境下的母子公司而言，其管理控制体系则应兼具集权和分权控制的特点，适宜采用评价控制模式。

2. 企业内部环境

企业内部环境包括公司治理与制度建设、组织结构与职能权限、管理会计信息及其他管理信息基础、企业文化与管理风格、管理者与员工素质等。

公司治理与制度建设。股权结构是公司治理的重要方面，根据母公司对子公司控股程度，可以反映母公司的意图，进而影响对子公司的管理控制方式与原则，如试图控制、影响子公司的业务和稳定与子公司的协作关系。如果母公司是子公司的全资股东，母公司可绝对控制子公司的一切业务；如果母公司是子公司的主要股东，母公司可以基本控制子公司的一切业务；对于非绝对控股的实际控制子公司，母公司只拥有对子公司重大事务的控制权，目的可能在于稳定协作关系。如果试图控制或是影响子公司的业务则适宜采用预算控制模式，如果是稳定与子公司的协作关系则适宜采用评价控制模式。

组织结构与职能权限。企业组织结构和职能权限与企业管理控制方式及控制内容紧密相关，从企业管理体制角度看企业组织结构通常可分为直线职能制组织结构、事业部制组织结构和控股制组织结构。直线职能制组织结构，其管理控制属于直接控制方式，职能管理权限集中，适宜采用预算控制模式。事业部制组织结构，其管理控制属于直接控制与间接控制相结合方式，企业总部对各事业部进行直接控制，各事业部对其管辖业务具有自主权，职能管理权限相对下放，适宜采用评价控制模式。控股制组织结构，其管理控制属于间接控制方式，职能管理权限下放程度较大，适宜采用评价控制或者激励控制模式。

管理会计信息及其他管理信息基础。由于信息技术的飞速发展，ERP、CRM等管理会计信息系统为母子公司管理控制提供了更多更精确的信息，拓宽了母子公司管理控制系统的工具，间接促进了母子公司分权水平的提高。信息化水平越高，企业内部信息的呈递更为准确和流畅，为企业内部权力的下放提供了可能，因此倾向于采用分权程度较高的评价控制模式；相反，信息化水平越低，企业内部信息可靠性低、流通不畅，不利于企业的有效管理，倾向于采用集权程度较高的预算控制模式。也有一些学者认为，信息技术的提升无疑促进了组织集权。

企业文化与管理风格。Vires 和 Mlller (1984，1986) 研究发现，组织文化由战略、结构、控制模式所组成的组织构型在本质上是组织领导者人格的一种反映。可见，组织领导者人格是影响管理模式选择的重要因素。每个企业家都有自己的管理和决策风格，对集权和分权紧密程度的需求也反映了领导风格和自我需求。精力充沛与关注细节的企业家喜欢事必躬亲，在集团管控当中就往往体现为集权型管控，如预算控制；而其他企业家更善于制定规则，能够松放有度，在集团管控中往往体现为分权型管控，如评价控制。

管理者与员工素质。从管理者与员工素质的角度来看，道德素质和专业素质是衡量管理者与员工总体素质的两个方面。道德素质可以保证员工"做正确的事"，它决定了员工的行为与管理者所期望的行为相一致的程度。对具有良好道德素质的员工，组织一般不会通过硬性约束来对其行为进行限定，较容易采取宽松的控制方式，如评价控制或者激励控制；专业素质可以保证员工"正确地做事"，它决定了员工工作的结果与管理者所期望的结果相一致的程度，对专业素质高的员工同样也倾向于采用评价控制或激励控制等较为宽松的控制方式。

总之，通过对管理控制环境与管理控制模式关系的研究，我们可得出以下结论：第一，管理控制模式的选择与管理控制环境变化不可分割，控制环境变化引起管理控制模式变化。第二，管理控制模式与企业外部经济环境是紧密相关的，管理控制模式随着社会环境和经济环境的发展变化而改变。第三，建立企业管理控制系统应从不同角度、采用不同方式进行全面控制；在相同外部环境下，虽然管理控制的根本目标是一致的，但由于企业内部环境不同，管理控制模式也可能不同。第四，无论是不同管理控制模式还是某一管理控制模式下的具体程序，其有效运行都离不开管理会计信息的及时传递与支撑，建立以管理会计为核心的管理控制模式尤为必要。

第二节　中国企业管理控制模式系统创新

一、传统管理控制模式的种类与特征

（一）管理控制模式的划分及演变

从管理控制模式的演变角度看，对管理控制模式的划分主要应基于两点：一是管理控制时期或阶段的变化；二是管理控制环境的变化。在管理控制模式演变研究中具有代表性的人物和观点可归纳如下：

1. 威尔逊［英］在其所著的《实用成本控制指南》①一书中对控制形式的发展作了如下归纳：

（1）典型的官僚政治式控制。上级对下级发命令，下级必须服从。

（2）明确的管理及程序（如规章制度）的建立，使决策与经营的控制具有计划的形式。纪律也包括在这些方法之中。

（3）激励系统提供了一种进一步控制的机制，如计件工资等。

（4）技术以两种方式提供了控制机制：第一，生产技术的强制性使管理者能控制作业；第二，管理技术的发展使有此技术的管理者能完成复杂任务，使经营保持控制状态。

（5）对有专业知识的管理者在一定约束下授权，可有效实现控制。

2. 罗伯特·西蒙斯在其《授权时代的控制》②一文中提出了四种管理控制模式：

（1）边界控制系统（Boundary Control Systems）。边界控制系统的目的，就是规定组织可接受的活动范围，即这些活动应限制在信任系统确定的机会之内，而不能超出这个范围。边界控制是保证组织中所有人员都明确哪些事不能做。

（2）诊断控制系统（Diagnostic Control Systems）。诊断控制系统是被用于监督结果、纠正偏差的控制系统。诊断控制系统的工作如同飞机驾驶室的仪表刻度盘，驾驶员通过它观察不正常迹象，及时操作以保证飞机不偏离正确航线。企业经营中运用诊断控制系统帮助经理人追踪个体、部门或生产线是否背离企业的战略目标。经理人运用诊断控制系统进行计量、比较、调整，以监控目标的实现。

（3）信任控制系统（Belief Control Systems）。信任控制系统与边界控制系统相

---

① R. 威尔逊著，苏通等译编：《实用成本控制指南》，北京大学出版社 1988 年版。
② Robert Simons. Control in an Age of empowerment, Harvard Business Review March – April. 1995.

对应。信任控制系统可看作是中国阴阳学中的阳,边界控制可看作是中国阴阳学说中的阴。信任控制系统的目的是激发和指导企业或组织去探索和发现,去追求企业或组织的核心价值。信任控制系统要吸引企业的所有参与者去关心企业的价值创造。

(4) 交互控制系统 (Interactive Control Systems)。交互控制系统是一个重视未来和变化的系统。交互控制系统追踪不确定性,从而使高级经理保持清醒;交互控制系统注重持续变化的信息,使高级经理考虑潜在战略。

3. 斯科特将管理控制系统分为四个阶段 (Scott Morton, 1981):

(1) 封闭、理性系统阶段。这一阶段的控制模式往往是不考虑企业内外部控制环境,将内部管理控制目标明确化、定量化,管理者在控制系统中处于执行的地位。

(2) 封闭、自然系统阶段。这一阶段的控制模式虽然也不考虑企业内外部控制环境的变化,但其内部管理控制目标是不确定的,管理者可确定并调整目标。

(3) 开放、理性系统阶段。这一阶段的控制模式往往考虑企业内外部控制环境变化,但其内部管理控制目标明确化、定量化,管理者不能随意调整控制目标。

(4) 开放、自然系统阶段。这一阶段的控制模式往往考虑企业内外部控制环境,同时其内部管理控制目标也由管理者根据控制环境变化进行调整。

斯科特总结这四个阶段认为,管理控制系统的演变是从封闭系统向开放系统转变;从理性系统向自然系统转变。

(二) 管理控制模式演变的启示

管理控制模式的演变给我们以下启示:

1. 管理控制模式与企业外部经济环境是紧密相关的。管理控制系统随着经济体制和经济环境的发展变化而变化。

2. 在相同外部环境下,虽然管理控制的根本目标是一致的,但由于企业内部环境不同,管理控制模式也可能不同。建立企业管理控制系统应从不同角度、采用不同方式进行全面控制。

3. 不同类型和不同管理基础的企业或组织,虽然都可能采用多种管理控制方式或杠杆,但采用管理控制杠杆的侧重点应该是不同的。建立企业管理控制系统应根据企业特点选择管理控制侧重点。

二、中国企业创新管理控制模式的目标与思路

(一) 创新管理控制模式的目标

1. 总体目标

创新管理控制模式的总体目标是通过防范和控制企业经营管理风险,实现企业经营管理的有效性,使企业战略得到执行,从而使组织目标得以实现。从组织结构层级角度来看,企业目标包括战略有效性目标、经营有效性目标和作业有效性目标。创新管理控制模式的总体目标与企业各层级的目标是协调统一的,最终目标是保障

企业各层级目标的有效实现。

2. 具体目标

创新管理控制模式的具体目标是以企业战略为指导思想，服务并支撑企业战略目标的实现，适合公司组织架构特点，结合公司职能权限划分，满足不同组织单位经营决策与管理控制要求。具体来看：第一，建立适应企业环境的多种形式的管理控制模式，以提高企业管理控制的层次化、系统化；第二，充分发挥不同管理控制模式的作用，以保障企业各层级管理控制系统的有效运行以及不同层级管理控制的协调统一；第三，突出管理会计信息系统在管理控制模式应用中的地位，以发挥管理会计在管理控制中的决策优化和价值提升作用，提升企业经营决策的有效性。

（二）创新管理控制模式的思路

1. 总体思路

创新管理控制模式的总体思路是以企业战略目标为导向，以管理控制系统目标为指引，整合管理控制环节形成完善的管理控制系统，结合各企业环境选择各层次公司的管理控制模式，充分利用管理会计信息系统保障管理控制程序及模式的有效运行。具体如图 8-3 所示：

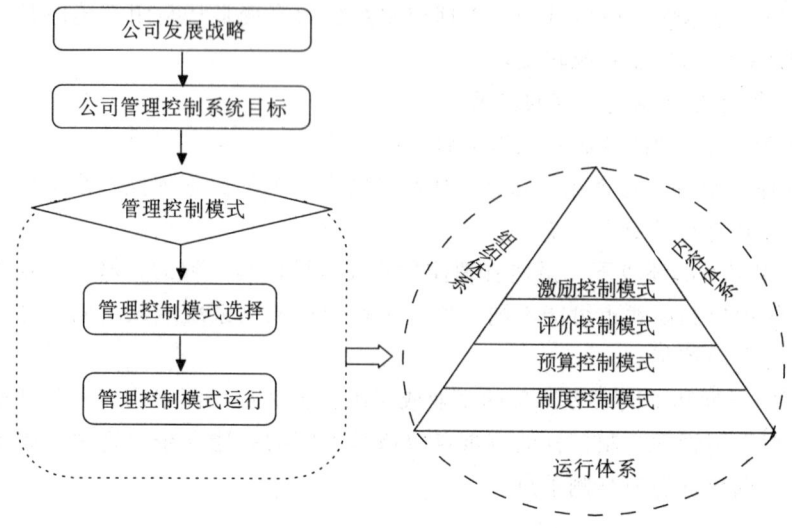

图 8-3 创新管理控制模式的总体思路

2. 具体思路

创新管理控制模式的具体思路是：建立与运行适应企业环境特点和管理需求的管理控制模式，旨在为企业经营有效性提供合理保证。

（1）建立多种形式并存的企业管理控制模式。企业通过对组织层级的梳理，结合各组织层次管理需求与环境特点，可应用一种形式或者一式为主、多式并存的管理控制模式。以集团公司为例，集团公司对下属子集团采用评价控制模式，子集团对下属孙公司采用预算控制模式。

（2）厘清企业管理控制模式选择的程序与依据。为建立适宜有效的管理控制模式，企业应厘清管理控制模式的选择程序，即分析管理控制环境、识别关键影响因素、选择管理控制模式。遵循模式选择程序，通过对管理控制环境的分析，基于公司治理与制度建设、组织结构与职责权限、管理会计信息及其他信息基础、企业文化与管理风格、管理者与员工素质等识别关键影响因素，依据关键影响因素选择适合不同组织层级环境与特点的管理控制模式。

三、中国企业创新的管理控制模式

（一）中国企业管理控制系统四大模式

结合我国目前经济体制和经济环境，我们构建了企业管理控制系统四大模式的框架，包括制度控制模式、预算控制模式、评价控制模式和激励控制模式。

1. 制度控制模式

制度控制模式是指企业通过规章、制度的形式规范与限制企业各级管理者与员工行为，以保证管理活动不违背或有利于企业战略目标的实现。制度控制模式强调制度控制，注重按照规则办事。对于企业集团来说，制度控制模式就是母公司要求子公司按照制度进行日常经营管理，规则明确，易于操作，自由裁量空间小，依照制度实现目标要求。

制度控制模式适用于所有的组织，它不受苛刻的条件限制。一般来说，对于管理环境和基础较差的组织，企业员工的自我约束能力较弱，更为需要制度控制模式的约束和规范。

2. 预算控制模式

预算控制模式是指通过预算计划的形式规范组织的目标和经济行为的过程，从而调整与修正管理行为与目标偏差，保证各级目标、策略、政策和规划的实现。预算控制模式强调过程控制，注重及时纠偏。对于企业集团来说，预算控制模式就是母公司通过预算计划对子公司的日常经营运作进行直接管理，使管理者及员工明确自身量化目标，并能在经营过程中及时发现行为偏差对目标的影响，从而可随时纠正偏差，保证目标任务的完成。

预算控制模式适用于管理控制权较为集中的组织结构，便于实现过程的管理控制。预算控制模式要求企业具备良好的制度控制基础，以保障预算标准的贯彻与执行。

3. 评价控制模式

评价控制模式是指组织通过评价的方式规范组织中各级管理者及员工的经济目标和经济行为。评价控制模式注重目标控制或结果控制，强调结果而不是过程，只要各责任中心的子目标实现，则组织的战略目标将得以实现。对于企业集团来说，采用评价控制模式意味着母公司很少干预子公司的具体日常活动，而是通过目标的制定、展开、实施、评价和考核对企业的生产经营活动进行管理，一切管理控制活动都是围绕目标进行，以目标为行动方针，以目标完成程度评价管理效果，目标贯穿于整个管理活动的始终。

评价控制模式适用于分权的组织结构，便于实现目标的管理控制。评价控制模式要求企业具备良好的预算控制基础，拥有制定和执行预算的能力以保障评价目标的实现。

4. 激励控制模式

激励控制模式是指组织通过激励的方式控制管理者的行为，使管理者的行为与企业目标（或所有者目标）相协调。激励控制模式强调利益控制，注重企业价值的提升，管理者可根据变化的环境及时调整目标和战略，保证企业价值最大化目标的实现。对于企业集团来说，采用激励控制模式意味着母公司对下属子公司的具体经营运作基本不加干涉，也不会对下属公司的战略发展方向进行限定，集团主要关注激励目标的实现情况，根据激励目标的实现效果对高层管理者进行奖惩。

激励控制模式适用于分权程度较高的组织结构，便于实现利益的管理控制。激励控制模式要求具备良好的评价控制基础，企业有能力设计合理的业绩评价体系，拥有完善的业绩考评系统和考核办法以对激励计划实施动态管理。

（二）中国企业管理控制模式比较

制度控制模式、预算控制模式、评价控制模式和激励控制模式在控制特征、控制目标、控制优势、控制障碍、控制环境等方面均有所区别，各具特色。如表 8-1 所示。

表 8-1　　　　　　　　四种管理控制模式主要特征比较

控制系统	控制特征	控制目标	控制优势	控制障碍	控制环境
制度控制	规则	正确做事	规则明确、易于操作	缺乏量化与能动性	管理基础与环境较差
预算控制	过程	完成任务	量化目标、及时调控	缺乏变化与能动性	管理基础与环境较好
评价控制	目标	挖掘潜能	突出结果、鼓励进取	缺少过程调控	管理基础与环境良好
激励控制	利益	创造财富	利益相关、随机应变	缺少相应环境与条件	管理基础与环境优秀

1. 控制特征比较

制度控制模式强调规则控制，通过规章、准则等形式规范与限制组织中各级管理者与员工的行为，以保证管理活动不违背或有利于组织战略目标的实现；预算控制模式强调过程控制，通过预算标准来规范、约束和引导组织行为，使得组织总体目标和个人目标紧密衔接；评价控制模式强调目标控制，把评价目标作为管理的手段，通过评价目标的制定、展开、实施、评价和考核对公司的生产经营活动进行管理，以保证公司战略目标的实现；激励控制模式强调利益控制，通过将管理者的利益与所有者的利益相联系，利用利益约束机制来规范管理者的行为。

2. 控制目标比较

制度控制模式的控制目标在于按规章制度做事，做不违背企业目标的正确的事，使管理者及员工明确哪些事该做，哪些事不能做。预算控制模式的控制目标在于使管理者及员工明确自身量化目标，并能在经营过程中及时发现行为偏差对目标的影响，从而可随时纠正偏差，保证目标任务的完成；评价控制模式的控制目标重在协调乃至最后融合企业内部不同人员的目标，充分挖掘各级管理者和员工的潜能，使个体目标同组织的整体目标相一致；激励控制模式的控制目标强调企业所有者目标与管理者个人目标相协调，根据不断变化的社会经济与技术环境，调整目标及战略，从而为企业创造更大的价值或财富。

3. 控制优势比较

制度控制模式的优势在于企业的行为规则明确，易于操作，便于全员执行，建立的环境和条件限制较小。预算控制模式的优势在于企业行为量化标准明确，企业总体目标与个体目标紧密衔接；突出过程控制，可及时发现问题。评价控制模式的优势在于既有明确的控制目标，又有相应的灵活性，有利于管理者及员工在实现目标过程中主观能动性的发挥。激励控制模式的优势在于将管理者的利益与所有者的利益相联系，通过利益约束机制规范管理者的行为。管理者可以根据变化的环境及时调整目标和战略，保证企业价值最大化目标的实现。

4. 控制障碍比较

制度控制模式的障碍在于限制管理者和员工的主观能动性，定量控制不够，缺乏与企业目标直接衔接。预算控制模式的障碍在于预算制定复杂，并且在一定程度上限制了管理者的主观能动性，预算标准刚性使控制不能随着环境变化而变化。评价控制模式的障碍在于缺少程序和过程控制，不利于随时发现与纠正偏差。激励控制模式的障碍在于具体目标不明确，对企业文化、管理者素质要求较高。

5. 控制环境比较

制度控制模式适用于所有的组织或企业。对于管理基础不高的企业，更应加大制度控制模式的建设。预算控制模式要求企业具备良好的制度控制基础，拥有良好的制度执行能力，这样才能保证预算制度的落实与执行；评价控制模式要求企业不仅拥有良好的制度控制基础，还要求企业具备制定与执行预算的能力，以此来保障评价目标的实现；激励控制模式要求企业具备有效的评价控制基础，评价控制模式的任何不足都将损害到激励控制模式，评价控制模式是保障企业激励控制模式运行有效性和可持续发展的基础性条件。

另外，这四种模式在控制程度、控制权分配和适用程度方面也有差异如图 8-4。

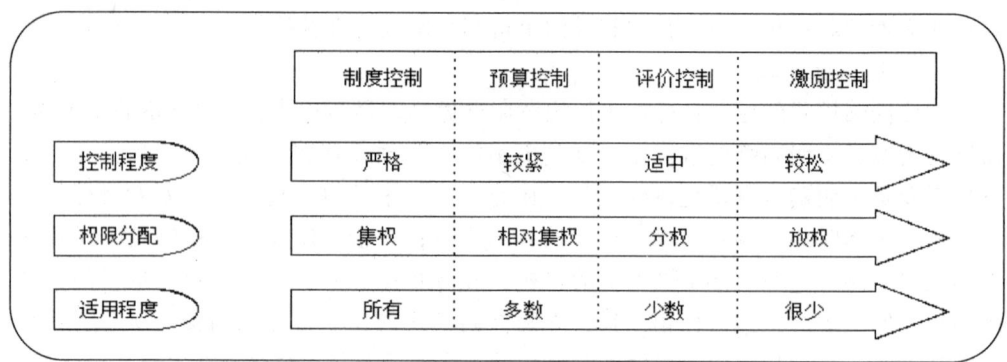

图 8-4　管理控制模式控制程度比较

6. 控制程度比较

制度控制模式通过制定一整套的制度对企业的经营运转予以规范，企业不可以违背制度行事，限制管理者和员工的思维空间以及创造性；预算控制模式通过预算目标的逐层分解以及预算执行的预警控制对企业的日常经营运作进行直接管理，特别强调公司经营行为的统一、公司整体协调成长和对行业成功因素的集中控制和管理；评价控制模式下集团很少干预子公司的具体日常经营活动，而是只管"两头"，即在系统输入端只管如何科学合理地建立一套评价控制目标体系，在系统输出端只管如何科学合理地评价受控系统的经营业绩；激励控制模式下集团对子公司的具体运营管理基本不加干涉，也不会对下属公司的战略发展方向进行限定，管理者可以根据环境的变化及时调整目标和战略，保障企业价值最大化目标的实现。

7. 经营管理权限分配比较

制度控制模式和激励控制模式是集权和分权的两个极端，而预算控制模式和评价控制模式则属于中间状态。制度控制模式要求企业完全按照既定的制度目标进行运营，预算和评价控制模式则拥有制定预算的权力和能力，对公司的具体运营拥有一定的自主权。与上述两种模式不同的是，激励控制模式不再仅仅是完成集团公司制定的业绩指标，而是拥有了为增加企业价值而修改和调整战略的权利，自主权进一步扩大。

8. 适用程度比较

根据我国目前的控制环境状况，大部分企业需要采用制度控制模式；其次是预算控制模式；较少的企业可采用评价控制模式；很少的企业能直接采用激励控制模式。

通过四种管理控制模式的比较，可以得出以下结论：

第一，四种管理控制系统都有其自身的控制目标、控制特征；而不同的控制目标与控制方式又各有其优点与缺点。控制环境对控制系统选择至关重要，只有选择适应自身环境的管理控制方式才能进行有效的控制。

第二，四种管理控制模式具有层次性和适用性。所谓层次性是指不同的管理控制模式从控制环境要求、控制权授予方面看，不是处于同一档次：激励控制授权最大，控制环境要求最高；其次是评价控制；再次是预算控制；制度控制授权最小，控制环境要求最低。

第三，四种管理控制系统既是独立的又是统一的。所谓独立是指它们各自可作为独立控制系统进行运作，如有的企业可采用预算控制模式，有的企业可采用评价控制模式等。所谓统一是指同一企业又可同时采用两种或两种以上的控制系统，分别从过程、目标和利益等角度进行控制。

四、中国企业管理控制系统创新模式的特色

（一）建立了适应不同企业环境特点的管理控制模式

长期以来，在管理控制模式的选择上，由 Burns 和 Stalker（1961）最先提出的二分模型一直具有统治的地位。二分模型认为，在高度确定的条件下，企业应当建立高度理性化和严格科层制的机械式管理控制；而在高度不确定的条件下，企业应当建立学习导向的、无边界的、开放的有机式管理控制。随着外部环境的快速变化以及企业间竞争的日趋激烈，二分模型所主导的这种非此即彼的一维划分方法变得不合时宜。于是，Sutcliffe 等（1999）提出用二元模型取代二分模型，重新考察 MCS 与组织背景变量的适配关系。二元模型认为，在快速变化、激烈竞争的环境中，有效的 MCS 必须同时实现两个目标：保持可靠性和提高学习能力，也就是企业应该集机械式控制与有机式控制于一身。

然而，随着跨国公司的发展壮大以及集团企业的不断成长，二元模型对于组织结构复杂、管理层级繁冗的集团企业适应性降低。因为这类企业包括众多的子、孙公司，而且不同层级不仅管理模式各异，还存在动态的调整性。因此，中国企业应进一步创新优化，建立适应不同企业层级特点，具有动态调整性的管理控制模式。具体来看，企业针对不同组织层级所面临的管理控制环境，可以确立一种形式或者多种形式并存的管理控制模式，而且不同的模式之间具有动态递进性，随着企业环境的变化和调整，管理控制模式也可以相应地改变和适应。以预算控制模式和评价控制模式综合运用为例，这一模式通过预算控制以量化目标，加强过程控制，利用评价控制以适应环境，加强结果控制，改变了以往因预算指标与业绩评价相脱钩而造成的控制乏力，提升了管理控制系统的运行效率。同时，如果企业具备了预算控制所强调的过程管控能力和基础，可以优化为评价控制模式，进一步提升运行效果和质量。

（二）整合与完善了不同模式下的管理控制程序

管理控制程序包括战略目标分解、控制标准制定、控制报告分析、经营业绩评价和管理者报酬,在应用的过程中各个环节层层相扣、紧密相连。控制标准的制定基础在于分解后的战略目标,控制报告的内容以控制标准为依据,经营业绩的评价标准来源于控制标准和控制报告,管理者报酬要以业绩评价内容为基础,最终管理者报酬会对战略目标执行情况产生积极影响。然而,以往的管理控制模式常常不具有完善的管理控制程序,如控制指标或标准不能很好地反映企业战略目标,控制报告不够完备,难以满足控制标准的要求,经营业绩的评价与预算环节脱钩,管理控制程序环节不协调,没有形成完善的管理控制模式,管理控制模式的运行效率也不尽如人意。

为了保证管理控制模式的有效运行,中国企业创新的管理控制模式整合了战略目标分解、控制标准选择、控制报告分析、经营业绩评价、管理者报酬五个管理控制程序,形成了完整的管理控制程序,改变了以往因各程序间相互脱节而带来的局部控制,提升了管理控制的系统性、全面性。

(三)突出了管理会计信息系统在管理控制模式中的作用

管理会计信息系统是管理控制系统的核心,它的完善与否影响着管理控制模式运行的效率和效果。我国企业早期管理会计信息系统基础薄弱,其信息支撑作用有限。20世纪90年代初期,我国大多数企业都没有形成体系化的管理会计信息系统。直到21世纪初期,一些大型企业才全面启动了以"会计核算信息化"为主要实施目标的项目建设。特别是近几年,财务业务一体化、财务共享中心、财务云等管理会计技术的创新与应用大大改变了管理控制模式的运行方式,也极大提升了管理控制模式的运行效率。因此,中国企业创新的管理控制模式应以管理会计信息为核心,突出管理会计信息系统在管理控制模式中的作用。

为了提升管理会计在管理控制模型运行中的突出作用,创新的中国企业管理控制模式通过利用管理会计信息、使用管理会计工具及时有效反映和监督各组织层级的经营管理活动,减少企业内部存在的"信息孤岛",满足了管理控制的信息需求,改变了以往各组织层次管理会计系统相互独立、管理会计系统与管理控制系统相互割裂的情况,促进了管理控制模式的有效运转。

第三节 中国企业管理控制具体模式创新

一、制度控制模式创新

(一)制度控制模式的内涵

从经济学意义上讲,制度是指"社会的博弈形式,或更严格地说,是人类设计的制约人们相互行为的约束条件……用经济学的术语说,制度定义和限制了个人的决策集合"(诺斯,1990)。这些约束条件可以是非正式的(如社会规范、惯例、道德标准),也可以是有意识设计或规定的正式约束(如政治规则、经济规则、合同等)。总之,制度应被视为博弈规则,或者说制度是指要求成员共同遵守的规章或准则。

制度控制,是指为实现组织目标,通过规章、准则等形式规范与限制组织中各级管理者与员工的行为,以保证管理活动不违背或有利于组织战略目标的实现。

制度控制模式作为管理控制系统的一种模式,应具备管理控制系统的基本要素和基本程序。从控制程序或控制环节角度看,包括制度制定、制度执行、制度考核及奖惩几个环节。制度控制模式的基本特征是以制度或规范的方式进行控制。

(二)制度控制模式的创新特点

本部分通过制度控制模式的组织体系、内容体系、运行体系阐述制度控制模式的创新特点。

1. 制度控制模式的组织体系

制度控制模式的组织体系包括制度制定机构、制度管理机构和制度执行机构。如图 8 - 5 所示。

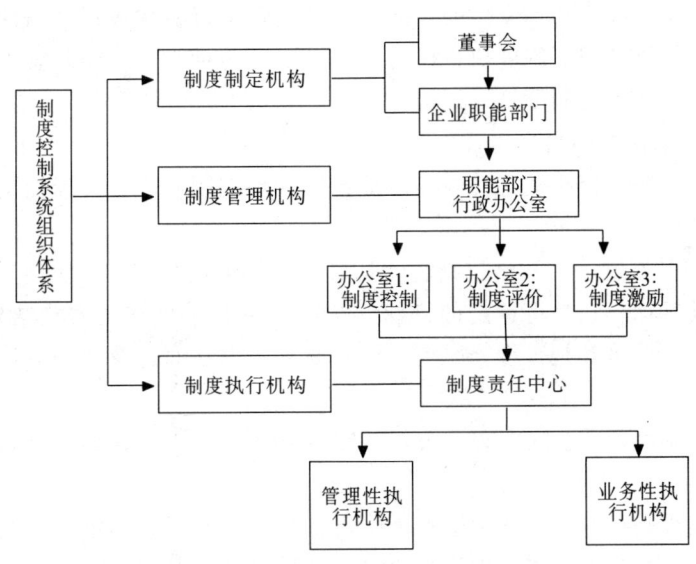

图 8 - 5　制度控制模式组织体系

(1)制度制定机构。制度制定机构负责制度审定、监督、协调、控制和考核等,主要包括董事会和各职能部门,其基本组织体系及权责划分如下:

董事会。董事会作为公司内部最高决策机构,拥有对公司制度的决策权,如拥有对战略控制制度、管理控制制度和作业控制制度等决策权。同时,对公司制度的日常执行情况与执行结果拥有监督和检查权。

企业职能部门。对企业制度管理来说，各职能部门具有直接管理权限，在董事会的授权下处理和决定制度管理的重大事宜。它主要是由企业内各相关部门的主管，如主管供应的副总经理、主管销售的副总经理、主管生产的副总经理等人员组成。

（2）制度管理机构。制度管理机构是处理与制度相关的日常事务的职能部门，主要包括各职能部门下设的行政办公室及其下属各控制中心，其基本组织体系及权责划分如下：

行政办公室。行政办公室负责处理与制度相关的日常事务，并对生产单位、业务部门、子公司提供的制度运行进行必要的初步审查、协调与综合平衡；负责全面的组织管理工作和制度控制模式中相关信息的传递。

控制中心。行政办公室下设各控制中心，专门负责制度的控制、评价和激励等，以保证制度的有效执行以及执行后的及时评价和适当奖惩。制度控制中心负责公司制度监控任务，对各责任中心的制度执行情况进行分析、控制；制度评价中心负责对各制度责任中心的制度执行结果进行评价，通常与业绩考评挂钩，是绩效考评的重要内容；制度激励中心负责激励制度的制定和制度执行结果的奖惩方案设计。

（3）制度执行机构。制度执行机构是以公司的组织结构为基础，建立的责任主体，也是公司主要经营活动发生的业务单元。制度执行机构包括公司的所有生产单位、业务部门、子公司。制度执行机构大致可以分为两类：一类是管理性制度执行机构，另一类是业务性制度执行机构。

2. 制度控制模式的内容体系

总的来看，制度控制模式的内容体系包括战略控制制度、管理控制制度和作业控制制度三方面。

（1）战略控制制度。战略控制制度是对组织战略进行定义、实施、控制，以协助组织实现其目标。它是将预定的目标（标准）同反馈回来的实践结果进行比较，检测偏差程度，评价其是否符合原定目标和要求，发现问题及时采取处理措施的一个规范。

战略控制制度包括公司章程、公司战略规划、公司组织结构、公司治理制度等内容。

①公司章程是指对公司管理层和全体员工具有控制力和约束力的调整公司内部关系和各种经济行为的规范。它作为战略控制制度的一个重要组成部分，是关于公司组织和行为的基本规范，是具有法律效力的宪章，企业中的所有人员都必须服务和服从于公司章程。

②公司战略规划是对企业进行全局的谋划，它是为组织设立总体目标，以寻求组织在环境中的地位。战略规划主要包括规划基础、规划主体以及规划实施与检讨三部分的内容。

③公司组织结构是组织内部分工协作的基本形式或框架。公司组织结构大体可

以分为金字塔式功能化的组织结构和扁平式效率化的组织结构两种。

④公司治理制度主要是指企业的所有者对经营管理和绩效进行控制、协调、监督和奖罚的一整套制度安排。通过制度来协调公司与所有利害相关者之间的利益关系，降低代理成本和代理风险，防止经营者对所有者利益的背离，从而最终维护公司各方面的利益。

（2）管理控制制度。管理控制制度就是指在明确目标驱动因素的基础上，找出影响战略目标执行的重要变量，并以确定关键的风险变量作为控制重点，从而制订和编制先进的、可行的战略计划和预算，侧重于对管理者或控制者业绩的评价，旨在提高经营活动效率和效果的一种规范。

管理控制制度主要包括的内容有：财务控制制度、人事控制制度、采购控制制度、营销控制制度、生产与技术控制制度、成本控制制度等。

①财务控制制度主要包括：财务基础管理制度、资金管理制度、资产管理制度以及财务与会计机构和人员管理制度等内容。

②人事控制制度的内容包括：人力资源计划制度、职务分析制度、员工招聘制度、激励制度、教育培训制度、员工薪金报酬制度、绩效评估制度、团队建设制度和职业生涯管理制度。

③采购控制制度的内容包括：采购计划管理制度、采购决策管理制度、招标采购管理制度、价格监督制度、质量检验监督制度、付款与验收制度。

④营销控制制度的内容包括：销售管理制度和应收账款管理制度。

⑤生产与技术控制制度的内容包括：生产计划管理制度、生产技术管理制度、生产要素管理制度、物流管理制度、产品管理制度和质量管理制度。

⑥成本控制制度的内容包括：成本费用管理基础制度、成本计划与责任制度、成本核算与控制制度、成本分析与考核制度和各业务部门的相互牵制制度。

（3）作业控制制度。作业控制制度是指对有关责任部门和责任人的活动进行监控，以保证预算方案顺利实施的一种规范。作业控制的重点在于对责任中心管理者行为的管理。它主要包括生产流程控制制度、采购流程控制制度和仓储流程控制制度等。

①生产流程控制制度主要包括：流程计划作业制度、生产计划作业制度、生产监督作业制度、委托加工作业制度、产品质量监督作业制度、制造监督作业制度、保养维修作业制度、安全生产作业制度和生产成本作业制度。

②采购流程控制制度主要包括：请购作业制度、采购作业制度、验收作业制度、付款作业制度和投保作业制度。

③仓储流程控制制度主要包括：仓储物资的入库作业制度、仓储物资的储存作业制度、领料、退料及废料处理作业制度和物资盘点作业制度。

3. 制度控制模式的运行体系

从控制程序角度看，制度控制模式包括制度目标分解、制度标准设定、制度报告分析、制度控制评价与纠偏以及奖励与惩罚五部分。制度控制模式作为管理控制系统的一种模式，其控制系统建立必须首先明确战略计划与制度控制目标。

(1) 战略计划与制度目标分解。战略计划是应用于整体组织的，它为组织设立总体目标，是管理控制系统的基础环节。而制度目标是制度控制模式的起点，它应该为组织整体目标的实现而服务，其根本目标是规范与限制企业各级管理者与员工在经营活动中的行为，保证战略目标的顺利实现。在管理控制系统中，通过建立规章制度，从而达到管理控制的目的，即保证战略实施过程中"经营活动的效率和效果"。因此，制度目标的确定首先应强调保证企业战略目标的实现；而从战略目标到实现经营活动的效率和效果之间需要的是正确和有效地实施企业的战略计划，所以制度控制具体目标的确定要以企业的战略计划为依据，层层分解落实到生产经营管理各个环节。

(2) 制度标准设定。制度控制的根本目标是达成组织目标或控制目标，这个目标具体来看是制度控制标准，因此，在战略计划基础上制定制度控制标准是实施有效控制的重要步骤。

制定制度标准从具体程序或环节上包括：①明确制度控制目标的影响因素，或目标驱动因素。②找出影响制度控制目标执行的重要变量。③确定影响制度控制目标的关键因素作为控制重点。④制定合理、可行的制度控制标准。制度控制标准应该是多元的、明确的、兼具定性分析与定量分析，综合应用财务指标与非财务指标。

(3) 制度报告分析。制度报告分析是制度控制模式的输出信息，也是制度控制模式的结论性文件。考核人员通过运用会计信息系统和其他信息系统，获取与考核对象有关的信息，经过加工整理后得出考核对象的考核指标数值或状况，将该考核指标数值或状况与确定的制度考核标准进行比较，通过差异分析，找出产生差异的原因、责任及影响，得出考核对象业绩优劣的结论，形成最终的考核报告。

(4) 制度控制评价与纠偏。制度控制模式的评价可以概括为健全性评价和有效性评价两种。健全性评价一般包括三层含义：首先，制度控制模式应当贯穿于管理活动的始终，即每一项管理活动都需要有相应的管理控制制度；其次，管理控制制度必须要求单位全体员工掌握；第三，控制制度还要体现系统性，即各个管理部门均能按特定的目标相互协调地发挥作用，实现管理控制的总体目标和功能。有效性评价一般包括两层含义：首先，控制制度系统的有效性，即控制制度要合法合规，将国家法律、法规、政策等体现到内控制度中；其次，控制制度必须得到有效的贯彻执行。公司所有部门、全体员工必须竭力地维护管理控制制度的严肃性，任何人员都不得拥有超越制度的特殊权力。

制度控制的纠偏主要是针对可能发生错弊的环节进行检查和核实，将制度控制的执行情况同所制定的制度控制标准进行对照，从而发现执行情况同控制目标之间的偏差，并采取相应措施，以使发生错弊的影响减少到最低程度，达到保持组织管理控制系统相对稳定的目的。

纠正偏差可以分别两种不同的情况处理：一是偏差是否可以接受？如果可以接受，控制主体不做任何干预，由执行者照常继续执行；二是管理控制制度是否符合实际？如果符合，偏差可能源于执行者，应进一步分析偏差的原因，拟定纠偏措施，控制主体将采取纠偏行动，干预执行者的执行过程。如果不相符，偏差可能源于管理控制制度，控制者则应采取修正或补充管理控制制度的行动。

（5）奖励与惩罚。通过对管理者制度控制业绩的报告和评价，企业需要确定管理者对于制度控制目标的完成情况以及完成程度，以此来确定管理者报酬，对其进行奖惩。奖励与惩罚是管理控制制度中两个最重要的工具，它们在激发全体管理者和员工的积极性和创造性，推行制度控制目标，层层落实组织的战略目标中起到重要的作用。

一般而言，要使奖励与惩罚生效，应该做好以下几点：①要准确把握奖励与惩罚的时机与强度。②奖励和惩罚要切合实际，即能真正影响到广大员工的利害关系。③要有真正实施奖励与惩罚的体系。④要根据不同对象的情况采取不同的奖励与惩罚策略。对有突出贡献的予以重奖，对造成巨大损失的予以重罚。通过各种有效的奖励技巧，达到以小博大的奖励效果。⑤奖励要民主、奖罚要分明，物质奖励与精神奖励相结合。

（三）南方航空应用制度控制模式案例[①]

1. 企业基本情况

南方航空是中国南方航空集团公司下属航空运输主业公司，总部设在广州，现有13家分公司、5家控股子公司、18个国内营业部和52个国外办事处，总资产947亿元人民币，在香港、纽约和上海三地同时上市。南方航空是中国运输飞机最多、航线网络最发达、年旅客运输量最大的航空公司，目前已形成以广州、北京为中心枢纽，密集覆盖国内，全面辐射亚洲的航线网络。南方航空历届主要领导始终强调，良好的公司治理和内部控制是企业稳健发展的第一支柱。

2. 实施背景

南方航空于2006年起开始逐步重新构建和完善其管控制度体系。这主要基于以下原因：第一，南方航空2004年、2005年连续两年分别出现了委托理财巨亏、管理层舞弊等事件，这说明南方航空的制度体系存在明显的漏洞，已经不能起到控制风险的作用了；第二，2005年因收购业务控制不到位导致净亏损17.94亿元，这暴露出南方航空制度体系存在设计漏洞、执行不到位等问题，妨碍了公司管理水平的提升和经营业绩的改善；第三，2002年，《萨班斯—奥克斯利法案》（Sarbanes - Oxley Act 2002 USA）的颁布对在美国上市的公司提出了加强控制的要求，随着执行法

---

① 引自 Zhang Xianzhi: Standards for Enterprise Management Control. Springer, 2015.

案的期限到来，南方航空作为一家在美上市的公司，自然需要将制度体系的完善作为重中之重。综上所述，南方航空要成功实现其战略目标，成为中国运输飞机最多、航线网络最发达、年旅客运输量最大的航空公司，需要对其现有的制度体系进行系统整合和持续完善。

3. 实施过程

自 2006 年 6 月开始，南方航空公司管理层明确了具体的部门负责管控制度体系，明确权责，同时为了满足本公司上市地有关法规监管的要求，成立了萨班斯法案内部控制项目小组，评估内部控制运行有效性。2007 年，南方航空依据国资委发布的《中央企业全面风险管理指引》制订了全面风险管理工作方案，明确由法律部组织开展全面风险管理，同时在公司上下开展全面预算管理，专门建立了《中国南方航空股份有限公司预算管理制度》，而且在很少有上市公司披露内部控制自我评估报告、内部控制鉴证报告和社会责任报告的情况下，南方航空给予了详细披露。2008 年 9 月，公司风险管理信息系统正式建成并投入使用，标志着公司管控制度体系建立工作初步实现了信息化管理。2009 年 4 月 15 日，南方航空依据国资委《关于进一步加强中央企业金融工具衍生业务监管的通知》（〔2009〕19 号）发布了《中国南方航空股份有限公司套期保值业务管理规定》，严格规定公司的套期保值业务经董事会批准后才能实施。可见，南方航空管控制度体系的建立健全是一个分阶段逐步完成的过程。

4. 实施效果

综上可见，南方航空自 2006 年起才开始逐步完善其管控制度体系，自此公司对风险和成本的控制能力也随之提高，盈利能力总体在增强。2006 年 9 月 15 日，国资委网站在"南方航空将控制成本贯穿于各项工作中，效果显著"一文中指出，油价高涨的今天，"控制成本"的主线始终贯穿在南方航空各项工作之中。尽管 2008 年因受国际金融危机的影响，南方航空陷入窘境，但 2009 年南方航空继续努力完善公司制度体系，提升公司管理控制水平，沉着应对、科学决策，成功扭转了不利的经营局面，全年实现南方航空旅客运输量 6628 万人次，位列亚洲第一、全球第四，实现归属于上市股东净利润 3.58 亿元，比 2008 年同比增长 107.41%。这和南方航空缜密的公司治理和健全有效的管理控制是分不开的。2010 年 6 月 11 日，据上海证券报报道，南方航空成为中国内部控制百强企业，位居第 12 位（陈汉文等，2010），在央企中也仅次于招商银行。南方航空严谨规范、有效运行的制度体系，对保持公司持续、规范、健康发展，有着深远的影响。

二、预算控制模式创新

（一）预算控制模式的内涵

1. 预算控制模式的定义

预算（budget）是指对资源在一定时期为达到一定目的进行配置的计划①。预算是用数字或货币编制出来的某一时期的计划②。可见预算是计划的一种形式，计划可分为总目标或使命、一定时期目标、策略、政策、程序、规划和预算几个类别和层次，如图 8-6。

图 8-6　计划的等级层次

图 8-6 说明，预算是计划的有机组成部分，是计划的基础和落脚点。预算的计划职能反映了预算的本质，因此也有人将预算称为预算计划。预算计划的内涵可概括为三个方面：第一反映"多少"，如为实现经营目标的投入是多少，产出是多少等；第二说明"为什么"，即为什么投入和产出是这些；第三反映"何时"，即什么时候发生投入和产出。

预算也是一种预测，它是对未来资源配置与使用状况及效果的预计，因此，确定预算数字的方法可用统计方法、经验方法和工程方法。

预算的功能在于预算控制。预算控制是指通过预算计划的形式规范组织的目标和经济行为过程，调整与修正管理行为与目标偏差，保证各级目标、策略、政策和规划的实现。预算控制从控制环节看，包括预算或预算计划的制定、预算的执行、预算差异分析和纠正偏差。

预算控制模式作为管理控制系统的一种模式，它应包括预算计划、预算控制、预算评价和预算激励几个环节。预算控制模式的基本特征是强调过程控制，注重及时纠偏。

---

① 《美国传统辞典（双解）》，详见《金山词霸》。
② 西方与我国在预算的含义上有所不同：在我国，"预算"一般是指经法定程序批准的政府部门、事业单位和企业在一定期间的收支预计；西方的预算概念是指计划的数量说明，而不仅仅是金额方面的反映。详见罗锐韧、曾繁正主编：《管理控制与管理经济学》，红旗出版社 1997 年版，47 页。

2. 预算控制模式的分类

预算控制模式从预算层级角度看,包括公司预算(集团公司预算和子公司预算)、部门预算和项目预算;从预算内容角度看,包括经营预算、财务预算、资本预算;从预算编制程序角度看,包括预算内容、预算控制点、预算控制标准等;从预算方法角度看,包括固定预算、弹性预算、零基预算、增量预算、定期预算与滚动预算。

3. 预算控制模式的目标与作用

预算控制模式的目标从总体上与管理控制目标相一致,即追求经营效率和效果。具体目标是以预算控制标准为依据,完成经营过程中各自负责的量化目标。因此预算控制模式的作用在于使管理者及员工明确自身量化目标,并能在经营过程中及时发现行为偏差对目标的影响,从而可随时纠正偏差,保证目标任务的完成。

4. 预算控制模式的优点与缺点

预算控制模式的优点表现在:企业行为量化标准明确;企业总体目标与个体目标紧密衔接;突出过程控制,可及时发现问题、纠正偏差。预算控制模式的缺点表现在:预算控制模式制定复杂;在某种程度上限制了管理者及职工的主观能动性;预算标准刚性使控制不能随着环境变化而变化。

5. 预算控制模式的适用条件与范围

预算控制模式适用于集权的组织机构,如职能型组织结构,这种组织结构管理控制权集中,便于企业实现过程的管理控制。预算控制模式的有效实施需要健全的管理会计信息系统。此外,预算控制模式的执行需要企业建立健全完善的制度机制,进而保障预算控制能够全面落实。

(二)预算控制模式的创新特点

本部分通过预算控制模式的组织体系、内容体系、运行体系阐述预算控制模式的创新特点。

1. 预算控制模式的组织体系

预算控制模式的组织体系包括预算决策机构、预算职能机构和预算执行机构。如图 8-7 所示。

(1)预算决策机构。预算决策机构负责预算审定、监督、协调、控制和考核等,主要包括董事会和预算管理委员会,其基本组织体系及权责划分如下:

董事会。董事会作为公司内部最高决策机构,拥有对公司预算的决策权,如拥有对年度整体战略目标、年度全面预算方案、整体预算考核与评价等决策权。同时,对公司全面预算的日常执行情况与执行结果拥有监督和检查权。

预算管理委员会。对企业预算管理来说,预算管理委员会是最高管理机构,在董事会的授权下处理和决定预算管理的重大事宜。它是由企业的董事长或总经理任主任委员,吸纳企业内各相关部门的主管,如主管供应的副总经理、主管销售的副总经理、主管生产的副总经理等人员组成。

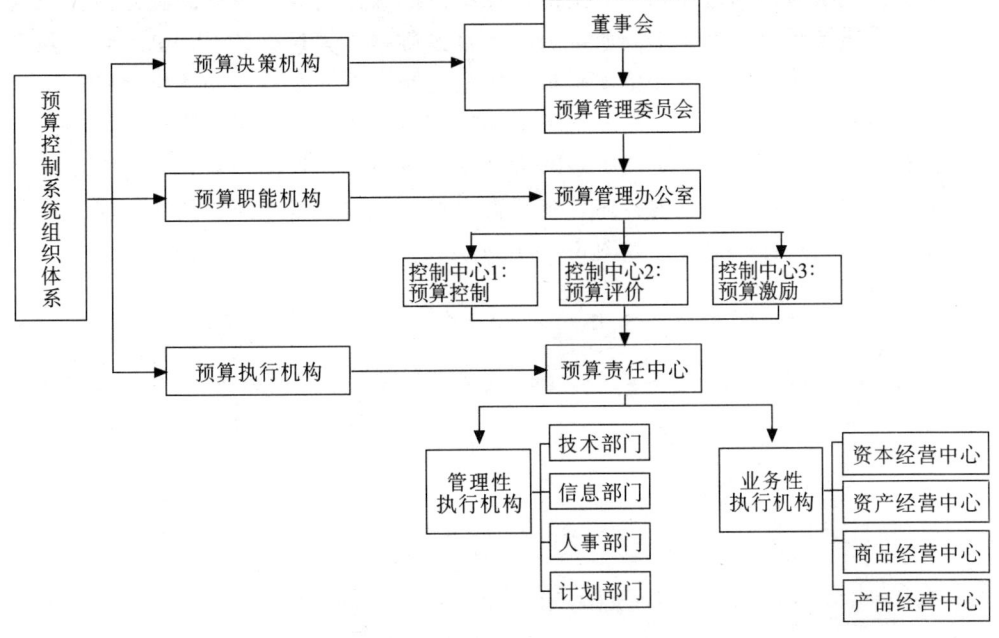

图8-7 预算控制模式组织体系

（2）预算职能机构。预算职能机构是处理与预算相关的日常事务的职能部门，主要包括预算管理办公室及其下设的各控制中心，其基本组织体系及权责划分如下：

预算管理办公室。预算管理办公室负责处理与预算相关的日常事务，并对生产单位、业务部门、子公司提供的预算草案进行必要的初步审查、协调与综合平衡；负责全面预算的组织管理工作和预算控制模式中信息的传递。

控制中心。预算管理办公室下设各控制中心，专门负责预算的控制、评价和激励等，以保证预算的有效执行以及执行后的及时评价和适当奖惩。预算控制中心负责公司预算监控任务，对各责任中心的预算执行情况进行分析、控制；预算评价中心负责对各预算责任中心的预算执行结果进行评价，通常与业绩考评挂钩，是绩效考评的重要内容；预算激励中心负责预算激励制度的制定和预算执行结果的奖惩方案设计。

（3）预算执行机构。预算执行机构是以公司的组织结构为基础建立的责任主体，也是公司主要经营活动发生的业务单元。预算执行机构包括公司的所有生产单位、业务部门、子公司。预算执行机构大致可以分为两类：一类是管理性预算执行机构，如技术部门、计划部门、人事部门、信息部门等；另一类是业务性预算执行机构，如资本经营责任中心、资产经营责任中心、商品经营责任中心和产品经营责任中心。

2. 预算控制模式的内容体系

预算控制模式的内容体系主要是指预算编制的具体内容。预算编制是预算控制模式的一个重要环节，预算编制质量的高低直接影响预算执行结果，也影响对预算执行者的业绩评价。在市场经济体制和现代企业制度下，企业的经营决策应从资本经营决策、资产经营决策、商品经营决策和生产经营决策四个层次进行，并相应形成四种经营责任中心。每一责任中心围绕自身的核心责任目标及其分解建立相应的指标体系。因此，预算编制内容体系包括资本经营预算、资产经营预算、商品经营预算和产品经营预算四部分。如图8-8所示。

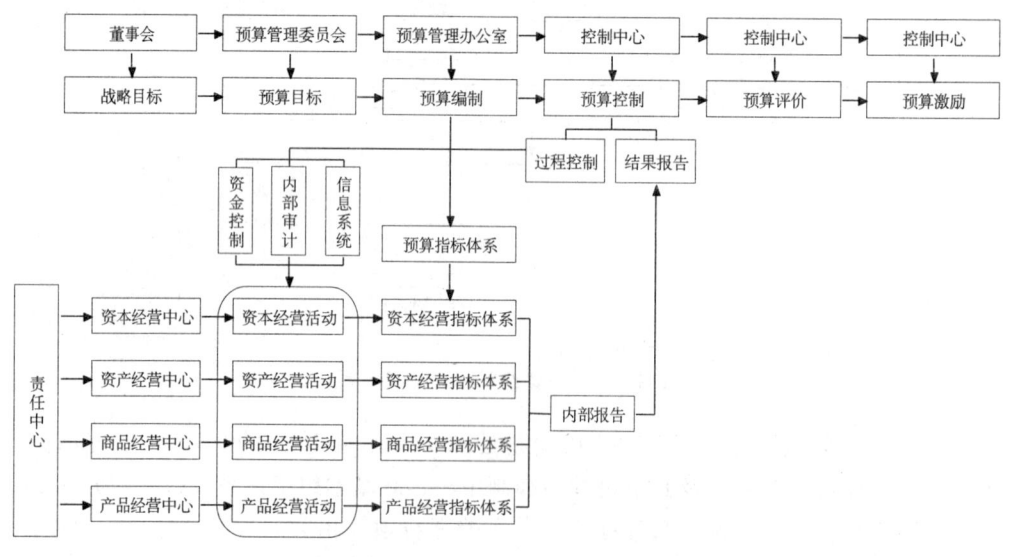

图8-8 预算控制模式内容体系

（1）资本经营预算是以资本为基础，根据资本流动、收购、重组、参股和控股等企业资本经营活动而编制的预算，主要包括资金筹资预算、举借债务预算、资产负债预算、所得税预算等。

（2）资产经营预算是以资产为基础，根据资产的配置、重组和使用等企业资产经营活动而编制的预算，主要包括对外投资预算、技措投资预算、基建技改投资预算、处置固定资产预算、不良资产预算、资产重组预算等。

（3）商品经营预算是以商品为基础，根据商品的供应、生产、销售等企业商品经营活动而编制的预算，主要包括销售预算、产品销售成本预算、应收预收账款预算、应付预付账款预算、营业外收入预算等。

（4）产品经营预算是以产品为基础，根据产品的加工、生产等企业产品经营活动而编制的预算，主要包括单位产品成本预算、直接材料预算、人工预算、废品损失预算等。

3. 预算控制模式的运行体系

预算控制模式的运行体系包括预算目标、预算编制、预算控制（预算执行与报告）、预算评价和预算激励五方面。如图8-9所示。

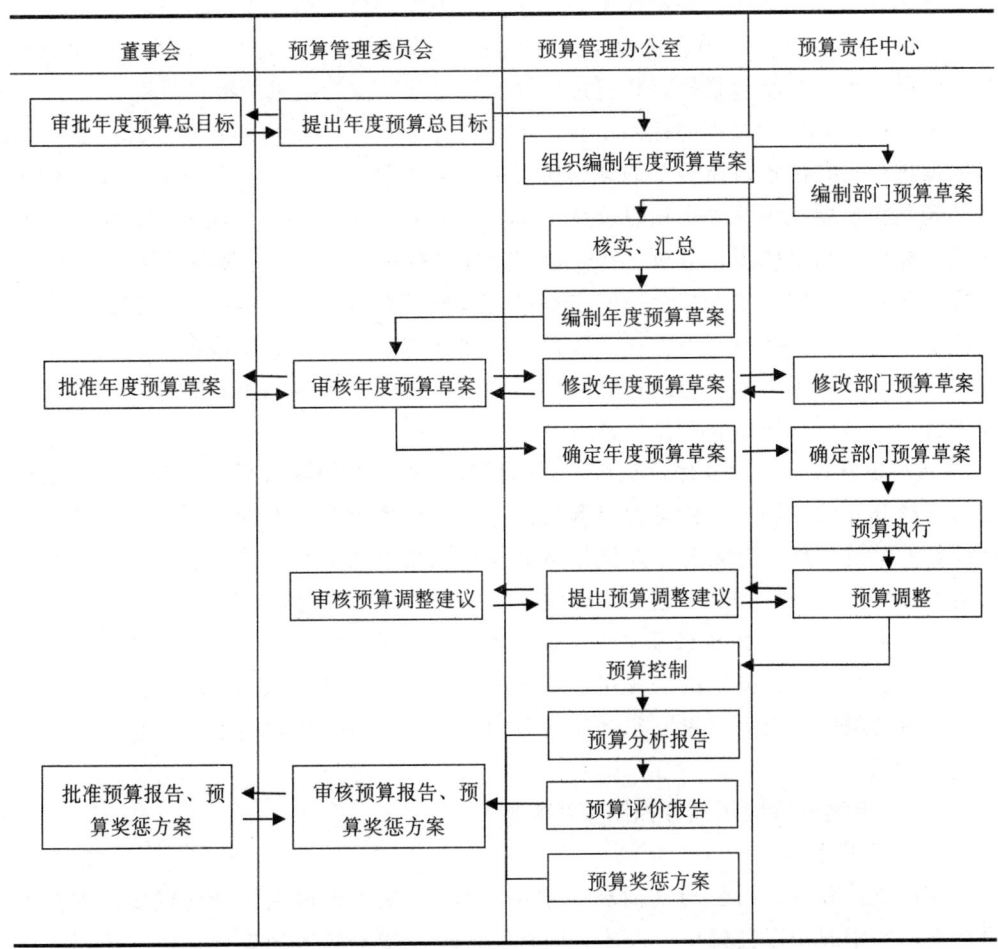

图8-9 预算控制模式运行体系

（1）预算目标。预算管理委员会首先会根据企业外部环境及企业内部资源状况提出集团预算总目标，并报经董事会审核批准。其次，预算总目标批准后由预算管理办公室组织编制年度预算草案，进行预算编制。

（2）预算编制。预算管理办公室将预算总目标按照一定的业务规则进行层层分解，使预算目标细化到每一个预算责任主体。接着，各预算责任中心根据确认的经营计划、预算指标、工作范围等，利用统一的预算编制模板进行年度预算的编制。随后，各预算责任中心初步编制完成后，需要按照预算层级进行预算的汇总或合并，形成年度预算草案并报经预算管理委员会审核。预算管理委员会提出修改意见，下一级责任中心根据预算修改意见对本责任中心的年度预算进行修改，经过审核、修改、再上报过程的多次重复，最终确定年度预算。年度预算一旦确定，就由预算管理委员会签发，并下达至各责任中心，在下一年度执行。

（3）预算控制。经预算管理委员会签发的年度预算，在次年便进入预算执行和控制阶段。预算控制包括预算执行过程的控制与预算执行结果的报告分析。

首先，预算执行过程的控制主要是指公司业务运行中发生的各种实际数据与预算数据进行实时比较时所涉及的预算执行的预警控制手段。对于与预算数据比较出现的超预算事项、预算外事项以及反常事项，应及时出台相应的财务控制措施。其次是预算执行结果的报告分析。在企业实施预算控制过程中，企业各阶层责任单位、责任人执行的进度与效果综合反映在各自的责任控制报告中，这些责任通过自下而上的逐级汇总，清晰地将各责任层次直至企业整体某一时点或阶段预算执行的进度与运行状态显示了出来。通过预算指标体系，可以分别形成资本经营报告、资产经营报告、商品经营报告和产品经营报告。

（4）预算评价。预算评价是对企业内部各级责任部门或责任中心预算执行结果进行考核和评价。预算评价有两层含义：一是对整个预算控制模式的评价，即对企业经营业绩的评价，它是完善并优化整个预算控制模式的有效措施；二是对预算执行者的考核及其预计评价，它是实现预算约束与激励作用的必要措施。

（5）预算激励。预算激励主要是依据不同责任单位或责任人对企业预算目标的完成程度进行奖惩，激励的宗旨在于调动员工的积极性和成就感，激励措施既可以采取财务性激励，也可以采取非财务性激励；既可以对个体进行奖励，也可以对群体进行激励。

（三）宝钢股份应用预算控制模式案例[①]

1. 企业基本情况

宝山钢铁股份有限公司（简称"宝钢股份"）是中国最大、最现代化的钢铁联合企业。宝钢股份以其诚信、人才、创新、管理、技术诸方面综合优势，奠定了在国际钢铁市场上世界级钢铁联合企业的地位。《世界钢铁业指南》评定宝钢股份在世界钢铁行业的综合竞争力为第三名，认为其也是未来最具发展潜力的钢铁企业。

2. 应用背景

宝钢股份应用预算控制模式主要是基于恶劣的生存环境。

近年来，受美国经济危机的影响，钢铁价格持续走低，钢铁企业的发展举步维艰，整个钢铁行业陷入困境，行业的发展面临着外界多方面的考验。

（1）政府宏观调控的影响。政府的"十二五"规划提出要大力发展节能环保型

[①] 引自 Zhang Xianzhi: Standards for Enterprise Management Control. Springer, 2015。

企业，钢铁行业作为"高耗能、高污染"行业成为重点整改对象。

（2）国内投资促经济增长的边际效应持续趋弱，未来大力发展基础设施项目的可能性降低。经历了前几年四万亿元刺激政策后，钢铁行业也步入了一个漫长的低迷时期。鉴于当前投资促经济的边际效应作用，与钢铁行业息息相关的产业也受到了很大的影响。其中，建筑行业、路桥等政绩工程受到的影响最大。由此可见，未来钢铁行业的需求状况并没有太多的发展空间。

（3）成本上升压力。钢铁的原料成本高居不下，压低了钢铁业的整体利润。铁矿石作为钢铁生产的主要原材料，其成本的下滑幅度远低于钢材价格的下滑幅度，致使钢铁业的成本压力剧增。同时，由于钢铁行业集中度较低，降低了买方的议价能力，从而也加剧了铁矿石价格的上涨。

（4）行业本身的压力，行业竞争激烈，整个行业产能严重过剩。我国钢铁行业集中度与世界钢铁大国的市场集中度相比，明显偏低。我国钢铁行业中、小型企业众多，造成行业竞争激烈。同时，钢铁行业产能严重过剩。以 2012 年为例，据世界钢铁协会 2013 年 1 月 22 日发布 2012 年全球钢铁生产统计数据称，中国大陆 2012 年粗钢产量 7.16 亿吨，占全球钢产量的 46.3%。同比增长 3.1%，而且从数量上看，甚至中国单个省份的钢产量都已经达到或超过欧美主要发达国家水平。随着大量中小企业的加入，产能过剩现象还会进一步加剧。恶劣的外部生存环境，迫使钢铁企业必须练内功，走精细化管理的道路，这样才能确保为股东持续创造价值。宝钢股份引入预算管理已久，有着丰富的管理经验，在以上背景的基础之上，不断完善预算管理体系，最终形成了战略导向型的预算管理模式。

3. 应用过程

（1）流程介绍。预算目标确定。宝钢股份以价值最大化为核心，从价值创造的角度出发，制定了多元化的战略目标。将战略管理的重点确定为持续增长、投资回报和风险控制三个方面。

预算编制。在确定了预算目标后，将其落实于关键业绩指标（KPI, Key Performance Indicators）。根据 KPI 指标体系大致锁定财务报表的基本状态，从而得出三张预算报表，完成预算编制工作。

预算执行与预算考评。编制好的预算下达到各部门时，不只是对其行为的一种约束，更是考核业绩与衡量战略目标达成情况的一个标准。宝钢股份依据业务的完成情况，计算出实际的 KPI 指标，并与设定的目标进行比照。对出现的偏差进行分析，确定设定标准是否恰当，并对相关人员进行奖惩，同时根据各指标确定战略目标的完成情况。

（2）指标介绍。宝钢股份选择主营业务增长率和资本投资增加率来分别衡量持续增长的情况，其中主营业务增长率用来衡量企业产品的经营状况，资本投资增加率用来衡量股东的投资情况。

选择净利润与净资产收益率两个指标用来衡量投资回报,其中净利润是绝对数,净资产收益率是相对数。通过相对数绝对数结合的方式,避免企业调整净资产收益率的可能。

选择资产负债率和利润净现金率用来控制总体风险。通过资产负债率可以监控其偿债能力,避免债务危机引发的破产风险;利润净现金率用来规避流动性风险。

上述内容如图 8-10 所示。

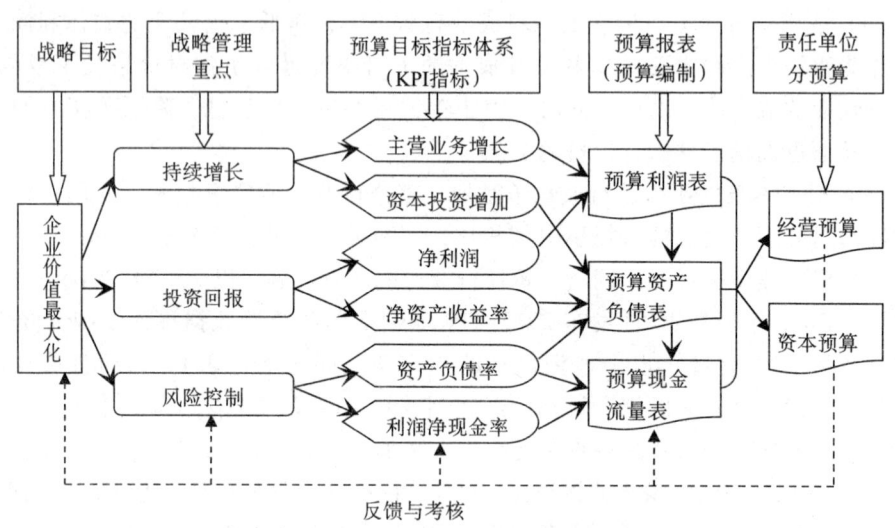

图 8-10 宝钢股份战略导向型预算模式

(3) 预算系统。宝钢股份的战略型导向预算是一个"自上而下"与"自下而上"相结合的预算系统。"自上而下"是宝钢股份层层分解与贯彻战略重点的过程。首先,公司根据本年生产经营情况,立足公司战略,结合对下一年度经济环境、市场行情、集团内部条件等的预测,制定下一年度的战略重点,下达到预算管理部门。其次,由预算管理部门根据公司确定的重点,拟定初步的预算报表,制订预算分解方案并逐层分解到各个预算责任单位。

"自下而上"是各预算责任单位确定落实预算目标的具体措施,确保公司目标实现的过程。各预算责任单位根据分解的预算目标,结合本单位的实际情况,编制本单位的具体预算,经审核后统一上报预算管理部门。预算管理部门对分预算进行综合平衡汇总,编制总预算,上报集团审批。

4. 应用效果

宝钢股份依靠预算管理控制的实施,在钢铁行业整体低迷的背景之下仍然实现了较好的盈利,成为行业中的领导者。据中国钢铁工业协会统计,虽然 2013 年大中型钢铁企业实现销售收入 36 875.6 亿元,但是销售利润率仅为 0.62%,仍处于工业行业的最低水平。但宝山钢铁股份有限公司(简称宝钢股份)2013 年却实现营业收入 1 903.27 亿元，营业利润 76.9 亿元。

三、评价控制模式创新

（一）评价控制模式的内涵

1. 评价控制模式的内涵

评价是指评价主体运用一定的评价程序与方法，对评价客体在一定期间内的活动及其结果做出客观、公正和准确的综合判断。这种判断属于一种专业性的技术判断。管理控制中的评价是指组织中的利益相关者为达到一定目的，运用一定的评价程序与方法，对组织内部在一定期间内的经营活动及其结果做出的客观、公正和准确的综合判断。

评价控制是指组织通过评价的方式规范组织中各级管理者及员工的经济目标和经济行为。评价控制强调的是控制目标而不是控制过程，只要各级管理目标实现则组织的战略目标将得以实现。

评价控制模式作为管理控制系统的一种模式，它应包括战略计划、评价指标（指标选择、指标标准、指标计算）、评价程序与方法、评价报告、奖励与惩罚几个环节。评价控制模式的基本特征是目标控制或结果控制，强调结果而不是过程。

2. 评价控制模式的分类

评价控制模式从控制层级看，包括董事会对高级经理的评价控制、高级经理对部门经理的评价控制、部门经理对项目经理的评价控制以及项目经理对员工的评价控制。评价控制模式从控制内容角度看，包括财务绩效评价、管理绩效评价、质量技术绩效评价、作业绩效评价等。

3. 评价控制模式的目标与作用

评价控制模式的目标从总体上与管理控制目标相一致，即追求经营效率和效果。评价控制模式的具体目标是追求各层次和各经营单位的经营结果与组织总体目标的一致性。评价控制模式的作用在于使各级管理者和员工明确自己的工作效果（目的）与自身利益及上级、同级目标的关系，从而能调动其主观能动性，挖掘潜力，规范其行为，为实现个体目标和企业目标而努力。

4. 评价控制模式的优点与缺点

评价控制模式的优点表现在：既有明确的控制目标，又有相应的灵活性，有利于管理者及员工在实现目标过程中主观能动性的发挥。评价控制模式的缺点表现在：缺少程序或过程控制，不利于随时发现与纠正偏差。评价控制模式相对于预算控制和制度控制是一种较高层次的控制。

5. 评价控制模式的适用条件与范围

评价控制模式适用于适度分权的组织结构，如在事业部型组织结构下，企业总部对各事业部进行直接控制，各事业部对其管辖业务具有一定自主权，有利于目标控制的实现。评价控制模式重在结果控制，需要完善的预算控制基础作为保障，还要求管理者具有较高的综合素质。

（二）评价控制模式的创新特点

本部分通过评价控制模式的组织体系、内容体系、运行体系阐述评价控制模式的创新特点。

1. 评价控制模式的组织体系

评价控制模式的组织体系包括评价决策机构、评价职能机构和评价执行机构。如图8-11所示。

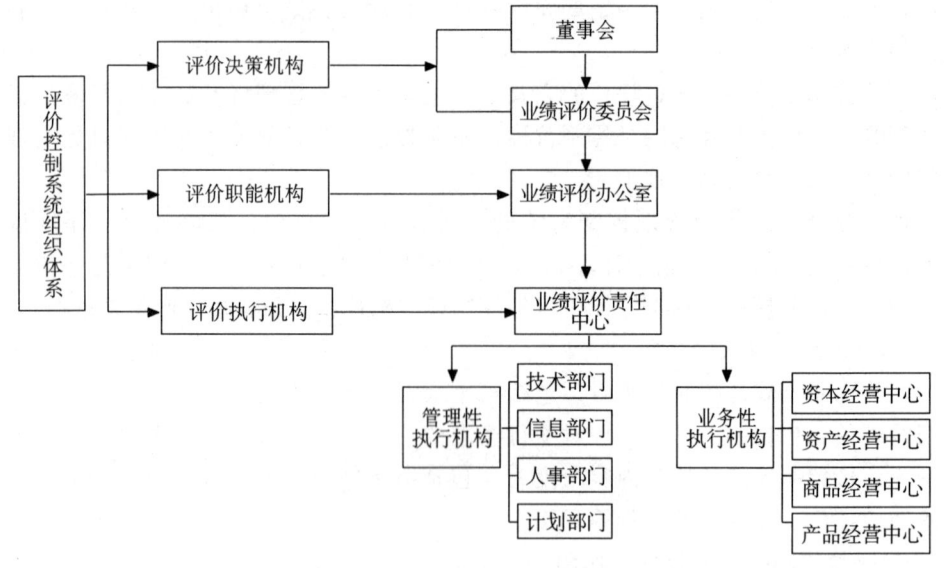

图8-11 评价控制模式组织体系

（1）评价决策机构。评价决策机构负责业绩评价的审定、监督、协调、控制和考核等，主要包括董事会和业绩评价委员会，其基本组织体系及权责划分如下：

董事会。董事会作为公司内部最高决策机构，拥有对公司业绩评价的决策权，如拥有对关键业绩指标、评价指标体系、业绩评价方案、整体业绩考核与评价等决策权。同时，对公司业绩评价的日常执行情况与执行结果拥有监督和检查权。

业绩评价委员会。业绩评价委员会为内部业绩评价的决策机构，全面负责内部业绩评价的指导、组织、协调与审核工作。业绩评价委员会由组织负责人直接领导，其他高层管理人员为业绩评价委员会成员，包括人力资源管理、生产经营管理、财务管理等部门的负责人。

（2）评价职能机构。评价职能机构是处理与业绩评价相关的日常事务的职能部门，主要包括业绩评价办公室及其下属职能机构，其基本组织体系及权责划分如下：

业绩评价办公室。业绩评价办公室是考核委员会的日常管理机构，可考虑设在人力资源管理部门。业绩评价办公室的职责主要有以下三点：一是根据业绩评价委员会拟订的内部业绩评价总目标和总方针，全面分析相关内外部环境因素，向业绩评价委员会提交年度内部业绩评价方案；二是负责内部业绩评价日常事务的协调、跟踪，监督内部业绩评价方案的执行过程，定期向业绩评价委员会报告战略计划的执行情况及其对业绩评价的影响，随时报告重大变化事项；三是会同其他相关部门如经营管理、财务管理等部门，组织内部业绩评价工作，形成内部业绩评价报告，报送业绩评价委员会。

(3) 评价执行机构。评价执行机构是以公司的组织结构为基础，建立的责任主体，也是公司主要经营活动发生的业务单元。评价执行机构大致可以分为两类：一类是管理性评价执行机构，如财务部门、计划部门、技术部门、信息部门和质检部门等；另一类是业务性评价执行机构，如资本经营责任中心、资产经营责任中心、商品经营责任中心和产品经营责任中心。

2. 评价控制模式的内容体系

一个完善的评价控制模式所涵盖的内容包括评价主体、评价客体、评价目标、评价程序、评价指标、评价标准和评价方法等要素。评价控制模式作为管理控制模式之一，其评价主体和评价客体都是明确的，即评价主体和评价客体都是内部经营管理者；评价目标最终又需要通过评价指标体现；评价程序涵盖了其他要素，如评价指标的选择、评价标准的设置和评价方法的确定等；评价指标、评价标准和评价方法三种要素在实践中存在多种选择。基于以上原因，评价控制模式需要重点阐述的内容是评价指标、评价标准和评价方法三种要素。如图 8 – 12 所示。

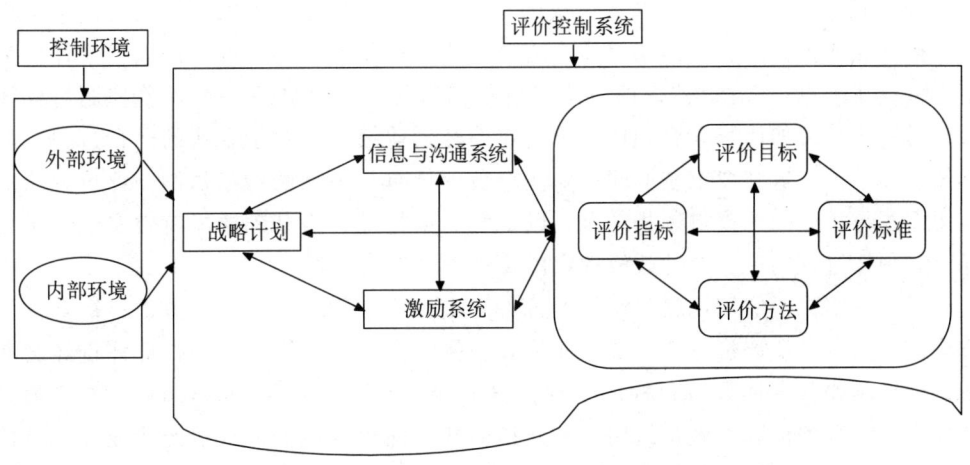

图 8 – 12　评价控制模式内容体系

(1) 评价指标。评价指标的确立分为评价指标选择、评价标准设置和评价指标计算等三个环节。

评价指标选择所依据的原则有以下三点：第一，结果指标与动因指标相结合；第二，财务指标和非财务指标相结合；第三，内部指标和外部指标相结合；第四，不同计算基础指标相结合。

评价标准设置需要注意以下要点：第一，考虑战略计划和评价目标；第二，区分绝对基础和相对基础评价标准；第三，区分不同相对基础评价标准（主要是历史标准、行业标准和预算标准三种类型）；第四，区分个人基础和集体基础评价标准。

评价指标计算对管理信息系统有如下要求：第一，满足评价控制相关性的需要；第二，满足评价控制完整性的需要；第三，满足评价控制模式性的需要；第四，满足评价控制准确性的需要；第五，满足评价控制及时性的需要。

（2）评价标准。有了评价指标，就必须设置评价标准。如何设计评价标准在构建业绩评价指标体系中是个关键问题。杜胜利（1999）认为有效的绩效评价标准，通常必须具备下列几个要点：第一，标准应该具有挑战性；第二，标准经过努力应该可以实现；第三，标准应透明且广为人知；第四，标准最好应经被评价者认可；第五，标准能量化则量化，不能量化则须具体明确；第六，标准应将刚性和弹性相结合，对客观影响因素是弹性的，而对主观影响因素则是刚性的。

在确定评价标准的过程中存在以下三对矛盾：第一，相对基础与绝对基础之间的矛盾。所谓相对基础与绝对基础是指究竟是以别的参照物为基础来批判，还是以实际的业绩水平为准来批判。第二，不同相对基础之间的矛盾。在业绩评价控制模式中，主要应用以下三种类型的评价标准：历史标准、行业标准、预算标准。第三，个人基础与集体基础之间的矛盾。

（3）评价方法。评价方法，解决的是如何评价的问题，即采用一定的方法运用评价指标和评价标准，从而获得评价结果。评价控制模式的评价方法以结果评价为主，特点在于只管"两头"，即一头只管如何科学合理地建立一套评价控制目标体系，另一头只管如何科学合理地评价企业的经营业绩，而对于企业的运行过程一般不做过多干预，这就要求企业同样要注重被评价单位内部的约束机制。评价方法的应用需要与相应的约束机制相结合，以良好的运行过程为基础才能有效实现评价目标，如预算过程约束、会计政策约束以及财务政策约束等。

目前在实践中应用比较广泛的评价方法主要有三类：单一评价方法；综合评价方法；多角度平衡评价方法。单一评价方法就是应用一个最综合的指标评价经营业绩，以控制评价客体评价目标的实现，以EVA（Economic Value Added）方法为典型代表。综合评价方法就是运用一系列指标从不同角度或侧面评价经营业绩，具体又可以分为指标分解评价方法和指标综合评价方法，前者以杜邦财务分析体系和帕利普财务分析体系为代表，后者包括综合指数法、功效系数法等。多角度平衡评价方法本质上也属于指标综合评价方法，但是由于这一类型的方法与传统的评价方法相比，更多的是注重不同类型指标之间的平衡关系，强调不同类型指标之间的因果关系或互动关系，并且在评价指标设计、评价程序确立等方面具有一定的创新，因此单独列为一类方法，其中又以平衡计分卡和业绩多棱体为典型。

3. 评价控制模式的运行体系

作为管理控制系统的一种模式，评价控制模式应包括评价目标、评价指标（指标选择、指标标准、指标计算）、评价程序、评价报告、奖励与惩罚等几个方面。如图 8 – 13 所示。

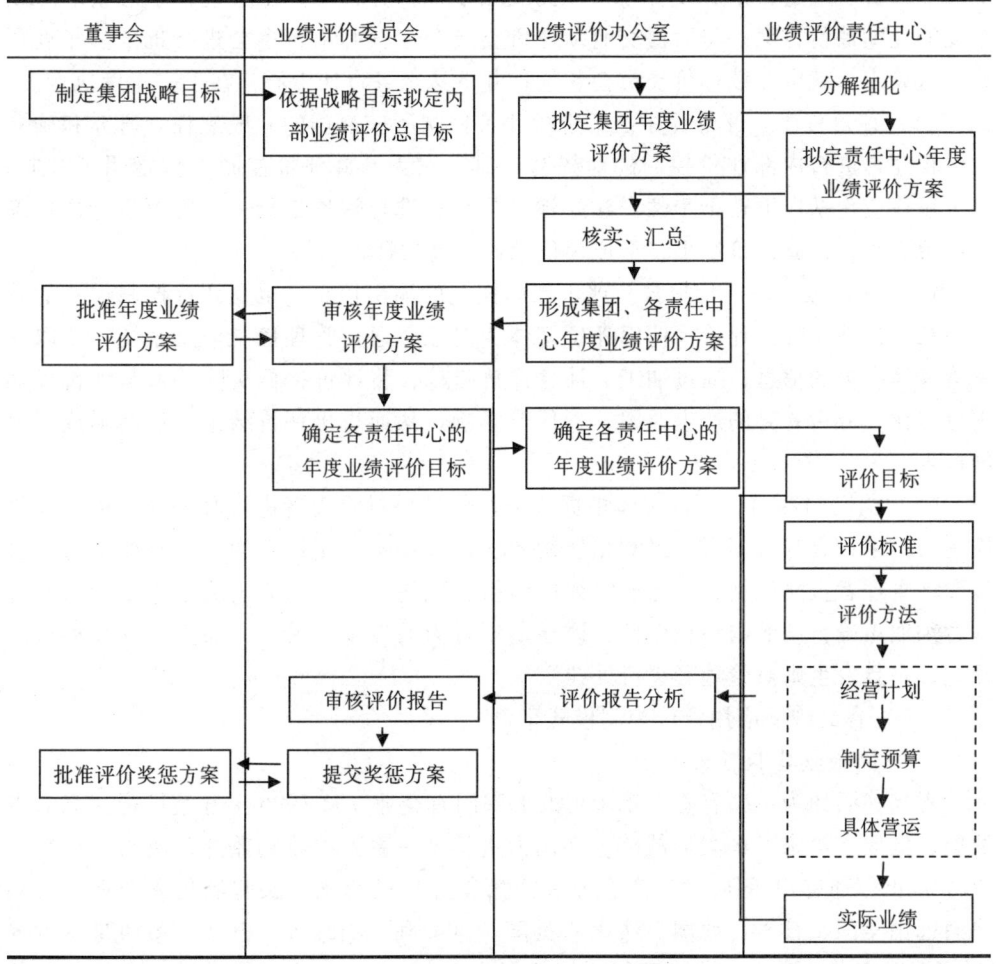

图 8 – 13 评价控制模式运行体系

（1）评价目标。董事会首先会根据企业外部环境及企业内部资源状况提出集团战略目标，随后业绩评价委员会根据战略目标确定关键成功因素，并结合关键成功因素拟定内部业绩评价总目标；其次，由业绩评价办公室组织编制年度业绩评价方案。

(2) 评价指标。业绩评价办公室结合战略目标和关键成功因素，将公司的战略规划和战略目标细化为各个责任中心的评价目标。管理者通过这些评价目标的确立，明确自身和本部门的工作效果与上级以及同级的关系，对下级进行管理，并以目标完成情况来衡量每个人的贡献大小。

各评价责任中心根据确认的经营计划、评价指标、工作范围等，利用统一的评价编制模板进行年度评价方案的编制。随后，各评价责任中心初步编制完成后，需要按照评价层级进行汇总或合并，并提交业绩评价办公室，由其进行汇总整理形成年度的业绩评价方案。然后提交业绩评价委员会审核并由董事会进行批准。年度预算一旦确定，就由业绩评价委员会签发，并下达至各责任中心，在下一年度执行。

(3) 评价程序。评价程序是指进行评价控制所应遵循的一般规程。研究和确立评价程序是进行内部评价控制的前提与基础，它为开展评价控制工作指明了方向。评价程序应包括以下若干步骤：建立评价目标；选择评价指标；设置评价标准；确定评价方法；计算评价结果；形成评价结论；处理评价结果。

(4) 评价报告。评价报告是评价控制模式的输出信息，也是评价控制模式的总结性和结论性文件。评价主体以评价客体为对象，通过管理控制信息系统，获取与评价客体有关的信息，通过加工、计算评价指标，将评价指标实际数值与评价标准进行对比，分析差异的产生原因、责任及影响，从而得出评价结论，最终形成了评价报告。

(5) 奖励与惩罚。评价主体根据业绩评价结果对管理者进行激励和约束。评价控制的结果只有与管理者的报酬相挂钩才能保证评价控制模式的长期有效运行。通过设计管理者报酬计划，并与业绩评价结果相挂钩，一方面通过奖励等手段激发管理者采取正确行动的内在积极性，诱导期望行为的发生；另一方面不允许某种行动发生，一旦发生则对管理者进行处罚。

(三) 青岛啤酒应用评价控制模式案例[①]

1. 案例企业基本情况

青岛啤酒作为一家有着百年历史的老牌国有企业，从1996年开始推行"高起点发展，低成本扩张"的发展战略，在国内进行了一系列的收购兼并，成为一个覆盖17个省市、拥有48间啤酒生产企业和3家麦芽厂的全国龙头啤酒集团企业。青岛啤酒远销美国、日本、德国、法国、英国、意大利、加拿大、巴西、墨西哥等世界70多个国家和地区。全球啤酒行业权威报告 Barth Report 依据产量排名，将青岛啤酒列为世界第六大啤酒厂商。

2. 应用 EVA 评价控制模式的动因

青岛啤酒进行规模扩张的同时，却忽视了内在的管理控制。其2000年年报显

---

① 引自 Zhang Xianzhi: Standards for Enterprise Management Control. Springer, 2015.

示，主营业务收入为 37.7 亿元，同比增长 54%，但是由于并购造成的巨大收购成本、整合成本以及被并购企业带来各种"包袱"，当年实现税后净经营利润为 2.1 亿元，其主营业务净利率只有 2.5%，每股收益也仅为 0.1058 元。显然青岛啤酒的规模增长并没有带来效益的同步增长。2001 年，青岛啤酒接连打出几张以"整合资源"为旗号的"管理牌"——包括整合组织系统、财务、市场、品牌及资本，精简机构，设立投资公司对地方分公司进行管理，减少信息流通环节，提高市场反应速度。但一系列自行调整动作并没有从根本上改变青岛啤酒的困境。2001 年公司销售收入和市场占有率虽然上升（啤酒产销量达 251 万吨，拥有中国啤酒市场 11% 的份额，销售收入为 53 亿元），但是公司净利润增长依然缓慢，2001 年净利润仅为 1.03 亿元，比当年预计实现的净利润 1.71 亿元相差近 40%。公司 2000 年度的 EVA 为 -0.8 亿元，而 2001 年度的 EVA 更是降为 -0.96 亿元。因此，青岛啤酒并没有创造出经济意义上的财富，而是在毁灭股东财富。面对这种情景，青岛啤酒意欲建立以 EVA 为中心的评价控制管控体系，以改善其盈利状况。

3. 构建 EVA 评价控制模式及其应用过程

（1）调整战略目标，确立管理控制模式。战略计划是管理控制的起点。青岛啤酒在意识到其只注重扩张之路的做法行不通时，及时调整了战略目标，将原来兼并扩张的战略目标转向了提高其公司的股东价值。强调了战略规划必须要做的就是如何运用有限的成本资源，调整与成本资源相匹配的经营策略，建立企业"可承受的业务模式"，形成未来 3 至 5 年的"职能层战略规划和业务层战略规划"以及财务规划目标。[①]战略计划明确之后，就要选取恰当的管理控制手段来确保战略目标的实现。简单地说，EVA 衡量的就是公司资本收益和资本成本之间的差额。其最重要的特点就是从股东角度重新定义公司的利润，考虑了公司投入所有资本（包括权益资本）的成本，因此相对于传统的会计利润导向指标，更能够真实反映企业股东价值战略目标。因此，青岛啤酒选择了 EVA，并以此为核心构建了管理控制系统。

（2）实施流程再造，建立价值平台。青岛啤酒原有的总公司、事业部、分公司的金字塔式结构，已经无法适应企业不断扩大的规模。为此，青岛啤酒围绕 EVA 的建立进行了业务流程再造，重组组织结构。公司开始实行区域事业部管理机制，先后成立了 8 个事业部，统一产供销、统一市场管理、统一财务核算，并成立青岛啤酒在区域市场的策划中心、市场营销中心和利润中心。2002 年公司和深圳招商局联合成立了物流公司来提高物流管理水平，降低物流成本。

（3）整合财务系统，提供决策支持。实施基于 EVA 的价值管理模式需要重新定位财务功能，并整合目前的财务系统。青岛啤酒要求企业整个财务体系除了依据相关会计法规编制对外报表以外，还需要按照 EVA 编制内部报告，并将以此考核业

---

① 引自张宵飞：《全面预算管理在青岛啤酒股份有限公司中的应用研究》，2012 年 10 月。

绩。除此之外，利用 EVA 价值评价控制模式，发挥财务的计划制定和决策支持的职能。

（4）培训企业员工，改革年薪制度。EVA 作为一种评价管理控制系统，要求公司管理经营者具有较高的素质，主动以评价指标为指导进行经营管理活动。同时要求企业员工明确并且认可 EVA 评价管理控制系统运作模式，共同形成有利于管理控制系统运行的组织环境和企业文化。因此，在正式启动 EVA 价值评价控制模式之前，公司上至高层管理人员，下至中层干部和普通员工，都进行了系统的培训。培训的内容包括 EVA 的内涵、EVA 的核算、EVA 结果的解释，以及与 EVA 相关的薪酬计划等。同时改革原有的年薪制，建立 EVA 激励机制。此机制采取的是自上而下的方式，即先在青岛啤酒公司管理层进行，再逐步推行到员工。

4. 应用结果

建立和实施基于 EVA 的价值管理模式是青岛啤酒所进行的第二次管理革命。尽管革命还在进行，但是 2002 年的年报却初步反映了第二次管理革命所带来的业绩改善：2002 年啤酒产销量达到 298.7 万吨，较上年同期增长 21%；国内市场份额由上年的 11% 提高至 12.5%；主营业务收入为 69.37 亿元，同比增长 31%；而各种成本、费用得到了有效的控制，主营业务成本仅同比增长 28%；净利润 2.3 亿元，同比增长 124%；每股收益 0.231 元，每股经营活动产生的现金流量更是高达 1.11 元。该公司拟在派发 2002 年度股利每股 0.16 元（含税）的同时派发青岛啤酒百年特别红利每股 0.06 元人民币（含税）。产品出口大幅增加也成为 2002 年的一大亮点。2002 年该公司共出口啤酒 6.4 万千升，创汇 4048 万美元，分别同比增长了 110% 和 104%。当然最重要的是青岛啤酒 2002 年的 EVA 也由原来的负数转变为了正数，这表明了这一年股东的财富得到了增加。

四、激励控制模式创新

（一）激励控制模式的内涵

1. 激励控制模式的内涵

激励（Motivation），就是组织通过设计适当的奖酬形式和工作环境，来激发、引导、保持和规范组织成员的行为，以有效地实现组织及其成员个人目标的活动。管理学家认为，激励就是主体通过运用某些手段或方式让客体在心理上处于兴奋或紧张状态，积极行动起来，付出更多的时间和精力，以实现激励主体所期望的目标。

从"激励"一词的含义可以看出，激励既有正面鼓励，强调利益引导的方面，也包含约束和控制之意。激励的这两方面含义是对立统一的，正面激励激发导致一种行为的发生，而控制则是对所激发行为加以规范，使其符合一定的方向，并限制在一定的时空范围之内。没有控制的激励将会没有压力，而没有激励的控制则会失去动力。因此，激励本身也可称作激励控制。激励控制作为一种管理控制，是指组织通过激励的方式控制管理者的行为，使管理者的行为与企业目标（或企业所有者目标）相协调。

激励控制模式作为管理控制系统的一种模式，它应包括战略计划、激励方式选择、激励中的约束（合约）、业绩评价几个环节。激励控制模式的基本特征是利益导向控制，将利益相关者目标协调起来。

2. 激励控制模式分类

激励控制模式从控制层级角度看，包括企业所有者对高级管理者的激励控制、高级管理者对下级管理者的激励控制。激励控制模式从激励方式角度看，包括股票期权（或与股票相关的）激励、年薪激励、工效挂钩激励、奖金激励等。

3. 激励控制模式的目标与作用

激励控制模式的目标从总体上同样与管理控制目标相一致，即追求经营效率和效果。激励控制模式的具体目标是通过管理者与所有者利益及目标协调为组织或企业创造更大的价值。激励控制模式的作用在于使管理者，特别是高层管理者将企业所有者目标与管理者个人目标相协调，根据不断变化的社会经济与技术环境，调整目标及战略，从而为企业创造更大价值或财富。

4. 激励控制模式的优点与缺点

激励控制模式的优点表现在：将管理者的利益与所有者的利益相联系，通过利益约束机制规范管理者的行为；管理者可根据变化的环境及时调整目标和战略，保证企业价值最大化目标的实现。激励控制模式的缺点表现在：具体目标不明确，对企业文化、管理者素质要求较高。激励控制模式是一种高层次的、灵活性的控制系统。

5. 激励控制模式的适用条件与范围

激励控制模式适用于相对分权的组织结构，如控股型组织结构，这种组织结构的特点是将管理权下放，便于企业实现利益控制。激励控制模式的有效运行需要企业具备良好的评价控制基础。激励控制模式的实施需要企业管理者将自身目标与企业的价值创造目标相统一，管理者能够在完成自我价值实现的同时促进企业价值增值。

（二）激励控制模式的创新特点

本部分通过激励控制模式的组织体系、内容体系、运行体系阐述激励控制模式的创新特点。

1. 激励控制模式的组织体系

激励控制模式的组织体系包括激励方案审核机构、激励方案制定机构和激励方案执行机构。如图8-14所示。

（1）激励方案审核机构。激励方案审核机构主要包括政府监管机构、股东大会和监事会，其基本组织体系及权责划分如下：

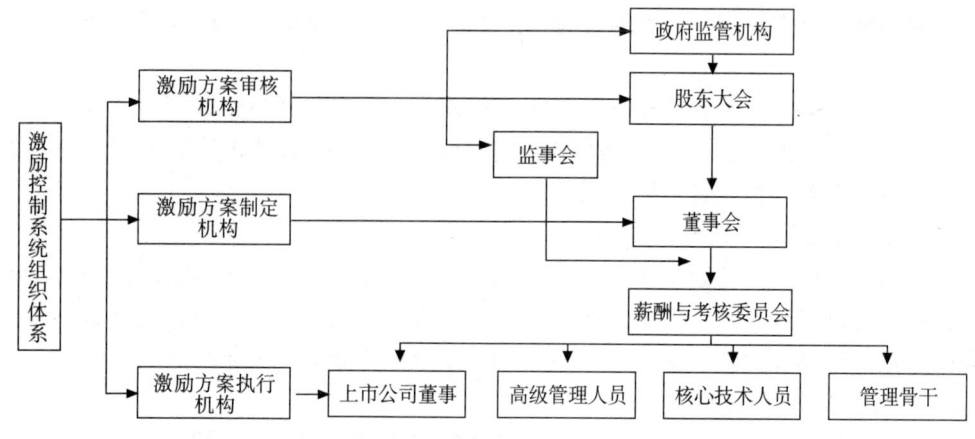

图 8-14 激励控制模式组织体系

政府监管机构。企业激励方案在报股东大会审议表决前，由集团公司按照相关规定和程序报政府监管部门审核。政府监管部门自收到完整的激励方案申报材料之日起，在一定工作日之内出具审核意见。

股东大会。激励方案经政府监管部门审核未提出异议的，报经股东大会审议。由股东大会审议通过后，激励方案方可执行。

监事会。上市公司监事会应当对激励对象名单予以核实，并将核实情况在股东大会上予以说明。为确保公司监事独立性，充分发挥其监督作用，公司监事一般不得成为激励对象。

(2) 激励方案制定机构。激励方案制定机构负责拟定激励计划草案、制定激励方案，包括董事会和薪酬与考核委员会，其基本组织体系及权责划分如下：

董事会。董事会授权薪酬与考核委员会制定激励方案，审议通过后提交政府监管部门进行审核。

薪酬与考核委员会。上市公司董事会下设的薪酬与考核委员会负责拟定激励计划草案。

(3) 激励方案执行机构。激励方案执行机构主要是指激励的对象，一般包括上市公司董事、高级管理人员以及不同层级的核心技术人员和管理骨干。激励的对象应根据公司发展的需要及各类人员的岗位职责、绩效考核等相关情况综合确定，并须在激励方案中作出具体说明。

2. 激励控制模式的内容体系

激励方式的分类有多种。通常，按照激励因素可以分为物质激励和精神激励，物质激励按照激励的时效性又可分为短期激励和长期激励。短期激励包括年薪制、奖金激励、工效挂钩激励等，长期激励包括股权激励、管理层收购等。在此，我们从控制层级角度，将激励方式分为企业所有者对高层管理者的激励方式和高层管理者对下级管理者的激励方式两类，前者包括年薪制和股权激励，其中股权激励又包括股票期权、限制性股票和其他方式，后者包括岗位工资制、奖金激励、绩效工资、奖金激励、收入分享计划和精神激励等，如图8-15所示。

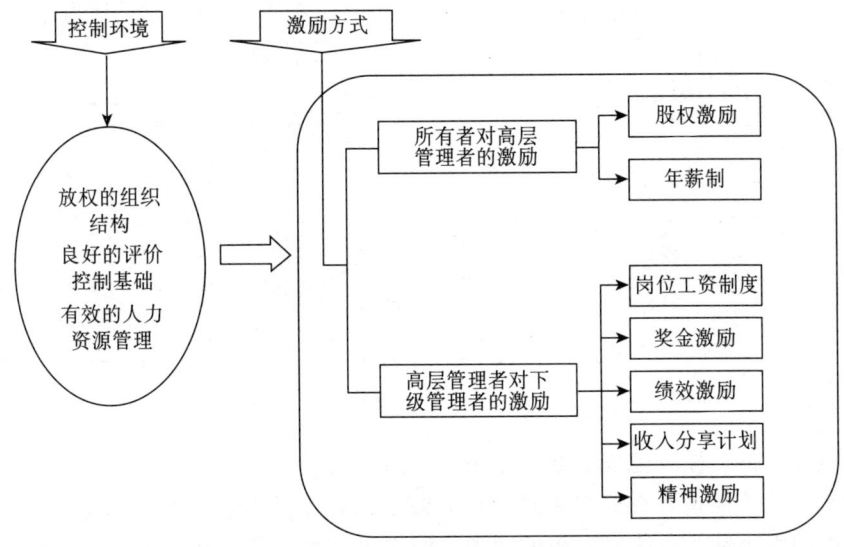

图8-15　激励控制模式内容体系

（1）所有者对高层管理者的激励方式。年薪制是一种以年为单位决定管理者收入与薪酬的一种激励制度。其基本操作流程是首先确定薪酬结构，然后确定风险抵押和相关指标，最后根据相关指标完成情况，决定其风险收益。

股权激励是对员工进行长期激励的一种方法，是企业为了激励和留住核心人才，而推行的一种长期激励机制。有条件的企业给予激励对象部分股东权益，使其与企业结成利益共同体，从而实现企业的长期目标。

股权激励计划应包括股权激励方式、激励对象、激励条件、授予数量、授予价格及其确定的方式、行权时间限制或解锁期限等主要内容。如图8-16所示。

①股权激励方式。股权激励的方式包括股票期权、限制性股票以及法律、行政法规允许的其他方式。公司可以根据实施股权激励的目的，结合本行业及本公司的特点确定股权激励的方式。

②股权激励对象。股权激励对象主要包括董事、高级管理人员、核心技术（业务）人员以及其他应该被激励的对象，但不应当包括独立董事。此外，证券监管部门规定的不得成为激励对象的人员，不得参与股权激励计划。

③股权激励条件。公司应当建立健全绩效评价体系和考核方法，并把绩效评估指标作为股权激励计划的实施条件。如果需要的话，公司可以根据发展的需要及各类人员的岗位职责、绩效考核等相关情况综合确定，并须在股权激励计划中就确定

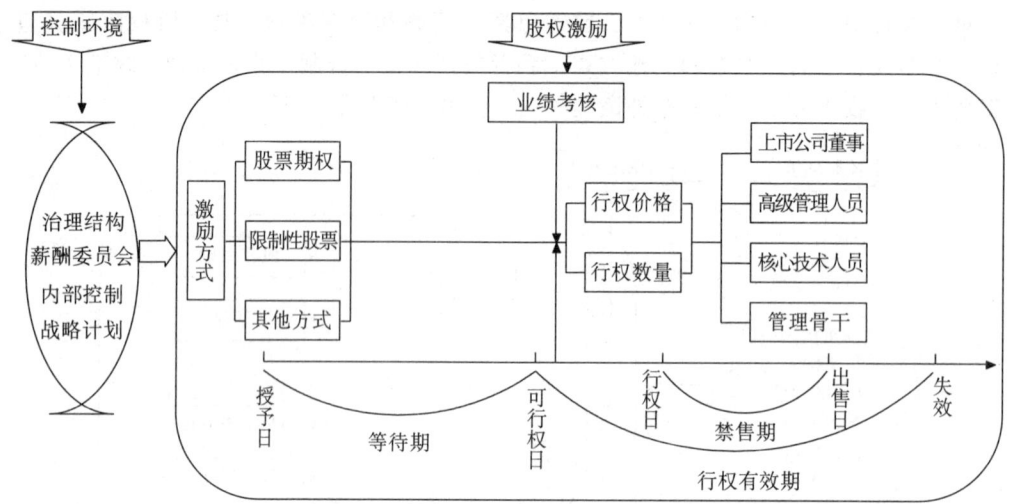

图 8-16 股权激励

依据、激励条件、授予范围及数量等情况作出说明。

④股权授予数量。在股权激励计划有效期内授予的股权总量,应结合上市公司股本规模的大小和股权激励对象的范围、股权激励水平等因素,在合理区间内确定。但上市公司全部有效的股权激励计划所涉及的标的股票总数累计不得超过公司股本总额的10%。

⑤股权授予价格及方式。根据公平市场价原则,确定股权的授予价格(行权价格)。对于上市企业来说,执行价格应等于或略微大于奖励当天股票市场上的现价;对于非上市企业,可行的方法是把每股净资产的价值作为执行价格。

⑥行权时间限制。股权激励计划的有效期自股东大会通过之日起计算,一般不超过10年。在股权激励计划有效期内,应采取分次实施的方式,每期股权授予方案的间隔期应在一个完整的会计年度以上。在股权激励计划有效期内,每期授予的股票期权,均应设置行权限制期和行权有效期,并按设定的时间表分批行权。

(2)高层管理者对下级管理者的激励方式。岗位工资制是指按劳动特点和管理人员的岗位工作特点确定工资标准的制度。它需要根据企业的经营目标确定一个合理的、系统的、稳定的结构,从而建立一套与内部公平性原则一致的薪酬制度。奖金激励是工作报酬的辅助形式,是对超过标准工作的奖励。绩效工资是一种与工资总额与经济效益之间有正相关关系的激励方法。收入分享计划,指的是管理者和员工按照反映生产率和利润率改善的预定公式分享经济收入。它主要包括利润分享计划与成本节约计划。精神激励是利用一系列的非物质形式,满足个性的心理需求,改变其思想,激起其工作活力的一种激励方式。

3. 激励控制模式的运行体系

激励控制模式作为管理控制系统的一种模式,它应包括战略计划、激励方式选择、激励中的约束、业绩评价等几个环节。如图8-17所示。

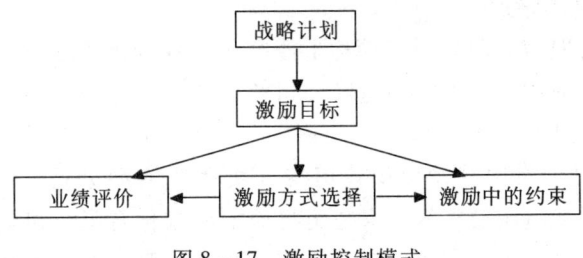

图8-17 激励控制模式

（1）战略计划与激励目标。战略计划是企业战略的分解，是为实现企业长期战略规划在短期内所应采取的资源配置方案。战略计划涉及市场、产品、顾客、技术及人力资源等方面的决策，这些决策必然要在管理者激励目标中有所体现，而激励控制本身也是这些战略计划的一部分。战略计划作为企业战略目标的具体化和制度化，是激励控制及制度控制等其他三个系统的前提和基础。

（2）激励方式选择。激励方式，或称为激励手段，指那些能够导致激励对象对企业目标的兴趣、热情以及智力和体力上自觉投入的方式。它是激励的作用形式或功能载体，可以是物质的，也可以是精神的。常见的激励方式包括年薪激励、奖金激励、收益分享计划、股权激励、管理层收购等。每一种激励方式具有不同的激励作用，企业应根据企业规模、所处行业、发展阶段、企业文化等具体特征进行选择。

（3）激励中的约束。该环节属于激励控制中的"控制"部分，是指通过对管理者行使权力过程的控制和结果的监督，从而达到规范、限制管理者行为的目的。同其他理性的风险厌恶型个人一样，企业管理者也会权衡风险和收益。为防止管理者的经营策略造成所有者的风险过大以及管理层目标短期化的情形出现，就需要对激励中所涉及的风险进行合理限制。激励中的约束机制包括完善公司治理结构、强化薪酬委员会和审计控制的作用、在报酬契约中对财务与行为进行确定或限定等。

（4）业绩评价。业绩评价就是采用一定的指标体系，对照特定的标准，运用科学的方法，对企业一定期间的经营业绩做出的价值判断。业绩评价本属于评价控制模式，但同时也是激励控制模式的重要组成部分，合理的业绩评价体系可以促使激励控制更好地发挥作用。激励控制中业绩评价包括评价指标选择、指标标准、指标计算等。业绩考核原则上行权时的业绩指标不低于历史水平；鼓励公司同时采用市值指标和行业比较指标；绩效考核指标应包含财务指标和非财务指标，如涉及会计利润，应采用按新会计准则计算、扣除非经常性损益后的净利润；股票期权等待期或限制性股票锁定期内，各年度归属于上市公司股东的净利润及归属于上市公司股东的扣除非经常性损益的净利润均不得低于授予日最近三个会计年度的平均水平且不得为负。

（三）上海家化应用激励控制模式案例①

1. 案例公司基本情况

上海家化联合股份有限公司（简称上海家化）作为国内化妆品行业首家上市企业，是国内日化行业中少有的能与跨国公司开展全方位竞争的本土企业。它创立于1898年，该企业经上海家化（集团）有限公司、上实日用化学品控股有限公司、上海工业投资（集团）有限公司、福建恒安（集团）有限公司、上海广虹（集团）公司和上海惠盛实业有限公司等六家公司将原上海家化有限公司整体变更为股份有限公司。一百多年来，上海家化一直遵循着"精致优雅、全心以赴"的理念，这也是上海家化永远的承诺。上海家化全力以赴地打造能够代表中国的时尚品牌，为消费品行业在新的起点上优化升级、为上海成为世界时尚之都做出了很大的贡献。2001年3月上海家化在上海证券交易所上市。上市之后，上海家化总股本为2.7亿股，其中上海市国资委直接及间接控制着公司61.47%的股份。2011年12月，上海家化整体改制完成，平安集团出资51.09亿元获得上海家化100%的股权，上海家化由此从国有背景企业变为民营企业。

2. 实施股权激励的动因

上海家化实施股权激励主要基于以下两个动因：

（1）吸引人才——打造公司的核心团队。上海家化属于日化企业，主要以生产化妆品为主。由于受薪酬制度的约束，人员流失严重的问题一直困扰着上海家化。为了减少人员流失，保持企业战略的连贯性和为企业创造长期利益，上海家化实施了股权激励计划。

（2）提高业绩——促进公司的长远发展。上海家化在2003—2005年的经营状况并不乐观，无论是收入、净利润还是经营现金流量，一直呈大幅下降的趋势，这种不良的经营业绩无疑会削弱其在行业中的竞争地位。为了充分调动员工的积极性，提升公司业绩，提高公司的国际竞争力，使企业得以长远发展，上海家化实施了股权激励计划。

3. 实施股权激励的过程

早在2006年9月，上海家化公布了其第一份正式的股票激励计划，提出向激励对象定向发行不超过1600万股的股权激励方案，但由于国资委方面有关股权激励的规定尚未出台，因而该方案被紧急叫停。2007年3月，上海家化又推出第二套股权激励方案，以上年度经审计的税前利润总额较前一年度的增量为基数，提取25%作为激励基金，用于购买公司的流通股，对公司管理人员实施激励，但这个方案在提交股东大会前被再次叫停。在几经周折与证监会和国资委多方沟通之后，上海家化终于在2008年推出了第一期股权激励，授予股票总数量不超过560万股，其中预留

---

① 引自 Zhang Xianzhi: Standards for Enterprise Management Control. Springer, 2015.

30万股,股票来源为公司向激励对象定向发行普通股。本计划预期收益测算价格每股15.21元,授予价格为每股8.94元。激励对象包括董事长、总经理等中高层管理人员和营销技术管理骨干。这意味着计划之内的管理人员每年要拿出至少27万元左右的现金,购买这一项定向发行的股票。股权激励期为五年,其中禁售期2年和解锁期3年,且解锁后每年只允许抛售25%。如果进展顺利,该公司175名中层以上技术和管理人员将分享到人均三万股股权所带来的福利利益。

为进一步调动公司经营管理人员、核心技术人员的积极性,进一步提升公司的核心竞争力,上海家化于2012年5月又推出了第二期股权激励计划。

4. 实施股权激励的效果

上海家化的股权激励措施实施之后,企业管理人数增加22人,科研人员增加27人,市场销售人员增加85人,生产管理人员增加16人。同时,上海家化2008—2011年公司的销售额、净利润以及现金流量,相比股权激励实施前均有较大幅度的提升,在一定程度上达到了吸引人才、提高公司业绩的目标。

第四篇

中国特色管理控制应用理论拓展研究

第九章

管理控制在管理会计中的应用拓展

管理会计是与财务会计并列的企业会计分支,其目标是为企业提供规划、决策、控制和评价等内部管理所需要的信息,但是相对于财务会计而言,管理会计在我国的发展较为滞后,这种滞后在理论和实践两个层面表现都十分突出。在理论研究层面,对管理会计的基本认识还存在着较大的缺陷,迟迟未形成一套严谨的基本理论体系、应用理论体系和方法指引体系;在实践发展层面,围绕中国制度背景展开的企业管理会计实践十分稀缺,管理会计的观念和意识模糊,管理会计实践发展参差不齐。在这种背景下,通过管理控制的发展带动管理会计的发展就十分必要,同时管理控制和管理会计之间固有的联系也为这种协同发展创造了条件。从本质上来讲,管理会计是企业内部的信息系统,是信息的生产者,管理控制是企业内部的控制系统,是信息的使用者,因此两者在本质、目标、工具和方法上都存在互通和互补的条件。本章具体介绍了管理控制在管理会计中的应用拓展,在明确管理会计基本概念的基础上,梳理管理会计与管理控制的区别和联系;然后探讨了管理控制发展对管理会计理论和实践所产生的影响,具体包括管理控制程序发展对管理会计工具选择的影响以及管理控制模式发展对管理会计组织设置的影响;最后介绍了基于管理控制的管理会计报告体系,这主要是考虑到管理会计报告是管理会计信息的核心载体,也是连接管理控制和管理会计的纽带。

第一节 管理会计与管理控制的关系

一、我国管理会计体系发展现状

(一)我国管理会计体系发展背景

管理会计是会计的重要分支,主要服务于单位(包括企业和行政事业单位)内部管理需要,是通过利用相关信息,有机融合财务与业务活动,在单位规划、决策、控制和评价等方面发挥重要作用的管理活动。管理会计工作是会计工作的重要组成部分。改革开放以来,特别是市场经济体制建立以来,我国会计工作紧紧围绕服务经济财政工作大局,会计改革与发展取得显著成绩:会计准则、内控规范、会计信息化等会计标准体系基本建成,并得到持续平稳有效实施;会计人才队伍建设取得显著成效;注册会计师行业蓬勃发展;具有中国特色的财务会计理论体系初步形成[①]。但是,我国管理会计发展相对滞后,迫切要求继续深化会计改革,切实加强管理会计工作。

同时,党的十八届三中全会对全面深化改革做出了总体部署,建立现代财政制度、推进国家治理体系和治理能力现代化已经成为财政改革的重要方向;建立和完善现代企业制度,增强价值创造力已经成为企业的内在需要;推进预算绩效管理、建立事业单位法人治理结构,已经成为行政事业单位的内在要求。这就要求财政部门顺时应势,大力发展管理会计。在这一背景下,2014年10月,财政部根据《会计改革与发展"十二五"规划纲要》,发布《关于全面推进管理会计体系建设的指导意见》(下称《指导意见》),拉开了我国管理会计建设的序幕。

(二)我国管理会计体系建设整体框架

2016年6月,财政部正式颁布《管理会计基本指引》(下称《基本指引》),标志着我国管理会计体系建设取得新的重大突破。2017年9月,财政部印发22项《管理会计应用指引》(下称《应用指引》),在战略管理、预算管理、成本管理、营运管理、投融资管理、绩效管理、企业管理会计报告、管理会计信息系统等领域对管理会计实践进行指导,推动我国管理会计体系进一步完善。按照《指导意见》的整体规划,我国管理会计体系建设包括了管理会计理论体系、管理会计指引体系、管理会计人才队伍建设和管理会计信息系统建设[②],而《基本指引》和《应用指引》的有效制定为我国管理会计体系的建设奠定了基础。

1. 管理会计理论体系建设

管理会计理论体系建设是为了加强管理会计基本理论、概念框架和工具方法研究,形成中国特色的管理会计理论体系。在理论体系建设过程中,《基本指引》初步构建了管理会计应用环境、管理会计活动、管理会计工具方法以及管理会计信息和报告的框架。具体而言,管理会计应用环境,是单位应用管理会计的基础,包括内外部环境,内部环境主要包括与管理会计建设和实施相关的价值创造模式、组织架构、管理模式、资源保障、信息系统等因素,外部环境主要包括国内外经济、市场、法律、行业等因素。管理会计活动是单位利用管理会计信息,运用管理会计工具方法,在规划、决策、控制、评价等方面服务于单位管理需要的相关活动。管理会计工具方法是实现管理会计目标的具体手段,具体包括但不限于战略地图、滚动预算管理、作业成本管理、本量利分析、平衡计分卡等模型、技术、流程。管理会

---

① 财政部官方网站。
② 财政部:《关于全面推进管理会计体系建设的指导意见》。

计信息包括管理会计应用过程中所使用和生成的财务信息和非财务信息，管理会计报告是管理会计活动成果的重要表现形式，旨在为报告使用者提供满足管理需要的信息，按期间可以分为定期报告和不定期报告，按内容可以分为综合性报告和专项报告等类别。

2. 管理会计指引体系建设

管理会计指引体系建设的目标是形成以管理会计基本指引为统领、以管理会计应用指引为具体指导、以管理会计案例示范为补充的管理会计指引体系。一是在课题研究的基础上，组织制定管理会计指引体系，推动其有效应用。二是建立管理会计专家咨询机制，为管理会计指引体系的建设和应用等提供咨询。三是鼓励单位通过与科研院校合作等方式，及时总结、梳理管理会计实践经验，组织建立管理会计案例库，为管理会计的推广应用提供示范。在指引体系建设方面，截至目前为止，我国已经形成了以《基本指引》为指导的管理会计理论体系和《应用指引》为指导的管理会计实践指引体系，同时在2014年和2016年，财政部分别公布了两届管理会计咨询专家名单，发挥管理会计专家智库作用，加快推进我国管理会计体系建设。

3. 管理会计人才队伍建设

管理会计人才队伍建设的目标是推动建立管理会计人才能力框架，完善现行会计人才评价体系，这是管理会计体系建设的一个中长期目标，具体包括五层内容：一是将管理会计知识纳入会计人员和注册会计师继续教育、大中型企事业单位总会计师素质提升工程和会计领军（后备）人才培养工程。二是推动改革会计专业技术资格考试和注册会计师考试内容，适当增加管理会计专业知识的比重。三是鼓励高等院校加强管理会计课程体系和师资队伍建设，加强管理会计专业方向建设和管理会计高端人才培养，与单位合作建立管理会计人才实践培训基地，不断优化管理会计人才培养模式。四是推动加强管理会计的国际交流与合作。五是探索管理会计人才培养的其他途径。

4. 管理会计信息系统建设

管理会计信息系统建设是指导单位建立面向管理会计的信息系统，以信息化手段为支撑，实现会计与业务活动的有机融合，推动管理会计功能的有效发挥，具体包括以下三点：第一，将管理会计信息化需求纳入信息化规划，从源头上防止出现"信息孤岛"，做好组织和人力保障，通过新建或整合、改造现有系统等方式，推动管理会计在本单位的有效应用。第二，通过大型企业和企业集团牵头，充分利用专业化分工和信息技术优势，建立财务共享服务中心，加快会计职能从重核算到重管理决策的拓展，促进管理会计工作的有效开展。第三，通过会计软件公司和有关中介服务机构拓展管理会计信息化服务领域。

需要注意的是，在管理会计信息系统建设过程中，要和管理会计理论体系建设紧密结合，特别是管理会计报告体系建设应成为管理会计信息系统建设的重点工作之一。管理会计报告是管理会计信息的主要载体和表现形式,管理会计报告体系的完善程度直接反映了管理会计信息系统建设的发展程度,特别是我国现阶段尚未形成体系完善、结构合理的管理会计报告体系,增加了管理会计报告体系建设的紧迫性。

(三) 现阶段我国管理会计体系建设存在的主要争议

1. 管理会计定义的分歧

(1) 国外会计学界对管理会计的定义。美国会计学会(American Accounting Association,简称AAA)于1958年和1966年先后两次为管理会计提出了如下定义:管理会计是指在处理企业历史和未来的经济资料时,运用适当的技巧和概念来协助经营管理人员拟定能达到合理经营目的的计划,并作出能达到上述目的的明智决策(也有学者认为,此观点是AAA下设的管理会计委员会在1988年提出的)。显然,他们将管理会计的活动领域限定于微观,即企业环境。

1981年,全美会计师协会(National Accountants Association,简称NAA)下设的管理会计实务委员会指出,管理会计是向管理当局提供用于企业内部计划、评价、控制,以及确保企业资源的合理使用和经营管理责任的履行所需财务信息的确认、计量、归集、分析、编报、解释和传递的过程,并指出管理会计同样适用于非营利的机关团体。这一定义扩大了管理会计的活动领域,指明管理会计的活动领域不应仅限于"微观",还应扩展到"宏观"。

1982年,英国成本与管理会计师协会(Institute of Cost and Management Accountants,简称ICMA)给管理会计下了一个更为广泛的定义,认为除了外部审计以外的所有会计分支(包括簿记系统、资金筹措、编制财务计划与预算、实施财务控制、财务会计和成本会计等)均属于管理会计的范畴。

1988年4月,在国际会计师联合会(International Federation of Accountants,简称IFAC)下设的财务和管理会计师委员会发表的《论管理会计概念(征求意见稿)》一文中明确表示:"管理会计可定义为:在一个组织中,管理部门用于计划、评价和控制的(财务和经营)信息的确认、计量、收集、分析、编报、解释和传输的过程,以确保其资源的合理使用并履行相应的经营责任。"

(2) 国内会计学界对管理会计的定义。20世纪70年代末80年代初,西方管理会计学的理论被介绍到中国。我国会计学界对管理会计的定义也存在着多种观点:

李天民教授认为:"管理会计主要通过一系列专门方法,利用财务会计提供的资料及其他有关资料进行整理、计算、对比和分析,使企业各级管理人员能据以对日常发生的一切经济活动进行规划与控制,并帮助企业领导做出各种决策的一套信息处理系统。"李天民教授的定义强调了管理会计要为企业内部管理人员服务。

余绪缨教授认为:"管理会计是为企业内部使用者提供管理信息的会计,它为企业内部使用者提供有助于正确进行经营决策和改善经营管理的有关资料,发挥会计信息的内部管理职能。"余绪缨教授的定义强调了管理会计主要为企业内部管理和决策服务。

（3）管理会计定义存在的主要分歧。从上述管理会计的定义来看，管理会计定义存在的主要分歧在于管理会计的本质是一个信息系统还是一项管理活动，按照会计的信息系统本质，管理会计的本质也应该是一个信息系统，这本来不应该是一个有争议的话题。但是管理会计的本质和定义直接影响到管理会计职能的划分以及管理会计范畴的界定，虽然有些学者认同了管理会计的本质是一个信息系统，但在管理会计职能和范畴的研究过程中又回到了管理活动论的框架之下，这样的结果就使管理会计本质定义和管理会计职能范畴矛盾，管理会计和管理界限模糊。

因此，结合上述不同学者的定义，本书认为财务会计和管理会计作为会计的两个主要分支，两者的共同基础或前提在于"会计"，即从本质意义上讲，两者应统一于会计的本质。管理会计应在统一认识"会计本质"的基础上进行定位。基于管理会计的"会计本质"，管理会计应定义为一个以价值为基础，以战略为导向，以服务组织内部规划、决策、控制和评价等活动为目的，全面的、综合的信息系统，而管理会计的信息系统本质同时也决定了管理会计报告在管理会计系统中的核心地位。财政部在 2016 年颁布的《管理会计基本指引》中同样认为，"管理会计的目标是通过运用管理会计工具方法，参与单位规划、决策、控制、评价活动并为之提供有用信息，推动单位实现战略规划"，这实质上也肯定了管理会计的本质是一个信息系统。

2. 管理会计职能的范围

（1）管理会计职能一般观点。国内外主流管理会计教科书中，管理会计的职能基本都是从预测、决策、规划、控制、评价等几个方面展开[①]。

管理会计的预测职能是指依据历史或现时的会计资料以及其他有关资料，采用定量分析模型或定性分析手段，预计或推测企业未来经济业务的发展趋势以及对企业财务状况、经营效益、现金流量等方面的影响，为企业内部经营管理决策提供可靠信息。

管理会计的决策职能主要以提供与决策相关信息的方式参与企业内部管理决策，充分利用所掌握的资料，严密地进行定量分析，帮助企业管理当局做出科学的决策。决策以预测为基础，通过预测提出企业实现一定经营目标可供选择的备选方案。根

[①] 对于管理会计职能的研究，不同学者从不同的视角提出各自的观点，比如，孟焰教授（2004）认为管理会计的职能是预测、决策、规划、控制、考评，这种观点是理论界普遍接受的一种观点，潘飞教授（2010）、吴大军教授（2017）也都认同了这一观点。此外，王斌教授（2014）认为管理会计的职能是对经营活动的管理，即通过改善组织经营，创造组织价值；冯巧根教授（2014）将管理会计的职能划分为"信息支持系统的功能"与"管理控制系统的功能"，虽然这些划分方式更为精简，但从根本上讲，这些管理会计职能划分和之前学者的观点是一致的。

据决策目标收集整理与各个方案有关的会计信息和其他资料，测算每个备选方案对企业产生的经济影响，并对能够实现某一特定经营目标的多个备选方案进行分析和比较，权衡利弊得失，做出最优方案选择，为管理人员做出正确的决策提供依据。

管理会计的规划职能是通过编制各种计划和预算实现的。它要求在最终决策方案的基础上，将决策所确定的各个管理层次、每个业务领域以及不同时间范围内的目标落实到全面预算中，并对各项预算指标进一步分解，通过编制责任预算的方式，合理有效地组织和协调企业经营链条上的各个环节，充分利用企业可以支配的人力、物力和财力资源，确保全面预算的实现，并为控制和业绩考核奠定基础。

管理会计的控制职能是根据事先编制的预算，实时控制企业的经济活动，对发生的实际经济活动进行同步计量、记录和报告，及时将实际数据与预算数据进行对比，确定偏离程度，计算差异并分析差异产生的原因，确定相关责任。对不利差异提出改进措施，并在必要时对预算进行修订。通过控制职能，管理会计有效发挥对生产经营活动的干预作用，确保各项计划目标的实现。

管理会计履行评价经营业绩的职能，是通过建立责任会计制度来实现的，即在各部门明确各自责任的前提下，逐级考核责任指标的执行情况，找出成绩与不足，从而为奖罚制度的实施和未来各自改进措施的形成提供必要的依据。

（2）管理会计职能一般观点评析。

第一，管理会计的职能符合管理会计的本质吗？

前文提到，作为会计的两个主要分支，管理会计和财务会计的共同基础或前提在于会计，两者应统一于会计的本质，基于管理会计的"会计本质"，管理会计的合理定位应该是一个信息系统。按照会计的本质，会计的目标是为企业的经营管理提供价值相关的信息，以财务会计为例，财务会计的职能为核算和监督，其中核算职能是指以货币为主要计量单位，通过确认、记录、计量、报告，反映特定主体的经济活动，为各有关方面提供会计信息；监督职能是指会计在核算的过程中，对经济业务的真实性、财务收支的合法性、公共财产的完整性进行监督。可以看出财务会计的两大职能都严格控制在会计的信息系统本质之内，反观一般认为的管理会计几个职能——预测、决策、规划、控制、评价，无论是从名称上来讲，还是从内容上来讲，都是决策和管理职能，这已经远远超出了信息系统本质下会计应该具有的职能。

第二，管理会计职能和管理职能的边界是什么？

管理学大师法约尔最早对管理的职能进行界定，之后的学者从不同角度对管理职能的划分进行细微的调整，但总体上仍然未突破法约尔提出的五项管理职能体系框架。按照法约尔对管理活动的划分，管理职能包括计划、组织、指挥、协调和控制[1]，其中，计划职能是管理者依据企业禀赋、企业内外部环境以及对企业发展前

---

[1] 具体内容详见百度百科。

景的预测，制定企业的长短期发展计划，并随着经营环境的变化及时调整和完善计划；组织职能包括了为了满足生产经营需要对原料、设备、资本进行的物质组织和通过组织结构设计对企业内部成员进行的社会组织；指挥职能是管理者利用组织所赋予的权力去指挥影响和激励组织成员为实现组织目标而努力工作的过程；协调职能是指企业的一切工作都要和谐地配合，以便于企业经营的顺利进行，并且有利于企业取得成功；控制职能是为了保证企业目标的实现所进行的一系列控制活动。

结合前述管理会计职能的一般观点、管理会计的本质以及法约尔对管理职能的划分，可以发现，管理会计的职能和管理的职能虽然在表述上有所差异，但都是围绕企业的经营决策和管理控制展开，管理会计的预测、决策和规划职能与管理的计划、组织、指挥、协调职能均强调为了实现企业的价值最大化，如何进行科学、高效的决策，而管理会计的控制和评价职能与管理的控制职能都是围绕企业目标和决策的执行效果展开，并不存在本质的区别。因此，这成为现阶段管理会计发展面临的一个理论症结：一切的管理都是管理会计？管理会计和管理之间的界线何在？这也从侧面印证了在管理会计的定位和职能上，超越管理会计的信息系统本质只会给其自身以及相关学科的发展带来紊乱。

（3）基于会计本质的管理会计职能重新定位。

基于管理会计的信息系统本质，管理会计的职能应该是为企业的经营决策和管理控制提供信息[1][2]。

第一，为企业的经营决策提供信息。管理会计的目标之一是有利于企业的经营决策，衡量与报告企业的价值创造能力是基于管理会计信息的首要目标。为了确保管理会计信息的相关性，管理会计系统必须融入企业的日常经营活动之中，根据企业责任中心设置管理会计组织，开展管理会计活动，形成基于不同责任中心的管理会计报告体系，为企业的资本经营决策、资产经营决策、商品经营决策和生产经营决策提供相关的信息。

第二，为企业的管理控制提供信息。管理会计的另一个目标是为企业的管理控制服务，管理会计信息应该满足企业管理控制的信息需求。为了实现这一职能，管理会计系统需要结合企业的管理控制环境、管理控制模式，设置管理会计组织，开展管理会计活动，形成基于不同管理控制程序的管理会计报告体系，为企业的战略目标分解、控制标准制定、控制分析报告、经营业绩评价和管理者报酬提供控制相关的信息。

二、管理会计与管理控制的边界

在明确了管理会计本质、定义以及职能方面存在的争议以及背后的成因之后，

---

[1] 张先治. 关于管理会计理论体系建设的几个问题[J]. 财务与会计, 2015 (18): 6-7.
[2] Zimmerman, JeroldL. Accounting for decision making and control [M]. Peking University Press, 2007.

接下来需要解决的是管理会计与其他领域的界线问题。而管理控制作为与管理会计最为直接相关的研究领域，管理控制和管理会计之间的冲突一直未能得到很好的解决。因此，本部分主要围绕管理会计和管理控制的界线问题展开深入分析。

（一）信息系统与控制系统

1. 管理会计：信息系统还是管理活动

（1）会计的本质。管理会计作为会计的分支，其本质也由会计的本质所决定。对于会计本质的认识，当前会计理论界主要有两种观点，一是认为会计是一种信息系统，即会计是向各种利益相关者提供决策所需信息的一个信息系统；二是认为会计是一种管理活动，即会计是参与或直接进行的一种管理和控制活动。会计信息系统论认为，会计的目标是提供决策有用的信息；会计管理活动论认为，会计的目标是依据会计信息进行管理和控制，以实现组织的目标。其实两者的分歧点在于，前者认为会计只提供决策有用信息，而利用这些信息进行的相关决策与管理等活动不是会计的范畴；后者则认为会计不仅要提供管理与控制所需要的信息，而且利用会计信息进行管理与控制也属于会计的范畴。可将前者称为狭义会计观，后者称为广义会计观或大会计观。这种广义会计观的产生与我国当时会计教育中的学科划分、会计理论中的会计目标确定、会计实务中的会计职责界定有关。在我国当时学科划分中只有会计没有财务管理的情况下，在会计理论研究中忽视会计目标研究，或将组织目标混同于会计目标的情况下，在会计实务中将财务与会计部门设置合二为一的情况下，广义会计观是完全可以理解和接受的。然而，在当前中国的经济环境下，狭义会计观，即会计信息系统论更符合会计的本质。

（2）管理会计的本质。会计的本质决定管理会计的本质。在将会计的本质确定为一种信息系统的前提下，管理会计自然也应是一种信息系统。在会计信息系统观下，会计的目标是提供决策有用的信息，而会计相关性尤其重要，即会计提供的信息应满足不同决策者的决策需要。相应地，管理会计应是一种为规划、决策、控制和评价等组织内部管理提供服务的信息系统。因此，只有基于管理的会计才能称为是管理会计，基于会计的管理就不是管理会计。另外，管理会计的本质和目标也决定了，作为管理会计信息载体的管理会计报告是管理会计的核心。

2. 管理控制：管理会计的分支

（1）管理控制的定位。对于管理控制的定位，当前学术界主要有两种观点，一种观点认为管理控制和管理会计是从属关系，管理控制是管理会计的一个分支，另一种观点认为管理控制和管理会计是平等关系，管理控制和管理会计是两个截然不同的系统。

将管理控制和管理会计理解为从属关系是管理会计领域的主流观点，更多被管理会计领域的学者所接受，这在国内外几篇代表性的管理会计综述性文章中均有所体现。比如，Hesfordetal（2007）将管理会计研究主题分为成本、控制和其他三大类，其中成本包括成本分配、成本实践等主题；控制包括预算、资本预算、业绩评价、组织控制、跨国企业控制等主题；其他则主要包括了会计信息系统、质量管理、战略管理等研究较少的主题。Shields（1997）、杜荣瑞等（2009）以及孟焰等（2014）将管理会计的研究主题区分为管理控制系统、成本会计与管理、决策方法、管理会计的一般性问题、外部导向型管理会计、信息技术的应用和其他相关问题，其中管理控制系统又进一步细分为标准成本法、经营预算、业绩计量、转移定价、责任会计、绩效评价系统、业绩导向型薪酬体系。

将管理控制与管理会计视为对等关系更多见诸于管理控制领域的研究。比如，Sunder（1997）指出，虽然企业可以看成是理性主体之间的契约组合，但在企业的契约模型中，企业本身并不是一个有目的的主体，它只是其他经济主体按照相互的协议或隐含的规则去表演而实现他们各自目标的一个舞台。而会计是一个便于顺利履行各利益集团之间会计责任关系的系统，这个会计系统是相关集团之间博弈的一个均衡结果，因此会计有助于实施和推行企业所包含的契约。此时的会计作用表现在：会计与控制被有效地用来计量和记录主体所贡献的资源，并将其与各自约定义务相比；确定并支付每个主体的约定利益；向参与者报告有关契约履行程度的信息；向潜在的参与者提供信息，以便维护组织所赖以取得资源的各类要素市场的流动性；向参与者提供类似共同知识的特定信息，帮助降低契约商定的成本。Anthony（1998）对管理控制做出的定义是"经理人员为实现组织目标而确保资源使用和分配有效果和有效率的过程"。他认为管理控制是处于战略计划制定和作业控制过程间的中间环节，通过管理控制将两者的联结可以使得企业目标被分解成组织内部各组成部分的次级目标，未来发展目标被赋予更为现实性的内容。后来安东尼重新界定了管理控制的内涵，认为管理控制是"管理者影响组织中的其他成员以落实组织战略的过程"。

从两种观点的根源出发可以发现，两种观点的矛盾主要来源于对管理会计本质的不同理解以及由此带来的管理会计职能的不同界定。将管理控制视为管理会计的分支实质是坚持了管理会计的管理活动论，即管理会计不仅仅要为企业提供信息，更要参与到组织的经营管理中，从这个视角出发，管理会计的职能包括了预测、决策、规划、控制、分析、评价等职能；将管理控制和管理会计视为两个不同的系统实质是坚持了管理会计的信息系统论，即管理会计的主要目标是为企业的经营管理提供决策相关的信息，在这一视角下，管理会计的主要职能是为组织的经营决策和管理控制提供信息。结合上一节对管理会计本质、职能和范畴的定义，本书认为，管理会计的管理活动论过于夸大会计的职能，在这一理论下，管理会计的边界十分模糊，管理学范畴下的所有研究几乎都可以归入到管理会计，这显然不符合理论研究和实践发展的方向，也无助于管理会计和管理控制等研究主题的深入。因此，基于管理会计的信息系统论，管理会计的定位是一个信息系统，管理控制的定位是一个控制系统，两者作为一对相互关联的系统而存在。

（2）管理控制的本质。在明确了管理会计的本质和管理控制的定位之后，管理控制的本质可以定义为是一个促进战略有效实施的系统化过程，是以企业管理者为主的控制者按照一定的程序和方法为保证企业经营活动的有效性所进行的控制过程的总和，可以把它称为管理控制系统。管理控制是企业内部控制的核心，在企业控制中起到了承上启下的作用。管理控制的主体是以管理者为主的企业全体成员；管理控制的客体是企业的各类管理控制活动；管理控制的目标是保证企业经营活动的效率和效果，管理控制强调的是对战略执行的控制，以保证企业经营活动有效性。

（二）基于管理的会计与基于会计的管理

1. 管理会计——基于管理的会计

基于管理的会计主要有以下两层意思：

第一，管理会计的核心是会计。管理会计作为会计的分支，应该坚持其"会计本质"，也就是说管理会计本质是一个信息系统，它向企业内部管理当局提供管理信息，通过特定的方法，对企业经营管理活动中的各种信息进行确认、计量、记录和报告，形成面向不同决策需求的管理会计报告体系，为企业决策提供必要的财务或非财务信息。

第二，管理会计的对象是为企业各项管理活动提供有用的信息，这也是管理会计和财务管理的本质差别。这有三层意思：首先，管理会计的研究对象是企业的各项经营管理活动，而不仅仅包括企业内部的资金运动；其次，管理会计的服务对象主要是企业各级管理人员，因此管理会计信息在企业不同层次有不同的表现形式；最后，管理会计的主体可以是整个企业，也可以是企业的一个部门，一个车间，一个班组，既可以是整个经营活动的全过程，也可以是只针对全过程中的某一个具体环节，均以不同的目标需要而定。

2. 管理控制——基于会计的管理

基于会计的管理主要有以下两层意思：

第一，管理控制的本质是管理，更确切地讲，管理控制本质是一个控制系统。作为一个控制系统，管理控制是为了保证企业战略目标的实现而对企业中的个体所采用的一系列控制活动的总和。

第二，管理控制的工具和方法是会计。这主要有三层内涵：第一，管理控制系统是在分析管理控制环境的基础上，在管理控制要素和程序中体现管理会计的信息作用；第二，在管理控制系统的各个环节，要充分利用管理会计信息；第三，在管理会计与管理控制实践中，综合使用多种手段和方法，需要选择使用适宜的管理会计工具，使得管理会计与管理控制良好融合。

三、管理会计与管理控制的联系

（一）管理会计和管理控制之间的一致性

1. 管理会计和管理控制的最终目标一致

管理会计和管理控制共同服务于企业管理，其最终目标都是为了改善企业经营管理，提高企业的经济效益，实现企业价值最大化。在这一目标下，管理会计和管理控制形成了各自的具体目标，管理会计的具体目标是保证管理会计信息的决策有用性，管理控制的具体目标是保证企业的各项经营管理活动不会偏离企业战略，两者的具体目标都是为企业的最终目标服务。

2. 管理会计和管理控制的对象相同

管理会计和管理控制的对象都是企业内部的经营管理活动。具体而言，管理会计是对企业内部的经营管理活动进行反映，通过确认、记录、计量和报告，如实刻画经营管理产生的历史信息，积极获取经营管理的相关信息，合理预测经营管理的未来信息，保证管理会计信息的价值相关性；与之相比，管理控制是对企业内部的经营管理展开的控制，目标是保障企业的经营管理不会背离企业的发展战略，最终实现企业战略。因此，管理会计和管理控制是围绕同一对象开展的不同活动。

3. 管理会计和管理控制的方法互为补充

虽然管理会计的本质是一个信息系统，管理控制本质是一个控制系统，两者在企业内部存在各自的轨道，使用不同的工具和方法，但由于两者的最终目标一致，并且两者的管理对象相同，因此两者的工具方法往往互为补充。以平衡计分卡为例，平衡计分卡作为一种全方位的管理会计工具，为企业提供财务、客户、内部运营以及学习和成长等不同维度的信息，有效地对企业内部的财务信息和非财务信息，定性信息和定量信息进行整合，更好地提高管理会计信息的决策相关性，体现了平衡计分卡的管理会计职能；同时，平衡计分卡也是一种有效的业绩考核工具，避免了单一考核指标的缺陷，能够更好地激励各级管理者采取有助于企业长期价值最大化的行为活动，体现了平衡计分卡的管理控制职能。

(二) 管理会计是管理控制的信息来源

1. 管理会计对管理控制的信息支撑作用

管理会计对管理控制的信息支撑作用在不同层次主要体现在以下方面：第一，在高层次的管理控制层面，企业主要通过公司治理结构的设计，实施权责配置、制衡、激励约束等活动，以促进管理人员履行职责。高层管理控制系统的核心是战略，战略实施过程监控要求利用平衡计分卡、战略仪表盘等工具将关键绩效指标报告董事会，使董事会清楚管理层在做什么，而相关指标的计量与报告是管理会计的职责；同时，管理会计也提供业绩评价时必需的财务与非财务标准体系，以使得业绩评价有科学的依据；另外，企业在进行高管激励时，应合理评价管理者的任务完成情况，支付管理者薪酬，在这过程中需要的相关信息，主要由管理会计提供。第二，在中层次的管理控制层面，为了保证公司战略与业务单位战略的一致性，企业以组织结构和业务流程为基础，将企业整体的业绩指标体系逐层向下分解，在建立全面的绩效评价与管理系统的过程中，企业需要管理会计提供相关信息的支持，特别是关于业绩评价标准和业绩报告相关的信息；另外，一些企业在利用预算进行管理控制时，预算标准的制定、预算业绩评价与激励等过程均要利用管理会计生产的信息。第三，在基层的管理控制层面，企业主要关注具体的业务，比如通过建立成本中心进行成本管理控制，相应地，企业需要建立基层考核指标体系与业绩报告体系，这也是管理会计的职责所在，并充分利用标准成本、作业成本等方法。

2. 管理会计报告是管理会计信息的主要载体

管理会计的信息系统本质也决定了管理会计报告在管理会计系统中的核心地位。而目前的管理会计忽视了管理会计报告的核心地位，因此，当前管理会计不是简单改进问题，而是变革创新问题，关键是建立管理会计报告体系。管理会计报告体系的建立离不开管理会计目标，特别是管理会计的相关性。从企业内部经营管理需求看会计相关性，就是要为企业经营决策和管理控制提供信息，特别是会计信息。这为管理会计报告体系与内容创新指明了方向。根据企业的经营决策的四个层次，应以相应的四种经营责任中心为依托，建立以资本经营报告、资产经营报告、商品经营报告和生产经营报告四大报告系统为基本框架的管理会计报告体系。同时，管理会计报告体系应满足管理控制程序的要求，紧密结合组织战略目标和管理控制标准，重点根据不同责任中心的具体情况提供管理控制所需要的关键信息报告，同时，为经营业绩评价和激励提供信息支持。

（三）管理控制是管理会计的信息归宿

1. 管理控制对管理会计的导向作用

管理会计信息的核心特征是决策有用性，也就是说不能为了提供管理会计信息而提供管理会计信息，要注意管理会计信息在企业经营决策中的嵌入性作用，要先明确信息需求是什么，然后才能够有效地提供信息。在管理会计的职能中本书提到，管理会计一是为企业的经营决策提供信息，二是为企业的管理控制提供信息，这也是管理会计信息所面向的两个方面。具体到为企业的管理控制提供信息，这可以从企业的管理控制程序出发，分析管理控制对管理会计的导向作用。管理控制程序首先需要对战略进行分解，在这个过程中，历史信息、行业信息十分重要，这需要管理会计系统来提供；随后的管理控制程序是选择合理的管理控制标准，选择哪几种指标？每种指标的数值多少为宜？脱离管理会计信息，这一程序也很难步入实质；之后的管理控制报告和经营业绩评价更是管理会计信息比较集中的部分，这两个程序主要工作都是由管理会计系统来完成，管理控制只负责最后的决策。

2. 管理会计报告服务于管理控制

管理控制的有效运行离不开信息，尤其是管理会计信息的支持。管理会计报告作为管理会计信息的核心载体，其决策相关性和有用性也主要体现在为企业的管理控制服务。从管理会计报告的形式上来讲，管理会计报告要与企业的管理控制程序契合，根据企业的管理控制程序，形成面向管理控制的管理会计报告体系，保证每一个管理控制程序都存在对应的管理会计报告，实现对管理控制的全方位支持。从管理会计报告的内容上来讲，管理会计报告是经过会计的方法，对企业的管理控制过程进行确认、计量、记录、报告，最终将各类财务信息和非财务信息、定性信息和定量信息融入到管理会计报告之中，从而进一步服务于企业管理控制。

第二节 基于管理控制的管理会计完善与发展

一、管理控制对管理会计的影响框架

（一）管理控制对管理会计影响逻辑

管理会计系统是企业内部主要的信息系统，管理控制系统是企业内部主要的控制系统，两个系统存在各自的体系框架。管理会计系统包括了管理会计环境、管理会计组织、管理会计工具以及管理会计报告，管理控制系统包括了管理控制要素、管理控制程序以及管理控制模式。前一节提到，为了提高管理会计信息的决策有用性，管理会计信息要以企业经营决策和管理控制的信息需求为标的，为了提高企业管理控制的效果，管理控制系统要充分利用管理会计信息，发挥管理会计在企业管理控制中的作用，可见，两个系统之间存在着天然的联系。具体来讲，企业的管理会计应用环境和管理控制要素两者本质上都是在阐述企业的管理环境，只是在不同系统里的划分方式和名称不同，因此，管理控制系统对管理会计系统的影响主要体现在管理控制程序对管理会计工具选择和管理会计报告的影响、管理控制模式对管理会计组织设计的影响。

（二）管理控制程序与管理会计工具

管理控制程序包括了战略目标分解、控制标准制定、控制分析报告、经营业绩评价和管理者报酬五个程序，每个程序都离不开信息的支持。更重要的是，管理控制程序对信息的需求也比较多元化，既包括历史信息和行业信息，也包括对未来的预测信息，既包括可以进行货币计量的价值量信息，也包括各种非财务信息。而管理控制本身是一个控制系统，很难要求一个控制系统自身去搜集处理这些信息，因此在不同的管理控制程序中，引入合适的管理会计工具和管理会计报告就十分必要。管理控制程序对管理会计工具选择的影响放在本节的第二部分进行介绍，考虑到管理会计报告体系比较复杂，并且管理会计报告体系更是一个相对比较创新的概念，因此本章第三节采用一整节对管理会计报告体系进行介绍。

（三）管理控制模式与管理会计组织

从概念上讲，管理控制模式是管理控制在架构上的设计，管理会计组织是管理

会计的物理结构，因此管理控制模式和管理会计组织存在着先天的联系；从内容上讲，管理控制模式涉及企业责任中心的划分、职能部门的权限设计以及不同组织机构之间的权责协调，而管理会计组织是根据管理会计信息的需求密集度，在企业的组织结构体系中设置合理的管理会计组织，从这个角度讲，管理控制模式设计过程中必然会覆盖到管理会计组织。因此，本节的第三部分分别阐述了预算控制模式、评价控制模式和激励控制模式下企业的管理会计组织设计①。

二、管理控制程序对管理会计工具选择的作用

(一) 战略目标分解对管理会计工具选择的影响

1. 战略目标分解对管理会计信息的需求

战略目标分解是管理控制的第一个程序，是将企业的整体发展战略转化为企业各层级管理控制目标的重要步骤。在战略目标分解过程中，必须明确战略制定与战略规划，战略规划与战略计划，战略计划与控制标准制定的关系，才能够明确管理会计在战略目标分解过程中的作用，进而引入合适的管理会计工具以支撑企业的战略目标分解。

具体而言，战略目标分解是企业发展战略和企业管理控制系统之间的重要枢纽，承接了企业的战略层和控制层。在战略目标分解之前需要明确战略目标分解和战略制定之间的关系，战略制定过程实际上也是企业战略选择的过程。企业战略描述了企业长期发展过程中的发展愿景，是企业在战略层的主要决策。战略目标分解是在企业战略确定后，如何对企业战略进行分解，将这种发展愿景具体分解为企业在不同时点、不同维度上具体可执行的指标，以保证企业战略目标得以实现，因此战略目标分解属于企业的控制层。战略目标分解首先是确定企业的战略规划，战略规划是一个长期的战略计划，它决定组织将采取的方案和这一方案在接下来的一些年度内所需分配的资源数量。其次，在战略规划确定的基础上，企业进而形成具体的战略计划，战略计划是为实现组织长远战略规划在短期内（通常一年）所应采取的资源配置方案。最后，为了确保战略计划中的短期目标能够顺利实现，确定企业在业务、财务、管理和创新等不同维度的目标，这同时也是管理控制第二个程序控制标准制定的起点。

从战略目标分解的过程可以看出，战略目标分解对管理会计信息的需求比较分散，也比较宏观，这对管理会计系统提出了较高的信息要求，管理会计不仅仅需要对企业当前的发展情况、市场状况、财务状况、管理基础有一个很好的记录，还需要对企业未来面临的机遇和挑战进行合理的预测，提供面向未来的信息，以保证企

---

① 管理控制模式包括制度控制模式、预算控制模式、评价控制模式和激励控制模式，其中，制度控制模式是最基础的管理控制模式，对组织结构的要求也最低，因此，本书从预算控制模式开始探讨管理控制模式下的管理会计组织设计。

业战略目标分解的科学性、准确性和可行性。

2. 战略目标分解过程中的主要管理会计工具

为了保证管理会计信息能够有效支撑企业的战略目标分解，需要引入有效的管理会计工具，以保证管理会计工作的针对性以及管理会计信息的全面性和系统性，这方面比较有代表性的管理会计工具是战略地图。

战略地图（Strategy Map）由罗伯特·卡普兰和戴维·诺顿提出，通过战略地图的绘制，自上而下描述企业的发展愿景、战略规划、战略计划以及具体目标。战略地图可以让员工清楚地看到他们的工作与组织的总体目标有何联系，并能使他们在工作中协调合作，朝着公司既定的控制目标前进。

战略地图的构建过程主要包括以下几个方面：第一，在财务层面，确定股东价值差距，确定目标值和价值差距，将价值差距分配到增长和生产率目标上；第二，在客户层面，调整客户价值主张，阐明目标细分客户，使客户目标和财务增长目标协调；第三，确定价值提升表，确定实现成果的时间表，划定战略实施的总时间；第四，在内部流程层面，确定战略主题，寻找并确定关键流程，设定指标和目标值，使关键内部流程与实现财务与客户目标的目标值保持一致；第五，在学习和成长层面，提升战略准备度，分析评估企业现有无形资产对战略支持程度，提升支撑关键流程的能力；第六，确定战略行动方案并安排预算，确定并形成支持流程和开发无形资产的具体行动方案，阐明并保障预算需求。

（二）控制标准制定对管理会计工具选择的影响

1. 控制标准制定对管理会计信息的需求

战略目标分解程序将企业的发展战略通过战略规划、战略计划自上而下进行分解，明确了为了实现发展战略，企业在不同层次所需要达到的目标。为了保证这些具体目标的实现以及对战略完成情况进行评价，需要对具体目标进行定性和定量的分解，形成具体的控制标准。在这一过程中，控制标准的定量分析需要大量的历史信息、行业信息以及对未来信息的预测作支撑，这些信息的收集和处理需要引入有效的管理会计工具。

控制标准制定的过程是基于企业战略目标分解之后的具体目标，结合企业各组成部分的实际情况，制定合理的控制标准。首先，以具体目标为导向，确定影响企业各组成部分具体目标的重要变量，比如在企业的市场目标中，市场占有率是一个主要的控制变量，这一步骤是战略目标分解的定性分解过程；其次，在确定重要变量的基础上，要对重要变量进行风险变量的识别与分析，以有效控制相关的经营风险和财务风险；最后，企业应对重要变量进行分解，确定每个控制变量的控制标准，这一标准可以是历史标准、行业标准或者预算标准，在控制变量和控制标准都确定的情况下，形成合理的控制标准制定体系。

控制标准制定过程是管理控制五个程序中对管理会计信息需求量比较大的一个

程序，因为控制标准制定不仅仅需要业务、财务、管理、创新等财务和非财务信息，还需要历史信息、行业信息、预测信息等不同时间维度的信息，这一过程对信息的需求可以说是面向过去、面向现在、面向未来，因此这一过程特别需要一个体系完善的管理会计工具来整合所有的管理会计信息，提高管理控制决策的有效性。

2. 控制标准制定过程中的主要管理会计工具

为了保证控制标准制定的完整性，企业需要有效的管理会计工具对财务信息和非财务信息进行整合，这方面比较有代表性的管理会计工具有全面预算和平衡计分卡。

（1）全面预算。管理控制必须按照管理者（控制者）的意图进行，这个控制意图从总体上说是组织目标或者控制目标，从具体上看是控制标准。全面预算（Comprehensive Budget）以实现企业的目标利润（是企业的奋斗目标，根据目标利润制定作业指标）为目的，以销售预算为起点，进而对生产、成本、现金收支等进行预测，反映企业未来期间的财务状况和经营成果。由此可见，全面预算是以达到企业的控制目标为目的，制定的一系列具体的控制标准。因此，全面预算是控制标准制定程序的主要管理会计工具之一。全面预算管理作为对现代企业成熟与发展起过重大推动作用的管理系统，是企业内部管理控制的一种主要方法。全面预算管理是企业在战略目标的指导下，对未来的经营活动和相应的财务结果进行充分、全面的预测和筹划，并通过对执行过程的监控，将实际完成情况与预算目标不断对照和分析，从而及时指导经营活动的改善和调整，以帮助管理者更加有效地管理企业和最大限度地实现战略目标。

全面预算按涉及的业务活动领域分为财务预算与非财务预算，主要用来规划计划期内企业的全部经济活动及其相关的财务结果。全面预算主要包括经营预算和财务预算，其中经营预算主要包括开发预算、销售预算等；财务预算主要包括投资预算、资金预算、预计利润表、预计资产负债表等。全面预算的特点主要体现在"三全"：全方位、全过程、全员参与编制与实施的预算管理模式。全方位：全部经济活动均纳入预算体系；全过程：各项经济活动的事前、事中、事后均要纳入预算管理过程；全员参与：各部门、各单位、各岗位、各级人员共同参与预算编制和实施。

（2）平衡计分卡。平衡计分卡（The Balanced Score Card）中的目标和评估指标来源于组织战略，它把组织的使命和战略转化为有形的目标和衡量指标。从平衡计分卡的产生来看，平衡计分卡是从不同维度对企业的经营管理进行评价，因此平衡计分卡往往作为一种绩效评价管理会计工具。但在管理控制程序中，控制标准制定和经营业绩评价是相互对应的，经营业绩评价的指标也必然是企业的控制标准，从这个角度讲，平衡计分卡的指标体系是与控制标准制定程序相对应的管理会计工具。

通常平衡计分卡的内容由四类指标组成：第一是财务类指标，这类指标要评价企业为取得财务成功，为股东做了些什么，并衡量战略的实施和执行是否为最终经营成果的改善作出贡献；第二是顾客类指标，这类指标评价企业或组织为达到愿景，为顾客做了些什么，管理者们确认了组织将要参与竞争的客户和市场部分，并将目标转换成一组指标，如市场份额、客户留住率、客户获得率、顾客满意度、顾客获利水平等；第三是内部营运类指标，这类指标评价管理者为了股东和顾客，运筹企业流程的状况；第四是学习与成长类指标，这类指标评价为实现企业或组织愿景及战略，企业或组织的革新与提高情况，组织为了实现长期的业绩而必须进行的对未来的投资，包括对雇员的能力、组织的信息系统等方面的衡量。

（三）经营业绩评价对管理会计工具选择的影响

1. 经营业绩评价对管理会计信息的需求

经营业绩评价实际上也是控制业绩的评价，如果对控制成效缺少评价必然影响控制者的积极性。应当注意，一个组织的业绩与组织中管理者或控制者的业绩可能是不同的。管理控制中的经营业绩评价更侧重于对管理者或控制者业绩的评价。

在经营业绩评价的过程中，一方面，需要根据管理控制标准和管理控制报告确立整体的评价原则，一般而言，经营业绩评价要坚持组织业绩评价与管理者业绩评价相结合、经营成果指标评价与驱动因素指标评价相结合、组织内部评价与组织外部评价相结合以及财务指标评价与非财务指标评价相结合的原则。另一方面，在经营业绩评价中，管理会计相关指标是评价子公司财务活动和内部经营过程两大部分内容的重要指标，在对子公司基于企业经营、社会责任、制度建设、重点工作等主要方面进行经营业绩评价时，涉及的具体指标体现了对管理会计的单一指标评价法在业绩评价中的应用。

从经营业绩评价的过程来看，经营业绩评价会更多地直接使用管理会计信息，而经营业绩评价的不同维度也要求管理会计信息能够从不同方面提供经营业绩评价所需要的信息，为了能够满足经营业绩评价的需要，往往需要借助不同的管理会计工具对企业的经营业绩信息进行处理分析。

2. 经营业绩评价过程中的主要管理会计工具

在经营业绩评价的过程中，一般要综合考虑单一核心指标和综合指标体系。其中，单一核心指标是采用一个最综合的指标评价经营业绩，代表性的管理会计工具有经济增加值；指标体系评价是指运用一系列指标从不同角度或侧面评价经营业绩，代表性的管理会计工具有平衡计分卡。

（1）经济增加值。经济增加值（Economic Value Added，EVA）是由美国学者 Stewart 提出，它的计算公式是：

EVA = 税后营业净利润 − 资本成本

其中，税后营业净利润 = 营业利润 − 所得税

资本成本 = 投资资本 × 加权平均资本成本

通过计算公式可以看出，经济增加值是企业投资资本收益超过加权平均资本成

本部分的价值，或者企业未来现金流量以加权平均资本成本率折现后的现值大于零的部分。作为一种面向企业业绩评价的管理会计工具，经济增加值将传统的会计核算数据和企业的价值管理要求相结合，充分体现管理会计信息应具备的价值相关性，这具体体现在以下三个方面。

第一，经济增加值综合考虑了资本投入与产出效益，不仅仅考虑了债务融资成本，还要考虑股东投入资本所要求的最低报酬率，综合考虑资本成本，有利于管理者考虑企业融资结构，控制财务风险；第二，经济增加值的税后净营业利润是对净利润进行调整，把一些扭曲的财务数据还原成真实的财务业绩，克服了传统指标以会计报表为基础信息失真的缺陷。有助于企业实施科学的价值管理，促进资源合理配置和提高资本使用效率；第三，经济增加值较为充分地体现了企业创造价值的先进管理理念，管理者可以通过对 EVA 驱动杠杆的分析和调节，有效地制定经营战略和企业的财务管理方案，有利于促进企业致力于为自身和社会创造价值财富。

(2) 平衡计分卡。在第二部分提到了平衡计分卡在控制标准制定中的作用，因为控制标准制定程序和经营业绩评价程序如同预算的编制与执行，是同一个事物在不同阶段的表现，因此本部分重点强调平衡计分卡在业绩评价中的作用。目前，平衡计分卡是企业经营业绩评价方面比较新颖和全面的理论和方法，运用平衡计分卡进行经营业绩评价，有助于企业提升管理水平。平衡计分卡的核心思想就是通过财务、客户、内部流程、学习与发展四个方面的指标之间相互驱动的因果关系展现组织的战略轨迹，实现绩效考核——绩效改进以及战略实施——战略修正的战略目标过程。

平衡计分卡通过财务层面、客户层面、内部经营流程层面、学习与成长层面四个方面进行设计，对企业的经营业绩达到财务评价与非财务评价的平衡；外部评价与内部评价的平衡；成果评价与动因（过程）评价的平衡；定量评价与定性评价的平衡；短期评价与长期评价的平衡。在这五项平衡的基础上，完成企业的绩效考核与战略实施。

平衡计分卡对企业经营业绩的考核评价，既包括财务指标，也包括非财务指标（客户、内部流程、学习与成长）的考核，并且对非财务指标的考核不局限于定性说明，也包含量化的考核，具有系统性和全面性。平衡计分卡是一套战略执行的管理系统，将企业的长期目标与短期目标相平衡，以有效完成战略为动因，以可衡量的指标为目标管理的结果，寻求结果性指标与动因性指标之间的平衡。平衡计分卡中，股东与客户为外部群体，员工与内部业务流程是内部群体，平衡计分卡发挥在有效执行战略的过程中保持内外部评价之间的平衡。

(四) 管理者报酬对管理会计工具选择的影响

1. 管理者报酬对管理会计信息的需求

管理控制的主体是管理者，为了保证管理控制程序能够有效落实，需要将企业管理控制的结果与对管理者的激励紧密结合，实现管理者的个人利益和企业的整体利益一致。管理者激励程序主要是根据企业经营业绩评价的结果，结合企业过去管理者报酬的激励效果，确定当期及未来一段时期管理者报酬的水平和构成。

管理者报酬的构成主要有工资、福利和激励三部分。工资往往根据管理者的学历、经历、以前的业绩和职位等确定；福利往往是根据企业或组织整体业绩状况及管理者的职位确定；激励往往是根据管理者当期对企业或组织的贡献大小确定。激励可分为精神激励与物质激励两方面，其中，精神激励包括在职消费，晋升激励，授予激励（授权、荣誉称号）等；物质激励包括短期物质激励（如奖金、年薪制）和长期物质激励（如股票期权等）。

管理者激励程序对管理会计信息的需求相对比较复杂，虽然在工资和福利方面所需的信息往往是历史信息，但在激励方面所需要的信息一般要涵盖历史信息、行业信息以及预测信息，尤其是在股票期权逐渐被企业接受的情况下，围绕股票期权所展开的一系列决策都需要管理会计信息的支持，这对管理会计系统是一个不小的考验。

2. 管理者报酬程序涉及的管理会计工具

在管理者激励过程中，激励管理报告能够提供与管理者激励相关的管理会计信息。

激励管理报告根据企业管理者激励计划的执行结果编制，反映管理者激励计划实施情况和实施效果，激励管理报告一般包括激励执行情况和后续建议两个部分。激励执行情况部分主要包括激励对象、激励依据、激励措施、激励执行结果等，这一部分的核心是如何反映激励执行效果，一般根据被激励对象在激励计划执行前后或者变动前后的表现进行分析，在扣除非可控因素之后，确定激励计划的真实效果。后续建议是在激励执行效果的基础上，结合同行业公司、相关行业公司以及主要竞争对手的情况为企业未来的激励计划提供建设性意见。

三、管理控制模式对管理会计组织设置的影响

（一）管理会计组织的内涵与地位

1. 管理会计组织的内涵

《管理会计基本指引》第九条对管理会计组织进行了如下描述"单位应根据组织架构特点，建立健全能够满足管理会计活动所需的由财务、业务等相关人员组成的管理会计组织体系。有条件的单位可以设置管理会计机构，组织开展管理会计工作"。从《基本指引》对管理会计组织的描述，很难给管理会计组织直接下一个明确的定义。但可以看出，管理会计组织首先应该是一个正式的社会组织，而且从事着复杂的社会活动并起着一些十分特殊的作用；其次，管理会计组织设置的目标是"通过运用管理会计工具方法，参与单位规划、决策、控制、评价活动并为之提供有用信息，推动单位实现战略规划。"最后，企业如果没有管理会计组织，就不可

能进行系统化、科学化的管理会计活动，管理会计实践也就难以有效开展。没有这样一个中介组织，就很难将高层管理者的主要经营目标和各部门的目标有效地传达到各个分散的经营管理人员中。同理，没有这样一个组织，企业上层管理人员也就很难确切地理解各种成本差异信息以及其他基层的重要管理会计信息，这样企业的经营管理决策也就很难建立在科学数量分析的基础上。一个有效的管理会计组织总是千方百计地为企业的发展提供相关可靠的管理会计信息。管理会计组织作为一个信息系统和决策支持系统而言，其功能是减少企业决策的不确定性，增加确定性。在某种意义上，管理会计的应用还会改变一个企业组织结构的本质。

2. 管理会计组织的地位

管理会计组织的建立是为了方便组织开展管理会计活动，提高管理会计活动的效率和效果，而管理会计活动的目标是为组织进行规划、决策、控制、评价活动提供有用信息，推动组织战略目标的实现。因此，管理会计组织既是企业组织结构中的重要组成部分，也是企业内部重要的信息枢纽，帮助企业以最低成本实现最高收益。并通过会计核算，对企业的整个经营过程进行分析、控制和监督，是企业管理中最重要的环节和重点之一[①]。

3. 管理会计组织的设置原则

（1）战略导向原则。不同企业具有不同的发展战略，不同的发展战略会直接影响到企业组织结构的塑造，因此企业在设计和建立管理会计组织的过程中，应以企业的战略为指导。比如，实行低成本竞争战略的企业，更为重视企业的成本管理、库存管理的有效性，需要的信息也主要是企业成本管理的信息；实行差异化竞争战略的企业对市场反应和竞争者反应更为敏感，管理会计组织提供的信息应重点放在企业的市场层面。

（2）成本效益原则。管理会计信息的供给与需求应该保持平衡，成本和效益应该相适应。会计信息供给花费的成本和由此而产生的效益之间要保持适当的比例，保证会计信息供给所花费的代价不能超过由此而获得的效益，否则应降低会计信息供给的成本。

（3）融合性原则。管理会计组织应嵌入单位相关领域、层次、环节，以业务流程为基础，利用管理会计工具方法，将财务和业务等有机融合。

（4）适应性原则。管理会计组织的设置应与企业的管理环境，特别是与管理控制模式相适应，在不同的管理控制模式下，管理会计组织也要相应作出改变。

（5）权力制衡原则。管理会计组织是管理会计信息的生产者，除了要保证管理会计信息的有效性和及时性，还需要保证管理会计信息的可靠性和公允性，这就要求管理会计组织的设置应与企业内部的其他组织，如内部控制组织、内部审计组织

---

① 王棣华. 管理会计组织化问题探讨 [J]. 国际商务财会，1996 (6): 16 – 18.

有效分离，实现有效制衡以保障管理会计信息质量。

(二) 预算控制模式下管理会计组织设置

1. 预算管理控制模式的主要特征

预算管理控制模式是指通过预算计划的形式规范组织的目标和经济行为的过程，从而调整与修正管理行为与目标偏差，保证各级目标、策略、政策和规划的实现。预算控制系统强调过程控制，注重及时纠偏。对于集团公司来说，预算控制系统就是母公司通过预算计划对子公司的日常经营运作进行直接管理，使管理者及员工明确自身量化目标，并能在经营过程中及时发现行为偏差对目标的影响，从而可随时纠正偏差，保证目标任务的完成。预算控制系统适用于管理控制权较为集中的组织结构，便于实现过程管控。预算控制系统要求企业具备良好的制度控制基础，以保障预算标准的贯彻与执行。

2. 预算控制下管理会计组织的主要职能

预算管理控制的核心是将企业主要的经营问题和管理问题纳入到企业的预算当中，预算是贯穿企业经营和管理的主线，管理会计组织的设置也要围绕企业的预算展开。具体而言，管理会计组织要承担起为预算的编制、预算的执行以及预算的反馈提供信息的职能。在预算编制过程中，管理会计组织要能够提供以往预算执行情况的分析报告以及当期所需要的一切定性和定量信息；在预算执行过程中，管理会计组织需要对各预算责任单位的预算执行情况进行及时的确认、记录、计量和报告，实现对预算执行的过程监督；在预算反馈过程中，管理会计组织要将预算实际情况与预算标准进行比对，明确各预算责任单位的预算完成情况，并对预算实际情况和预算标准之间的差异进行分析，明确预算责任单位的可控部分和不可控部分，最终形成预算反馈报告。

3. 预算控制模式中的核心管理会计组织

在预算控制模式下，预算的编制、预算的执行以及预算的反馈往往分布在企业的不同层级、不同的责任中心，因此需要设置不同的管理会计组织对预算全过程进行记录和报告，涉及的主要管理会计组织包括了预算管理委员会、预算编制委员会以及预算控制中心①。

(1) 预算管理委员会。在预算控制模式下，预算管理委员会是企业各项预算的最终负责机构，在董事会的授权下处理和决定预算管理的重大事宜。预算管理委员会主要负责企业各个机构、各个分部预算的统筹，因此掌握着企业所有的预算信息。预算管理委员需要对所有的预算信息进行整合，形成相应的管理会计报告，及时将企业预算信息向董事会反馈，保证企业的预算和公司的整体发展战略相吻合，和公

---

① 本部分所介绍的部分管理会计组织和第八章所介绍的部分管理控制组织名称一致，这是因为在理论研究上，管理会计和管理控制存在明确的界线，但在企业的实践中，同一个组织往往兼具多项职能。因此，本部分对这些组织的介绍也侧重其信息职能。

司的短期目标和中长期目标协调。

（2）预算编制委员会。预算编制委员会负责组织企业预算的编制、预算监控和考评、预算协调和预算信息反馈工作，审核各预算责任单位预算偏差分析及预算纠偏措施报告，汇总编制预算偏差分析报告并提交预算管理委员会。预算编制委员会大部分成员由企业内部各职能部门的领导担任。

（3）预算控制中心。预算控制中心设置在企业各个责任中心和各级分支机构之中，专门负责对各责任中心的预算执行情况进行分析、控制，在保证预算有效执行的同时，及时将相关可靠的预算信息逐级向上反馈。需要说明的是，预算责任中心是根据各环节、各单位在预算总目标实现过程中的作用和职责分层设置的，任何一个预算责任中心既具有管理的职能，同时又具有执行的职能。由于两者的分层依据不同，同一单位或人员在不同组织中可能具有不同的层级，亦即其在整个预算体系中具有双重甚至多重身份。

（三）评价控制模式下管理会计组织设置

1. 评价管理控制模式的特征

评价控制系统是指组织通过评价的方式规范组织中各级管理者及员工的经济目标和经济行为。评价控制系统注重目标控制或结果控制，强调结果而不是过程，只要各责任中心的子目标实现，则组织的战略目标将得以实现。对于集团公司来说，采用评价控制系统模式意味着集团公司很少干预子公司的具体日常活动，而是通过目标的制定、展开、实施、评价和考核对企业的生产经营活动进行管理，一切管理控制活动都是围绕目标进行，以目标为行动方针，以目标完成程度评价管理效果，目标贯穿于整个管理活动的始终。评价控制系统适用于分权的组织结构，便于实现目标管控。评价控制系统要求企业具备良好的预算控制基础，拥有制定和执行预算的能力以保障评价目标的实现。

2. 评价控制下管理会计组织的主要职能

评价管理控制模式是建立在预算管理控制模式的基础之上，与预算管理控制模式相比，评价管理控制模式下企业进一步放权，各责任中心的自主权显著提高。在评价控制模式下，管理控制的核心是如何科学合理地对企业各组成部分的经营管理效果进行评价，用评价去指导管理者的行为，为了适应评价控制模式，管理会计组织需要为评价体系的合理设计提供必要的财务和非财务信息，同时管理会计组织还要保证评价信息的真实准确。

3. 评价控制模式中的核心管理会计组织

（1）业绩评价委员会。业绩评价委员会是评价控制模式下企业所有业绩评价的主管单位，全面负责内部业绩评价的指导、组织、协调与审核工作。业绩评价委员会要根据董事会、薪酬委员会等部门不同的业绩信息需求，提供被评价对象的各类业绩信息，并对业绩评价信息的可靠性负责。

(2) 业绩评价办公室。业绩评价办公室具体负责业绩指标的制定和落实、业绩评价信息的汇总和审核。具体而言，业绩评价办公室要根据业绩评价委员会的要求，运用各种统计和会计方法，建立综合评价指标体系，对企业的财务信息和业务信息进行定量分析与定性分析，从而对企业各组成部分的盈利能力、管理水平、资产质量、债务风险以及成长能力等进行综合评价。

(3) 评价执行机构。评价执行机构是业绩评价的实际执行单位，需要根据企业组织结构的设置以及责任中心的划分，在不同的单位中设置相应评价执行机构，收集处理各类评价信息并及时向上汇报。评价执行机构要做到对管理者的经营绩效和管理绩效及时反馈，为各级管理者的晋升、降职、调职和离职提供依据，必要时可以协同审计部门对业绩评价信息的真实性进行内部审计。

(四) 激励控制模式下管理会计组织设置

1. 激励管理控制模式的特征

激励控制系统是指组织通过激励的方式控制管理者的行为，使管理者的行为与企业目标（或所有者目标）相协调。激励控制系统强调利益控制，注重企业价值的提升，管理者可根据变化的环境及时调整目标和战略，保证企业价值最大化目标的实现。对于集团公司来说，采用激励控制系统模式意味着集团公司对下属子公司的具体经营运作管理基本不加干涉，也不会对下属公司的战略发展方向进行限定，集团主要关注激励目标的实现情况，根据激励目标的实现效果对高层管理者进行奖惩。激励控制系统适用于分权程度较高的组织结构，便于实现利益管控。激励控制系统要求具备良好的评价控制基础，企业有能力设计合理的业绩评价体系，拥有完善的业绩考评系统和考核办法以对激励计划实施动态管理。

2. 激励控制下管理会计组织的主要职能

激励控制模式是在企业预算控制模式和评价控制模式都日臻完善之后的一种管理控制模式，更是一种理想化的管理控制模式。激励控制模式实现了企业的绝对放权，企业与子公司之间的关系是一种纯粹的资本关系，因此合理的产权设计以及有效的激励方式是激励控制模式的主要特点。在激励控制模式下，管理会计组织的主要职能是为企业激励方案的设计提供信息，对激励方案的激励效果进行有效评估，保证企业激励方案的有效性。

3. 激励管理控制模式中的核心管理会计组织

在激励控制模式下，企业的管理会计组织主要包括了薪酬与考核委员会以及激励方案的具体制定机构。

(1) 薪酬与考核委员会。薪酬与考核委员会是董事会的常设专门委员会，在激励控制模式下，薪酬与考核委员会主要负责评估管理者的绩效，制定和监督管理者薪酬计划，制定员工退休金、利润分享等收益计划，对公司员工薪酬计划提出意见，披露和解释管理者薪酬状况。

(2) 激励方案执行与监督机构

激励执行与监督机构主要负责对激励方案的执行过程进行记录，保证各种激励方案的有效落实，同时对激励方案的具体执行效果进行评估，在此基础上形成不同激励方案的反馈意见，以不断改善激励方案的激励效果。

第三节 基于管理控制的管理会计报告体系

管理会计的本质是一个信息系统，管理会计报告体系是管理会计信息的核心载体和表现形式，管理会计报告体系的发展程度直接反映了管理会计体系建设的完善程度。在第一节，本书介绍了管理会计报告体系建设在我国管理会计理论体系建设和管理会计信息系统建设中的重要地位，同时指出管理会计报告体系建设的紧迫性。在第二节，本书从管理控制程序与管理会计工具、管理会计模式与管理会计组织的关系出发，分析了管理控制发展是如何带动管理会计的发展。在本节，本书进一步探索如何借鉴管理控制体系来完善管理会计报告体系，从逻辑上来讲，本节内容和第二节内容同属于管理控制对管理会计的影响范畴，但考虑到管理会计报告体系地位重要、结构复杂，因此本节以独立的一节来展开基于管理控制的管理会计报告体系。

一、基于管理控制的管理会计报告体系框架

企业在不同的环境中，管理控制的侧重点也各有不同，这为企业选择与执行管理控制活动增加了难度。假定控制环境一定，则管理控制系统的程序通常称为正规的控制程序。如果将管理控制作为一个开放的系统，即假定控制环境不同与不断变化，则管理控制系统的程序通常称为非正规控制程序。正规的管理控制程序与非正规的控制程序是不同的。虽然管理控制环境不断变化，但企业在执行管理控制程序过程中需要正规的控制程序。企业在各自所处的管理控制环境中会选择不同的管理控制模式，强调特定的管理控制标准，突出重要管理控制要素。但企业在管理控制过程中，管理控制程序却相对比较稳定。这也是本部分构建基于管理控制的管理会计报告体系的基本前提。

基于管理控制的管理会计报告应满足管理控制三个维度所需的信息，遵循以下原则：①系统性：该报告应依据管理控制程序形成相互联系与影响的报告体系，满足控制中心在履行管理控制职责过程中所需的控制与决策信息；②相关性：该报告应融合基于资本经营的管理会计报告信息，为控制中心管理控制决策提供相关的控制与决策信息；③一致性：该报告为提供的信息与企业管理控制目标与战略目标相一致，保证管理控制目标执行的有效性，进而有效完成企业战略目标；④权变性：

企业面临的管理控制环境瞬息万变,控制中心需要根据管理控制环境选择与责任中心的价值创造情况及时调整管理控制侧重点,进而影响此报告体系。

基于管理控制的管理会计报告体系为控制中心执行管理控制程序提供了有效与全面的报告体系,保证了控制中心具有持续的价值创造能力。本部分基于管理控制程序,在不同的管理控制系统模式下,针对控制中心的职能与决策需求,构建了基于管理控制的管理会计报告体系,具体如图9-1所示:

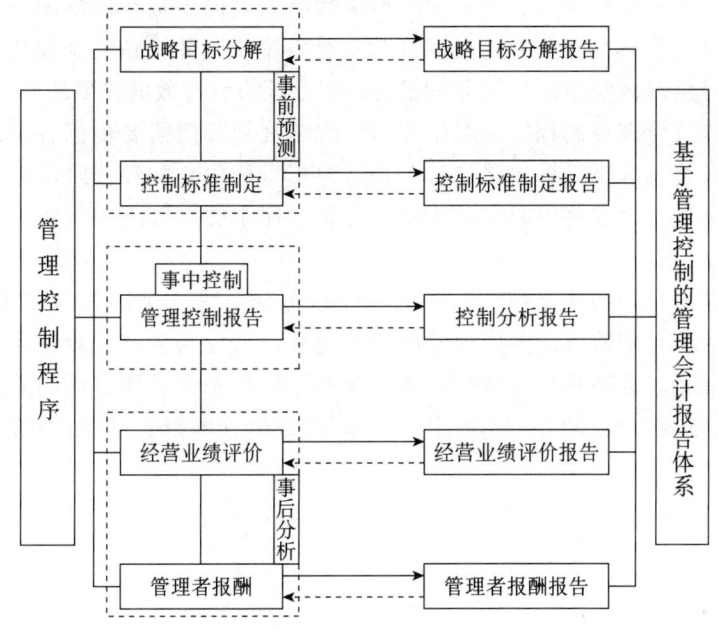

图9-1 基于管理控制的管理会计报告体系①

如图9-1所示,企业控制中心应在履行管理控制职能,执行管理控制程序过程中,制定相应的基于管理控制的管理会计报告体系。企业制定该体系应立足于管理控制程序,满足管理控制全程中多元化的信息需求,并把管理控制的基本要素嵌入其中,包括战略目标分解报告、控制标准制定报告、控制分析报告、经营业绩评价报告与管理者报酬报告。在此过程中企业控制中心应重点结合责任中心的经营活动,为责任中心提升价值创造能力的效率、效果与可持续性提供有效的决策信息。

二、战略目标分解报告

战略目标分解是管理控制的开端与基础,直接关系管理控制目标的有效性,进而影响企业战略执行情况。战略目标分解报告的目标是为战略规划部门在执行此程

---

① 张先治,柳志南. 基于管理控制的管理会计报告体系构建 [J]. 会计之友,2016 (19):7-12.

序履行管理控制职责时提供决策信息。

首先，战略目标分解报告要紧密结合企业战略目标。随着企业面临的管理控制环境日益复杂化与市场竞争的白炽化，战略目标界定了企业的发展方向，决定了企业经营活动的领域。随着企业管理控制环境不确定性的增加，战略竞争逐渐成为一切商业竞争的核心；而企业完成战略目标的关键是企业能否处理好各责任中心对整体战略目标的分解。在充满不确定性与激烈竞争的管理控制环境中，企业不但形成了大型企业集团的组织结构，并且逐步形成战略联盟的虚拟竞争集团。企业的竞争优势源于明确的战略以及不断提高的日常运行效率。因此，贴近企业战略目标，并根据战略执行情况调整战略目标分解报告是保证该报告有效的必要原则。

其次，作为管理控制程序的起始环节，战略规划部门需要根据各层级责任中心的管理控制环境将战略目标逐层分解。并且根据责任中心的经营阶段有针对性地设置报告内容。这也为控制中心在后续管理控制程序中履行管理控制职责提供了全面与准确的决策信息。

最后，战略目标的全面性。企业的战略目标分解是一个动态与多维度的过程。企业在战略目标分解阶段需要处理好内容与过程、适应与创造、短期与长期以及竞争与合作的关系。战略目标分解报告体系既充分反映企业总体目标与具体的执行目标，又要提供影响企业战略目标的因素，战略目标分解报告的主要内容如图9-2所示。

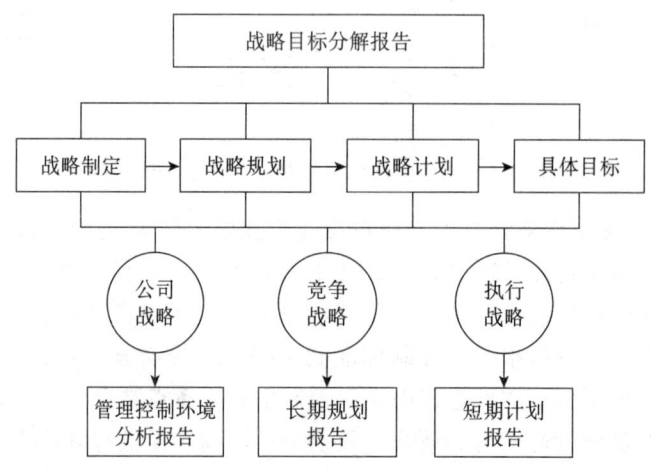

图9-2 战略目标分解报告

如图9-2所示，企业战略规划部门应根据战略制定、战略规划与战略计划制定具体的战略目标，形成针对资本经营中心、资产经营中心、商品经营中心与产品经营中心的具体战略目标与计划，为选择控制标准、管理控制执行与经营业绩评价提供准确的执行指引。战略分解报告应包括对管理控制环境的分析形成针对企业整体的企业发展战略报告以及针对各责任中心的长期规划报告与短期报告。在战略目标分解过程中，企业不同层级的责任中心针对本中心的具体目标需要与上级责任中心相互沟通，最终确定明确的战略目标分解指标。

企业战略分解报告总体反映企业的战略目标，包括战略目标分解程序与战略目标分解内容两方面。企业战略分解报告应根据企业管理控制环境反映企业所选择的总体战略目标，并且通过战略目标分解程序反映企业不同层级的责任中心战略目标，具体如图9-3所示。企业战略目标分解报告应根据战略分解程序，形成指导责任中心的具体战略目标指引，即包括企业总体战略、竞争战略与执行战略三个方面，进而形成战略目标分解内容，即企业发展战略报告、长期规划报告和短期计划报告。

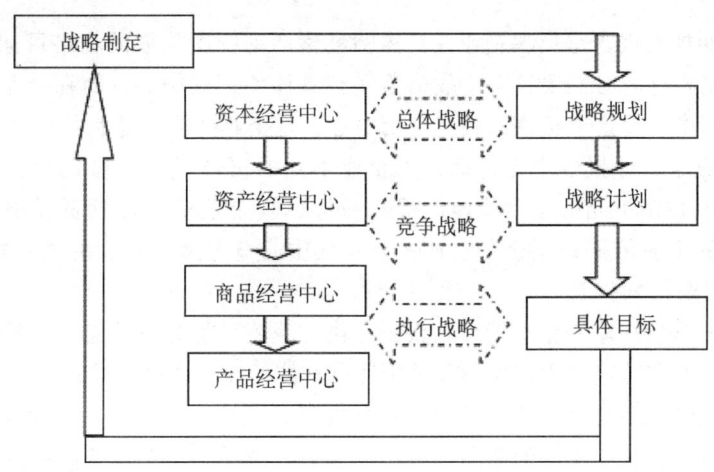

图9-3 战略目标分解报告过程与内容图

（一）企业发展战略报告

根据企业的总体战略形成企业的发展战略报告，企业发展战略报告是企业在分析外部控制环境并结合本企业的现实情况得到的。企业控制中心在分析外部管理控制环境时应包含以下方面：①企业所处的特定历史环境与阶段的分析；②宏观经济环境分析，如政治因素、经济因素、社会因素与技术因素等要素；③企业所处行业及竞争情况分析；④企业外部管理控制环境的权变及所处战略群落的情况。内部管理控制环境是企业执行战略目标的基础，对此分析主要内容包括：①企业愿景与使命；②企业资源分析；③企业能力分析；④企业内部价值链分析。

企业总体战略目标体现了企业的目标，反映了企业的经营领域与资源配置，是企业各个产业相互支持与协调的重要指引，具体分为发展战略、稳定战略与收缩战略。企业发展战略报告反映企业的总体战略目标情况，企业的战略目标需要通过经营活动来实现。企业的总体战略目标主要针对企业的资本经营中心的资本经营活动来实现。企业发展战略报告应反映总体战略的内容，具体包括：①企业的资本经营责任中心情况；②企业资本经营责任中心在不同的经营阶段的总体战略目标；③企业资本经营责任中心的总体战略目标制定的主要依据及相关的风险；④企业资本经营责任中心总体战略目标的主要执行措施。

(二) 长期规划报告

企业的长期规划报告是根据企业的竞争战略制定。企业竞争战略是实现企业总体战略目标的关键，是企业完成战略目标的具体方向与经营措施。竞争战略主要包括差异化、成本领先与集中化战略。在复杂的管理控制环境中，企业不能仅仅选择一劳永逸的竞争战略来完成总体战略目标。企业不仅在动态与战略联盟的思想指引下考虑竞争战略，更需要结合管理控制环境对战略目标进行分解，制定完善的竞争战略报告。

企业长期规划报告是反映企业在具体的经营活动中所采取的战略目标。控制中心细化总体战略目标时必然要将竞争战略落实到具体的责任中心，而在企业责任中心层级，资产经营中心是产业板块的具体负责中心，是企业完成战略目标的直接载体。提供企业竞争战略目标报告主要包括：①企业不同的资产经营中心情况；②企业各资产经营责任中心在不同的经营阶段的战略目标；③企业资产经营责任中心的竞争战略目标制定的主要依据；④企业资产经营责任中心竞争战略目标的主要执行措施。

(三) 短期计划报告

企业根据执行战略制定短期计划报告，执行战略目标是完成竞争战略目标的进一步措施，是企业在特定的管理控制环境中通过具体的经营活动完成其总体战略的根基。企业的执行战略更多与企业商品经营中心与生产经营中心相联系。企业执行战略目标报告主要包括：①企业不同的商品与生产经营中心情况；②企业各商品经营与生产经营责任中心在不同的经营阶段的战略目标；③企业商品经营与生产经营责任中心的竞争战略目标制定的主要依据；④企业商品经营与生产经营责任中心战略目标的主要执行措施。企业短期计划报告是反映企业在具体经营活动中所采取战略的短期执行情况，是将企业的发展战略具体到每个责任中心的短期执行情况。

企业发展战略报告是企业不同经营责任中心战略选择的重要依据也是企业制定战略与构建管理控制系统的依据，主要运用SWOT分析、PEST分析、五力模型与价值链等分析方法，并结合战略地图理论对企业管理控制环境进行整体梳理与分析。长期规划报告与短期计划报告是企业在管理控制环境分析基础上，结合企业的治理层与管理层的决策，制定企业总体战略、竞争战略与执行战略的重要分析报告。在企业战略执行过程中，处理好长期与短期的关系以保证长期竞争优势，对企业发展至关重要。短期计划更注重企业动态竞争方面，即更注重利润或者价值创造，而长期规划则注重企业能否保持持续竞争优势地位，保证企业完成战略目标进而完成愿景与使命。

三、控制标准制定报告

无法有效地衡量就无法有效地管理。控制标准直接关系企业能否有效地实现管理控制目标。控制标准不仅仅涉及责任中心对战略目标分解的有效性而影响实现价值创造能力,也会影响控制中心进行管理控制执行、业绩评价与激励程序。因此,企业若保证管理控制系统的有效性就必须通过控制标准程序制定有效的控制标准制定报告体系。

完善的控制标准应完成对责任中心有效的管理控制,并满足控制中心在执行管理控制程序中履行职责的需求。控制标准制定报告在控制与评价责任中心经营活动方面应在战略规划部门实施战略目标分解过程,针对不同层级的责任中心制定完善的控制标准以反映责任中心的价值创造能力。此控制标准应从资本经营中心、资产经营中心、商品经营中心与生产经营中心的财务方面与非财务方面控制与评价价值创造能力。而控制标准制定报告在控制中心履行职责方面则需要根据不同的管理控制程序所需的信息形成完善的控制标准。

因此,控制中心在制定控制标准制定报告过程中需要遵循以下原则:①可行性:控制标准应满足被评价主体的实际经营与管理控制能力;②多元化:控制标准应从价值创造、风险管理控制与可持续发展维度体现被评价主体的实际情况;③系统性:控制标准应与战略目标及具体目标相一致,并为经营业绩评价提供准确的指标与评价标准。控制标准制定报告的内容具体如图9-4所示。

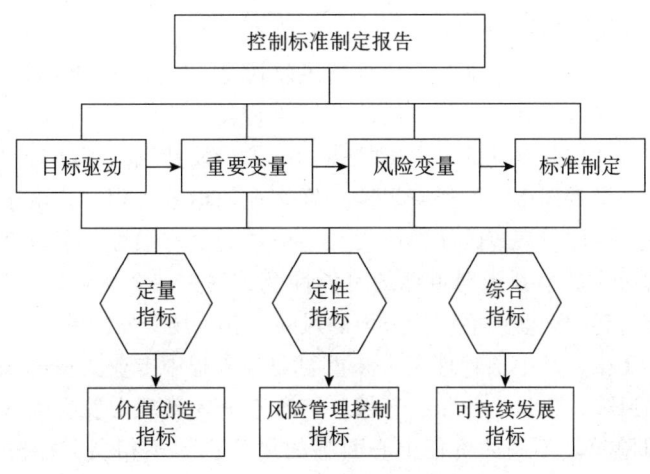

图9-4 控制标准制定报告

如图9-4所示,控制标准制定报告是企业战略控制部门履行管理控制职责的必然要求,即通过目标驱动、选择重要变量、确定风险变量与标准制定,根据责任中心的管理控制环境与其他控制中心的职责需求从价值创造、风险管理控制与可持续发展的角度选取定量指标、定性指标及综合指标,并制定相关评价标准的报告体系。

(一) 价值创造指标报告

价值创造指标报告反映企业根据定量的价值创造指标制定的相关评价标准的报

告。该报告应在企业战略目标的引导下,围绕各层级责任中心,融合控制中心对管理控制信息的需求制定管理控制的定量价值创造指标报告。该报告应为责任中心在管理控制活动中履行管理控制职责所需信息提供定量的决策信息,以有助于业绩评价,能够有效地评价是控制标准体系有效运行的基础。为了保证核心指标的可计量与时效性,应选取直接与价值创造相关的财务指标,如资本经营中心选取净资产收益率为核心指标,资产经营中心选取总资产报酬率为核心指标,商品经营中心选取销售利润率为核心指标,产品经营中心选取产值成本率为核心指标,如图 9-5 所示。

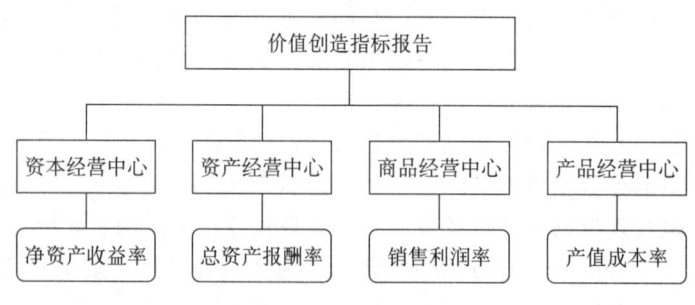

图 9-5 价值创造指标报告

(二) 风险管控指标报告

风险管控指标报告反映企业根据定性的风险管控指标制定的相关评价标准的报告。该报告应在企业战略目标的引导下,围绕各层级责任中心,融合控制中心对管理控制信息的需求制定管理控制定性的风险管控指标报告。设计风险管理控制指标与评价标准,该标准能够衡量责任中心的经营风险。在企业的运营过程中,由于外部环境的复杂性和变动性以及主体对环境的认知能力和适应能力的有限性,可能会导致企业运营的失败或者运营活动达不到预期目标的可能性及其损失。企业的经营风险主要包括,新产品研发可能引起的企业产品结构方面的风险;新市场开发的风险;企业组织效能、管理现状、企业文化、高中层管理人员和重要业务流程中专业人员的知识结构、专业经验可能引发的风险;质量、安全、环保、信息安全等管理中发生失误的风险;内外部人员的道德风险等。不同的责任中心面临的风险也大不相同,根据各责任中心风险制定相应的风险管控指标,衡量企业管理控制的执行效果。如图 9-6 所示,资本经营中心主要面临投融资风险,资产经营中心面临资产保值增值风险,商品经营中心面临商品销售风险,产品经营中心面临产品生产风险,继而制定相应指标。

(三) 可持续发展指标报告

可持续发展指标报告反映企业根据综合的可持续发展指标制定的相关评价标准的报告。该报告应从责任中心的具体战略目标出发,根据责任中心的管理控制环境形成系统的标准体系,为责任中心在管理控制活动中履行管理控制职责所需的信息提供有效的决策与控制信息。可持续发展指标与评价标准:企业应选取与责任中心

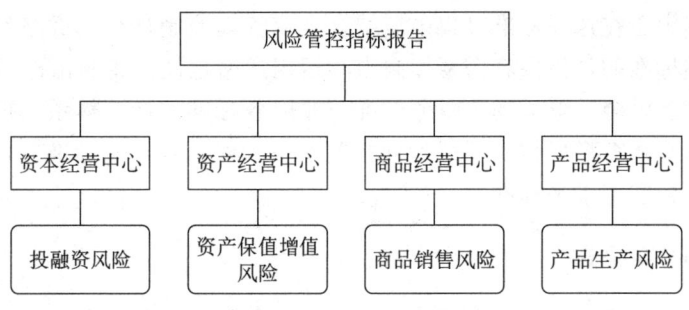

图9-6 风险管控指标报告

经营活动、市场竞争、技术指标等与发展潜力相关的指标。可持续发展报告的制定也需要结合企业各责任中心可持续发展目标的不同制定相应的综合评价指标,为责任中心在管理控制活动中履行管理控制职责所需信息提供有效的决策与控制信息。如图9-7所示,企业应根据各责任中心的可持续发展目标制定相应的可持续发展报告,衡量企业的管理控制执行效果,如企业的资本经营中心应扩大融资渠道、降低融资成本、寻找良好的投资机会;资产经营中心应确保资产的保值增值;商品经营中心应扩大商品销售渠道、保证商品流通顺畅;产品经营中心应降低产品成本、加快产品流通速度、提升产品周转率。

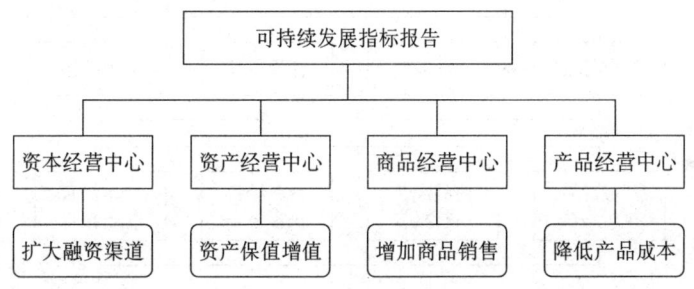

图9-7 可持续发展报告

在复杂的管理控制环境下,外部的变化不断被内部化到企业内部。企业的管理控制标准的有效性面临重要的挑战,标准体系如何提高企业的经营效率而非增加企业的管理成本也是标准制定过程中的重要因素。

完善的标准控制体系需要适应企业不同发展阶段与不同责任中心的经营活动。管理控制标准报告应包括以下方面:①管理控制环境对标准选择的影响分析,特别是不同的经营责任中心的划分及变更与其标准选择的情况;②标准选择所突出的目标,即标准是为了衡量价值创造能力、风险管理与控制情况还是可持续发展能力的说明情况;③标准制定的水平,即标准的水平是基于经验标准、历史标准、行业标准还是预算标准;④KPI指标,即反映企业各责任中心在不同发展阶段所面临的重点管理控制指标。

企业控制中心在选择标准过程中需结合企业管理控制环境与战略目标两方面情况。管理控制标准的具体内容需要控制中心运用战略地图理论将战略目标与责任中心经营活动相互融合，形成涵盖财务标准与非财务标准的标准体系。控制中心在制定标准体系水平还需形成切实可行管理控制水平，即结合经验标准、行业标准、历史水平和预算标准等水平标准。

四、控制分析报告

控制分析报告是反映企业管理控制执行效率与效果的报告；既是管理控制报告体系中心环节，也是连接基于管理控制的管理会计报告体系与基于资本经营的管理会计报告体系的核心纽带。一方面，基于管理控制的管理会计报告需要基于资本经营的管理会计报告衡量与报告价值创造能力与成果的信息；另一方面，基于管理控制的管理会计报告通过为控制中心提供必要的管理控制信息进而保证企业责任中心能够具有持续价值创造能力。控制分析报告应根据战略目标分解与标准制定情况，结合企业管理控制的特点，即企业所选择的管理控制模式与管理控制要素建立完善的控制分析报告，具体如图9-8所示：

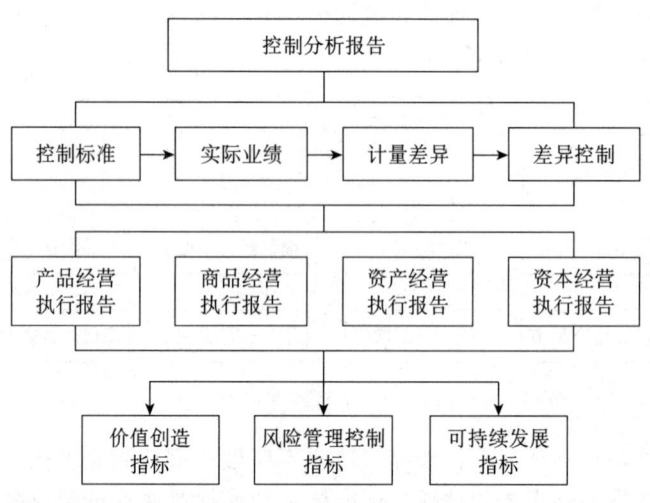

图9-8　控制分析报告

如图9-8所示，企业控制中心编制控制分析报告涉及三个层面与两方面内容，即通过分析企业各责任中心经营活动过程与成果获得各责任中心战略目标执行效率与效果的管理控制信息。

首先，管理控制执行程序是编制控制分析报告的基础。企业控制中心应通过对战略目标分解制定各责任中心的控制标准，以此从基于资本经营的管理会计报告体系所反馈的价值创造效果与效率衡量企业的管理控制执行效果。其次，控制分析报告应以各责任中心的经营活动过程与结果为主要内容，即大部分数据需要来源基于资本经营活动的管理会计报告体系。最后，控制分析报告要根据管理控制标准的内容做出分类，即体现各责任中心价值创造能力、风险管理控制与可持续发展指标以便提供与管理控制相关的决策信息。

控制分析报告实际是衡量与报告各责任中心的价值创造能力，即与基于资本经营的管理会计报告密不可分。控制分析报告主要依据企业基于资本经营的管理会计报告的数据，通过对各责任中心的战略目标与管理控制标准提供管理控制的有效决策信息，即承载着极具相关性的管理会计信息。

（一）价值创造情况报告

价值创造情况报告反映各责任中心的价值创造的效果与效率情况。

表 9-1　　　　　　　　　　XX公司价值创造情况报告

编制单位：XX控制中心　　　　20XX年12月31日　　　　　　　　　　单位：元

项目				控制标准	执行情况	差异计量	差异程度	差异分析	备注
XX资本经营中心	XX资产经营中心	XX商品经营中心	核心指标1						
			核心指标2						
			关键指标1						
			关键指标2……						
			核心指标						
			关键指标1						
			关键指标2……						
			核心指标						
			关键指标1						
			关键指标2……						
			核心指标						
		XX产品经营中心	价值创造指标1						
			价值创造指标2……						
…	…	…	…						

（二）风险管控情况报告

风险管控情况报告对企业各责任中心的风险管控指标执行效率和效果的情况进行评价和报告，以反映各责任中心的风险管控情况。见表9-2。

（三）可持续发展情况报告

可持续发展情况报告对企业各责任中心的可持续发展指标执行效率和效果的情况进行评价和报告，以反映各责任中心的可持续创造能力的管理控制标准及执行情况。见表9-3。

表9-2　　　　　　　　　　　XX公司风险管控情况报告

编制单位：XX控制中心　　　20XX年12月31日　　　　　　　　　　　　　　单位：元

项目				控制标准	执行情况	差异计量	差异程度	差异分析	备注
XX资本经营中心	XX资产经营中心	XX商品经营中心	核心指标1						
			核心指标2						
			关键指标1						
			关键指标2……						
			核心指标						
			关键指标1						
			关键指标2……						
		XX产品经营中心	核心指标						
			关键指标1						
			关键指标2……						
			核心指标						
			风险管控指标1						
			风险管控指标2……						
…	…	…	…						

表9-3　　　　　　　　　　　XX公司可持续发展情况报告

编制单位：XX控制中心　　　20XX年12月31日　　　　　　　　　　　　　　单位：元

项目				控制标准	执行情况	差异计量	差异程度	差异分析	备注
XX资本经营中心	XX资产经营中心	XX商品经营中心	核心指标1						
			核心指标2						
			关键指标1						
			关键指标2……						
			核心指标						
			关键指标1						
			关键指标2……						
		XX产品经营中心	核心指标						
			关键指标1						
			关键指标2……						
			核心指标						
			可持续发展指标1						
			可持续发展指标2……						
…	…	…	…						

五、经营业绩评价报告

经营业绩评价既是管理控制程序中的重要环节，又是对企业管理控制执行评价之后的必然要求。经营业绩评价实际上也是管理控制业绩的评价,是责任中心经营活动与各控制中心履行管理控制职责的重要依据,关系到企业战略目标与管理控制目标执行效果与是否需要调整的关键活动。因此,为满足业绩评价部门的需求,经营业绩评价报告要遵循与企业的生产经营活动相匹配,经营业绩评价结果与价值驱动因素及责任中心具体目标一致,财务因素与非财务因素相结合的原则,充分反映企业的价值创造能力与管理控制效果。

企业业绩评价经历了生产效率评价、财务绩效评价、部门职能评价、整体绩效测量和战略性绩效评价几个阶段。在巨大的竞争压力下,尤其是在全球化竞争压力下,战略性业绩评价更多关注战略目标,同时考虑了管理控制环境和战略选择问题,并系统地考察了企业绩效。因此,战略性业绩评价更注重企业业绩的提高,这也是本部分构建经营业绩评价的主要思路。

业绩评价部门应根据管理控制标准制定与管理控制执行活动,并结合各层级的基于资本经营的管理会计报告,通过经营业绩评价活动,根据各责任中心的价值创造能力、风险管控成果与可持续发展能力的情况制定业绩评价报告与差异分析报告,进行分析差异,确定影响因素,提供战略执行信息。经营业绩评价报告的主要内容如图9-9所示。

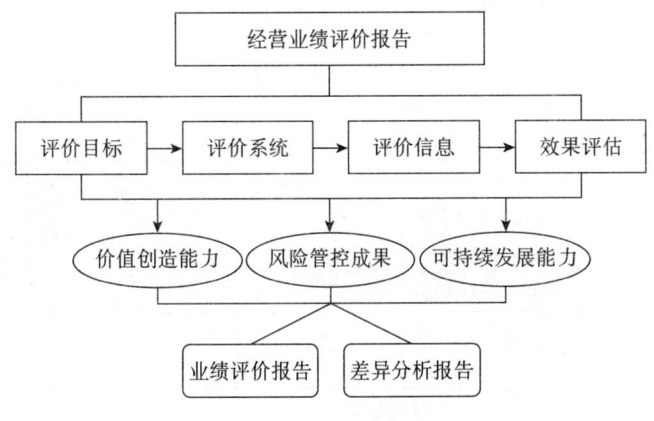

图9-9 经营业绩评价报告

如图9-9所示,业绩评价部门履行业绩评价职责需要完善的经营业绩报告。业绩评价部门遵循业绩评价原则,根据不同责任中心的核心评价标准与其他标准,通过制定评价目标,建立评价系统,获取评价信息与效果评估程序,依据形成完善的战略性业绩评价为主要内容的经营业绩评价报告。该报告应处理好企业业绩与责任中心战略及业绩、经营成果与驱动因素和财务评价与非财务评价的管理,形成完善的业绩评价标准,即依据各层级责任中心,形成以单一指标评价、关键指标与战略性业绩评价指标为主要内容的业绩评价体系。

(一)业绩评价报告

企业经营业绩评价报告应将企业责任中心作为具体的评价单元,并形成完善的评价体系。企业经营业绩评价是企业进行自我监管、自我约束的重要手段,并已经成为企业战略执行至关重要的环节。经营业绩评价报告应根据企业责任中心形成以平衡计分卡原理等理论为指引的绩效棱镜指标标准,记录各责任中心各项指标的完成情况及相关的标准,进行业绩评价,为业绩评价部门完成管理控制职责提供重要的依据。该报告需要在控制中心执行经营业绩评价活动中提供如下信息:①资本经营中心:以净资产收益率与 EVA 两项指标为核心指标,包括核心指标以及对核心指标具有驱动作用的关键指标的控制标准值和实际执行情况;②资产经营中心:以总资产报酬率为核心指标,包括总资产报酬率以及对总资产报酬率具有驱动作用的关键指标的控制标准值和实际执行情况;③商品经营中心:以经营利润率为核心指标,包括经营利润率以及对经营利润率具有驱动作用的关键指标的控制标准值和实际执行情况;④产品经营中心:以产值成本率为核心指标,包括产值成本率以及对产值成本率具有驱动作用的关键指标的控制标准值和实际执行情况。业绩评价报告主报告具体如表 9-4 所示。

表 9-4　　　　　　　　　XX 公司经营业绩评价报告

编制单位:XX 控制中心　　　　20XX 年 12 月 31 日　　　　　　　　　　单位:元

项目名称				控制标准	执行情况	业绩评价	备注
XX 资本经营中心			核心指标 1				
			核心指标 2				
			关键指标 1				
			关键指标 2……				
			利益相关者指标……				
			业务流程指标……				
			组织能力指标……				
	XX 资产经营中心		核心指标				
			关键指标……				
		XX 商品经营中心	核心指标				
			关键指标 1……				
			XX 产品经营中心	价值创造指标 1				
				价值创造指标 2……				
				风险管理控制指标 1				
				风险管理控制指标 2				
				可持续发展指标 1				
				可持续发展指标 2				
				标准其他指标 1				
				……				
……	……	……	……	……			

(二) 差异分析报告

差异分析报告作为经营业绩评价报告的补充，应为控制中心的管理控制情况进行差异分析，以控制标准与实施情况的差异分析为主要内容，旨在找到两者的差异，为下一步的管理控制指明方向。

业绩部门在实施业绩评价活动应以各自的核心指标为基础，设置围绕此指标驱动因素的标准体系。但经营业绩评价报告对各责任中心的核心价值创造能力、风险管控的效果以及可持续发展能力的指标评价不够充分，因此需要通过差异分析报告针对各责任中心指标的评价结果及差异原因做出进一步分析。差异分析报告具体包括：①各责任中心的核心指标、关键指标等指标的结果及因素分解：各责任中心应根据指标的影响因素进行分解，分析与评价指标的标准之间的差异；②分解因素变动的原因：责任中心需要找出细分因素对指标差异的影响值，并确定对应的影响因素；③各责任中心指标对本中心战略目标的执行情况：通过对指标的评价与细分评价，业绩评价部门应确定责任中心的战略执行情况。

六、管理者报酬报告

管理控制的主体是管理者。管理者的控制动机必然与其自身利益相关。对管理者的激励调动他们工作的积极性，激发他们工作的主动性与创造性，能够改善效果，提高效率。激励是管理控制过程的终点，但激励通过影响管理者及其他员工的积极性进而影响控制活动的有效性。

管理者报酬报告的首要任务就是满足企业人事管理部门或薪酬管理委员会制定与评价管理者薪酬政策与绩效的需要。管理者报酬报告应满足一定的原则，具体包括：①内容充实：企业制定薪酬政策既要包含精神激励又需要物质激励，该报告也应该充分体现企业薪酬激励的内容；②体现激励的效果：该报告应根据业绩评价与薪酬政策实施情况反映薪酬激励是否达到管理控制目标，如短期经营效果是否符合企业管理控制要求，未来期间企业经营能否有助于实现战略目标；③体现薪酬制定与实施程序：该报告应基于控制中心实施激励活动构建相关内容与结构，即满足控制中心履行职责所需的信息。

此外，管理者报酬报告应体现对各层级责任中心的考核。不同层级的责任中心的控制标准与战略目标存在较大差异。因此管理者报酬报告应针对此情况，针对不同层级的责任中心的经营业绩评价报告设置相关的报告内容。

管理控制的效果只有与管理者的报酬相衔接才能够保证管理控制的长期有效运行。管理者报酬报告的主要内容与构建原理如图9-10所示。

表 9-5　　　　　　　　　　　XX 公司差异分析报告

编制单位：XX 控制中心　　　　　20XX 年 12 月 31 日　　　　　　　　　　　　单位：元

项目				控制标准	执行情况	差异分析	流程重塑	战略权变影响程度	备注
XX资本经营中心	XX资产经营中心	XX商品经营中心	核心指标1						
			核心指标2						
			关键指标1						
			关键指标2……						
			利益相关者指标……						
			业务流程指标……						
			组织能力指标……						
			核心指标						
			关键指标……						
		XX产品经营中心	核心指标						
			关键指标1……						
			价值创造指标1						
			价值创造指标2……						
			风险管理控制指标1						
			风险管理控制指标2						
			可持续发展指标1						
			可持续发展指标2						
			标准其他指标1						
			标准其他指标2……						
……	……	……	……	…… ……					
				…… ……					

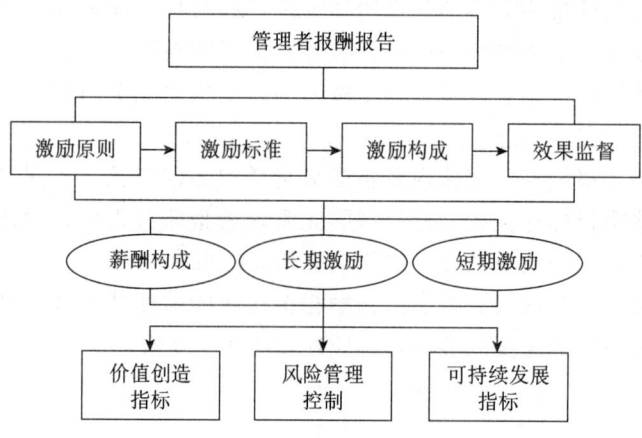

图 9-10　管理者报酬报告

管理者报酬报告应在一定的薪酬制定程序下，形成以精神激励与物质激励为内容，长期激励与短期激励相平衡的激励体系，并突出企业管理者在价值创造、风险管理控制与可持续发展标准方面的激励效果。从管理薪酬制定过程角度出发，可以分为五个方面：①激励主体，指实施薪酬激励的主体；②激励客体，指薪酬方案中受益的主体；③薪酬指标，指薪酬实施主体期望激励客体的行为所实现的成果；④薪酬实施因素，能够对被激励者的行为产生刺激作用的因素；⑤激励环境，指激励过程所处的环境因素。管理者薪酬激励报告主要内容包含固定部分、福利、奖金与股权激励措施。从管理控制效果的角度，管理者报酬报告应根据企业不同的责任中心层级设定不同的薪酬体系，以此激励企业不同层级的管理者。针对不同企业激励内容不同，但对薪酬制定的过程却存在较大的共性。因此，本部分将通过此程序所涉的五个方面以及薪酬政策的实施情况与效果构建管理者报酬报告以满足人事部门或者薪酬委员会所需的管理控制决策信息。

管理者报酬报告体系应根据各责任中心与控制中心的管理者的薪酬政策全面反映管理者薪酬激励内容与效果。管理者报酬报告体现管理者薪酬政策制定的影响因素与评价效果情况。管理者报酬报告主要包括薪酬政策报告、薪酬指标考核报告、薪酬发放报告与薪酬激励效果报告。

（一）薪酬政策报告

薪酬政策报告记录人事部门或薪酬委员会制定的最终薪酬政策。该报告主要包括：①激励主体：即主要实施激励措施的主体，如企业集团中是集团总部还是集团分、子公司或是企业部门实施激励活动；②激励客体：主要指被激励的对象，如管理者来自资本经营中心、资产经营中心、商品经营中心还是产品经营中心；③薪酬指标：主要指激励政策中实施激励政策的标准，一方面薪酬指标与激励主体与激励客体相关，另一方面激励指标需要与激励环境相适应；④薪酬实施因素：主要指能够对被激励者的行为产生刺激作用的因素，这些因素的改善会被激励者的工作满意度；⑤激励环境：主要指激励客体对薪酬指标的主观反映情况及完成情况。

（二）薪酬指标考核报告

薪酬指标考核报告是管理者报酬报告附注的重要内容。薪酬指标既包括财务指标又包括非财务指标。薪酬指标源于战略管理部门的控制标准，又需要考虑企业所面临的管理控制环境。因此，薪酬指标关系到整个薪酬政策实施的效果。而薪酬指标的考核则需要人事部门或薪酬委员会通过业绩评价部门执行经营业绩评价程序获得主要数据来判断考核结果。

（三）薪酬发放报告

薪酬发放报告是反映企业薪酬发放情况的报告。完善的薪酬报告应包括物质激励与精神激励，而物质激励包括长期激励与短期激励。长期激励主要包括股票激励、股票期权激励、管理层收购等方式。短期激励包括年薪、奖金与功效挂钩激励等。

精神激励主要指对管理者个人的声誉激励。薪酬发放报告应依据薪酬政策与薪酬指标考核情况，详细记录薪酬发放情况。例如记录管理者经营业绩与所获得奖励情况，长期激励中如股票期权的行权条件与行权数量等内容。

(四) 薪酬激励效果报告

薪酬激励的目标是促使激励客体完成相关的激励指标，这也是激励的直接目标。企业针对不同的激励环境，制定内容多样的激励政策。激励客体受到激励后，会对工作产生影响。因此，通过记录激励之后的效果，有助于人事部门或薪酬委员会根据管理者既得薪酬与薪酬政策中指标的差异及其分析情况，反映企业经营活动与管理控制潜在的发展潜力与存在的风险。

第十章

管理控制在内部控制中的应用拓展

本章旨在基于中国制度环境，探索管理控制在内部控制中的应用拓展。本章介绍了内部控制的发展历程以及中国企业内部控制的特点，厘清管理控制与内部控制的关系，阐释管理控制对内部控制理论研究与实务应用的促进作用，以期提升上述规范对企业内部控制的指引作用。首先基于内部控制的演变，阐释内部控制的本质，并剖析在中国经济转轨阶段下，《企业内部控制基本规范》及其配套指引存在的不足；其次，论证管理控制与内部控制的关系，探讨管理控制理论方法对中国企业提升其内部控制的影响，创新基于管理控制的内部控制体系；最后，阐释基于管理控制的内部控制具体创新，并借助艾默生公司内部控制案例，考察管理控制程序与模式在企业内部控制中的应用。

第一节 内部控制的演变及本质

剖析内部控制的演变历程，有助于我们认清内部控制的本质。在此基础上，本节基于中国经济转轨阶段的特点，探索中国《企业内部控制基本规范》及其配套指引尚需完善之处，从而为下文探究管理控制与内部控制关系，阐释管理控制在内部控制中的应用拓展以及如何完善中国企业内部控制夯实基础。

一、内部控制的演变[①]

学术研究的基本规律就是总结已有研究的再研究。在不同的历史发展阶段，内部控制的本质必然存在差异。以史为鉴，有助于我们剖析内部控制的过程以及认清内部控制本质，进而考察其现有理论研究与实务应用的不足，为我们探索与完善内部控制的发展打下坚实的基础。内部控制是由内部牵制演变而来的，根据内部控制目标的演变，内部控制的发展可分为内部牵制阶段、内部控制制度阶段、内部控制

---

① 主要参考：(1) 张先治. 内部管理控制论 [M]. 中国财政经济出版社，2004；(2) 吴水澎，陈汉文，邵贤弟. 企业内部控制理论的发展与启示 [J]，会计研究，2000 (5).

结构阶段和内部控制整体框架阶段四个时期。

(一) 内部牵制阶段

内部控制是由内部牵制发展演变而来的。内部牵制思想产生于古埃及的国库管理。在我国，内部牵制制度到西周时期已基本形成，其思想最早见于《周礼》一书。朱熹在评述《周礼·理其财之所出》一文中指出："虑夫掌财用财之吏，渗漏乾后，或者容奸而肆欺……于是一毫财务之出入，数人之耳目通焉。"意为考虑到掌握和使用财务的官吏可能进行贪污盗窃，弄虚作假，因而规定每笔财赋的出入，要经几个人的耳目，达到互相牵制的目的。

最早定义内部控制的是 1936 年在上述基础上修订发布的《独立公共会计师对会计报表的审查》。但根据杨有红主编的《企业内部控制框架——构建与运行》，人们习惯于用内部牵制这一概念。根据《柯氏会计辞典》的解释，内部牵制是指："以提供有效的组织和经营，并防止错误和其他非法业务发生的业务流程设计。其主要特点是以任何个人或部门不能单独控制任何一项或一部分业务权力的方式进行组织上的责任分工，每项业务通过正常发挥其他个人或部门的功能进行交叉检查或交叉控制。设计有效的内部牵制以便使各项业务能完整正确地经过规定的处理程序，而在这规定的处理程序中，内部牵制机能永远是一个不可缺少的组成部分。"

内部牵制思想的产生基于以下两个基本设想：第一，两个或两个以上的人或部门无意识地犯同样错误的机会是很小的；第二，两个或两个以上的人或部门有意识地合伙舞弊的可能性大大低于单独一个人或部门舞弊的可能性。

内部牵制根据牵制职能及内容大致可分为四类：一是实物牵制；二是物理牵制或机械牵制；三是体制牵制或分权牵制；四是簿记牵制或账簿牵制。从会计角度看，内部牵制思想以账目间的相互核对为主要内容并实施岗位分离与适当授权；这在早期被认为是确保所有账目正确无误的一种理想控制方法。

内部牵制思想及机制运行有效地减少了错误和舞弊行为，成为组织机构控制、职务分离控制的基础。因此，在现代内部控制理论中，内部牵制思想在现代内部控制理论及应用中仍占有重要的地位。但是，应当看到，内部牵制只是内部控制的一种方式，无论从牵制目的，还是牵制内容和方法都不能满足和适应人们对内部控制的要求。

(二) 内部控制制度阶段

20 世纪 40 年代末，内部控制取代了内部牵制。1949 年，美国会计师协会（AICPA）的审计程序委员会（CAP，简称"审计程序委员会"）对内部控制作了权威性定义："内部控制包括组织机构的设计和企业内部采取的所有相互协调的方法和措施。这些方法和措施都用于保护企业的财产，检查会计信息的准确性，提高经营效率，推动企业坚持执行既定的管理政策。"内部控制的这一定义界定了内部控制的内容、方法及目标，发展了内部牵制理论与方法，是对内部控制产生与发展的重要贡献，使内部控制概念受到广泛的重视。

1958年10月，审计程序委员会发布的《审计程序公告第29号》对内部控制定义重新进行表述，将内部控制划分为会计控制和管理控制。会计控制包括组织规划所有与财产安全和财物记录可靠性有直接联系的方法和程序。会计控制包括授权与批准制度、从事财务记录和审核与从事经营或财产保管职务分离的控制、财产的实物控制和内部审计。

管理控制包括组织规划所有与经营效率和贯彻管理方针有关方法和程序。这些方法和程序与财务记录有间接关系而不是直接关系，一般包括统计分析、业绩报告、员工培训计划和质量控制等。

20世纪70年代中期，与内部控制有关的活动大部分集中在制度的设计和审计方面，重在改进内部控制制度的方法和提高审计质量的效率与效果。1973年至1976年，对水门事件的调查使得立法机关与行政机关开始注意到内部控制。水门案专案检察官办公室及美国证券交易委员会（SEC）所进行的调查分别显示，过去不少美国大公司进行了违法的国内捐款、可疑或违法的国外支付（包括贿赂外国政府官员）。针对这些调查结果，美国国会于1977年通过了《反国外贿赂法》（FCPA）。FCPA除了具有反贿赂的条款外，还规定了与会计及内部控制有关的条款。

内部控制概念的发展，不仅使内部控制从简单的内部牵制发展为一种内部控制制度，形成比较完整的内部控制定义、内容、目标和方法；而且将内部控制的记录可靠性和经营效率目标分离，提出会计控制和管理控制两个范畴。但是，西方学术界在对会计控制和管理控制进行研究时，逐步发现这两者是不可分割的。因此，在20世纪80年代提出了内部控制结构的概念。

（三）内部控制结构阶段

FCPA通过立法之后，企业都陆续开始设立内部控制。很多职业团体及主管机关也就内部控制的不同层面进行研究，并发布了相关指南。如，美国注册会计师协会（AICPA）所属审计人员责任委员会发布了报告、结论与建议，并颁布了《审计准则公告第30号》（1980）、第43号（1982）、第48号（1984）；财务经理人员协会（FEI）发布了《美国公司内部控制：现状》；SEC拟订强制公司对其内部会计控制提出报告书，即《管理阶层对内部会计控制的报告书》；内部审计人员协会（IIA）发布了内部审计准则公告第1号《控制：观念及责任》等等。

1985年，由AICPA、美国审计总署（AAA）、FEI、IIA及管理会计师协会（IMA）共同赞助成立了全国舞弊性财务报告委员会，即Tread-way委员会，该委员会所探讨的问题之一就是舞弊性财务报告产生的原因，包括内部控制不健全问题。两年之后，Tread-way委员会发布报告，并提出了很多有价值的建议。虽然Tread-way委员会未对内部控制提出结论，但它的报告立刻引起了很多组织的回应。20世纪80年代以后，西方对内部控制研究的重点逐步从一般含义向具体内容深化。1988

年美国注册会计师协会发布《审计准则公告第 55 号》，从 1990 年 1 月起取代 1972 年发布的《审计准则公告第 1 号》。该公告首次以"内部控制结构"代替"内部控制"，指出"企业的内部控制结构包括为提供取得企业特定目标的合理保证而建立的各种政策和程序"；并明确了内部控制结构的内容为控制环境、会计制度和控制程序三个方面。

控制环境反映董事会、管理者、股东和其他人员对内部控制的态度和行为。具体包括：管理哲学和经营作风、组织机构、董事会及审计委员会的职能、人事政策和程序、确定职权和责任的方法、管理者监控和检查工作时所用的控制方法，包括经营计划、预算、预测、利润计划、责任会计和内部审计等内容。

会计制度规定各项经济业务的确认、计量、记录和报告的方法。一个有效的会计制度包括以下内容：鉴定和登记一切合法的经济业务；对各项经济业务适当进行分类，作为编制报表的依据；计量经济业务的价值以使其货币价值能在财务报表中记录；确定经济业务发生的时间，以确保它记录在适当的会计期间；在财务报表中恰当地表述经济业务及有关的揭示内容。

控制程序指管理当局制定的政策和程序，以保证达到一定的目的。它包括经济业务和活动的批准权，明确各员工的职责分工，充分的凭证、账单设置和记录，资产和记录的接触控制，业务的独立审核等。

20 世纪 80 年代末，内部控制逐步得到中国相关学者与监管机构的重视。1999 年新修订的《会计法》是中国首次以法律形式对建立与健全内部控制制度提出原则要求。

内部控制结构是对内部控制制度的进一步发展。第一，正式将控制环境纳入内部控制范畴，使人们认识到控制环境是内部控制的一个组成部分，是充分有效的内部控制体系得以建立和运行的基础及保证。第二，不再区分会计控制与管理控制，而统一以要素或结构表述内部控制。然而，内部控制结构对内部控制要素的认识与表述在风险评估、监督控制方面还存在不足。

（四）内部控制整体框架阶段

进入 20 世纪 80 年代以后，为了防止和揭发舞弊事件，内部控制的研究更加受到重视。1992 年 9 月，美国反虚假财务报告委员会下属的发起人委员会（COSO）公布题为《内部控制——整体架构》的报告。2004 年，COSO 正式颁布了《企业风险管理整合框架》（ERM），提出："内部控制是一种由企业董事会、管理阶层和其他人员执行，由管理阶层设计，为达成有关下列类别目标提供合理保证的过程，目标包括：营业的效果与效率，财务报告可信赖度与相关法令的遵循。"为此，COSO 将风险管理正式作为内部控制的重要内容。

为更好地推动内部控制，提升企业的风险管理和经营效率，COSO 对 ERM 框架大刀阔斧地进行了重新构思和设计，并于 2017 年 9 月正式公布。新框架内容主要包括风险管理和文化，风险、战略和目标设定，执行中的风险，风险信息、沟通和报告，监控 ERM 效果以及风险绩效曲线等部分内容。相对旧框架而言，新框架的主要变化包括：(1) 修订了风险的定义。新框架将风险定义为将会发生并影响战略和业务目标实现的可能性，兼顾了风险正面和负面的影响。这在中国国资委发布 2006 年的《中央企业全面风险管理指引》文件中就有体现。(2) 强调风险与价值的关系。新版框架指出内部控制不再是企业额外的或者是单独的活动，而是融入其战略执行与经营管理的有机部分。(3) 重新定义了风险偏好和风险容量。新版框架保留了风险偏好原来的定义，但更加明确了其度量方式；进而有助于组织在给定绩效目标下计算可以承受的风险边界。

中国第十届人大四次会议提出了《政府工作报告》，指出"要完善公司治理，健全内部控制机制"。2008 年 6 月，财政部等五部委发布了《企业内部控制基本规范》（下称"《基本规范》"），这不仅说明中国企业内部控制规范体系取得了重大突破，更标志着中国的企业管理步入了国际通用已久的控制规范轨道。新修订的《公司法》以及《证券法》也均加强企业内部控制的内容。《基本规范》科学界定了内部控制的内涵，开创地建立了以企业为主体，以政府监督为促进、以中介机构审计为重要组成部分的内部控制实施机制。《基本规范》规定自 2009 年 7 月 1 日起，在上市公司范围内实施，鼓励非上市的其他大中型企业执行。

2011 年 4 月，财政部等五部委联合发布了《企业内部控制配套指引》（下称"配套指引"）。《基本规范》及其配套指引共同构建了中国企业内部控制规范体系，有效填补了有关内部控制建设方面法规制度的空白。配套指引由 21 项配套指引、《企业内部控制评价指引》与《企业内部控制审计指引》组成。其中，配套指引是对企业设计与执行内部控制提供具体的指引，在配套指引乃至暂行的内部控制规范体系中占据主体地位。配套指引分别为内部控制环境类指引、控制活动类指引和控制方式类指引，基本涵盖了企业资金流、实物流、人力流和信息流等各项业务和事项。

基于内部控制的演变可知，随着市场经济的发展，企业内部控制逐步受到广泛的关注。内部控制整体框架在内部控制结构的基础上，取得了进一步的发展。第一，颁布企业内部控制规范的主体发生变化，例如，《基本规范》及其配套指引的颁布主体除了财政部外，还包括审计署等其他四个部委；且进一步重视企业外部利益相关者的诉求，从而拓宽了内部控制目标。第二，内部控制的本质发生了重要转变，即由"合理保证企业特定目标的实现而建立的各种政策和程序"变为"由企业董事会、监事会、经理层和全体员工实施的、旨在实现控制目标的过程"，即由"政策和程序"向"实现控制目标的过程"的转变。然而，内部控制整体框架并未有效弥补内部控制要素的不足，且缺乏对内部控制程序与内部控制模式的探索。

二、内部控制的本质与内容

（一）内部控制的本质

内部控制的本质对内部控制理论研究与实务应用具有重要影响。内部控制发展的多重性与复杂性的特点，造成许多企业组织对内部控制的理解只是停留在现行体系的表层。为此，基于内部控制的演变，阐述内部控制的本质，有助于我们进一步剖析内部控制的深层含义；从而为内部控制的理论研究与实务应用提供理论参考。

1. 内部控制本质一般观点①

内部控制是基于内部牵制思想，逐渐发展起来的内部整体组织的"协调管理"体系。随着现代企业的发展和市场环境的变化，内部控制逐步经历了由内部牵制向内部控制整体框架的发展历程，内部控制的本质也悄然发生着变化。

内部控制本质的正式定义最早出现在内部控制制度阶段。1936年，美国会计师协会在其发布的《注册会计师对财务报表的审查》将内部控制的本质定位于"内部牵制和控制"。AIA（1949）指出内部控制是"协调的方法和措施"。AICPA分于1959年和1963年，将内部控制分为"会计控制"和"管理控制"。1972年12月，AICPA在《审计准则公告第1号》重新表述了"会计控制"和"管理控制"的定义，认为"会计控制是指主要涉及与资产保护和财务记录的可靠性相关的组织计划，以及各种程序和记录。管理控制包括但不限于与管理部门业务授权决策过程相关的组织计划，以及各种程序和记录。"1988年4月AICPA发布《审计准则公告第55号》指出："企业的内部控制结构是指为合理保证企业特定目标的实现而建立的各种政策和程序"。这一定义不再将内部控制分为会计控制和管理控制，而是从整体上提出了内部控制结构的概念。但是，AICPA对内部控制本质的理解并没有发生改变，其核心还是体现在"各种政策和程序"上，这与此前几个定义的思路是一致的。

COSO报告将内部控制的本质定位于一种方法路径，是通过公司构成人员、董事会以及管理者等来实现的一种业务进程，以公司业务的有效性和效率性；财务报告的信赖性；关联法规的遵守为目的。2004年，正式发布的ERM的最终稿框架，进一步引入了风险管理，但并未对内部控制的本质作出实质性变更。

《基本规范》将内部控制的本质视为一种实现控制目标的过程，以提高企业经营管理水平和风险防范能力，从而推进了内部控制本质的发展，即将其定位于实现目标的过程。依据控制目标的层级，内部控制的目标可分为合规性、资产安全、财务报告及相关信息真实完整，经营效率和效果以及战略有效性目标。

2. 内部控制本质评述：由制度控制向过程控制的转变

---

① 周志刚．基于企业管理职能视角下内部控制和公司治理的耦合性研究．技术与管理，2014，09．

随着内部控制由内部牵制向内部控制整体框架演化的过程，内部控制的本质逐步由"各种政策和程序"向控制过程转变。谢志华（2007）认为从语义上说，内部控制就是控制风险，控制风险就是风险管理的过程；所以内部控制和风险管理是控制风险的两种不同语义表达形式。《基本规范》将风险管理作为内部控制的重要内容，提出内部控制是控制过程的本质，进一步深化了ERM。然而，《基本规范》对内部控制内容的规定仍有待完善，进而对中国企业有效实施内部控制的指导能力存在不足。

有鉴于此，《基本规范》结合西方内部控制的理论研究与实务应用，有效推动了内部控制的发展。第一，内部控制的目标逐步多元化，不仅以促进实现公司战略目标为终极目标，而且将外部相关利益者的需求（例如，外部投资者对会计信息质量的要求）纳入内部控制目标体系。第二，将完成内部控制目标过程中的风险管理作为内部控制的重要客体，即进一步突出对企业风险的控制。第三，要求将内部控制作为"控制过程"，融入企业的日常经营管理活动之中，以提升内部控制的执行效果与效率。然而，《基本规范》在内部控制内容规定方面仍需进一步完善。

（二）《基本规范》及其配套指引的内容

《基本规范》及其配套指引标志着我国企业内部控制规范体系已经形成，即形成以促进企业发展战略为目标、以防范风险和控制舞弊为核心，以基本规范为统领，以应用指引、评价指引和鉴证指引等配套办法为补充，结构合理、层次分明、衔接有序、内容完整、方法科学的内部控制标准体系（刘玉廷，2009）。《基本规范》及其配套指引的主要内容包括以下方面。

首先，《基本规范》明确了企业内部控制的本质。《基本规范》将内部控制定义为"由企业董事会、监事会、经理层和全体员工实施的、旨在实现控制目标的过程。"在内部控制整体框架阶段下，《基本规范》明晰了内部控制"实现控制目标的过程"的本质。这为企业内部控制的理论研究与实务应用奠定了坚实的基础。

其次，《基本规范》将内部控制的目标定位于合理保证企业经营管理合法合规、资产安全、财务报告及相关信息真实完整，提高经营效率和效果，促进企业实现发展战略。相对于COSO而言，《基本规范》规定的内部控制目标范畴更为广泛，不仅拓展企业外部利益相关者对企业内部控制的要求，而且进一步明确了企业内部控制作为实现战略目标的控制过程。

最后，《基本规范》及其配套指引为企业设计与应用内部控制做出了详细的指引。《基本规范》阐释了内部控制原则与要素，提出内部控制要素包括内部环境、风险评估、控制活动、信息与沟通与内部监督。在此基础上，《基本规范》的配套指引分别从企业内部控制的应用、评价与审计视角，进一步阐释如何提升企业内部控制的设计与应用效果。

三、《基本规范》及其配套指引的不足

《基本规范》及其配套指引对中国企业设计与执行内部控制具有重大意义。本部分基于内部控制本质,结合系统论剖析《基本规范》及其配套指是否存在不足,从而为中国企业进一步依据《基本规范》及其配套指引提升内部控制设计与执行效率与效果奠定基础。

(一)系统论对内部控制的影响

内部控制本质由控制制度向控制过程的转变,决定了内部控制的发展需借助系统论的研究成果。系统论是现代科学综合成果的方法论,构成了深化内部控制内容完善的基础。所谓"系统"是由若干相互联系的基本要素构成的,它是具有确定的特性和功能的有机整体;"系统"是执行某一种活动或一系列活动的既定方式或方法,而这种活动通常重复出现,是一个循环往复的过程。

系统论研究系统的一般模式、结构和规律,其核心思想是系统的整体观念。它的基本思想方法是把所研究和处理的对象当作一个系统,分析系统的结构和功能。正确理解系统论的内涵与性质,应该把握以下几个要点:第一,系统是一个整体,系统包含的内容要大于各个部分内容的总和。所有系统一方面都有其子系统,另一方面又是一个更大系统的组成部分。第二,系统既可看作是"封闭的",又可看作是"开放的"。这主要取决于环境对系统的作用。第三,一个系统要达到平衡,就必须有反馈系统。反馈系统为投入、过程、产出模式转换及系统的平衡提供必要的信息。第四,开放的系统可以用不同的方法获得预期的结果。经营管理中可以用不同的投入、不同的过程,实现相同的产出或目标,不存在唯一最好的方法。从系统论的一般模式、结构和规律出发,构建一个完善的内部控制系统,必须厘清内部控制要素、建立内部控制程序以及搭建内部控制模式。

(二)内部控制要素的局限性

《基本规范》将内部控制要素的范畴定位于内部环境、风险评估、控制活动、信息与沟通以及内部监督,这种划分方式并不全面与系统,未能体现内部控制作为控制过程的本质。要素的基本要求在于不可缺少性、不可重复性以及不可再分性。如将控制标准看成是既包含控制点(变量),又包含控制水平两项内容的一个要素,就不如将其界定为控制变量与控制标准两个要素。由此可见,《基本规范》中对内部控制要素的划分显然不满足要素的根本要求。

正确界定内部控制的范围,就必须准确地界定"内部"和"控制"的含义。"内部"显然是相对于企业"外部"而言,即界定了内部控制要素应植根于企业内部领域。关于"控制"的含义,《高级汉语大辞典》认为"控,引也","制"就是"约束、限定、管束",对"控制"的解释是"掌握住对象不使任意活动或超出范围;或使其按控制者的意愿活动"。应当讲,在传统习惯上,我们对"控制"的理

解更多地强调了"制",即"约束、限定、管束",掌握住对象不使任意活动或超出范围。然而,"控"的含义更重要,即"引",使其按照控制者的意愿活动。"制"只是单纯、消极的约束和限制,而"控"则已经突破了单纯约束限制的概念,更强调了引导、推动的含义。所以,我们不能将内部控制仅仅理解和定位为约束,它更是激励。

《基本规范》中对内部控制要素要求不仅可进一步细分,而且遗漏了内部控制要素应有的范畴。一是,风险评估以及信息与沟通可以进一步分解。例如,依据内部控制的执行过程以及要素的不可再分性和不可重复性,风险评估是一系列要素整合的结果,可以进一步分解为控制变量、控制标准以及执行评估。二是,根据要素的不可缺少性,《基本规范》遗漏了内部控制的重要内容,即内部控制缺乏对"控"的重视。例如,张宜霞(2007)研究发现COSO缺少激励要素,《基本规范》中虽然指出"企业应当建立内部控制实施的激励约束机制,将各责任单位和全体员工实施内部控制的情况纳入绩效考评体系,促进内部控制的有效实施。"然而,并未将其作为内部控制要素,即并未弥补COSO针对"控"这一本质要素的不足。

(三)内部控制程序与内部控制模式的缺位

《基本规范》及其配套指引并未明确阐述内部控制程序以及内部控制模式。《基本规范》将企业内部控制的定义概括为"由企业董事会、监事会、经理层和全体员工实施的、旨在实现控制目标的过程。"却仅仅阐述了内部控制要素,并未颁布直接影响内部控制执行效果和效率的内部控制程序以及内部控制模式。

内部控制程序与内部控制模式的缺位严重制约着企业执行内部控制的效率与效果。企业是一个为了达到一定目的,由许多相互关联的要素(各种子系统或分系统)组成,并依靠各个要素之间的相互联系、相互作用有机结合在一起的复杂的、耦合运行的人造经济系统。要对它实施有效的控制,必须从系统整体的角度来考虑问题,必须从企业整体的角度来定义和设计控制体系。为此,内部控制程序能够促进企业根据自身所处的经营环境,主动实施内部控制流程,形成在一定时期内相对稳定与完整的程序系统;以促进提升内部控制的执行效率,并促进内部控制目标的实现。内部控制模式规范的缺失抑制了企业内部控制的执行效率。企业的内部控制尚需适应经营环境变化带来的冲击。内部控制模式可有效缓解经营环境变化对其执行效率的影响,进而促进内部控制目标的实现。为此,企业需要借助内部控制模式作为其执行内部控制的有效工具,提升企业内部控制的执行效率,抑制经营环境变化对其内部控制执行效率带来的不利影响。

为此,只有在企业内部存在一个有效的内部控制程序以及内部控制模式,才可弥补企业契约的不完备性,缓解经济环境变化对其内部控制执行效率的影响;进而保证内部控制的正常运作和发展,才会使企业满足外部相关利益者的诉求与促进自身战略目标的执行效率。这也是企业内部控制作为控制过程本质的关键意义所在。

然而,《基本规范》以及配套指引仅对内部控制要素及其企业经营活动所涉及的内容作出具体的指引;忽视了内部控制程序以及内部控制模式的规范。

《基本规范》及其配套指引的颁布极大促进了中国企业内部控制的发展。然而,基于系统论视角,中国企业内部控制仍有待完善,尤其是内部控制程序与内部控制模式亟待建立与实施。战略有效性的最终目标使得管理控制能够有效弥补企业内部控制的不足,以提升企业内部控制执行的效果与效率。具体而言,管理控制可有效与内部控制目标相结合,从而进一步落实内部控制要素,促进内部控制程序与内部控制模式的发展;进而提升中国企业应用《基本规范》及其配套指引的效果。

第二节 基于管理控制的内部控制创新

自《基本规范》及其配套指引发布至今,企业各级管理人员、中介机构以及监管机构对企业内部控制的关注度不断提高。相当部分企业已开始按照《基本规范》及其配套指引的要求着手开展企业内部控制相关工作。《基本规范》及其配套指引对中国企业设计与执行内部控制具有重大的意义;然而,其在内部控制要素、内部控制程序与内部控制模式等方面的不足,在一定程度上也制约着企业内部控制设计与实施的效率。为此,本节试图探索基于管理控制的内部控制创新思路。具体而言,本节首先基于中国经济转轨阶段,阐释管理控制与内部控制的关系;其次,剖析管理控制在内部控制中的应用拓展如何弥补内部控制的不足;最后,探究基于管理控制的内部控制整体框架。

一、确立管理控制在内部控制中的核心地位

(一)管理控制与内部控制目标的协调[①]

管理控制与内部控制目标的协调是两者存在相互联系的基础。企业内部控制目标的范畴大于管理控制,战略目标有效性的最终目标一致性促成管理控制与内部控制存在紧密的联系。同时,《基本规范》将外部投资者以及相关监管机构的诉求"内部化",作为企业内部控制的目标。为此,这使得企业内部控制的目标大于管理控制的目标;促进战略目标实现的最终目标的一致性,使得管理控制能够成为内部控制的核心,以保障企业提升内部控制的执行效率与效果。

《基本规范》指出"内部控制是由企业董事会、监事会、经理层和全体员工实

[①] 张宜霞.企业内部控制的范围、性质与概念体系——基于系统和整体效率视角的研究[J].会计研究,2007(07).

施的、旨在实现控制目标的过程。内部控制的目标是合理保证企业经营管理合法合规、资产安全、财务报告及相关信息真实完整,提高经营效率和效果,促进企业实现发展战略。"基于企业内部控制活动视角,我们可将内部控制分为三个层面:第一层面是保证企业经营管理合法合规的内部控制,或称法规控制;第二层面是保证财务报告及相关信息真实完整的内部控制,或称会计控制;第三层面是保证资产安全、提高效率和效果,促进企业实现战略目标的内部控制,或称管理控制。有鉴于此,内部控制可进一步划分为三个层面:法规控制层面、会计控制层面和管理控制层面。其中,法律法规监督控制目标是为了保证企业生存的基本,而经营决策有效性控制目标则是为了确保企业生存的动力。企业管理控制可进一步分为战略控制或公司治理层面的控制、经营控制或管理层面的控制以及作业管理或员工层面的控制。由此,内部控制目标具体分为法规控制目标、会计控制目标、作业控制目标、经营控制目标与战略控制目标。其中,保证经营管理合法合规为法规控制目标;提高控制报告质量为会计控制目标;促进企业实现发展战略是战略控制目标,提高经营效率和效果是经营控制目标,提高作业效率是作业控制目标,构成了管理控制层面的目标。具体如图10-1所示。

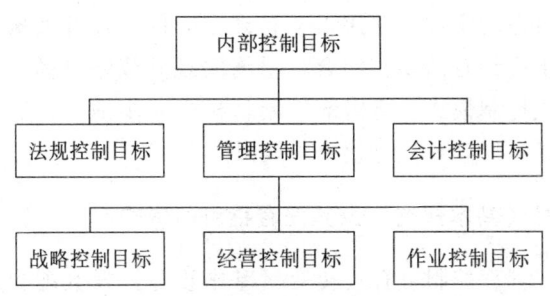

图10-1 内部控制目标体系分解图

基于上述分析可知,企业内部控制关注的是企业外部要求与自身发展的整体有效,也就是企业这个契约集合的有效性。企业作为一个系统整体,参与这个系统整体的有股东、管理者、员工以及其他利益相关者,各方的投入是否有效以及是否得到了有效的回报。为了实现这个整体有效,企业内部控制不但要实现法规控制目标与会计控制目标,更重要的是实现管理控制目标,才可完成战略目标。在此背景下,管理控制目标可有效承载企业的内部控制目标,从而将成为企业内部控制有效执行的关键环节,处于内部控制中的核心地位。具体而言,管理控制在内部控制中的核心地位可体现管理控制对内部控制要素、内部控制程序与内部控制模式的影响之中。

(二)管理控制促进内部控制要素的落实

聚焦于战略有效性目标的管理控制可有效落实内部控制要素。《基本指引》将内部控制定位于促进战略执行的控制过程。外部投资者以及相关监管机构对企业内部控制的要求使得内部控制目标趋于多元化进而对企业内部控制要素提出了新的挑战。然而，企业是执行内部控制的主体，内部控制要素必须与企业的内部控制流程及其日常经营管理活动相结合才可有效落实内部控制目标。相对于内部控制的目标，管理控制更贴近企业自发完成战略目标而实施控制的过程；因而，管理控制要素更注重对企业控制标准与其日常经营管理活动相结合，这构成了企业内部控制要素落实的基础。

（三）管理控制促进内部控制程序与内部控制模式的完善

基于内部控制演变分析，现有内部控制理论研究与实践应用对内部控制程序以及内部控制模式的研究与探索不够重视；而这些恰恰是内部控制理论研究与实践应用的重点与难点。内部控制的控制过程本质决定了内部控制程序以及内部控制模式的完善程度直接决定着内部控制的执行效率与效果。然而，鲜有研究注重探索内部控制程序与内部控制模式的发展。基于管理控制与内部控制的目标分析可知，管理控制可有效促进内部控制程序与内部控制模式的完善。

管理控制能够促进内部控制与企业日常生产经营活动的结合，进而提升内部控制程序与内部控制模式的完善程度。基于系统论，现有研究搭建了完整的管理控制程序促进管理控制目标的实现，并探索了管理控制模式提升其执行效率。企业必须将内部控制与日常生产经营活动相结合，最终实现其战略目标。为此，企业可依托管理控制程序与管理控制模式，将内部控制目标进一步细化，形成完善的内部控制程序与内部控制模式，提升其执行效率与效果。

二、管理控制对《基本规范》及其配套指引的影响

基于上述分析，管理控制可有效转变《基本规范》及其配套指引的观念，进而有助于企业在设计与执行内部控制过程中落实内部控制要素，克服缺乏内部控制程序与内部控制模式的不利影响。以管理控制为核心的内部控制会促进企业应用《基本规范》及其配套指引的观念发生一系列转变；即从"要我控制"向"我要控制"转变，从"会计控制"向"管理控制"转变，从"经理层控制"向"全员控制"转变，从"实施控制"向"全程控制"转变，从"标准控制"向"风险管理"转变，从"封闭控制"向"开放控制"转变，从"理性控制"向"自然控制"转变。

（一）从"要我控制"向"我要控制"观念的转变

企业内部控制，顾名思义，应该以企业主体的自我控制为主。然而，从内部控制的产生与发展进程来看，企业外部利益相关者要求企业进行内部控制一直占主导地位。美国COSO委员会的组成和COSO报告的形成是如此，英国的IRM风险管理学会、加拿大的COCO控制标准委员会和巴塞尔银行业监管委员会等，在相应内部控制规范制定中的地位也都是如此。我国企业内部控制标准委员会的构成及《基本规范》的发布，同样主要由财政部、证监会、审计署、国资委、银监会、保监会等企业外部管理监督部门主导。这种要求企业进行内部控制，或称"要我控制"的理念的形成，是企业外部监督管理企业的客观需要。

但应当明确，企业内部控制的主体是企业自身，而不是外部监管者。若企业不能发自内心想要为实现自己的目标而进行控制，即所谓"我要控制"，外部监管者制定再好的规范或标准可能也是很难奏效的。站在"我要控制"的角度看企业内部控制，必须明确以下问题：

第一，"我要控制"的主体是企业的股东会、董事会、监事会、管理层及员工，即企业的全体成员。他们要控制的根本目标是企业目标的实现，包括战略目标、经营目标和作业目标，而保证目标实现的关键在于通过控制过程提高"效率与效果"。

第二，提高"效率与效果"这一目标的实现离不开决策的有用性和控制的有效性。会计信息质量是保证决策有用性和控制有效性的关键。因此，良好的会计信息质量不仅是外部对企业内部控制的目标要求，同时也是企业自身提高"效率与效果"所必须要达到的控制目标。没有会计信息的有用性，就不可能有企业经营的有效性。

第三，"我要控制"的目标与"要我控制"的目标并不矛盾或对立。企业追求"效率与效果"目标必须以遵守相关法律法规为前提，必须以诚信和维护相关者利益为基础。为此，外部"要我控制"是实现企业"我要控制"目标的前提与基础。

我国新的企业内部控制标准体系开创性地建立了以企业为主体、以政府监管为促进、以中介机构审计为重要组成部分的内部控制实施机制。这是从"要我控制"开始向"我要控制"理念转变的具体体现。企业内部控制必须协调"要我控制"与"我要控制"的关系，变被动为主动，真正实现从"要我控制"向"我要控制"理念的转变。管理控制是企业为完成战略目标而主动实施的过程，进而可有效促进企业运用《基本规范》及其配套指引实现"我要控制"理念的转变。

（二）从会计控制向管理控制转变

内部控制规范或标准的需求最初主要产生于外部监管者与投资者的需要，这种外部需求形成的内部控制旨在促使企业遵守法规，保证会计信息产生过程的可靠性，从而保证企业最终披露会计信息的可靠性。在此情况下，会计控制成为内部控制的核心与重点。

随着内部控制需求的发展，当今内部控制内涵已经发生了重要变化。根据《基本规范》，我们可将内部控制分为三个层面，即法规控制层面、会计控制层面和管理控制层面。

这三个层面的内部控制在企业内部控制体系中的地位是不同的。第一层面的法规控制是前提，如果违法乱纪，后两个层面的会计控制和管理控制都是没有意义的。第二层面的会计控制是基础，它是企业内部进行经营决策与管理控制的基础，也是企业外部监管和投资决策的基础。第三层面的管理控制是导向和根本，旨在提高企业经营效率和效果，实现战略目标，是企业控制的根本目的。可见，管理控制是内部控制的最高层次。基于此，为实现《基本规范》理念从"要我控制"向"我要控制"转变，企业内部控制以会计控制为重点向以管理控制为重点的转变成为必然。

管理控制是企业管理者影响企业中其他成员以实现企业战略的过程。管理控制的目标是正确选择战略并使战略被执行，从而使组织的目标得以实现。企业管理控制的范畴包括：（1）战略控制或公司治理层面的控制；（2）经营控制或管理层面的控制；（3）作业管理或员工层面的控制。

管理控制的战略目标、经营目标和作业目标的核心是有效性，即效率和效果。效率是指产出与投入之间的比率，包括技术效率与经济效率。技术效率通常是用实物量表示的产出与投入之间的比率，经济效率是用价值量表示的产出与投入之间的比率。技术效率是经济效率的基础，经济效率是企业实现价值最大化的关键。有经济效率才会产生经济利润，才是真正创造价值，才会产生经济效果。企业管理控制就是要通过对企业战略活动、经营活动和作业活动中的效率进行过程控制，保证企业各项目标的实现。

（三）从经理层控制向全员控制转变

管理控制进一步促进《基本规范》从经理层控制向全员控制的转变。"内部控制是由企业董事会、监事会、经理层和全体员工实施的、旨在实现控制目标的过程。"这一定义充分体现了内部控制的全员控制理念，而不是传统意义上的内部控制主要强调经理层控制。经理层控制是指企业的经营管理者为实现董事会制定的企业战略目标而进行经营控制的过程。经营控制根据经营的内容可分为：资本经营控制，即资本的筹措和资本结构优化控制；资产经营控制，即资产配置和资产结构优化控制；商品经营控制，即商品供销和利润控制；产品经营控制，即产品制造与成本控制等。经理层经营控制过程及目标的实现是企业战略目标实现的基础和保障，是企业员工作业目标制定的主导和方向。

现代内部控制理念强调的全员控制，拓展了内部控制的内涵；除经理层的经营控制，还包括股东会的企业资本增值目标控制，董事会的企业战略目标控制，监事会的企业监控目标控制，员工的作业目标控制，形成全员内部控制体系。股东会的资本增值目标控制，主要强调股东投入资本的效率和效果，实现资本的增值。资本增值是企业的根本目标所在，是企业选择发展战略的准绳。董事会的战略目标控制，主要以股东价值目标及企业价值目标为导向，对企业发展战略的制定、实施、评估与调整等进行控制。监事会的监控目标控制，主要站在公司治理的角度，对企业董事会的战略目标和经理层的经营目标的制定及实施过程进行监督与控制。监事会的监控功能是企业内部控制机制的重要组成部分，它体现了现代企业内部控制的自我调整与自我完善。员工的作业目标控制是指以企业经营控制目标为基础，结合经营活动过程，对全体员工的各项作业进行作业效率和效果的控制；如商品经营中的采购作业涉及采购量控制、采购价格控制、验收入库控制、库存控制、出库控制等；产品经营中的生产业务涉及工时控制、材料消耗控制、产品质量控制等。作业控制是经营目标实现的根本保证。股东会、董事会、监事会、经理层以及员工的目标，影响企业战略目标实现的效率与效果。管理控制能够有效将公司战略目标分解为战略有效性目标、经营有效性目标与作业有效性目标。这有利于企业将内部控制目标融入企业不同层级的日常经营活动之中，进而有助于落实《基本规范》实现由经理层控制向全员控制的转变。

（四）从实施控制向全程控制转变

内部控制作为一种过程控制，人们往往将其理解为保证某一目标的实现而进行的实施过程的控制。实施过程控制，从控制内容看可能被理解为经营过程的控制；从控制环节看可能被理解为事中控制。无论是经营控制还是事中控制，不可否认都是内部控制过程的重要内容或重要环节；但是，它们不是内部控制过程的全部。现代内部控制强调全过程的控制，不仅包括实施过程控制，而且包括目标制定过程控制和对实施结果的反馈控制。

企业内部控制从实施控制向全程控制转变，一方面要体现内部过程控制的及时性，另一方面要体现内部过程控制的全面性。只有如此，才能真正体现经营过程控制与战略过程控制和作业过程控制的有机结合，事中控制与事前控制和事后控制的有机结合。然而，《基本规范》及其配套指引并未明确指出内部控制程序。基于此，管理控制可有效弥补内部控制程序的缺失，实现内部控制向全程控制的转变。

全过程控制从控制内容看，不仅包括经营过程控制，而且包括战略制定过程控制和作业过程控制。战略制定控制是内部控制的关键，如果企业总体战略目标制定不合理，战略选择出现差错，战略规划和计划偏离企业发展目标，那么经营过程控制不可能达到预期目的。作业过程控制是内部控制的基础，没有企业各个作业过程的有效控制，经营过程的控制就是一句空话，因为经营活动是由各个作业活动所构成的。

全过程控制从控制环节看，不仅包括事中实施过程控制，而且包括事前规划控制和事后评估控制。无论是战略过程控制、经营过程控制还是作业过程控制，都涉及事前控制、事中控制和事后控制的结合。控制目标确定（事前控制）本身就是一个控制过程，而且是十分重要的控制过程。只有控制目标制定的合理，事中控制才能真正有效率和效果。如果控制目标确定过低，不需要事中过程控制的努力就很容易实现，控制是失效的；如果控制目标制定过高，事中过程控制再努力也无法实现控制目标，控制同样是失效的。从经营活动的持续性角度看，事前、事中和事后既是相对的，又是相互作用的。事后控制不仅有利于保证企业认真履行事前和事中控制目标，而且有利于保证下一时期事前控制目标确定的合理性。

（五）从"标准控制"向"风险管理"转变

内部控制与风险管理的关系问题在理论界有着不同的观点。有的认为两者是并列关系，有的认为两者是包含关系，也有的认为两者是统一的。从内部控制与风险管理一般理论意义上讲，内部控制与风险管理之间存在着内含与外延的关系。一方面，内部控制从控制与防范风险角度看包含着风险管理；另一方面，风险管理从管理风险、权衡收益与风险关系等角度看又大于内部控制。从内部控制与风险管理实践意义上讲，内部控制与风险管理正在趋于一致，即从内部控制的标准控制向风险管理转变。COSO报告从《内部控制：整合框架》转变为《企业风险管理：整合框架》以及进一步修订后的整合框架，体现的是从标准控制向风险管理的转变。我国从《内部会计控制规范》转变为《基本规范》，同样体现了标准控制向风险管理的转变，即"内部控制的目标是防范和控制风险并促进企业实现发展战略，风险管理也是为了促进企业实现发展战略，而将风险控制在可承受范围之内。两者之间不是对立的，而是协调、统一的整体。"

内部控制的标准控制，主要强调对各控制变量根据控制目标制定出相应的控制标准，通过实际执行情况与控制标准的比较或评估，控制企业各项活动符合或不偏离控制标准，从而实现企业的战略目标。内部控制的风险管理，主要强调对企业控制目标的风险识别、风险评估和风险应对，根据企业自身环境，有选择地对不同的事项、不同的风险程度，采取不同的应对措施，使企业在遵循成本效益原则基础上，权衡收益与风险，保证企业各项活动符合企业战略发展方向和目标。

管理控制可有效分解控制指标，并据此实现控制活动。这有助于企业执行《基本规范》，进而有助于落实与细化风险管理指标，促进对日常经营活动的风险管理。为此，管理控制促进了内部控制从"标准控制"向"风险管理"转变。

（六）从封闭控制向开放控制转变

《基本规范》及其配套指引并未规定具体的内部控制模式。内部控制的一般原理适用于所有企业，但是不同的企业采取相同内部控制技术所取得的控制效果却可能有所不同，这是不同企业所面临的控制环境不同所导致的。企业内部控制根据是否考虑控制环境分为封闭控制和开放控制。封闭控制通常是指在不考虑各企业的控制环境差异情况下所进行的控制，开放控制则是指考虑企业所处的控制环境特点而进行的相应控制。现代企业内部控制体现了从封闭控制向开放控制的转变，在内部控制要素中也已经将控制环境作为第一要素。这既是内部控制理论研究的结果，也是内部控制实践的总结。管理控制模式可有效弥补控制环境对内部控制执行效率与效果的影响，即促进内部控制从封闭的控制模式向开放控制转变。

企业内部控制环境包括内部环境与外部环境。企业外部环境包括：社会道德、文化、宗教、生态、经济体制、法律、规章制度、国际经营环境中的汇率、国际资本市场、通货膨胀等。企业内部环境包括公司治理结构、机构设置及权责分配、责任中心、人力资源政策、企业文化等。内部控制环境决定或影响着内部控制功能与效果的发挥。因此,管理控制可促进企业在从封闭控制向开放控制转变的过程中,做好以下工作:第一,了解与评估企业内部控制所处的环境。根据上述内部控制环境的内涵,逐一评估企业的外部环境和内部环境状况,明确有利环境与不利环境,可控环境与不可控环境。第二,按照内部控制对环境的要求,完善企业内部控制的环境。特别对于企业内部可控环境,如公司治理、组织结构、责任中心、企业文化等要根据评估中存在的问题进行建设与完善。第三,根据企业内部控制环境,选择适应环境特点的内部控制模式。内部控制模式多种多样,并非越先进的控制模式越好。不同的控制环境都有与其相适应的控制模式,选择最适合自己企业控制环境的控制模式是关键。

(七)从理性控制向自然控制

所谓理性控制是指在一定的理性假设基础上,对控制过程各个环节和各项任务规定有明确的控制目标,被控制者只要完成预定的控制目标,就能保证企业整体控制目标的实现,例如,预算控制就属于典型的理性控制。自然控制与理性控制相对应,它通常强调企业的控制者要理解和掌握企业总体目标,而具体环节和具体作业的目标则由各级控制者自发或自主确定。控制者尽可能通过自己的努力使企业总体目标得以最大限度的实现,如利用股票期权进行激励的控制就属于自然控制。内部控制的发展过程实际上是从非理性控制向理性控制转变,再由理性控制向自然控制转变的过程。

从我国目前企业内部控制现状看,大部分企业还处在由非理性控制向理性控制转变的阶段,但从长期发展看,企业内部控制必然从开放、理性控制走向开放、自然控制。企业要实现从理性控制向自然控制转变,第一,要建设与完善内部控制环境,使企业文化和人力资源素质适应自然控制的需要;第二,要对控制者合理授权,完善授权下的控制,使控制者在可控范围内充分发挥主观能动性;第三,要选择合适的控制模式,如评价控制和激励控制模式更适合于自然控制,从而保证控而不死,放而不乱。

然而,《基本规范》及其配套指引注重基于理性控制视角,引导企业内部控制的设立与实施。管理控制模式有助于企业从理性控制转向自然控制。基于此,企业将管理控制引入内部控制。

三、基于管理控制的内部控制的整体框架

基于管理控制的内部控制实质是以管理控制为核心,设计与执行内部控制,以实现内部控制目标。具体而言,一是,企业可借助管理控制要素细化内部控制要素,突出企业全面风险管理;二是,企业可依托管理控制搭建自身的内部控制程序,将其内部控制目标逐层分解,并与具体的管理控制活动以及经营活动相结合,进而成为企业主动实施内部控制的核心内容;三是,企业可借助管理控制模式塑造内部控制模式,为其内部控制提供有效的执行工具。为此,基于管理控制的内部控制将管理控制作为内部控制执行的重要工具,有效细化了内部控制要素,探索内部控制程序与内部控制模式的创新,是企业实现内部控制从"要我控制"向"我要控制"转变的关键。

鉴于上述分析,内部控制目标决定了基于管理控制的内部控制应形成基于管理控制的内部控制要素、程序与模式的框架;在此基础上,应分别对其要素、程序与模式进行细化,形成完整的内部控制框架。具体而言,首先,基于管理控制的内部控制要素是指将《基本规范》中的内部控制要素,借助管理控制要素进一步细化,形成基于管理控制的内部控制要素。具体包括内部环境、控制变量、控制标准、风险评估、控制活动、控制报告、沟通交流、绩效评价、奖惩机制以及内部监督,进而有助于企业内部控制对其经营风险的管理与控制。其次,基于管理控制的内部控制程序是指企业将管理控制程序与内部控制的流程相结合,依托管理控制程序,搭建适用于管理控制与内部控制的程序,具体包括战略目标分解、风险评估、风险控制、绩效评价以及薪酬激励。这为企业执行内部控制活动提供了清晰的流程,促进企业有条不紊地完成内部控制活动。最后,基于管理控制的内部控制模式是指企业以管理控制模式作为内部控制设计与实施的方式与方法,具体包括制度控制模式、预算控制模式、评价控制模式和激励控制模式,进而有效弥补了《基本规范》对内部控制方法与方法相关规范的不足。具体如图10-2所示。

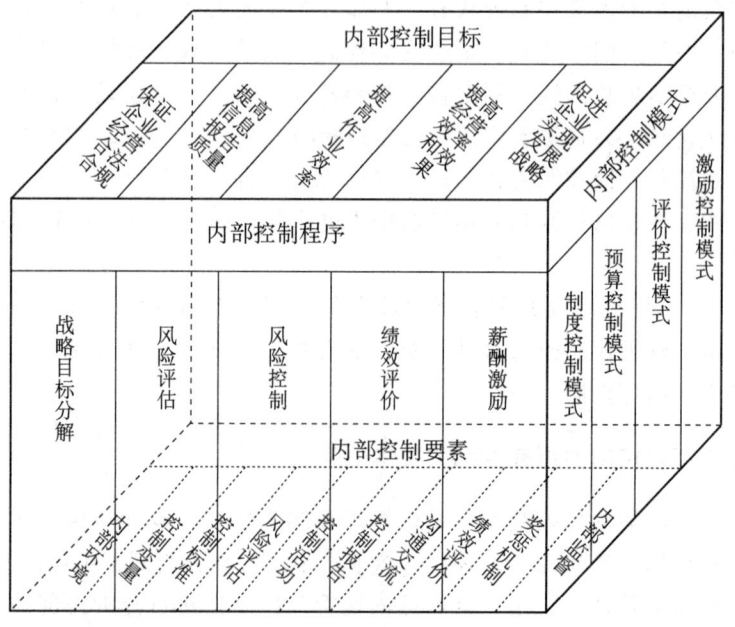

图10-2 基于管理控制的内部控制框架图

第三节 基于管理控制的内部控制案例分析[①]

为进一步增强企业设计与执行基于管理控制的内部控制的效率与效果，促进企业内部控制目标的实现，本部分进一步剖析艾默生公司内部控制设计与执行的案例。具体而言，本案例深入探究艾默生公司的内部控制程序与内部控制模式，阐释管理控制在内部控制中的应用拓展，为中国企业设计与实施基于管理控制的内部控制提供重要的参考。

一、艾默生公司简介

艾默生公司（美国纽约证券交易所代码：EMR）创建于1890年，至今已有一百多年的历史，总部设在美国密苏里州圣路易斯市。艾默生起初是一家设计生产电机和风扇的公司，经过一百多年的发展，如今已是将技术与工程相结合，在网络能源、过程管理、工业自动化、环境优化技术、家电应用与专业工具等领域为客户提供创新性的解决方案的跨国公司。

艾默生公司将动态的管理控制嵌入其内部控制，形成了基于管理控制的内部控制，有效促进战略目标的实现。在基于管理控制的内部控制保驾护航下，艾默生公司维持近50年持续增长。

艾默生公司的持续发展主要经历三个阶段：第一阶段，1954年至1973年，巴克·帕森斯担任艾默生公司董事长和首席执行官，率领公司开始走向卓越之旅。在此期间，艾默生公司的销售额从5 000万美元增加到9.38亿美元，提供给股东的年均回报率高于20%。第二阶段，1973年至2000年，查尔斯·奈特担任董事长兼首席执行官期间，公司的业绩更是一路飙升，销售额增长幅度在15倍以上。在2000财年，销售额达到150亿美元。第三阶段，2000年至2004年，艾默生公司持续了高速发展的趋势。截至2004年，艾默生已经拥有60多家子公司、世界各地的工厂245家和107 800名员工，公司销售额达到156亿美元，盈利12亿美元。50年持续增长的神话在2009年因外部经济环境因素被打破，这一年销售收入较上一年降低了16%，但仍然低于全球制造业衰退幅度。即便是在如此恶劣的经济危机环境下，艾默生公司仍能持续不断地获得利润，市场占有率仍在增加。艾默生公司一直跻身于《财富》杂志全球500强企业之列。

[①] 本案例参考李志斌"内部控制为企业健康增长保驾护航——艾默生公司的案例分析"，《会计之友》，2013年第9期。

二、艾默生公司的内部控制程序

1. 战略目标分解以及风险评估

艾默生公司为促进战略执行，依据客户需求和市场条件，从子公司层面发起计划周期，将战略目标分解成以具体利润为指标，周期为11年的战略规划；其中，运用前5年的历史数据、当前年份的现状和未来5年的预测数据。这样的评估和预测方法使管理层的视野放得更长远，从而增强他们对长期稳定增长的信心。为了制定短期战略计划，艾默生公司针对出现的市场机会，从整个集团范围评估战略规划，将其在公司整体范围内进行整合，于是就产生了基于业务平台层面的战略计划——战略评估。战略评估竭尽全力制订出色的与可执行的计划，而不是将各个子公司的计划简单地分解与摊派。

在此基础上，艾默生公司依据战略规划与战略评估，依托客户需求、市场条件与自身环境，建立以财务指标为核心，非财务指标为基础的风险控制变量体系，并评估各指标的控制标准，进而形成一体化的、有重点的关于公司风险控制指标与标准体系。此外，艾默生公司在年度计划会议上，管理层会汇报公司过去一年所取得的业绩，并通报下一年度的战略评估与风险评价标准以及未来五年的战略规划，目的是期望与会者将公司总计划与各个子公司计划相结合，并维持风险评估指标的有效性。

2. 风险控制

艾默生公司为了确保风险控制指标体系有效执行，设置了一个强有力的风险控制系统。艾默生公司形成特有的风险控制工具——瀑布式图表，它主要列示了各个子公司的成本、收入、现金流以及不同风险指标的组成部分，要求子公司的经理人员了解目前发生了哪些成本，哪些成本有上升的趋势。同时，公司每月还会举行一次董事会议，评估子公司计划中的财务计划和行动计划，当他们有任何疑问时可以提出问题并提供建议措施，从而促使计划的成功执行。

此外，艾默生公司为有效支持风险控制，建立了风险控制制度。例如，一方面，艾默生公司制定风险控制标准落实到执行人的控制制度，这种做法的好处在于每个制定计划的人都是计划的责任人，这就避免了有些人推卸责任导致计划无法顺利进行。另一方面，艾默生公司很注重有效的沟通，每年在内部沟通方面的投资都很庞大。

3. 业绩评价与薪酬激励

除了设置强有力的风险控制系统之外，艾默生公司还通过一个多层次的业绩评价系统来保证计划的执行。和计划工作一样，业绩评价工作也是从子公司层面开始的，这里需要指出的是艾默生公司的财年是从每年的10月开始。首先，在每年的8月份，即每个财年结束前两个月举行财务业绩评价会议，会议的主要内容是对上一年度的评估和对本年度的总结以及对未来一年的预测,也就是说财务业绩评价期为一年,不同于战略规划与战略计划所采用的五年评估期。其次,艾默生公司还重视非财务业绩的评价,各个子公司的总裁每月都要提交总裁运营报告,详细介绍当月的运营情况和未来三个月内的每月预期,在此基础上对未来几个季度甚至是整个财年的运营情况加以预测,以避免遇到环境的突发危机情况而发生重大损失。最后,艾默生公司每季度会在美国圣路易斯总部举行总裁政务会议,评价当前季度的绩效进行,以及时评价整个公司范围内的经营业绩。

艾默生公司设置了按结果付酬的激励机制,也就是说经理人员事先承诺在计划中所要完成的指定任务,等到他们真正兑现这一承诺,就可以得到相应的报酬。反之,如果他们没有完成任务或者完成的不是事先指定的任务,他们就得不到报酬。这一做法最大的目的是保证需要做的事情有人做,而不是做了不需要做的事情也能得到回报。

三、默生公司的内部控制模式

1. 评价控制模式的选择

随着艾默生公司全球化与多元化战略的实施,艾默生公司所面临的经营环境越复杂,所承受的经营风险也越大。20世纪90年代初期,艾默生公司在实现销售收入不断增长的同时,也暴露了增长速度慢、不能满足投资者期望的弱点。主要表现在两个方面:一是,艾默生公司每年的增长率为10%,而与之不相上下的公司增长率一般能达到12%至15%,这意味着艾默生公司仍然有很大的增长空间;二是,艾默生公司基础业务的增长率也相当缓慢,而这些基础业务是不受收购等活动影响的业务。这让人们质疑:为什么艾默生的管理方法曾经有效地为其创造了可观的利润,却连公司基础业务的增长也无法驾驭?

为实现战略目标与提升经营效率与效果,艾默生公司认识内部控制的重要性,并将管理控制作为内部控制的核心,提升内部控制执行效率。艾默生公司根据其管理控制环境,选定了评价控制模式,以提升内部控制效率。

首先,艾默生公司为实现多元化与全球化的发展战略,实施战略业务单元型的控股方式,并给予战略业务单元较大的经营决策自主权。艾默生公司的集团总部注重对各战略业务单元盈利能力的分析与控制,并不干涉具体战略业务单元过多的经营活动与管理控制活动。其次,作为拥有悠久历史的大型跨国公司,艾默生公司具有良好的管理控制基础。艾默生公司按照月度、季度与年度进行分析与评价经营业绩指标的执行情况,并根据经营业绩指标发掘其生产经营的内在问题,进而将经营风险控制在较低的范围之内。最后,艾默生公司为提升管理控制效率,搭建了风险控制工具——瀑布式图表,有效支持了评价控制模式的运行。

2. 评价控制模式的实施

公司立即成立了管理特别行动小组，立志将公司营业收入的增长视作一项终极挑战来面对。管理特别行动小组分阶段进行控制，最终创造了一个追求营业收入增长和追求赢利并驾齐驱的管理方法。

艾默生公司评价系统模式随着其管理控制环境的变化，不断完善。第一阶段是从 1992 年到 1997 年，这一阶段的工作主要有两个方面，一是把子公司计划会议分解成不同的阶段，分开研究公司增长计划和利润评估，而不像以前把过多的时间用于讨论如何赢利而很少关注营业收入的持续增长；二是确定大量的增长行动计划并进行投资。在短短几年里，艾默生公司制定了很多增长行动计划，包括对确保业务平台持续性领先地位至关重要的核心行动计划、有总公司资金支持的附加项目或能够促进增长的附加项目、没有总公司资金支持的附加项目等。虽然经过这一阶段的控制工作，到 20 世纪 90 年代中期，艾默生公司的增长率开始回升，但仍然跟不上预先设定的增长速度的目标。出现了 3 个问题：第一，制定的行动计划太多，很多都不现实，并且还没有足够的资源支持；第二，不能以客户的需求为导向，以至于在这些不太成熟的市场上所开展的业务并不能提升增长速度；第三，艾默生传统的业务是制造业，在服务业相关领域受到传统思维模式和管理方法的限制。

针对第一阶段控制过程中存在的这些问题，第二阶段的控制过程开始了。首先公司召开了一个增长专题会议，会议结果形成了两份清单，一份是总结在上一阶段我们做了哪些事情；另一份是总结上一阶段还有哪些事情没有做。这次会议之后，艾默生公司对管理方法作了一些重大改革。在"增长沙皇"彼得斯的领导下，公司走上了一条新的增长道路：第一，为了解决增长行动计划过多、资源不足的问题，提出了一条途径，即发挥公司资源的杠杆效应。这就要求管理人员充分利用公司的生产能力、规模和信誉的杠杆作用，用最少的资源创造更快的增长，公司可以保留核心业务，其他的业务可以外包出去。艾默生还使用 80/20 规则，希望可以通过 30% 的行动计划带来 85% 的销售增长。围绕这一规则，管理层将增长行动计划范围缩小到最具潜力的行动计划上，并对它们进行优先处理，这样也可以为公司节省很多资源。此外，IT 技术在解决资源限制问题方面起到了至关重要的作用，将互联网和其他资源结合，创造了一个低成本的商业模式，使公司可以以较低的成本利用全世界的资源。

其次，针对客户方面的问题，管理层意识到单凭子公司销售零部件是不能满足客户需求的。艾默生公司为此做了很多工作，包括建立数据库营销和一体化沟通方式，这使得公司与客户之间的联系更加方便，并为保持老客户增加新客户提供了可能。公司的"主要大客户计划"将专门与全球客户打交道的客户团队组织起来，这样做一方面有利于打破组织界限，使公司资源得到有效配置；另一方面有利于在客户心目中形成一个好的形象，即将艾默生公司视为一个一体化的供应商，而不是一个子公司各行其是、力量涣散的供应商。另外，艾默生公司曾一度品牌混乱，几乎每个子公司都有自己的品牌，但都不能代表艾默生的企业形象，严重限制了公司向客户推广产品的能力。为了巩固客户对艾默生品牌的理解，公司上下重塑品牌形象，整个组织都表现出他们的热忱，最终形成了一个既形式化又富有品牌内涵的品牌标志，使客户更醒目地了解艾默生公司的形象。最后，艾默生公司力图改变思维模式、提高以整合的方式与特定客户合作的能力，也就是将子公司的能力整合起来，为客户提供可行的解决方案。具体如图10-3所示。

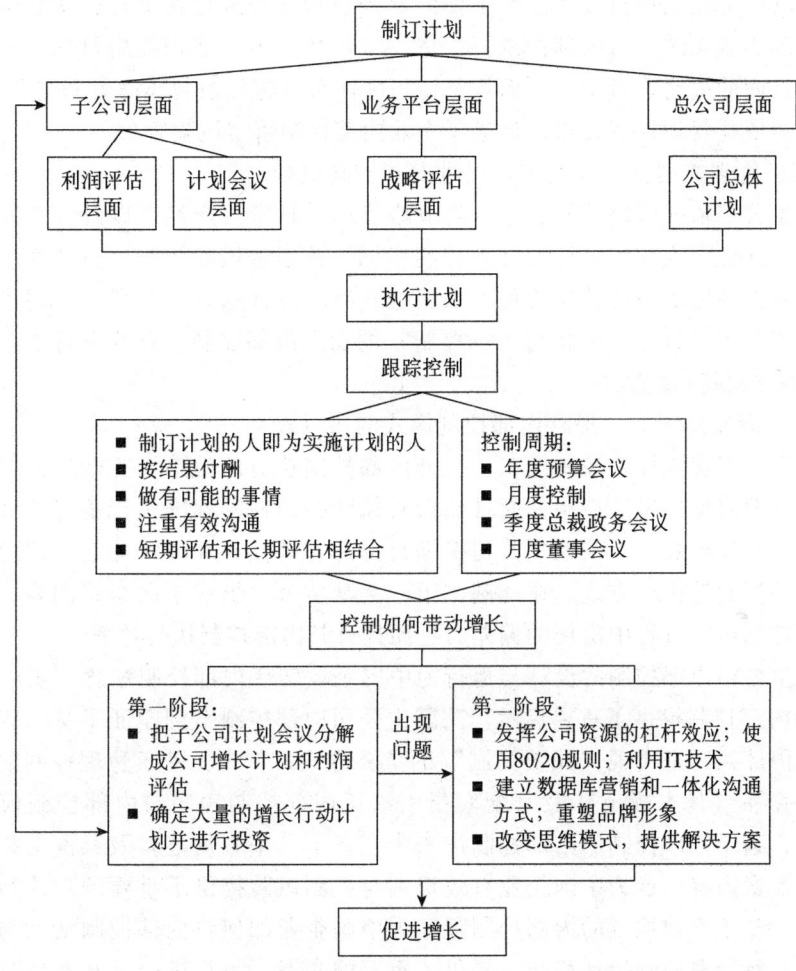

图 10-3 艾默生公司评价控制模式框架图

四、案例总结

从分解战略目标、风险评估到风险控制再到薪酬激励的内部控制过程中，艾默生公司将"管理过程"的观念贯穿始终，带动了公司增长，诠释了内部控制在公司增长过程中的重要性。艾默生公司内部控制成功的关键在于将"要我控制"的观念转变为"我要控制",并以管理控制为核心,采取评价控制模式,有效地实施基于管理控制的内部控制。具体而言,艾默生公司的内部控制主要特点如下:

1. 依托管理控制要素的拓展,落实风险管理指标

艾默生公司依托管理控制要素系统,实现对风险管理指标的细化,为内部控制的执行提供了切实可行的控制变量与控制标准;并形成有效的信息沟通系统,进一步提升了其内部控制执行效率。为了使内部控制指标与战略相契合,艾默生公司依托管理控制要素系统,将内部控制要素进一步细化,不仅依托战略目标,形成基于业务平台层面的战略执行指标,而且将该指标体系与管理控制环境紧密结合。为此,艾默生公司依托管理控制要素,促进了企业内部控制落实风险管理。

2. 借助管理控制程序的实施,促进内部控制执行

艾默生公司依托管理控制程序,将战略目标与日常生产经营以及管理控制活动相融合,并据此形成切实可行的管理控制指标,并通过风险控制、业绩评价与薪酬激励程序,主动完成内部控制流程,以促进其战略目标执行。艾默生公司借助管理控制程序实现了"计划——执行——控制"的动态内部控制,有效支持了其内部控制向"我要控制"转变。

3. 通过瀑布式图表,提升内部控制模式的执行效率

艾默生公司实施评价控制模式,提升内部控制执行的效率。艾默生公司不仅建立了瀑布式图表促进风险控制,而且注重对风险控制控制标准执行情况的评价,促进内部控制的执行效率。艾默生公司根据自身的管理控制环境,选定了评价控制模式作为内部控制的执行方式。在此基础上,艾默生公司形成了瀑布式图表,以描述其在内部控制执行过程中出现的偏差,进而提升其内部控制执行效率。

艾默生公司内部控制的设计与运行为中国企业转变内部控制观念,实施"我要控制"的内部控制提供了重要启示。艾默生公司内部控制案例印证了基于管理控制为核心的内部控制是实现"我要控制"的重要方式。首先,基于管理控制的内部控制有助于弥补《基本规范》及其配套指引缺乏内部控制程序与内部控制模式的不足。其次,基于管理控制的内部控制进一步完善了《基本规范》及其配套指引中的内部控制要素内容,这为中国企业有效识别与控制风险提供了重要的理论与实践参考。最后,基于管理控制的内部控制程序为中国企业如何将内部控制活动与具体的生产经营以及管理控制活动相结合提供了重要的参考,为其执行《基本规范》及其配套指引提供了具体指引。

第五篇

中国特色管理控制应用实践拓展研究

第十一章

中国特色企业管理控制规范研究

管理控制的目的是使战略被执行,从而使组织的目标得以实现,其对企业的重要性不言而喻。为了追求管理的精细化和科学化,中国企业一直致力于引进先进的管理控制工具和方法。然而,由于缺乏结合自身实际的本土化改造与个性化设计,经常暴露出先进技术与自身经营环境、发展战略、组织形态以及企业文化之间的冲突,导致很多"管理变革"都无疾而终。造成这个现象的关键诱因之一在于缺少一套可以有效指导企业应用管理控制的本土化规范体系。自 2008 年以来,在监管部门的大力推进下,企业内部控制和管理会计规范体系都得到了初步建立和长足发展,与之相对应地,企业管理控制规范体系的建设却稍显落后,这势必会削弱企业应用管理控制的效率和效果,不利于企业战略的落地实施和企业目标的顺利实现。因此,有必要构建一套可以有效指导实践的本土化企业管理控制规范体系。本章首先从加强管理控制的外部需求、内部需求和整体需要的角度分析制定企业管理控制规范的现实需求;其次探讨企业管理控制规范在现行法规和规范体系中的地位,阐述规范制定的理论价值与实际价值;最后介绍企业管理控制规范的整体构思和内容构成。

第一节 制定企业管理控制规范的现实需求

之所以需要制定企业管理控制规范,一方面是基于企业外部提高管理控制水平的要求,另一方面是基于企业内部加强管理控制的需求,同时也是企业内部控制发展的整体需要。

一、提升管理控制水平的外部要求

(一) 外部监管的强化及其需要

随着企业组织结构和业务活动的日益复杂,企业利益相关者的范围也在逐渐扩大,直接利益相关者如股东、经营者、职工、债权人、客户、供应商等,间接利益相关者如社区、政府、社会团体、新闻媒介等,客观上他们的行为都会影响到企业或者受到企业的影响。因而,为了保护众多处于信息不对称状态下的利益相关者的利益，就需要加强外部监管。通过外部监管一方面能够监督内部人的行为，另一方面能够有效防范风险，保护相关者的利益。近年来随着中国市场经济的不断发展，外部监管作为实现国家治理体系和能力现代化的重要手段在企业治理中的作用被持续强化。例如，2017 年 3 月 15 日保监会印发了《关于完善监管公开质询制度有关事项的通知》，强化了外部监管在公司治理和资金运用过程中的作用。

然而，无论从现有的外部监管方式自身，还是从外部环境变化导致企业对监管方式提出的新要求来看，外部监管的方式仍有待于进一步优化。原因主要基于以下两点：其一，既有的外部监管方式本身存在着许多问题，计划经济体制下的种种弊端已经说明外部监管不能通过直接干涉企业经营管理活动来实现；同时，它也不能完全等同于"内部控制外部化"，即不能完全借助于企业外部力量，如会计师事务所、证监会、稽查特派员等力量来实现对企业非完全约束下的外部控制。一系列的企业欺诈、破产、倒闭案例都已经说明这些外部力量在发挥作用的同时，也存在着"非独立性"和"被同化"的可能。这种监管方式非但成本较高，其监管效果也并不令人满意。其二，企业组织形式的更新和经营内容的转变对外部监管提出了新的挑战和要求。近年来互联网金融等一系列虚拟经济实体的出现，从本质上改变了企业的既有组织模式和风险防范的重心，这要求外部监管通过引入一种管理控制机制使企业形成自发的内部监管，时时刻刻防范风险。综合以上两点，应该转变传统的政府直接干预的监管模式，同时又不能完全托管于外部力量，且需要赶上企业更新变革的速度，所以有必要构建一套完备的、具有自发约束效力的管理控制系统规范，形成长效监管机制。

《企业管理控制规范》的建立，一方面，可以使监管各方诸如行政监督和社会审计等具有监督评价的参照系。《企业管理控制规范》规定了管理控制系统的基本组成要素，其中包括控制变量和控制标准两大关键要素，而企业确定的关键控制变量恰恰为监管各方提供了重点关注的指标，其确定的控制标准也为监管各方提供了分析评价和判断的数量依据。另一方面，由于《企业管理控制规范》可以使企业构建管理控制系统时有所参考和借鉴，并通过管理控制系统的构建，将防范风险、提高经营效率和效果内化为一种企业内部自律性的管理控制机制，这种自律性机制的健全实质上也是对外部监管力度的一种强化。

（二）内部控制规范体系的建立与实施

大量的商业丑闻（如安然公司事件、泰科国际公司事件、阿德尔菲亚公司事件、世通公司事件等）对加强公司治理和风险管理提出了强烈需求。2002 年，美国萨班斯法案（Sarbanes – Oxley Act）应运而生，该法案进一步强化了公众公司维持内部控制系统的要求，并强制要求管理层对企业内部控制的有效性做出保证，同时要求审计师对企业内部控制的有效性进行鉴证。

2006 年 5 月，中国证监会（CSRC）发布《首次公开发行股票并上市管理办法》，

第 29 条规定"发行人的内部控制在所有重大方面是有效的,并由注册会计师出具了无保留意见结论的内部控制鉴证报告",这是中国首次对上市公司内部控制提出具体的要求。根据该制度,公司在 IPO 时必须具备健全、有效的内部控制系统,以保证财务报告的可靠性、遵守相关法规、经营的效率和效果(Tong et al., 2014)。同年,上海证券交易所和深圳证券交易所分别发布了两个类似的《上市公司内部控制指引》,规定主板上市公司应根据此指引建立内部控制,公司董事会应在年度报告披露的同时,披露年度内部控制自我评估报告,并披露会计师事务所对内部控制自我评估报告的核实评价意见。这两个指引仅作为企业实施内部控制的参考标准,缺乏法律强制性,并且也仅仅是在主板上市公司范围内执行(Wang et al., 2013)。

2008 年 6 月,财政部、证监会、审计署、银监会、保监会联合发布了《企业内部控制基本规范》(简称《基本规范》),它被视作中国版的"萨班斯法案",旨在促进中国企业建立有效的内部控制系统,加强内部控制的监督和评价。2010 年 4 月,我国又发布了《企业内部控制应用指引第 1 号——组织架构》等 18 项应用指引、《企业内部控制评价指引》和《企业内部控制审计指引》(简称《配套指引》),自 2012 年 1 月 1 日起在上海证券交易所、深圳证券交易所主板上市公司施行,鼓励中小板和创业板上市公司参照施行。上述一系列事件标志着我国企业内部控制规范体系已初步建成。

企业内部控制规范体系自建立以来,企业积极推进内部控制体系建设,实施范围不断扩大,有效提升了企业经营管理水平和应对风险的能力。然而,该规范体系在实施中仍然存在以下几个方面的问题:①内部控制规范体系中侧重于会计控制与业务控制,对制度控制和评价控制关注不够,前者导致内部控制规范体系在与公司原有管理制度融合中存在"缝隙"或出现"交叠",降低企业效率;对评价控制缺乏关注容易出现评价工作"走过场"的现象,难以发挥激励作用;②内部控制规范体系过分专注于"制衡",对战略全局的理念有所忽略,且过分着眼于微观"制衡"的理念、缺少大局观,容易导致公司短视行为,影响企业长远发展;③内部控制规范体系强调公司内部"控制"而忽视公司中的"管理",内部控制强调将公司内部控制规范体系嵌入公司内部形成良性的循环系统,但对管理主体即管理层的控制有所忽略,公司容易出现管理层凌驾于内部控制规范体系之上的情形。

从控制主体的角度可以将内部控制分为董事会控制、管理者控制和员工控制,而管理控制关注的是以管理者为主体的管理者控制,是内部控制的核心部分。管理控制虽与内部控制有相互交叉的部分,但其又具有内部控制所不具有的内容,能在公司治理中与内部控制实现"优势互补",主要体现在:①管理控制强调制度控制和评价控制,可以弥补内部控制规范体系在与公司原有管理制度的融合中存在的"缝隙"或"交叠",提升评价工作的激励作用;②管理控制通过执行战略而实现组织目标,其对全局的把握可以纠正内部控制系统性的偏差,促进企业长远发展;

③管理控制中强调引入管理的艺术，要对管理进行控制，避免出现管理层权力凌驾于各项规章制度之上的情形。因而，管理控制从以上三个角度较好地弥补了内部控制规范体系的不足，也体现出建立《企业管理控制规范》的必要性。

（三）管理会计指引体系的建立与实施

随着中国经济体制的转变，中国管理会计经历了以经济责任制为基础的管理会计体系建设期、以市场为导向的计划和决策性的管理会计体系发展期，到现在以价值创造为核心的战略管理会计体系建设发展期。从外部需求的角度来看，当前国际局势的全球化进程持续深入发展，世界经济进入增速减缓、结构转型、竞争加剧的时期，我国经济也面临着转型升级、转变发展模式的重要挑战和机遇，亟待形成中国自己的管理会计指引体系。从内在需求的角度来看，目前中国企业的管理会计水平仍有发展空间，管理会计功能发挥仍有不足，急需一套权威的指引规范实践操作。

2014年10月27日，财政部以财会〔2014〕27号的形式印发了《关于全面推进管理会计体系建设的指导意见》，为构建管理会计规范体系提供思路，主要包含如下四个方面的内容：①推进管理会计理论体系建设；②推进管理会计指引体系建设；③推进管理会计人才队伍建设；④推进面向管理会计的信息系统建设。《指导意见》针对第二项内容明确了管理会计规范体系的建设思路与框架。2016年6月24日，财政部发布了《管理会计基本指引》；2016年12月23日，财政部发布《管理会计应用指引第100号——战略管理》等22项管理会计应用指引的征求意见稿。这标志着我国管理会计指引体系已初具雏形。

我国管理会计指引体系虽然已形成自己的框架体系，在指导企业实践中也取得一定成果，但是鉴于管理会计指引体系自身存在的问题，管理会计在具体实施中还存在诸多的不足，主要体现在：①管理会计侧重于财务指标的管理，对公司其他管理因素关注较少，"厚此薄彼"容易导致公司管理失衡和管理漏洞；②管理会计中运用的管理工具多为国外直接引进，缺少适用中国企业特色改造，难以适应中国企业管理实际，管理会计真正的作用没有得到有效发挥；③管理会计只是单纯强调了管理控制方法，而对管理控制程序和模式方面的内容关注不足，难以形成系统性的管理体系。面对管理会计在现实应用中存在的问题，管理控制恰好能在以下三个方面弥补管理会计的不足：①管理控制强调通过战略实施实现企业目标，不仅关注财务指标，而且对于公司其他因素指标同样进行控制，保持整体均衡；②管理控制中引用的管理工具结合中国国情进行适当改造，能够促进管理会计作用的发挥；③管理控制不仅关注管理控制方法，对管理控制程序和模式同样关注，强调系统和整体的观念，让管理控制嵌入企业管理的系统中，形成全面控制，弥补管理会计的不足。

管理控制是管理会计的重要组成部分，对管理会计的重视加快了对管理控制的需求。管理会计中的会计计量体现在管理控制要素、管理控制程序和管理控制方法等各个方面，管理控制从管理工具、管理程序和模式等三个方面弥补了管理会计在企业内部管理中存在的不足。在当前大力发展管理会计的同时，管理控制理应受到重视，地位应该予以强化，《企业管理控制规范》的制定也是管理会计指引体系建设的必然需求。

二、加强企业管理控制的内部要求

（一）来自于外部环境的挑战

《企业管理控制规范》是应对外部环境挑战的客观需要。"权变性"是管理控制的显著特征，外部环境的变化必然对管理控制理论提出新的要求。尤其在我国现阶段内部控制规范体系基本建立、管理会计指引体系也逐步建成的条件下，管理控制规范作为企业治理不可缺少的一部分亟待完善，因而《企业管理控制规范》的制定是应对外部环境挑战的措施。具体从以下几个方面进行分析：

当前企业外部经济环境呈现新的特征，主要表现为三个方面：经济全球化、风险常态化和"互联网+"。经济全球化加速了以跨国公司为代表的市场力量的发展，促进了商品、服务和生产要素的跨国界流动，促使资源在全球进行配置，资源配置方式的转变促进了企业组织模式、运作模式转变，全球化的发展使企业竞争加剧，面临残酷的挑战；风险常态化伴随经济全球化的发展而出现，由于企业并不是一个孤立的个体，处于整个社会环境的网络之中，与外部环境和内部环境间联系紧密，往往"牵一发而动全身"，因而，企业面临外部环境的复杂变化，使得风险日益复杂和常态化；"互联网+"的本质是传统产业的在线化、数据化和集聚化，这种业务模式改变了以往仅仅封闭在某个部门或企业内部的传统模式，可以随时在产业上下游、协作主体之间以较低的成本进行流动和交换，改变了传统的经营模式，企业内部控制制度的范围和控制重点也必然发生变化，网络环境下的内部控制升级给企业带来全新的挑战。

经济全球化、风险常态化和"互联网+"是相互联系、紧密连接和不可逆转的环境趋势，因而如何应对这些外部环境变化带来的挑战是企业亟待解决的关键。经济全球化要求企业进行管理机制的改革，优化管理结构和积极创新，实现自身优势，增强企业的核心竞争力。风险常态化促使企业重视风险，而且应对风险的关键是预防，也就是从"源头"上控制风险。"互联网+"使得企业的内部控制重点发生转移，大量的控制程序、控制指标、控制方法将由线下转移到线上。针对以上挑战，管理控制不仅强调从方法上控制风险，更强调通过制度控制和程序模式控制进行系统性控制，使其相较于内部控制对风险的防范更具有全面性和及时性。

（二）来自于行业竞争的挑战

行业竞争的挑战可以从买方市场和微利经济两个方面分析：买方市场是指供给大于需求，商品价格有下降趋势，买方在交易上处于有利地位的市场趋势。在买方市场中，商品供给过剩，卖方之间竞相抛售，价格呈下降趋势，买方在交易上处于主动地位，有任意选择商品的主动权。买方市场意味着商品交换中买卖双方之间的平等关系被打破，商品供给者之间的竞争加剧，消费者成为市场需求的中心，成为左右市场的重要力量。企业要想在激烈的竞争中取胜，必须牢牢抓住"消费者"这个重点。如何抓住消费者，需要从以下两个方面入手：一是洞悉消费者心理，创新性"开源"，创造需求；二是压缩成本，通过"节流"形成价格优势稳住既有需求。无论"开源"还是"节流"都对企业传统的经营行为提出了全新的挑战，要求企业从整体战略高度出发，优化企业组织结构，调整企业制度，这些都是管理控制的核心内容。微利经济是指由于行业利润率下降最终导致社会平均利润率下降的经济现象。随着经济全球化和竞争加剧，微利经济时代早已到来。这对企业来说无疑会增加生存和发展的难度，如何走出微利经济的窘境，已成为现代企业迫切需要解决的难题。而管理控制强调环境控制、程序控制和模式控制能够为企业提供全新的运营模式，为企业走出微利困境提供全新的方法。

（三）来自于关键利益相关者的需求

《企业管理控制规范》的制定是关键利益相关者——股东、管理者的客观需求：

对于股东而言，从公司治理角度来看，公司治理本质上就是股东、董事会、高层经理之间的权、责、利的划分和相互制衡的控制与激励机制。这种机制在不同的管理控制系统模式下，主要体现在以下几个方面：①制度控制系统中的战略控制制度，主要包括公司章程、公司战略规划、公司组织结构、公司治理制度等；②预算控制系统中对战略规划以及预算目标的控制；③评价控制系统中的董事会对高级经理的评价控制，主要包括财务绩效考评和管理绩效考评等；④激励控制系统中的企业所有者对高级管理者的激励控制，主要包括股票期权（或与股票相关的）激励、年薪激励、工效挂钩激励、奖金激励等。以上这些实际上都是关于董事会与股东目标一致性、高层经理与董事会的目标一致性以及高层经理对经营管理活动的效率性问题。

对于管理者而言，委托代理理论认为一个参与者（委托人）想使另一个参与者（代理人）按照前者的利益选择行动，但委托人不能直接观测到代理人选择了什么行动，能观测到的只是一些变量，这些变量由代理人的行动和其他外生的随机因素共同决定，因而充其量只是代理人行动的不完全信息（张维迎，1996）。这一理论应用到企业管理活动中表现为，管理者设定了一定的工作目标，但却无法直接观测到员工是否按照其要求，完全朝着预期目标的方向前进，于是就需要设计一系列契约来约束和激励员工，使其按照管理者的要求行事。管理控制系统正是这样一系列契约的组合，其基本目的就是使管理活动更具有效果和效率。

三、基于管理控制现状的整体需要

（一）中国企业管理控制整体发展不平衡

我国地域广阔，经济发展呈现着区域之间不平衡的特征。企业管理控制水平自然要受到区域整体发展能力的影响；同时管理控制建设又属于企业的个体行为，会给企业带来一定的管理成本，且受到企业规模、盈利能力等自身特征的影响。因此我国企业管理控制的不平衡性主要体现为不同地域之间和不同规模企业之间的差异。在地域不平衡方面，无论是国企股份制改造还是企业信息化改革等都是从东部沿海地区率先试点，然后再向全国推广，而这些改革措施都是市场经济建立和现代企业制度建立的重要条件，这就决定了东部沿海地区的经济发展水平整体高于其他地区，处于市场经济环境中的企业也得以率先引进国外先进的管理控制方法。例如，2002年以来推行的"以信息化带动工业化，以工业化促进信息化"的企业信息化升级战略，率先在东部沿海地区试点和推行，引进诸如 MRP 和 ERP 等先进管理控制工具方法，而信息技术作为现代管理控制的关键，极大地推动了企业管理控制的发展，因而相较于内陆企业而言，东部沿海的企业管理控制水平较高[1]。在企业规模不平衡方面，剔除宏观环境的影响，企业管理控制水平还受到个体特征的影响。例如，大中型企业在资金、信息技术、人力资源等方面具有明显优势，一方面可以承受引进新工具方法所带来巨大的短期管理成本，另一方面凭借其积累的管理能力和人力资源，可以更为迅速和有效地完成先进管理技术与已有基础的继承性对接。与之对应地，中小企业由于受制于自身战略目标、成本压力、人力资源等的制约，不仅缺乏提升自身管理水平的动力和意愿，而且也没有能力去完成管理控制的升级。

（二）中国企业管理控制缺乏规范性和针对性

管理控制实施过程中的规范性不足主要表现为：其一，制度执行的刚性不足。管理控制的实施包括制度设计和制度执行两个维度。制度制定出来之后，如果没有得到贯彻执行，制度设计得再精巧、严密也都无济于事。我国企业尤其是国有企业长期存在"一言堂""强人治理"和"人治"思想的导向，极易出现管理控制的制度执行受到个人影响的现象，严重削弱了制度的严肃性和公信力，导致管理控制制度"虚设"而成为"花瓶"，缺乏必要的执行力和控制力。其二，组织机构的权责不明。目前大部分的企业管理控制工作没有设立专门的实施机构，大部分都是设置于财务部门之下，职责难以明晰，未能给管理控制实施提供有效的组织保障。

管理控制实施过程中的针对性不足主要表现为：其一，工具引进缺乏系统性策略。有些企业认为既然决定引入先进管理控制工具，就应该废止现行的一切管理系统，工具引进陷入了唯一论的怪圈；有些企业认为先进的技术方法就应该多多益善，全盘接收，零散且不系统，而忽视了新工具与原有管理体系的继承性衔接，陷入了碎片化和盲目供给的误区，造成管理资源大量浪费。其二，工具整合缺乏本土化改造。有些企业在引进西方工具时容易走向唯外论的误区，缺少结合自身实际的本土化改造与个性化设计，重学术意义上的"结果准确"，轻实践意义上的"行为引导"

---

[1] 先进的管理控制经验之所以集中于沿海地区、在中西部企业运用较少还有一个重要原因是中西部教育相较东部滞后，企业经理人员的管理控制知识相对缺乏（郑石桥和李宇立，2006）。

的根本特征,导致对工具被动复制和机械引用,进而暴露出与自身经营环境、发展战略、组织形态以及企业文化之间的冲突,导致很多"管理变革"都无疾而终。

(三)中国企业管理控制国际化程度不够

从管理控制的人才培养来看,国内企业缺少必要的人才培养机制,设计和掌握管理控制的专业人才匮乏。在国外,管理控制的理念和应用非常广泛,高级财务管理人才受到世界500强企业的大力推崇。美国劳工部2006年的调查数据显示,在企业内部从事财务工作的人员中有90%以上担任管理会计的职位,70%的工作时间用来进行决策。与之形成鲜明对比的是,国内企业财务人员中只有15%从事管理会计工作,其余85%担任财务会计职位,且其80%的工作时间用于简单的记录与核算工作,充当"账房先生"的角色。据统计,目前中国的管理会计人才缺口已达300万。管理控制人才匮乏的部分原因源于国家在管理会计人才培养认知上的不足而究其主因还是企业管理控制人才培养内部机制的不健全。一项企业调查发现近半数的中国企业没有独立的管理会计人才培养计划(李扣庆等,2014),而国外企业几乎全部拥有自己完善的管理会计人才培养体系。

从管理控制的具体实施来看,相较于国外企业对一系列成熟的管理控制工具的熟练运用,国内企业的管理控制还没有充分发挥应有作用。国外企业的管理控制更主要的是发挥诸如制度控制、评价与激励、风险管理和参与战略制定等核心职能,而国内企业的管理控制更多的是发挥传统的预算管理、成本费用管理、财务预测等辅助功能。有些企业即便引进了诸如平衡计分卡、作业成本法和EVA考核等先进的工具方法,但由于没有将这些舶来品与企业原有管理体系深度融合,仅限于被动地复制模仿和机械应用,甚至将管理控制当作一种国际化的放之四海而皆准的工具,使得它们发挥的效率效果大打折扣,无法实现预期的应用目标。

第二节 中国特色管理控制规范的价值与整体构思

一、中国特色管理控制规范的地位分析

《企业管理控制规范》是指导企业应用管理控制的管理原则、内容和方法,而不是外部监管部门颁布的强制性政策法规。它的首要目的是为管理者实施管理控制提供指导,帮助企业建立规范、有效的管理控制系统。

(一)《企业管理控制规范》与中国现行财经法规体系

《企业管理控制规范》是企业执行和落实中国现行财经法规体系的助推器和保障。从我国目前财经法规体系的内容来看,主要由财会法规、审计法规、税收法规、金融法规、行政事业单位法规、企业法规以及其他法规等几大体系组成。作为市场

经济的微观主体，企业有义务也有必要确保经营管理合法合规。管理控制的应用应当以遵从财经法规为边界和前提，规范经营管理活动，提升管理效率。作为帮助企业建立实施管理控制的指导性文件，《企业管理控制规范》有助于企业执行和落实财经法规。

财经法规的制定层次主要有以下五大层次：第一层次是全国人民代表大会及其常务委员会颁布的法律，如《会计法》《公司法》和《税法》等；第二层次是国务院制定或颁布的法规，如《国有资产评估管理办法》《企业财务与会计报告条例》等；第三层次是由财政部或财政部与其他部委联合制定或颁布的法规，如《企业会计准则》《企业会计制度》《企业内部控制基本规范》等；第四层次是地方政府、主管部委和非政府机构制定的法规，如上海市人民政府发布的《上海市证券交易管理办法》，证券监督管理委员会制定的《证券发行上市保荐制度暂行办法》等；第五层次是由企业、非营利组织、行政单位制定的财经管理制度、规范与章程等。从以上五个层次法律法规的特点看，上层法规对下层法规具有统驭的作用；五个层次的法规都可用于规范和指导各企业及非营利组织等组织的行为；越低层次的法规，规则越具体，操作性越强。从财经法规的作用和用途看，主要有外部监督管理法规和内部管理法规。前者可作为外部监督管理机构或人员进行监督管理的准绳；后者可作为企业、政府及非营利组织内部运作的规则。《企业管理控制规范》作为企业不可或缺的内部管理制度安排，一方面可以，指导企业更有效地遵从内部管理法规，另一方面也可以帮助企业更为积极地符合外部监督管理法规的要求。

（二）《企业管理控制规范》与中国内部控制规范体系

《企业管理控制规范》有助于中国现行内部控制规范体系的落地实施。我国目前的内部控制规范体系主要包括基本规范、配套指引以及解释公告与操作指南三个层次的内容，自上而下地形成一套系统的企业内部控制规范体系。其中，第一层次为基本规范，是内部控制规范体系的最高层次，起统驭作用，在立足我国国情、借鉴国际惯例的前提下，确立了我国企业建立和实施内部控制的基础框架。第二层次为配套指引，是内部控制规范体系的主要内容，是为促进企业建立、实施和评价内部控制，规范会计师事务所内部控制审计行为所提供的指引，包括21项应用指引（已发布18项，涉及银行、证券和保险等业务的3项指引暂未发布）、《企业内部控制评价指引》和《企业内部控制审计指引》等方面内容。第三个层次是解释公告和操作指南。解释公告是就内部控制规范体系实施过程中所出现新情况和新问题的解答，是对内部控制规范体系的重要补充；操作指南是对不同行业的企业内部控制规范体系的建设方法、控制程序、实施步骤、考核办法等的具体规范，是内部控制规范体系落地具体行业、具体企业的实际应用指南，同时也是内部控制规范体系的重要组成部分。

从企业内部控制规范体系的三个层次看，内容上呈自上而下的统驭关系，层次越高越表现出其纲领性和战略性，层次越低越体现为可操作性和实践性。目前《企业内部控制规范》已经施行，企业内部控制规范体系也较为完善。而管理控制作为一门单独的科学，强调系统性地对公司进行管理上的控制，是企业建设和实施内部控制的重要组成部分和方法手段，两者互为促进，互相补充。同时，两者的具体内容也各有侧重，因而不应该将管理控制作为内部控制的附庸，有必要建立《企业管理控制规范》，并参考企业内部控制规范的三个层次，对其职能进行定位。因此，参照内部控制规范体系的职能，我们也可以将《企业管理控制规范》看作是企业内部不可或缺的一种管理制度。

（三）《企业管理控制规范》与中国管理会计指引体系

《企业管理控制规范》与中国管理会计指引体系是并列关系，能够弥补中国管理会计指引体系的不足，又独立于管理会计指引体系。财政部于2014年1月28日印发的《财政部关于全面推进管理会计体系建设的指导意见（征求意见稿）》，将管理会计指引体系划分为基本指引、应用指引和案例示范三方面内容。同样，《企业管理控制规范》也包括基本指引、应用指引和案例三方面的内容。但管理会计与管理控制在内容上互相弥补又各有侧重：管理会计侧重于对量化的财务指标的运用及评价，而对不可量化的非财务指标内容关注较少；管理控制能兼顾两者，且其遵循的系统论具有战略性和全局性，其评价指标虽偏重于制度控制、预算控制和评价控制等内容，但较为系统和全面，能弥足管理会计的不足，同时其核心内容"控制"，是其与管理会计的根本差别，是独立于管理会计的一门单独科学，因而《企业管理控制规范》与中国管理会计指引体系是互相弥补又彼此独立的并列关系。

我国管理会计指引体系的内容包括三个层次：基本指引、应用指引和案例示范。第一层次为基本指引。财政部于2016年6月22日印发了《管理会计基本指引》，基本指引在管理会计指引体系中起统驭作用，是制定应用指引和案例库的基础，同时规定了单位应用管理会计应该遵循战略导向原则、融合性原则、适应性原则和成本效益原则四大原则，并提出了单位应用管理会计的环境应该区分内部环境和外部环境，并结合具体情况应用，界定了管理会计活动和管理会计工具，并最终生成管理会计报告；第二层次是指管理会计应用指引，我国虽尚未形成正式完整的管理会计应用指引，但财政部于2016年12月23日发布《关于就〈管理会计应用指引第100号——战略管理〉等22项管理会计应用指引征求意见的函》，内容涉及战略管理、预算管理、成本管理、营运管理、投融资管理等内容，并包括部分具体的工具指引内容，管理会计应用指引已初具雏形。第三层次为案例示范，虽然财政部及相关部门尚未制定具体的管理会计示例，但国内多家企业都进行了管理会计的实践为企业践行管理会计指引，理解管理会计方法和应用提供了切实的案例经验。

从中国管理会计指引体系的三个层次可以看出，从基本指引到应用指引再到案例应用，是由抽象到具体、由战略高度到实施基层的逻辑链条。尽管目前中国管理会计指引体系尚未完全建立，但随着管理会计建设的大力发展，管理会计体系将越来越完善。关于管理会计与管理控制之间的关系，我们认为：第一，管理会计的发展推动了管理控制的发展；第二，管理控制的内容和目标与管理会计具有相似的部分；第三，管理控制强调"控制"，从这点来说与管理会计"管理"特性具有本质不同；总之，管理控制是一门独立科学。

二、中国特色管理控制规范的制定价值

（一）理论价值

《企业管理控制规范》既是管理控制理论体系的重要组成部分，又是财经法规体系的重要补充。

1. 《企业管理控制规范》是管理控制理论体系的重要组成部分

理论是对描述或规定一系列现象的规则和原则的系统表述，它可视为有助于理解组织概念、解释现象和预测行为的框架（Most，1977）。从这一定义可以看出，"理解组织概念"主要是对基本理论问题的探讨，"解释现象和预测行为"则涉及到理论应用的问题。严格来讲，任何一个完善的理论体系都应当包括基本理论和应用理论两大部分。管理控制系统的理论研究亦然。

我国理论界对管理控制基本理论的研究已经初具规模，并形成了一定的理论框架，但对应用理论的研究却并不多见。《企业管理控制规范》作为管理控制理论体系中应用理论分支的一个重要组成部分，是对整个管理控制理论体系的完善。同时，将一个逻辑清晰、体系完善的管理控制框架用具体的规范来体现，会更进一步深化人们对管理控制的理性认识，从而使得这一理论能够在实践中得到不断的检验、提炼和升华，这对于我国管理控制理论研究的成长和发展具有十分重要的意义。另外，《企业管理控制规范》对内部控制、管理会计、公司理财、公司治理、内部审计等相关领域，在理论上也起到一定的补充作用。

2. 《企业管理控制规范》是财经法规体系的重要补充

我国目前的财经法规体系对于管理控制没有独立、完整的规定，而是散见于不同的法律、规章、制度和条例中。《企业管理控制规范》的制定将会成为财经法规体系的重要补充，并提供指导管理控制的完整框架。

1988年全国人大常委会通过的《中华人民共和国全民所有制工业企业法》规定"社会主义商品生产和经营单位必须有效利用国家授予经营管理的财产，实现资产增值"，"加强和改善经营管理，实行经济责任制，推进科技进步、厉行节约、反对浪费、提高经济效益"，这是从法律上高度强调管理控制在企业内部地位的初步体现；1996年12月，中国注册会计师协会发布《独立审计具体准则第9号——内部控制和审计风险》，要求注册会计师审查企业的内部控制；1997年5月，中国人民银行颁布《加强金融机构内部控制的指导原则》，标志着我国第一个关于内部控制的行政法规诞生；2001年1月和2002年12月证监会又分别发布《证券公司内部控制指引》和《证券投资基金管理公司内部控制指导意见》；2006年5月，证监会发布《首次公开发行股票并上市管理办法》，首次对上市公司内部控制提出具体的要求；同年，上海证券交易所和深圳证券交易所分别发布了两个类似的《上市公司内部控制指引》，规定主板上市公司应根据此指引建立内部控制；2008年到2011年，我国相继出台了现行的《企业内部控制规范》及其配套指引；2012年11月出台了《行政事业单位内部控制规范（试行）》，并自2014年1月1日起实施；2013年12月28日，财政部制定并颁布了《石油石化行业内部控制操作指南》；2016年4月，财政部推出了《小型企业内部控制规范（征求意见稿）》，弥补了小型企业建立健全内部控制规范体系的制度空白。

这些规范无一例外地强调了单位建立内部控制的重要性，而且其中很多规定都是针对管理控制而言的，即便是在财政部颁发的名为"内部会计控制"系列规范中，也涵盖了一些管理控制的内容。尽管如此，在管理控制建设上却一直没有专门的规章制度。因此，《企业管理控制规范》的制定正是对我国管理控制的相关法规体系建设的重要补充。

（二）实践价值

1. 《企业管理控制规范》有利于改进微观企业的经营管理行为

一方面，《企业管理控制规范》为企业提供一套能够落到实处的、可操作的管理控制应用指南。它将管理控制的目标细化，将管理控制的思想精髓落实到具体的实施原则，并以不同的方法手段为基础，提供可供不同具体环境下选择和操作的管理控制系统模式。在《企业管理控制规范》的要求下，企业管理者不仅仅是要关注内部牵制、内部稽核等安全性、可靠性的行为，更要关注如何提高经营管理效果和效率。这就要求企业管理者站在战略的高度，加强风险防范意识，并通过管理控制行为不断自我诊断、自我完善，挖掘管理潜力。另一方面，《企业管理控制规范》可以通过控制环境的建设完善使得管理控制融于企业整体管理系统中。《企业管理控制规范》强调控制环境的重要性，要求综合考虑企业战略、公司治理结构、责任中心、人力资源政策和企业文化等环境因素。其指导意义在于谋求建立具有环境适应性的管理控制系统。

2. 《企业管理控制规范》有利于保证宏观经济的健康运行与持续发展

《企业管理控制规范》的制定可以预防控制失效带来的不良后果，同时也有利于维持市场秩序。《企业管理控制规范》确立了提高经营管理活动效率和效果在企业经营管理中的地位，这就意味着经济责任人将像承担会计控制失效所承担的责任一样来承担管理控制失效的责任，迫于这种约束各责任人将不得不尽全力来提高经营管理活动的效率和效果，甚至潜在的在职消费现象也会有所减轻。同时经营管理活动效率和效果的提高也有利于减轻社会负担，尤其像由于破产所导致的失业问题将会减少，从而有利于形成稳定的市场秩序。

三、中国特色管理控制规范的整体构思

制定《企业管理控制规范》的整体思路是：以管理控制基本理论为指导，以《中华人民共和国公司法》为法律依据，以管理控制系统模式为框架，以我国企业管理控制环境为背景，以《企业内部控制基本规范》及其配套指引为参考，借鉴中国管理会计指引体系，制定具有中国特色的《企业管理控制规范》。

（一）制定管理控制规范的依据与参考样本

《中华人民共和国公司法》是制定《企业管理控制规范》的主要法律依据。《公司法》第五条规定"公司以其全部法人财产，依法自主经营，自负盈亏。公司在国家宏观调控下，按照市场需求自主组织生产经营，以提高经济效益、劳动生产率和实现资产保值增值为目的。"从规定中可以看出"提高经济效益和劳动生产率"都被列为公司经营的目标，而这正是《企业管理控制规范》所试图解决的效率和效果问题；其第六条中规定"公司实行权责分明、管理科学、激励和约束相结合的内部管理体制"，管理控制系统的建立完全符合这一规定，而且是对这一管理体制的完善。

管理控制与内部会计控制是内部控制的两个重要组成部分。《企业管理控制规范》的制定必须与《企业内部控制基本规范》及其配套指引相协调。在《企业内部控制基本规范》及其配套指引已经颁布的情况下，《企业管理控制规范》应以《企业内部控制基本规范》及其配套指引为参考或在形式上及结构上作为样本，从而使《企业管理控制规范》与《企业内部控制基本规范》及其配套指引形成相互补充、相互协调的统一内部控制规范。从这个角度出发，《企业管理控制规范》的制定也分为基本规范与应用指引两部分。在应用指引的制定上，考虑到《企业内部控制应用指引》的种类与内容，管理控制具体规范的种类选择了以管理控制系统模式分类为基础，既体现了管理控制的特色，又避免了与《企业内部控制应用指引》的冲突。

管理控制与管理会计虽各有侧重，但在企业经营管理中具有高度重合的内容，因而《企业管理控制规范》的制定须与管理会计指引体系相协调，在《管理会计基本指引》和应用指引的结构已经确认的情况下，《企业管理控制规范》应以管理会计指引体系结构为样本，从而使《企业管理控制规范》与管理会计指引体系更加契合，在企业经营中形同相互支撑和补充的企业内部管理规范。在应用指引的制定上，虽然正式的管理会计应用指引尚未颁布，但从目前颁布的《关于就〈管理会计应用指引第 100 号—战略管理〉等 22 项管理会计应用指引征求意见的函》中可窥见管理会计应用指引的结构和内容，而考虑到《企业内部控制应用指引》的种类与内容，管理控制具体规范的种类选择了以管理控制系统模式分类为基础，既体现了管理控制的特色，又避免了与管理会计指引的冲突。

（二）采用"基本规范 + 具体规范"架构的理由

《企业管理控制规范》采用"基本规范 + 具体规范"架构，主要基于以下两方

面的原因:

1. 参考管理控制理论体系

国际理论界于 20 世纪初就对管理控制展开了探讨,第一部完全以管理控制为主题的教材《工业控制》于 1920 年由弗朗西斯 M. 罗森完成(Giovanni and Bedeian,1974),至今已经有 90 余年的历史了。如今,美国管理控制理论框架的成熟程度至少已经达到了"学生们几十年前学习的管理控制框架在今天也基本有效"(Anthony and Govindarajan,1998) 的地步。英国管理控制理论也有专门的管理控制协会(Management Control Association)对管理控制进行专门研究。西蒙斯(1995)在前人研究的基础上提出了四个管理控制杠杆,并依据这四个管理控制杠杆建立了边界控制系统、诊断控制系统、信任控制系统和交互控制系统四种管理控制系统模式,这四种管理控制系统模式可以被看成是西方研究管理控制方法体系的一种成熟体现。国内对管理控制的研究也已经有了比较长的历史,最初只是往往局限在管理控制的某一个方面,如预算管理、业绩评价等,没有形成一个完整的体系和框架。近年来,一批学者开始致力于对管理控制理论体系和方法体系的探讨,并构建了我国管理控制理论框架。从管理控制的内涵、管理控制的要素、管理控制的程序到管理控制的模式,形成了较为完善的管理控制体系,特别是提出管理控制四大模式,即制度控制系统、预算控制系统、评价控制系统和激励控制系统。企业管理控制的具体规范正是在参考管理控制理论体系的基础上制定的。

2. 参考《企业内部控制规范》及配套指引和管理会计指引体系

《企业管理控制规范》的架构应该参考企业内部控制规范体系和管理会计指引体系。内部控制、管理会计与管理控制作为公司内部经营管理的重要组成部分是紧密交织在一起的,因而,《企业管理控制规范》的架构须与《企业内部控制基本规范》及其配套指引和管理会计指引体系相协调,才能在企业管理中形成高度契合的互补作用。因而在《企业内部控制基本规范》及其配套指引已经颁布、管理会计指引体系基本建成的情况下,《企业管理控制规范》的制定也应分为基本规范与应用指引两部分。

四、中国特色管理控制规范的内容

《企业管理控制规范》主要由企业管理控制基本规范与具体规范两大部分组成,"基本规范"统领"具体规范","具体规范"是"基本规范"的具体化。

(一)企业管理控制基本规范的主要内容

企业管理控制基本规范由管理控制规范总则、管理控制要素、管理控制内容、管理控制程序、管理控制系统模式、管理控制监督与评价以及附则等章节组成,这些章节对单位建立管理控制系统的一般性问题做出了原则性规定,明确了单位建立和完善管理控制系统的基本框架和要求。它本质上是一个管理控制概念框架,统驭管理控制具体规范。

总则包括管理控制的定义、目标、原则、要求、理论结构及实践基础等内容；管理控制要素包括控制环境、控制变量、控制标准、控制报告、执行评估、纠正偏差、业绩评价、激励机制、沟通交流、内部监督等十大要素；管理控制内容根据控制主体、控制客体和控制过程的不同进行了详细介绍；管理控制程序包括战略目标分解、控制标准制定、控制报告分析、经营业绩评价、管理者报酬五大步骤；管理控制系统模式包括制度控制系统、预算控制系统、评价控制系统和激励控制系统四大模式；管理控制监督与评价规定了管理控制监督与评价的具体程序、方法和要求；附则对规范的性质和效力做出说明。

（二）企业管理控制具体规范的主要内容

企业管理控制具体规范包括按照不同管理控制系统模式制定的四个应用指引。

（1）企业管理控制应用指引第1号——制度控制系统。制度控制是指企业通过规章、制度的形式规范与限制企业各级管理者与员工的行为，以保证管理活动不违背或有利于企业战略目标的实现。制度控制规范的作用在于使管理者及员工明确哪些事该做，哪些事不该做，按规章制度做事，做不违背企业目标的、正确的事。

制度控制应用指引由总则、制度控制系统的目标与原则、战略控制制度、管理控制制度、作业控制制度、制度控制系统的程序与方法、制度控制系统的环境与条件等章节组成。

（2）企业管理控制应用指引第2号——预算控制系统。预算控制是指企业通过预算计划的形式规范企业目标和经济行为的过程，调整与修正管理行为与目标偏差，保证各级目标、策略、政策和规划的实现。预算控制系统的作用在于使管理者及员工明确自身量化目标，并能及时发现行为偏差对目标的影响，从而确保随时纠正偏差，保证任务目标的完成。

预算控制应用指引由总则、预算控制系统的目标与原则、预算控制系统的组织与职责、预算控制系统的内容与分类、预算控制系统的程序与方法、预算控制系统的环境与条件等章节组成。

（3）企业管理控制应用指引第3号——评价控制系统。评价控制是指为了实现组织目标和战略规划，组织管理当局运用特定的指标和标准，采用科学的程序和方法，对组织生产经营活动过程及其结果进行真实、客观、公正的综合评判。评价控制强调的是控制目标而不是控制过程。评价控制系统的作用在于使各级管理者和员工明确自己的工作效果（目的）与自身利益之间以及与上级、同级目标之间的关系，从而调动其主观能动性，规范其行为，为自身目标和企业目标而努力。

评价控制应用指引由总则、评价控制系统的目标与原则、评价控制系统的组织与职责、评价控制系统的范围与内容、评价控制系统的程序与方法、评价控制系统的环境与条件等章节组成。

（4）企业管理控制应用指引第4号——激励控制系统。激励控制是指企业通过激励的方式控制管理者的行为，使管理者的行为与企业目标相一致激励控制强调的是管理者的创造性。激励控制系统的作用在于使管理者特别是高层管理者将企业所有者目标与管理者个人目标相协调，根据不断变化的社会经济与技术环境，调整目标及战略，从而为企业创造更大价值。

激励控制应用指引由总则、激励控制系统的目标与原则、激励控制系统的分类与内容、激励控制系统的程序与方法、激励控制系统的环境与条件等章节组成。

（三）"基本规范"与"具体规范"的关系

"基本规范"由管理控制规范总则、管理控制要素、管理控制内容、管理控制程序、管理控制系统模式、管理控制监督与评价以及附则等章节组成。这些章节对单位建立管理控制系统的一般性问题做出原则性规定，明确了单位建立和完善管理控制系统的基本框架和要求。它本质上是一个管理控制概念框架，统驭着管理控制具体规范。

"具体规范"是对"基本规范"的具体化，主要包括制度控制系统、预算控制系统、评价控制系统和激励控制系统等项应用指引。每项指引均由总则、控制系统的目标与原则、控制系统的程序与方法、控制系统的环境与条件等内容组成，对每一种管理控制系统实施的流程步骤、工具方法和适用前提都做出了具体要求，提升了《企业管理控制规范》的可操作性。因而应用指引是对基本规范的具体化。具体见图11-1。

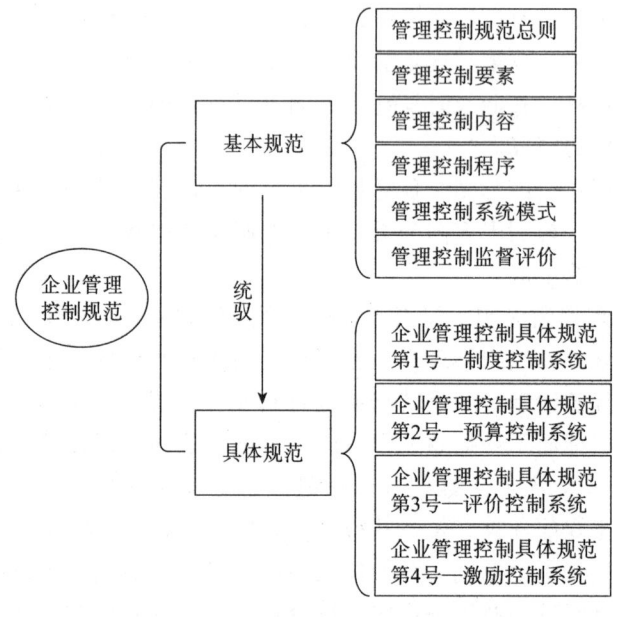

图11-1 企业管理控制规范内容框架图

附录一　企业管理控制基本规范

第一章　总　　则

第一条　为了规范和加强企业管理控制，提高企业经营管理活动的效率与效果，促进企业和宏观经济的可持续发展，依据《中华人民共和国公司法》《中华人民共和国证券法》和《中华人民共和国会计法》等有关法律法规，制定本规范。

第二条　本规范适用于我国境内外的各类大、中、小型企业。其他经济组织和单位也可以参照本规范建立与实施管理控制。

第三条　本规范所称管理控制是指企业内部控制者为保证经营活动有效性目标所进行的控制过程的总和。管理控制的控制者是以管理者为主的组织中各类成员，经营活动有效性目标从属于组织的战略目标，因此，管理控制是管理者影响组织中其他成员以实现组织战略的过程。具体来讲，企业建立与实施管理控制系统的目的是帮助管理者协调组织内部的活动，以保证组织目标的实现。

第四条　管理控制的目标是通过防范和控制企业经营管理风险，实现企业经营管理的有效性，使企业战略被执行，从而使组织的目标得以实现。根据企业目标的层次，管理控制目标进一步分为：战略有效性目标、经营有效性目标和作业有效性目标。从风险控制的角度看，管理控制的目标则是，在控制法律风险、财务风险与会计风险等最低要求的基础上，控制企业的战略风险、经营风险和作业风险。

战略有效性目标是企业管理控制的最高目标。企业战略目标通常由董事会制定，它作为企业发展的长期目标是管理者进行管理控制要保证的最根本目标。战略目标控制涉及对战略分析、战略选择、战略实施及战略调整等过程的控制。

经营有效性目标是企业管理控制的核心目标，也即狭义的由管理者实施的管理控制目标。经营目标的实现是保证战略目标实现的基础。经营目标控制涉及企业经营活动的各个领域，以保证各项经营活动的有效性，即提高企业的经营效率和效果。经营效率是指经营活动的所得与所费之间的比率。经营效果是指经营活动的有效结果或产出成果。

作业有效性目标是企业各项作业活动所要达到的标准与要求。管理控制对战略实施的控制最终要体现在对各种作业活动的控制之中。以员工为主体的作业控制或任务控制的主要任务是有效地执行各项作业任务的过程。没有作业目标的实现就没有经营目标的实现和战略目标的实现。

第五条　企业建立与实施管理控制，应当遵循以下基本原则：

（一）计划性原则。计划性原则是指管理控制必须反映计划的要求，完成计划目标。计划性原则是管理控制的本质要求。

（二）适宜性原则。适宜性原则是指管理控制必须考虑组织的环境特征，因地制宜、因人制宜、因事制宜。

（三）重要性（关键点）原则。重要性原则是指在管理控制中必须抓住关键的控制点进行控制，不能面面俱到。

（四）趋势控制原则。趋势控制原则是指在管理控制中要善于从历史数据和现状分析中发现规律和倾向，采取纠正措施，以防患于未然。

（五）例外控制原则。例外控制原则是指在管理控制中要注重对非正常、非常规情况进行控制，这是提高控制效率的基本要求。

（六）直接控制原则。直接控制原则是指在管理控制中应通过提高控制主体的素质进行事前预防控制。直接控制原则强调控制主体的重要性或对控制者的培养是控制的关键。

第六条 企业建立与实施管理控制，还应当满足下列要求：

（一）管理控制要求以人为本。管理控制实务中要从治理结构、组织结构、领导能力、职责分工等方面充分考虑人的主观能动性。

（二）管理控制要求标准客观。管理控制客观标准的制定要考虑历史水平、行业特点、组织目标等因素。

（三）管理控制要求控制效率。管理控制不仅要追求组织的有效性，而且要讲究管理控制本身的有效性，即以尽可能少的投入（成本），取得尽可能多的产出（收益）。

（四）管理控制要求灵活实用。在管理控制过程中，企业要根据控制环境等的变化对控制目标、控制标准及方式等进行适当的调整，以便于抓住机遇，调动组织中各成员积极性与创造性。

（五）管理控制要求过程可控。管理控制主体与管理控制对象应协调一致，应把可控性放在重要位置，以保证整体管理控制系统的有效运作。

（六）管理控制要求综合系统。管理控制是一个全面综合的系统，无论在管理控制系统的设计，还是在管理控制运行过程中，都必须有全局观念。

第七条 企业应当在认清管理控制要素的基础上，分析管理控制环境，选择管理控制模式，遵循管理控制程序，落实管理控制内容。

（一）管理控制要素是构成管理控制系统的必备元素，反映管理控制的目的、实质、程序。

（二）管理控制内容是管理控制系统的具体落脚点，反映管理控制的层次、活动、环节。

（三）管理控制程序是企业实施管理控制的科学步骤，反映管理控制的分散性和系统性。

（四）管理控制模式是企业实施管理控制的依托框架，反映管理控制的层级性和适应性。

第八条 企业应当根据国家有关法律法规、本规范及其应用指引，结合本单位管理控制环境与特点，建立具有适应性的管理控制制度。

第九条 企业应当运用信息技术加强管理控制，建立与经营管理相适应的信息系统，促进企业控制程序与信息系统的有机结合，减少或消除人为操纵因素。

第十条 企业的董事会应当对管理控制的建立健全及有效实施负责。

第十一条 企业应当对管理控制进行监督与评价，以促进管理控制的有效实施。

第二章 管理控制要素系统

第十二条 管理控制作为一个系统，它有规律地或重复地执行某一项活动或某几项活动。企业应当在明确管理控制要素系统基础上，建立与实施管理控制。管理控制要素系统是指能反映管理控制本质和管理控制系统组织部分的各个因素。

第十三条 管理控制要素系统可归纳为十个基本要素。

（一）控制环境。控制环境指一个组织进行管理控制所面临的环境，包括组织外部环境和内部环境。企业应当深入分析企业内外部环境。

（二）控制变量。控制变量指影响一个组织战略目标的关键因素和风险因素。组织目标能否顺利实现主要在于对风险因素、价值驱动因素等影响组织目标的关键因素的控制。企业应当识别出关键的控制变量。

（三）控制标准。控制标准指对一个组织进行管理控制的依据或准绳，它是对控制变量的量化。控制标准可分为预算控制标准、行业控制标准、历史控制标准等。企业应当选择合理的控制标准。

（四）控制报告。控制报告指对组织中的各项活动的信息进行计量、记录与报告。控制报告反映了组织正在做什么。企业应当建立并完善及时、有效的控制报告机制。

（五）执行评估。执行评估指对一个组织的活动状况进行评定与估计。企业应当将信息报告与控制标准进行比较和分析。

（六）纠正偏差。纠正偏差指对评估过程中发现的实际执行情况与控制标准之间的不利差异进行及时矫正或纠正。企业应当及时纠正评估过程中发现的偏差。

（七）业绩评价。业绩评价指对一个组织的管理者的管理控制结果或业绩进行评价。一个组织的业绩与组织中管理者的业绩可能是不同的。企业在实施管理控制的过程中，应当更侧重于对管理者或控制者业绩的评价。

（八）激励机制。激励机制指根据业绩评价结果对管理者进行奖励与惩罚。企业应当将管理控制的效果与管理者的报酬相衔接，以保证管理控制的长期有效运行。

（九）沟通交流。沟通交流指上述管理控制要素之间的信息的及时传递或交流。

这是管理控制的基础与保证。企业应当加强管理控制过程中的沟通交流。

（十）内部监督。内部监督指对执行管理控制过程的质量进行检查和评价。管理控制者本身也需要被控制，这是一个完善的控制系统的必备要素。

第十四条 控制环境是企业管理控制系统的第一要素，它是管理控制其他要素的基础，是管理控制程序各个步骤的前提，是管理控制模式选择的依据，是企业具体进行控制活动的保证。企业应当首先深入分析管理控制环境，管理控制其他要素将在管理控制程序、管理控制模式等中体现出来。

管理控制环境包括外部环境与内部环境，它们又分别包含许多具体环境因素。

第十五条 管理控制外部环境包括：社会环境、政治环境、技术环境、经营环境、行业竞争环境、供应商与客户环境等。每一环境又包含许多影响因素，如社会与政治环境中包括道德、文化、宗教、生态等；政府活动中包括体制、法律、规章制度等；国际经营环境中包括汇率、国际资本市场、通货膨胀等。

第十六条 管理控制的内部环境包括：组织战略、组织结构、责任中心、企业文化、人力资源等。

（一）组织战略。理解组织战略对管理控制系统建立有着至关重要的影响。战略制定与管理控制的联系十分明确，战略制定是决定组织目标和达到这些目标的战略的过程，管理控制是保证企业战略实现的过程。

（二）组织结构。企业应当建立健全符合组织战略需要的组织结构。要明确组织结构中的关键职能部门；考虑组织结构的权力集中度和适应性；判断组织结构中的各管理层人员是否具备足够的知识、技能及丰富的经验。

（三）责任中心。企业应当合理授权，明确划分责任中心，做到责权利相匹配。要明确划分各岗位职责，逐项分析并规定各工作岗位所须具备的知识和技能；企业各业务部门、分支机构和员工应当在规定授权范围内行使相应的职责；要建立有效的责任评价和激励反馈机制。

（四）人力资源。企业应当建立科学的人力资源政策，包括建立科学的人才聘任、培训、轮岗、晋升、淘汰等基本的人事管理制度；建立客观、公正、合理的绩效考评和激励机制；要建立科学的人力资源素质管理制度，要制定文字化的行为准则和政策说明，确保企业员工具备和保持正直、诚实、公正、廉洁的品质与应有的专业胜任能力。

（五）企业文化。企业应当建立具有系统性和适应性的文化纲要，营造积极向上、有特色的文化氛围。企业要加强制度层、精神层、物质层的各层次文化建设；要形成富有企业个性的管理哲学和经营风格；要树立诚信原则和正确的个人价值观和企业价值观。

第十七条 企业应当积极营造良好的控制环境，建立一套科学合理的标准、流程和结构，为组织实施管理控制提供基础。董事会和高级管理层应在高层重视管理

第三章 管理控制内容

第十八条 按照不同标准，管理控制的内容可以划分为不同的部分。通常可以按照控制主体、控制客体和控制过程划分管理控制的内容。企业应当落实管理控制内容中的每一个具体环节。

第十九条 管理控制按控制主体划分控制内容，包括：

（一）以董事会为主体的公司治理控制，其主要任务是战略管理控制，包括公司目标确定、公司战略与策略、公司经理人员的责任与权利、公司监督机制建立等。

（二）以管理者为主体的管理控制，其主要任务是管理者影响组织中其他成员以实现组织战略。管理控制的目的是使战略被执行，从而使组织的目标得以实现。

（三）以员工为主体的作业控制或任务控制，其主要任务是使特殊任务被有效执行的过程。执行这些任务的规则可被描述为管理控制过程的一部分。

第二十条 管理控制按控制活动划分控制内容，包括：

（一）生产与研发控制。生产是创造价值和使用价值的关键。产量、品种、质量、成本等都与生产密切相关。对生产过程的控制是内部控制的重点。研发对产品质量、成本、品种有着至关重要的影响，加强研发控制，抓住核心技术是企业生存与发展的关键。

（二）采购与销售控制。采购与销售环节主要是面向市场，采购面向供应商，销售面向客户。采购控制涉及采购成本、采购质量、交货时间、付款时间等内容。销售控制涉及销售价格、销售量、销售费用、货款回收等内容。

（三）财务控制。财务活动主要包括筹资活动、投资活动和分配活动。财务控制主要应加强这三方面的控制。由于这三项活动与企业价值创造目标紧密相关，因此，财务控制也是管理控制的核心。筹资控制包括筹资规模、资本结构、股权结构、资本成本等方面。投资控制包括投资方向、投资结构、投资风险、资产利用等方面。分配控制包括薪酬水平、激励方式、股利政策等方面。

（四）资产与人力资源控制。资产与人是企业经营的两大资源，保证资产与人力安全完整是内部控制的基本要求。资产与人力安全完整意味着资源合理使用并且不存在损失与浪费。因此，资产控制包括资产安全完整控制、资产使用效率控制等；人力资源控制包括人的安全控制、人力资源配置控制、劳动生产率控制等。

（五）会计控制。会计作为一种信息系统，会计信息成为一种商业语言，会计信息可反映企业或组织的财务状况、经营成果及现金流量等情况。会计控制主要通过对会计信息可靠性的控制，为经营管理提供决策有用的信息。

第二十一条 管理控制按控制过程划分控制内容，包括：

（一）资源投入控制。一个企业或组织的建立与运行需要两种资源，即人力资源和资本资源。资源投入控制包括人力资源投入控制和资本资源投入控制。资源投入的方向、数量、质量、结构等在一定程度上影响并决定着组织的运营效率和效果。

（二）经营运作控制。企业经营运作过程主要指企业的供应、生产和销售过程的统一。企业资源投入后要取得产出成果就必须进行营运，营运过程中既要控制采购成本、生产成本、管理费用、营业费用，又要控制销售价格、营业收入、现金流入等。经营运作过程的控制不仅保证了营运过程各环节任务与目标的实现，而且影响并决定着产出的效率与效果。

（三）产出结果控制。产出结果包括产出的效率和效果。产出效率是指产出成果与投入资源之比率，资产周转率、净资产收益率、成本利润率等。产出效果是指产出目标，如收入额、利润额、资本增值额等。产出成果控制包括产出效率控制和产出效果控制两方面，它是一种结果控制而不是过程控制。结果控制的效果影响并决定着管理者及员工的利益分配。

（四）利益分配控制。利益分配从广义上看是从利益相关者角度对总产出的分配，包括投资者、管理者、员工、政府等对总产出的分配。利益分配的原则通常是根据利益相关者对总产出的贡献进行分配。利益分配控制从狭义角度主要是通过控制管理者的收益，促使其为企业做更大的贡献。

第四章 管理控制程序系统

第二十二条 管理控制程序应当包括战略目标分解、控制标准制定、控制报告分析、经营业绩评价、管理者报酬五大步骤，其中每一步骤又涉及许多控制环节与控制方法。

第二十三条 战略目标分解。战略描述的是一个组织计划为达到其目标的总方向。为使这一战略目标可操作并可实现，要将其进行分解，应当包括战略制定、战略规划、战略计划、具体目标等环节。企业应当以企业战略目标为导向，建立企业管理控制目标体系。管理控制目标体系应当以企业的战略控制目标、经营控制目标与作业控制目标为引领。

第二十四条 控制标准制定。控制标准是管理者进行控制时的具体参照标准，在战略计划的基础上制定管理控制标准是实施有效控制的重要步骤。企业应当以管理控制目标体系为基础，建立企业管理控制标准体系。这一环节就是将企业整体的管理控制目标从战略控制目标、经营控制目标、作业控制目标等层层分解，确定企业管理控制各个环节的控制变量（点）和控制标准（水平）。

（一）控制标准制定的程序。管理控制标准制定从具体程序或环节上包括：明确组织目标影响因素，或目标驱动因素；找出影响战略目标执行的重要变量；确定关键的风险变量作为控制重点；制定先进、可行的管理控制标准。

（二）控制标准的形式与内容。管理控制标准从形式上包括：定量标准与定性标准；效率（比率或相对数）标准与效果（总量或绝对数）标准。管理控制标准制定从内容上看，包括财务标准或非财务标准。

（三）控制标准种类与水平。管理控制标准制定从水平上看，包括：经验标准、行业标准、历史水平、预算标准等。

第二十五条 控制报告分析。编制控制报告是管理控制中完成对经济运行状况的真实计量与反映的关键步骤，实际上也是整个组织及各部门的业绩报告分析，其种类及内容应根据管理控制标准及要求而定。编制内部控制报告应当关注控制标准、实际业绩、计量差异、差异控制等环节。

企业应当以管理控制标准体系为框架，建立相应的企业管理控制报告体系。管理控制报告应当真实地计量、记录与报告管理控制的实际情况，反映并分析整个企业及各部门或责任单位的业绩，并作为控制活动过程纠偏的依据。从企业经营层次上看，管理控制报告应当包括资本经营报告、资产经营报告、商品经营报告和生产经营报告四大报告系统。

第二十六条 经营业绩评价。经营业绩评价实际上也是控制业绩的评价，如果对控制成效缺少评价必然影响控制者的积极性。企业应当以管理控制报告结果为依据，建立企业管理控制评价体系。

（一）经营业绩评价应当遵循以下原则：第一，组织（企业）业绩评价与经营者业绩评价相结合原则；第二，经营成果指标评价与驱动因素指标评价相结合原则；第三，组织内部评价与组织外部评价相结合原则；第四，财务指标评价与非财务指标评价相结合原则。

（二）经营业绩评价方法主要有三类：单一指标评价；指标体系评价；平衡计分卡评价。

第二十七条 管理者报酬。进行企业管理控制者的激励涉及企业的所有成员，重点在企业经营管理者。管理控制的效果只有与管理者的报酬相衔接才能保证管理控制的长期有效运行。企业应当以管理控制评价为标准，建立企业管理控制激励体系。

（一）管理者报酬的构成主要有工资、福利和激励三部分。工资往往根据管理者的学历、经历、以前的业绩和职位等确定；福利往往是根据企业或组织整体业绩状况及管理者的职位确定；激励往往是根据管理者当期对企业或组织的贡献大小确定。

（二）管理者报酬应当遵循以下原则：精神激励与物质激励相结合原则；短期激励与长期激励相结合原则；个人激励与团队激励相结合原则。

第五章 管理控制模式系统

第二十八条 管理控制模式系统反映了管理控制系统运作的机理与方式、方法。

管理控制系统模式的整体框架由制度控制模式、预算控制模式、评价控制模式和激励控制模式四大模式组成。四种管理控制模式系统从控制方式、控制目标、控制优势和控制障碍等方面都有所区别，各具特色。

从控制环境要求和控制权授予的方面看，四种管理控制系统模式处于不同档次：激励控制授权最大，控制环境要求最高；其次是评价控制；再次是预算控制；制度控制授权最小，控制环境要求最低。根据我国目前的控制环境状况，大部分企业还需要采用制度控制系统；其次是预算控制系统；较少的企业可采用评价控制系统模式；很少的企业能直接采用激励控制系统模式。

控制环境对控制系统选择至关重要，企业应当选择适应自身环境的管理控制模式。对于管理控制系统的四种模式，既可各自作为独立的控制系统进行运作，又可在同一企业内同时采用两种或两种以上的控制系统，分别从规则、过程、目标和利益等角度进行控制。

第二十九条　制度控制系统模式

（一）制度控制是指为实现一定目标通过规章、准则等形式规范与限制人们的行为。管理控制中的制度控制，是指为实现组织目标，通过规章、准则等形式规范与限制组织中各级管理者与员工的行为，以保证管理活动不违背或有利于组织战略目标的实现。

（二）制度控制系统从控制程序或控制环节的角度看，包括制度的制定、制度执行、制度考核及奖惩几个环节。制度控制系统的基本特征是以制度或规范的方式进行控制。

（三）制度控制系统从层级的角度看，包括战略控制制度、管理控制制度、作业控制制度。战略控制制度包括公司章程、公司战略规划、公司组织结构、公司治理制度等。管理控制制度包括财务控制制度、人事控制制度、营销控制制度、采购控制制度、生产与技术控制制度、成本控制制度等。作业控制制度包括生产流程、采购流程、仓储流程等。

第三十条　预算控制系统模式

（一）预算控制是指通过预算计划的形式规范组织的目标和经济行为过程，调整与修正管理行为与目标偏差，保证各级目标、策略、政策和规划的实现。预算控制从控制步骤看，包括预算或预算计划的制定、预算的执行、预算差异分析和纠正偏差。

（二）预算控制系统包括预算计划、预算控制、预算评价和预算激励几个环节。预算控制系统的基本特征是强调过程控制，注重及时纠偏。

（三）预算控制系统从预算层级的角度看，包括公司预算（集团公司预算和子公司预算）、部门预算和项目预算。预算控制系统从预算内容的角度看，包括经营预算、财务预算、资本支出预算。预算控制系统从预算编制程序角度看，包括预算内容、预算控制点、预算控制标准等。预算控制系统从预算方法的角度看，包括固定预算、弹性预算、零基预算、增量预算、定期预算与滚动预算。

第三十一条 评价控制系统模式

（一）评价控制是指组织通过评价的方式规范组织中各级管理者及员工的经济目标和经济行为。评价控制强调的是控制目标而不是控制过程，只要各级管理目标实现则组织的战略目标将得以实现。

（二）评价控制系统包括战略计划、评价指标（指标选择、指标标准、指标计算）、评价程序与方法、评价报告、奖励与惩罚几个环节。评价控制系统的基本特征是目标控制或结果控制，强调结果而不是过程。

（三）评价控制系统从控制层级的角度看，包括董事会对高级经理的评价控制、高级经理对部门经理的评价控制、部门经理对项目经理的评价控制以及项目经理对员工的评价控制。评价控制系统从控制内容的角度看，包括财务绩效考评、管理绩效考评、质量技术绩效考评、作业绩效考评等。

第三十二条 激励控制系统模式

（一）激励控制是指组织通过激励的方式控制管理者的行为，使管理者的行为与企业目标（或企业所有者目标）相协调。激励控制与制度控制、预算控制和考评控制一样同属于管理控制系统的一个子系统，它通过管理者与所有者的目标协调，使管理者为企业创造更大价值。

（二）激励控制系统包括战略计划、激励方式选择、激励中的约束（合约）、业绩评价几个环节。激励控制系统的基本特征是利益导向控制，将利益相关者的目标协调起来。

（三）激励控制系统从控制层级的角度看，包括企业所有者对高级管理者的激励控制、高级管理者对下级管理者的激励控制。激励控制系统从激励方式的角度看，包括股票期权（或与股票相关的）激励、年薪激励、工效挂钩激励、奖金激励等。

第六章　监督与评价

第三十三条 管理控制监督是管理控制系统得以有效贯彻实施的保证，也是发现管理控制缺陷并不断改进和完善管理控制体系的重要措施。

企业应当根据本规范及其配套办法，制定管理控制监督制度，明确内部审计机构（或经授权的其他监督机构）和其他内部机构在管理控制监督中的职责权限，规范监督的程序、方法和要求。

第三十四条 管理控制监督分为日常监督和专项监督。日常监督是指企业对建立与实施管理控制的情况进行常规、持续的监督检查；专项监督是指在企业发展战略、组织结构、经营活动、业务流程、关键岗位员工等发生较大调整或变化的情况下，对管理控制的某一或者某些方面进行有针对性地监督检查。

第三十五条　管理控制是管理者实施的管理行为，管理者应当对管理控制系统的日常运行负责，董事会或最高管理当局负责对管理控制系统的建立健全和有效实施进行监督检查。

企业管理控制监督者应当具有相应的独立性、良好的职业操守和专业胜任能力。

第三十六条　管理控制监督检查的职责是：

（一）对管理控制的执行情况进行监督和检查；

（二）对管理控制的效率性和效果性进行检查和评价；

（三）定期做出评价报告，对管理控制机制、管理控制各项内容、管理控制方法等方面存在的缺陷提出改进建议；

（四）对管理控制规范执行成效显著的内部机构和人员提出表彰建议，对违反管理控制规范的内部机构和人员提出处理意见。

第三十七条　管理控制评价是指企业董事会或类似权力机构对管理控制的有效性进行总体全面评价、形成评价结论、出具评价报告的过程。

企业应当结合管理控制设计与运行的实际情况，制定具体的管理控制评价办法，规定评价的原则、内容、程序、方法和报告形式等，明确相关机构或岗位的职责权限，落实责任制，按照规定的办法、程序和要求，有序开展管理控制评价工作。

企业董事会应当对管理控制评价的有效性负责。

第三十八条　企业实施管理控制评价至少应当遵循全面性原则、重要性原则和客观性原则。

第三十九条　管理控制评价应当围绕管理控制要素、管理控制程序、管理控制模式和管理控制内容等，确定管理控制评价的具体内容，对管理控制的设计与运行情况进行全面评价。

第四十条　企业应当制定科学的管理控制评价程序，有序开展管理控制评价工作。管理控制评价程序一般包括：制定评价工作方案、组成评价工作组、实施评价和分析、汇总评价结果、编报评价报告等环节。

第四十一条　企业应当按照规定的程序和要求，及时编制管理控制评价报告，并提交董事会审阅。企业应当根据各自的特点，自行设计管理控制评价报告的具体种类、格式和内容。

第七章　附　　则

第四十二条　本规范可作为企业建立、实施和评价管理控制的参考，不具有强制性。

第四十三条　本规范是一个纲领性的指导文件，并在后面配套四个具体的应用指引，企业应根据自身的环境与特点选择适用的管理控制模式，并制定相应的管理控制制度、实施细则或具体办法。

附录二 企业管理控制应用指引第 1 号
——制度控制模式系统

第一章 总 则

第一条 为了加强企业和其他经济组织的管理控制活动，规范企业和其他经济组织内部管理工作的秩序，确保组织战略及目标得以有效地贯彻落实，完善企业和其他经济组织管理控制制度，根据有关法律法规和《企业管理控制基本规范》，制定本指引。

第二条 本指引适用于我国境内外的各类大、中、小型企业。其他经济组织和单位也可以参照本规范建立与实施管理控制。

第三条 本指引所称制度控制模式系统，是指企业通过规章、制度的形式规范与限制企业各级管理者与员工行为，以保证管理活动不违背或有利于企业战略目标的实现。制度控制模式系统的作用在于使管理者及员工明确哪些事情该做，哪些事情不该做，按规章制度做事，做不违背企业目标的正确的事。

第四条 根据不同的制度控制分类标准，制度控制模式系统会产生不同的类别。按照制度控制组织分类，可分为企业综合控制制度、职能部门控制制度、分子公司控制制度；按照制度控制要素分类，可分为制度控制环境、制度控制标准、制度控制评价与纠偏等；按照制度控制程序或环节分类，可分为制度的制定、制定执行、制定考核及奖惩；按照制度控制层级分类，可分为战略控制制度、管理控制制度、作业控制制度。

第五条 企业及其他经济组织、政府及非营利组织的负责人对本规范的建立健全及有效实施负责。

第二章 制度控制模式系统的目标与原则

第六条 制度控制模式系统的目标

（一）制度控制模式系统的根本目标是通过建构蕴含企业目标和理念的具体体系，规范与引导组织各级管理者与员工行为，保证管理活动不违背或有利于组织战略目标的实现。制度设计不科学，脱离企业实际，权责分配不合理，可能导致制度形同虚设，难以实现发展战略。企业应当关注制度控制模式系统设计和运行中的上述风险。

（二）制度控制模式系统的具体目标包括：

1. 运行高效目标。这是制度控制模式系统的核心目标。为了实现企业战略目标，管理者制定一定的程序和规则，可以在一定程度上保证企业的全体员工遵守这些程序和规则。通过制订管理控制制度，可以合理地对各部门管理人员进行协调、监督、检查和考核，确保各项活动均按照规定的控制程序进行，从而达到促使企业经营活动有序、高效运行的目的。

2. 资产安全目标。这是制度控制模式系统的基本目标。通过管理控制制度的相互牵制，可以有效地防止企业舞弊和减少资产损失，严格授权保证各种财产物资使用过程中的资产安全和完整。

3. 纠错和防范目标。这是制度控制模式系统的直接目标。对企业的管理控制制度进行监控，可以有效地防范企业潜在的风险，并能够很好地弥补管理过程中的偏差；通过比较实际绩效和计划目标，并将比较结果及时传递给相应管理层。分析实际结果与期望值的偏差并予以纠正和采取措施，从而达到防范和控制目标。

4. 合法合规目标。这是制度控制模式系统的最低目标。合法合规是企业一切活动的前提和保证，制度控制模式系统要求企业的全体员工在相关法律法规要求的范围内从事经营活动，防范和约束违法违规的行为，从而达到合法合规目标。

第七条 制度控制模式系统的原则

构建制度控制模式系统必须遵循和依据的客观规律和基本法则，被称为制度控制模式系统的基本原则。它包括价值型原则、系统性原则、适应性原则、全面性原则、重要性原则、成本效益原则和合法性原则等。

（一）价值型原则。价值型原则就是要求组织在制定相应的制度时，需要以企业价值最大化为目标，秉持服务于企业价值的原则制定企业管理控制制度。

（二）系统性原则。系统性原则就是要求组织站在企业战略目标的角度订立制度，避免制度表面上面面俱到，实际上却是各自为政；除了制定科学合理的制度，还要保证制度实施的程序制度，细节设计要严谨；制度不应仅有处罚条例，还要有适当的激励功能，避免抑制员工的创造性。

（三）适应性原则。适应性原则要求组织一方面根据自身的实际情况有针对性地制定适合自身特点的制度控制模式系统；另一方面，应保持对环境变化的适当反应，并能及时地将先进的管理方法和理念纳入到制度控制模式系统中来。

（四）全面性原则。管理控制贯穿于企业管理活动的始终，覆盖企业及其所属单位的各种业务和事项。管理者应该充分考虑企业的行业背景、经营规模、管理水平等各项因素，制定出相对全面的企业管理控制制度。

（五）重要性原则。制度控制模式系统在全面控制的基础上，关注对战略目标实现具有重大影响的关键因素，组织建立相应的制度对其实施控制。

（六）成本效益性原则

制度控制模式系统的建立和执行是需要有一定的成本，在某些情况下发生的成本可能会非常高。此外，对于制度控制模式系统的监督也会发生经常性的成本。所以在建立制度控制模式系统时，应对制度控制模式系统的成本效益性做出评价，以最小的控制或管理成本获取最大的经济效益。

（七）合法性原则。组织的存在要受到一定的环境的约束，其包括法律环境的约束，所以组织在制度控制模式系统时应以法律规定为最大的制定范围，不能有超越法律的制度。

第三章 战略控制制度

第八条 战略控制制度。战略控制制度是对组织战略进行定义、实施、控制，以协助组织实现其目标。它是将预定的目标（标准）同反馈回来的实践结果进行比较，检测偏差程度，评价其是否符合原定目标和要求，发现问题时及时采取处理措施的一个规范。

战略控制制度包括公司章程、公司战略规划、公司组织结构、公司治理制度等内容。

第九条 公司章程是指对公司管理层和全体员工具有控制力和约束力，能够调整公司内部关系和各种经济行为的规范。它作为战略控制制度的一个重要组成部分，是关于公司组织和行为的基本规范，是具有法律效力的宪章，是公司战略控制的自治法规，是公司管理控制制度的支柱，企业中的所有人员都必须服务和服从于公司章程。

公司章程的具体内容应当载明：

（一）总则：即制订本章程的目的和制订的依据等；

（二）公司的经营宗旨和范围；

（三）公司注册资本；

（四）股东的姓名、出资方式、出资额；

（五）股东的权利和义务；

（六）股东转让出资的条件；

（七）公司的机构及其产生办法、职权、议事规则；

（八）公司的法定代表人及其行使的职权；

（九）财务会计、利润分配、审计及劳动用工制度；

（十）合并、分立、解散和清算办法；

（十一）规定的其他事项。

第十条 公司战略规划是对企业进行全局的谋划，它是为组织设立总体目标，以寻求组织在环境中的地位。战略规划主要包括规划基础、规划主体以及规划实施与检讨三部分的内容。这些内容都是以战略规划为核心的一种目标管理，都是建立在适应企业内外环境基础之上的，它涵盖企业所有的经营活动，不论何种组织，无论规模大小的企业，都应以此为蓝本。

战略规划的制订包括以下几个步骤：

（一）确定组织目标和实现目标的总体行动方案。这一阶段工作的实质就是决策，即确定组织的目标、明确规划的具体前提条件、提出多种可供选择的方案、确定最优或最满意的方案。

（二）分解目标，形成合理的目标结构。这个步骤要求在信息获得基础上，做大量的行业研究工作，做出切合自己企业特点的分析模型。制定分部门及分阶段的目标，并首次提出战略规划。将目标分解到各个责任点上，可以保证目标的一致性，为组织资源和分配资源提供依据。同时也形成共同的思想状态或组织气氛，指明工作的努力方向。

（三）制定实施战略的具体规划，并进行分析、修改。企业在做战略规划的时候，要做好年度计划和战略规划的结合。企业长期计划是由计划部门、总部的市场、生产和其他方面的总经理进行深入分析后制定出来的，年度计划是当期的，具有很强的可操作性，以财务预算管理和目标责任制作为年度计划的支持，分析不同环节在不同时间的任务与能力之间是否平衡，即研究组织的各个部分是否能够保证在任何时间都有足够的能力去完成规定的任务。如果最终年度计划并不表明有足够的盈利可能，就会出现计划的不协调，这些问题的存在应通过修改长期计划来解决。

（四）审核和批准。公司高管人员可能耗费相当多的时间和精力讨论修改计划，这些计划可能会提交给董事会审议，最后由公司首席执行官进行审核、批准。

第十一条 公司组织结构是组织内部分工协作的基本形式或框架。公司组织结构大体可以分为金字塔式功能化的组织结构和扁平式效率化的组织结构两种。

（一）金字塔式功能化的组织结构

这是一种具有组织内部的严密性、严格的制度和层次等级来保证信息工作有效的组织结构，它在管理者和被管理者之间构建一种统驭与被统驭、命令与服从之间的关系。它是以纵向为主、横向协调为辅的金字塔式的组织结构。主要包括三种形式：

1. 矩阵式企业组织结构

这种组织结构是一个双重直线垂直领导系统，每一位员工同时受两位主管人员的管理，呈现出交叉的领导关系。这种组织结构虽然不同程度地解决了各部门各自为政、协调不畅等问题，但也存在着较大的问题：两位主管人员都要考虑他们中心员工的工作，所以这种利益冲突不可避免。

2. 事业部式组织结构

这种组织结构是在组织最高层的集权领导下，根据企业产品或者作业地区分布的情况，设立若干个事业部门，各事业部门进行独立活动而形成的关系。这种组织结构虽然使企业总部从繁重的日常经营业务中解脱出来，监督、协调各事业部的活动和评价各事业部的绩效，并使各子公司保持了较大的独立性，但在一定程度上独立性过强，缺乏必要的战略联系和协调，并且事业部制使企业产生如此之多的管理层级，"金字塔"式的特征更加突出。

3. 多维立体式组织结构

这种组织结构是矩阵式组织结构和事业部制组织结构的综合。它通常由三类管理机构组成：第一类是按产品划分的事业部；第二类是按管理职能划分的专业参谋机构；第三类是按地区划分的销售机构。这种组织结构虽然使各个管理机构享有相对的自主权，企业内部的每一位员工可能同时受到来自三个不同方面的部门或者组织的领导，一个成员有三个顶头上司，既难处、也难管，各项工作可能在同一职能部门中争夺资源。

（二）扁平式效率化的组织结构

扁平式效率化的组织结构是一种分权加大，减少管理层次，提高信息的高效传递，注重提高组织的灵活性和创造性，提高组织运行效率的组织结构。这样的组织结构既能减轻高层管理者的工作负担，又可以激励员工工作的积极性。它主要包括两种组织结构模式：

1. 业务流程再造组织

业务流程再造组织结构是集营销、生产、工艺设计于一身，具有高度灵活性的特征。它主要是以计算机网络为依托，构建多功能跨等级的项目结构和团队，各职能部门的工作人员之间并没有隶属关系，而只是一种典型相互协作的网状连接，每个职能团队或者个人都能通过计算机平台实现信息共享，从而能够及时了解并最大化地实现企业的整体战略规划和目标。这种组织结构的特点表现在，它不仅可以缩短决策周期，节约成本，提高劳动生产率，给职工的工作提供了最大限度的自由，而且也使组织内部信息流失降低到最小限度，更能达到管理控制的目标。

2. 虚拟组织

虚拟组织结构是将具有不同专长的人高效地配置在一起，通过知识的碰撞创造性地解决各类复杂问题。该组织内部没有固定的、教条的信息传递程序，也没有明确的边界，组织可以随时和外界进行能量交换，可以随时接收加盟者，一旦任务完成即解散该组织。它的基本精神在于突破企业的界限，借用外部资源整合的策略，通过虚拟化的联盟行使一个组织所需要的所有功能。它追求更短的产品开发周期、减少风险、提供战略柔性，是一个更适合环境变化和更适合管理控制特征的组织结构。

第十二条 公司治理制度主要是指企业的所有者对经营管理和绩效进行控制、协调、监督和奖罚的一整套制度安排。通过制度来协调公司与所有利害相关者之间的利益关系，降低代理成本和代理风险，防止经营者对所有者的利益的背离，从而最终维护公司各方面的利益。

公司治理制度包括的基本内容有以下几个方面：

（一）对股东权利、股东大会的基本规范。股东作为公司的所有者，享有法律、行政法规和公司章程规定的合法权利，治理结构制度应确保所有股东的平等权利。股东对法律、行政法规和公司章程规定的公司重大事项，享有知情权和参与权。股东有权按照法律、制度的规定，通过民事诉讼或其他法律手段保护其合法权益。一旦股东大会、董事会的决议违反了法律、制度的规定，侵犯股东合法权益，股东有权依法提起诉讼。

（二）对董事的选聘程序、董事的义务、董事会的构成和职责、董事会议事规则、独立董事制度以及董事会专门委员会主要职责的规范。这一规范将有助于形成良好的董事会架构和运作机制，充分保证董事会运作的独立性。

（三）对监事会的职责、监事会的构成和议事规则的规范。监事会应向全体股东负责，对公司财务以及公司董事、经理和其他高级管理人员履行职责的合法、合规性进行监督，维护公司及股东的合法权益。

（四）对董事、监事、经理人员的绩效评价、经理人员聘任的规范。强调建立公正透明的董事、监事和经理人员的绩效评价标准和程序，使薪酬与业绩评估紧密挂钩，保证薪酬制定的透明度和避免"自我交易"行为。

（五）对信息披露与透明度、公司的持续信息披露、公司治理信息的披露、股东权益披露的具体规范。

第四章　管理控制制度

第十三条　管理控制制度。管理控制制度是指在明确目标驱动因素的基础上，找出影响战略目标执行的重要变量，并以确定关键的风险变量作为控制重点，从而制订和编制先进的、可行的战略计划和预算编制，侧重于对管理者或控制者业绩的评价，旨在提高经营活动的效率和效果的一种规范。

管理控制制度主要包括的内容有：财务控制制度、人事控制制度、采购控制制度、营销控制制度、生产与技术控制制度、成本控制制度等。

第十四条　财务控制制度主要包括财务基础管理制度、资金管理制度、资产管理制度以及财务与会计机构和人员管理制度等内容。

（一）财务基础管理制度的内容包括：内部牵制制度、内部稽核制度、财务收支审批制度、原始记录管理制度、定额管理制度、计量验收制度、财产清查制度、财务报告与财务分析制度、会计档案管理制度和电算化管理制度。

第一，内部牵制制度。这是为了维护公司资产的完整，确保会计记录的正确性和可靠性以及对经济活动进行综合的计划、控制和评价而制定的制度、组织、方法和手续的总称。该制度应该贯彻机构分离、职务分离、钱账分离和业务处理程序化、制度化的原则。重点控制出纳岗位的收支活动和印鉴票据的管理以及仓储部门的物流活动等。内部牵制制度适用于公司经营的各个方面，公司必须建立、健全与公司经济活动和经营管理相适应的内部牵制制度。

第二，内部稽核制度。内部稽核是指在会计机构内部指定专人对有关会计账证等进行审核、复查。重点稽核的领域为会计凭证、账簿、报表、财务计划及财产物资的账实情况等。

第三，财务收支审批制度。该制度是关于财务收支计划编制、审批权限、审批程序及责任的规定，建立健全财务审批制度是财务会计工作的关键环节。

第四，原始记录管理制度。原始记录是会计核算工作的基础环节，主要包括物资方面的原始记录、生产方面的原始记录、产成品方面的记录、人事工资方面的记录和财务会计方面的记录。单位应根据具体情况规定各种原始记录的格式和填制方法。

第五，定额管理制度。定额是企业在生产经营过程中，对人力、物力、财力的利用应达到的标准。定额管理工作主要是制定科学合理的劳动定额、各种材料的消耗定额、费用定额、质量定额、固定资产利用定额和物资储备定额等。

第六，计量验收制度。该制度主要是针对工作人员使用各种检测手段对财产物资的质量和数量进行检验的规定。

第七，财产清查制度。企业应定期清查财产，以保证账实相符。企业应根据现金、银行存款、存货、固定资产等不同的清查对象制定不同的清查方法，并规定相应的处理方法。

第八，财务报告与财务分析制度。财务报告是反映企业一定时期财务状况、经营成果和现金流量的书面文件，包括资产负债表、利润表、现金流量表、有关附表和财务情况说明书。财务分析是以财务报告为基础，采用因素分析法、比较分析法等方法对企业的变现能力、营运能力、盈利能力和偿债能力进行分析，并提交分析报告以评价过去、衡量现在和预测未来。

第九，会计档案管理制度。会计档案是记录和反映经济业务的重要史料和证据。企业必须就会计档案的归档、查阅、保密和销毁等环节制定明确的制度。

第十，电算化管理制度。会计电算化是会计工作的发展方向。企业应就会计电算化岗位的设立、计算机软硬件和数据的管理、操作规程和电算化会计档案的管理制定适合本企业的管理制度。

（二）资金管理制度的内容包括：资金的预算决算制度、财务结算中心管理制度、贷款担保管理制度、筹资管理制度、投资管理制度和利润及其分配管理制度。

第一，资金的预算决算制度。为促使企业能够统筹及灵活运用资金，提高企业的经济效益，财务部门应会同相关业务部门进行企业年度（月度、季度）资金预算和决算。

第二，财务结算中心管理制度。财务结算中心是单位系统内的资金服务机构，是调剂单位内部所属各部门的资金余缺，集中资金优势，提高资金利用效果而成立的内部职能部门。该制度应就财务中心的任务与职责、管理机构的设置与职责、资金结算管理办法和内部贷款管理办法做出明确规定。

第三，贷款担保管理制度。为降低担保风险，保证资产的安全和增值，单位应就担保的对象和范围、担保条件、担保审批及办理、担保管理和违规责任等事项制定本制度。

第四，筹资管理制度。为了满足单位内部各部门正常的生产经营需要，企业必须筹集到所需要的资金。所有者权益筹资和负债筹资是企业的基本资金来源，因此必须加强所有者权益和负债的管理。所有者权益的管理主要从资本金的投入、保全增值和变动、资本公积和盈余公积的角度进行；负债管理主要是加强长期负债和流动负债的管理。

第五，投资管理制度。该制度主要是从投资的可行性研究、内部投资管理和外部投资管理三个方面规定企业的投资政策。

第六，利润及其分配管理制度。该制度主要包括目标利润管理制度、利润形成管理制度和利润分配管理制度。

（三）资产管理制度的内容包括：货币资产管理制度、存货管理制度、固定资产管理制度、在建工程管理制度和无形资产管理制度。

第一，货币资产管理制度。主要包括现金管理制度、银行存款管理制度和外币业务管理制度。现金管理制度包括现金的使用范围、库存现金限额的核定、现金收支的规定和现金的核算和清查。银行存款管理制度主要包括银行结算的范围和方式、银行存款的核算和支票的管理办法。外币业务的管理主要是外币资产、负债的管理和汇兑损益的计算。

第二，存货管理制度。存货管理要从减少资金占用，确保存货资产的安全完整的原则出发，建立和完善计价、验收、发出、保管和盘点等一系列制度。

第三，固定资产管理制度。该制度包括固定资产的计价与折旧、固定资产管理的分工与职责、固定资产的日常管理和固定资产的变动管理等内容。

第四，在建工程管理制度。该制度主要包括在建工程的可行性分析及立项审批制度、材料物资及设备的采购及保管制度、在建工程的管理、工程的竣工验收及结算和在建工程的核算等内容。

第五，无形资产管理制度。该制度主要包括无形资产的计价、取得的管理、日常管理和转让的管理等内容。

（四）财务与会计机构和人员管理制度的内容包括：财务与会计机构设置、会计领导责任、会计岗位责任制和财务岗位责任制。

第一，财务与会计机构设置。财务与会计机构一般包括总会计师、财务部长、会计科和财务科。会计科和财务科应正确划分各自职能，并设立相应的岗位。

第二，会计领导责任。主要包括企业主要负责人的权责、总会计师的权责和财务负责人的权责。

第三，会计岗位责任制。该制度主要是对主管会计、出纳、材料核算、往来核算、工资核算、成本费用、会计档案管理、总账报表等岗位的责任做出具体的规定。

第四，财务岗位责任制。该制度主要是对财务主管、综合财务管理、成本管理、财务稽查管理、筹资、对外投资、流动资金核算与管理、固定资产核算与管理和利润核算与管理等岗位的责任做出具体的规定。

第十五条 人事控制制度的内容包括：人力资源计划制度、职务分析制度、员工招聘制度、激励制度、教育培训制度、员工薪金报酬制度、绩效评估制度、团队建设制度和职业生涯管理制度。

（一）人力资源计划制度。人力资源计划是将管理基本原理用于企业对劳动力需求的规划，即企业根据环境的变化，在预测未来的事业发展基础上，提出的员工需求计划。该制度主要规定了人力资源计划的作用，制定人力资源计划的程序，人力资源需求预测方法和人力资源供给预测方法。

（二）职务分析制度。职务分析是一个确定职务的任务、活动和责任的过程，在我国也称为岗位分析。该制度应规定职务分析的作用，职务分析的程序和职务分析的方法及职务说明书的内容。

（三）员工招聘制度。该制度主要规定员工招聘的程序和招聘的方法等。

（四）激励制度。激励通常指调动员工的工作积极性，激发和鼓励员工达到组织目标的过程。激励制度主要规定激励的作用、激励的基本要求和各种激励的方法。

（五）教育培训制度。该制度主要规定教育培训的目标和层次、培训的方法和原则等。

（六）员工薪金报酬制度。薪金报酬系统有基本工资体系、奖金激励体系和员工福利体系。该制度主要规定这三个部分的要素、原则和方法。

（七）绩效评估制度。该制度主要规定绩效评估的目的、原则、程序和绩效评估的方法。

（八）团队建设制度。该制度规定团队的种类、团队建设的目标、团队建设的过程和团队建设的评价。

（九）职业生涯管理制度。职业生涯管理是通过员工的工作和职业发展计划的设计，协调员工个人需求和企业组织需求，实现个人和企业共同成长和发展。该制度主要包括职业生涯自我管理制度、职业生涯计划管理制度、职业生涯途径管理制度和职业生涯周期管理制度。

第十六条 采购控制制度的内容包括：采购计划管理制度、采购决策管理制度、招标采购管理制度、价格监督制度、质量检验监督制度、付款与验收制度。

（一）采购计划管理制度。物资采购计划的编制原则是既要保证生产经营的连续性，又要尽可能少地占用资金，防止物资积压。物资采购计划必须包括物资名称、规格、型号、单位、数量、价格范围等内容,并报有关主管部门或领导审批。

(二)采购决策管理制度。可成立采购管理小组,履行对采购物资价格、质量的确定和监督职能,可以按采购物资的类别和价格采用分级分权管理。

(三)招标采购管理制度。该制度对招标采购的物资、原则、对象和招标的程序做出规定。

(四)价格监督制度。采购管理小组通过审核采购计划、审核采购价格和审核采购票据的形式对价格进行监督。

(五)质量检验监督制度。质检人员对采购物资进行数量和质量的检验,未经检验或不符标准的不能办理正式入库和结算手续。

(六)付款与验收制度。该制度主要规定验收和付款的程序。

第十七条 营销控制制度的内容包括:销售管理制度和应收账款管理制度。

(一)销售管理制度。该制度主要包括销售预测、销售计划、销售合同签订、审批和注销的管理及销售退回的管理。

(二)应收账款管理制度。该制度包括应收账款经办人员的责任、应收账款的账务管理、应收账款的催收清理、抹账管理和坏账损失的处理。

第十八条 生产与技术控制制度的内容包括:生产计划管理制度、生产技术管理制度、生产要素管理制度、物流管理制度、产品管理制度和质量管理制度。

(一)生产计划管理制度。该制度主要是指编制生产计划所要明确的各种指标、编制程序以及编制过程中要遵循的原则。它通常包括长期生产计划管理制度和短期生产计划管理制度。

(二)生产技术管理制度。该制度主要包括生产技术管理的任务和内容及生产技术管理计划。该制度主要针对生产技术的改进、引进、转让等事项做出规定。

(三)生产要素管理制度。该制度主要包括人员组织管理制度和生产设备管理制度。人员组织管理主要规定人员管理的任务和内容、人员分工和协作和编制定员,并对各个生产岗位的职责进行详细的规定。生产设备管理制度主要针对设备管理的任务和内容、设备的选择和评价、设备的使用维护和设备的更新改造等做出规定。

(四)物流管理制度。该制度主要规定物流管理的基本任务和主要内容,并科学合理地确定各项物资的消耗定额和储备量。

(五)产品管理制度。该制度主要包括在产品(半成品)、产成品管理制度和产品开发管理制度。其主要内容包括管理车间在制品、库存在制品的流转和统计;确定半成品、在制品的合理储备和进行成套率检查;加强存储管理,发挥中间仓库的控制作用;开发新产品的种类和发展方向,确定产品开发的策略,以及新产品开发的方式和过程等。

(六)质量管理制度。该制度应就产品质量指标、产品质量标准,设计试制过程的质量管理、制造过程的质量管理和使用过程的质量管理,以及质量保证体系的概念、作用、内容和运转的方式等方面做出规定。

第十九条 成本控制制度的内容包括：成本费用管理基础制度、成本计划与责任制度、成本核算与控制制度、成本分析与考核制度和各业务部门的相互牵制制度。

（一）成本费用管理基础制度。该制度内容包括：正确划分成本开支界限、确定成本开支范围、建立严格的材料领用制度、凭证和账簿的管理制度等。

（二）成本计划与责任制度。企业应在确定目标利润的基础上，确定目标成本，然后将目标成本按产品、成本项目分解，制定各项消耗定额和各种产品的计划成本。据此将目标成本层层落实分解到各车间、班组、个人，按各责任中心进行成本核算与控制、分析和考核。

（三）成本核算与控制制度。成本核算是采用品种法、分步法等方法对成本和费用进行归集和分配；成本控制是在目标成本责任制的基础上，依据成本费用标准，对实际发生的生产耗费进行严格的核算和审核。成本控制实行分级归类、控制、全面和全员控制以及事前、事中和事后控制。

（四）成本分析与考核制度。成本分析是对成本形成情况进行评价、总结，查明影响成本升降的因素，揭示节约与浪费的原因，进一步寻求降低成本的方向和途径。成本考核以企业的成本计划为标准，以完整可靠的成本资料为依据，考核各责任单位的业绩，并与奖惩制度结合起来。

（五）各业务部门的相互牵制制度。该制度是财务部门和各业务部门在成本和费用的管理和控制上相互监督、检查，以降低发生错弊的可能性。

第五章　作业控制制度

第二十条 作业控制制度。作业控制制度是指对有关责任部门和责任人的活动进行监控，以保证预算方案顺利实施的一种规范。作业控制的重点在于责任中心的管理者行为的管理。

作业控制制度是指责任中心的管理者对各作业行为进行规范的一种制度。它主要包括生产流程控制制度、采购流程控制制度和仓储流程控制制度等。

第二十一条 生产流程控制制度主要包括以下具体内容：

（一）制程计划作业制度

制程计划作业制度控制的重点在于：根据产品设计及标准作业说明，就现有的机器设备、工具、零件及人力来决定最经济的制程计划；研发部门应分析产品，决定该产品所需的原料的规格及其数量，并决定每一制程所需要的人力；要根据成本分析资料，决定各产品的经济生产批量，检查加工程序及装配程序是否合理化，制程方式是否合理化，工作程序及方法是否标准化，直接材料是否充分地得到了有效的利用，使废料减至最低数量，工作人员的工作方法以及使用的机器、设备等是否依制程设计进行。

（二）生产计划作业制度

生产计划作业制度控制的重点在于：在生产计划制订之前必须了解产品的设计情况，了解生产作业标准及所需要的机器设备、工具和人力情况，以求编制最符合经济效率的生产计划。生产计划作业需要协调生产的负荷状况，对产销变数的合理性要进行相应的控制。定期检查有关生产计划的执行情况，如果材料的交货期或业务需求发生变动，应及时确定是否需要修订，并与各单位进行协调配合。

（三）生产监督作业制度

生产监督作业制度控制的重点在于：详实记录各时段的产出量状况，有异常情况应立即进行现场处理。定期比较预计进度与实际进度的差异，及时修正生产进度。当工程部门变更设计或客户要求变更时，应迅速地反映至生产部门，适时地修正。

（四）委托加工作业制度

委托加工作业制度控制的重点在于：检查委托加工业务是否确实有其必要性，是否比自制成本更有利。委托加工业务是否依照加工的程序办理，是否订立了相应的办法和合约，合约中是否记录品质的标准、交货期以及收料等相关规定。

（五）产品质量监督作业制度

产品质量监督作业制度控制的重点在于：防范残次品流入正常的生产线，需要对以往进料的质量记录进行重点检验。检查作业程序是否按照检验的规范、作业规范的标准执行。作业人员是否按照品质作业的系统操作，操作人员是否依操作的规范执行。对不良问题的改善是否得到落实。生产产品的机器设备是否定期地进行检查、维修及矫正。生产人员是否在制造过程中对在制品进行取样抽查，是否依检验规范进行检验并做记录。对顾客抱怨的原因有无检讨和改进，对残次品产生的原因是否进行分析、检讨和改进。

（六）制造监督作业制度

制造监督作业制度控制的重点在于：检查直接材料是否得到充分有效的利用，使废料减少至最低的程度。检查制造程序及方法是否标准化，物料与生产计划的时间是否得到有效的配合等。

（七）保养维修作业制度

保养维修作业制度控制的重点在于：部门主管应于每月对所属设备的保养故障、异常情况、报废情况等进行核查。追查事故的原因，提出改善方案。

（八）安全生产作业制度

安全生产作业制度控制的重点在于：工业安全作业应遵守《劳动法》及其《实施细则》，单位应订立操作的程序及工作内容，定期检查是否存在采用简易却不安全的工作方法，检查每一位工作人员是否遵守安全守则，是否佩带安全防护器具的情况。检查空气污染及水污染的防范设施是否完善有效，有无改善措施等。

（九）生产成本作业制度

生产成本作业制度控制的重点在于：核查直接材料费用、直接人工费用的计算是否属于成本范畴，制造费用的列支是否按会计制度及税法的范围列报，制造费用的分摊是否符合有关规定等，了解成本计算方法是否正确，领用、退库程序及计价方法是否符合制度规定等。

第二十二条 采购流程控制制度主要包括以下具体内容：

（一）请购作业制度

请购作业制度控制的重点在于：应经常性地复核请购量是否符合经济采购量；要求仓库管理部门随时检查库存材料，当原料存量不足安全存量或达到采购点时，应立即填列请购单，提出请购申请。对于凡是属于紧急采购者，应首先查明其原因是否合理，再予以处理。

（二）采购作业制度

采购作业制度控制的重点在于：查明供应商记录是否随时更新，价格资料的收集是否完整，计划性采购是否与计划内容相符，有关合约、单据是否订有处理期间，并由采购部以外人员定期复查请购单及相关合约单据。

（三）验收作业制度

验收作业制度控制的重点在于：核查部门之间的联系是否及时，厂商交货时是否备妥发票及必要单据以利于验收。核查送货单或发票上数量是否与实交货量相符。仓储部门是否适当地记录已验收合格的产品，入库单是否经主管核准。查阅是否存在已收料并经验收合格而尚未入账的货物，进货发生退出或折让时，是否适当地核准并通知会计部门开立相应的凭证。

（四）付款作业制度

付款作业制度控制的重点在于：核查国内采购是否于办妥验收手续及检验凭证后申请付款，国外采购相关费用的凭证是否齐全正确。核实应付账款或应付票据是否设置明细账，并定期地与总账核对。核查预付费用的入账、转销、收回及调整时所附的原始凭证是否经过核准，内容是否正常。出纳支付款项时是否确实审核了相关的凭证，是否按各种凭证齐全的规定进行付款，确定有关核准付款的内部控制是否确实地执行。

（五）投保作业制度

投保作业制度控制的重点在于：核准投保的金额是否恰当，投保项目是否适当，各种保险权利义务是否明了。

第二十三条 仓储流程控制制度主要包括以下具体内容：

（一）仓储物资的入库作业制度

仓储物资的入库作业制度控制的重点在于：检查各种材料物资的入库是否严格地按规定手续办理，验收入库的物资外箱是否有公司的进料标识，包装箱料号、品名、规格是否有清楚的标识，是否做到与实物核对相符。核查储存物资的存放地点的适当性、安全性及数量准确性。

（二）仓储物资的储存作业制度

仓储物资的储存作业制度控制的重点在于：核查物资是否按库别和料码入仓储存，待用库料是否分开储存，是否注意储存环境的安全性。检查各种入库凭证是否按保存年限规定完整地归档。

（三）领料、退料及废料处理作业制度

领料、退料及废料处理作业制度控制的重点在于：核查仓库人员是否按照备料单进行备料，是否标明料号、数量、规格，是否放置指定区域，并监督检查生产部门相关人员的领料和退料程序和手续是否健全。核实是否在退料单上详细注明优质品、新产品、次品、废品，注意呆滞、报废、瑕疵物资条件的设定，呆废料发生的原因是否合理，有无检讨改进的方法。

（四）物资盘点作业制度

物资盘点作业制度控制的重点在于：进行定期和不定期的抽查和盘点，抽检人员应做到客观、公正。盘点工作一定要落实，力求账实相符。对于发生大量的盘点盈亏物资时，除了仓储部门会同稽核人员查明原因外，还要拟定改善的方案。

第六章　制度控制模式系统的程序与方法

第二十四条　制度控制模式系统从控制程序角度看，包括制度目标分解、制度标准设定、制度控制报告、制度控制评价与纠偏以及奖励与惩罚五部分。制度控制模式系统作为管理控制系统的一种模式，其控制系统建立必须首先明确战略计划与制度控制目标。

第二十五条　战略计划与制度目标分解

战略计划是应用于整体组织的，它为组织设立总体目标，是管理控制系统的基础环节。而制度目标是制度控制模式系统的起点，它应该为组织整体目标的实现而服务，其根本目标是规范与限制企业各级管理者与员工在经营活动中的行为，保证战略目标的顺利实现。在管理控制系统中，通过建立规章制度，从而达到管理控制的目的，即保证战略实施过程中"经营活动的效率和效果"（COSO报告）。因此，制度目标的确定首先应强调保证企业战略目标的实现；而从战略目标到实现经营活动的效率和效果之间需要的是正确和有效地实施企业的战略计划，所以制度控制具体目标的确定要以企业的战略计划为依据，层层分解落实到生产经营管理各个环节。

第二十六条　制度标准设定

制度控制的根本目标是实现组织目标或控制目标，这个目标可具体体现为制度控制标准。因此，在战略计划基础上制定制度控制标准是实施有效控制的重要步骤。

制定制度标准从具体程序或环节上包括：

第一，明确制度控制目标的影响因素，或目标驱动因素。

第二，找出影响制度控制目标执行的重要变量。

第三，确定影响制度控制目标的关键因素作为控制重点。

第四，制定合理、可行的制度控制标准。制度控制标准应该是多元的、明确的，兼具定性分析与定量分析，综合应用财务指标与非财务指标。

第二十七条 制度控制报告

制度控制报告是制度控制模式系统的输出信息，也是制度控制模式系统的结论性文件。考核人员通过运用会计信息系统和其他信息系统，获取与考核对象有关的信息，经过加工整理后得出考核对象的考核指标数值或状况，将该考核指标数值或状况与确定的制度考核标准进行比较，通过差异分析找出产生差异的原因、责任及影响，得出考核对象业绩优劣的结论，形成最终的考核报告。

第二十八条 制度控制评价与纠偏

1. 制度控制模式系统的评价

制度控制模式系统的评价可以概括为健全性评价和有效性评价两种。健全性评价一般包括三层含义：首先，制度控制模式系统应当贯穿于管理活动的始终。即每一项管理活动都需要有相应的管理控制制度；其次，管理控制制度必须要求单位全体员工掌握；第三，控制制度还要体现系统性。即各个管理部门均能按特定的目标相互协调地发挥作用，实现管理控制的总体目标和功能。有效性评价一般包括两层含义：首先，控制制度系统的有效性。即控制制度要合法合规，将国家法律、法规、政策等体现到内控制度中；其次，控制制度必须得到有效的贯彻执行。公司所有部门、全体员工必须竭力地维护管理控制制度的严肃性，任何人员都不得拥有超越制度的特殊权力。

2. 制度控制执行中的纠偏

制度控制的纠偏主要是针对可能发生错弊的环节进行检查和核实，将制度控制的执行情况同所制定的制度控制标准进行对照，从而发现执行情况同控制目标之间的偏差，并采取相应措施，以使发生的错弊的影响减少到最低程度，达到保持组织管理控制系统相对稳定的目的。

纠正偏差可以分别两种不同的情况处理：一是偏差是否可以接受？如果可以接受，控制主体不做任何干预，由执行者照常继续执行；二是管理控制制度是否符合实际？如果符合，偏差则导源于执行者，应进一步分析偏差的原因，拟定纠偏措施，控制主体将采取纠偏行动，干预执行者的执行过程。如果不相符，偏差则导源于管理控制制度，控制者则应采取修正或补充管理控制制度的行动。

控制主体采取纠偏行动有两种方式：一是直接干预。即控制主体直接和强制性地要求执行者用指定的行动方式取代原有的行动方式。二是间接干预。即控制主体制定和坚持一套行之有效的激励制度，通过激励制度"准自动化"地矫正执行者的行为。

第二十九条 奖励与惩罚

通过对管理者制度控制业绩的报告和评价，企业需要确定管理者对于制度控制目标的完成情况以及完成程度，以此来确定管理者报酬，对其进行奖惩。奖励与惩罚是管理控制制度中的两个最重要的工具，它们在激发全体管理者和员工的积极性和创造性，推行制度控制目标，层层落实组织的战略目标中起到重要的作用。

一般而言，要使奖励与惩罚有成效，应该做好以下几点：

第一，要准确把握奖励与惩罚的时机与强度。

第二，奖励和惩罚要切合实际，即能真正影响到广大员工的利害关系。

第三，要有真正实施奖励与惩罚的体系，如有评价和监督员工行为的主要存在。

第四，要根据不同对象的情况采取不同的奖励与惩罚策略。对有突出贡献的予以重奖，对造成巨大损失的予以重罚。通过各种有效的奖励技巧，达到以小博大的奖励效果。

第五，奖励要民主、奖罚要分明，物质奖励与精神奖励相结合。

第七章　制度控制模式系统的环境与条件

第三十条 制度控制模式系统的适用环境

控制环境是企业实施内部控制的基础，支配着企业全体员工的内控意识，影响着全体员工实施控制活动和履行控制责任的态度、认识和行为。制度控制模式系统适用的环境主要包括以下五方面：组织架构、发展战略、人力资源、企业文化和社会责任。

第三十一条 组织架构

企业要实施发展战略，必须要有科学的组织架构，主要包括治理结构和内部机构设置。如果企业治理结构形同虚设，缺乏科学决策、良性运行机制和执行力就可能发生经营失败；此外，如果内部机构设计不科学，权责分配不合理，也可能导致机构重叠、职能交叉或缺失，运行效率低下。为防范和化解组织架构设计和运行中存在的这些重要风险，组织架构应用指引对此明确做出了详细的规定，如强调企业应当根据国家有关法律法规的规定，明确董事会、监事会和经理层的职责权限、任职条件、议事规则和工作程序，确保决策、执行和监督相互分离，形成制衡。同时强调，企业的重大决策、重大事项、重要人事任免及大额资金支付业务等（即通常所说的"三重一大"），应当按照规定的权限和程序实行集体决策审批或者联签制度。企业拥有子公司的，应当建立科学的投资管控制度。

第三十二条 发展战略

企业作为市场经济的主体，要想求得长期生存和持续发展，关键在于制定并有效实施适应外部环境变化和自身实际情况的发展战略。有些企业缺乏明确的发展战略或发展战略实施不到位，结果导致企业盲目发展，难以形成竞争优势，丧失发展机遇和动力；也有些企业发展战略过于激进，脱离企业实际能力或偏离主业，导致过度扩张、经营失控甚至失败；还有一些企业发展战略频繁变动，导致资源严重浪费，最后危及企业的生存和持续发展。为此，发展战略应用指引就上述重要风险有针对性地提出了应对措施，并提出了相应的制度构建要求，如发展战略制定制度、实施制度和实施后评估制度。

第三十三条 人力资源

现代企业竞争的关键在于人力资源的竞争。人力资源对实现企业发展战略起到重要的智力支持作用，实现人力资源的合理配置，可以全面提升企业核心竞争力。如果人力资源缺乏或过剩、结构不合理、开发机制不健全，企业发展战略可能难以实现；如果人力资源激励约束制度不合理、关键岗位人员管理不完善，则可能导致人才流失、经营效率低下；而如果人力资源退出机制不当，又可能导致法律诉讼或企业声誉受损。为防范和化解人力资源管理中存在的这些重要风险，人力资源应用指引强调了企业制定相应制度的要求，如建立健全员工退出（辞职、解除劳动合同、退休等）制度、制定与业绩考核挂钩的薪酬制度等。

第三十四条 社会责任

企业认真履行社会责任，对于实现其与社会、环境的全面协调可持续发展具有重要促进作用。为促进和规范企业履行社会责任，社会责任应用指引针对当前企业在履行社会责任方面存在的薄弱环节，要求企业建立严格的安全生产管理体系、操作规范和应急预案，强化安全生产责任追究制度；要求企业规范生产流程，建立严格的产品质量控制和检验制度，严把质量关；要求企业提高员工的环境保护和资源节约意识，建立环境保护与资源节约制度，提高资源综合利用效率；要求企业依法保护员工的合法权益，保障员工依法享有劳动权利和履行劳动义务。

第三十五条 企业文化

企业文化是指企业在生产经营实践中逐步形成的、为整体团队所认同并遵守的价值观、经营理念和企业精神，以及在此基础上形成的行为规范的总称。企业文化是企业的灵魂，渗透于企业的一切经营管理活动之中，是推动企业持续发展的不竭动力。现实中，有些企业之所以经营不成功，往往是在企业文化建设方面存在严重问题。针对企业文化建设中存在的这些重要风险，企业文化应用指引明确提出相应的制度要求。

第三十六条 制度控制是其他控制的基础，相对于预算控制、评价控制和激励控制而言，制度控制模式系统的运行，对于组织的管理基础和环境的要求并不高。无论组织规模大小、成立时间长短、产品种类多少，都有一套制度控制模式系统在运行。也就是说，无论什么样的组织都有一套制度控制模式系统，制度控制模式系统适用于或应用于所有的组织，它不受苛刻的条件限制。虽然制度控制模式系统适用于所有的组织，但是其对于不同的组织作用程度存在差异。一般来说，对于管理环境和基础交差的组织，企业员工的自我约束能力较弱，更为需要制度控制模式系统的约束和规范；对于管理环境和基础较好的组织，企业员工的自我约束能力较强，制度控制模式系统对其影响相对较小。

制度控制模式系统对组织控制发挥作用的一个关键因素是，制度控制模式系统必须适合组织所处的环境，就里所说的环境指的是企业所处的外部和内部环境，制度控制模式系统的出发点应是组织的外部环境，制度控制模式系统首先是由组织的外部环境来决定的，然后才能根据组织的内部环境来确定制度控制模式系统的内容。只有这样才能保证制度控制模式系统与内外环境的适应性，保证制度控制模式系统对组织发挥有效的作用。

附录三　企业管理控制应用指引第 2 号
——预算控制模式系统

第一章　总　　则

第一条　为了促进企业实现发展战略，加强对企业及其他组织单位的预算控制，实现资源优化配置，发挥预算控制模式系统的作用，根据有关法律法规和《企业管理控制基本规范》，制定本指引。本规范旨在保障预算控制模式系统的顺利有效运行。

第二条　本指引适用于我国境内外的各类大、中、小型企业。其他经济组织和单位也可以参照本指引实施预算控制。

第三条　本指引所称预算控制模式系统是指通过预算计划的形式规范组织的目标和经济行为过程，调整与修正管理行为与目标偏差，保证各级目标、策略、政策和规划的实现。预算控制从控制环节看，包括预算的制定、预算的执行、预算差异分析和纠正偏差。

预算控制模式系统作为管理控制系统的一种模式，它应包括战略计划、预算编制、预算控制、预算评价和预算激励几个环节。

第四条　企业应当根据本指引，结合管理控制设计与运行的实际情况，构建企业预算控制模式系统，规定预算控制的目标与原则、组织与职责、类别（或要素等）与内容、程序与方法等，为预算控制模式系统创造环境与条件。

第二章　预算控制模式系统的目标与原则

第五条　预算控制模式系统的目标包括总体目标和具体目标。

第六条　总体目标与管理控制目标相一致，即追求经营效率和效果。

第七条　预算控制模式系统的具体目标是以预算控制标准为依据，完成经营过程中各自负责的量化目标，主要包括：

（一）保证企业等组织战略目标的实现，实现战略计划的数量化、具体化。

（二）实施有效的过程控制，及时纠正经济运行中的偏差。

（三）明确管理者的责任、权力和利益。

第八条　企业实施预算控制，至少应当关注下列风险：

（一）不编制预算或者预算不健全，可能导致企业经营缺乏约束或者盲目经营。

（二）预算目标不合理、编制不科学，可能导致企业资源浪费或发展战略难以实现。

（三）预算缺乏刚性、执行不力、考核不严，可能导致预算管理流于形式。

第九条 预算控制模式系统本质上属于一种全面预算管理体系，即属于以预算为主线、涉及全方位、全过程和全员的一种整合性管理控制系统，对公司的所有经营活动和所有组织结果具有全面控制和全面约束力。具体来说，建立预算控制模式系统的原则包括：

（一）全面覆盖

预算控制应该覆盖整个公司，包括公司各职能本部、公司下属各事业部及其职能部门、公司控股的其他非事业部单位及其职能部门。许多企业的预算仅仅关注费用预算和资金预算，这只是权宜之计，全面预算应该扩充到其他预算，如销售预算、采购预算、生产预算、资本预算和财务预算等；许多企业的预算管理部门以财务部门为主，实际上全面预算涉及生产经营的所有活动，包括销售活动、生产活动、采购活动、研发活动、财务活动等。这就意味着一个公司要控制其经营业务，不仅需要编制经营预算和资本预算，而且需要编制财务预算。

（二）全程控制

以预算为主线对公司各种经营活动以及经营活动过程的各个环节进行控制，包括事前控制、事中控制和事后控制。事前控制通过预算目标确定和预算编制环节完成，事中控制通过预算执行环节完成，而事后控制则依赖于预算考评。以上环节构成了完善的预算控制循环。要发挥预算控制模式系统的控制作用，这几个环节缺一不可。有许多企业往往只重视预算的编制，而忽视预算的事中控制，既不积极执行，也不有效控制，更不进行系统分析；也有许多企业将预算的执行与预算的考评相脱钩，对预算执行部门和执行者的考评并不以预算为主要依据，完全忽略了预算的事后控制作用。

（三）全员参与

预算控制模式系统的设计和运行是一项复杂的系统工程，需要公司各级领导高度重视和常抓不懈，需要公司各单位、各部门一把手积极推动和亲自落实，需要各个层次员工的积极参与和主动配合。预算控制模式系统实施的过程就是将预算的总体目标分解、落实到各个部门的过程，从而使各部门都明确了自己的工作目标和任务。一个公司的整体目标只有在各个部门和各个岗位的共同努力下才能得以实现，相反如果各个部门各行其是，各个岗位相互扯皮，那么公司整体目标就难以实现，公司整体利益就会受到损害。

第三章 预算控制模式系统的组织与职责

第十条 预算控制模式系统的组织体系包括预算管理委员会、预算职能部门及预算责任中心等。

第十一条 预算管理委员会在预算控制模式系统组织体系中居于领导核心地位，

在董事会的授权下处理和决定预算管理的重大事宜。它是由企业的董事长或总经理任主任委员，吸纳企业内各相关部门的主管，如主管采购的副总经理、主管销售的副总经理、主管生产的副总经理、主管财务的副总经理、主管人事的副总经理等人员组成。对企业预算管理来说，预算管理委员会是最高管理机构。

预算管理委员会的职责：

（一）制定有关预算管理的政策、规定、制度等相关文件；

（二）提出年度预算总目标、总方针和编制基本要求，报董事会批准；

（三）审查公司资本性投资与项目预算；

（四）审查各部门编制的预算草案及整体预算方案，并就必要的改进对策提出建议，并报董事会批准；

（五）在预算编制、执行过程中发现部门间有彼此抵触现象时，予以必要的协调；

（六）提出预算组织、规划、控制工作的改进意见；

（七）将经过审查的预算提交董事会，通过后下达正式预算；

（八）接受预算与实际比较的定期预算报告，在予以认真分析、研究的基础上提出改善的建议；

（九）根据需要，就预算的修正加以审议并做出相关决定；

（十）预算管理过程中出现的矛盾冲突进行调解或仲裁；

（十一）审议预算工作组提出的预算奖惩办法和方案，报董事会批准。

第十二条 预算职能部门是指处理与预算相关的日常事务的职能部门。

预算职能部门的职责：

（一）传达预算的编制方针、程序，具体指导子公司、分厂、部门预算草案的编制；

（二）根据预算编制方针，对子公司、分厂、部门编制的预算草案进行初步审查、协调和平衡，汇总后编制集团公司的预算草案，一并上报预算管理委员会审查；

（三）在预算执行过程中，监督、控制分厂及部门的预算执行情况；

（四）每期预算执行完毕，及时形成相应的预算执行报告和预算差异分析报告，交预算管理委员会审议；

（五）遇有特殊情况时，向预算管理委员会提出预算修正建议；

（六）协助预算管理委员会协调、处理预算执行过程中出现的一些问题。

第十三条 预算责任中心是以企业的组织结构为基础，本着高效、经济、权责分明的原则来建立的，是预算的责任主体，由投资中心、利润中心、成本费用中心组成，每一责任中心是由一名对其行为负责的管理者领导的组织单元。预算责任中心的职责：

（一）各责任中心是预算的执行组织，也就是预算责任执行主体，它是组织内部具有一定权限、并能承担相应经济责任的内部单位；

（二）参与相关责任预算的编制；

（三）组织落实本中心的预算，未经批准，不得擅自变动预算；

（四）严格按预算组织经营活动、投资活动和筹资活动；

（五）制定预算执行具体方案和措施；

（六）定期或不定期地进行预算执行情况的反馈，如实向上级报告预算执行情况；

（七）如遇调整事项，须书面报告。

第四章 预算控制模式系统的内容与分类

第十四条 预算控制模式系统有多种分类方法。一个公司的全面预算体系可以按多种划分标准进行不同的分类，主要包括以下类型：

从预算层级角度看，包括企业集团预算、子公司或事业部预算、部门预算和项目预算等。企业预算的层级是与企业的组织层级相对应的。在一个企业集团中，战略目标往往是自上而下逐层进行分解细化，包括企业集团目标、子公司或事业部目标、部门目标和项目目标；而预算也往往是由下往上逐层进行汇总编制的，先编制项目预算、部门预算，而后形成子公司或事业部预算，在此基础上形成企业集团整体预算。

从预算内容角度看，包括经营预算、资本预算和财务预算等。经营预算也称为业务预算，是反映与企业日常业务直接相关的基本生产经营活动内容的预算，具体包括销售预算、采购预算和生产预算等，同时包括管理费用预算。资本预算也叫作特种决策预算，主要涉及投资和筹资的预算，是指企业不经常发生的、一次性业务的预算，如企业固定资产的购置、扩建、改建、更新等，同时还包括与此相关的资金筹措预算。财务预算是从价值方面总括地反映经营期决策预算与业务预算的结果，是指与财务状况、经营成果和企业现金收支有关的各项预算，因此也叫作总预算，主要是指预计资产负债表、预计利润表和现金收支预算等。

从传统的预算责任角度区分，可将预算区分为投资中心预算、利润中心预算、成本中心预算和费用中心预算。不同的责任中心有着不同的权责范围，有着不同的业务活动，因此其所承担的预算责任也不同，所需实现的预算目标也不同，自然所需编制的预算内容也不同。成本中心和费用中心只需对其发生的成本或费用负责，因此主要围绕所需承担的成本或费用降低目标而编制成本预算或费用预算，比如生产车间除了编制生产预算以外，还需要编制成本预算；利润中心不仅需要对其产生的收入负责，更需要对其承担的利润目标负责，因此不仅需要编制经营预算，而且还需要编制利润预算；投资中心不仅需要对所实现的利润目标负责，而且还需要考虑投资回报效益，因此不仅需要编制经营预算，还需要编制资本预算，当然财务预算的编制也是顺理成章的事情。

从预算时间角度区分，预算可分为期间预算和项目预算。期间预算是以一定时期内的生产经营活动为规划对象的预算，以涉及的时期长短为标准，又可以分为长期、中期和短期预算。一般说来，涉及较长时期的预算往往是具有战略意义的远景规划，带有方向性，但在数据上较为粗略，正常业务预算和财务预算往往是以1年为期，年内再按季度、月度细分的短期预算，指标较为具体和确定。项目预算是针对特定问题的未来活动预算，它是不受层级、不受时间限制的预算，例如可否实行合并的预算、新产品开发预算等。

第十五条 预算控制模式系统作为管理控制系统的一种模式，一般包括预算目标确定、预算编制、预算执行、预算考评。

第十六条 预算目标确定。战略计划是管理控制系统的起点，预算目标是预算控制的起点。因此，战略计划与预算目标是预算控制模式系统起点，预算目标确定是预算编制的基本依据。战略计划以战略目标和战略规划为基础，预算目标以战略计划为依据。按照企业的组织结构层次，预算目标可以分为预算总目标与各层级责任预算目标，在整个预算体系中，企业预算总目标居于最高统驭地位，它以企业战略目标为出发点，是企业战略规划的具体体现。企业在不同时期的战略取向不同，具体的战略规划也不相同，因此，预算目标亦不相同。

同时，预算总目标通常是根据企业外部的环境及企业内部的资源状况提出的。它一方面受到企业所面临的市场竞争的约束，另一方面受到企业目前所具备的资源能力的约束。从功能作用来看，企业预算总目标作为企业与外部环境连接的结果，它不仅明确了预算期间企业发展的目标方向与必须要达到的竞争水平，规范着企业内部各项资源配置规划的整体结构，而且为责任预算目标的合理确定和行为规划确立了必须遵循的基准。企业各层级责任预算目标既是企业预算总目标的细化，也是企业预算总目标实现的基础，并对各层级责任单位与责任人发挥着直接的激励约束功能。因此企业预算总目标的合理与否及能否实现，不仅关系着各级层责任预算目标的合理性及由此产生的激励约束机制的有效性，更决定着企业的生死存亡，所以企业管理者在实施预算控制的过程中一定要合理把握预算目标的难易程度，西方实证研究的结果表明"严格而可实现的预算"通常导致最佳的执行结果，能够充分发挥预算的激励和控制功能。

第十七条 预算编制。预算编制是企业预算总目标的具体落实以及将其分解为责任目标并下达给预算执行者的过程，或者说是预算控制标准的确定过程。预算编制是预算控制模式系统的一个重要环节，预算编制质量的高低直接影响预算执行结果，也影响对预算执行者的业绩考评。

预算编制的过程是一个参与、协调的过程。预算编制过程的参与，即允许预算执行者对预算编制发表意见，而不是将预算强加给执行者，这样一方面能够大大降低管理者与预算执行者之间的信息不对称,另一方面使预算执行者产生责任感并激发起创造性。由于预算执行者参与预算编制,就很可能使预算目标成为执行者的个人目标,由此也产生了更大程度的目标一致性。预算编制过程的协调是指各个责任中心的部门预算在企业预算最高权力机构审议通过之前,各个管理层次的预算都要经过一定程度的谈判和协商才能确定。预算编制要经过自上而下和自下而上的多次反复,这样才能使最终的预算既符合企业的整体利益,有利于各部门间的相互协调,又适应基层单位的具体情况,避免由于高层管理人员的主观决定造成预算脱离实际的结果。预算编制涉及企业每一个部门、每一个岗位,它需要企业每一个部门和每一位员工的参与和支持。

第十八条 预算执行是指预算的具体实施,以及对预算执行过程的控制与预算执行结果的报告分析。它是预算目标能否实现的关键,因此它在预算控制模式系统处于核心环节。第一,预算的有效执行离不开预算约束机制。一方面各级责任预算及其目标的有效实施,必须依赖具有约束功能的各项具体责任业绩标准的控制与推动。对于责任业绩标准的设定,除了需要遵循可控性原则外,还应当考虑谋求市场竞争优势的客观限制。另一方面对预算控制效果最终产生决定作用的因素是能否调动各项经济资源,特别是各层级成员企业以及全体员工积极性、创造性的发挥与责任意识的增强。第二,预算的有效执行离不开预算协调、预算分析、预算调整、预算监控以及仲裁,它们是预算执行过程中必不可少的环节,是预算有效运行的必要保证。在预算执行过程中有一种必不可少的控制方式或者说控制手段——内部报告。预算执行过程中的控制是一种动态控制,其重点放在对发生的行动效果及其形成过程的经常监督和调整上,即通过作业核算和现场观测获得信息,及时把被控对象的输出变量与控制标准进行比较,提出纠正偏差的措施,不断消除行动效果与既定标准的偏离,而这一系列的活动都需要内部报告作为信息反馈的载体。

内部报告是预算控制过程的信息反馈载体,它是预算控制执行过程的逆向过程。将预算控制的过程和结果形成面向企业内部各级管理层的内部报告,一是可以有效地对预算执行情况进行事中和事后的控制以及责任辨析和业绩考核,二是可以更好地规划和控制企业的资产和收益,以实现资源的最有效配置和管理的协同效应。

在企业实施预算控制过程中,企业各阶层责任单位、责任人执行的进度与效果综合反映在各自的责任内部报告中,这些责任通过自下而上的逐级汇总,清晰地将各责任层次直至企业整体某一时点或阶段预算执行的进度与运行状态显示了出来。通过这种显示,可以发现预算执行的实际效果及存在问题的环节及原因,然后针对不同环节与不同原因,采取适当的措施进行整改,从而保证企业预算总目标的最终实现。

第十九条 预算考评包括预算评价和预算激励两个方面。

预算评价是对企业内部各级责任部门或责任中心预算执行结果进行评价,是管理者对预算执行者实行的一种有效的激励和约束形式。预算评价有两层含义：一是对整个预算控制模式系统的评价，即对企业经营业绩的评价，它是完善并优化整个预算控制模式系统的有效措施；二是对预算执行者的业绩评价，它是实现预算约束与激励作用的必要措施。在预算执行过程中及完成后都要适时进行评价，因此它既是动态评价，又是一种综合评价，是预算控制模式系统中承上启下的一个环节。预算评价的作用有：

（1）对照责任预算目标，通过责任评价掌握预算的运行状况、成绩、存在的问题及环节，并借以查明产生问题的根源，从而为协调矛盾、堵塞漏洞、纠正偏差提供思路；

（2）通过评价，确定各责任单位、责任人责任目标及各项责任标准值的实现水平，以及不同责任单位或责任人对企业整体预算目标的贡献差异，进而为兑现奖惩提供依据；

（3）为制定下期预算目标提供参考依据，这是提高未来预算控制效果的前提基础与重要保证。

预算控制模式系统要与绩效管理相结合，因为它的有效运行离不开激励制度：预算标准的准确确定需要激励制度，预算的有效执行需要激励制度，业绩报告要提供及时准确的反馈信息需要激励制度，预算考核评价更离不开激励制度，因此激励制度的作用贯穿了预算控制模式系统的全过程，激励是预算控制模式系统的一个内在的环节。激励的宗旨在于调动员工的积极性和成就感，激励要遵循物质利益原则、公平性原则以及差异性和多样性原则；激励措施既可以采取财务性激励（如奖金），也可以采取非财务性激励（如提升、工作委派）；激励标准的确定可以以内部奖惩制度为基础（被激励者可预期的、固定的），也可以以高层管理者的主观判断为基础（依赖提供激励者的主观判断，能够反映环境变化）；既可以对个体进行激励，也可以对群体进行激励。

第五章　预算控制模式系统的程序与方法

第二十条　预算控制模式系统的程序一般包括预算目标确定、预算编制（包括预算编制、预算审批和预算下达）、预算执行（包括预算执行控制、预算分析和预算调整）、预算考评（包括预算评价和预算激励）等步骤。

第二十一条　预算目标确定的方法包括：（1）预算控制目标的分解；（2）确定预算控制指标；（3）预算控制标准。

预算控制目标的分解。从内容上看，预算控制目标的分解应该是对影响战略实现的关键成功因素（KSFs）的进一步细化和落实，因此是与整个公司的战略目标和战略规划紧密结合在一起的。这些关键成功因素构成了公司经营活动的控制目标。关键成功因素（KSFs）既包括财务方面的，也包括非财务方面的，一方面因为财务结果往往属于一种综合性的事后反映，具有滞后效应和短期效应；另一方面因为非财务活动往往是财务结果获得改善的关键动因，许多公司的实践活动已经证明非财务要素的变动最终影响了公司财务业绩。通过分析战略目标和战略规划对于经营活动各方面的基本要求，可以进一步形成战略计划和明确关键成功要素，使公司的战略规划和战略目标转化为更为详细的控制目标。

预算控制指标体系的建立。财务目标是一个公司所追求的最终目标，与其组织目标密切相关，因此应该反映股东价值的增加。公司中所有的资本都具有成本，只有获取比资本成本更高的收益才是为股东创造了价值。借助于经济增加值（Economic Value Added，以下简称 EVA）这个指标，公司能够正确衡量股东财富的增加。因此 EVA 指标应该成为价值创造的关键评价指标，并且应该是预算控制指标体系的核心指标。这样，一个公司的预算控制指标主要集中在价值创造、盈利能力、成长能力、营运能力和偿债能力五个方面，同时可以将 EVA 作为核心指标，通过该指标进行层层分解，与盈利能力指标、营运能力指标、成长能力指标和偿债能力指标建立联系。这样可以参照国有资本金效绩评价指标体系，建立预算控制指标体系的基本选择。之所以说是基本选择，因为基本选择只是给出一个范围，它是公司形成预算控制指标体系的基础。在实际操作中，并非所有的基本选择指标都需要考虑，公司可以根据自身组织背景加以取舍。公司还可以根据自身组织背景特点专门设计一些特殊指标，以反映该公司组织背景的特色。但预算控制模式系统设计者需要把握的是，预算控制指标的选择既不能太多也不能太少，太多就可能出现"信息冗余"，甚至导致控制目标不清晰，再者不符合成本效益原则；太少可能难以完整反映所需要控制的内容，以致顾此失彼。

预算控制标准的制定。在预算控制标准的制定过程中，需要注意以下四个问题：

第一，要结合企业现状纵向分析企业的历史数据。利用企业历史数据建立历史标准的过程中需要充分考虑企业自身的实际情况，所谓的历史数据就是各项业绩评价指标在企业不同历史时期的实际发生结果，充分体现了企业的组织背景特征。企业历史数据的积累、整理和分析对于正确制定业绩评价标准具有重要意义。

第二，要进行横向比较和研究同行业和同类企业的相关数据。行业标准是以企业所在行业的特定指标数值作为业绩评价的标准，反映了企业的外部环境和技术特征。制定预测标准以行业标准为基础反映了企业对于外部环境和技术等关键组织背景变量特征的考虑。可以通过以下途径获得行业历史数据：国有资本金效绩评价标准手册（财政部每年都重新修订，并公开出版）；上市公司公开披露的数据（如一些媒体和管理咨询公司经常出台各种上市公司经营业绩排行榜）；行业协会的统计数据（有许多行业协会经常对本行业的企业经营业绩进行统计分析）；官方统计数据（如出版的各种统计年鉴）。

第三，要进行公司战略规划，不仅明确关键成功因素，而且明确关键成功因素与战略目标之间的逻辑关系。战略规划和组织背景是预算控制标准确定的前提和依据。公司在制定战略规划的过程中不仅需要考虑所处的外部环境，还需要考虑自身所拥有的资源和能力。

第四，要考虑其他组织背景变量，尤其是外部环境和组织结构的影响性，从而区分可控因素与不可控因素。战略规划的制定时间和预算控制标准的制定时间可能不一样，而组织背景却是瞬息万变的，因此在针对具体年度制定预算控制标准时，除了考虑战略规划以外，还需要考虑组织背景的变化，比如进行市场预测。

第二十二条 预算编制可以采用多种方法，根据预算编制所依据的业务量的数量特征，可分为固定预算和弹性预算两种编制方法；根据预算编制的出发点特征不同，可分为增量预算和零基预算两种编制方法；根据预算期的时间特征不同，有定期预算和滚动预算两种预算编制方法。不同类型的预算编制方法各有利弊，公司可以根据不同预算编制方法的适用条件和适用范围加以选择。

第二十三条 预算执行控制方法可以分为预算授权控制、预算审核控制、预算调整控制和预算分析与反馈控制四个方面。

预算授权控制是指预算的执行必须通过授权进行，有关预算执行部门和执行人员在处理业务时，必须得到相应的授权，经过相应的批准程序后方可进行。授权控制是一种事前控制，通过授权控制，可以有效地将一切不正确、不合理、不合法的经济行为制止在发生之前。预算控制作为重要的内部控制方式，事前设定授权事项、权限和金额是非常必要的。预算授权又可以进一步分为预算权分配、预算内授权和预算外授权。预算权分配是指企业内部各层级在预算管理运行中的决策权界定。预算管理决策权的划分应该体现决策、执行和监督三分立的治理规则要求，董事会及其下设的预算管理委员会为预算决策机构，经营管理层包括下属各单位、各部门为预算执行机构，监事会、预算管理委员会办公室、财务部门、内部审计部门为预算监督机构。实施预算管理的公司需要事先设置并明确预算决策权、预算执行权和预算监督权的归属、内容和行使方法。预算内授权是指预算执行部门和预算执行人员根据既定的预算控制标准，在其权限范围之内对正常的经济行为进行的授权，它强调预算范围内的事项由预算责任单位的第一责任人自行处理业务，而不必进行分级控制。预算外授权是指对非经常经济行为进行专门研究做出的授权，强调的是超过预算范围或者根本就没有列入预算范围内的经营活动与事项必须经过预算调整或预算追加来处理，需要得到经过授权的人员批准。

预算审核控制就是在业务发生之后，通过会计核算信息系统对与业务相关的费用报销和资金拨付进行事中控制。要做到这一点，首先需要使预算与会计核算相结合，并建立相对应的关系。这要求在设计预算控制模式系统时，考虑预算控制模式系统的软件化和信息化。公司可以通过在预算控制模式系统中设置结构性的、系统性的定义，将预算控制项目与会计核算科目形成一种对应关系，使两者对应关系明晰、准确。在预算执行的过程中,当进行凭证录入保存时,首先不是进入会计核算系统,而是首先进入到预算控制模式系统,该系统会自动地分别检查凭证中所涉及的费用预算、资金预算是否超出该明细项目的年度、月度费用预算控制标准,并分别记录发生的费用额、资金支出额,从而进行控制预警和余额控制。如果属于预算内项目且金额未超出预警控制线,则进入会计核算系统;如果属于预算内项目但金额超出预警控制线,也可进入会计核算系统,但系统会对业务发生部门发出警告,提醒当期应该控制费用的发生和资金的拨付;如果属于预算内项目但金额已经超出预算,或者完全属于预算外项目,则都需要进入预算调整程序。可见,预算审核控制对业务发生、费用报销和资金拨付起到了很好的实时控制和过程控制的作用。

预算调整控制是指当公司内外环境发生改变,预算与实际出现较大偏差,原有预算不再适宜所进行的预算修正。预算一经制定并下达执行,原则上不应随意变动。预算调整必须满足一定的前提条件,必须遵循一定的审批程序。根据调整是否影响整体预算控制目标的改变,预算调整可分为目标内预算调整和目标外预算调整。不同类型的预算调整有着不同的前提条件和不同的审批程序。一般情况下,预算调整需要经过申请、审议和批准三个主要程序。预算调整的审批权限应该高度集中,目标外预算调整需要经过预算管理委员会审批,目标内预算调整则根据预算权规定由具有相应权限的人员或机构审批。

预算分析与反馈是指在预算执行过程中,预算责任单位要及时检查、追踪预算的执行情况,形成预算差异分析的反馈报告,定期将上月预算差异分析报告交上一级管理部门,最后由预算专职部门形成总预算差异分析反馈报告,交预算管理委员会,为预算管理委员会对整个预算的执行进行动态控制提供资料依据。

第二十四条 预算考评包括预算评价和预算激励两个方面。

预算考评是发挥预算约束与激励作用的必要措施,每一项业务的发生都应该与相应的预算项目联系起来,以达到预算控制的目的。从预算评价角度来讲,应采取以下措施:

第一,建立科学的预算分析程序和方法。要把企业资金利用效率作为分析的目标,利用杜邦分析体系分析企业预算的执行情况。分析时除了利用水平分析法和垂直分析法分析实际数与预算数的差异以外,而且要对重要项目差异进行因素分析,对重大项目的变动进行趋势分析。

第二,建立预算分析岗位责任制,将预算分析制度化、规范化、表格化。首先,要专门制定预算分析制度,明确各部门、各环节、各岗位的责任,并指定专门的预算分析人员。其次,要使得预算分析定期进行,通过分析评价,考核预算的实际执行情况,作为奖惩相关人员和调整下期预算数额的依据;最后,要设计一整套预算分析表格,使得预算分析具有较强的可操作性。

第三,建立预算控制软件系统,使预算编制和预算分析固化为软件运行程序,提高预算分析工作效率，避免一些人为因素造成的失误，增强预算控制应有的刚性。

第四，建立预算奖惩制度，其目的是避免预算执行流于形式，促使各预算主管部门和相关人员加强责任心，保证企业预算目标的顺利实现。

预算激励方法包括以下内容：

（一）管理者报酬。将预算执行结果、管理绩效与激励性报酬机制联系起来，对于达到预算控制标准、绩效良好的给予奖励；对于未达到预算控制标准、绩效较差的给予惩罚。

（二）收益分享计划。所谓"收益分享计划"，是指按照预先确定的反映生产率和利润率改善的公式，员工和公司分享财务收益的计划。收益分享计划能使员工分享组织或主要部门的效率改进而带来的收益，这些计划鼓励团队合作，并就他们对组织的总贡献进行奖励。一些得以普遍应用的收益分享计划包括：利润分享计划、拉克尔计划、集体收益与分享计划、风险——收益平衡计划和员工持股计划等。

（三）非财务手段。在实施财务性激励报酬的同时，还要重视非财务激励手段的运用，比如给予下级部门及所属员工适当的自主权，让企业职工参与企业的管理决策工作，包括：参与预算编制、实施非货币性的表扬计划、宣传教育、举办座谈会等方式，来激发个人的事业心、责任感、企业主人翁精神等等；通过职位的提升、权限的扩大、工作范围的扩大等适当的工作安排来激励一部分人；此外，通过培训给个人提供各种学习、锻炼的机会也是一种有效的激励方式。

第六章 预算控制模式系统的环境与条件

第二十五条 预算控制模式系统环境主要涉及企业战略、组织结构、责任中心、人力资源和企业文化等方面。预算控制模式系统的环境要求包括企业应有明确的战略（包括战略目标、战略规划和战略计划），一定的人力资源素质和企业文化，特别是要有合理的组织结构和责任中心。组织结构对预算控制模式系统至关重要。

第二十六条 机制和组织。预算控制模式系统的设计涉及一系列步骤，从企业目标和战略到预算目标、实施和分析等。每个阶段目标的实现共同构成了预算控制机制，形成了预算控制模式系统的基础。

预算控制组织结构是预算控制体制的关键。常见的预算控制组织体系通常分为三级，即预算委员会——预算委员会常设机构（财务部门）——各预算主管部门。这种组织结构从理论上说对实现预算控制模式系统目标是有益的，但是在实践中必须注意以下几点：

第一，强化预算委员会的职能，突出其在预算控制模式系统各环节中的作用。目前实践中一些企业的预算委员会往往形同摆设，没有发挥应有的作用。要发挥预算委员会在预算控制模式系统设计中的作用，必须明确与完善预算委员会职能，如对预算目标设计、预算标准设计、预算评价设计等重大问题都应由预算委员会进行决策。预算委员会要定期召开会议，形成制度化、规范化的管理。预算委员会下应有常设机构，负责执行预算委员会的各项决议。

第二，加强财务部门在预算控制体制中的地位，提高财务部门在预算编制、控制和分析中的重要作用。目前，实践中对预算管理常设机构的设立方式不同。将预算委员会常设机构设在财务部门是较科学的选择。因为在企业管理以财务管理为中心的今天，企业预算也将以财务预算为中心。当然，作为预算委员会常设机构的财务部门在预算控制体制中的地位已远远超出财务部门本身的职责。预算委员会必须明确此时财务部门的特殊地位，明确财务部门是负责全面预算编制、分析和实施控制的主管部门，是预算委员会的执行机构。

第三，建立分级预算控制体制，完善预算控制职能。企业内部控制体制从一定程度上讲也是一个授权体系。企业预算控制体制也涉及预算控制的授权问题。因此，企业除了必须建立和完善一级预算以外，对于一些重要的部门预算、一些重要的项目预算，应该将预算项目进行进一步的细化，建立二级预算。真正建立起以预算编制、预算执行、预算控制与预算评价等程序组成的完整的预算控制模式系统。正确划分各预算归口管理部门，促使其认真执行预算，建立起对等的责、权、利关系。

第二十七条 建立责任中心。建立责任中心是预算控制的一项基本要求。责任中心是企业内部可在一定的范围内控制成本发生、收益实现和资金使用的组织单位，它是一个责、权、利的结合体。为了有效地规划和控制企业的业务活动，通常应将整个企业逐级划分为若干责任中心。责任中心与企业组织结构密切相关，在层级制的组织管理中，依据各责任中心的权责范围，将其分为投资中心、利润中心、成本费用中心。责任中心的划分是预算控制模式系统运行的一项必不可少的基础性工作，因为各个责任中心是预算的执行组织。在责任中心划分的过程中：

第一，要具有明显的层次性。企业为了有效控制自身业务活动，应当将整个企业逐级划分为许多责任中心，以体现责任中心的层次性。每个责任中心能规划和控制一部分业务活动，并对它的工作业绩负责。

第二，要责、权对等。责任中心要承担与其经营决策权相适应的经营责任。即有什么样的决策权力，就有什么样的经济责任。所以，企业设置每一责任中心，都必须根据授予的经营决策权的范围确定其应承担的经济责任，这是对其有效使用权力的一种制约。

第三，能够明确划分和辨认生产经营业绩。责任中心的责任必须具体明确、界定清晰、指标量化。

第四，责任中心的划分要与组织流程再造相结合。

第二十八条 预算控制基础。预算控制模式系统的有效运行除要有一定的环境，还要在以下几方面打好基础：

（一）分权管理

预算行为与组织结构有着直接的关系。按照组织权力的集中程度，可将组织划分为集权化组织和分权化组织，在集权化组织中决策权集中在组织领导层，下级部门和机构只能依据上级的决定、法令和指示办事，一切行动听上级指挥；而在分权化的组织中，组织领导层将部分决策权分配给下级组织机构或部门负责人，以便他们能够行使这些权力，支配组织的某些资源、自主解决某些问题，完成其工作职责。组织结构是影响预算参与效果的重要因素，在分权化组织条件下，如果预算参与程度高，管理者会认为他们的行动对预算有重要影响，从而表现出对预算及工作任务的满意感；相反，在集权组织条件下，相对较少地强调预算过程参与。因此实施分权管理，让全体员工参与预算的编制，可以大大提高预算指标的现实性与可靠性，有利于企业资源的最有效配置；可以大大激发下属执行预算的自觉性，增强预算执行的效率；可以使得部门与部门之间、个人与企业之间的信息得以充分交流；此外，高层管理机构把一些日常的经营决策权直接授予负责该经营活动的责任中心，使其能针对具体情况及时做出处理，以避免逐级汇报延误决策时机而造成损失，并充分调动各责任中心经营管理者的积极性和创造性。

（二）组织流程再造

组织流程再造是指以企业的主要流程或作业业务为改造对象，以充实和完善企业的核心业务流程为中心，以实现企业价值增值目标为目标，重新进行企业业务流程的设计，拆除在市场、设计、生产、销售、财务、人事和辅助工作等之间设置的围墙，构建新的企业组织结构和分工体系，形成既能对市场需求做出快速反应，又有较高盈利能力的企业组织。预算控制模式系统从预算编制、到执行、到考评都需要有一系列良好的平台，其中之一就是组织流程再造。因为在企业成长与发展过程中会出现这样一些问题：组织运行与战略脱节，战略规划缺乏组织支撑；集团总部定位模糊，母子公司之间关系不明，集权与分权的矛盾日益突出，规范化与灵活性之间难以协调；组织机构规模庞大，部门设置随意，责权关系交叉，业务流程不畅；企业内部信息淤积、流失与失真等。在这样一种环境中推行预算控制模式系统其结果是可想而知的。组织制度是预算控制模式系统的基础环境，因此在实施预算控制模式系统时必须对组织结构进行梳理。不过这并不等于说只有等待企业内部组织流程十分清晰的时候再推行预算控制模式系统。其实，预算控制与组织流程之间存在着互动关系，是相得益彰的，在很多情况下是不可分割的。预算控制总是针对明确的责任中心（投资中心、利润中心、成本费用中心）、经营责任（业务事项、时间、资金金额等）、信息的归集、反馈报告而言的，这就要求企业内部建立健全明确的业务流程、体制框架、管理主线和控制要点。组织流程再造应以顾客为中心，以企业战略为导向，以企业流程的系统优化为依据，进行作业分析并建立作业中心，进行流程分析并建立流程中心，最终形成战略层——经营层——作业层的三层组织结构。

（三）管理信息系统

管理信息系统是指向组织中各级管理人员和员工，以及组织外部人员提供信息的系统。进行管理控制离不开管理信息系统，没有较完善的管理信息系统就不可能取得理想的预算控制效果。管理信息系统的信息包括预算信息、会计信息、统计信息及业务信息等，从预算控制模式系统要求的管理信息系统看，会计、统计及业务核算信息的质量对预算控制模式系统运行有重要影响。从这个角度看，管理信息系统必须满足如下要求：

第一，信息内容要满足预算控制相关性的需要。无论是会计核算信息、统计核算信息，还是业务核算信息，都应为预算控制服务，以满足预算控制相关性的要求。

第二，信息时间要满足预算控制及时性的要求。预算控制的特点是过程控制，因此核算信息及报告的提供应越及时越好。要做到这一点，不仅要从观念上改变传统的事后核算定式，而且要从手段上提供现代信息管理技术，如建立 ERP 等系统。

第三，信息技术要满足预算控制真实性的要求。信息真实性是进行控制的关键。信息虚假产生的原因是多方面的，从专业角度看，信息核算的技术方法应用不当是信息虚假不容回避的问题。预算控制模式系统运行要求信息核算方法科学可靠，包括会计核算方法及其他业务核算方法。

第二十九条 预算控制模式系统的适用范围。与制度控制系统相同，预算控制模式系统适用于或应用于所有的组织或企业。但对于管理环境和基础较差的企业，建立与执行预算控制难度较大；对于管理环境和基础很好的企业，预算控制相对容易，但过分强调预算控制可能束缚主观能动性。

附录四 企业管理控制应用指引第3号
——评价控制模式系统

第一章 总 则

第一条 为了促进企业及其他经济组织内部管理控制制度建设，规范企业及其他经济组织的内部管理控制行为，提高经营管理活动的效率与效果，确保组织战略目标的实现，特依据《中华人民共和国公司法》和《企业管理控制基本规范》等法律法规，制定本规范指引。

第二条 本指引适用于我国境内外的各类大、中、小型企业。其他经济组织和单位也可以参照本指引实施评价控制。

第三条 本规范所称评价控制模式系统是指以经营管理者为主的组织中各类成员运用特定的指标和标准，采用科学的程序和方法，对组织生产经营活动过程及其结果进行真实、客观、公正的综合评判，以规范组织中各级管理者及员工的经济目标和经济行为，从而实现组织战略目标和战略规划。

第四条 企业应当根据本指引，结合管理控制设计与运行的实际情况，构建企业评价控制模式系统，规定评价控制的目标与原则、组织与职责、范围与内容、程序与方法等，为评价控制模式系统创造环境与条件。

第二章 评价控制模式系统的目标与原则

第五条 评价控制模式系统的目标从总体上与管理控制目标相一致，即追求经营效率和效果。

第六条 评价控制模式系统的基本目标是提高经营管理活动的效率与效果，实现组织战略目标和战略规划。

第七条 评价控制模式系统的具体目标是追求各层次和各经营单位的经营结果与组织总体目标一致性，具体包括：

（一）评价战略目标。为了准确预测组织未来战略发展趋势，需要通过评价预测和判断组织经营活动的未来发展趋势，使经营管理者获得有利于战略调整的支持性信息，从而能够更好地规划组织的未来。

（二）评价经营绩效。为了控制实际业绩与评价目标的差异，需要通过评价提供关于战略目标实现的控制性信息，从而发现偏离目标现象，并分析主客观原因采取纠正措施，以确保战略目标的最终实现。

（三）评价管理者经营业绩。为了确保组织战略目标的实现，需要将战略目标分解成评价目标，落实到相应的责任部门或责任人。通过评价可以衡量责任部门及其责任人的经营业绩。

（四）激励经营管理者的经营管理行为。根据评价结果对经营管理者实施相应奖惩，一方面激发管理者积极采取正确行动，诱导期望行为的发生；另一方面引导经营管理者采取有效措施弥补差距，改变落后现状。

第八条　正确处理对部门的业绩评价和对管理者的业绩评价两者的关系对于评价控制模式系统的有效实施很重要。由于经营管理者不可控变量的存在，因此在进行业绩评价时需要区分部门的业绩和部门管理者的业绩。不可控变量，是指对于经营管理者来说，该变量的发生和变动是无法影响甚至是无法预期的。

因此，在评价控制模式系统中，企业应至少关注以下几个风险：

（一）组织制度、预算制度等的缺乏或不健全，可能导致企业经营低效或缺乏计划性。

（二）评价目标或评价过程的不合理性，会对企业实现战略目标造成阻碍。

（三）缺乏激励或实施不合理的激励，评价控制模式系统就只是形式上控制，无法行之有效。

第九条　在建立评价控制模式系统的过程中，应遵循以下基本原则：

（一）可控性原则。无论是对组织下属部门的业绩评价，还是对下属部门经营管理者的业绩评价，都应该考虑和剔除其无法控制的因素，将评价限制在部门或管理者所能控制的范围之内。

（二）可接受性原则。在明确评价目标的过程中应该与被评价者进行反复沟通与交流，尽可能考虑被评价者的合理意见，以便于评价目标能够为组织成员所接受。

（三）权变性原则。组织是在一定背景中生存和发展的，评价指标的选择、评价标准的设置和评价方法的确立应该依据组织背景的不同而权变。

（四）系统性原则。评价控制模式系统作为组织内部一个相对独立的子系统，是由战略计划、评价指标（指标选择、指标标准、指标计算）、评价程序与方法、评价报告、奖励与惩罚等要素组成，设计时需要考虑不同要素之间的关系。

（五）成本效益原则。一个良好的评价控制模式系统应能提供较其实施和维护成本更大的利益，这种利益包括基于评价控制模式系统所提供的信息对管理决策的改善。

第三章　评价控制模式系统的组织与职责

第十条　为了保证组织内部业绩评价工作进展顺利、步调一致，组织应成立或指定专门的管理机构负责业绩评价工作。有条件的可以考虑在企业内部设立评价领导组织、评价执行组织、评价监督组织等类似组织；没有条件的可以考虑由人力资源管理部门牵头组织内部业绩评价工作。

第十一条 评价领导小组。评价领导组织，亦即业绩考核领导小组，是内部业绩评价的决策机构，全面负责内部业绩评价的指导、组织、协调与审核工作。业绩考核领导小组由组织负责人直接领导，其他高层管理人员为业绩考核领导小组成员，包括人力资源管理、生产经营管理、财务管理等部门的负责人。

评价领导组织（业绩考核领导小组）的具体职责包括：

（一）根据战略目标与战略规划拟订内部业绩评价的总目标、总方针；

（二）建立评价控制模式系统，并监督评价控制模式系统实施和运行情况；

（三）组织审议和上报年度内部业绩评价方案，确定各责任部门及责任人的年度评价目标；

（四）协调解决内部业绩评价方案编制和执行中的问题，仲裁评价控制过程中发生的不同部门间的冲突；

（五）根据内部业绩评价结果向董事会提交奖惩方案。

第十二条 评价执行小组。评价执行组织通常由业绩考核领导小组办公室承担，是考核委员会的日常管理机构，可考虑设在人力资源管理部门。

评价执行组织（业绩考核领导小组办公室）的具体职责包括：

（一）根据业绩考核领导小组拟订的内部业绩评价总目标和总方针，全面分析、研究考核期内市场状况、政策法规环境以及其他相关的内外部环境因素，向业绩考核领导小组提交年度内部业绩评价方案；

（二）负责内部业绩评价日常事务的协调、跟踪，监督内部业绩评价方案的执行过程，定期向业绩考核领导小组报告战略计划的执行情况及其对业绩评价的影响，随时报告重大变化事项；

（三）会同其他相关部门如经营管理、财务管理等部门，组织内部业绩评价工作，形成内部业绩评价报告，报送业绩考核领导小组。

第十三条 评价监督组织。评价监督组织目的是完成评价控制模式系统监督任务，即评价控制模式系统得以有效贯彻实施的保证，也是发现评价控制模式系统缺陷并不断改进和完善评价控制体系的重要措施，各企事业单位应当重视评价控制模式系统的监督检查工作。

评价控制是管理者实施的管理行为，管理者应当对管理控制系统的日常运行负责，董事会或最高管理当局负责对内部评价控制模式系统的建立健全和有效实施进行监督检查。

组织应当重视评价控制模式系统运行的监督检查工作，由专门机构或者指定专门人员具体负责评价控制模式系统运行情况的监督检查，确保评价控制模式系统的有效运行。

评价监督组织（评价控制模式系统运行检查监督）的主要职责是：

（一）对评价控制模式系统的运行情况进行检查和评价；

（二）写出检查报告，对评价控制模式系统存在的缺陷提出改进建议；

（三）对执行评价控制模式系统成效显著的内部机构和人员提出表彰建议，对违反评价控制模式系统的内部机构和人员提出处理意见。

第十四条 此外，组织可以聘请中介机构或相关专业人员对本组织评价控制模式系统的建立健全及有效实施进行评价，接受委托的中介机构或相关专业人员应当对委托单位评价控制模式系统存在的重大缺陷提出书面报告。

第四章 评价控制模式系统的范围与内容

第十五条 一个完整的评价控制模式系统由评价主体、评价客体、评价目标、评价程序、评价指标、评价标准和评价方法等内容组成。企业的评价控制模式系统的范围涵盖了全部组织单元，包括各个公司、所有部门，各级管理者和全体员工。评价控制模式系统是一个结果导向的控制系统，其评价的核心就是评价企业内所有目标能否顺利实现。

为了评价合理有效，评价控制模式系统的范围可以按照企业的需求进一步细分，细分的方法根据对评价主体和客体的定义不同而有所不同。评价主体是实施业绩评价的行为主体，评价客体是业绩评价行为的指向对象。并且，内部评价主体和评价客体依据不同的控制层级而不同：

（一）从组织控制层级看，评价控制模式系统包括集团对子公司的控制、战略组织对管理组织的控制以及管理层组织对作业层组织的控制。

（二）从管理控制层级看，评价控制模式系统包括董事会对高级经理的评价控制、高级经理对部门经理的评价控制、部门经理对项目经理的评价控制以及项目经理对员工的评价控制。

第十六条 作为管理控制系统的一种模式，评价控制模式系统应包括战略计划、评价指标（包括指标选择、指标标准、指标计算等）、评价程序与方法、评价报告、奖励与惩罚等几个子系统。

（一）战略计划。战略计划是管理控制系统的起点，与预算控制一样，评价控制也是以评价目标为起点。因此，战略计划与评价目标是评价控制模式系统的起点，同时评价目标是整个系统运行的指南和目的，决定了评价指标的选择、评价标准的设置和评价方法的确定。一个公司战略计划的制定需要以战略目标和战略规划为基础，而评价目标的确立也需要以战略计划为依据，只有这样才有助于战略目标和战略规划的实现。

企业在建立和实施评价控制模式系统时，要正确确定评价目标，就必须进行环境分析，根据公司外部竞争环境和内部资源状况制定战略计划并确定其关键成功因素（Key Success Factors，KSFs）。所谓关键成功因素就是影响公司及其下属机构或部门获得竞争优势、实现战略成功的决定性因素，它向上以战略计划的形式反映，与整个公司的战略目标直接联系起来；向下具体表现为评价指标，影响和控制公司的经营活动。关键成功因素应该既包括财务方面的，也包括非财务方面的。一方面因为财务结果往往属于一种综合性的事后反映，具有滞后效应和短期效应；另一方面因为非财务活动往往是财务结果获得改善的关键动因，许多公司的实践活动已经证明非财务要素的变动最终影响了公司财务业绩。

（二）评价指标。评价指标的确立不仅是公司评价目标的具体落实，而且是将公司关键成功因素分解为具体责任目标并下达给战略计划执行者的过程。之所以需要将关键成功因素进一步分解为评价指标，是因为关键成功因素往往属于对公司及下属机构或部门成功起决定作用的因素，通常只表现为有限的若干方面，公司的高层管理者需要将具有综括性的目标尽可能地量化和进一步地分解，使之成为具有可操作性又具有责任清晰性的评价指标。

（三）评价程序与方法。评价程序是指进行评价控制所应遵循的一般规程。研究和确立评价程序是进行内部评价控制的前提与基础，为开展评价控制工作指明了方向。评价程序的正确与否同样会影响到评价控制最终结果的准确程度。评价程序应包括以下若干步骤：建立评价目标；选择评价指标；设置评价标准；确定评价方法；计算评价结果；形成评价结论；处理评价结果。

评价方法，解决的是如何评价的问题，即采用一定的方法运用评价指标和评价标准，从而获得评价结果。没有科学合理的评价方法，评价指标和评价标准就成了孤立的评价要素，也就失去了本身存在的意义。目前在实践中应用比较广泛的评价方法主要有三类：单一评价方法；综合评价方法；多角度平衡评价方法。

（四）评价报告。评价报告是评价控制模式系统的输出信息，也是评价控制模式系统的总结性和结论性文件。评价主体以评价客体为对象，通过管理控制信息系统，获取与评价客体有关的信息，通过加工和整理计算评价指标，将评价指标实际数值与预先设置的评价标准进行对比，分析差异的产生原因、责任及影响，从而得出评价结论，最终形成了评价报告。

（五）奖励与惩罚。评价控制的程序不应止于评价报告的编制，而应针对管理者的实际业绩与评价标准的差异及其原因，实施奖励与惩罚，一方面可以鼓励业绩良好的部门或管理者，起到正面激励的作用，另一方面对于业绩不佳的部门或管理者要区分主观和客观原因，并采取惩罚性措施。总之，通过正确处理评价结果，实施奖励与惩罚，可以使得评价控制形成良好的循环。评价控制的结果只有与管理者的报酬相挂钩才能保证评价控制模式系统的长期有效运行。

第五章 评价控制模式系统的程序与方法

第十七条 评价控制模式系统的基本程序包括建立评价目标、设计评价指标与选择评价标准、确立评价方法、形成评价报告、生成与处理评价结果等。

第十八条 建立评价目标。评价目标是整个系统运行的指南和目的，决定了评价指标的选择、评价标准的设置和评价方法的确定。评价目标的确立需要以战略计划为依据，同时应进行环境分析确定影响组织战略实现的关键成功因素。

评价目标的确立要以战略计划为依据，在建立和实施评价控制模式系统时，要正确确定评价目标，就必须进行环境分析，根据公司外部竞争环境和内部资源状况制定战略计划并确定其关键成功因素，关键成功因素应该既包括财务方面的，也包括非财务方面的。

第十九条 设计评价指标。评价指标选择正确与否直接影响战略计划的执行结果，同时影响对战略计划执行者评价目标实现情况的考核。组织需要将评价目标尽可能地量化和进一步分解，使之成为具有可操作性又具有责任清晰性的评价指标。

评价指标是指借以进行评价的由评价客体影响或控制的变量，应该根据评价主体的需要和评价目标而设计。评价指标从控制内容角度看，包括财务绩效评价指标、管理绩效评价指标、质量技术绩效评价指标、作业绩效评价指标。评价指标类型的选择具有多维角度，如单一指标和多元指标；财务指标和非财务指标；定量指标和定性指标；不同计算基础（会计基础、经济基础和现金流量基础）的指标。

一个组织的非财务指标应至少包括三种角度：客户层面指标；内部经营过程层面指标；学习和创新层面指标，具体如下：

（一）客户层面。客户层面的指标衡量的是公司在其所定义的目标市场上创造顾客满意度和忠诚度的能力，一般包括市场份额、客户取得率、客户保持率、客户满意度、客户盈利率、产品质量等级率、产品交送货率等。

（二）内部经营过程层面。内部经营过程层面的指标反映的是公司在创新、经营、售后服务等环节创造价值的能力，一般包括产品及设计水平、新产品开发能力、R&D 费用增长率、生产周期效率、生产能力利用率、次品率、浪费率、安全生产率、成本费用等。

（三）学习和创新层面。学习和创新层面的指标衡量的是公司持续不断学习和创新以适应环境变化的能力，一般主要包括员工满意程度、员工流动率、员工知识水平、员工培训次数、管理水平、信息系统更新程度。

评价指标的确立应包括评价指标的选择、评价指标的设置和评价指标的计算等三个环节。评价指标的选择是建立评价控制模式系统的关键因素。

（一）评价指标的选择。评价指标的选择是建立评价控制模式系统的关键与核心环节，评价指标的选择正确和完全与否关系到是否能够真实全面地反映评价客体的经营业绩，从而直接影响经营业绩评价结果。选择评价指标的标准应该符合一致性和准确性的质量特征。

（二）评价指标的设置。对选择好的评价指标还要进行科学合理的设置：评价指标的行为指向应与战略实施的要求相一致，即，评价指标应该是战略目标和战略规划的分解与落实，应该反映战略目标实现的关键驱动因素；被评价者的行为能够对所选择的评价指标表现好坏实施影响，评价指标应与被评价者所采取的行动具有较强的相关性；设置评价指标应该具有可比性，包括同一部门不同历史时期的纵向比较，同一历史时期不同部门的横向比较，同一历史时期与行业其他公司或竞争对手的横向比较；设置评价指标应尽量考虑指标的可计量性，并且指标的计量尽可能以可验证的资料为根据，同时所选择的评价指标应该能够为被评价者所理解和认同。

（三）评价指标的计算。根据不同的计算基础，可以将财务指标划分为会计收益指标、市场收益指标、经济收益指标和现金流量指标四种类型。但由于市场收益指标只适合于对上市公司的整体评价，而不适用于公司部门层次的管理者业绩评价，因此建立评价控制模式系统经常选择的是其他三种类型计算基础指标。不同计算基础类型的指标具有各自的优缺点，在构建内部评价指标体系时应该注意根据评价目标选择不同计算基础的指标，使不同计算基础指标尽量相互结合。

在构建评价指标体系的过程中应该坚持以下基本原则：

（一）结果指标与动因指标相结合。组织一方面通过设置结果指标，能够使得经营管理者理解战略目标实现的内涵；另一方面通过设置动因指标，促使经营管理者关注关键驱动因素。

（二）财务指标和非财务指标相结合。评价指标体系应该是财务指标和非财务指标兼容，以更加全面地反映组织的生产经营活动，同时应该尽量在财务指标与非财务指标之间建立联系。

（三）内部指标和外部指标相结合。组织必须在外部指标与内部指标之间达成平衡，兼顾不同利益相关者的需求和目标。

（四）不同计算基础指标相结合。不同计算基础类型的指标具有各自的优缺点，应该使不同计算基础指标尽量相互结合。

第二十条 选择评价标准。业绩评价结果需要根据一定的评价标准做出判断。组织应根据战略计划和评价目标以及评价标准的特点选择合理的评价标准。

评价标准是指判断评价对象管理业绩优劣的基准，采用不同的评价标准会导致不同的评价结果。评价标准的选择取决于评价目标和评价客体实际情况。评价控制常用的评价标准类型包括历史标准、行业标准和预算标准。

在确定评价标准的过程中应遵循以下原则：

（一）评价标准不仅应作为计划的基础，反映战略目标的分解；而且应作为评价的基础，发现问题并适时改正。

（二）评价标准应以客观绩效而不是主观判断为基础；评价标准能够量化则量化，不能量化则需具体明确；评价标准应体现刚性和弹性相结合，对客观影响因素是弹性的，而对主观影响因素则是刚性的。

（三）评价标准不仅应该具有一定的挑战性，能够激起更高绩效动机；而且具有一定的合理性，通过努力应该可以实现。

（四）评价标准应作为一种共同观念与共同语言和沟通工具，透明并且广为人知；评价标准应尽可能被评价者所理解和认同。

在确定评价标准的过程中还应该注意：

（一）区分绝对基础和相对基础评价标准。为确保公司的生产经营活动符合其战略目标和战略规划，经营者必须进行经常性的和过程性的监督和控制，这样就有必要选择相对基础评价标准，以此作为监督和控制经营过程的参照体系。

（二）区分不同相对基础评价标准。可用于评价控制的评价标准主要是历史标准、行业标准和预算标准三种类型。组织应该将几种相对基础标准结合在一起，而不是仅仅考虑一种。当然在实际操作的过程中，可以采用以其中一种相对基础标准为主，其他相对基础标准为辅的策略。

（三）区分个人基础和集体基础评价标准。如果选择个人基础作为业绩评价标准，能够更好地体现激励原则，避免"平均主义"或"大锅饭"。如果对于某些部门或岗位必须采用集体基础评价标准，那么，要尽可能明确每个被评价者的职责范围，防止或减弱"搭便车"的行为。

第二十一条 确立评价方法。没有科学合理的评价方法，评价指标和评价标准就成了孤立的评价要素，也就失去了本身存在的意义。组织应根据战略计划和评价目标以及评价方法的特点选择科学的评价方法。

在建立评价指标和评价标准的同时，还需要确定评价方法。目前在实践中应用比较广泛的评价方法主要有三类：单一评价方法；综合评价方法；多角度平衡评价方法，具体如下：

（一）单一评价方法是应用一个最综合的指标评价经营业绩，以促使评价客体实现战略目标，以 EVA（Economic Value Added）方法为典型代表。

（二）综合评价方法是运用一系列指标从不同角度或侧面评价经营业绩，具体又可以分为指标分解评价方法和指标综合评价方法，前者以杜邦财务分析体系和帕利普财务分析体系为代表，后者包括综合指数法、功效系数法等。

（三）多角度平衡评价方法本质上也属于指标综合评价方法，但是由于这一类型的方法与传统的评价方法相比，更多的是注重不同类型指标之间的平衡关系，强调不同类型指标之间的因果关系或互动关系，并且在评价指标设计、评价程序确立等方面具有一定的创新，因此属于比较特殊的评价方法，其中又以平衡记分卡（Balanced Scorecard）和业绩多棱体（Performance Prism）为典型。

在选择综合评价方法的过程中，存在指标的同趋化处理、指标的无量纲化、指标的权数确定等问题需要注意：

（一）评价指标从与评价标准的关系看可以分为正指标、逆指标和适度指标三种类型。因此在选择评价指标时应尽量保持方向的一致性，即尽量都选择正指标，或都选择逆指标。如果无法避免，则需要进行同趋化处理。

（二）不同的评价指标可能具有不同的量纲（单位），由此会产生不可比性，因此需要进行无量纲化处理。基本的做法就是把各个不同量纲的评价指标折算成同一的效用单位，这样才有可能把一个多元指标的评价问题转化成单一指标的评价问题来进行比较和排序。有些综合评价方法本身就可以解决多元指标体系的"异量纲"问题，如综合指数法、功效系数法等。

（三）在综合评价指标体系中，各指标对综合评价结果的影响程度不同，其重要程度需要通过对不同指标赋予不同的权数加以反映。评价指标权数的确定方法可以分为主观和客观两种类型。其中主观赋权最为常用的方法是德尔菲法（专家意见法）；而客观赋权法包括因子分析法、主成分分析法、聚类分析法等方法。

第二十二条 形成评价报告。评价报告是评价控制模式系统的输出信息，也是评价控制模式系统的总结性和结论性文件。业绩考核委员会办公室应获取相关信息计算评价指标，将实际数值与评价标准进行对比，分析差异产生的原因、责任及影响，最终形成评价报告。

无论何种类型的评价报告，其主要内容都应包括评价目标、评价指标、评价标准、实际业绩、差异计量、差异分析、评价结论、奖惩建议等。评价报告的编制应按评价指标计算、差异计量与分析、评价结论形成、奖惩建议等几个步骤进行，但其关键步骤在于评价指标计算和差异分析。

在设计、编制、传递和应用评价报告的过程中应遵循以下原则：

（一）与组织结构相适应，正确划分责任中心。

（二）区分重要性和非重要性项目，注重例外情况。

（三）划分可控制与不可控制差异，明确控制重点。

（四）形成制度化和流程化，规定报告的频率和时效。

第二十三条 处理评价结果。只有把评价结果的处理与责任部门和责任人的利益相挂钩，才能确保评价控制模式系统的长期有效运行。业绩考核领导小组应根据评价报告，得出评价结论，并向董事会提出奖惩方案。

评价控制的结果只有与管理者的报酬相挂钩才能保证评价控制模式系统的长期有效运行。通过设计管理者报酬计划，并与业绩评价结果相挂钩，一方面通过奖励等手段激发管理者采取正确行动的内在积极性，诱导期望行为的发生；另一方面不允许某种行动发生，一旦发生则对管理者进行处罚。

报酬计划同样包含许多因素，每一种因素都反映了管理选择。因此在设计报酬计划实施奖励与惩罚时，应注意区分：财务报酬和物质报酬、精神激励和物质激励、长期激励和短期激励、报酬计量以公式基础还是以主观判断为基础、团体奖励和个体奖励等。

第二十四条 在评价控制模式系统的设计程序中,有多处环节面临着多种选择,如对评价指标的选择、对评价标准的选择、对评价方法的选择等。所以,根据企业的环境和条件做出合适的选择才能使评价控制模式系统在企业中控制有效。

第六章 评价控制模式系统的环境与条件

第二十五条 评价控制相对于预算控制和制度控制是一种更高层次的控制,制度控制和预算控制则是管理控制的基础。企业选择与应用评价控制模式系统,不仅需要企业建立并形成良好的组织文化氛围,促使企业文化与理念深入人心,职工以企业贡献为自豪;而且要求企业具有明确的战略目标,经营管理者具有较高的素质,企业管理基础良好。具体而言,评价控制模式系统要能够正常有效地发挥作用,就必须要形成良好的组织文化,具有明确的战略目标,经营管理者具有较高的素质以及管理基础良好等。

第二十六条 形成良好的组织文化。组织文化通常代表一系列相互依存的价值观念和行为方式的总和。这些价值观念和行为方式往往为一个组织全体员工所拥有,往往是通过较长的时间积淀、存留下来的。拥有良好组织文化的企业,其内部经营者和管理者习惯于协调一致,通力合作按照组织既定的战略目标和经营方向努力,这种协调性、积极性、组织性以及统一领导会有助于企业经营业绩的增长,企业经营者和管理者的经营行为同时还必须适应组织外部环境的变化。

企业文化要能够促使企业经营获得持续的核心竞争力,关键在于形成核心价值理念,企业应该注重长期战略、未来成长和价值创造,并在实践中强调和推动这种核心价值观的重要性,教育并引导员工,从而引起他们的认同,这样能够极大地激励员工的工作热情,在实现自身价值的同时实现企业目标,如要使EVA评价控制模式系统有效发挥作用,其前提即在于营造一种将价值创造置于所有管理活动核心的企业文化。这需要建立互动式的内部沟通系统,不仅要在董事会和管理高层中形成对EVA管理的认同,而且需要获得公司所有员工对价值创造的认同。

第二十七条 具有明确的战略目标。评价控制模式系统本身属于一种目标控制或目标管理,评价控制模式系统的实质就是通过目标的制订、展开、实施、评价和考核对企业的生产经营活动进行管理,一切管理控制活动都是围绕目标进行,以目标为行动的方针,以目标完成程度评价管理效果,目标贯穿于整个管理活动的始终。如果评价控制模式系统的目标模糊且不具体,就很难正常运转下去。

评价控制模式系统目标明确,最为重要的就是明确企业的战略目标,即战略目标应该以价值为基础,并且是可实施和可分解的;其次,建立一致的责任结构,将企业战略目标进行层层分解、层层落实,使得各级管理者具有清晰透明的任务和责任;最后,选择关键的绩效变量,即所选择的指标应该不仅能够影响实施战略的可能性,而且能够提高持续的盈利。

第二十八条 经营管理者具有较高的素质。经营管理者要实现企业的战略目标，取决于其评价目标的实现，因此经营者要使评价控制模式系统有效发挥作用，就必须使得其评价目标和企业战略目标保持一致；不能将管理者置于对立面，而应该尽可能有助于管理者实现其评价目标，应该对管理者充分信任，尽量不干预其实现评价目标的过程，使之能够充分发挥主动性与积极性。

评价控制模式系统本质上是以自我控制的方式取代了官僚式控制，变"被动地执行"为"主动地管理"。要保持评价控制模式系统的正常运转和有效作用，不仅要求形成一种文化氛围，更要求管理者要具有较高的素质，能够深刻理解企业的组织文化和价值观念，能够自觉地将个人目标与企业目标相互结合，并且具备一定的团队合作精神和自我约束能力。

第二十九条 管理基础良好。要使得评价控制模式系统能够运行良好，还需要企业具备良好的管理基础。企业管理者才能的发挥需要有一个完善的内部支持的机制和体系，即企业的结构资本，只有依靠这些结构资本，如信息系统、数据库、网络、组织机构等，企业管理者和员工才能充分发挥自身的才智，才能更好地互相沟通，从而使得组织获得整体经营绩效，创造更多的价值。

组织资本是企业管理人才创新和发挥才能的舞台，是管理人才为企业创造价值的依托。如果没有良好的组织资本，对于评价主体（经营者）而言，就会影响评价指标选择的全面性，评价标准确定的合理性，就会影响评价结果计算所需信息的及时性和完整性；对于评价客体（各级管理者）来说，就无从依据所确定的经济目标遵循一定的行为方式进行生产经营活动。

第三十条 适用范围。与制度控制系统和预算控制系统不同，评价控制模式系统不能适用于或应用于所有的组织或企业。相对于制度控制系统和预算控制系统，评价控制模式系统属于一种更高层次的管理控制模式，它的特点和适用条件决定了其适用范围是有限的。

评价控制模式系统对于企业的控制环境要求较高，不仅要求企业具有良好的管理基础和明确的战略目标，而且要求形成良好的企业文化和经营管理者具有较高的管理素质；对于控制环境和管理基础较差的企业，建立和运用评价控制模式系统难度较大，并且取得效果可能也不好；对于控制环境和管理基础良好的企业，建立和运用评价控制模式系统相对容易，并且更易于取得良好效果。

根据评价控制模式系统的本身特点以及比较常用的几种评价方法的特点，可以总结出评价控制模式系统适用的企业类型主要包括：实行分权管理的企业；具有多元组织结构的企业集团；智力资本对企业价值贡献较大的知识型企业；面临竞争压力较大的企业；成本管理水平较高的企业。

附录五　企业管理控制应用指引第4号
——激励控制模式系统

第一章　总　　则

第一条　为了引导和规范管理者的行为并促进企业目标的实现，根据相关法律法规以及《企业管理控制基本规范》，制定本指引。

第二条　本指引适用于我国境内外的各类大、中、小型企业。其他经济组织和单位也可以参照本指引实施激励控制。

第三条　本指引所称激励控制，是指组织旨在促进、引导和规范组织成员的行为并有效实现组织和员工的目标，而采取的设计恰当的激励模式和制定合适的工作环境的活动。

第四条　企业的管理控制部门应当对整个激励控制模式系统负责，企业的薪酬委员会与人力资源部门应该负责建立并实施不同层次的激励控制模式系统。

第二章　激励控制模式系统的目标与原则

第五条　激励控制模式系统的目标包括基本目标与具体目标。

（一）激励控制模式系统的基本目标，是通过设计一个合适的激励模式和工作环境促进、引导并规范组织成员。激励控制模式系统能够激励组织成员，使他们保持热情、主动性与创造力，从而实现组织与成员目标。

（二）激励控制模式系统的具体目标如下。

激励控制模式系统的核心目标是引导管理者努力工作。唯有行为的动机与方式建立在了企业的激励系统之上，管理者的利益才会最大化。激励控制模式系统能够引导管理者以正确的方式做正确的事，从而实现组织的目标。如果应用评价标准不合理，利益导向的激励控制模式系统将无法有效运行，从而企业整体目标将无法实现。因此，企业应当关注以下风险：

激励控制的关键目标是抑制管理者的短期行为，使他们关注长期发展。由于信息不对称，所有者监督管理者的行为是非常困难的。管理者的隐蔽行为可能会带来道德风险与逆向选择问题，从而损害企业长期目标的实现。激励控制模式系统可以通过减少管理者的短期行为，并协调管理者与所有者的目标，为企业创造更大的价值。

激励控制模式系统的基本目标，是通过降低管理者与所有者的目标分离程度，帮助管理者达到自身目标的同时实现企业的目标。因此，组织目标与个人目标并不冲突。事实上，有效的激励控制模式系统关注管理者的需求，并在这样的过程之中实现了管理者与所有者的激励相容状态，企业的最终目标得到了实现。

第六条 激励控制模式系统的原则。

激励控制模式系统应当遵守以下基本原则。

（一）参与原则。该原则指所有的管理者在自愿的前提下都应该参与到激励控制模式系统之中。

（二）清晰原则。该原则指评价指标必须清晰地反映企业的最终目标与战略。

（三）层级原则。该原则指企业应该依不同的需求，设计不同的激励目标，运行框架与激励模式。

（四）适宜原则。该原则指在激励控制机制的设计中避免出现过度激励的倾向，应该基于企业的发展阶段设计出合适的激励控制模式系统。

（五）可控性原则。该原则指激励控制的评价指标应该与管理者的努力程度相挂钩，管理者可以通过他们的努力以提高其薪酬。

（六）及时性原则。该原则指激励控制模式系统应该及时提供反馈，提高管理者对激励控制模式系统运行的理解。

第三章 激励控制模式系统的分类与内容

第七条 激励的分类有很多种。激励可以是正向的也可以是负向的，激励的对象可以是别人也可以是自己。基于激励的因素，可以将激励分为物质激励与精神激励。物质激励包括工资、奖金、股票、股票期权、福利与津贴等。精神激励包括权利激励、工作激励、名誉与地位激励等。物质激励也可根据时间因素分为长期激励与短期激励。短期激励包括年薪、奖金、绩效激励与收入计划等。长期激励包括股票激励，认沽权证以及管理层收购等。根据不同的环境与特点，企业可以选择不同的激励方式。从控制层级的角度，激励可以分为所有者对高层管理者的激励以及高层管理者对中低层管理者的激励。

第八条 所有者对高层管理者的激励。高级管理者指总裁、副总裁、总经理、副总经理、首席财务执行官、总工程师、董事会秘书以及其他有同等位置的管理者。

所有者对高层管理者的激励计划由薪酬委员会设计并执行。薪酬委员会的主要职责包括：

（一）设计高层管理者的薪酬计划。

（二）评价高层管理者的业绩。

（三）发布并解释高层管理者薪酬的结构与比例等。

（四）定期审视薪酬计划的合理性。

（五）负责薪酬计划的实行。

第九条 所有者对高层管理者的激励包括股权激励，股票期权和年薪计划。

第十条　股权激励是现代股份制企业以它们的股票为对象，激励其董事、监事、高级管理人员和其他员工的做法。它的基本操作流程如下。

（一）在年初确定绩效目标，一般以净利润和净资产收益率作为评价指标。

（二）建立以书面形式的股权激励和奖励幅度的底线。根据岗位、工作时间和贡献等来确定经理人的股权激励的数量。在一般情况下，经理的持股比例应在企业总股本的5%以上。

（三）确定管理股权激励的具体形式。企业可以根据实际情况如资本、股票来源等选择一种最大化股权激励的一种形式。

（四）在年底，如果管理者已经达到规定的业绩标准，企业应当按照约定进行股权激励，经理可以得到股票。

第十一条　股票期权是指买方和卖方在购买或按既定的价格出售一定数量的股票在特定时间的权利。这种权利可以执行或在将来放弃，以便降低由于目前拥有该股票而存在的市场风险。基于股票期权制度，管理者的收入取决于公司股票的市场价格和补偿合同执行价格之间的溢价。由于股票价格反映公司未来的利润和企业的长远发展前景，该系统能较好地解决所有者与管理者者之间的矛盾，并为管理人员提供长期的动态激励。

制定股票期权计划时，以下因素也应加以考虑。

（一）激励对象的规则。股票期权计划的对象可能包括董事、监事、高级管理人员、核心技术（业务）人员，以及其他应该被激励的对象，但不应当包括独立董事。

（二）奖励的时期。企业一般会在年终绩效考核时执行股票期权计划。

（三）奖励数量。企业应根据授予者的工作绩效和薪酬水平确定股票期权数量。

（四）股票期权条件的规则。如果激励对象包括董事、监事和高级管理人员，上市公司应当建立绩效评价体系和评价方法，并把绩效评估指标作为股票期权计划的实施条件。

（五）执行价格。对于上市企业来说，执行价格应等于或略微大于奖励当天股票市场上的现价。对于非上市企业，可行的方法是把每股净资产的价值作为执行价格。

（六）执行时间。企业应设计"执行计划"，并控制被授予者分期、分批买进股票。执行时间可以是恒定速度也可以是加速速度。

（七）执行模式。被授予者可以选择一些特定的模式，如现金执行权，股票互换，贷款执行权等等。

（八）股票来源。企业应通过发行新的股票或股票回购等方式确定所需股票的来源。

此外，企业在制定正确的股票期权时，要注意以下几个问题：

首先，产权清晰以及完善的现代企业制度是必要的。采用股票期权的前提条件是股权是可分的，并在任何时间可以在市场上被定价。因此，产权明晰是首要的前提条件。同时，完善的现代企业制度也是必需的。所有者和管理者之间的边界应该是清楚的，管理者应该在日常经营中起决定性作用。

其次，市场和企业必须发展（增长）。如果市场和企业不具备发展的能力，则股价不能上升，风险也无法降到最低。那么，股票期权计划也不会有用。

第三，激励对象应明确。股票期权计划的对象必须是寻求最大利益的职业经理人。职业经理人是企业得到生存与发展最关键的管理者，理所当然是股票期权计划的激励对象。

第四，评价指标应该是多元化的。如果考核指标是简单的或不完整的，管理层将重视短期利益而忽略长期的发展。因此，绩效指标应该是多元化的，应注重结合财务指标和非财务指标、会计基本指标和营销基本指标、绝对指标和相对指标。

第十二条 年薪制是一种以年为单位决定管理者收入与薪酬的一种激励制度。其基本操作流程如下：

（一）确定薪酬结构。管理者的年薪分为基本工资和风险收益。基本工资主要是为了保证管理者的日常生活需求。风险收益分为增值年薪和奖励年薪，前者是责任目标年薪，后者是一个在完成目标后享受的额外奖励。

（二）确定风险抵押。如果管理者没有完成目标，对管理者的惩罚可以被视为一种资本来源。此外，由于管理者的机会主义行为可能会使其遭受损失，风险抵押可在一定程度上抑制经理出具虚假的利润报告并激励管理者完善企业管理水平。

（三）确定相关指标。可以综合运用一些相关指标确定薪酬，如利润、净资产收益率、净资产的保值增值率、技术创新的速度、平均收入增长速度等各项评价指标。各项指标必须结合行业水平，历史水平等综合因素而确定。

（四）如果已经完成了规定的指标，那么经理在年底可以得到风险收益。否则，他们的风险收益将被扣减。如果风险收益不足，则风险抵押和基本工资会被相应地扣除。

此外，当制定正确的年薪制时，企业应注意以下几个问题。

首先，企业应合理确定基本工资。基本工资应根据企业规模和当地生活水平确定，并可以稍微高于企业职工的工资。较低的基本工资无法满足基本的生活，较高的基本工资会抑制风险为基础的激励效果。

其次，企业应准确制定工资增长的比例和数额。加薪的主要功能是通过收入的提高完善对高层管理人员的激励，进而提高企业的经济效益。确定工资增长的基础应是企业规模和风险水平。

第三，企业应建立多元化评价的指标体系。简单的市场价值指标和会计指标都有优点和缺点。这两种指标应结合在实践中使用，并考虑企业的社会责任。

第四，企业要完善约束机制，同时企业应加强董事和监事会的运行效果，充分发挥它们的决策与监督作用。

第十三条 高层管理者对中低层管理者的激励：

中低层管理人员是指所有的管理者，除了高层管理者。

对于中低层管理者的激励方案设计由企业的人力资源部实施。人力资源部的主要职责如下：

（一）发表分析和评价。

（二）薪酬调查和定位。

（三）薪酬结构设计。

（四）薪酬制度的实施与改造。

第十四条 高层管理者对中低层管理人员的激励主要包括岗位工资制度，奖金激励，绩效激励，收入分享计划与精神激励。

第十五条 岗位工资制是指按劳动特点和管理人员的岗位工作特点确定工资标准的制度。它需要根据企业的经营目标确定一个合理的、系统的、稳定的结构，从而建立一套与内部公平性原则一致的薪酬制度。岗位工资制度主要有以下内容：

（一）工资分级。

（二）工资标准。

（三）商业准则。

第十六条 奖金激励是工作报酬的辅助形式，是对超过标准工作的奖励。实施奖金激励并充分发挥它的激励作用，就需要对下面的问题高度重视：

（一）目标的合理性。对于合理的任务目标而言，有必要考虑历史水平和发展潜力。历史水平作为一种参考可能会有一定的局限性，合理的目标应该将发展潜力也考虑进去，进而激发出人的更大潜力。

（二）提供适当的激励强度。这需要结合企业所处的行业、当地经济发展水平、居民收入水平、企业的盈利和发展能力、员工的心理预期等因素综合确定奖金的额度。

（三）注重公平的原则。有必要在绝对量上和相对量上注重奖金激励的公平性。在奖金激励的具体操作过程中，有必要充分提倡民主，提高透明度，应尽可能避免暗箱操作。

（四）注重分红比例、频率和时间。对于工作努力，已经取得了明显成绩，在工作中做出了巨大的贡献的管理者，企业应当给予高额的奖金补偿，这样才能起到一定指引作用。对于工作努力并业绩出色的管理者予以丰厚的奖励，不仅可以激发员工的工作积极性，而且还可以吸引企业之外的人才加入到企业之中。此外，有必要注意奖励的频率，并注意奖励的及时性。

第十七条 绩效工资是一种与工资总额与经济效益之间有正相关关系的激励方

法。这里所说的经济利益，是指在企业的生产经营活动过程中劳动成果与劳动消耗之间的比例关系。绩效工资的基本操作过程如下：

（一）确定具体部门的工资总额合理基数。

（二）确定经济效益指标的基数。

（三）确定经济效益指标与总收入的比例。

（四）根据不同企业的具体情况，确定有关的薪金总额的经济指标体系。

第十八条 收入分享计划，指的是管理者和员工按照反映生产率和利润率改善的预定公式分享经济收入。它主要包括利润分享计划与成本节约计划。

（一）利润分享计划通过赋予员工一定的剩余索取权进行奖励。它包括三个模式：

固定比例利润分享，即按一定比例分配利润给所有员工；

步骤比利润分享计划，即根据企业的利润水平建立不同的共享比例。这样的利润比例可从低到高或从高到低设计；

剩余利润共享，即以企业相对较低的利润指数为基数。剩余利润超出基数的部分可根据不同岗位和绩效评价结果分享给经理或员工。

（二）成本节约计划强调参与式管理。它的基本程序如下：

确定成本分摊计划的对象，包括部门、人员、时间和范围；

确定分摊计划的总体方案，如成本分摊结构、分摊比例、成本分摊举措等；

确定成本分摊计划与差价补偿之间的关系。

第十九条 精神激励是利用一系列的非物质形式，满足个性的心理需求，改变其思想，激起其工作活力的一种激励方式。精神激励的实施中需要高度重视下面几个问题：

（一）权利的下放有利于调动管理者的积极性。一方面，权力下放可以满足管理者对权利的欲望，同时也可以满足管理者的工作积极性。另一方面，权力下放也会对管理者滥用职权起到一定的抑制作用。

（二）提供个人发展和晋升的机会。企业应当尽其所能为经理人创造学习、培训与进一步研究的机会。此外，应建立晋升机制，在组织结构设计和人员配置上实现结构平衡。当有一定资格的情况下，每个管理者都有机会得到晋升或者其收入能得到提高。

（三）加强企业管理，建立良好的企业秩序。营造"公平，公正，公开"的环境是一种对管理者的激励方式。企业应创造良好的、能够让管理者充分发挥其才能的工作环境。

第四章 激励控制模式系统的程序与方法

第二十条 管理控制系统的步骤包括：战略目标分解、控制标准制定、控制报告分析、经营业绩评价与管理者报酬。作为管理控制系统模式，激励控制模式系统的程序包括：战略计划和激励目标、激励选择和标准制定、动机约束、经营业绩评价和管理者报酬。

第二十一条　战略计划与激励目标

战略计划是企业战略的组成部分，它涉及到市场选择，产品、客户、技术以及必须被包含在管理者激励目标之中的人力资源。激励控制是战略计划的组成部分，战略计划则是企业战略目标的规范化和制度化，也是激励控制模式系统、制度控制系统、预算控制系统和评价控制系统的基础。

第二十二条　激励方式与标准制定

激励方式，指的是可以使被激励的人对企业目标产生兴趣，并贡献自己的热情、精神和身体力量促进企业目标实现的一系列手段。物质的和精神的激励，都是激励的形式或激励的功能载体。常用的激励方式包括年薪制、奖金、收益分享计划、股权激励、股票期权激励、管理层收购等。各种激励方式具有不同的激励效果，企业应根据企业的规模、行业、发展阶段、企业文化等选择合适的激励方式。

激励控制的标准制定：首先，要明确组织目标的驱动力或驱动因素。其次，要找出能够帮助战略实施的因素。第三，确认风险变量是激励控制的关键点。第四，制定完善并可行的激励控制的标准。

第二十三条　动机约束

动机约束属于激励控制模式系统中的控制部分，动机约束可以控制管理者的行为，进而控制和监督管理的过程与结果。与其他人一样，管理者也需要规避风险，管理者也会权衡风险与收益。为了避免管理者追求自身利益而损害企业长期目标的实现，在激励控制模式系统中对管理者施以一定的约束进而控制潜在风险是必要的。动机约束需要注意以下几个问题：

（一）完善公司治理结构。完善的公司治理结构包括以下几个方面：

第一，建立和完善国有资产的管理机制。

第二，实现产权多元化。

第三，建立和完善国有资产的委托代理结构。

第四，加强董事会和监事会的作用。

第五，积极引导独立董事充分发挥作用。

第六，建立重大事件信息披露制度，财务信息预警系统等。

（二）完善的薪酬委员会机制，需要注意以下几个方面：

第一，审查高级管理人员的责任执行状态。

第二，开展有关高级管理人员的年度绩效考核。

第三，监督企业薪酬计划的执行情况等。

（三）对财务行为的有效控制。主要包含以下几个方面：股利分配政策、股票拆分和合并、股票回购、确认股票期权的价值等。

（四）完善的会计核算方法。包括确认、计量、信息披露等。

第一，会计确认是对某种经济业务要素归属的确认。

第二，会计计量应确定适合的计量属性，如权衡公允价值、历史成本、内在价值的适用范围。

第三，会计信息披露应确定内部报表披露和外部报表披露的范围。

（五）完善的审计控制。审计控制指的是通过系统和标准方法，评价和改进风险管理的效率，提高风险控制和治理过程的有效性。从审计的对象看，外部审计主要适用于所有者对高级管理人员的约束。内部审计主要适用于高级管理人员对下属经理的约束。

第二十四条 经营业绩评价

经营业绩评价是用一定的指标体系，选择合适的标准和应用合理的方法，对企业在一定期间内的经营业绩作出价值判断。绩效评价不仅是属于评价控制系统，更是激励控制模式系统的重要组成部分。合理的业绩评价体系可以使激励控制模式系统起到非常大的作用。在激励控制模式系统中的业绩评价包括评价指标、指标标准和指标计算等内容。

评价指标体系的选择如下：

（一）股票价格。与经理人报酬相关的股票价格能够反映企业价值的增长潜力和股东的直接利益要求，但在资本市场中股价受多种因素的影响，如资本市场的效率等因素。

（二）净利润和净资产收益率。与经理的报酬相关的会计指标，如净利润和净资产收益率可以反映过去的生产经营活动的结果。然而，会计指标会经常受会计政策和高层管理者操纵，而且在许多的情况下，业务活动完成后，当前会计收益的计算是不太及时的。

（三）经济增加值指标。经济增加值指标尝试结合会计指标和市场价值指标的优势，但 EVA 的有用性还没有在中国企业中得到检验。

建立评价标准的原则如下：

（一）适宜性原则。该标准应该是自适应的，这才能体现由环境变化导致的企业管理的新要求。

（二）普遍性原则。评价标准应该是通用的，以促进企业之间的比较。

（三）适当原则。评价标准要适当。高标准会提高管理者的积极性，也可能导致管理者失去动力，但是过低的标准也可能影响积极性，并导致"棘轮效应"。

评价的方法有：

（一）传统财务评价。传统财务评价方法简单明了，易于掌握和理解，但不利于评价企业的整体性能。对于管理水平低的企业，传统财务评价方法仍然适用。

（二）平衡计分卡。平衡计分卡方法是最有效的，但非常复杂且难以适用，使用不当可能会导致失败。平衡计分卡的财务评价指标可以选择会计数据和财务指标，也可以包含 EVA 的指标。这些方法应该组合使用，以达到最佳的效果。

（三）经济增加值。EVA 的效果比传统财务评价有效但不及平衡计分卡，其过程较复杂，项目的调整也是任意的。EVA 类似于传统的方法，但能同时避免传统方法的弱点。这些方法的组合使用才能达到最佳的评价效果。

第二十五条 管理者报酬

激励控制模式系统的主体是管理者。管理者的控制动机必须与他们的利益相联系。只有与管理人员的报酬相挂钩，激励控制的有效性才能长期得到保持。从这点来说，管理者报酬不仅是激励控制的终止也是起点。对于激励控制模式系统的操作而言，股票期权应是重点。在这种长期激励的方式下，短期的机会主义行为可以被有效地控制，激励控制模式系统可以平稳运行，实现企业的最终目标。

第五章 激励控制模式系统的环境与条件

第二十六条 激励控制模式系统运行需要一些外部因素，包括完善的证券市场监管体系，规范的职业经理人市场，以及良好的社会道德和价值观。

在完善的证券市场监管体系下，股价能有效地反映企业绩效和价值。此外，它可以有效地反映管理者对企业的真实贡献值。如果证券市场监管体系还不是很完善，内幕交易和市场的投机行为将会增加，股票价格将不能反映一个企业的实际经营状况。企业的管理者将通过信息优势损害企业的整体利益，股权激励的作用也将大打折扣。

在有效的职业经理人市场中，股权激励可以通过发挥职业经理人的流动机制而发挥积极作用。经理人市场可以提供良好的市场选择机制。在这种机制下，经理人员为了维持自身的声誉需要付出应有的努力，将自身利益的实现建立在企业利益的实现基础之上。这有助于选择合适的管理人员，也是激励控制模式系统运行的基础。

良好的社会道德与价值观是指在一个社会里，人与人之间拥有比较高的信任程度，人与人之间的合作费用比较低。所有这些条件可以有效地抑制人类的有限理性和机会主义倾向，从而使激励控制模式系统可以良好地运行。

第二十七条 运用激励控制模式系统需要完善的内部环境，包括制度控制系统、评价控制系统、预算控制系统、完善的公司治理结构，以及具备高尚道德水平的企业员工等。

有效实施激励控制模式系统的一个前提是企业具有完善的制度控制体系，评价控制体系和预算控制系统。因此，只有当一个企业拥有完善的管理基础和控制环境，激励控制模式系统才能发挥应有的作用。激励控制模式系统是一种目标与结果的控制对企业环境要求相对较高，一旦环境适应，将会取得比较好的实施效果。

激励控制模式系统有效运行的另一个先决条件是完善的公司治理结构。公司治理结构指的是追求自身利益最大化的个人达成的一系列的合约,在此合约安排下,每一个合作者有积极性采用利人利己的手段达到最大化自身利益的目标。在完善的公司治理结构的条件下,激励控制模式系统将会取得较好的实施效果。

如外部环境的社会道德和价值观,企业员工较高的道德水平可以降低企业内部的交易费用,使企业全体员工以更高效方式进行合作。在信息不对称的情况下,没有什么手段比员工的自律性可以更好地控制员工了。员工具备较高的道德和价值观,可以大大降低激励控制模式系统运行的成本。

第十二章

企业管理控制应用案例研究

现阶段管理控制理论在我国大中型企业中得到一定程度的应用，部分管理控制工具和方法得到大范围的推广，这些有益实践为其他企业提高管理控制水平提供了经验借鉴。下面选取华润集团、中国兵器工业集团公司和中国兵器装备集团公司三家企业分别从管理控制程序、预算控制模式和评价控制模式三个角度进行案例分析。选取这三家企业集团作为研究样本主要基于以下考虑：第一，三家企业均为央企集团，在中国特殊的制度背景下，具有较深的"双轨"制烙印，以其作为应用案例进行分析，无论对于推进中国特色的管理控制理论发展、促进其与实践的良性互动，还是对于其他企业的经验借鉴都具有重大意义；第二，三家企业集团均为跨地区、跨行业、跨国经营且由多个企业法人组成的运营实体，具体呈现"多行业、多所有制、多协同"的复杂特征（赵刚，2010），因而相较于一般企业，其管理控制模式更为复杂，管理控制水平较高，以其作为应用案例具有很强的代表性；第三，相较于国内其他企业，三家企业集团引进管理控制的时间较早，积累的管理控制实践经验更为丰富，且各具特色。

第一节 华润集团的管理控制程序体系

一、案例介绍

（一）企业基本情况

华润（集团）有限公司（以下简称"华润集团"）是一家在香港注册和运营的多元化控股企业集团，其前身可追溯至1938年于香港成立的"联和行"，1948年"联和行"改组更名为华润公司①。1983年，华润公司将所管理的下属机构重组转

---

① 1948年，联和行进行改组、扩大，更名为"华润公司"。"华"代表中国，"润"取自毛泽东的字"润之"，蕴含"中华大地，雨露滋润"的美好寓意，钱之光任首任董事长，为抗日战争和新中国的成立作出了独特贡献。

为以股权为纽带的公司，在此基础上成立了华润（集团）有限公司。华润集团的发展历经红色华润时期、总代理贸易时期、向自营贸易转型时期、向实业化转型时期以及实业化发展时期①。至今，华润集团下设7大战略业务单元、19家一级利润中心，在香港拥有6家上市公司，有实体企业2300多家，在职员工40万人，是全球500强企业之一，2012年排名居全球第233位。自2005年起连续获国资委A级央企称号，2011年在央企业绩考核中位居第7。其多元化的发展思路使其成为零售、啤酒、电力、地产、燃气、医药行业龙头。

（二）应用背景

1999年，华润集团引入6S管理体系，确定了集团总部的职能与利润中心的职责定位，形成了"集团多元化、利润中心专业化"的投资控股型管控体系。其管理控制体系的引入背景如下：（1）多元化扩张缺乏统一战略指引。华润集团多年来坚持多元化扩张策略，在从贸易转向实业、从香港转向内地的发展过程中，华润集团下属企业数目迅速增多，业务庞杂、交叉经营严重，出现了盲目发展、效益不高的状况，各个分散的板块缺少统一的战略指引，迫使华润集团开始思考加强企业整体的战略指导；（2）宏观经济下行。华润集团多年的快速扩张占用了大量资本，集团有息负债率快速攀升。资产价格攀升的同时，集团可以动用的资源却越来越有限，在多方面的制约下，价值的考量被提到与战略考量同等重要的位置。金融危机带来的宏观经济下行，越来越使得集团总部面临如何把握下属业务单元的战略方向的难题，以及平衡回报、增长和风险，避免盲目扩张的压力；（3）总部对下属子公司的控制弱化。华润集团在产业扩张初期，对总部与子公司在职能上的关系并没有进行清晰的界定。随着各个利润中心规模的急剧扩张，华润集团总部不可能再大包大揽所有的投资决策，总部授权逐渐增多。集团总部与下属业务单元之间的关系从原先的领导和控制，逐渐转变为管理推动和过程参与，对子公司的管理控制日益弱化。

（三）应用流程

1999年，华润集团从企业多元化的控制体系出发，引入一套具有创新性的企业集团管控模式——6S管理体系，此后不断发展完善，日臻成熟。

6S管理体系的发展大体经历了三个阶段：第一阶段是6S管理体系的产生阶段。在这一阶段，华润集团在专业化的基础上，将集团及所属公司分为业务相对统一的利润中心。每个利润中心再划分为更小的利润点，并逐一编制号码使管理排列清晰，进而推行预算管理，编制管理报表，相应进行审计和评价考核，形成了6S管理的雏形。6S即业务分类制度、预算管理制度、综合信息管理制度、审计监督制度、业绩评价制度、经理人考核制度。第二阶段是6S管理体系的发展阶段。2003年华润集

---

① 红色华润时期为1938—1952年，总代理贸易时期为1953—1982年，向自营贸易转型时期为1983—1991年，向实业化转型时期为1992—2000年，实业化发展时期为2001年至今。

团继续大力推进利润中线战略,同时将6S管理体系进行调整:一是以业务战略体系代替号码体系;二是以战略导向的多维视角完善业绩评价体系,引入平衡计分卡理念。至此,6S的管理体系基本成型:业务战略体系、全面预算体系、管理报告体系、内部审计体系、业绩评价体系和经理人考核体系。第三阶段是6S管理体系的创新阶段。在这一阶段,华润集团主要是推动6S管控体系中的信息化改革。因此,经过不断探索发展,华润集团6S的管理体系逐步完善,其流程可参见图12-1①。

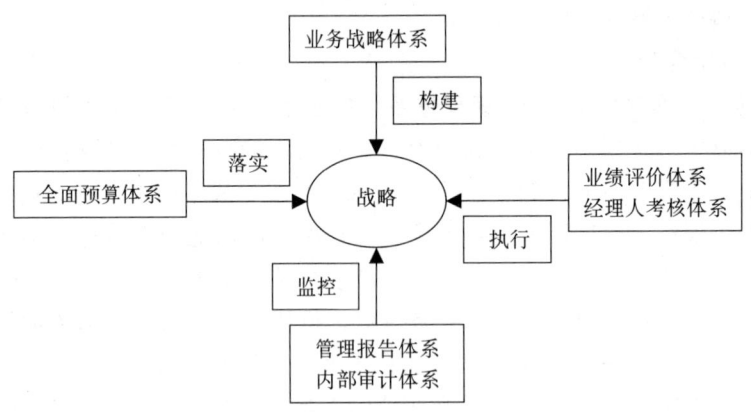

图12-1 华润集团6S管理体系

(四)应用效果

自1999年提出6S管理体系开始,华润集团的风险管控和盈利能力一直不断增强,尤其是在金融危机后宏观经济持续下行、海外市场加剧动荡的背景下,华润集团整体业绩依然保持了稳健的发展势头,经济效益和整体实力稳步提升,主要指标屡创历史新纪录,综合实力和社会影响力不断增强。从2014—2016年的财务指标看,营业收入和利润总额持续增长,其中2016年实现营业额4927亿元,同比增长6.1%;利润总额480亿元,同比增长9.2%;总资产10980亿元,同比增长10.4%。在2016年《财富》全球500强排名中位列第91位,连续十年获得国资委A级央企称号。华润集团近三年主要财务指标如表12-1所示。

表12-1 华润集团2014—2016年主要财务指标

财务指标	2014年	2015年	2016年
营业收入(亿元)	4475	4644	4927
利润总额(亿元)	420	440	480
世界五百强排名	第143位	第115位	第91位

数据来源:国泰安数据库。

---

① 该段内容改编自:池国华,《华润集团的6S管理体系》,经济管理,2006年第21期。

二、案例分析

面对日益激烈的竞争环境，华润集团的业绩保持持续增长，稳坐多个行业的龙头地位，得益于其独特的 6S 管理体系，具体从以下几个方面介绍该体系：

（一）健全的业务战略体系

战略描述了一个组织达到其目标的总方向在战略制定过程中，组织目标通常看作已知，一个组织可以选择多种方法实现其目标，即战略选择。战略制定过程实际上也是战略选择过程。当组织战略确定后，如何使组织目标及战略得以实现是管理控制的根本任务，因而战略在实现组织目标过程中具有重要地位，形成全面的战略体系尤为重要。

华润集团奉行"集团多元化、利润中心专业化"的业务战略框架，业务战略体系健全，集团与各利润中心的权责分配明确：集团总部关注行业战略、地域战略、人才战略、组织战略、财务战略等；各利润中心关注各业务的财务、客户、流程、学习等四个层面的业务战略。首先，集团总部制定出五年一期的战略规划，根据各利润中心的运营情况和市场变化每三年进行战略调整，每年度进行战略微调；其次，集团总部将战略目标细化、分解到各利润中心，各利润中心以平衡计分卡作为制定战略计划的工具，从学习与成长、内部流程、客户、财务四个维度制定战略计划，构建出多维度的业务战略。一方面，集团总部需要充分发挥利润中心作为市场成员对竞争环境的敏锐性；另一方面，各利润中心根据集团整体安排，认真分析其自身优势、劣势、机会和威胁，形成符合利润中心阶段性发展能力的业务战略，并报集团公司审核。总之，华润集团健全的业务战略体系使集团内部形成层次分明的各级战略目标，促进企业的稳步发展。

（二）全面的预算体系

预算控制是指通过预算计划的形式规范组织目标和经济行为，调整与修正管理行为与目标偏差，保证各级目标、策略、政策和规划的实现。从控制环节看，一个完整的预算控制体系包括预算制定、预算执行、预算差异分析、纠正偏差及预算考评等内容。同时，预算控制系统的优点主要包括：明确组织行为量化标准；紧密联结组织总体目标与个体目标；突出过程控制并及时发现问题、纠正偏差。

华润集团通过战略规划的分解和落实建立起较为严密的全面预算体系：首先，集团总部将战略目标按照财务、客户、流程和学习成长四个维度落实到各个利润中心，然后层层分解，最终落实到每个责任人身上，从而将业务战略细化为具体的目标；其次，借助平衡计分卡的思想，将战略转化为构建驱动战略执行、实现价值创造和形成持久竞争力的业绩评价指标，其中有些是量化指标，有些是非量化指标，既可以兼顾到不同行业的经营情况，又可以促进业务改进；最后，根据各行业的不同情况萃取出能反映该利润中心经营业绩及总体要求的关键业绩指标，逐一确定各自权重，并计算出目标值，通过不断修正，最终形成全面预算。总之从战略计划到各项预算，通过平衡计分卡的财务、客户、流程和学习成长四个维度层层分解、环环相扣，最终形成一套全面的预算管理体系。

（三）完善的管理报告体系

管理控制的关键在于运用一定标准监控实际经济运行。因此，在确定控制标准的基础上，对实际经济运行状况的真实计量与反映是管理控制的重要步骤。完成这一步骤的关键是编制管理控制报告。

华润集团建立了完善的管理报告体系：以战略单元为单位按月编制管理报告，多维度分析战略实施并实时监控业务战略执行，以利润中心业务特点以重点开展行业分析和标杆分析。华润集团管理报告的作用体现在：首先，能够从管理的角度归集满足集团公司对所有利润中心的信息需求，能够从不同的行业中提炼出关键的管理信息和指标以便于集团公司在不同利润中心之间进行横向绩效对比。其次，管理报告考虑了不同利润中心所处行业的特点，使用行业指标等关键成功因素来分析该利润中心的经营情况和行业地位。最后，管理报表中既包含财务指标，又包含非财务指标，进而完整反映利润中心的经营状况，保障战略的成功实施。

（四）多维的内部审计体系

集团内部审计是管理控制系统的再控制环节，无论是全面预算的执行度、管理报告的真实性还是其他规章的执行情况，都需要通过内部审计的认定和监督。集团通过内部审计来强化全面预算管理的推行，提高管理信息系统的质量。华润集团内部建有多维度的战略综合审计，对集团内部业务战略的执行情况进行再确认，对预算完成度进行再监督，对业务战略的执行情况进行再监控。

（五）有效的业绩评价体系

评价控制系统通过分析战略目标和战略规划对经营活动各方面的基本要求，制定战略计划和明确关键驱动要素，使公司的战略规划和战略目标转化为各个层次管理者的评价目标。管理者通过这些评价目标的确立，明确自身和本部门的工作效果以及与上级、同级之间的关系，对下级进行管理，并以目标完成情况衡量每个人的贡献大小，以此促进公司内部目标决策的一致性，保证公司整体目标的实现。

华润集团通过经营业绩评价建立起有效的评价控制体系：首先，华润集团以中长期战略目标为导向，以平衡计分卡为总体框架，以关键业绩指标为构成要素，以经济增加值为核心理念，以年度业绩合同为表现方式构建一个完整的评价体系。其次，华润集团的业绩评价体系秉承企业业绩评价与经营者业绩评价相结合、经营成果指标评价与驱动因素指标评价相结合、组织内部评价与组织外部评价相结合、财务指标评价与非财务指标评价相结合的原则。按照计算规则计算实际业绩，评价体系的评价结果与利润中心的奖励挂钩。

（六）科学的经理人考核体系

管理控制的主体是管理者。管理者的控制动机必然与其自身利益相关。因此，管理控制的效果只有与管理者的报酬相衔接才能保证管理控制的长期有效运行。从这点看，管理者报酬既是管理控制的起点，也是管理控制的终点，因而科学有效的经理人考核体系是管理控制体系必不可少的组成部分。

华润集团建立有一套科学有效的经理人考核体系：首先，华润集团授予经理人员必要的决策权，使他们在经营决策中处于主导地位，重视全面、科学、准确地评价经理人的绩效，以可持续增长的标准衡量绩效；其次，华润集团对利润中心经理人的考核激励主要由两方面构成，一方面是利润中心的业绩评价结果直接与利润中心经理人的奖励挂钩，将对组织的业绩评价直接转化成对经营者的业绩评价；另一方面按照经理人应具备的素质对经理人进行标准考核；第三，在业绩评价结果的运用方面，业绩评价体系的评价结果与利润中心的奖励挂钩。根据评价结果确定利润中心既定范围内所有高级管理人员全年的奖金控制总额。在具体分配奖金时利润中心负责人在其中应占的奖金份额需要根据该经理人的考核结果确定，其他管理人员的奖金由利润中心负责人报集团公司后提出内部分配方案，其他管理人员的奖金一般按照利润中心负责人奖金的一定系数确定。

三、案例启示

华润集团以"集团多元化与利润中心专业化相结合"的战略定位，构建了过程与结果并重的多元化集团系统模式——6S管理体系，并取得较好的管理控制效果，其成功的经验可以概括为以下几点：

（一）以战略为主线

管理控制体系与战略紧密联结，涵盖战略制定、战略实施和战略检讨等战略管理全过程。华润集团的业务战略体系和其他战略体系构成了战略计划系统，它为战略实施提供了依据和前提。管理报告体系和内部审计体系共同组成了信息与沟通子系统，管理报告主要是为战略实施控制和业绩评价提供信息与数据，内部审计体系主要是保证评价结果的客观性和真实性。业绩评价体系和经理人考核体系分别对应业绩评价和激励子系统，这两个系统对管理者战略执行的结果进行评价，并且将评价结果与管理者的激励相挂钩，为管理者实施战略和控制战略实施提供动力和压力。

华润集团的经验告诉我们企业应用管理控制时应该以战略为主线，牢牢抓住"战略"这牛鼻子。从华润集团6S的管理体系可以看出，战略贯穿了整个管理体系。管理控制体系以战略为起点，涵盖战略制定、战略落实和战略监控等战略管理全过程，同时构建科学的战略规划体系、全面预算体系、管理报告体系、内部审计体系、业绩评价体系和经理人考核体系。战略规划体系负责构建和确定战略目标，全面预算体系负责落实和分解战略目标，管理报告体系和内部审计体系负责分析和监控战略实施，业绩评价体系和经理人考核体系则负责引导和推进战略实施。其次，华润集团的管理控制体系要求所有的管理控制活动都要围绕母公司对子公司的战略要求和子公司自身的战略定位进行。这是集团内部多元复杂化的治理结构提出的必然要求。

（二）以信息为基础

管理控制系统要以信息为基础，借助于信息平台对管理控制系统的实施给予有力的支持，确保信息的实时性和准确性。现时期的企业集团往往缺乏信息化意识，即使意识到信息化的重要性，其管理信息化的观念也很落后，表现在只注重生产信息化而不重视管理信息化方面的投入，或者尽管注重管理信息化建设，但仅关注单项业务的信息化，而没有形成有效的信息集成环境。华润集团的经验告诉我们，企业管理控制体系的构建应该以信息为基础。华润集团的6S管理体系中强调管理报告和内部审计的重要性，将其作为构成管理控制体系的两个重要环节。同时，华润集团注意到要使管理控制系统真正成为"最佳实践"，还需要依赖于信息平台的建立，这是当前企业集团管理发展的重要趋势之一。新经济时代要求企业对下属各单位的管理者进行充分自由的授权，以便于能够对外部环境做出灵活迅捷的反应，但授权的同时并不意味着不加控制。对于母公司而言，还需要对授权进行相应的控制，这就需要借助于信息技术。实践证明，充分利用信息技术推动管理进步是应对环境挑战的利器。这就要求企业集团要关注信息技术，将企业的各项管理与信息技术相互融合，形成支持有效管理的信息集成环境，消灭"信息孤岛"，为管理者实施战略和经营决策实时、准确地提供信息。

（三）强调权变性

科学有效的管理体系只有在遵循"权变"规律的基础上，方能在促进组织经济增长中发挥更大的作用。华润集团的经验告诉我们，企业建立管理体系应该结合企业的内外部环境，强调权变性。首先，华润集团在划分战略业务单元时综合考虑了行业特点、是否具有完整的业务体系、是否能独立制定业务发展战略等标准；其次，在划分出战略业务单元的基础上，按照业务细分和经营责任再进一步划分出多级利润中心和利润点，这是组织结构划分的辅线，这样划分是基于华润集团独特的发展背景、庞杂的多元化业务极易导致战略不清晰、管理难度加大以及交叉经营和风险增大的特征；最后，通过推行利润中心管理模式，使得投资决策权高度集中，确保了多元化控股企业的专业化管理。可见，利润中心创新管理模式是以打破和淡化法人架构为基础的，是在充分考虑集团企业面临的内部外部环境考虑后的结果。总之，企业在建立管理体系时不可盲目照搬，而应该结合自身特点和内外部环境进行权变设计。

（四）突出系统整合

管理控制系统要强调整合思维的运用，实现系统构成要素之间的相互支持与配合，以形成合力。有些企业要么单纯强调单一管理方法的全面性，热衷于管理工具的更新要么盲从众多产品的供给而忽略了各种方法之间的逻辑性和兼容性。其结果往往是，工具方法之间功能重复和支离破碎，甚至相互矛盾，无法形成完整的战略实施整合框架，难以发挥整体效应。从华润集团的经验来看，管理控制系统有效发挥作用取决于各要素之间的系统整合。华润集团的管理控制程序不是单项职能的简单汇总和无序集合，其独特之处在于其形成了一个紧密连接、环环相扣的管理链条，是一体化的有机组合。华润集团的 6S 管理体系实际上是与管理控制系统的四个子系统分别相对应的。6S 体系包括战略规划体系、业绩评价体系、内部审计体系、经理人考评体系、管理报告体系和全面预算体系，其中战略规划体系和全面预算体系属于战略计划子系统的一部分，管理报告体系和内部审计体系共同组成了信息与沟通子系统，业绩评价体系和经理人考核体系则分别对应业绩评价和激励子系统。战略规划体系是在集团总体战略、利润中心经营战略及其战略规划前提下进行的战略规划分解。战略规划的分解形成了战略计划，战略计划既是管理控制系统的起点，又是战略实施的依据。信息反馈和沟通机制的设计包括对会计信息系统和业务统计信息系统的设计，最终形成一套完整的管理报告系统。内部审计体系确保信息的真实可靠，保障战略的有效实施。业绩评价体系和经理人考核体系对管理者战略执行的结果进行评价，并且将评价结果与管理者的激励相挂钩，为管理者实施战略和控制战略实施提供动力和压力，确保战略目标得以实现。

第二节　中国兵器工业集团的全面预算管控模式

一、案例介绍

（一）企业基本情况

中国兵器工业集团公司（以下简称"兵工集团"）是 1999 年 7 月根据党中央、国务院、中央军委关于深化国防科技工业体制改革的重大决策，在原中国兵器工业总公司的基础上改组设立的。集团不仅是我国陆军武器装备的主要研制和生产基地，同时也为海军、空军、二炮等诸兵种以及武警、公安提供各种武器弹药和装备系中央直接管理的特大型国有重要骨干企业，现有子集团和直管单位 46 家，并在全球建立了数十家海外分支机构。自成立以来，兵工集团积极实施国际化战略，大力发展国际工程承包和石油矿产战略资源开发两大海外事业，现已形成军贸、技术引进、国际工程、战略资源、民品出口五位一体互动发展的国际化经营格局。2014 年实现主营业务收入 4002 亿元，2016 年位列世界 500 强第 134 名。

从 1999 年成立到现在，经过多年的积累和发展，兵工集团走过了一条从解困到发展，再到科学发展的道路。在每一个发展阶段，兵工集团的企业战略及其管理控制的实施情况都有其自身的特点，详细情况见表12-2。

表12-2 兵工集团企业各发展阶段及其企业战略与管理控制特征

时期	企业发展阶段	企业战略	管理控制实施情况
1999—2003年	解困阶段	解决历史遗留问题	管理控制程序不完整且管理会计信息系统也不完善
2003—2006年	发展阶段	优化传统的产品结构	管理控制程序趋于完整但管理会计信息系统发展滞后
2006年至今	科学发展阶段	进军战略性新兴产业	逐步建立了以管理会计为核心的管理控制程序系统

1. 解困阶段（1999—2003年）

这一阶段是兵工集团的起步阶段。集团在成立之初面临着严峻的支付压力，历史遗留问题较多。值得一提的是，1999年集团面临27亿元的巨额亏损，此时的主要战略目标是对以往不良资产及其管理方法进行全方位整改。因而，在该阶段，管理控制实施情况可以概括为完善管理控制程序和健全管理会计信息系统。完整性是完善管理控制程序的一个最基本要求，但通过实际的调研发现，兵工集团在成立之初没有完善的战略目标分解程序，决策的随意性较大，也缺乏有效的控制机制。此外，兵工集团在管理会计信息系统方面更多地是强调以对外信息披露为导向的信息系统，并没有相对完善的管理会计信息系统。

2. 发展阶段（2003—2006年）

兵工集团通过建立集中管理的财务体制，强化现金流管理和成本管控，解决了以支付为主的历史遗留问题，从而从解困阶段进入到了发展与巩固阶段。自2003年起，集团大力进行产业结构调整、优化产品结构，将130多家企事业单位重组为30多个子集团和10多家直管单位，几十个市场竞争力弱的老产品停产。以此为契机，集团开始逐步建立了从战略到生产线的管理控制程序系统，并尝试推进预算管理及其信息化，为下一步发展夯实基础。此时管理控制实施的主要瓶颈是管理会计信息系统功能的不完整，这导致尽管管理控制程序在形式上具有完整性，但缺乏实质上的有效性。

3. 科学发展阶段（2006年至今）

自2006年起，集团进入快速爬升的科学发展阶段，开始进军光电信息和高端装备制造等战略性新兴产业，培育和形成了新的产业增长点。管理控制系统也与时俱进，全面推进"平衡效率风险、实现持续发展"的管控思路，以全面预算管理体系为平台，逐渐构建了较为完善的管理控制系统。就发展战略而言，此时的兵工集团明确了从集团整体角度出发，以资本的保值与增值为核心目标，将经营业务整合为以军品、民品、战略资源和流通服务为四大主要业务的经营格局。公司坚持"军民结合"的方针，积极致力于军工高技术转民用，充分利用军品技术和资源优势，成功培育开发了一批具有高技术背景的军工产品和优势民品，形成了以北奔重卡、北方创业等为代表的行业龙头企业。从兵工集团的管理控制系统而言，管理控制程序系统的完整性不仅得到了进一步的完善，更重要的是，兵工集团逐渐发挥了管理会计信息系统在管理控制程序系统中的核心作用，进而使松散的管理控制程序组成了有机的整体。

（二）应用背景

兵工集团的全面预算管控模式的运用最初主要是为应对解困阶段中出现的管理会计信息系统不完善和由此而产生的管理控制程序脱节问题。加之近年来宏观经济下行的压力，也需要向管理要效益，追求管理的科学化和精细化：

1. 经济体制改革的深入推进

市场经济的不断完善是兵工集团重视管理控制应用的主要原因。随着市场化的不断深入，价格越来越成为竞争取胜的关键，因而"降本"就成为企业生存发展的必由之路。"降本"的一条重要途径就是通过科学的管理控制流程，充分利用管理控制工具和方法，向管理要效益。因此，兵工集团建立以管理会计为核心的管理控制系统是大势所趋。

2. 集团公司对价值创造的战略定位

价值创造是新时期国家对兵工集团的战略要求，也是集团能否顺利实现经济战略转型的重要标志。从兵工集团公司的定位看，集团的价值创造包括两方面内容：一是确保军品核心能力不断增强，实现国防利益最优化；二是确保效益与效率不断提高，实现股东价值最大化。要实现兵工集团的价值创造目标，必须建立一套系统、可控的价值创造执行体系，将价值形成过程中的相关要素融入和固化到企业生产经营的具体实践中，实现企业价值创造能力的持续改善。全面预算管控模式通过完善子预算之间的协调运行机制，梳理预算管控流程，确保各项预算能够有效执行，进行系统推进和全程监管，从而实现企业价值创造过程的闭环控制。

3. 集团公司对管理会计工具的整合需求

兵工集团自2003年开始实施以资金集中管理、全面预算管理、财务管理信息化、财会队伍建设为核心内容的财务管理"四大工程"。经过十多年的探索、创新与实践，"四大工程"建设已经取得了阶段性成果，管理会计在企业经营中的重要性不断提升，但管理会计还没有完全实现体系化。兵工集团引入多种管理会计工具用于管控活动，这些管理会计工具发挥作用的区域自成体系，又有交叉重合。兵工集团在实施全面预算管理的过程中发现，若将预算与其他管理会计工具割裂开来，单纯强调某个单一工具的系统性和全面性，将会导致各种工具间功能重复、掣肘甚至相互矛盾，不仅造成大量资源浪费，甚至出现内部管理混乱，导致管理上的系统性不足，与战略衔接不紧密。基于此，兵工集团选择将已有的全面预算管理体系与其他管理会计工具相结合，相互取长补短，发挥整合优势。

（三）应用过程

1. 预算目标确定

兵工集团立足于价值创造的战略转型要求，将经济增加值总量和经济增加值改善值作为预算总体目标，将收入和利润作为实现总体目标的分项指标要求。经济增加值的持续改善和提高反映了企业价值创造能力的稳定提升，本质上体现了企业具有持续稳定的市场竞争能力。

2. 预算编制

兵工集团坚持以目标为指导编制全面预算，将预算指标作为指导预算编制和实现预算平衡的依据。兵工集团紧紧围绕经济增加值目标的改善和提高，设置预算指标，将确定的经济增加值最终目标直接分解落实到关键预算指标中，实现具体环节和具体指标与经济增加值的量化连接，以突出全面预算编制的价值创造导向。单项预算编制完成后，对价值形成过程中的关键环节及重点单项预算进行流程梳理和优化，实现价值创造过程与全面预算编制的有效对接。

3. 预算执行

兵工集团通过标准和边界控制强化预算执行。通过敏感性分析找出对改善和提高经济增加值起关键作用的指标，并结合集团内部企业的具体情况对其进行个性化的边界测算和标准控制，建立边界和标准控制手段体系。其中，对于资产负债率等结构类指标，测算出最大风险承受下的指标限制，并实施边界管控；对于利润和成本费用等损益类指标，以企业现有水平和"财务增加值"为基准进行测算，并实施标准控制。

4. 预算考核

兵工集团下属各子公司多建立了比较健全、科学的预算管理系统，构成了集团总体预算管理系统构成的重要组成部分。兵工集团的预算考核具体包括控制标准、实际业绩、计量差异和差异控制等四个基本环节。首先，兵工集团根据子公司基于四大经营预算管理体系而形成的预算管理系统，对各子公司确定控制标准；其后，在预算管理系统的管理控制制度下，子公司依计划开展经营活动，通过阶段性经营业绩报告的形式，及时并如实地反映子公司的实际业绩；接下来根据控制标准，将子公司的实际业绩与预算管理标准相比对，进行差异分析，确定计量差异；最后，在差异分析的基础上，进行差异控制。上述几个方面内容同时也构成了兵工集团管理控制执行报告的重要组成部分。

（四）应用效果

兵工集团构建的全面预算管控模式，在集团实现结构调整、技术创新和军民融合的既定战略目标等方面均起到了重要的促进作用，实现了经营效率与风险平衡的既定目标，财务业绩和管理成效显著，具体体现为两个方面：第一，从兵工集团的经济地位看，集团自 2004 年以来连续十二年在国资委中央企业负责人经营业绩考核中获得 A 级，位居央企前列，2014 年的军工任务保障考核结果在军工集团系统中排名第一；第二，从其财务业绩指标看，兵工集团的财务绩效显著提升。经济增加值从 2010 年的 38 亿元增加到 2016 年的 76 亿元，净利润从 71.7 亿元增加到 2016 年的 135 亿元。

二、案例分析

预算控制是指通过预算计划的形式规范组织目标和经济行为的过程，调整和修正管理行为与目标之间的偏差，保证各级目标、策略、政策和规划的实现。兵工集团在其行业领域中始终处于领先地位，与其有效的全面预算管控模式是分不开的。

（一）重视关键预算指标的选取

兵工集团的预算编制遵循内部控制规范的相关要求，按照上下结合、分级编制、逐级汇总的程序，其首要任务是将预算总目标分解并逐层下达给各预算执行单位。各级预算执行单位即为各级经济增加值中心，可直接将经济增加值总目标按数值分解。各级经济增加值中心预算目标的确立是一个"自上而下"与"自下而上"相结合的过程。

兵工集团十分重视关键预算指标在全面预算中的突出作用，它不仅是预算编制的起点，还是预算执行管控的主要依据，更是预算管控模式价值导向的重要体现。为此，兵工集团紧紧围绕改善和提高经济增加值选取关键预算指标，力求价值创造过程与全面预算编制和执行过程的有效对接。具体而言，首先对经济增加值按照构成进行分解，形成经济增加值价值树或经济增加值驱动路径图，并围绕驱动因素构建关键预算指标体系；然后，将各项指标按单项因素变化对经济增加值的影响进行敏感性分析测算，并考虑指标的预算和控制难度，最后确定各项预算监控指标，如表 12-3 所示。最后，以关键预算指标和所处单位的预算目标为指导编制具体业务预算，力求具体环节和具体指标都与经济增加值建立明晰的量化连接，从而实现经济增加值驱动因素与单项预算的对接。例如，在销售预算中，要明确销量、售价、货款回收等预算指标波动对经济增加值目标的影响；在成本预算中，要明确降低成本总量对经济增加值目标的影响，让每个员工知道燃料动力消耗率、质量损失率等每降低一个百分点，或材料利用率等每提高一个百分点，能够对经济增加值的改善和提高做出多少贡献；在投资预算和资本性支出预算中，要明确新增资本（资产）能够带来的现实收益和长远利益，以及每新增单位资本（资产）对经济增加值目标的影响；在资金预算中，要明确债务规模和债务结构变化对经济增加值目标的影响等等。

（二）强化预算执行的刚性

兵工集团的预算管控模式不仅在预算编制阶段突出价值创造导向，而且在预算

表 12-3　　　　　　　　　　兵工集团预算监控指标

损益类指标（标准控制）	结构类指标（边界管控）
主营业务收入增长率	资产负债率
管理费用增长率及占财务增加值比例	付息债务总量与结构
销售费用增长率	速动比率
制造成本率（主营业务成本率）	应收账款占用总量及周转率
人工成本增长率及占财务增加值比例	存货占用总量及周转率
研发费用占财务增加值比例	
折旧费用占财务增加值比例	

执行阶段加强控制，确保各项预算的准确执行和风险与效率的平衡。首先，兵工集团创造性地提出了边界控制和标准控制的管控手段：边界控制主要针对类似资产负债率等结构类指标，测算出最大风险承受的指标限制而实施边界管控；标准控制主要针对利润和成本费用等损益类指标，以企业现有水平和"财务增加值"为基准进行测算，对其实施标准控制。其次，兵工集团综合考虑各执行单位的特点对标准和边界指标的标准值进行个性化设置，并将这些指标纳入到预算考核评价中，将其与激励机制相挂钩。

同时，在具体实施层面，由于兵工集团控制着来自全国 10 多个省市的 47 个下属单位，它们的经营状况、管理水平以及所处环境差异较大。因此，兵工集团的这一控制方法要想发挥出应有效果，就必须针对不同单位的特点而进行个性化设计和权变性调整。例如，集团规定，鉴于企业之间的基础管理水平和信息化水平存在一定差异，在预算编制和执行过程中，应当结合企业实际情况，围绕预算总体目标和编制原则实施个性化操作。对于基础管理水平较高、信息化水平较高的企业，预算管控指标要分解细化，明确每一项指标的改善能够促进经济增加值改善和提高的程度。一般企业也要突出重点，将经营预算、投资（资本支出）预算和财务预算中对经济增加值影响起关键作用的指标作为过程管控主要内容。对于边界和控制标准值的确定，也要根据集团公司经济增加值目标的分解情况，结合各单位的产业特性、市场地位、管理能力及近三年财务运行状况而确定。

此外，实施边界控制和标准控制的关键还在于对控制标准（边界值和标准值）的测算。由于企业经营状况和所处环境差异较大，不可能在集团公司层面统一各项指标的边界值和标准值。因此，兵工集团根据经济增加值总目标的分解情况，结合各单位产业特性、市场地位、管理能力及近三年财务运行状况，分析计算经济增加值变化趋势及关键影响因素的敏感程度，并在此基础上测算下一年度各项预算监控指标的边界值或标准值，以此在预算执行过程中进行刚性控制。

（三）完善子预算体系的协调运行机制

在以经济增加值为预算总目标的体系下，为了与预算指标和控制内容的变化相协调,原有预算体系之间的关系需要重新调整和协调。为此,兵工集团以经济增加值实现过程的关键环节为标准,按照是否直接可控对预算体系进行梳理,在新目标下协调业务预算和专项预算之间的关系。总体来看,集团对投资预算、研发预算、销售预算、费用预算、成本预算、资金平衡预算和资本性支出预算等子预算之间的关系进行了调整和协调,具体见图12-2。

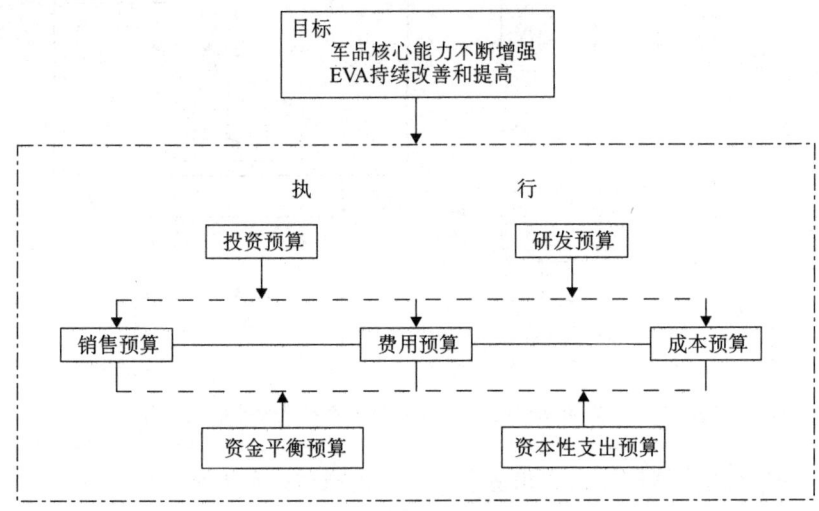

图 12-2　价值导向预算管控模式的预算体系

（四）加强管控模式的保障体系建设

兵工集团的"四大工程"专项系统为全面预算的有效实施提供了坚实的保障。"四大工程"是指资金集中管理、全面预算管理、财务管理信息化和财会队伍建设。其中每一个单项工程都有具体的业务内容和直接的工作目标,但它们更是相互服务、相互依存的系统整体,统筹谋划,协调推进。资金集中管理的具体目标是资金的集团化管控和运作,直接为集团发展战略提供最重要的财务资源；全面预算管理是确保集团战略目标的量化落实和制度保障,同时资金预算也是实施资金统一调度的基本依据；财务管理信息化是实现财会工作及时准确反映全部经济活动的现代化手段,也是预算准确编制、及时反馈的支持条件；财会队伍建设是集团化运作的智力保证。

综上,图12-3总结了兵工集团基于经济增加值的全面预算管控模式的流程。

三、案例启示

兵工集团的全面预算管控模式改变了以往围绕净利润实施预算管理的传统做法,创新性地以经济增加值为目标导向,以全面预算管理为平台,在集团发展战略的牵引下创建新型集团管控模式。这一做法充分体现了企业战略与价值创造的高度统一,从根本上解决了企业传统预算管理的目标导向与国资委考核方向转变之间的矛盾问题。

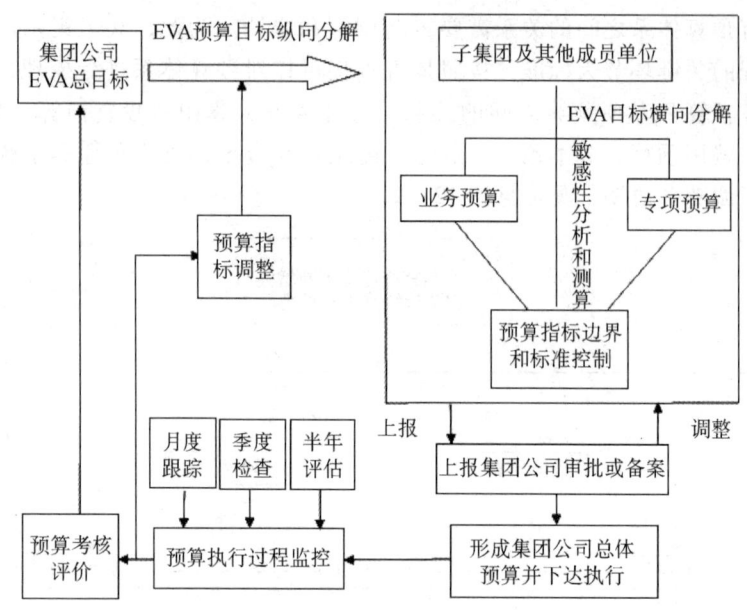

图 12-3 集团基于经济增加值的全面预算管控模式流程图

（一）建立与预算管控模式相适应的公司治理结构及组织结构

预算控制系统设计涉及从企业目标、企业战略到预算目标、预算制定、预算执行、预算分析评价等众多环节。预算控制体制是企业预算控制系统运行的基础与保证。预算控制系统各环节目标的实现都依赖于预算控制体制的健全和有效。预算控制体制的核心部分就是企业预算控制组织体系。预算控制组织设计的科学与否，将会影响到预算控制职能的发挥。

兵工集团从组建起就不断地梳理和规范内部各层级单位的管理职能，改组集团公司"亦军亦民"的母子公司管理体系，搭建了母公司层、子公司和事业部层、孙公司层三个层级的母子公司组织管理体系框架（即 M 型体系架构）。当前，兵工集团不仅建立了完整的权力制衡机制，清晰地界定了包括股东大会、董事会、监事会以及经理层在内的利益相关者之间的各种权利与义务关系，而且建立了完善的独立董事制度，以及设立了专门的单独部门，如监察局、党建群工局等。兵工集团在集团内部设置了发展规划部统领集团公司的战略制定与调整；设置了财务金融部作为管理会计体系运行的牵头部门，其下专设预算处负责预算的归口管理工作；设置了业绩考核部门专门负责实际业绩的衡量与差异分析；管理者报酬则主要由人力资源部门负责。除此以外，兵工集团还设置了一些辅助职能部门保证管理会计系统的有效运行。例如，为了及时发现企业管理会计系统运行的风险，设置了审计与风险管理部等。这些制度的建设与相关部门的设置，为兵工集团全面预算管控模式的有效运行奠定了扎实的制度基础。

(二) 优化预算管控模式的运行环境

预算控制系统的有效运行离不开与之契合的环境，而管理信息系统是与预算管控模式相关的环境因素之一。管理信息系统是指向组织中各级管理人员和员工，以及组织外部人员提供信息的系统。管理控制离不开管理信息系统，没有较完善的管理信息系统就不可能取得理想的预算控制效果。管理信息系统的信息包括预算信息、会计信息、统计信息及业务信息等，从预算控制系统的要求看，会计信息、统计信息及业务核算信息的质量对预算控制系统运行有重要影响。

兵工集团除了从公司治理结构、企业组织架构等方面为全面预算管理控制系统提供必要的环境基础外，还从技术条件等方面做出了必要的措施。通过十几年的发展，兵工集团已经实现了会计核算的信息化，正在努力构建业务财务一体化的决策支持系统，较高的信息化水平将为集团管理会计系统的有效运行提供完善的技术支撑。财务管理信息化是兵工集团实现财务业务一体化的技术支撑，也是全面预算准确编制、及时反馈的支持条件。

全面预算管控模式的有效运行有赖于信息技术的支持。在兵工集团的案例中，全面预算的基础是信息，边界（标准）制定的基础是信息，考核评价的基础也是信息。因此，企业要加快建设以市场信息、产品信息、物流信息和财务信息等为基础的信息系统平台，提高信息传递和分析处理能力；通过覆盖不同层级和部门的报告网络实现信息的快速反馈与集成共享，完善经济增加值的信息沟通机制。

(三) 把握预算管控模式的"全面"本质

预算控制系统本质上属于一种全面预算管理体系，即属于以预算为主线涉及全方位、全过程和全员参与的一种整合性管理控制系统，对公司的所有经营活动和所有组织机构具有全面控制和全面约束力。预算控制系统的"全面"本质，强调的是全面覆盖、全程控制、全员参与。

兵工集团要想实现价值创造目标，追求经济增加值的持续改善，关键要从影响价值生成的关键驱动因素和主要路径出发，对经营管理实施全过程、全方位的管控，即建立经济增加值价值管理体系。但是这一体系的建立要充分利用全面预算管控模式作为价值创造的执行工具，将价值创造目标落地，融入和固化到企业生产经营的具体实践中。

兵工集团依靠其对全面预算管理系统的经验和优势，将其与经济增加值考核紧密结合。从经济增加值价值目标的实现角度看，就是要借助预算的目标设定与分解功能将经济增加值总体目标落地，然后再利用预算的控制功能对相关要素进行系统推进与全程监控，即采用全面预算管理工具作为经济增加值的价值创造执行体系。从全面预算管理的角度看，价值导向的预算管控就是在价值创造的目标和思路下对集团原有的预算体系进行的一种优化。具体是将经济增加值总量或经济增加值改善值作为预算的总体目标，将分解确定的经济增加值目标直接分解落实到关键预算指标中，实现预算内容和预算指标紧紧围绕经济增加值目标的改善和提高，将可控的业务环节指标都与经济增加值进行量化衔接，最终达到的效果是在全面预算框架的"血管"中流淌的都是经济增加值各分项指标或构成要素指标的"血液"。这一做法能有效发挥经济增加值和全面预算管理的优势，实现"优势互补"，降低管理成本和提高制度执行力，从而避免了集团内部管理资源浪费和管理混乱，发挥出了"1+1>2"的整合效应。

（四）创新预算管控手段

设计和运用预算控制系统，需要掌握其优点和缺陷。预算控制系统的优点主要表现在：组织行为量化标准明确；组织总体目标与个体目标衔接紧密；突出过程控制，可及时发现问题、纠正偏差。预算控制系统的缺点主要表现在：预算控制系统制定复杂；在某种程度上限制了管理者及职工的主观能动性；预算标准刚性使控制不能随着环境变化而变化。兵工集团针对预算管控的固有缺陷，实施创新的预算管控手段，扬长避短，充分发挥预算管控模式的优势。

兵工集团的预算管控模式丰富了管控手段，具有代表性的如预算边界管控手段、最大债务测算模型以及财务增加值分析应用体系等。具体而言，在子集团层面，通过将经济增加值目标分解到投资和成本的费用预算中，明确各项预算指标的标准和边界，子集团内部成本费用耗费水平明显降低，经营风险得到有效控制；在成员企业层面，各企业通过落实全面预算，广泛运用边界控制和标准管理方法于企业的预算编制、执行和考核评价中，在企业优化资源配置、提高管理效益、控制运营成本、降低经营风险等方面取得较好的管理成效。这些创新性管控手段解决了企业付息债务、"两金"占用规模、资产负债结构等预算指标的风险量化控制问题和价值创造与价值分配的系统平衡问题，极大地提升了集团管控水平。

（五）注重预算管控模式与战略目标相结合

预算目标是预算编制的基本依据，预算目标确定是预算控制系统起点。战略计划制定以战略目标和战略规划为基础，预算目标确定以战略计划为依据。

兵工集团应用全面预算管控模式的首要经验在于将其与企业价值创造战略目标紧密结合，实现预算编制和预算执行与经济增加值价值创造目标的有效对接。就其本质而言，全面预算是兵工集团价值创造战略实施的支撑和执行体系，因而就必须以战略目标为起点，紧紧围绕集团公司的核心使命，积极关注军品科研生产能力建设和经济增加值提升过程，进行管控模式的设计、实施与效果评价。例如，要以关键价值驱动环节为基础调整和优化单项预算之间的逻辑关系；围绕提高和改善经济增加值来选取关键预算指标，指导具体业务预算的编制，并明晰具体环节和具体指标与经济增加值的量化连接等等。

价值的创造是收益、增长与风险三者平衡的结果。从风险的角度讲，价值创造的过程就是正确处理效率与风险的过程。因此，任何企业想要实现经济增加值的持续改善都需要对风险因素进行考量,将价值管理与全面风险管理相结合,实现风险与效率的协调和可持续发展。兵工集团就是通过边界管控为业务运行设置严格的战略取向和安全边界,将风险管控作为控制的前提和首要步骤,随后的标准控制也是在一定的安全边界内着力提升效率,即追求效率必须以控制风险为前提,没有绝对的效率。这种风险的"红线"意识和"相对效率"的观点和控制手法值得其他企业学习。

第三节 中国兵器装备集团基于 EVA 的评价控制系统

一、案例介绍

(一)企业基本情况

中国兵器装备集团公司(以下简称"兵装集团")[①]成立于 1999 年,由原中国兵器工业总公司改组而成。兵装集团所处国家战略性产业,肩负"保军报国、强企富民"的神圣使命,现为中央直接管理的特大型国有重要骨干企业,是国防科技工业的核心力量,是我国最具活力的军民结合特大型军工集团之一,属于国家计划单列企业。兵装集团下设中国长安集团股份有限公司、保定天威集团有限公司、中国嘉陵工业股份有限责任公司、建设工业(集团)有限责任公司等 40 多家工业企业,拥有研究院所 4 家、研发中心 3 家,在全球 30 多个国家和地区建立有生产基地或营销机构,产品销往世界 100 多个国家和地区。2016 年,集团实现营业收入 4733.2 亿元,利润总额 305 亿元,经济增加值 228.5 亿元,位列《财富》世界 500 强第 102 位,居我国国防科技企业首位。

从 1999 年成立之初,兵装集团经历了扭亏为盈阶段、"622 战略"阶段、"211 战略"阶段、领先发展战略阶段,逐步"由计划主导向战略主导转变,由传统产业格局到现代产业体系转变",摸索出一套具有兵装特色的管理控制模式。

1. 扭亏为盈阶段(1999—2003 年)

兵装集团成立之初,面临"求生存"的困境,成立当年营业收入仅为 206 亿元,面临 15 亿元巨亏,而 EVA 值则达负 23 亿元。因而,在"求生存"困境之下,要解决的是资金匮乏的"拦路虎",确保资金不断链。其次,兵装集团在核算、资产、审计等方面建章建制,完善基础管理,为日后管理控制水平的提升奠定了基

[①] 中国兵器装备集团公司是经国务院批准组建的特大型中央企业集团,是国家授权的投资机构,由国务院管理,在国家财政和国家计划中实行单列。集团公司实行总经理负责制,总经理、副总经理、总会计师由国务院管理。因外贸出口和国际合作的需求,中国兵器装备集团公司对外名称为中国南方工业集团公司(China South Industries Group Corporation,英文缩写 CSGC),简称南方工业,两者属于一个公司两块牌子。

础。另外，兵装集团开始实施全面预算管理，从全面预算为入手，强化约束激励机制，促进企业完成经营指标。经过不懈努力，兵装集团2003年实现营业收入498亿元，并扭亏为盈，成功走出生存困境。

2. "622战略"阶段（2004—2009年）

经历了"求生存"阶段之后，集团各方面情况有了明显的好转。2004年，集团开始追求发展的规模效益，提出了"六年两步走翻两番"的"622战略"，即预计通过六年的努力，实现集团工业销售收入翻两番，公司实力大幅提升，在兵装集团成立10周年的时候进入世界500强。为更好地服务集团战略落地，兵装集团逐渐形成了以"三个集中一个全面"为特点的财务战略，即集中核算达到信息集中，总会计师委派达到人员集中，司库系统+财务公司达到资金集中。此外，为顺利实现集团的"622战略"，兵装集团开创了以集团发展战略（Strategy）为牵引、以优化配置资源（Resource）为核心、以有效管理风险（Risks）为重点、以持续创造企业价值（Value）为目标的"SRRV"集团化管控模式。在服务战略过程中，预算管理、成本管理和绩效评价等管理会计工具都得到不同程度的应用，集团管控水平大幅提升。2009年集团营业收入达到1964亿元，利润56亿元，EVA实现20亿元，经济效益得到明显提升。

3. "211战略"阶段（2010—2015年）

随着国内外经济形势变化、可持续发展战略的提出和国家对提高自主创新能力和核心竞争能力的倡导，在2010年，兵装集团又提出"六年、利润翻两番、销售收入翻一番、员工收入翻一番"的"211战略"。为助推集团公司转型升级、做强做优，进一步提高财务创造价值能力，兵装集团由集团化财务管控体系向价值创造型财务管理体系转变，全面完成内控体系建设，系统导入管理会计工具，将"SRRV"管控模式进一步深化和升华，建成"服务战略、融合业务、支持决策、管控风险"的价值创造型财务管理体系。

4. 领先发展战略阶段（2016年至今）

"十三五"时期，中国经济发展进入新常态，推进经济结构战略性调整，转变发展方式，实现转型升级成为这一时期经济发展的主旋律，同时供给侧结构性改革加快推进，"三去一降一补"任务艰巨，宏观经济和微观企业转型升级对集团公司提出了新的要求。"十三五"时期，兵装集团提出了"领先发展战略"，目标是到2020年初步建成世界一流、军民结合型企业集团，着力发展保军强军能力、创新能力和可持续发展能力，财务工作以精益化为核心，深化完善集团管理控制体系建设，助力集团发展目标实现。

（二）应用背景

作为国家战略性产业，兵装集团是中央直属的特大型国有企业，也是国资委实施EVA考核的重点对象。兵装集团早在2006年就积极响应国资委号召，着手引入、研究和宣传 EVA 的理念思想；2007 年加入国资委的 EVA 考核制度的试点，正式将 EVA 引入考核评价指标体系；2013 年，集团建立了以 EVA 为核心、以全价值链管理为基础、以业务财务一体化的信息平台为支撑的价值管理体系。经过几年的 EVA 应用实践，兵装集团的价值创造能力不断提升，但基于 EVA 的评价控制系统依然存在着一些问题，具体表现在：

1. 重结果轻过程。作为业绩评价指标，EVA 本质上属于结果性的财务指标，它所反映的是已发生的财务结果，却没有反映价值创造的过程和环节；而驱动财务业绩增减变化的正是业务活动。因此，在 EVA 的应用过程中要突破仅重视业绩评价的局限，加强对价值创造过程的监测和控制，向全价值链管理延伸。这是现阶段大部分企业应用 EVA 的通病，兵装集团也在一定程度上过于重视考核的结果，缺乏对过程的管控，价值创造体系缺乏执行力度，这属于应用过程中全局性和系统性的缺失，不利于价值创造能力的持续提升。

2. 重核算轻管理。会计体系分为财务（核算）会计和管理会计两大范畴，EVA 的有效应用既需要财务会计为计算提供会计信息，也需要管理会计为支撑和配合管理提供工具和思维。对于我国现阶段的管理水平而言，亟需的是更多地将 EVA 作为管理会计的新技术方法用于价值管理体系的建设。然而，由于仍受传统经营理念的影响，集团的一些下属企业仍然只重视业绩、收益等经营成果，将主要的人力、物力和财力都投向会计核算工作，而把 EVA 考核只看作会计核算的一个附属品，仅仅将其作为财务部门或人力资源部门的一项工作，导致 EVA 考核工作的开展缺乏领导的重视和必要的支持。

3. 只"对上"未"向下"。兵装集团在推进 EVA 考核评价过程中，主要集中在集团上层，而纵深推进程度较低。兵装集团发现部分企业对集团转型升级的紧迫性认识不足，对 EVA 考核纵深推进的积极性不高，从而导致仅将 EVA 作为一种考核的工具，侧重于计算。未能有效地将 EVA 分解到子集团、子公司、孙公司甚至是生产经营环节，无法充分发挥基层单位提升 EVA、创造价值的主动积极性，这显然违背了兵装集团全面深入贯彻 EVA 考核的基本精神。

基于上述问题，进一步深化完善现有评价控制系统显得尤为必要和紧迫。因而，兵装集团意欲建立以 EVA 为核心的管理控制评价体系，解决集团面临的问题，提升集团价值创造能力。

（三）应用流程

从本质上讲，基于 EVA 的评价控制系统是以 EVA 为核心、横向到边、纵向到底，融"事前目标设定—事中过程控制—事后业绩考核"为一体，持续提升企业价值的管理体系。兵装集团的 EVA 评价控制系统的总体构建思路可以概括如下：

1. 明确评价目标，建立管控模式。兵装集团根据国资委业绩考核的要求和集团发展目标的要求，建立了总部资源配置预算与企业全面预算相结合、年度预算和三年滚动预算相结合的预算管理体系。在预算编制中高度重视价值创造能力的提升，避免企业不顾效益地盲目追求增长率和经营规模而带来损失。同时在年度预算编制中强调 EVA 改进效果，要求各企业的 ΔEVA 必须为正、EVA 率要比上年有所提高，还要求将上述 EVA 目标固化到全面预算编制软件中，凡不符合上述 EVA 目标的企业，其预算将无法上报。

2. 设计评价指标与设置评价标准。兵装集团设计评价指标与设置评价标准的流程为：首先将 EVA 初步分解为税后净营业利润与资本成本，并结合部门的经营特点，将这两个构成要素进一步分解为 EVA 驱动因素；其次，结合发展战略、业务性质、资本特性等权变因素，围绕驱动因素选取与 EVA 相关联、与部门职责联系紧密以及管理者可实施影响的关键绩效指标（KPI），设定关键绩效指标的目标值并下达到各组织层级，使其明确各自的价值创造目标；第三，结合 KPI 有针对性地加强日常管理活动，实现对日常管理的动态追踪。

3. 生成评价报告并处理评价结果。兵装集团应用评价效果的流程为：第一，通过对 EVA 的计算、比较和分析，对企业价值创造能力进行评价和判断，结合敏感性分析找出创造或破坏价值的关键因素，并分析其原因；第二，根据原因分析结果，并结合 EVA 驱动路径将责任分解落实到各责任部门；第三，结合各责任部门的具体管理活动，提出 EVA 提升路径，制定改善措施，并进行绩效考核，最终顺利实现整体 EVA 目标。

（四）应用绩效

兵装集团积极推进基于 EVA 的评价控制系统，实现了规模效益的大幅度增长，主要指标屡创历史新纪录，综合实力和社会影响力不断增强。首先，从财务指标看，2011 年至 2016 年，兵装集团营业收入从 2798.6 亿元增至 4733.2 亿元，世界企业 500 强排名由 227 位攀升至 102 位，居我国国防科技工业首位。2016 年，集团公司利润总额 305 亿元，同比增长 10.6%；经济增加值 228.5 亿元，同比增长 6.3%；上缴税金 370 亿元，同比增长 11.6%；职工年人均收入 7.9 万元，同比增长 8%。其次，从反映质量效益的主要经济指标看，兵装集团均位列中央企业和军工企业前列，连续 10 年获得中央企业年度经营业绩考核 A 级和"业绩优秀企业"荣誉称号。

二、案例分析

评价控制系统是一种以业绩评价为核心的管理控制系统模式，其最终目标与管理控制系统的目标一样，那就是实现企业战略目标。兵装集团整体业绩的高质量发展，世界企业 500 强位次连年蹿升，其成功的"秘诀"就是推行基于 EVA 的评价控制系统。

（一）明确评价系统的责任主体

兵装集团明确了 EVA 为中心为评价系统的责任主体。EVA 中心是可以对自身创造的 EVA 进行计量和管理的、内部可以进行层级划分的组织单元。通过 EVA 中心的逐级划分可以将 EVA 总体目标逐层分解细化，同时逐级落实责任，从而将企业的决策层、执行层和监督层都统一到追求 EVA 持续改进这一目标上来，实现"考核层层落实，责任层层传递，激励层层连接"，最终保障企业价值创造战略的实现。因而，从本质而言，EVA 中心是一个实体权责中心，是价值管理的基本单位。建立 EVA 中心的目的是合理划分各级 EVA 中心在价值创造中的不同权责，通过各级权责主体有针对性地进行价值创造管理活动，最终提升集团整体价值创造能力。兵装集团 EVA 中心的设立及管理方法见表 12 - 4：

表 12 - 4　　　　　　　　　兵装集团 EVA 中心管理示例

EVA 中心	价值管理权责	考核方法
一级 EVA 中心：集团总部	主要从战略层面对价值创造进行管理	法人实体 EVA 中心：参照《集团公司经营业绩考核办法》，EVA 在考核指标体系中的权重不应低于 30%
二级 EVA 中心：各直管企业、各专业公司（事业部）	主要从资源配置层面对价值创造进行管理	
三级 EVA 中心：各直管企业、各专业公司（事业部）管理的企业	主要从资源运行效益层面对价值创造进行管理	
四级 EVA 中心：各三级 EVA 中心下属子公司	主要从运营管理层面对价值创造进行管理	
五级 EVA 中心：四级 EVA 中心内部能对 EVA 产生较大影响的部门和车间	主要通过具体生产经营活动实现价值创造	非法人实体 EVA 中心：另行设立符合中心特征的绩效指标，引入"目标 EVA 值"考核指标

（二）科学设计评价指标

兵装集团通过将 EVA 目标层层分解，设置了科学、可操作的评价指标。评价指标选择的正确与否直接影响战略计划的执行结果，同时影响对战略计划执行者评价目标实现情况的考核。兵装集团通过将 EVA 目标层层分解，使之成为具有可操作性又具有责任清晰性的评价指标。EVA 分解是实施评价控制系统的重要前提，无论是 EVA 业绩的诊断分析还是 EVA 改善措施的管理决策都需要以 EVA 分解体系为基础进行。EVA 分解所形成的 EVA 价值树驱动路径图解释了价值形成的环节和途径，是价值管理体系与生产经营活动（即财务与业务）相结合的理论基础和操作依据。为此，兵装集团围绕企业的内部价值链将 EVA 分解到七个部门。其中，根据供应价值链分解为研发、生产、采购和销售四个部门，根据管理价值链分解为筹资、投资和管理三个部门。接下来的分解程序皆在各部门内进行：

首先，将 EVA 初步分解为税后净营业利润与资本成本，并结合部门经营特点将这两个构成因素分解为 EVA 驱动因素。为提升分解的适应性与针对性，这个过程应注重结合部门特点。以生产部门为例，生产部门并不涉及收入，但是通过降低主营业务成本可以有效增加主营业务利润，进而增加税后净利润。因此，兵装集团对生产部门涉及的成本项目又进行了细分，分解为直接材料、职工薪酬以及制造费用等。对于资本成本，由于生产部门属于供应价值链的一个环节，其占用的是营运成本，而在营运成本的细化中，与销售部门占用应收账款不同的是，生产部门占用的营运成本主要是存货，因而又可以将存货进一步细分，具体可分解为原材料、周转材料、库存商品等。

其次，围绕价值驱动因素，结合部门的经营职责，选取和设计与EVA目标相关联、与部门职责联系紧密和管理者可控制的关键绩效指标（KPI）。KPI是对EVA驱动因素的具体化，敏感性强且对EVA影响重大，是EVA分解和价值管理的基础性工具。以销售部门为例，兵装集团把主营业务收入和营销费用作为EVA驱动因素，并围绕这两大驱动因素选取了销售收入增长率、销售毛利率、产品目标销量完成率等指标设置成KPI。对于KPI的设置方法，集团给出了多种做法以供企业参考，如可以将销售费用率、销售费用控制率等设置成KPI，通过降低销售部门的销售费用以达到提升EVA的目的。另外，对于KPI的选取，兵装集团还提出将EVA进一步细分到与企业生产经营等具体业务环节相关的实际指标中去，兼顾非财务指标与财务指标。如销售部门对于主营业务收入的增加还考虑与客户和市场相关的非财务指标，如顾客满意度、市场占有率等。

（三）合理选择评价标准

兵装集团选择合理的评价标准对业绩评价结果的优劣做出判断。兵装集团通过对EVA的计算、比较和分析，对企业某阶段的价值创造能力进行评价，找出价值创造的短板或薄弱环节，借助敏感性分析和对标分析等分析方法找到和分析影响EVA的关键项目和敏感性因素，这一具体流程被称为EVA价值诊断，如图12-4所示。

兵装集团主要采用敏感性分析和对标分析方法进行价值诊断工作。关于敏感性分析方法，主要是指通过计算EVA各项价值驱动项目的敏感度并进行排序，再计算各个驱动项目的变动造成EVA的变动程度，从而找出敏感度大的关键驱动因素。具体计算程序如下：

(1) 依据企业某个时间节点的财务报表及相关数据，计算EVA初始值；

(2) 选择某项EVA驱动因素，设定单项驱动项目的变化幅度ΔX_i（%）；

(3) 在其他驱动因素不变的前提下，根据驱动项目与EVA之间的运算关系，计算新的EVA值，得出该单项驱动因素变化ΔX_i（%）时EVA的变化幅度ΔEVA_i（%）；

(4) 计算敏感系数$\Delta EVA_i / \Delta X_i$；

(5) 最后，用各个项目的本期变动值乘以该项目的敏感性系数，计算出各个驱动项目本期变动造成EVA变动的部分，贡献EVA变动值最大部分的驱动项目即为

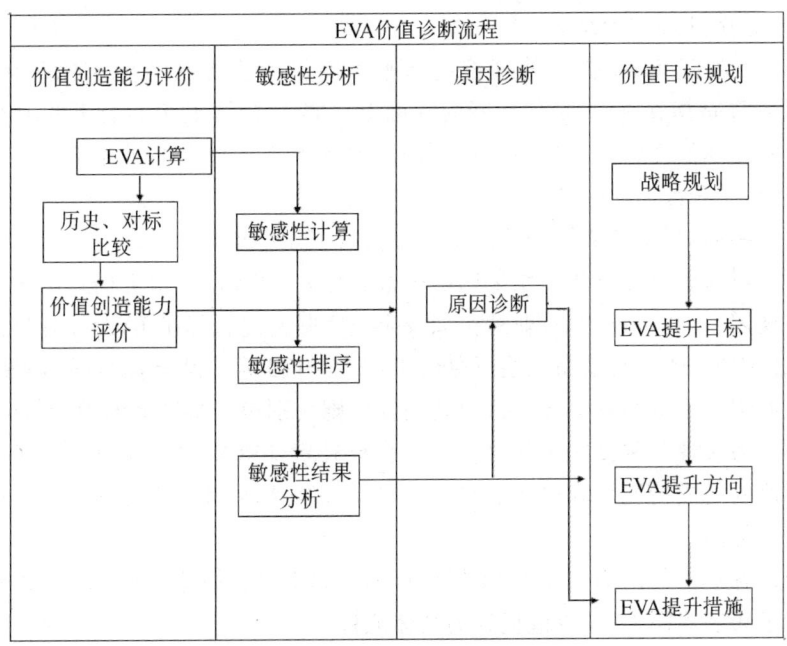

图 12-4　EVA 价值诊断流程图

重要影响因素。

兵装集团以敏感性分析的量化结果为依据,明确对造成 EVA 增加和减少的重点项目和因素,同时也明确了下一步分析的重点和方向。接下来,就需要借助 EVA 分解所形成的 EVA 价值树驱动路径图,针对这些重点项目,深入到销售、制造、管理、投资等环节寻找深层次原因。

关于对标分析方法,兵装集团目前已初步构建了以 EVA 为核心的对标管理体系。集团每年向各成员企业下发 EVA 值和 EVA 率的对标标杆值,并要求各企业对对标标杆值进行自我评价。具体地,企业根据 EVA 驱动路径图,将每一项关键驱动因素的实际业绩与标杆企业的相应数据进行比较,找出差距,明晰生产经营的薄弱环节和管理短板,为下一阶段的工作重点提供方向。例如,某些成员企业根据发现的主要问题设计成短板指标,加入到业绩评价指标体系中,确定具有挑战性的目标,实施短板考核,引导管理者有针对性地、有重点地进行持续改善。

兵装集团还要求成员企业在完成价值诊断之后编写 EVA 价值诊断报告,并制定了"EVA 价值诊断报告大纲",规范报告的范式与内容。根据大纲,兵装集团的价值诊断报告至少包括企业基本情况、宏观政策和行业形势对企业的影响、企业价值创造能力评价、企业 EVA 增减原因分析、总结及改进措施、企业 EVA 目标规划六大部分。此外,集团还单独要求成员企业按季度上报经济运行对标改进分析报告,突出对对标管理的重视。

(四) 正确处理评价结果

兵装集团通过 EVA 提升管理控制水平，确保评价控制系统的长期有效运行。EVA 提升管理是指在 EVA 价值诊断的基础上，制定 EVA 提升目标并将其分解为各驱动因素的目标值，将各项价值驱动责任落实到各责任单元的具体管理活动，并制定实现 EVA 提升目标的改善措施。

兵装集团的 EVA 价值提升管理主要分为以下几个步骤：

第一，根据敏感性分析的结果明确改善和提高 EVA 的主要方向，结合成员企业自身战略规划、预算目标、行业地位以及企业实际情况，提出 EVA 提升目标；

第二，按照 EVA 驱动路径层层分解 EVA 提升目标，设定各驱动因素应达到的目标值。如销量是提高利润的关键驱动因素，则分别设定各产品的销量目标；

第三，为实现各驱动因素的目标值，将提升责任落实到各部门，并通过 KPI 来衡量目标值的完成情况。如以产品目标销售量完成率为销量的关键绩效指标，责任部门为销售部门。

第四，各责任部门为实现 EVA 提升目标，制定改善措施。图 12 - 5 以销售部门为例解释了兵装集团 EVA 价值提升的具体流程。

由图 12 - 5 可以看出，在兵装集团的价值提升管理活动中，改善措施是根据 EVA 分解所形成的 EVA 驱动路径因素以及相应的 KPI 而制定的，这保证了价值管理前后的一致性和改善措施的针对性与适应性。就销售部门而言，兵装集团结合销售业务的经营特性，设计改善相应 KPI 完成情况的措施。具体来看，为了增加销售收入，需要加大广告宣传力度、提升品牌知名度、提高广告费用增长率，从而提高品牌的市场价值；为了降低销售费用，需要借助预算的控制功能，做好营销费用的控制工作、提高广告投放质量；为了加强应收账款管理，尽量降低营运资本占用，需要在维系老客户的基础上积极开发新客户，尽量提高售后服务质量及客户忠诚度，需要建立客户信用档案制度，加强应收账款催收等。

三、案例启示

（一）明确评价控制系统的目标

明确评价控制系统的目标是有效实施评价控制的起点。根据价值创造理论，EVA 指标是股东利益的最佳代表，能够最大化地协调股东与经理人之间的利益冲突，为经理人的决策行为和管理行为提供基于价值创造的激励导向。显然，EVA 考核通过激励契约不仅仅改变了股东与经理人之间的经济关系，更为重要的是要深刻影响企业内部的各级管理制度，从而使得价值创造的理念深入人心，即以 EVA 价值创造为基本理念，对企业的全部管理制度进行全链条式的优化与改造。兵装集团推行基于 EVA 的评价控制系统始终贯彻"好字优先，好中快进"的指导思想，要求企业在发展中坚定不移地突出一个"好"字，使"好"真正体现在发展方式转变、

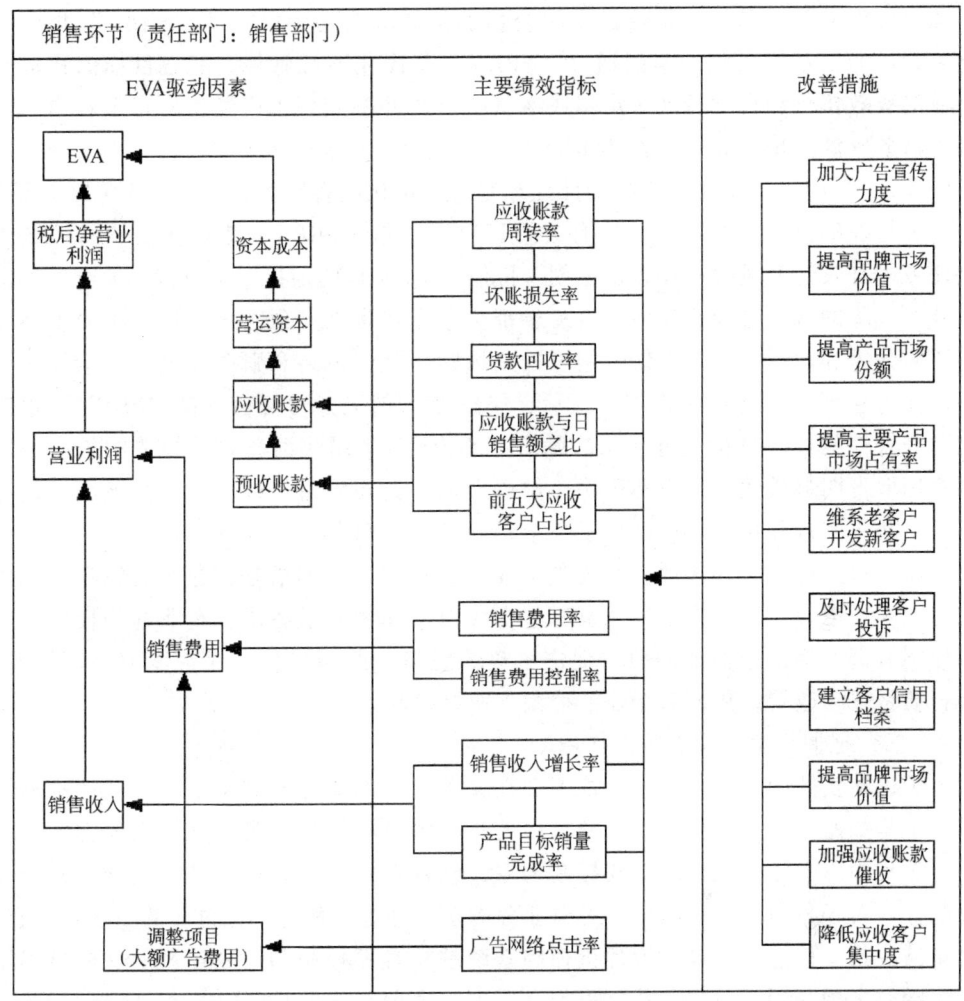

图 12-5 EVA 价值提升管理示例图

产业结构优化、质量效益提高以及核心竞争力增强等方面。同时,在确保"好"的前提下,保持高于行业平均水平、高于竞争对手的较快增长速度。在该系统的支持下,兵装集团现已逐渐走出了一条质量效益与速度规模相协调、内涵式发展与外延式增长相统一、质量效益与价值创造能力同步提高的科学发展之路。

(二)夯实评价控制系统的管理基础

要使得评价控制系统能够运行良好,还需要具备良好的管理基础。企业管理者才能的发挥需要有一个完善的内部支持机制,只有依靠这些支持机制,如信息系统、数据库、网络、组织机构等,企业管理者和员工才能充分发挥自身的才智,才能更好地互相沟通,从而提升整体经营绩效,创造更多的价值。兵装集团的"SRRV"集团化财务管控模式为评价控制系统的有效运行奠定了坚实的体制基础,具体从以下几个方面来看：首先，坚持以集团公司的发展战略为牵引，是"SRRV"集团化财务管控的根本出发点。集团通过"SRRV"集团化财务管控，战略目标内化成了企业的有效执行和自觉行动，集团战略意图渗透并融入到生产经营的每个环节；其次，财务资源（Resource）是"SRRV"集团化财务管控的重要要素，集中和统筹财务资源是"SRRV"集团化管控的前提和基础，优化配置财务资源是"SRRV"集团化财务管控的核心；第三，坚持有效管理风险，是"SRRV"集团化财务管控的重点任务。有效管理风险（Risk）是创造价值（Value）的前提，企业持续健康发展离不开对风险的有效管控，任何一点疏忽都会给企业带来灭顶之灾。兵装集团不断完善风险预警和控制机制，有效控制了投资风险、运营风险和财务风险，为增强价值创造能力起到了保驾护航作用；最后，坚持持续创造公司价值，是"SRRV"集团化财务管控的核心目标。近年来，随着"SRRV"集团化财务管控模式的推进，集团管理取得明显成效，经济实现快速健康发展，公司价值持续增长。在该模式指导下，兵装集团近几年又陆续推行了资金集中管理、财务信息联网运行、总会计师集团委派、财产保险统一代理、财务资源集中配置等一系列措施，这些措施在实践中取得了明显成效，既发挥了集团资源整合优势，又激发了各成员企业的积极性。在确保国有资本保值增值的同时，促进了集团经济的跨越发展，保军能力大幅提升，运行质量逐年改善，集团对企业的控制力明显提高。

（三）把握评价控制系统的作用

无论在实践中还是在理论上都不存在完美无缺的管理控制系统模式，评价控制系统也是如此。由于评价控制系统采用的是一种目标管理或者目标控制的方式，在运行过程中以各级管理者的自我控制为主，经营者对各级管理者进行充分授权和充分信任。对于各级管理者的生产经营业务的执行情况一般并不作过多的干预和监督，尽量减少指令信息，也就是说评价控制系统缺少程序控制和过程控制。这样显然不利于随时发现与纠正偏差，往往可能会导致重大偏差发生时已经"木已成舟"的现象，连"亡羊补牢"的机会都没有。为了弥补上述固有缺陷，兵装集团在构建并应用评价控制系统的过程中，结合关键绩效指标进行过程控制。EVA 纳入经济运行监控体系，重点关注关键绩效指标的变动情况，对于各企业、各部门价值创造过程中所存在的问题进行实时预警、报告并加以改进。兵装集团定期对各成员企业的对标改进情况进行阶段性评价，将 EVA 管理体系的控制点从事后聚焦于事中，使企业更加注重过程监控，更加及时、准确地发现经济运行过程中的不足之处，并及时修改与完善，确保价值创造目标的最终顺利实现。

（四）注重评价指标的选取

评价指标的选择是建立评价控制系统的关键与核心环节，评价指标选择的正确和完全与否关系到是否能够真实全面地反映评价客体的经营业绩，从而直接影响经营业绩的评价结果。为了使所选择的评价控制指标符合客观要求，兵装集团坚持结果指标与动因指标相结合、财务指标和非财务指标相结合的原则,将 EVA 目标层层分解,落实责任,保证 EVA 评价控制系统的顺利执行。基于 EVA 评价控制系统的重要作用在于建立了独具特色的 EVA 分解模式。兵装集团通过对 EVA 的层层分解,一方面能够将 EVA 的价值创造理念深入到企业的方方面面,营造"价值创造、人人有责"的企业文化;另一方面,对 EVA 的分解没有停留在财务层面,而是进一步细分到管理与操作层面,通过引入 EVA 的预算机制,设置目标 EVA,并对目标 EVA 进行分解,使分解后的指标与企业的日常管理建立动态的联系,有效引导企业的日常经营活动,实现业务与财务的有机融合。在 EVA 分解的过程当中,兵装集团注意结合部门职责,突出重点,不仅极大地提升了 EVA 应用的适应性与针对性,更能实现责任的层层落实,压力的层层传递,使资本成本意识深入到企业内部,将企业上上下下都融入到价值创造体系当中,充分发掘基层单位创造价值的主动积极性。在向下传递落实 EVA 目标时,注重结合各层级单位的经营特性、发展战略、岗位职责等经营特性。另外,EVA 目标的分解不能停留在财务层面,还应向操作和管理层面逐级分解,与具体的业务环节和经营活动相结合,分解而成与之相关的实际指标(一般为非财务指标),从而可以有效地实现财务活动对业务活动的指导和牵引作用。

(五)提高经营管理者的综合素质

对管理者业绩进行评价时不能将管理者置于对立面,而应该尽可能有助于管理者实现其评价目标,应该对管理者充分信任,尽量不干预其实现评价目标的过程,使之能够充分发挥主动性与积极性。换言之,评价控制系统本质上是以自我控制的方式取代了官僚式控制,变"被动地执行"为"主动地管理"。而要保持评价控制系统的正常运转和有效作用,不仅要求形成一种文化氛围,而且要求管理者具有较高的素质,能够深刻理解企业的组织文化和价值观念,能够自觉地将个人目标与企业目标相互结合,并且具备一定的团队合作精神和自我约束能力。兵装集团在取得良好经济效益、促进企业良性发展的同时,财务队伍素质也大幅提升。截至 2016 年底,集团公司拥有 7 名全国会计税务领军人才,通过美国注册管理会计师考试的人数达到 134 人,企业财务人员从事管理会计工作的比重实际已经达到 68%。兵装集团财务工作转型的同时,财会人员也成功实现转型。

主要参考文献

[1] 阿什瓦斯等（英）著，张先治主译. 2004. 基于价值的管理——实现股东更大价值的方法 [M]. 东北财经大学出版社.

[2] 白华，高立. 2011. 财务报告内部控制：一个悖论 [J]. 会计研究，(03)：68-75.

[3] 白华，郑晓晓. 2012. 内部控制：制度抑或系统？[J]. 中国注册会计师，(01)：98-101.

[4] 白华. 2012. 论控制活动 [J]. 会计研究，(10)：42-48.

[5] 白华. 2012. 内部控制、公司治理与风险管理——一个职能论的视角 [J]. 经济学家，(03)：46-54.

[6] 白华. 2015. COSO内部控制结构之谜 [J]. 会计研究，(02)：58-65.

[7] 彼得·德鲁克. 2006. 21世纪的管理挑战 [M]. 机械工业出版社.

[8] 常绍舜. 2008. 从整体与部分的辩证关系看系统论与还原论的适用范围 [J]. 系统科学学报，16 (1)：87-89.

[9] 常绍舜. 2011. 从经典系统论到现代系统论 [J]. 系统科学学报，19 (3)：1-4.

[10] 陈金龙. 2016. 五大发展理念的多维审视 [J]. 思想理论教育，(1)：4-8.

[11] 陈明，侯剑华. 2013. 管理控制领域的研究热点分析 [J]. 工业技术经济，(01)：152-160.

[12] 陈雨桐. 2015. 中国第一汽车集团公司统战工作的研究与探索 [J]. 中国商论，(33)：36-38.

[13] 陈志军. 2007. 母子公司管控模式选择 [J]. 经济管理，(3)：34-40.

[14] 陈志军. 2009. 母子公司管理控制模式探讨 [J]. 东岳论丛，(12)：130-134.

[15] 程恩富. 2007. 现代马克思主义政治经济学的四大理论假设 [J]. 中国社会科学，(1)：16-29.

[16] 程新生. 2004. 公司治理，内部控制，组织结构互动关系研究 [J]. 会计研究，4 (5)：12-16.

[17] 池国华，迟旭升. 2003. 我国上市公司经营业绩评价系统研究 [J]. 会计研究，(8)：45-48.

[18] 池国华，韩雨. 2014. 整合观视角下内部控制质量度量的新思路——基于文献研究的探讨 [J]. 会计之友，(30)：54-58.

[19] 池国华，吴晓巍. 2003. 管理控制的理论演变及其与内部控制关系 [J]. 审计研究，(05)：53-57.

[20] 池国华，邹威. 2015. 基于EVA的价值管理会计整合框架——一种系统性与针对性视角的探索 [J]. 会计研究，(12)：38-44.

[21] 池国华. 2005. 内部管理业绩评价系统设计研究 [M]. 东北财经大学出版社.

［22］池国华．2006．华润集团的6S管理体系［J］．经济管理，(21)：86-88．

［23］池国华．2009．企业内部控制规范实施机制构建：战略导向与系统整合［J］．会计研究，(09)：66-71．

［24］池国华．2010．基于管理视角的企业内部控制评价系统模式［J］．会计研究，(10)：55-61．

［25］池国华等．2016．中国式经济增加值（EVA）考核实践探索——基于系统性和针对性的视角［M］．东北财经大学出版社．

［26］崔朝栋，崔翀．2014．要深化对基本经济制度与经济体制关系问题的认识［J］．管理学刊，27(6)：10-14．

［27］崔琛．2012．管理会计在我国实际应用中存在的问题［J］．山东纺织经济，(04)：23-25．

［28］戴璐，支晓强．2015．影响企业环境管理控制措施的因素研究［J］．中国软科学，(04)：108-120．

［29］戴茂林．1999．鞍钢宪法研究［J］．中共党史研究，(06)：38-43．

［30］戴天婧，汤谷良，彭家钧．2012．企业动态能力提升、组织结构倒置与新型管理控制系统嵌入——基于海尔集团自主经营体探索型案例研究［J］．中国工业经济，(02)：128-138．

［31］戴彦．2006．企业内部控制评价体系的构建——基于A省电网公司的案例研究［J］．会计研究，(01)：69-76+94．

［32］道格拉斯·诺斯．2008．制度、制度变迁和经济绩效［M］．格致出版社．

［33］邓小平．1994．邓小平文选（第2卷）［M］．人民出版社．

［34］丁启文．1982．首钢经济责任制经验给我们的启示［J］．学习与研究，(05)：5-7．

［35］董志凯．2003．中国计划经济时期计划管理的若干问题［J］．当代中国史研究，10(5)：34-45．

［36］杜栋．2006．管理控制学［M］．清华大学出版社．

［37］杜荣瑞，肖泽忠，周齐武．2009．中国管理会计研究述评［J］．会计研究，(9)：72-80．

［38］杜胜利．2004．没有控制系统就没有执行能力——构建基于执行力的管理控制系统［J］．管理世界，(10)：145-146．

［39］冯宝军，陈梅，陈银功．2013．管理控制对企业战略供应关系资本的作用机理——基于中国乳制品企业的调查研究［J］．预测，(01)：62-66．

［40］冯巧根．2014．组织文化、环境不确定性与管理会计信息认知［J］．财经理论与实践，(06)：40-44．

［41］冯巧根．2015．经济新常态下的管理会计发展思路［J］．会计之友，(19)：133-136．

［42］冯长军，石尧祥．2014．浅析兵装集团推行管理会计的具体做法［J］．财务与会计，(07)：59．

［43］付春满．2008．企业集团管理控制系统研究［D］．天津大学．

［44］傅元略，屈耀辉．2009．企业集群成本协同管理效应研究［J］．南开管理评论，(2)：125-131．

［45］傅元略．2009．管理控制的发展与创新——从会计控制拓展到与公司治理集成［J］．当代会计评论，(2)：1-20．

[46] 傅元略. 2012. 管理控制机制的设计理论研究［C］. 中国会计学会管理会计与应用专业委员会2012年度学术研讨会论文集. 中国广州.

[47] 傅元略. 2014. 管理会计理论的拓展：控制机制优化和系统新框架［J］. 当代会计评论, (2): 35-53.

[48] 傅元略. 2015. 中国特色的管理会计理论问题探讨［J］. 财务与会计, (12): 14-16.

[49] 高晨, 汤谷良. 2007. 管理控制工具的整合模式：理论分析与中国企业的创新——基于中国国有企业的多案例研究［J］. 会计研究, (08): 68-75+96.

[50] 高良谋. 2015. 高级管理学教程［M］. 东北财经大学出版社.

[51] 耿云江, 赵晓晓. 2015. 大数据时代管理会计的机遇、挑战与应对［J］. 会计之友, (01): 11-14.

[52] 韩洪灵, 郭燕敏, 陈汉文. 2009. 内部控制监督要素之应用性发展——基于风险导向的理论模型及其借鉴［J］. 会计研究, (12): 23-29.

[53] 何晴, 张黎群. 2009. 组织间管理控制模式与机制研究评介［J］. 外国经济与管理, (10): 47-53.

[54] 贺占军. 2013. 筑基精益 破茧成蝶——中国兵器北重集团推进精益管理战略落地案例［J］. 现代国企研究, (08): 58-67.

[55] 胡辰, 汤谷良. 2013. 如何架构"自组织"的管理控制系统——以苏宁电器和阿里巴巴为例［J］. 财务与会计, (07): 13-15.

[56] 胡国栋, 韵江. 2011. 鞍钢宪法的后现代管理思想解读［J］. 财经科学, (12): 54-63.

[57] 胡为民. 2013. 内部控制与企业风险管理：实务操作指南（第3版）［M］. 电子工业出版社.

[58] 胡玉明, 叶志锋, 范海峰. 2008. 中国管理会计理论与实践：1978年至2008年［J］. 会计研究, (9): 3-9.

[59] 胡玉明. 2001. 中国企业成本管理的制度变迁与解释：1949—1999——从一个侧面总结成本管理会计在中国企业的应用［C］. 清华大学. 中国会计与财务问题国际研讨会论文集. 中国财政经济出版社. 430-444.

[60] 胡祖光. 1998. 不对称信息条件下的委托—代理理论的研究与实践［J］. 数量经济技术经济研究, (05): 59-62.

[61] 胡祖光. 1999. 基数确定——一个企业家感兴趣的话题［J］. 上海企业, (02): 41-42.

[62] 胡祖光. 2001. "联合确定基数法"对策论模型——一个通俗的阐述［J］. 商业经济与管理, (04): 8-12.

[63] 黄玥, 舒烟雨. 2013. 战略导向下企业预算管理体系构建——以华润集团为例［J］. 财会通讯, (02): 96-97.

[64] 加利·阿什瓦斯, 保罗·詹姆斯, 张先治主译, 2004. 基于价值的管理［M］. 东北财经大学出版社.

[65] 贾根良. 2002. "鞍钢宪法"的历史教训与我国跨越式发展战略［J］. 南开学报, (04): 30-37.

[66] 克里斯托弗·戴维斯, 沃伊西奇·查理姆萨, 邵建云. 1991. 关于中央计划经济中非均衡和短缺模型［J］. 经济社会体制比较, (05): 59-64.

[67] 李兵. 2004. 电力建设工程管理公司合同管理控制制度的建立 [D]. 吉林大学.

[68] 李凤鸣. 2012. 内部控制学（第2版），[M]. 北京大学出版社.

[69] 李家媛. 2015. 国有集团企业绩效评价体系建立的思考——基于一汽集团绩效管理改革的案例研究 [J]. 财经界（学术版），(12)：58+65.

[70] 李萌，安维崝. 2015. 支撑集团公司"两化融合"发展的信息化标准体系研究与实践 [J]. 兵工自动化，(03)：57-59.

[71] 李琦. 2012. 西方管理控制研究综述 [J]. 经济与管理评论，(02)：98-102.

[72] 李守武. 2015. 加强顶层设计 深化精细管理 助力产业发展——中国兵器装备集团公司的管理会计实践 [J]. 财务与会计，(02)：21-24.

[73] 李天民. 1992. 管理会计基本理论问题的探讨 [J]. 会计研究，(01)：12-16.

[74] 李维安，吴先明. 2002. 中外合资企业母公司主导型公司治理模式探析 [J]. 世界经济与政治，(5)：52-56.

[75] 李武，席酉民. 2002. 管理控制与和谐控制 [J]. 管理工程学报，(02)：83-85.

[76] 李心合. 2013. 内部控制研究的困惑与思考 [J]. 会计研究，(06)：54-61.

[77] 李延喜，龙静，徐秀文，张夏. 2011. 集团管理控制的设置动因及其作用机理——××能源集团改制的案例研究 [J]. 会计研究，(12)：25-32.

[78] 李增泉. 2000. 激励机制与企业绩效——一项基于上市公司的实证研究 [J]. 会计研究，(1)：24-24.

[79] 李占祥，徐昶，解培才. 1987. 适应有计划商品经济客观要求的企业管理理论模式 [J]. 中国人民大学学报，(01)：30-42.

[80] 李子奈，叶阿忠. 2000. 高等计量经济学 [M]. 清华大学出版社有限公司.

[81] 李自杰，李毅，肖雯娟，等. 2013. 弱管理控制与中国企业的跨国知识转移 [J]. 科学学与科学技术管理，(07)：52-62.

[82] 廖小平，张长明. 2007. 价值观代际变迁的基本规律和特点——从改革开放以来的中国社会来看 [J]. 西北大学学报（哲学社会科学版），(05)：10-15.

[83] 廖小平，周泽宇. 2013. 价值观的分化探析——以改革开放以来中国社会为背景 [J]. 北京大学学报（哲学社会科学版），(03)：15-21.

[84] 林万祥. 2008. 中国管理会计的历史演进、现状与未来 [J]. 当代财经，(09)：112-117.

[85] 林毅夫. 2010. 新结构经济学 [J]. 经济学（季刊），1：1-32.

[86] 刘春晓. 2016. 百舸争流 奋楫者先——透视中国一汽"十三五规划" [J]. 汽车纵横，(06)：22-24.

[87] 刘光明. 2002. 企业文化与核心竞争力 [J]. 经济管理，(17)：6-9.

[88] 刘国平. 2008. 论经济系统的本质特征 [J]. 现代经济探讨，(8)：81-84.

[89] 刘凌冰，张天昊，韩向东. 2016. 集团公司全面预算管理模式适配模型研究——基于神华、华润和国投集团的多案例分析 [J]. 财务研究，(06)：39-53.

[90] 刘少奇. 在中国共产党第八次全国代表大会所做的政治报告 [Z]. 1956-9-15.

[91] 刘宵仑. 2009. 风险控制理论的再思考：基于对COSO内部控制理念的分析 [J]. 会计研究，(9)：36-44.

［92］ 刘小玄．1996．现代企业的激励机制：剩余支配权［J］．经济研究，（5）：3－11．

［93］ 刘晓平，唐益明，郑利平．2008．复杂系统与复杂系统仿真研究综述［J］．系统仿真学报，20（23）：6303－6315．

［94］ 刘雄．2000．兵器集团财务问题研究［D］．西南财经大学．

［95］ 卢美月，张文贤．2006．企业文化与组织绩效关系研究［J］．南开管理评论，9（6）：26－30．

［96］ 卢现祥，朱巧玲．2011．新制度经济学［M］．武汉大学出版社．

［97］ 罗彪，郑姗姗．2011．国外管理控制理论研究脉络梳理与模型评介［J］．外国经济与管理，（04）：26－34．

［98］ 罗彪．2012．管理控制——化战略为行动［M］．电子工业出版社．

［99］ 罗伯特·卡普兰，大卫·诺顿著，刘俊勇等译．2004．平衡计分卡 化战略为行动［M］．广东经济出版社．

［100］ 罗伯特 N. 安东尼，维杰伊·戈文达拉扬，安东尼等．1998．管理控制系统（第9版）［M］．机械工业出版社．

［101］ 罗锐韧，曾繁正．1997．管理控制与管理经济学［M］．红旗出版社．

［102］ 马瑞．2013．基于集团战略的子公司绩效考核实证研究——W集团子公司战略绩效管理指标体系设计实践［J］．经营管理者，（25）：109－110．

［103］ 满宁．2014．兵装集团：让"主管"做主［J］．保密工作，（02）：39－40．

［104］ 毛洪涛，李诗依．2012．管理会计研究评述与边界扩展——基于理论与实务焦点对比分析的研究［J］．会计与经济研究，（06）：32－43．

［105］ 孟焰，孙健，卢闯，刘俊勇．2014．中国管理会计研究述评与展望［J］．会计研究，（9）：3－12．

［106］ 聂辉华．2004．交易费用经济学：过去，现在和未来——兼评威廉姆森《资本主义经济制度》［J］．管理世界，（12）：146－153．

［107］ 牛琦彬．2009．海尔集团"OEC"管理模式的内涵及意义［J］．中国石油大学学报（社会科学版），（01）：29－31．

［108］ 潘飞，文东华．2006．实证管理会计研究现状及中国未来的研究方向——基于价值管理视角［J］．会计研究，（2）：81－86．

［109］ 潘飞，陈世敏，文东华，王悦．2010．中国企业管理会计研究框架［J］．会计研究，（10）：47－54．

［110］ 潘飞，高苗苗，杨玉龙，文东华．2013．跨组织合作的管理控制问题：一个理论研究框架［J］．中国会计评论，（1）：71－90．

［111］ 潘飞．2002．管理会计应用与发展的典型案例研究［M］．经济科学出版社．

［112］ 庞文元，王之彦．1981．实行《生产控制程序》，提高生产管理水平［J］．经济管理，（07）：63－66．

［113］ 彭家钧．2013．互联网时代组织变革与管理控制系统创新——海尔集团节点网状组织与人单合一双赢模式的设计运行［J］．财务与会计，（12）：19－21．

［114］ 齐默尔曼著，陈晖丽等译．2012．决策与控制会计［M］．东北财经大学出版社．

［115］ 齐艳民，王忠海．2014．中国一汽文化——企业文化模式及评价模型［J］．汽车工

业研究,(08):36-41.

[116] 钱颖一.2002.理解现代经济学[J].经济社会体制比较,2(4):23-34.

[117] 邱国栋,王涛.2013.重新审视德鲁克的目标管理——一个后现代视角[J].学术月刊,(10):20-28.

[118] 屈锋,薛俊民,安维嵘.2015.兵装集团:以信息化提升保密管理水平[J].保密工作,(01):19-20.

[119] R.威尔逊著,苏通等译编.1987.实用成本控制指南[M].北京大学出版社.

[120] 冉秋红.2007.知识导向的管理控制系统:基本框架与具体运作[J].会计研究,2007,(09):60-66+96.

[121] 邵勇.2008.华润公司技术创新模式优化选择及实施[D].西安理工大学.

[122] 十八届二中全会第二次全体会议."国务院机构改革和职能转变方案"[Z].2013-2-26.

[123] 石杰琳,秦国民.2014.经济发展方式转变与政府转型:角色转变和制度创新[J].中国行政管理,(11):43-47.

[124] 舒冰.1981.谈谈厂内经济合同制问题[J].财务与会计,(12):28-29.

[125] 斯蒂芬·P.罗宾斯.1997.管理学[M].中国人民大学出版社.

[126] 孙岩.2015.基于战略导向的企业绩效目标分解设计思路——以Y企业为例[J].企业技术开发,(20):40-42.

[127] 汤谷良,穆林娟,彭家钧.2010.SBU:战略执行与管理控制系统在中国的实践与创新——基于海尔集团SBU制度的描述性案例研究[J].会计研究,(05):47-53+96.

[128] 汤谷良,王斌,杜菲,付阳.2009.多元化企业集团管理控制体系的整合观——基于华润集团6S的案例分析[J].会计研究,(02):53-60+94.

[129] 田高良,赵宏祥,李君艳.2015.清单管理嵌入管理会计体系探索[J].会计研究,(4):55-61.

[130] 屠华.2010.华润集团6S管理体系的探索与思考[D].西南财经大学.

[131] 王斌,高晨.2003.组织设计、管理控制系统与财权制度安排[J].会计研究,(2):15-22+65.

[132] 王斌,高晨.2004.论管理会计工具整合系统[J].会计研究,(4):59-64.

[133] 王斌,顾惠忠.2014.内嵌于组织管理活动的管理会计:边界、信息特征及研究未来[J].会计研究,(01):13-20.

[134] 王斌.2011.跨职能团队的管理控制问题:一个理论思考[J].会计研究,(07):38-44.

[135] 王昶,姚海琳.2011.母子公司管理控制方式及其影响因素的实证研究[J].南开管理评论,(03):63-71.

[136] 王朝钦.2011.财务管理信息化在企业中的建设与应用[J].中国总会计师,(11):46.

[137] 王高斌.2012.企业集团管理控制模式研究[D].山东师范大学.

[138] 王光远,瞿曲.2006.公司治理中的内部审计——受托责任视角的内部治理机制观[J].审计研究,2:29-37.

［139］ 王海妹，张相洲．2009．基于开放、自然管理控制观的内部控制问题研究［J］．会计研究，(8)：68-72．

［140］ 王化成，高升好，张修平，胡静静，孙昌玲．2016．企业集团特点、集团管控模式与内部资本市场［J］．科学决策，(5)：1-27．

［141］ 王化成，杨景岩．1997．试论战略管理会计［J］．会计研究，(10)：46-49．

［142］ 王澜明．2005．社会主义市场经济体制下的政府职能定位［J］．中国行政管理，(1)：11-14．

［143］ 王卫星．2016．基于多学科视角的企业财务管理拓展与创新探讨［J］．会计研究，(11)：30-37．

［144］ 王雪峰．2013．中国一汽标识管理研究［J］．汽车工业研究，(06)：46-49．

［145］ 王永贵．2005．经济全球化与社会主义意识形态建设研究［M］．人民出版社．

［146］ 王玉红，王丽竹．2014．华润集团战略导向预算管理的创新与实践［J］．财务与会计（理财版），(05)：17-20．

［147］ 王竹泉，隋敏．2010．控制结构、企业文化：内部控制要素新二元论［J］．会计研究，(03)：28-35．

［148］ 威尔逊．1988．实用成本控制指南［M］．北京大学出版社．

［149］ N．维纳著，赫季仁译．1985．控制论［M］．科学出版社．

［150］ 魏斌．2005．企业管理体系的设立与运行——华润6S的发展与透视［J］．新理财，(04)：54-59．

［151］ 文东华，潘飞，陈世敏．2009．环境不确定性、二元管理控制系统与企业业绩实证研究——基于权变理论的视角［J］．管理世界，(10)：102-114．

［152］ 乌茨·舍费尔，吴煜婷，于悦．2013．德国企业管理控制师的计划编制和监控职能［J］．会计之友，(06)：4-8．

［153］ 吴敬琏．2011．转变经济发展方式需破除体制障碍［J］．IT时代周刊，(13)：18．

［154］ 吴奇志，聂文星．2009．改革开放后的中国技术引进：回顾与前瞻［C］．上海市经济学会．上海市经济学会学术年刊（2008），格致出版社、上海人民出版社．30-40．

［155］ 吴世农．1997．现代财务理论与方法［M］．中国经济出版社．

［156］ 吴水澎，陈汉文，邵贤弟．2000．企业内部控制理论的发展与启示［J］．会计研究，(5)：2-8．

［157］ 武力．1995．略论五十年代前期高度集中经济体制的形成及其历史作用［J］．中共党史研究，(05)：72-78．

［158］ 武力．2003．中国计划经济的重新审视与评价［J］．当代中国史研究，(04)：37-46．

［159］ 习近平．"中共中央关于全面深化改革若干重大问题的决定"的说明［N］．人民日报，2013-11-16．

［160］ 席西民，王洪涛，唐方成．2004．管理控制与和谐管理研究［J］．管理学报，(01)：4-9．

［161］ 谢志华，杨涵博，粟立钟．2016．企业预算的本质［J］．财务研究，(2)：3-10．

［162］ 谢志华．2007．内部控制，公司治理，风险管理：关系与整合［J］．会计研究，10：37-45．

[163] 信息产业部信息化推进司原副司长赵小凡. 在"2000年中国企业 IT 应用论坛"上的讲话:"推进国家信息化" [R]. 2000.

[164] 熊晓琳, 王丹. 2016. 五大发展理念与中国特色社会主义 [J]. 思想理论教育导刊, (1): 71 – 74.

[165] 徐光华, 沈弋. 2012. 企业内部控制与财务危机预警耦合研究——一个基于契约理论的分析框架 [J]. 会计研究, 5: 72 – 76.

[166] 薛敬孝, 佟家栋, 李坤望. 2000. 国际经济学 [M]. 高等教育出版社.

[167] 薛立, 吴隽. 2003. 营销管理程序控制及优化问题探讨 [J]. 商业研究, (16): 136 – 137.

[168] 杨小凯. 1993. 企业理论的新发展 [J]. 改革, (4): 59 – 65.

[169] 杨雄胜. 2015. 管理会计体系之理论基础问题探讨 [J]. 财务与会计, (6): 13 – 14.

[170] 杨有红. 2013. 论内部控制环境的主导与环境优化——基于内部控制构建与持续优化视角 [J]. 会计研究, (05): 67 – 72.

[171] 于增彪, 桑向阳. 2014. 为什么业务流程管理总是败多胜少?——一个管理会计的视角 [J]. 会计研究, (6): 48 – 56.

[172] 余海宗. 2003. 战略管理会计论 [M]. 西南财经大学出版社.

[173] 余绪缨. 1984. 现代管理会计中几个基本理论问题的探索 [J]. 会计研究, (06): 28 – 31.

[174] 余绪缨. 1995. 简论当代管理会计的新发展——以高科技为基础、同"作业管理"紧密结合的"作业成本计算" [J]. 会计研究, (7): 3 – 6.

[175] 裕楷, 兆亿. 1999. 人力资源开发与管理 [M]. 中山大学出版社.

[176] 袁琳, 张伟华. 2015. 集团管理控制与财务公司风险管理——基于10家企业集团的多案例分析 [J]. 会计研究, (05): 35 – 41.

[177] 袁胜洲. 2006. 以人为本建设中国特色的企业文化 [J]. 科学社会主义, (4): 22 – 27.

[178] 岳玲. 2010. 管理控制和绩效管理关系的文献综述 [J]. 改革与战略, (03): 183 – 186.

[179] 翟超. 2012. 中国兵器工业第 Y 基地管理人员薪酬策略研究 [D]. 西安工业大学.

[180] 张成栋. 2014. 加强管理会计能力框架研究 推进管理会计体系建设——中国总会计师协会召开管理会计能力框架专家研讨会综述 [J]. 中国总会计师, (07): 15.

[181] 张国庆. 2013. 复杂系统生态论方法及其应用 [J]. 现代农业科技, (11): 190 – 193.

[182] 张汝伦. 2001. 经济全球化和文化认同 [J]. 哲学研究, (2): 17 – 24.

[183] 张蕊. 2001. 企业经营业绩评价理论与方法的变革 [J]. 会计研究, 12 (4): 15 – 17.

[184] 张蕊. 2002. 企业战略经营业绩评价指标体系研究 [M]. 中国财政经济出版社.

[185] 张维迎. 2010. 市场的逻辑 [M]. 上海人民出版社.

[186] 张文魁. 2003. 大型企业集团管理体制研究:组织结构、管理控制与公司治理 [J]. 改革, (01): 23 – 32.

［187］ 张霞．2013．管理会计在企业管理中的应用探讨［J］．商业经济，(22)：99-100.

［188］ 张先治，崔莹．2014．基于内部控制目标的独立董事功能发挥模式探讨［J］．审计与经济研究，(05)：3-13.

［189］ 张先治，戴文涛．2010．公司治理结构对内部控制影响程度的实证分析［J］．财经问题研究，(7)：89-95.

［190］ 张先治，戴文涛．2011．中国企业内部控制评价系统研究［J］．审计研究，(01)：69-78.

［191］ 张先治，顾水彬．2011．管理控制研究主题与研究方法的变迁——国外A类期刊40年研究文献的回顾［J］．经济管理，(12)：182-193.

［192］ 张先治，顾水彬．2012．西方管理控制学派梳理与观点评述［J］．审计与经济研究，(1)：79-89.

［193］ 张先治，顾水彬．2013．基于管理控制的治理导向国家审计理论与模式研究［J］．审计与经济研究，(05)：14-21.

［194］ 张先治，李静波．2016．环境会计与管理控制整合研究［J］．财经问题研究，(11)：82-89.

［195］ 张先治，李琦，池国华．2015．内部报告在中国企业会计实践中应用的调查分析［J］．经济管理，(10)：179-187.

［196］ 张先治，李琦．2012．基于EVA的业绩评价对央企过度投资行为影响的实证分析［J］．当代财经，(05)：119-128.

［197］ 张先治，刘媛媛．2010．企业内部报告框架构建研究［J］．会计研究，(8)：28-35.

［198］ 张先治，柳志南．2016．基于管理控制的管理会计报告体系构建［J］．会计之友，(19)：7-12.

［199］ 张先治，曲明，林琼辉．2004．管理控制系统的程序与方法［J］．新理财，(06)：40-42.

［200］ 张先治，孙文刚．2003．论内部审计与管理控制的协调［J］．审计研究，(03)：50-54.

［201］ 张先治，滕晓东．2010．基于内部控制的内部审计理念转变［J］．财务与会计，(12)：24-26.

［202］ 张先治，晏超．2015．基于会计本质的管理会计定位与变革［J］．财务与会计，(3)：9-11.

［203］ 张先治，张秀烨．2004．制定《内部管理控制规范》的价值与整体构思［J］．财经问题研究，(08)：66-73.

［204］ 张先治．1994．经济效益与经济效率——兼与托马斯·G. 罗斯基商榷［J］．财经问题研究，(11)：53-55.

［205］ 张先治．2001．企业资本经营论：现代企业财务管理新探［M］．中国财政经济出版社．

［206］ 张先治．2003．基于管理控制程序的管理控制系统［J］．财务与会计，(11)：21-23.

[207] 张先治. 2003. 控制环境与管理控制系统 [J]. 会计论坛, 4 (2): 57-58.
[208] 张先治. 2003. 内部管理控制论 [C]. 辽宁省哲学社会科学获奖成果汇编 (2003—2004年度). 88-89.
[209] 张先治. 2003. 建立企业内部管理控制系统框架的探讨 [J]. 财经问题研究, (11): 67-71.
[210] 张先治. 2004. 会计相关性与会计报告变革 [J]. 会计研究, (12): 14-19.
[211] 张先治. 2004. 控制环境与管理控制系统演变 [J]. 求是学刊, 31 (2): 56-61.
[212] 张先治. 2004. 内部管理控制论 [M]. 中国财政经济出版社.
[213] 张先治. 2004. 内部管理控制系统的十个关键要素 [C]. 中国会计学会第六届理事会第二次会议暨2004年学术年会论文集 (下). 中国陕西西安: 650-651.
[214] 张先治. 2007. 企业内部控制内涵与要素的界定的探讨——基于《企业内部控制规范》的思考 [J]. 中国会计学会2007年学术年会论文集.
[215] 张先治. 2009. 基于会计相关性的企业内部报告地位与价值 [J]. 会计研究, 12: 65-69.
[216] 张先治. 2009. 企业内部控制模式创新与选择研究 [J]. 东北大学学报 (社会科学版), (01): 35-39.
[217] 张先治. 2011. 高级财务管理 (第二版) [M]. 东北财经大学出版社.
[218] 张先治. 2011. 会计学与财务学范畴及学科定位研究 [M]. 中国财政经济出版社.
[219] 张先治. 2012. 关于管理控制的几个基本理论问题 [J]. 会计之友, (22): 8-10.
[220] 张先治. 2012. 现代企业内部控制理念的五大转变 [J]. 财务与会计, (08): 28-30.
[221] 张先治. 2014. 企业应建立健全内部控制程序系统 [J]. 财务与会计 (理财版), (09): 1.
[222] 张先治. 2015. 关于管理会计理论体系建设的几个问题 [J]. 财务与会计, (18): 6-7.
[223] 张先治. 2015. 基于会计相关性的内部报告体系研究 [M]. 立信会计出版社.
[224] 张先治等. 2015. 内部报告在中国企业会计实践中应用的调查分析 [J]. 经济管理, (10): 179-187.
[225] 张相洲. 2003. 管理控制论 [D]. 东北财经大学.
[226] 张雪峰. 2012. 军事化管理在企业中的实践研究 [D]. 上海交通大学.
[227] 张玉利, 任学峰. 2001. 小企业成长的管理障碍 [M]. 天津大学出版社.
[228] 张正堂, 吴志刚. 2004. 企业集团母子公司管理控制理论的发展 [J]. 财经问题研究, (06): 87-91.
[229] 赵红. 2006. 中国第一汽车集团公司中重型卡车项目管控模式研究 [D]. 吉林大学.
[230] 赵曙明, Dowling P J, Welch D E. 2001. 跨国公司人力资源管理 [M]. 中国人民大学出版社.
[231] 赵锡斌. 2004. 企业环境研究的几个基本理论问题 [J]. 武汉大学学报: 哲学社会科学版, 57 (1): 12-17.
[232] 郑洪涛, 张颖. 2010. 企业内部控制学 [M]. 东北财经大学出版社.
[233] 郑石桥, 郑卓如. 2013. 核心文化价值观和内部控制执行: 一个制度协调理论架构

[J]．会计研究，(10)：28-34．

[234] 中国共产党第十一届中央委员会第六次全体会议．"关于建国以来党的若干历史问题的决议"[Z]．1981-6-27．

[235] 中国共产党第十一届中央委员会第三次全体会议．"解放思想，实事求是，团结一致向前看"[Z]．1978-12-28．

[236] 周其仁．2002．产权与制度变迁：中国改革的经验研究[J]．社科新视野，(6)：34-45．

[237] 周志刚．2014．基于企业管理职能视角下内部控制和公司治理的耦合性研究[J]．技术与管理，(09)：89-93．

[238] 朱丹，陈国庆．2013．基于管理控制系统的高新技术企业研发预算管理及其创新绩效[J]．管理世界，(03)：182-183．

[239] 朱华建，张盛勇，高宏伟．2011．21世纪以来我国内部控制研究主题及述评[J]．会计研究，(05)：57-64．

[240] 朱元午．1999．企业集团财务理论探讨[M]．东北财经大学出版社．

[241] 左庆乐．2003．企业集团母子公司管理模式和管理控制[J]．云南财贸学院学报，(5)：59-61．

[242] 网址1：http://www.sasac.gov.cn/n1180/n14200459/n14417163/n14519674/14816262.html．

[243] 网址2：http://www.faw.com.cn/．

[244] 网址3：http://mt.sohu.com/business/d20170411/133211718_498753.shtml．

[245] Abernethy, M. A., Chua, W. 1996. Field Study of Control System 'Redesign': The Impact of Institutional Process on Strategic Choice [J]. Contemporary Accounting Research, 13 (2): 569-606.

[246] Abraham C, Thomas A. 2013. Micro-Economics: Optimal Decision-Making by Private Firms and Public Authorities [M]. Springer Science & Business Media.

[247] Ahrens T, Mollona M. 2007. Organisational Control as Cultural Practice—A Shop Floor Ethnography of A Sheffield Steel Mill [J]. Accounting Organizations & Society, 32 (4-5).

[248] Anderson, S. W., Dekker, H. C. 2005. Management Control for Market Transactions: The Relation Between Transaction Characteristics, Incomplete Contract Design and Subsequent Performance [J]. Management Science, 51 (12): 1734-1752.

[249] Anthong, Robert N. Anthony. 1998. Management Control System [M]. Ninth Edition, Graw—Hill.

[250] Anthony, Robert N. 1965. Planning and Control Systems: A Framework for Analysis [M]. Boston: Harvard Business School.

[251] Anthony, Robert, N. and Govindarajan, V. 1998. Management Control Systems [M]. Boston, MA: Irwin McGraw-Hill.

[252] Arjaliès, D. L., & Mundy, J. 2013. The Use of Management Control Systems to Manage CSR Strategy: A Levers of Control Perspective [J]. Management Accounting Research, 24 (4): 284-300.

［253］　Arlow P, Gannon M J. 1982. Social Responsiveness, Corporate Structure, and Economic Performance［J］. Academy of Management Review, 7 (2): 235 - 241.

［254］　Atkinson, A. A., Waterhouse, J. H., Wells, R. B. 1997. A Stakeholder Approach to Strategic Performance Measurement［J］. Sloan Management Review, 38 (3): 25 - 37.

［255］　Balakrishnan, R., Atkinson, A. A. 1997. New Directions in Management Accounting Research［J］. Journal of Management Accounting Research, (9): 79 - 108.

［256］　Bebchuk L A. 2009. Pay without Performance: The Unfulfilled Promise of Executive Compensation［M］. Harvard University Press.

［257］　Bedford, D. S. 2015. Management Control Systems Across Different Modes of Innovation: Implications for Firm Performance［J］. Management Accounting Research, (28): 2 - 30.

［258］　Berry, A. J., Coad, A. F., Harris, E. P., et al. 2009. Emerging Themes in Management Control: A Review of Recent Literature［J］. British Accounting Review, 41 (1): 2 - 20.

［259］　Brickley, J. A., Smith, C. W., Zimmerman, J. L. 2006. Managerial Economics and Organizational Architecture［M］. Posts and Telecom Press.

［260］　Chenhall R H, Euske K J. 2007. The Role of Management Control Systems in Planned Organizational Change: An Analysis of Two Organizations［J］. Accounting Organizations & Society, 2007, 32 (7 - 8).

［261］　Chenhall, R. H. 2003. Management Control Systems Design within its Organizational Context: Findings from Contingency - Based Research and Directions for the Future［J］. Accounting, Organizations and Society, (28): 127 - 168.

［262］　Davila, A., Foster, G. 2005. Management Accounting Systems Adoption Decisions: Evidence and Performance Implications from Early - Stage/Startup Companies［J］. The Accounting Review, 80 (4): 1039 - 1068.

［263］　Davila, A., Foster, G., Li M. 2009. Reasons for Management Control Systems Adoption: Insights from Product Development Systems Choice by Early - Stage Entrepreneurial Companies［J］. Accounting Organizations and Society, 34 (3 - 4): 322 - 347.

［264］　Davila, T. 2000. An Empirical Study on The Drivers of Management Control Systems' Design in New Product Development［J］. Accounting Organizations and Society, 25 (4 - 5): 383 - 409.

［265］　Denison D R. 1990. Corporate Culture and Organizational Effectiveness［M］. John Wiley & Sons.

［266］　Devers C E, Cannella A A, Reilly G P, et al. 2007. Executive Compensation: A Multidisciplinary Review of Recent Developments［J］. Journal of Management, 33 (6): 1016 - 1072.

［267］　Donada C, Mothe C, Nogatchewsky G, et al. 2017. The Respective Effects of Virtues and Inter - organizational Management Control Systems on Relationship Quality and Performance: Virtues Win［J］. Journal of Business Ethics, 1 - 18.

［268］　Fama E F, French K R. 2016. Dissecting Anomalies with A Five - Factor Model［J］. Review of Financial Studies, 29 (1): 69 - 103.

［269］　Ferreira, A. and D. Otley. 2009. The Design and Use of Performance Management Systems: An Extended Framework for Analysis［J］. Management Accounting Research, 20 (4): 263 - 282.

［270］ Granlund M, Taipaleenmäki J. 2005. Management Control and Controllership in New Economy Firms—A Life Cycle Perspective ［J］. Management Accounting Research, 16（1）：21 – 57.

［271］ Hagen S, Kate P, Leyssner F, et al. 2008. Excitation Mechanism in the Photoisomerization of A Surface – Bound Azobenzene Derivative：Role of the Metallic Substrate ［J］. The Journal of chemical physics, 129（16）：164 – 172.

［272］ Harford J, Mansi S A, Maxwell W F. 2012. Corporate Governance and Firm Cash Holdings in the US ［M］. Corporate Governance. Springer Berlin Heidelberg.

［273］ Hendry C. 2012. Human Resource Management ［M］. Routledge.

［274］ Henri, J. F. 2006. Management Control Systems and Strategy：A Resource – Based Perspective ［J］. Accounting Organizations and Society, 31（6）：529 – 558.

［275］ Henri, J. F., Journeault, M. 2010. Eco – Control：The Influence of Management Control Systems on Environmental and Economic Performance ［J］. Accounting Organizations and Society, 35（1）：63 – 80.

［276］ Ho S K M. 2015. Uni – Economics：Impact of Sunspot on Human Behaviour and Strategic business alliances ［J］. International Journal of Strategic Business Alliances, 4（1）：24 – 38.

［277］ Hogheim, Sverre, Nonsen, Norvald, Olsen, Rignor, H. and Olsen, O. 1989. The Two Worlds of Management Control ［J］. Financial Accountability of Management, 5（3）：163 – 178.

［278］ Homstrom, B. 1982. Moral Hazard in Teams ［J］. The Bell Journal of Economics. 13（2）：324 – 340.

［279］ Horngren, C. T. 2004. Management Accounting：Some Comments ［J］. Journal of Management Accounting Research, 16（1）：207 – 211.

［280］ Jack P. C. Kleijnen, Martin T. Smits. 2003. Performance Metricsin Supply Chain Management ［J］. Journal of the Operational Research Society, 54（5）：507 – 514.

［281］ Jussupova – Mariethoz Y, Probst A R. 2007. Business Concepts Ontology for An Enterprise Performance and Competences Monitoring ［J］. Computers in Industry, 58（2）：118 – 129.

［282］ Kamminga P E, Meer – Kooistra J V D. 2007. Management Control Patterns in Joint Venture Relationships：A Model and An Exploratory Study ［J］. Accounting Organizations & Society An International Journal Devoted to the Behavioural Organizational & Social Aspects of Accounting, 32（1）：131 – 154.

［283］ Kaplan R S, Norton D P. 1996. The Balanced Scorecard：Translating Strategy Into Action ［M］. Harvard Business Press.

［284］ Kaplan, R. S., Norton, D. P., Ansari S. 2010. The Execution Premium：Linking Strategy to Operations for Competitive Advantage ［J］. The Accounting Review, 85（4）：1475.

［285］ Kaplan, R. S., Norton, D. P., Rugelsjoen B. 2010. Managing Alliances with the Balanced Scorecard ［J］. Harvard Business Review, 88（1）：114 – 120.

［286］ Kar, M. C., Habib, M. 2014. The Impact of Interactive and Diagnostic Uses of Budgets on Team Effectiveness ［J］. Management Accounting Research, 25（3）：206 – 222.

［287］ Klein, L. 1965. Rationality in Management Control ［J］. The Journal of Management Studies, 2（3）：351 – 361.

[288] Kotter J P. 2008. Corporate culture and performance [M]. Simon and Schuster.

[289] Kreps D M. 1996. Corporate Culture and Economic Theory [J]. Firms, Organizations and Contracts, Oxford University Press, Oxford, 221 – 275.

[290] La Porta R, Lopez – de – Silanes F, Shleifer A, et al. 2000. Investor Protection and Corporate Governance [J]. Journal of Financial Economics, 58 (1): 3 – 27.

[291] Lambin E F, Meyfroidt P. 2011. Global Land Use Change, Economic Globalization, and the Looming Land Scarcity [J]. Proceedings of the National Academy of Sciences, 108 (9): 3465 – 3472.

[292] Lebas, M., Weigenstein, J. 2007. Management Control: The Roles of Rules, Markets and Culture [J]. Journal of Management Studies, 23 (3): 259 – 272.

[293] Lopez – Valeiras E, Gonzalez – Sanchez M B, Gomez – Conde J. 2016. The Effects of the Interactive Use of Management Control Systems on Process and Organizational Innovation [J]. Review of Managerial Science, 10 (3): 487 – 510.

[294] Luft J. Cooperation and Competition among Employees: Experimental Evidence on the Role of Management Control Systems [J]. Management Accounting Research, 2016, 31: 75 – 85.

[295] Mahama H. 2006. Management Control Systems, Cooperation and Performance in Strategic Supply Relationships: A Survey in the Mines [J]. Management Accounting Research, 2006, 17 (3): 315 – 339.

[296] Malmi, T., Brown, D. A. 2008. Management Control Systems as a Package – Opportunities, Challenges and Research Directions [J]. Management Accounting Research, 19 (4): 287 – 300.

[297] Mantas, J., Demiris, G. R., Hovenga, E., et al. 2010. Eco – control: The Influence of Management Control Systems on Environmental and Economic Performance [J]. Methods of Information in Medicine, 35 (1): 63 – 80.

[298] Marginson D E W. Management Control Systems and Their Effects on Strategy Formation at Middle – Management Levels: Evidence from a U. K. Organization [J]. Strategic Management Journal, 2002, 23 (11): págs. 1019 – 1031.

[299] Marginson, David, E. W. 2002. Management Control Systems and Their Effects on Strategy Formation at Middle – Management Levels: Evidence From a U. K. Organization [J]. Strategic Management Journal, 23 (11): 1019 – 1031.

[300] Merchant K, Vander, Stede, W. 2007. Management Control Systems: Performance Measurement, Evaluation and Incentives [M]. Prentice Hall.

[301] Morton, Michael S Scott Morton. 1981. Development in Organization Series; 1960 – 1980 [J]. American Behavior Scientist, 23 (2): 148 – 159.

[302] Mouritsen, J., Hansen, A., Hansen, C. R. 2009. Short and Long Translations: Management Accounting Calculations and Innovation Management [J]. Accounting Organizations and Society, 34 (6): 738 – 754.

[303] Mundell R. 2011. The European Fiscal Reform and the Plight of the Euro [J]. The Poznan University of Economics Review, 11 (1): 7 – 22.

[304] Muscaritoli, M., Anker, S. J., Aversa, Z., et al. 2010. An Exploratory Study of Management Accounting and Control Systems in a Developing Country [J]. Clinical Nutrition, 29 (2):

154 - 159.

[305] North D C. 2006. Understanding the Process of Economic Change [M]. Academic foundation.

[306] O'Grady W, Morlidge S, Rouse P. Evaluating the Completeness and Effectiveness of Management Control Systems with Cybernetic Tools [J]. Management Accounting Research, 2016, 33: 1 - 15.

[307] O'Connor N G, Chow C W, Wu A. 2004. The Adoption of "Western" Management Accounting/Controls in China's State - Owned Enterprises during Economic Transition [J]. Accounting Organizations & Society, 29 (3): 349 - 376.

[308] Otley, D. 2016. The Contingency Theory of Management Accounting and Control: 1980 - 2014 [J]. Management Accounting Research, (31): 45 - 62.

[309] Otley, D. 1999. Performance Management: A Framework for Management Control Systems Research [J]. Management Accounting Research, 10 (4): 363 - 382.

[310] Otley, David, Broadbent, Jane and Berry, Anthony. 1995. Research in Management Control: An Overview of Its Development [J]. British Journal of Management, 6 (s1): 31 - 44.

[311] Otley, et al. 1995. Research in Management Control: An Overview of its Development [J]. British Journal of Management, (3): 31 - 44.

[312] Ouchi, W. 1979. A Conceptual Framework for the Design of Organizational Control Mechanisms [J]. Management Science, (25): 833 - 848.

[313] Padala P, Zhu X, Wang Z, et al. 2007. Performance Evaluation of Virtualization Technologies for Server Consolidation [J]. HP Labs Tec. Report, 26 (5): 45 - 56.

[314] Rice A L. 2013. The Enterprise and its Environment: A System Theory of Management Organization [M]. Routledge.

[315] Rood M A. 1994. Enterprise Architecture: Definition, Content, and Utility [C]. Enabling Technologies: Infrastructure for Collaborative Enterprises, 1994. Proceedings., Third Workshop on. IEEE,: 106 - 111.

[316] Scapens, R. W., Jazayeri, M. 2003. ERP Systems and Management Accounting Change: Opportunities or Impacts? A Research Note [J]. European Accounting Review, 12 (1): 201 - 233.

[317] Schelling T C. 2006. Micromotives and Macrobehavior [M]. WW Norton & Company.

[318] Schelling T C. 2007. Strategies of Commitment and Other Essays [M]. Harvard University Press.

[319] Simons, R. 1995. Control in an Age of Empowerment [J]. Harvard Business Review, 73 (2): 80 - 88.

[320] Simons, R. 1995. Levers of Control: How Managers Use Innovative Control Systems to Drive Strategic Renewal [M]. Boston, Harvard Business Press.

[321] Spekle, R F. 2001. Explaining Management Control Structure Variety: A Transaction Cost Economics Perspective [J]. Accounting, Organizations and Society, (26): 419 - 441.

[322] Ulrich D, Brockbank W, Yeung A K, et al. 1995. Human Resource Competencies: An Empirical assessment [J]. Human Resource Management, 34 (4): 473 - 495.

[323] Wijethilake C, Munir R, Appuhami R. Environmental Innovation Strategy and Organizational Performance: Enabling and Controlling Uses of Management Control Systems [J]. Journal of Business

Ethics, 2016: 1 – 22.

[324] Zhang Xianzhi. 2014. Enterprise Management Control Systems in China [M]. Springer.

[325] Zhang Xianzhi. 2015. Standards for Enterprise Management Control [M]. Springer.

[326] Zhou Z. 2010. A Comparison Analysis of Corporate Governance between Global Enterprises in Japan & America – focusing on the Internal Control's Introduction, The Graduate School of Commerce and Business [J]. Takushouku University, (37): 79 – 103.